고신라목간

고신라목간

김창호 지음

서경문화사

　　목간은 주로 종이가 귀하던 시대인 삼국시대, 통일신라시대, 고려시대, 조선시대에 20cm 정도 크기의 막대기를 다듬어서 단면, 전후 2면 또는 3면 또는 4면에 붓으로 글자를 쓴 것이다. 2면 목간에는 대개 인명 표기가 기재되나 4면 목간은 행정 문서가 기재되고 있다. 그래서 학계에서는 4면 목간의 출토를 늘 기대하고 있다. 목간은 발굴을 담당하는 고고학자가 발굴하고 이를 적외선사진 등을 통해 문헌사학자가 협력하여 연구하고 있다.

　　신라 목간의 주류는 출신지명+인명+(관등명)으로 된 인명 표기이다. 이를 잘못 읽어서 함안 성산산성 목간 5번에서 奴人塩으로 잘못 끊어 읽고서 이를 노비로 본 웃지 못할 촌극이 벌어지기도 했다. 이는 奴人을 글자 그대로 읽어서 노비로 보고 있지만, 奴人은 외위를 가지는 경우도 있어서 노비로 볼 수가 없다. 세상에서 관등을 갖는 노비는 있을 수 없기 때문이다. 奴人은 소금 생산자로 보아야 仇利伐에만 奴人이 나오는 이유가 분명해진다.

　　1998년 함안 성산산성 목간을 처음으로 보고 하면서 稗一과 稗石 등을 잘못 해석해서 彼日로 보았다. 그 뒤에 이는 稗 1石으로 바로잡아졌다. 지금 생각하면 어처구니없는 실수였다. 함안 성산산성에서 나온 목간에는 많은 비밀 자료가 있다. 夲波, 阿那, 末那, 未那, 前那, 王私 등의 땅 이름을 정확하게 규명할 수 있는 근거를 찾지 못한 점이다. 王私는 많은 곡식을 내는 땅으로 해석되지만 나머지는 그 단서조차 잡지 못하고 있다. 함안 성산산성 목간에서 王私가 5점이나 나온다는 것도 2022년에 와서야 가능하였다. 夲波, 阿那, 末那, 未那, 前那의 뜻이 해당 지역의 주생산물과 관련될 가능성은 없을까?

　　지금 현재 목간의 연구는 일본식으로 해석되고 있다. 같다는 표시도 夕로 하고, 긴 사각형 목간을 短冊形이라고 일본식 한자 단어로 부르고, 함안 성산산성의 목간처럼 한쪽 끝의 양쪽에 홈이 있으면 荷札로 보는 것이다. 일본 목간의 7~8세기의 결론을 6세기의 우리 목간에 갖다 맞추는 것은 문제가 있다. 7쌍의 쌍둥이 목간에 있어서 그 글씨체가 각각 달라서 동일한 지역에서 목간이 만들려진 것이 아니라 다른 곳에서 만들려진 것으로 해석된다. 곧 목간은 출발지에서 한 번 만들려지고 이것은 공물과 운명을 같이 하고, 다시 도착지인 성산산성에서 만들려져서 장부 역할을 하다가 성산산성의 축조가 끝나서 동문지 근처에 묻힌 것으로 보인다. 목간은 장부로 사용된 것을 한꺼번에 묻었지 공진물에 붙어있던 것을 낱낱이 거두어서 동문 근처에 묻진 않았을 것이다. 성산산성에 도착한 뒤에 새로 쓴 공진물의 표시한 것을 하찰이라고 부를 수는 없다.

목간에 있어서 틀린 글자를 보충한 예가 있으나 그렇지 않는 예도 있다. 목간 V-166번의 외위명에서 上干支라고 할 것을 上干이라고 하고 있다. 이렇게 잘못된 예로 평양성석각 제3석이 있다. 곧 上位使者에서 者자를 빼고 上位使라고 하고 있다. 또 목간 9번을 竹尸弥牟レ于支稗一(=竹尸弥于牟支稗一)로 해석해야 됨을 竹尸△乎干支稗一로 잘못 읽어서 경위와 미분화된 외위인 干支가 나오는 6세기 전반을 하한으로 하는 이른 시기의 자료로 볼 여지를 남겼다.

목간에 있어서 중요한 것은 대구 팔거산성 목간 14번 本波部△△村△△△△(앞면) 米一石私(뒷면)에서와 같이 본피부 다음에 △△村이란 촌명이 나온다는 것이다. 591년의 남산신성비 제3비에서는 喙部에 主刀里가 나오고, 월성해자 목간 9번에서는 習比部에 소속된 上里, 南罡上里, 阿今里, 岸上里가 나오고, 牟喙部에 소속된 仲里, 新里, 上里, 下里가 나와서 습비부와 모탁부도 신라 6부가 자랑하는 왕경의 坊里制 속에서 삶을 누렸다고 판단된다. 방리제는 신라 6부인만이 누릴 수 있는 자부심이자 자랑꺼리였다. 그런 6부인의 자긍심을 포기하고 모량리에서 신라 6부의 제3세력인 본피부가 살았다고는 볼 수가 없다. 목간 14번 本波部△△村△△△△(앞면) 米一石私(뒷면)에서 본피부 다음에 △△村이란 촌명이 나온다. 이를 어떻게 해석할 것인가? 모량리가 본피부의 아성이고, 여기에서만 본피부인이 살았다고 볼 수가 있다. 이럴 경우 본피부 보다 세력이 형편없는 한지부와 습비부와 모탁부도 방리제 안에 사는데 본피부는 왜 방리제 안에서 못살까? 모량리 일대에 방리제가 실시되지 않고 있어서 문제이다. 본피부인은 모량리에도 살고, 신라 왕경 6부의 방리제 속에서도 살았다고 판단된다. 방리제에 소속된 곳은 ~里로 나오지만 방리제에 소속되지 않는 곳은 ~村(城)으로 불렸다고 판단된다. 이렇게 되면 신라 6부의 위치는 방리제가 실시된 곳으로 ~里로 불리는 곳과 방리제가 실시되지 못한 ~村(城)으로 구성되어 있다. 탁부(왕족), 사탁부(왕비족), 본피부, 모탁부, 습비부, 한지부 등이 모두가 그랬을 것이다. 목간 14번은 신라 6부제나 도성제 연구에 있어서는 결정적인 자료이다. 팔거산성 목간 14번은 신라사 복원에 있어서 가장 중요한 목간 중의 하나가 될 것이다.

고신라 목간은 월성해자 목간을 비롯한 왕경 목간이 있다. 왜 월성해자에서는 통일신라의 목간은 없고, 고신라의 목간만 나오는지 궁금하다. 왕경의 유구에서 나오는 목간치고는 빈약하기 그지없고, 별로 다룰 주제도 없었다. 월성이나 월성에서 첨성대까지의 유구에서 신라의 왕궁을 따로 지적할 수가 없었다.

이에 비해 북쪽의 전랑지는 단일 건물로는 경주 분지에서 가장 크다. 이는 전랑지가 주작대로의 북쪽 끝에 위치하고 있어서 왕궁일 가능성도 있다. 곧 통일신라의 월성이 왕궁이었던 후삼국시대를 제외하고 전랑지가 정궁일 가능성이 있다. 더욱이 고신라의 왕궁인 월성해자에서는 경위와 외위가 나와서 더욱 그러하다. 월지에서는 그 많은 洗宅의 출토에도 불구하고 관등이 있는 인명 표기는 나오지 않고 있다. 이는 월지 출토 목간으로 골품제의 완충지대를 추정해 볼 수 있다.

고신라의 지방 관아 목간으로 주목되는 것은 함안 성산산성 목간이다. 이 목간은 3면 또는 4면의 문서 목간도 있으나 인명 표기가 주류를 이루는 단면 또는 2면 목간이 있다. 그 묵서만 해도 260점 가량이나 된다. 그래서 한국 고대 목간 연구에서 성산산성 목간을 간과할 수가 없다. 그래서 함안 성산산성의 목간에 대한 논문도 가장 많이 나와 있다. 그런데 함안 성산산성의 목간 수를 245점이라고 하고 있으나 국사편찬위원회 한국사데이터베이스에서는 282점이라고 한다. 그 수는 후자가 옳다. 목흔만 있는 것을 제외하고, 글자가 뚜렷한 목간의 수만 해도 260여 점이다.

목간 연구는 중국이나 일본에 비해 숫자도 적고, 그 연구 수준도 미흡하다. 그래서 한국목간학회에서는 중국이나 일본의 전문가를 초청해 국제학술대회를 열고 있다.

해마다 열리는 국제학술대회에서 얼마나 한국의 연구에 도움이 되는 성과가 나오는 지는 별개의 문제이다. 목간 연구는 먼저 우리 손으로 우리의 목간을 연구하고 나서 중국이나 일본의 성과와 비교해야 된다. 한국의 목간은 중국이나 일본의 목간과는 사뭇 다르기 때문이다.

한국 고대 목간은 백제의 사비성시대, 고신라, 통일신라 목간만 있고, 고구려의 목간은 없다. 고구려도 목간을 사용했을 터인데 1점도 발견되지 않고 있다. 금석문 자료로 보면 고구려는 그 양이 많고, 문장이 세련되어 있어서 고구려 목간이 출토될 가능성은 믿어 의심치 않는다. 고구려 목간의 양은 국토의 면적이나 국력으로 볼 때, 많고 세련되었을 것이다. 행정 문서인 목간은 나라의 넓이나 군사력에 비례되기 때문이다. 고구려 목간의 화려한 출토를 기대해 본다.

목간으로 생활사의 전부를 복원할 수는 없지만 함안 성산산성 목간에서 及伐尺이란 경위명이 나온 것은 큰 수확이었다. 이를 외위로 보기도 하나 외위는 3자로 된 관등명이 없다. 인명도 성산산성과 6세기 금석문 사이에는 차이가 있다. 해석이 분분한 本波·未那·阿那 등의 땅 이름을 나타내는 용어도 금석문에는 나오지 않고 있다. 함안 성산산성의 지명인 仇利伐 등을 비롯한 많은 지명도 『삼국사기』, 지리지나 다른 금석문에는 없는 것이다. 이를 보면 성산산성 목간 등의 연구는 문헌이나 금석문과의 비교가 아닌 자체만으로 연구되어야 할 것이다.

목간 연구는 대개 문헌사학자의 전유물이었다. 앞으로는 발굴을 담당한 고고학자도 이를 연구해야 될 것이다. 고고학자는 발굴 조사 당시에 가장 좋은 출토 상태에서 목간의 글씨를 볼 수가 있다. 발굴 당시의 기록은 고고학자밖에 할 수가 없다. 그래서 고고학자 중에서 목간을 전공하는 사람이 많이 나오기를 기대해 본다. 문헌사학자는 시간이 지나서 적외선 사진으로 겨우 볼 수 있을 뿐이다.

학문 자세를 가르쳐주신 영원한 롤 모델이신 은사 허흥식 선생님께 먼저 감사의 말씀을 전하고 싶다. 따뜻한 말씀으로 용기를 갖도록 해주신 은사 문경현 선생님께 감사한다. 모르는 것을 해박한 지식으로 가르쳐주신 이기동 교수님께도 감사한다. 서울의 큰 학회에의 모습을 전해주시고, 불교사를 가르쳐 주신 채상식 교수님에게 감사한다. 김수태 교수, 한기문 교수, 이수훈 교수, 이영호 교수에게도 공부하는데 필요한 것을 준 데 대해 감사한다. 조성윤 박사의 헌신적으로 논문을 복사해 주고, 고고학과 기와에 대해 교시해 준 데 감사하고, 자료 구할 수 있게 배려해 주고 도판을 만들어 준 이동주 교수에게 감사하고, 논문을 복사해준 손명순 선생에게도 감사한다. 일본의 노가미 죠스께 선생님의 학은에 감사하고, 다나까 도시아키 교수에게도 감사하고, 많은 자료를 보내준 高正龍 교수와 다께다니 도시오 교수와 하시모토 시게루 박사에게도 감사의 말을 전하고 싶다. 아내와 아들딸과 사위에게도 고마운 말을 전하고 싶다. 끝으로 수익성이 없는 책인 데에도 불구하고 출판해 준 서경문화사의 김선경사장님께도 감사의 말씀을 전하고 싶다. 실무 전반을 담당해 주신 관계 직원 여러분에게도 감사의 말씀을 전하고자 한다.

2023. 9. 15.

伊西古國 옛터에서

김창호

| 목차 |

제1장
왕경 목간

제1절

월성해자 목간 신1번의 신검토

Ⅰ. 머리말

신라 목간은 경산 소월리, 경주 월지, 경주 전인용사지, 경주 황복사지,[1] 국립경주박물관 부지내 유적, 김해 봉황동 유적, 울산 반구동 유적,[2] 인천 계양산성 유적, 함안 성산산성 유적, 경주 월성해자 유적, 경주 황남동376번지 유적, 창녕 화왕산성 유적, 하남 이성산성 유적, 미륵사지 유적 등에서 출토되고 있다. 경산 소월리, 경주 월성해자 유적, 함안 성산산성 유적, 하남 이성산 유적, 팔거산성 유적, 배산산성 유적을 제외하고 대개 통일신라시대의 것이다.

고신라의 목간은 함안 성산산성 유적이라는 목간의 보고에 힘입어 이를 주축으로 국내에서만 4권의 단행본이 간행되었다.[3] 목간의 연구는 대단히 활발하

---

1) 전 황복사지 목간은 上(率)寺廻談沙弥卄一年(판독은 윤재석 편저, 『한국목간총람』, 2022와 이재환, 「신라 왕경 출토 목간의 재조사 결과와 과제」『목간과 문자』 28, 2022 참조)으로 발굴 결과에 따라 8~9세기로 보아 왔으나 인명 표기에 따르면 7세기의 것으로 보인다. 8~9세기라면 沙弥廻談이 되어야 한다.

2) 국사편찬위원회 한국사데이터베이스의 해설에는 고려시대로 되어 있다. 목간의 李나 金이 姓이라면 고려시대로 보인다.

3) 이용현, 『한국목간기초연구』, 신서원, 2007.
윤선태, 『목간이 들려주는 백제 이야기』, 주류성, 2007.
이경섭, 『신라 목간의 세계』, 경인문화사, 2013.
김창호, 『한국 고대 목간』, 주류성, 2020.

다. 그럼에도 불구하고 함안 성산산성 목간의 넘버링이 불명확한 점은 한국 목간 연구의 일단을 보여주는 것으로 판단된다. 국사편찬위원회 한국사데이터베이스에서는[4] 지금까지 출토된 성산산성 목간의 번호를 붙여서 연구의 실마리를 제공하고 있으나 잘 이용되지 않고 있다.

신라 왕경의 월성해자 목간은 고신라의 것만 발견되고 있으며, 통일신라의 것은 발견되지 않고 있다. 동궁 · 월지의 유적에서는 통일신라의 것이 대부분인 점은 무엇인가를 암시하고 있는 듯하다. 월성이나 그 주변에서는 전랑지만큼 규모가 큰 단일 건물지가 없다. 첨성대와 월성 사이에서도 전랑지만큼 큰 건물지가 1개도 없다. 이러한 점은 월성해자 목간이 고신라라는 점과 관련할 때 재미난 결론에 도달할 수가 있다. 7세기부터 9세기 말까지의 신라 왕궁이 전랑지일 가능성이 있다. 월성과 월성해자와 그 주위에서만 발견되는 在城명 기와는 후삼국기와로 보이기 때문에 후삼국시대에는 신라의 정궁일 가능성이 커서 더욱 그러하다.[5]

여기에서는 먼저 판독과 기왕의 해석을 소개하겠으며, 다음으로 월성해자 목간 신1번의 干支가 경위일 때를 검토하고, 그 다음으로 外位로서의 干支를 목간 신1번을 살펴보겠으며, 그 다음으로 6세기 전반 금석문의 관등명 변화를 살펴보고, 마지막으로 월성해자 목간 신1번의 제작 연대를 검토하고 목간의 전문을 해석해 보고자 한다.

외국에서는 다음과 같은 단행본이 나와 있다.
橋本 繁, 『韓國古代木簡の硏究』, 吉川弘文館, 2014.
 4) 김창호, 「함안 성산산성 목간의 신고찰」 『문화사학』 49, 한국문화사학회, 2018 참조.
 5) 김창호, 『한국 고대 불교고고학의 연구』, 서경문화사, 2007, 158쪽.

II. 지금까지 연구

　국립경주문화재연구소에서는 월성해자에서 2015년부터 2017년까지 진행한 발굴 조사를 통해 목간으로 추정되는 유물이 57점이 출토되었고, 그 가운데 묵서가 있는 것이 7점이 출토되었다.[6] 기존의 연구 성과를 제시하면 다음과 같다. 국립경주문화재연구소에서는 다음과 같은 판독을 제시하였다.[7]

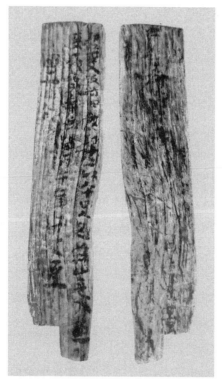

월성해자 목간 신1번

---

6) 전경효, 「신 출토 경주 월성 해자 묵서 목간 소개」 『목간과 문자』 20, 2018, 62~63쪽.
7) 전경효, 앞의 논문, 2018, 66~68쪽.

(A) △△△

古拿村行兮豕　……………………書△

△只△　……………………谷△

(B) 功以受波荷四煞功卄二以八十四人越蒜山走入葱(파손)

受一伐代成年往留丙午年干支受

△二

A면에서는 村이라는 글자가 들어났다. B면에서는 상대적으로 많은 글자가 등장하는데 功, 煞, 蒜山, 一伐, 丙午年 등이 있다. 이들 가운데 병오년을 제외한 나머지는 금석문이나 문헌에 등장하며, 병오년은 월성해자 목간에서 처음으로 등장한 완전한 형태의 年干支이다. 목간의 다른 목간 함께 그 개요를 소개하였다.

여기에서는 功은 6세기 금석문 가운데 525년(법흥왕 12)에 세워진 울주천전리각석의 食多煞作功人, 578년(진지왕 3)에 세워진 대구무술명오작비의 功夫, 798년(원성왕 14)에 새겨진 영천청제비 貞元銘의 功夫 등의 사례가 있다. 금석문에 나타나는 功의 의미로 보아 목간의 功은 특정한 업무나 노동을 의미하는 표현일 가능성이 크다. 煞은 殺의 異體字인데, 503년(지증왕 4)에 세워진[8] 영일냉수리신라비의 煞牛(소를 잡다), 524년에 세워진 울진봉평비의 煞斑牛(일룩소를 잡다), 앞에서 언급한 울주천전리각석의 食多煞作功人 등의 사례가 보인다. 이러한 사례로 추정한다면 목간의 煞은 동물을 죽여서 잔치를 하며 축제를 벌인다는 의미일 것이다. 蒜山은 『三國史記』 新羅本紀와 地理志, 列傳 등에 등장한다. 신라본기에는 蒜山城, 지리지에는 蒜山縣, 열전에는 蒜山이라 나오는데 그중에 산산현과 산산은 함경남도 원산으로 추정되며 산산성은 신라와 백제의 국경에 있었던 성으로 추정된다. 이 밖에 조선시대 자료인 『新增東國輿地勝覽』, 『大東地志』 등의 지리서에 의하면 함경도 덕원, 평안도 상원, 전라도 화순, 경상

---

8) 필자는 냉수리비의 건립 연대를 443년으로 보고 있다.

도 김해, 황해도 황주와 봉산 등 여러 곳에서 萩山이 확인된다. 그런데 『三國史記』 地理志의 산산현은 경덕왕대에 바뀐 지명이었으므로, 봄 2월에 백제가 웅현성과 송술성을 쌓아 산산성, 마지현성, 내리서성의 길을 막았다고 나온다.

계속해서 一伐은 신라가 지방 유력자에게 부여한 外位이다. 전체 11개의 관등 가운데 8번째에 위치한다. 674년에 외위를 폐지할 때 17등급의 京位 가운데 14번째인 吉次(또는 吉士)에 견주고 있다. 일벌은 『삼국유사』에 의하면 217년의 기록에 등장한다.[9] 다만 여기서 일벌은 사람 이름인지 관등인지 논란이 있다. 한편 441에 건립된 것으로 추정되는 포항중성리신라비에는 壹伐로 표기되었다. 중성리비의 壹伐은 외위가 아닌 경위인 점이 주목된다. 이 밖에 578년의 오작비에서 一伐이 많이 나온다. 남산신성비 제9비에는 一伐로 표기되었으며, 목간과 같이 붙어 있는 형태를 띠고 있다.

또 丙午年은 목간의 제작 연대를 알려주는 간지이다. 정확한 시점은 알 수 없지만 해자 목간의 연대 연구 성과를 감안한다면 526년(법흥왕 13) 또는 586년(진평왕 8)일 가능성이 크다고 판단된다. 병오년이라는 표현 자체는 월성해자 목간에서 출토된 목간 가운데 완전한 형태의 간지라는 점에서 의의가 있다. 즉 기존에 출토된 목간 20번에서 '△子年'이라는 표현이 나왔지만 앞 글자가 파손되었으므로 구체적인 시점을 알 수 없었다. 이번에 출토된 목간은 완전한 형태의 간지를 가지고 있다. 비록 이 목간의 정확한 제작 시점은 알 수 없지만 6세기 중반~7세기 중반 무렵에 제작되었을 것이라고 추정하는 월성해자 목간 제작 연대 연구 성과를 뒷받침할 수 있는 자료라는 점은 확실하다.

이에 뒤이어 목간 전문가의 견해가 발표되었다.[10] 그 판독문부터 제시하면

---

9) 『삼국유사』 권5, 피은 제8, 물계자조에 제10대 나해왕이 즉위한 지 17년인 임진(217년)에 보라국, 고지국, 사물국 등 나라가 힘을 합쳐 변경을 친입했다. 왕이 태자 나음과 장군 일벌 등에 명하여 군사를 거느리고 이를 맞게 했다.

10) 윤선태, 「월성 해자 목간의 연구 성과와 신 출토 목간의 판독」 『목간과 문자』 20, 2018.

다음과 같다.

> (A) △△△
> 古拿村行兮豕 ……………書△
> △只△ ……………………………
> (B) 功以受汯荷四煞功卄二以八十四人越蒜山走入蔥艾(파손)
> 受一伐戊戌年往留丙午年干支受
> 留二

代成을 戊戌年으로 읽었다. 뒷면 제②행의 6번째 글자가 年이 아니라도 戊戌로 읽을 수 있을지가 의문이다. 필자는 이 부분을 古(沽)孔으로 읽는다. 또 새로 발굴한 목간 신1번은 기본형으로 하단의 일부가 파손되었다. 앞면, 뒷면 모두 각각 3행으로 서사되었는데, 내용상 장부용 문서 목간이 확실하다. 앞면은 묵흔이 많이 사라져 내용 이해가 어렵지만, 다행히도 뒷면의 묵서가 비교적 잘 남아 있어 용도 추정에 큰 어려움이 없다. 우선 앞면에 古拿村 등이 기록되어 있고, 뒷면에는 受가 빈번히 기록되어 있다. 발굴단 측의 판독문 중 代成은 戊戌塢作碑(578년)에 기록된 戊戌과 흡사하지만 戊戌은 아니고 古(沽)孔으로 판독된다.

뒷면 2~3행을 受一伐古(沽)孔年郎留丙午年干支受留二로 새롭게 판독하였다. 受는 기존 출토 문서 목간들에서도 확인되며, 이 목간 역시 지역 단위에 부과된 국가적 책무나 세금을 완수했거나 수납했음을 뜻하는 의미로 사용되었다고 생각된다. 어휘 사용의 측면에서 기존에 출토된 월성해자 문서 목간들과 긴밀한 연관성을 보여준다. 이에 의거하여 목간 신1호의 묵서를 대략적으로 해석해보면, 이 목간은 古拿村에 할당된 국가적 책무의 완수 사실을 기록한 장부이며, 뒷면의 문맥 이해가 어렵지만, 古(沽)孔年郎이 책무를 받아 머무름을 두 번해서 완수하였다(受留二)라는 의미로 추정된다.

외위 干支 표기가 사용되었다는 점에서 창녕진흥왕순수비의 외위 '述干' 표기에 의거해 이 목간의 작성 연대를 561년 이전으로 보아, 戊戌年은 518년(법흥왕 5)이고 丙午年은 526년(법흥왕 13)으로 파악할 수도 있다.

이제 목간 신1호의 사례를 하나 더 고려하면, 신라에서는 561년 이전인 540년경에 干支가 있고, 540년경 이후에서 干支가 나온 예는 전혀 없었다. 외위에서 干支가 소멸되는 예는 540년경이다.[11]

석문안[12]
· 「△△△[   ]
古拿村(行)兮(豕)[ ]書△
△只△[   ]谷△
· 「功以受波珎日煞功十二以八十四人足蒜山走入△×
受一伐戊戌年位留丙午年干支受
留二

해자 목간의 연대 연구 성과를 감안한다면 526년(법흥왕 13)일 가능성이 크다고 판단된다. 병오년이라는 표현 자체는 월성해자 목간에서 출토된 목간 가운데 완전한 형태의 干支라는 점에서 의의가 있다. 즉 기존에 출토된 20번에서 △子年이라는 표현이 나왔지만 앞 글자가 파손되었으므로 구체적인 시점을 알 수 없었다. 이번에 출토된 목간은 완전한 형태의 간지를 가지고 있다. 비록 이 목간의 정확한 제작 시점은 알 수 없지만 6세기 중반을 하한으로 추정할 수가 있다. 이 견해의 특징은[13] 波珎日을 彼日로 본 점이다. 금석문에서는 彼日이 波日로 기재된다. 명활산성비가 그 예이다. 彼日=波日임은 널리 알려진 사실이다. 波珎日을 彼日로 보기보다는 功以受波珎을 공으로써 저 보배를 얻었다로 해석된다. 여기에서 외위에 대해 부언하면 냉수리비의 須支一今智의 一今智와 중성

11) 橋本 繁, 「월성해자 신 출토 목간과 신라 외위」 『목간과 문자』 24, 2020.

12) 橋本 繁, 앞의 논문, 2020.

13) 橋本 繁, 앞의 논문, 2020.

리비의 走斤壹金智의 壹金智를 동일한 것으로 본 것을 들 수 있다. 일금지가 외위라면 한자가 다른 예가 있어야 된다. 곧 지금까지 외위에서 한자가 달리 나온 예가 없어서 외위설을 따를 수 없다. 또 다른 하나는 居伐尺이다. 봉평비와 성산산성 2016-W66번 丘伐未那早尸智居伐尺奴(앞면) (能)利智稗石 '丘伐의 未那의 早尸智居伐과 尺奴(能)利智가 낸 稗 1石이다.' 또는 '丘伐의 未那의 早尸智와 居伐尺과 奴(能)利智가 낸 稗 1石이다.' 봉평비 제⑧행의 16번째 글자, 17번째 글자, 18번째 글자에서 16번째 글자는 곧게 내린 𠁼에 가(可)가 들어가 있는데 정(丁)의 갈고리 궐(亅)이 생략되고 없고, 17번째에는 글자가 없고, 18번째 글자는 尺자이다. 그래서 居伐尺아니라 阿尺으로 본다. 따라서 11외위 이외의 외위는 금석문이나 목간에 없었다고 본다. 경위와 외위에 공통적으로 나오는 干支는 외위에도 있다. 이는 대략 540년경을 하한으로 한다.

다음은 목간을 이르게 본 가설이 나왔다.[14] 이에 대해서 살펴보기로 하자.

앞면 ① △△△~

② 古拿村(行)兮(豕)~書

③ △~

뒷면 ① 功以受汳荷四煞功卄二以八十四人越嶽山走入蕙 (艾)(파손)

② 受一伐戊戌年往留丙午年干支受

③ 留二

앞면은 묵흔이 많이 사라져 읽기 어렵지만 뒷면의 묵흔이 잘 남아 있어서 목간의 용도 추정에 도움이 된다. 앞면에는 古拿村이 기록되어 있고, 뒷면의 중요한 기록은 受+人數의 서식과 受一伐代成(→戊戌)年往留丙午年干支과 受+留二의 내용으로 적혀 있다. 뒷면 제②행은 당초 代成이라고 읽고 있으나 戊戌로

14) 김창호, 앞의 책, 2020.

읽고 있다.[15] 이 목간을 대체로 해석하면 古拿村에 국가적 책무가 할당되었고, 이를 완수하기 위해 戊戌年에 一伐(외위 소지자)이 머물렀고, 丙午年에는 干支 (외위 소지자)가 (와서) 留二의 국가적 책무(受)를 하였다로 추론할 수 있겠다.[16]

외위로 干支 표기가 보인다는 점에서 기존의 자료들과 비교 연관 지으면, 551년 이전의 표기가 되어 戊戌年은 518년(법흥왕 5)이고, 丙午年은 526년 (법흥왕 13)으로 파악할 수 있다. 그러나 이번 월성해자 목간 신1번의 내용은 법흥왕대라기 보다는 무술명오작비(578년)과 남산신성비(591년)와 유사하 다는 점에서 목간 신1번의 戊戌年은 578년이고, 丙午年은 586년으로 볼 여 지가 충분하다. 이제 목간 신1번로 인해 561년 이후에도 干支외위가 干으로 일괄하여 엄격하게 사용하지 않았다고 주장하면서 壬子年으로[17] 잘못 판독 한[18] 2016-W155번 王子年△(改)大村△刀只(앞면) 米一石(뒷면)를 예로[19] 들

---

15) 윤선태, 앞의 논문, 2017, 75쪽.

16) 윤선태, 앞의 논문, 2017, 75쪽.

17) 이는 王子年(△)로 판독되며, 郡名이거나 그 일부이다.

18) 월지에서 출토된 寶相華文塼에 나오는 전명을 辛亥로 읽어서 그 연대를 711년으로 보고 있으나 이는 도저히 辛亥로 읽을 수가 없고, 三川卄方으로 읽혀지며, 알천·서 천·남천의 3천(의 사람들: 곧 신라의 6부 사람들이)이 20방으로 나누어 일을 했다 (와전을 만들었다)는 뜻이다. 方의 예로는 영천청제비 병진명(536년)의 △二百八十 方이 있고, 창녕비(561년)의 四方軍主(四方은 王畿를 제외한 전국을 네 方으로 나 누었다는 뜻)가 있다. 기와를 습부와 한지부만이 만들지 않고, 탁부, 사탁부, 본피 부, 모탁부도 참가했음을 나타내주고 있다. 20방은 당시에 와전을 만들던 가마의 숫 자이다. 습비부는 망성요만으로도 많다. 이 망성요에서는 儀鳳四年皆土란 신라 최 고 최대의 요이기 때문에 三川(탁부 등)이 참가했다. 이는 신라가 협업을 하면서 분 업을 하는 모습을 엿볼 수 있다. 그 시기는 儀鳳四年(679) 皆土와 비슷한 7세기 후 반으로 보인다.

19) 잘못된 가설인 592년(또는 532) 설을 주장하고 있다. 532년이면 금관가야 멸망 때 에 아라가야가 멸망되었으므로 금관가야처럼 그 멸망시기가 사서에 나와야 되고, 592년이면 그 시기가 너무 늦다. 거듭 이야기하지만 壬子年이란 판독은 잘못된 것 이다. 王子年(△)으로 읽어서 郡名으로 보아야 한다. 260점 전후의 함안 성산산성 목간에서 연간지가 나온 예가 전무하다. 4면으로 된 문서 목간에서는 연간지가 앞

었다.[20]

뒷면 제②행에 나오는 干支는 경위 一伐干支, 伊干支, 迊干支, 波珎干支, 大阿干支, 阿干支, 一吉干支, 沙干支, 及干支와 외위 嶽干支, 述干支, 高干支, 貴干支, 撰干支, 上干支, 下干支와 관계가 없이 경위명과 외위명에 모두 나오는 관등명이다.[21] 이렇게 되면 목간에서 경위명과 외위명이 공존한 예가 있는지가 문제가 된다.

성산산성 목간 IV-597번 正月中比思(伐)古尸次阿尺夷喙(앞면)
羅兮落及伐尺幷作前瓷酒四斗瓮(뒷면)

위 목간은 正月에 比思(伐)의 古尸次 阿尺의 夷(동료, 무리)와 喙(部)의 羅兮落 及伐尺(경위)이 아울러 前瓷酒 四斗瓮을 지었다로 해석되며, 경위를 가진 자와 외위를 가진 자가 공존하고 있다. 그것도 阿尺의 동료(또는 무리)와 及伐尺(경위)이 함께 나오는데, 一伐이 외위라도 이의 관등은 경위이지만 어느 경위

으로 나올 가능성이 있다. 이용현, 「함안 성산산성 목간의 연대 -壬子年 해석을 중심으로-」 『신라사학보』 50, 2020에서는 王子年을 壬子年으로 읽고서 부엽토층을 600년경으로 본 고고학자의 견해에 근거하여 그 연대를 592년으로 보았다. 그런데 부엽토층에 대한 것은 어려운 문제이다. 금관총에서 3루환두대도의 검초 부속구에 尒斯智王이란 명문이 나왔다. 이는 훈독과 반절로 읽으면 넛지왕이 된다. 넛지왕은 마립간시대의 왕명 가운데 訥祇麻立干에 가장 가깝다. 그렇다면 5세기 4/4분기로 편년되어 온 금관총이 458년이 되어 4~8세기 토기·고분을 30년가량 소급해야 되므로 壬子年의 592년설은 성립될 수가 없다.

20) 윤선태, 앞의 논문, 2017, 75쪽.

21) 합천매안리대가야비에서 辛亥年△月五日而△村四十干支란 명문이 나왔다. 40명의 간지는 대가야의 왕경인과 지방민이 공존하는 예로 보이며, 辛亥年은 471년으로 짐작된다. 辛亥年은 아무리 늦게 잡아도 531년이다. 四十을 卌으로 쓰는 것은 광개토태왕비(414년) 1예, 백제 쌍북리 구구단 목간에서 5예, 695년의 신라 둔전문서에서 卌의 2예, 영천청제비 정원 14년비(798년) 1예, 울주 석류굴 제8광장 신라 석각문 2지굴 7과 함께 11예가 있다. 卌을 四十으로 표기한 예는 없다. 이는 卌의 용례로 볼 때 辛亥年△月五日而△村四十干支로 판독될 수밖에 없다.

에 해당하는지 모르고 있다.

　간지를 외위로 볼 때와 경위로 볼 때로 나누어 살펴야 함으로 다음 장에서 각
각 살펴보기로 하자.

Ⅲ. 干支가 경위일 때

　이 월성해자 목간 신1번은 경위일 가능성도 있다. 그렇다고 외위일 가능성
이 없는 것도 아니다. 이를 증명할 수 있는 자료가 목간에서는 발견할 수가 없
다. 금석문 자료를 실증적인 측면에서 치밀하게 따져야 알 수가 있다. 그럼 먼저
441년 포항중성리신라비의 인명 분석표부터 살펴보기 위해 관계 자료부터 제
시하면 다음의 <표 1>과 같다.

<표 1> 중성리비 인명 분석표

직명	출신지명	인명	관등명
	(喙部)	折盧(智)	王
	喙部	習智	阿干支
	沙喙	斯德智	阿干支
	沙喙	尒抽智	奈麻
	喙部	牟智	奈麻
本牟子	喙	沙利	
위와 같음	위와 같음	夷斯利	
白爭人	喙	評公斯弥	
위와 같음	沙喙	夷須	
위와 같음	위와 같음	牟旦伐	
위와 같음	喙	斯利	壹伐
위와 같음	위와 같음	皮末智	
위와 같음	本波	喙柴	干支
위와 같음	위와 같음	弗乃	壹伐

직명	출신지명	인명	관등명
위와 같음	위와 같음	金評△	干支
使人		祭智	壹伐
奈蘇毒只道使	喙	念牟智	
	沙喙	鄒須智	
	위와 같음	世令	
	위와 같음	干居伐	
	위와 같음	壹斯利	
	蘇豆古利村	仇鄒列支	干支
	위와 같음	沸竹休	
	위와 같음	壹金知	
	那音支村	卜步	干支
	위와 같음	走斤壹金知	
	위와 같음	珎伐壹昔	
		豆智	沙干支
		日夫智	
	(沙喙)	牟旦伐	
	喙	作民	沙干支
使人		卑西牟利	
典書		與牟豆	
	沙喙	心刀哩	

중성리비에는 모르는 관등명이 두 가지가 나온다. 壹伐과 干支가 그것이다. 喙 斯利나 本波 斯利나 使人 祭智는 모두 壹伐이란 관등명을 가지고 있다. 모두가 경위이나 그 정확한 실체는 모르고 있다. 本波 喙柴나 本波 弗乃나 本波 金評△는 모두 왕경인으로 경위를 가져야 되나 干支만을 가지고 있어서 어느 경위와 일치하는 지도 알 수 없다. 蘇豆古利村 仇鄒列支나 那音支村 卜步는 모두 干支를 가지고 있으나 어느 외위와 동일한지는 알 수가 없다.

다음에는 443년에 건립된 포항냉수리신라비의 인명 표기에 대해 알아보기 위해 인명을 분석해 제시하면 다음의 <표 2>와 같다.

직명	출신지명	인명	관등명	비교
	喙	珎夫智	王	實聖王
	위와 같음	乃智	王	訥祇王
	珎而麻村	節居利		비의 주인공
	沙喙	至都盧	葛文王	
	위와 같음	珎德智	阿干支	
	위와 같음	子宿智	居伐干支	
	喙	介夫智	壹干支	
	위와 같음	只心智	居伐干支	
	本彼	頭腹智	干支	
	위와 같음	斯彼暮珎智	干支	
		兒斯奴		
		末鄒		
		珎申支		
典事人	沙喙	壹夫智	奈麻	
위와 같음	위와 같음	到盧弗		
위와 같음	위와 같음	須仇你		
위와 같음	喙	心訾公		耽須道使
위와 같음	喙	沙夫那		
위와 같음	위와 같음	珎利		
위와 같음	沙喙	蘇那支		
村主		臾支	干支	
		須支壹今智[23]		

---

22) 珎夫智, 珎德智, 斯彼暮珎智(뒤의 글자), 珎申支, 珎利의 珎자는 모두 신라 조자이 다. 인명인 兒斯奴의 경우는 신라 조자가 아닌 斯자로 적는 경우도 있다. 이 신라 조 자는 함안 성산산성 목간에도 나와서 목간의 연대의 하한을 540년경으로 볼 수가 있다.

23) 須支나 壹今智의 두사람 인명일 수도 있다.

냉수리비에서 斯彼暮新智가 本彼 頭腹智와 함께 本彼 頭腹智干支의 干支와 本彼 斯彼暮新智干支의 干支란 그 정체를 알 수 없는 경위명을 가지고 있다. 그래서 어느 경위와 일치하는 지도 알 수 없다. 村主 臾支도 干支란 경위와 꼭 같은 모습의 외위명을 가지고 있다. 중성리비와 냉수리비는 진골과 4두품에 해당되는 관등명이 없고, 그 주인공이 각각 牟旦伐과 節居利로 뚜렷하다.[24] 이제 524년에 작성된 울진봉평신라비의 인명 표기를 제시할 차례가 되었다. 봉평비의 인명 분석표를 제시하면 다음의 <표 3>과 같다.

<표 3> 울진봉평비의 인명 분석표

직명	출신지 명	인명	관등명	비고
	喙部	牟卽智	寐錦王	法興王
	沙喙部	徙夫智	葛文王	沙喙部의 長
	本波部	△夫智	五△(△)	本波部의 長
干支岑	喙部	美昕智	干支	
위와 같음	沙喙部	而粘智	太阿干支(경5)	
위와 같음	위와 같음	吉先智	阿干支(경6)	
위와 같음	위와 같음	一毒夫智	一吉干支(경7)	
위의 같음	喙(部)	勿力智	一吉干支(경7)	
위와 같음	위와 같음	愼宍智	居伐干支(경9)	
위와 같음	위와 같음	一夫智	太奈麻(경10)	
위와 같음	위와 같음	一尒智	太奈麻(경10)	
위와 같음	위와 같음	牟心智	奈麻(경11)	
위와 같음	沙喙部	十斯智	奈麻(경11)	
위와 같음	위와 같음	悉尒智	奈麻(경11)	
事大人	喙部	內沙智	奈麻(경11)	
위와 같음	沙喙部	一登智	奈麻(경11)	

---

24) 5세기 금석문인 중성리비와 냉수리비에서는 도사가 나올 뿐, 군주는 나오지 않는다. 6세기 금석문에서는 군주가 반드시 나온다.

직명	출신지 명	인명	관등명	비고
위와 같음	위와 같음	具次	邪足智(경17)	
위와 같음	喙部	比須婁	邪足智(경17)	
居伐牟羅道使		卒次	小舍帝智(경13)	
悉支道使		烏婁次	小舍帝智(경13)	
	居伐牟羅	尼牟利	一伐(외8)	
	위와 같음	弥宜智	波旦(외10)	彼日로 보임
	위와 같음	組只斯利		
	위와 같음	一全智		
阿大兮村使人		奈尒利		杖六十의 杖刑
葛尸條村使人		奈尒利	阿尺(외11)	
男弥只村使人		翼糸		杖百의 杖刑
위와 같음		於卽斤利		杖百의 杖刑
悉支軍主	喙部	尒夫智	奈麻(경11)	
書人		牟珎斯利公	吉之智(경14)	
위와 같음	沙喙部	善文	吉之智(경14)	
新人	喙部	述刀	小鳥帝智(경16)	
위와 같음	沙喙部	牟利智	小鳥帝智(경16)	
	居伐牟羅	異知巴	下干支(외7)	
	위와 같음	辛日智	一尺(외9)	

봉평비에서는 진골과 4두품에 해당되는 관등이 나타나고, 비의 주인공도 없고, 5세기 금석문에서 나오지 않던 軍主도 나온다. 阿大兮村使人 奈尒利의 杖六十의 杖刑, 男弥只村使人 翼糸 杖百의 杖刑, 男弥只村使人 於卽斤利 杖百의 杖刑의 실체는[25] 비의 건립 목적과 관련이 있을 듯하나 풀리지 않은 수수께끼이다. <표 3>에서는 확실한 干支를 갖고 있는 왕경인으로 喙部 美昕智 干支가 있다. 그밖에 夲波部 △夫智 五△(△)도 그 가능성이 있다. 봉평비에서는 진

---

25) 杖刑을 받은 3명에게는 외위가 없어도 削奪官職을 당한 것으로 볼 수는 없다. 왜냐하면 ~使人의 직명은 가지고 있기 때문이다.

골에 해당되는 경위명과 4두품에 해당되는 경위명이 나오고,[26] 외위에 해당되는 干支는 없다.

IV. 外位로서의 干支

앞에서 살펴보았던 蘇豆古利村 仇鄒列支나 那音支村 卜步는 모두 중성리비에서 干支를 가지고 있으나 어느 외위와 동일한지는 알 수가 없다. 냉수리비에서는 村主 臾支 干支의 예가 있으나 어느 외위와 동일한지를 알 수가 없다.

외위가 나오는 확실한 예로 영천청제비병진명(536년)을 들 수가 있다. 우선 인명 분석표를 제시하면 다음의 <표 4>와 같다.

<표 4> 영천청제비병진명의 인명 분석표

職名	出身地名	人名	官等名
使人	喙	△尺利智	大舍弟
위와 같음	위와 같음	尺次鄒	小舍弟
위와 같음	위와 같음	述利	大烏弟
위와 같음	위와 같음	尺支	小烏
위와 같음	위와 같음	未弟	小烏
一支△人		次弥尒利	
위와 같음		乃利	
위와 같음		內丁兮	
위와 같음		使伊尺	
위와 같음		只伊巴	

---

26) 중성리비와 냉수리비에서는 진골에 해당되는 관등과 4두품에 해당되는 관등이 나오지 않는다.

職名	出身地名	人名	官等名
위와 같음		伊卽刀	
위와 같음		棠礼利	
위와 같음		只尸△利	干支
위와 같음		徒介利	

　영천청제비 병진명에서 외위를 가진 것은 一支△人 只尸△利 干支의 예가 있다. 영천청제비 병진명에서 두 번 나오는 小烏에 524년의 봉평비에 나오는 小烏帝智처럼 帝智 또는 苐 또는 之가 없어서 476년이라 아니라 536년이 옳다.[27] 외위로서 干支가 나오는 최후의 예는 월지 출토비이다. 이는 536년을 상한으로 한다. 영천청제비 병진명(536년)에서는 길이를 나타내는 하나치가 淂으로 나오는데 대해 월지 출토비에서는 步로 나와서 월지 출토비는 536년을 소급할 수가 없다.

　월지 출토비의 비문을 제시하면 다음과 같다.

④	③	②	①	
一	一	干	村	1
伐	尺	支	道	2
徒	豆	大	使	3
十	婁	工	喙	4
四	知	尺	部	5
步	干	侊		6
	支	兮		7
		之		8

---

27) 필자는 김창호, 『고신라 금석문의 연구』, 서경문화사, 2007, 109쪽에서 476년으로 보았으나 이는 잘못된 것으로 536년으로 바로 잡는다.

豆婁知干支가 외위에 干支만 있는 금석문에서 최후의 예이다. 이는 외위에서 경위와 구분이 되지 않는 干支란 외위의 최후의 시기이다. 그 구체적 시기는 알수 없으나 536년을 상한으로 한다. 하한은 성산산성 목간에 근거할 때 540년경이다. 제③행의 豆婁知 干支는 그 외위에서 마지막으로 나오는 확실한 예이다.

V. 6세기 전반 금석문의 관등명 변화

봉평비에 나오는 관등명을 경위 17관등과 외위 11관등과 비교해 도시하면 다음의 <표 5>와 같다.

<표 5> 봉평비에 나오는 관등명을 경위 17관등과 외위 11관등과 비교표

봉평비	京位名	外位名	봉평비
	1.伊伐飡		
	2.伊飡		
	3.迊飡		
	4.波珍飡		
太阿干支	5.大阿飡		
阿干支	6.阿飡		
一吉干支	7.一吉飡	1.嶽干	
	8.沙飡	2.述干	
居伐干支	9.級伐飡	3.高干	
太奈麻	10.大奈麻	4.貴干	
奈麻	11.奈麻	5.撰干	
	12.大舍	6.上干	
小舍帝智	13.舍知	7. 干	下干支
吉之智	14.吉士	8.一伐	一伐
	15.大烏	9.一尺	一尺
小烏帝智	16.小烏	10.彼日	波旦(彼日)
邪足智	17.造位	11.阿尺	阿尺

경위가 대부분 완성된 봉평비에는 그의 대부분 완성된 경위가 나온다. 干支가 봉평비보다 늦은 금석문 자료에서는 경위가 나오지 않는다. 영천청제비 병진명(536년)에 외위가 一支△人 只尸△利 干支의 인명 표기로 나오고, 536년을 상한으로 하는[28] 월지 출토비에 豆婁知 干支로 나온다.[29] 월지 출토비의 연대를 536~545년으로[30] 볼 수가 있다. 545년 직전에 세워진 적성비에서는 경위로 伊干支(2관등), 波珍干支(4관등), 大阿干支(5관등), 阿干支(6관등), 及干支(9관등), 大舍(12관등), 大烏之(15관등)이 나오고, 외위로 撰干支(5관등), 下干支(7관등), 阿尺(11관등)이 각각 나온다. 적성비에서는 경위나 외위가 미분화된 것으로 보이는 干支가 나오지 않는다. 적성비 단계에서는 경위와 외위가 모두 완성되었음을 의미한다.

신라 경위 성립에 중요한 자료가 성산산성 목간에서 최근에 두 자료가 나왔다.

먼저 목간 IV-597번으로 正月中比思(伐)古尸次阿尺夷喙(앞면) 羅兮落及伐尺幷作前瓷酒四斗瓮(뒷면)을 해석하면, '正月에 比思(伐)의 古尸次 阿尺(외위)의 夷(무리, 동료)와 喙(部)의 羅兮落 及伐尺이 함께 만든 前瓷酒의 四斗瓮이다.'가 된다.

다음으로 2017년 1월 4일자, 『연합뉴스』, 인터넷 판에 목간 내용이 판독되어 실려 있다.[31] 이는 뒤에 2006-W150번으로 명명되었다.

제1면 三月中眞乃滅村主 憹怖白
제2면 大城在弥卽尒智大舍下智前去白之
제3면 卽白先節六十日代法稚然
제4면 伊乇罹及伐尺寀言廻法卅代告今卅日食去白之

---

28) 영천청제비 병진명에는 길이를 나타내는 하나치로 신라 고유의 淂이 사용되고 있으나, 월지 출토비에서는 步가 사용되고 있기 때문이다.

29) 김창호, 앞의 책(고신라 금석문의 연구), 2007, 183쪽.

30) 정확히 이야기하면 536~540년경까지이다.

31) 제2면과 제4면은 서로 바꾸었다.

이를 中, 白, 食去, 稚然 등의 이두에 주목하여 해석하면 다음과 같다.[32]

> 3월에 眞乃滅村主인 憹怖白이 大城에 있는 弥卽尒智 大舍下智(경위 12관등)의 앞에 가서 아뢰었습니다. 먼저 때에 六十日代法이 덜 되었다고 해서 伊毛羅 及伐尺께 '寀(祿俸)에 말하기를 法을 피해 卅代를 고하여 이제 卅日食을 먹고 갔다'고 아뢰었습니다.

여기에서 大舍下智란 경위명은 524년의 봉평비 小舍帝智, 525년의 울주 천전리서석 원명에 나오는 大舍帝智와 함께 오래된 관등명이다. 목간 IV-597번과 사면으로 된 문서 목간에 나오는 及伐尺은 금석문이나 목간에서 처음으로 나오는 경위명이다.[33] 이 경위명을 통설대로 성산산성 목간 연대를 560년으로 보면 신라에 있어서 경위가 외위보다 늦게 완성된 것이 된다. 及伐尺은 안라국의 멸망 시기와 궤를 같이 한다. 안라국의 멸망을 금관가야의 멸망 시기인 532년을 소급할 수가 없다. 『三國史記』 권34, 잡지3, 지리1, 康州 咸安조에 咸安郡 法興王 以大兵 滅阿尸良國 一云阿那加耶 以其地爲郡가[34] 중요한 근거이다. 阿那加耶(안라국)은 고령에 있던 대가야와 함께 후기 가야의 대표적인 나라이다. 그런 안라국에[35] 대한 신라의 관심은 지대했을 것이다. 성산산성은 539년 안라국(아나가야)이 멸망되자 마자 신라인에 의해 석성으로 다시 축조되었다. 신라의

---

32) 이 목간의 현재까지 연구 성과에 대해서는 이수훈, 「함안 성산산성 출토 4면 목간의 '代'-17차 발굴조사 출토 23번 목간을 중심으로-」『역사와 경계』 105, 부산경남사학회, 2017 참조.

33) 及伐尺이란 경위명이 목간에나 금석문에 나오면, 그 시기는 540년경이다.

34) 조선 초에 편찬된 편년체 사서인 『東國通鑑』에서는 安羅國(阿尸良國)의 신라 통합 시기를 구체적으로 법흥왕 26년(539)이라고 하였다. 이는 고뇌에 찬 결론으로 판단된다. 법흥왕의 제삿날은 음력으로 539년 7월 3일이다.

35) 414년에 세워진 광개토태왕비의 永樂 9年 己亥(399)조에도 任那加羅(金官伽倻)와 같이 安羅人戍兵이라고 나온다. 安羅人戍兵의 安羅는 함안에 있었던 安羅國(阿羅加耶)을 가리킨다.

기단보축이란 방법에[36) 의한 성산산성의 석성 축조는 540년경으로 볼 수가 있다.[37) 성산산성 목간의 연대도 540년경으로 볼 수가 있다. 그래야 신라에 있어서 경위의 완성을 적성비의 건립 연대인 545년이나 그 직전인 것과 대비시켜서 540년경으로 볼 수가 있다. 그렇지 않고 목간의 연대를 통설처럼 560년으로 보면 신라 경위의 완성을 560년으로 보아야 되고, 540년경에 완성되는 외위보다 늦게 경위가 완성되게 된다. 따라서 성산산성의 목간의 제작 시기는 늦어도 540년경으로 볼 수가 있고, 경위의 완성 시기도 540년경으로 볼 수가 있다.

540년대 국가 차원의 금석문이 발견되지 않아서 단정할 수는 없지만 540년경에 경위가 완성되었고, 536년 이후 545년 이전에 외위도 경위와 거의 동시에 외위가 완성되었을 것이다. 봉평비(524년)에서 경위 17관등인 邪足智(17관등) 비롯한 小烏帝智(16관등), 吉之智(14관등), 小舍帝智(13관등), 奈麻(11관등), 太奈麻(10관등), 居伐干支(9관등), 一吉干支(7관등), 阿干支(6관등), 太阿干支(5관등)이 나와 대부분의 경위가 완성되었다. 경위로 干支가 나와 전부 완성되지는 못했다. 외위는 536년을 상한으로 하는 월지 출토비에서 干支가 나와[38)

---

36) 석성 축조에 있어서 基壇補築은 外壁補强構造物, 補築壁, 補助石築, 城外壁補築 등으로도 불리며, 신라에서 유행한 석성 축조 방식이다. 경주의 명활산성, 보은의 삼년산성, 충주산성, 양주 대모산성, 대전 계족산성, 서울 아차산성, 창녕 목마산성 등 신라 석성의 예가 있다.

37) 성산산성 출토된 목제 유물의 방사선탄소연대 측정 결과는 박종익, 「咸安 城山山城 發掘調査와 木簡」『韓國古代史研究』 19, 한국고대사학회, 2000, 10쪽에서 방사선탄소연대 측정 결과를 1992년에는 270~540년으로, 1994년에는 440~640년으로 각각 나왔다. 이경섭, 「함안 성산산성 목간의 연구형황과 과제」『신라문화』 23, 동국대학교 신라문화연구소, 2004, 216쪽에 따르면, 270~540년, 440~640년이라고 한다.

38) 월지 출토비에 豆婁知干支란 인명 표기가 나온다. 이는 월지 출토비의 축성의 수작 거리를 步로 표현한데 대해, 536년의 영천청제비 병진명에서는 거리 단위를 신라 고유의 하나치인 淂을 사용하고 있어서 월지 출토비는 536년을 소급할 수 없다. 536년 이후까지도 干支란 경위와 미분화된 외위를 사용하고 있어서 외위제의 완성에 걸림돌이 된다. 干支가 551년의 명활산성비에서는 下干支가 나와서 소멸된 것

536년 이후에 가서야 외위가 완성된 것으로 볼 수밖에 없다. 京位와 外位가 거의 동시에 완성으로 볼 수가 있다. 520년의 율령 공포와 관등제인 경위와 외위의 완성과는 전혀 관련이 없다.[39] 그 단적인 예가 524년 작성의 봉평비에 干支란 경위가 남아 있고, 536년을 상한으로 하는 월지 출토비에 경위와 외위가 아직까지 미분화한 干支가 나오는 점이다.[40] 따라서 540년경에 경위와 외위가 거의 동시에 완성되었다고 볼 수가 있다. 이를 증명하는 것이 545년이나 그 직전에 만들어진 적성비이므로, 적성비에 나오는 관등명을 표로써 제시하면 다음의 <표 6>과 같다.

으로 판단된다. 현재까지 540년경의 금석문 자료가 없지만 신라 금석문에서 외위인 干支의 소멸을 540년경으로 보고 싶다. 또 주보돈, 「雁鴨池 出土 碑片에 대한 一考察」『大丘史學』 27, 대구사학회, 1985에서는 월지 출토비를 명활산성비로 보았으나, 이 비는 명활산성비보다는 시기상으로 앞선 비석이다. 551년의 명활산성비가 古阤門 근처를 수리한 비(김창호, 「명활산성작성비의 재검토」『金宅圭博士華甲紀念文化人類學論叢』, 金宅圭博士華甲紀念文化人類學論叢 編纂委員會, 1989)로 분석되어서 명활산성작성비라 부르지 않고, 명활산성비라 부른다.

39) 其俗呼城曰健牟羅, 其邑在內曰啄評, 在外曰邑勒, 亦中國之言郡縣也. 國有六啄評, 五十二邑勒. 土地肥美, 宜植五穀. 多桑麻, 作縑布. 服牛乘馬. 男女有別. 其官名, 有子賁旱支, 齊旱支, 謁旱支, 壹告支, 奇貝旱支. 其冠曰遺子禮, 襦曰尉解, 袴曰柯半, 靴曰洗. 其拜及行與高驪相類. 無文字, 刻木爲信. 語言待百濟而後通焉(『梁書』, 신라전).
   여기에서는 "子賁旱支, 齊旱支, 謁旱支, 壹告支, 奇貝旱支."라는 관등이 검출되는데, 이것은 각각 伊伐湌(1관등), 迊湌(3), 阿湌(6), 一吉湌(7), 級伐湌(9)에 비정되며, 또 521년의 신라 상황을 나타낸다. 521년 당시에 4두품의 관등인 大舍, 舍知, 吉士, 大烏, 小烏, 造位가 없었다고 단정할 수 없고, 5두품에 해당되는 奈麻는 5세기부터 있었고, 524년의 봉평비에서는 奈麻와 함께 太奈麻가 나오고 있어서 문제가 된다.
40) 외위로 연대를 추정하는 것은 干支만 나오면 5세기에서부터 540년까지로 판단되고, 외위의 ~干支에서 支가 551년의 명활산성비의 下干支를 마지막으로 종언을 고하게 된다. ~干支로 외위가 나오면 6세기 초반에서부터 551년까지이다. 一伐, 一尺, 彼日, 阿尺이 나오면 6세기 전반에서 673년까지이다.

<표 6> 적성비의 관등 분석표

적성비	京位名	外位名	적성비
	1.伊伐湌		
伊干支	2.伊湌		
	3.迊湌		
波珎干支	4.波珍湌		
大阿干支	5.大阿湌		
阿干支	6.阿湌		
	7.一吉湌	1.嶽干	
	8.沙湌	2.述干	
及干支	9.級伐湌	3.高干	
	10.大奈麻	4.貴干	
	11.奈麻	5.撰干	撰干支
大舍	12.大舍	6.上干	
	13.舍知	7.干	下干支
	14.吉士	8.一伐	
大烏之⁴¹⁾	15.大烏	9.一尺	
	16.小烏	10.彼日	
	17.造位	11.阿尺	阿尺

봉평비에서와 마찬가지로 적성비에서는 진골과 4두품에 해당되는 관등이 있다. 적성비에서는 경위와 외위가 모두 완성된 것으로 판단된다. 앞에서 경위와 외위가 540년경에 거의 동시에 완성되었다고 본 것은 타당하다고 보인다.

---

41) 之자는 적성비의 맨 마지막에 나오므로 종결사로 판단된다. 大舍도 관등명에 之자를 동반하지 않았는데, 大烏가 之자를 동반할 수 없다. 아마도 공간이 넓어서 之자를 써넣은 종결사로 판단된다.

VI. 월성해자 목간 신1번의 제작 연대

월성해자의 목간 신1번의 제작 시기는 干支가 중요하다. 一伐은 591년의 남산신성비에 나오고 있으므로 그 하한은 591년 전후이다.[42] 干支는 京位일 때 441년에서 524년까지이고, 外位는 441경에서 536년을 상한으로 하는 월지 출토비가 있다. 그렇다고 一伐 때문에 干支의 연대를 5세기로 볼 수는 없다. 一伐이 524년의 봉평비에는 나오고, 중성리비와 냉수리비의 5세기 금석문에서는 나오지 않는다. 干支가 京位와 外位에 동시에 나오는 정체불명의 관등명이 아니라 貴干支 등과 같은 것으로 볼 수는 없다. 곧 貴干 등과 같은 것으로 보아서 戊戌年을 578년, 丙午年을 586년으로 단정했으나 그렇게 볼 수는 없다. 그렇게 되면 월성해자 목간 신1번을 6세기 후반으로 보아야 된다. 干支가 京位와 外位가 구분이 없이 나오는 자료는 외위의 경우 536년을 근처를 상한으로 하고 하한은 540년경이고, 京位로서의 干支는 524년이 하한이다.

신라에서 관등제의 어미에 붙는 支·帝智·第 등의 소멸의 열쇠는 함안 성산산성 목간이 쥐고 있다. 왜냐하면 524년의 봉평비, 545년이나 그 직전인 적성비, 561년이 창녕비가 있어서 이들 관등에 붙는 어미인 支·帝智·第 등의 소멸은 524년에서 545년 사이로 짐작된다. 이 사이로 보이는 支·帝智·第의 소멸에 대해 알아보기 위해 함안 성산산성 목간의 관등명에 대해 살펴보기로 하자. 우선 관등명이 나오는 예부터 제시하면 다음과 같다.

> 4번 仇利伐/仇失了一伐/尒利△一伐
> 5번 仇利伐 △德知一伐奴人 塩 (負)
> 14번 大村伊息知一伐
> 23번 ~△知上干支
> 29번 古阤新村智利知一尺那△(앞면) 豆兮利智稗石(뒷면)

---

42) 674년이 외위 11관등이 나올 수 있는 하한이다.

72번 ~△一伐稗

2007-8번 ~△一伐奴人毛利支 負

2007-21번 ~豆留只(一伐)

2007-31번 仇利伐 仇陁知一伐奴人 毛利支 負

IV-597번 正月中比思(伐)古尸次阿尺夷喙(앞면) 羅兮落及伐尺 作前瓷酒四斗
瓮(뒷면)

V-166번 古陁伊未姢上干一大兮伐(앞면) 豆幼去(뒷면)[43]

2016-W89번 丘利伐/卜今智上干支 奴/△△巴支 負

2016-W150번 三月中眞乃滅村主憹怖白(제1면)
大城在弥卽尒智大舍下智前去白之(제2면)
卽白先節六十日代法稚然(제3면)
伊毛羅及伐尺寀言廻法卅代告今卅日食去白之(제4면)

위의 자료들은 지금까지 경위와 외위가 나오는 목간의 전부이다. 대개 一伐
(4번, 5번, 14번, 72번, 2007-8번, 2007-21번, 2007-31번), 上干支(23번, 2016-
W89번), 一尺(29번), 阿尺(IV-597번), 上干(V-166번)은 外位이고, 及伐尺(IV
-597번, 2016-W150번)과 大舍下智(2016-W150번)가 京位이다. 그 가운데 上
干, 一伐, 一尺, 阿尺은 연대 설정에 도움이 되지 않는다. 왜냐하면 이들 외위명
에서는 존칭의 뜻이 붙는 접미사가 없었기 때문이다. 또 이 가운데에서 弥卽尒
智大舍下智는 弥卽尒智大舍와 下智인지[44] 弥卽尒智大舍下智인지가[45] 문제
가 된다. 眞乃滅村主憹怖白이 아뢰는 대상이 弥卽尒智大舍와 下智가 되면 경
위도 없는 下智에게도 아뢰는 문제가 생겨서 大舍下智로 합쳐서 경위명으로 본
다. 이렇게 보면 大舍下智는 545년이나 그 직전인 적성비의 大舍보다 앞선다.

---

43) 536년 영천청제비 병진명(536년)에서는 大烏弟로 나오고, 小烏는 弟가 붙어있지 않
다. 545년이나 그 직전에 세워진 적성비에서는 낮은 大烏之가 있으나 大舍는 아무
런 존칭어가 없다. 따라서 540년경에도 上干에 支가 없는 외위명도 있었음을 알 수
있다.

44) 이수훈, 앞의 논문, 2017, 170쪽.

45) 김창호, 『고신라 금석문과 목간』, 주류성출판사, 2018, 217쪽.

이는 성산산성에서만 나오는 유일한 예이다. 그 소멸 시기가 문제이다. 이는 경위 及伐尺과 함께 없어지는 시기가 문제이다.

목간 23번의 △知上干支은 干支로 끝나는 외위명이 나와서 그 시기는 551년의 명활산성비에서 나온 下干支에 근거할 때, 551년이 하한이다. 종래 오작비(578년) 제③행의 大工尺仇利支村壹利力兮貴干支△上△壹△利干를[46] 大工尺인 仇利支村의 壹利力兮貴干支와 △上△壹△利干으로 분석해 왔으나 大工尺인 仇利支村의 壹利力兮貴干과 支△上(干)과 壹△利干으로 본 견해가 나왔다.[47] 이렇게 보는 쪽이 오히려 타당할 것 같다. 그러면 금석문에서 관등명의 끝에 붙는 干支의 支자가 소멸하는 시기를 명활산성비의 작성 시기인 551년으로 볼 수가 있다. 따라서 上干支로 보면 성산산성의 목간의 하한은 551년이다.

또 만약에 종래의 통설처럼 성산산성의 목간 제작 시기를 560년으로 보면 신라 관등제의 완성도 560년으로 보아야 된다. 지금까지 금석문 자료로 볼 때, 신라 금석문에서 관등제의 완성은 적성비 작성 이전으로 볼 수가 있다. 그렇다면 언제까지 올라갈 수가 있을까? 아무래도 아라가야 멸망 시기인 539년 곧 540년경을 하한으로 볼 수가 있다. 월성해자 목간 신1번의 제작 시기는 524년경에서 540년경까지로 한정할 수 있다. 구체적으로는 586년으로도 볼 수가 있다. 월성해자 목간 신1번의 丙午年을 586년으로 볼 경우에는 신라의 17관등제의 완성을 586년 이후로 보아야하기 때문에 문제가 노정된다. 신라의 관등제 완성은 아무리 늦게 잡아도 545년이나 그 직전인 적성비보다 늦을 수는 없다. 결론적으로 丙午年은 526년으로 보아야 한다. 목간의 작성 시기는 결국 526년이 된다. 이를 판독하여 해석하면 다음과 같다.

---

46) 판독은 한국고대사회연구소, 『역주 한국고대금석문』 II(신라 I, 가야편), 1992, 98
   쪽에 따랐다.

47) 전덕재, 「함안 성산산성 목간의 연구 현황과 쟁점」 『한국목간학회 학술대회자료집』,
   한국목간학회, 2007, 69쪽.

(A) ①△△△ ……………………

　　②古拿村(行)分(豕) ………… 書△

　　③△只△ …………………………

(B) ①功以受波珎日煞功十二以八十四人足蒜山走入△

　　②受一伐古(沽)孔年郎留丙午年干支受

　　③留二

'……古拿村……功으로 저 보배를 받고, 日煞功(하루에 죽인 공)으로 十二人을 죽이고, 八十四人으로써 足蒜山에 走入케하여(달아나서 도망가게 하여)~했다. 一伐를 받은 古(沽)孔年郎은 더디게 丙午年(526)에 干支를 받았다.'

부연해서 설명하면, 6세기 후반인 干은 오작비(578년), 남산신신성비(591년)에 나오고, 이에 대응되는 下干支는 봉평비(524년), 적성비(545년이나 그 직전), 명활산성비(551년), 이에 대응하는 경위인지 외위인지 모르는 干支는 중성리비(441년), 냉수리비(443년)가 있고, 울진봉평비(524년)에서는 경위로, 영천청제비 병진명비(536년)에서도 외위로, 월지 출토비(536년이 상한)은 외위가 있을 뿐이다. 월성해자 목간 신1번은 丙午가 526년이 될 수밖에 없다.

VII. 맺음말

먼저 월성해자 목간 신1번을 소개하였고, 그 가운데 戊戌年을 578년, 丙午年을 586년으로 본 가설을 소개하였다. 또 하나의 신설은 波珎日을 彼日로 본 점이다. 금석문에서는 彼日이 波日로 기재된다. 명활산성비가 그 예이다. 이는 저 보물로 해석된다.

다음으로 경위로서의 干支를 조사하였다. 441년의 중성리비, 443년의 냉수리비, 524년의 봉평비에 경위로서의 干支가 나오고 있어서 목간 신1번의 干支

를 524년을 하한으로 볼 수가 있다.

그 다음으로 外位로서의 干支를 조사하였다. 441년의 중성리비, 443년의 냉수리비, 536년의 영천청제비 병진명, 536년을 상한으로 하는 월지 출토비 등이 있다. 그렇다면 외위로서의 干支의 연대는 536년을 상한으로 하므로, 외위의 완성 시기는 적성비의 건립 시기인 늦어도 545년이나 그 직전으로 편년되는 545년경으로 볼 수가 있다.

마지막으로 월성해자 목간 신1번의 연대는 함안 성산산성 목간의 연대와 관련이 있다. 성산산성 목간에는 一伐, 一尺, 阿尺 등과 함께 上干支도 나와서 그 시기를 551년을 하한으로 한다. 또 及伐尺(京位), 大舍下智(京位: 12등급)가 나오고 있다. 대사하지는 오래된 관등으로 545년에는 이미 소멸된 것이고, 干支와 급벌척은 신라의 관등명에는 없다. 그 소멸시기를 540년으로 추정하였다. 그래서 丙午年은 526년을 보고, 목간 신1번의 전문을 해석하였다.

제2절

月城垓字 출토 목간의 몇 예

Ⅰ. 머리말

왕경의 정궁이었던 월성해자에서는 많은 목간이 나왔으나 지방 관아인 함안 성산산성에 비해서도 그 중요성이나 그 출토 양에서는 뒤지는 듯하다. 곧 함안 성산산성 목간에 비해 왕경의 궁궐 목간인 데에도 불구하고 그 중요성은 떨어 지고 그 양은 비교도 안될 정도로 적은 것 같다. 왕경 목간에서 중요한 것은 목 간 9번이 있어서 신라의 坊里制 연구에 중요한 자료가 되고 있으나 그 단서조 차 잡기 힘들고, 牟喙(部)가 나와서[1] 신라의 6부 가운데 牟梁部는 岑喙部이라 고 나오지 않고, 牟喙部라고[2] 나옴을 알게 되었다. 앞으로 고신라 금석문에서 牟梁部는 牟喙部라고 나올 것이다. 그 외에 눈에 띄는 목간은 목간 2번, 목간 12번과 목간 신3번, 목간 신1번이[3] 그것이다. 이들 목간은 관계 전문가에 의해 충분히 검토된 바 있다.[4] 그럼에도 불구하고 목간 자체의 분석이 아니라 『삼국 사기』와 『삼국유사』에 의한 상황 판단으로 목간을 분석한 부분이 있는 듯하다.

---

1) 목간 9번에서 나왔다.
2) 남산신성비 제2비에서도 牟梁部가 牟喙部로 나온 바 있다.
3) 이에 대해서는 「월성해자 목간 新1호의 제작 시기」 『한국 고대 목간』, 2020 참조.
4) 윤선태, 「월성 해자 목간의 연구 성과와 신출토목간의 판독」 『동아시아 고대 도성의 축조의례와 월성해자목간』, 2017.
   박성현, 「월성 해자 목간으로 본 신라의 왕경과 지방」 『동아시아 고대 도성의 축조 의례와 월성해자목간』, 2017.

그래서 월성해자 목간 가운데 가장 중요한 목간 2번, 목간 12번과 목간 신3번을 검토해 보고자 한다.

II. 목간 2번

목간 2번은 四角 형태의 다면목간으로 4면 전체에 먹으로 쓴 36자 정도의 글씨가 남아 있다. 다른 목간들에 비교해 볼 때, 상태가 양호하여 『한국의 고대 목간』에 게재된 사진만으로도 글자를 판독할 수 있기 때문에 대부분의 연구자들은 판독문을 제시하고 있다.[5]

그런데 목간의 판독을 살펴보기에 앞서서 목간면의 순서에 대한 논란을 살펴볼 필요가 있다. 처음 이 목간의 판독을 제시하던 연구에서 4-3-2-1면의 순서로[6] 또는 3-2-1-4면의 순서로[7] 보는 가설이 제기되었기 때문이다. 김해 봉황동 출토 논어 목간을 근거로 오른쪽에서 왼쪽으로 한자를 쓰는 점과 목간 2번의 해석을 통해서 목간의 제1면이 확정되었다.[8] 목간의 읽는 순서는 1-2-3-4면으로 보는 것이 타당하다.[9] 주요 판독 결과를 제시하면 다음과 같다.[10]

---

5) 판독한 여러 가설에 대해서는 이경섭, 「신라월성해자에서 출토된 2호 목간에 대 하여」 『한국 고대사 연구의 현단계 -석문 이기동교수정년기념논총-』, 2009 참조.

6) 이성시, 「한국목간연구현황과 함안성산산성 출토의 목간」 『한국고대사연구』 19, 2000.

7) 이성시, 「朝鮮の文書行政 -六世紀の新羅-」 『文字と日本古代』 2, 2005.
三上喜孝, 「文書樣式牒の受容をめぐる一考察」 『山形大學 歷史・地理人類學論叢』 7, 2006.

8) 윤선태, 「월성해자 출토 신라 문서목간」 『역사와 현실』 56, 2005, 134~135쪽.

9) 이경섭, 앞의 논문, 2009.

10) 이경섭, 앞의 논문, 2009에서 전제하였다.

	글자	연구자	비고
① 면2	烏	이성시, 深津行德, 三上喜孝, 이용현, 市大樹, 이경섭	
	鳥	윤선태, 김영욱, 정재영	
① 면8	拜	윤선태, 정재영, 市大樹, 이경섭	
	引	이성시, 深津行德, 三上喜孝, 이용현, 김영욱	
① 면10	之	정재영(口訣字 'ㅣ'의 原字로 봄), 윤선태, 이경섭	
	了	이성시, 深津行德, 三上喜孝, (이용현 未詳)	
	ㅣ	김영욱	釋讀 口訣
	夊[11]	市大樹	
② 면9	雎	윤선태, 김영욱, 정재영, 이경섭	
	雎	이성시, 三上喜孝, 이용현, 市大樹	
② 면13	斤	이성시, 三上喜孝, 이용현, 市大樹	
	个	윤선태, 김영욱, 정재영(혹은 亇)	
	斗	深津行德	
④ 면2	內	이성시, 윤선태, 三上喜孝, 김영욱, 정재영, 市大樹, 이경섭	
	官	深津行德, (이용현 未詳)	

선학들의 판독을 두루 참조하여 판독 결과를 제시하면 다음과 같다.

월성해자 목간 2번에 다음과 같은 명문이 있다.

제1면 大烏知郎足下万拜白之
제2면 經中入用思買白不雎紙一二斤
제3면 牒垂賜敎在之 後事者命盡
제4면 使內

이를 해석하면 다음과 같다.

---

11) 만약에 위와 동일한 글자의 표시라면 ㄥ로 표기해야 된다. 夊는 일본식이다.

'大烏知郎足下께 万拜가 아룁니다. 經에 넣어 쓰려고 구매하는 白不躍紙 한두 근을 샀습니다. 牒을 내리신 명령이었습니다. 뒤의 일은 명한 대로 다 시키어 내었습니다.'

　이 명문의 연대를 6세기 중엽으로 보아 왔다.[12] 그런데 大烏란 관등명 뒤에 知郎이란 것이 붙어 있다. 大烏知郎足下[13] 가운데 大烏知郎이[14] 관등명이다. 이는 영천청제비 병진명에서 ~弟로 나오고 있다. 이를 제시하면 다음과 같다.

직명	출신부명	인명	관등명
使人	喙	△尺利知	大舍弟
위와 같음	위와 같음	尺次鄒	小舍弟
위와 같음	위와 같음	述利	大烏弟
위와 같음	위와 같음	尺父	小烏
위와 같음	위와 같음	未弟	小烏

　536년 당시의 경위에서 大舍弟, 小舍弟, 大烏弟는 弟자가 관등명에 붙고 있으나 두 명의 小烏는 관등명에 붙지 않고 있다. 大烏弟와 같이 大烏 다음에 존칭이 붙는 에로는 524년에 세워진 봉평비의 邪足智와 吉之智가 있다. 大烏의 관등명에 536년 이전에는 나온 예가 없으나 524년 봉평비 小烏帝智나 525년 울주 천전리서석 원명의 大舍帝智와 540년경의 함안 성산산성 목간의 大舍下智의 예와[15] 같았을 것이다. 그렇다면 大烏知郎의 연대는 524년을 상한으로 하

---

12) 이경섭, 앞의 논문, 2009, 408쪽에서 월성해자 목간 2번의 연대를 561년 전후로 보고 있다.

13) 이도학, 「제천 점말동굴 花郎 石刻에 대한 考察」 『충북문화재연구』 2, 2009, 54쪽에서는 大烏知郎을 인명으로 보아서 烏郎과 동일한 화랑으로 보고 있다.

14) 이경섭, 『신라 목간의 세계』, 2013에서는 大烏와 大烏知를 같은 것으로 본 『삼국사기』의 기사에 따라서 郎만이 경위인 大烏에 붙는 것으로 보았다. 536년 영천청제비 병진명의 大烏弟에 의거할 때, 따르기 어렵다.

15) 김창호, 『고신라 금석문과 목간』, 2018, 195~200쪽.

고, 540년경을 하한으로 한다. 월성해자 목간 신1번이 526년임도 참고가 될 것
이다.

III. 목간 12번과 목간 신3번

기존에 월성해자 출토 목간 12번에 典大等이 있었는데 신발견 목간 신3번에
서는 典中大等이 나왔다. 두 목간의 전문을 제시하면 다음과 같다.

> 四月一日典大等教事
> 勺舌白故爲△教事△△
> △△△△△△△△△(월성해자 출토 목간 12번)

이를 해석하면 4월 1일에 典大等이 教事했다. 勺舌하여 아뢴 까닭으로 教事
했다.

> 典中大等赴告沙喙及伐漸典前
> 阿尺山△舟△至△愼白△△
> 急煙爲在之
> 文人周公智 · 吉士 •(월성해자 출토 목간 신3번)

阿尺을 외위로 보고 있으나[16] 文人周公智吉士에 따를 때, 文人(직명), 周公
智(인명), 吉士(관등명)이 되어서 외위는 아니다. 특히 文人(직명)은 직명인 文
作人(대구무술명오작비), 書尺(남산신성비 제1 · 2비), 文尺(남산신성비 제4비)

---

16) 윤선태, 「월성 해자 목간의 연구 성과와 신출토목간의 판독」 『동아시아 고대 도성의
    축조의례와 월성해자 목간』 -한국목간학회 창립 10주년 기념 국제학술회의-, 2017,
    76쪽.

와 같이 출신지명이 생략되는 전형적인 고신라(6세기 후반)의 인명 표기이다. 이를 해석하면 '典中大等이 사탁(부) 급벌점전의 앞에 赴告했다. 阿尺山△에 배가 이르러 삼가 아룁니다. △△를 급히 연기로 하셨다. 文人(직명)周公智(인명)吉士(외위명)가 썼다.'가 된다.

목간 12번의 전대등과 목간 신3번의 전중대등은 동일하다고 판단된다. 551년의 명활산성비의 郡中上人과 591년의 남산신성비 제9비의 郡上人은 동일하기 때문이다. 남산신성비 제2비의 郡中(上人)과도 郡上人은 동일하다. 따라서 典大等과 典中大等은 동일하다. 월성해자 출토 목간 12번의 典大等은 敎事를 하고 있는 바 敎事가 나오는 금석문은 울진봉평비와 단양적성비밖에 없다.[17] 그 전문을 각각 제시하면 다음과 같다.

울진봉평비

⑩	⑨	⑧	⑦	⑥	⑤	④	③	②	①	
	麻	奈	使	新	者	別	愼	干	甲	1
立	節	尒	卒	羅	一	教	·	支	辰	2
石	書	利	次	六	行	今	宍	岑	季	3
碑	人	杖	小	部	△	居	智	喙	正	4
人	牟	六	舍	煞	之	伐	居	部	月	5
喙	珎	十	帝	斑	人	牟	伐	美	十	6
部	斯	葛	智	牛	備	羅	干	昕	五	7
博	利	尸	悉	△	土	男	支	智	日	8
士	公	條	支	△	鹽	弥	一	干	喙	9
于	吉	村	道	麥	王	只	夫	支	部	10
時	之	使	使	事	大	夲	智	沙	牟	11
教	智	人	烏	大	奴	是	太	喙	卽	12
之	沙	奈	婁	人	村	奴	奈	部	智	13
若	喙	尒	次	喙	負	人	麻	而	寐	14

---

17) 남산신성비들에서도 敎事가 나오나 용례가 다르다.

⑩	⑨	⑧	⑦	⑥	⑤	④	③	②	①	
此	部	利	小	部	共	雖	一	•	•	15
省	善	阿	舍	內	值	•	尒	粘	錦	16
獲	文	•	帝	沙	五	是	智	智	王	17
罪	吉	尺	智	智	其	奴	太	太	沙	18
於	之	男	居	奈	餘	人	奈	阿	喙	19
天	智	弥	伐	麻	事	前	麻	干	部	20
•	新	只	牟	沙	種	時	牟	支	徙	21
•	人	村	羅	喙	種	王	心	吉	夫	22
•	喙	使	尼	部	奴	大	智	先	智	23
居	部	人	牟	一	人	教	奈	智	葛	24
伐	述	翼	利	登	法	法	麻	阿	文	25
牟	刀	戻	一	智		道	沙	干	王	26
羅	小	杖	伐	奈		侠	喙	支	本	27
異	烏	百	弥	麻		咋	部	一	波	28
知	帝	於	宜	莫		隘	十	毒	部	29
巴	智	即	智	次		禾	斯	夫	△	30
下	沙	斤	波	邪		耶	智	智	夫	31
干	喙	利	旦	足		界	奈	一	智	32
支	部	杖	組	智		城	麻	吉	五	33
辛	牟	百	只	喙		失	悉	干	△	34
日	利	悉	斯	部		火	尒	支	(△)	35
智	智	支	利	比		遶	智	喙		36
一	小	軍	一	須		城	奈	勿		37
尺	烏	主	全	婁		我	麻	力		38
世	帝	喙	智	邪		大	等	智		39
中	智	部	阿	足		軍	所	一		40
△		尒	大	智		起	教	吉		41
三		夫	分	居		若	事	干		42
百		智	村	伐		有		支		43
九		奈	使	牟						44
十			人	羅						45
八				道						46

울진봉평비에서는 甲辰年正月十五日에 喙部牟卽智寐錦王, 沙喙部徙夫智葛文王, 夲波部△夫智五△(△)로 탁부, 사탁부, 본피부의 각각에 해당되는 장으로서 敎事를 내린 主體이다. 경주 월성해자 목간 12번 제1면에 四月一日典大等敎事란 구절이 나와 국왕만이 敎事한 것이 아니다. 냉수리비 전면 제⑦행에 此七王等共論敎用이라고 되어 있어서 沙喙部至都盧葛文王을 비롯한 6명의 경위를 가진 자가 함께 교를 쓰고 있다. 봉평비의 제③행의 끝부분에 ~悉尒智奈麻等所敎事란 구절이 나오는데, 이는 11명의 干支岺이[18] 喙部牟卽智寐錦王, 沙喙部徙夫智葛文王, 夲波部△夫智五△(△)로부터 敎事를 받은 바란 뜻이다.

제2단락을 해석할 차례가 되었다.

干支岺인 喙部 美昕智 干支와 沙喙部 而粘智 太阿干支와 吉先智 阿干支와 一毒夫智 一吉干支와 喙(部) 勿力智 一吉干支와 愼宍智 居伐干支와 一夫智 太奈麻와 一尒智 太奈麻와 牟心智 奈麻와 沙喙部 十斯智 奈麻와 悉尒智 奈麻 등이 敎事를 (喙部牟卽智寐錦王, 沙喙部徙夫智葛文王, 夲波部△夫智五△(△)으로부터) 받았다란 뜻이다.

단양적성비

㉒	㉑	⑳	⑲	⑱	⑰	⑯	⑮	⑭	⑬	⑫	⑪	⑩	⑨	⑧	⑦	⑥	⑤	④	③	②	①	
△	△	△	村	△	△	△	△	△	△	△	△	△	△	△	△	城	阿	城	支	支	△	
△	△	△	△	△	△	△	△	△	△	△	△	△	△	△	幢	干	在	居	沙	△	△	2
△	△	△	△	△	△	△	△	△	△	△	△	△	△	△	主	支	軍	枕	喙	年	△	3
△	△	△	△	△	△	△	△	△	△	△	△	△	△	△	喙	鄒	主	夫	部	△	△	4
△	△	△	△	△	△	△	△	△	△	△	△	△	△	△	中	部	文	等	智	豆	月	5
△	△	△	△	△	△	合	弗	△	△	△	△	△	△	△	作	助	村	喙	大	弥	中	6
△	△	△	△	△	懷	五	兮	△	△	△	△	△	△	△	善	黑	幢	部	阿	智	王	7
△	△	△	△	△	兄	懃	人	女	△	△	△	△	△	△	夫	主	比	干	波	教	△	8

---

18) 岺喙部로 읽고 있으나 그렇게 되면 중고금석문에서 유일한 예가 되고, 잠탁부 출신이 갖는 관등이 干支로 6두품이 되어 모탁부, 습비부, 한지부 출신이 갖는 최고의 관등이 5두품이란 결론과 모순된다.

㉒	㉑	⑳	⑲	⑱	⑰	⑯	⑮	⑭	⑬	⑫	⑪	⑩	⑨	⑧	⑦	⑥	⑤	④	③	②	①	
△	△	△	△	喙	弟	力	之	道	使	△	△	前	△	△	懷	智	沙	次	支	㖨	事	9
大	人	人	勿	部	耶	使	別	豆	法	子	異	者	公	△	勳	及	喙	夫	内	干	大	10
烏	石	勿	思	奈	如	人	教	只	赤	刀	葉	更	兄	△	力	干	部	智	礼	支	衆	11
之	書	支	伐	弗	此	事	自	又	城	只	耶	赤	鄒	許	使	支	導	阿	夫	㖨	等	12
	立	次	城	耽	白	若	此	悅	佃	小	國	城	文	利	死	節	設	干	智	部	㖨	13
	人	阿	幢	郝	者	其	後	利	舍	女	法	烟	村	之	人	教	智	支	大	西	部	14
	比	尺	主	失	大	生	國	巴	法	烏	中	法	巴	四	是	事	及	沙	阿	夫	伊	15
	今	書	使	利	人	子	中	小	爲	礼	分	使	㖨	年	以	赤	干	㖨	干	叱	史	16
	皆	人	人	大	耶	女	如	子	之	兮	与	之	妻	小	後	城	支	部	支	智	夫	17
	里	㖨	那	舍	小	子	也	刀	別	撰	雖	後	者	其	也	勿	武	高	大	智		18
	村	部	利	鄒	人	年	介	兮	賜	支	伊	公	支	文	三	次	伐	智	林	干	干	19
		村	村	耶	少	次	兮	賜	支	伊	公	支	文	三	次	伐	智	林	干	干		20

　　단양적성비에서는 敎事가 두 번이나 나온다. 한번은 제①행의 王敎事이고 다른 하나는 제⑥행의 節敎事이다. 王敎事는 제①행부터 제⑥행까지의 인명(大衆等과 幢主)에 대한 것이고, 節敎事는 제⑥행부터 제⑬행까지의 지방민 六家 등이 이에 해당된다. 그러면 여기에서 진흥왕이 적성 경영에 참여했는지 여부를 조사해 보자. 주지하는 바와 같이 진흥왕 즉위 나이에 대해서는 『삼국사기』에는 15세설, 『삼국유사』에는 7세설이 각각 적혀 있다. 그래서 진흥왕은 551년 開國이란 연호를 사용하면서 친정을 시작하는 것으로 보아서 7세설이 옳다고 보았다.[19] 진흥왕의 540년이므로 7세설로 볼 때, 551년에 진흥왕의 나이가 18세가 되어 성인이 되는지 의문이 생긴다. 반면에 진흥왕의 즉위 시 나이를[20] 15세로 보면 545년이나 그 직전에 세워진 그의 나이는 20세가 되어 진흥왕이 직접 적성 경영에 참가하게 된다. 따라서 진흥왕의 즉위 시 나이는 7세가 아닌

---

19) 이병도, 『한국고대사연구』, 1976, 669쪽.
　　　村上四男, 『조선고대사연구』, 1978, 86쪽.
　　　이기백, 『신라시대의 불교와 유교』, 1978, 669쪽 등.
20) 진흥왕은 울주 천전리서석 추명에 근거할 때 539년 7월에 즉위했다.

15세로 보아야 한다. 또 王敎事를 내린 주체도 지소태후가 아닌 眞興王으로 보인다.

典大等으로 추정되는 것으로 창녕비의 △大等이 있다.[21] 이를 알기 쉽게 적기하면 다음과 같다.

직명	부명	인명	관등명
△大等	喙	居七夫智	一尺干
위와 같음	喙	△未智	一尺干
위와 같음	沙喙	吉力智	△△干
△大等	喙	未淂智	(一)尺干
위와 같음	沙喙	毛聰智	及尺干

△大等은 大等과 四方軍主 사이에서 두 번씩이나 나온다. 이들 가운데 하나는 典大等으로 판단된다. 두 개의 직명 가운데 어느 것이 典大等인지는 단정할 수는 없다.

월성해자 목간 신3번의 及伐漸典과 유사한 예가 마운령비와 황초령비에 나오는 바, 마운령비의 인명 표기를 제시하면 다음과 같다.

<표 1> 마운령비 인명 분석표

직명	출신부명	인명	관등명
沙門道人		法藏	
위와 같음		慧忍	
太等	喙部	居柒夫智	伊干
위와 같음	위와 같음	內夫智	伊干
위와 같음	沙喙部	另力智	迊干
위와 같음	喙部	服冬智	大阿干

---

21) 이 밖에도 울주 천전리서석 계사명(574년)에 輩衆大等도 있다.

직명	출신부명	인명	관등명
위와 같음	위와 같음	比知夫知	及干
위와 같음	위와 같음	未知	大奈末
위와 같음	위와 같음	及珎夫知	奈末
執駕人	喙部	万兮	大舍
위와 같음	沙喙部	另知	大舍
哀內從人	喙部	沒兮次	大舍
위와 같음	沙喙部	非尸知	大舍
△人[22]	沙喙部	△忠知	大舍
占人	喙部	与難	大舍
藥師	(沙喙部)	篤支次	小舍
奈夫通典	本彼部	加良知	小舍
△△	本彼部	莫沙知	吉之
及伐斬典	喙部	夫法知	吉之
哀內△(△)	(△)喙部	△未名	(吉之)
堂來客	五十		
哀內客			
外客	五十		
△△(軍主)	(喙部)	悲智	沙干
助人	沙喙部	舜知	奈末

　　마운령비와 황초령비에 나오는 及伐斬典은 목간 신3번의 及伐漸典과 동일
하다.[23] 목간 신3번의 연대는 마운령비와 황초령비의 건립 연대인 568년경으로
보이고, 목간 12번의 제작 시기는 敎事로[24] 볼 때 524년에 545년이나 그 직전으

---

22) △人의 △부분은 馬+弱으로 되어 있으나 조판의 어려움 때문에 모르는 글자로 보
　　았다.
23) 남산신성비 제2비에서 阿大兮村을 阿旦兮村이라고 해서 大와 旦이 같다. 及伐漸
　　典과 及伐斬典은 같은 직명이다.
24) 남산신성비의 서두에 敎事가 나오나 이는 王敎事가 아니다.

로 보인다. 창녕비의 두 번이나 나오는 △大等 가운데 하나와 동일하다면 561
년경으로 볼 수가 있다.

또 敎事는 남산신성비에도 나온다. 곧 남산신성비의 서두에 어느 비에서나
꼭 같이 나오고 있다. 그 구절을 인용해 보자.

　　辛亥年二月卄六日南山新城作節如法以作後三年崩破者罪敎事爲聞敎令誓事之

이는 '신해년 2월26일 남산신성을 지을 적에 법대로 지은지 3년 안에 붕파되
면 罪를 다스릴 것이라는 사실을 듣게 해 서약케 했다.'
여기의 敎事는 적성비 등의 교사와는 차이가 있다.

IV. 맺음말

목간 2번의 분석에는 그 시기를 561년으로 보아 왔으나 大鳥知郞이란 관등
명이 나와서 536년 영천청제비 병진명의 大鳥苐가 나와서 그 시기를 536년 이
전으로 보고, 524년 봉평비의 大舍帝智, 540년경의 함안 성산신성 목간의 大舍
下智가 나오는 점을 근거로 그 연대를 524년에서 540년경 사이로 보았다.
목간 12번에 나오는 典大等이 나오는 敎事가 봉평비와 적성비에 나와서 그
시기가 524년에서 545년이나 그 직전으로 보인다. 창녕비에도 典大等이 복원되
어 典大等이 561년에도 있었다고 보인다. 목간 신3번의 典大等과 똑같은 것인
典中大等은 典大等과 같고, 그 시기는 敎事에 의해 524년의 봉평비나 545년이
나 그 직전인 적성비와 같은 시기로 본다. 또 典中大等은 典大等과 같으므로 창
녕비에 나오는 두번의 △大等에 하나로 보여 그 시기를 561년으로 본다.
목간 신3번은 及伐漸典(及伐斬典)이 마운령비와 황초령비에 나와서 그 시기
를 568년경으로 보았다.

제3절

월성해자 목간 신8번의 재검토

I. 머리말

월성해자에서는 묵서가 있는 목간이 총 32점이 발굴되었다.[1] 이 목간들은 그 연대가 토기 등 반출 유물에 의해 7세기 후반을 내려가지 않는다고 한다.[2] 이 점은 중요하다. 신라의 정궁은 고신라시대에는 월성이라는 데에는[3] 누구나 동의하나[4] 통일신라시대의 정궁이 첨성대에 월지, 월성 사이에 있다고 보면서 그 정확한 위치를 밝히지 않고 있다. 곧 어느 건물지가 통일신라시대의 정궁이다라고 밝히지는 못하고 있다.

발굴 조사는 국립경주박물관에서부터 월지와 월성을 거쳐서 첨성대까지 시행했다. 발굴보고서도 나와 있다. 그럼에도 불구하고 정궁의 위치는 모르고 있

---

1) 윤재석 편저, 『한국목간총람』, 2022, 208~223쪽.

2) 월성이 고신라의 정궁임을 나타내주고 있다.

3) 조성윤, 「고고자료로 본 신라 금성의 위치 시론」 『신라문화유산연구』 6, 2022에서 488년 이전의 신라 왕궁이 금성이라는 좋은 논문이 있다.

4) 조성윤 박사의 교시에 따르면 경주 분지에서는 5세기의 2단투창고배가 발견되지 않아서 신라인들이 5세기에 경주 분지에 살지 않았다고 해석할 수밖에 없다. 월성에서 목간 등 유물이 나와서 고신라시대에 경주 분지에 5세기에 사람이 살았던 것은 분명하다. 방어로서의 월성 토성, 농업 용수로서의 북천, 서천, 남천, 무덤으로서의 읍남고분군의 3박자를 갖추고 있다. 5세기에 무덤을 만들려고 읍남고분군에 왔고, 경주 분지에 사람이 살지 않았다고는 해석할 수가 없다.

다. 왜 이 지경이 되었을까? 월지 주변의 건물지는 동궁지이다. 신라는 월지와 같은 원지를[5] 태자인 동궁은 가지고, 왕은 가지지 못하는 이상한 국가이다.

월성이나 그 주변에서는 후삼국시대에 만들어진 在城명 막새와가 나오고 있어서[6] 후삼국시대 왕궁은 월성임은 의심의 의지가 없다. 국립경주박물관, 첨성대, 월성, 월지 등의 주변에서 통일신라시대의 정궁을 제시하지 못하고 있는 점은 신라 도성제 연구에 중대한 결함을 내포하고 있는 것은 아닐까?

경주 분지에서 단일 건물로 가장 큰 것으로 전랑지가 있다. 전랑지는 주작대로의 북쪽에 있고, 동서의 조방제의 한 가운데에 있다. 이 건물지를 정궁으로[7] 볼 수는 없을까?

여기에서는 먼저 월성해자 출토 목간 신8번의 전문을 제시하겠다. 다음으로 목간 신8번의 전체를 금석문과 목간 등 동시대적인 자료의 관점에서 검토하겠다. 그 다음으로 목간의 연대 설정을 금석문에 나오는 使人을 통해 검토하겠다. 마지막으로 목간 신8번의 전문을 해석하겠다.

II. 자료의 제시

월성해자 목간은 모두 1호 수혈해자에서[8] 출토되었다. 해자의 축조 과정, 그리고 각각의 공반 유물 등으로 볼 때, 월성해자 목간의 제작 연대는 7세기 후반

---

5) 월지와 동궁이 세트임은 의심할 수 없는 통설이다.

6) 이는 명문이 새겨진 막새와 가운데 가장 빠른 예 가운데 하나이다. 고려 초의 수막새 명문에 있어서 高正龍, 「軒瓦に現れた文字 -朝鮮時代銘文瓦の系譜-」『古代文化』 56-11, 2004, 30쪽에서 万正之寺로 읽고 있으나 正万之寺로 읽어야 된다.

7) 전랑지를 정궁으로 보는 가설은 윤무병에 의해 제기된 바 있다.

8) 지금까지 목간은 산성 등 모두 저습지 유적에서 출토되었다.

을 내려가지 않는 것으로 보고 있다. 월성해자 목간은 수혈해자가 유지되던 시기의 유물이며, 목간의 중심 연대는 목간의 내용, 출토 층위와 공반 유물들을 고려할 때, 6~7세기 중후반으로 이해되고 있다. 이 같은 사정을 염두에 둔다면, 석축해자와 함께 조성된 것으로 보이는 월지출토 목간에[9] 앞선다.

월성해자 목간은 6세기에서 7세기 전반 신라 궁성 주변의 문서행정과 국가운영 등을 이해하는데 중요하다.[10] 2006년에는 『월성해자 발굴조사보고서Ⅱ』가 간행되면서[11] 목간의 출토상황과 세부적인 내용들이 정리되었다. 2011년에는 국립가야문화재연구소에서 『한국목간자전』을 간행하였는데,[12] 이를 통해서 다시 한 번 월성해자 목간에 대한 판독이 다듬어졌다. 2018년 월성해자에 대한 정밀 발굴조사 과정에서 새롭게 목간 8점이 추가되었다. 여기에서 다루고자하는 월성해자 목간 신8번은 2018년에 새로 추가된 것이다.

월성해자 목간 신8번의[13] 전문을 소개하면 다음과 같다.[14]

제1면 △△年正月十七日△△村在幢主再拜△淚廩典△岑△△
제2면   △喙部弗德智小舍易稻參石粟壹石稗參石大豆捌石[15]
제3면   △金川一伐上內之所白人登伋礼一尺文尺智重一尺

---

9) 월지 출토의 목간은 洗宅 목간이 가장 유명하며, 그 중심 연대는 8세기 3/4분기이다. 하나 이상한 것은 월지 목간에서는 관등명을 가진 목간이 없는 점이다.

10) 왜냐하면 고신라시대의 정궁은 월성이기 때문이다.

11) 국립경주문화재연구소, 『월성해자 발굴조사보고서Ⅱ(고찰)』, 2006.

12) 국립가야문화재연구소, 『한국목간자전』, 2011.

13) 우리 나라 목간에서는 문서목간으로 4면목간이 주류를 이루고, 3면목간은 그 예가 적다.

14) 판독문은 전경효, 「2018년 출토 월성 해자 삼면목간에 대한 기초적 검토」『목간과 문자』27, 2021, 294쪽에 따랐으나 필자의 소견도 더 했다.

15) 易자를 昜자로 전경효, 앞의 논문, 2021, 294쪽에서는 읽고 있으나 여기에서는 뜻이 통하는 易자로 새로 읽었다.

Ⅲ. 목간의 검토

△△年正月十七日은 목간의 작성 연대를 알려주는 年月日이나 연간지가 파실 되어 그 정확한 연대를 알 수가 없다.[16]

△△村在幢主은[17] 幢主의 직명이다. 幢主는[18] 금석문에서는 다음과 같이 나온다.

>   鄒文村幢主(545년이나 그 직전, 적성비)
>   勿思伐城幢主使人(545년이나 그 직전, 적성비)
>   大等与軍主幢主道使与外村主(561년, 창녕비)[19]
>   ~道使幢主(591년, 남산신성비 제5비)

鄒文村幢主가 갖는 관등이 及干支라 6두품이라서 △淚한 廩典에 再拜하므로로 해석됨에 따라 6두품이 △淚한 廩典에 再拜한 것이 된다. 廩典은 『삼국사기』 권39, 잡지8, 직관지 중에 廩典 景德王改爲天祿司 後復故 大舍二人 舍知

---

16) 만약에 △△年正月十七日의 △△年의 △△ 부분이 판독되었다넌 만출 유물과 함께 비교하여 그 정확한 절대 연대를 알 수 있었을 것이다.

17) 여기에서는 출신부명과 인명과 관등명이 없이 직명만 나오는 특이한 예이다. 이러한 예는 이성산성의 목간 예를 제외하고는 거의 없다. 그런데 왕경인은 출신부명과 관등명이 나오고, 지방민은 인명과 외위명이 나온다.

18) 幢主를 군의 장으로 단정하고 있으나 591년 남산신성비 제5비에 ~道使幢主란 직명이 나오고, 441년의 중성리비에는 奈蘇毒只道使, 443년 냉수리비에는 耽須道使만이 나온다. 중성리비와 냉수리비에서는 軍主나 幢主가 隨駕하지 않고, 道使만이 수가하고 있어서 이를 행정촌의 장이나 현의 장으로 볼 수가 없고, 군의 장으로 보아야 될 것이다.

19) 大等与軍主幢主道使与外村主에서 大等, 軍主, 外村主는 창녕비의 隨駕人名에서 찾을 수 있으나 幢主와 道使는 찾을 수 없어서 이에 대한 다양한 가설이 나오고 있다. 幢主가 道使에 앞서 나오는 점에 의해 幢主만을 군의 장으로 보는 생각이 은연 중에 생겼다.

二人 史八人 廩翁四人 從舍知二人이라고 되어 있어서 문제가 된다. 廩典에 6두품의 관등을 가는 及干支가[20] 再拜할 대상자가 없어서 더욱 그러하다.[21]

勿思伐城幢主使人의 使人은 幢主의 예속관으로 월성해자 목간 신8번에 나오지 않아서 본 목간의 연대 설정에 중요한 자료이다. 이에 대해서는 후술하기로 한다.

△△村在幢主의[22] 在가 관등명에 포함되는 예는 545년이나 그 직전에[23] 세

---

20) 幢主가 경위명인 관등을 가진 예로는 鄒文村幢主의 及干支가 유일하다.

21) 목간 신8번의 廩典과 『삼국사기』 권39, 잡지8, 직관지 중에 廩典이 아무런 관련이 없을 가능성도 있는 듯하다.

22) 본 목간의 幢主를 중앙관청에 보고한 자로 보기도 하나 이는 목간 신8번에 대한 이두의 해석 차이에 기인한 것이다.

23) 40년간 금석문을 공부해도 북한산진흥왕순수비의 연대를 561~568년으로 보아 왔다. 최근에 북한산비의 연대를 새로 알게 되었다.
북한산비문에는 정확한 연대를 알려주는 간지나 연호가 없어 여러 학설이 있는데, 대체로 진흥왕 16년(555) 또는 진흥왕 29년(568) 무렵으로 보는 경우가 일반적이다. 전자는 진흥왕이 16년(555)에 북한산을 순수하였다는 『삼국사기』의 기록을 토대로 이때 비석을 세웠다는 본다. 후자는 비문의 내용이 568년에 세워진 「마운령 신라 진흥왕 순수비」, 「황초령 신라 진흥왕 순수비」와 비슷한 점, 비문 중에 "南川軍主"가 보이는데 이를 "진흥왕 29년(568) 10월 北漢山州를 폐하고 南川州를 설치했다"는 『삼국사기』 기사와 연결된다는 점 등을 근거로 한다. 여기서는 '후자의 시각에 따라 본 비석이 568년 10월 이후에 세워졌다고 보고자 한다'라고 하였다. 결국 북한산비의 건립 연대를 마운령 · 황초령비의 건립 시기인 568년 8월 21일 癸未 보다 늦은 568년 10월 이후로 보았다. 이 가설은 다음과 같은 점에서 문제점을 안고 있다.
첫째로 북한산비의 서두에 △△△△△△△△△가 남는데 이는 △△年△月△△日로 복원되어 太昌元年 歲次戊子가 복원될 공간이 없다는 점이다.
둘째로 북한산비의 △△(使大等)喙未智大奈의 경우 마운령비와 황초령비에서 大等喙部未知大奈末로 나와서 그가 대등으로 승진했음을 알 수가 있어서 문제가 된다.
이상의 이유에서 북한산비를 마운령비와 황초령비보다 이른 것으로 본다. 그러면 그 시기는 언제일까? 울주 천전리서석추명(539년)에 법흥왕이 己未年(539)七月三日에 죽었다고 나오는 바, 『삼국사기』 · 『삼국유사』에는 법흥왕의 사망 시기를 540년으로 되어 있어서 1년의 시차가 있다. 그렇다면 "진흥왕 29년(568) 10월 北漢山州를 폐하고 南川州를 설치했다"는 『삼국사기』의 기사도 1년 빨리 보아야 한다. 결국 북한산비는 567년에 건립되었다고 볼 수밖에 없다.

워진 적성비의 高頭林城在軍主等 밖에 없다. 在에 주목할 때 본 목간은 6세기 중엽으로 보인다.[24]

△喙部弗德智小舍에서 △喙部는 (沙)喙部로 판단되며, 부명이다. 弗德智는 인명, 小舍는 관등명이다.[25]

稻參石粟壹石稗參石大豆捌石에서 捌石 등은 갖춘 글자를 한자로 적은 삼국시대 목간에서는 최초의 예가 된다. 大豆는 콩이다.

△金川一伐에서 △金川는 인명, 一伐은 외위명이다. 上內之는 해석이 어려우나 上은 △△村을 가리킨다. 內는 신라 6부를 가리킨다. 之자는 가다는 뜻의 동사이다.

所白人은 아뢰는 바의 사람이란 뜻으로 목간의 내용을 중앙 관청에 직접 보고한 사람이고 직명이다. 登彼礼는 인명, 一尺은 외위명이다.

文尺은 직명으로 목간을 작성하고 쓴 사람을 가리킨다. 文尺이란 관직명이 나오는 가장 오래된 예이다. 智重은 인명, 一尺은 외위명이다.

IV. 목간의 작성 연대

본 목간의 연대를 추정하는데에는 여러 가지 방법이 있겠으나 여기에서는 使人이 당주의 예속관이 되는 시기가 545년이나 그 직전으로 보이는 단양적성신라비인 점을 근거로 이 문제에 대해 접근해 보고자 한다.

使人이란 직명은 중성리비, 봉평비, 영천청제비 병진명, 적성비에서만 나오

---

24) 김창호, 『고구려와 백제의 금석문』, 2022, 341쪽.
25) 幢主의 예속관으로 경위를 가진 6부인과 외위를 가진 지방민이 있음은 월성해자 목간 신8번에 의해 처음으로 밝혀진 중요한 사실이다. 종래에는 545년이나 그 직전에 세워진 적성비의 勿思伐城幢主使人에 의해 지방민만이 幢主의 예속관인 줄로 알았다.

고 있다. 중성리비와 영천청제비 병진명에서는 말단 중앙관으로, 봉평비와 적성비에서는 지방관으로 나오고 있다. 使人의 개요를 알아보기 위해 441년의 중성리비부터[26] 살펴보기로 하자. 우선 중성리비의 인명 분석을 제시하면 다음의 <표 1> 중성리비 인명 분석표와 같다.

<표 1> 중성리비의 인명 분석표

직명	출신지명	인명	관등명
	(喙部)	折盧(智)	王
	喙部	習智	阿干支
	沙喙	斯德智	阿干支
	沙喙	介抽智	奈麻
	喙部	牟智	奈麻
夲牟子	喙	沙利	
위와 같음	위와 같음	夷斯利	
白爭人	喙	評公斯弥	
위와 같음	沙喙	夷須	
위와 같음	위와 같음	牟旦伐	
위와 같음	喙	斯利	壹伐
위와 같음	위와 같음	皮末智	
위와 같음	夲波	喙柴	干支
위와 같음	위와 같음	弗乃	壹伐
위와 같음	위와 같음	金評△	干支
使人		祭智	壹伐
奈蘇毒只道使	喙	念牟智	
	沙喙	鄒須智	
	위와 같음	世令	
	위와 같음	干居伐	

---

26) 중성리비의 요체는 豆智 沙干支의 宮(居館)과 日夫智의 宮(居館)을 빼앗아 沙喙部 牟旦伐에게 주라는 것이다.

직명	출신지명	인명	관등명
	위와 같음	壹斯利	
	蘇豆古利村	仇鄒列支	干支
	위와 같음	沸竹休	
	위와 같음	壹金知	
	那音支村	卜步	干支
	위와 같음	走斤壹金知	
	위와 같음	珎伐壹昔	
		豆智	沙干支
		日夫智	
	(沙喙)	牟旦伐	
	喙	作民	沙干支
使人		卑西牟利	
典書		與牟豆	
	沙喙	心刀哩	

　祭智壹伐使人은 왕경인으로 볼 수가 있다. 여기까지 16명이 6세기 금석문에 나오는 대등 집단이다. 使人을 지방관으로 보는 것은 상황 판단이다. 문제는 뒤의 使人이 중앙인 곧 6부인인지 지방민인지가 문제이다. 이 부분은 끊으면 제4단락으로 다음과 같다.

　　喙作民沙干支 使人卑西牟利 白口 若後世更導人者 與重罪

　喙作民沙干支가 한 사람의 인명 표기이다. 喙은 출신부명, 作民은[27] 인명,

---

27) 이를 집안 우산하 3319호분 출토의 권운문와당 명문인 '太歲在丁巳五月廿日 爲中郞及夫人造盖墓瓦 又作民四千 餕盦△用盈時興詣 得享萬歲'에 나오는(여호규, 「1990년대 이후 고구려 문자자료의 출토 현황과 연구 동향」『신발견문자 자료와 한국고대사 연구』, 한국고대사학회 하계 세미나 자료집) 作民 용례 등으로 이문기, 「포항중성리신라비의 발견과 그 의의」『한국고대사연구』 56, 2009, 29~30쪽에서 백

沙干支는 관등명이다. 使人卑西牟利가 한 사람의 인명 표기이다. 使人은 직명, 卑西牟利는 인명이다. 4단락을 해석하면 '喙 作民 沙干支, 使人인 卑西牟利가 입으로 아뢰기를 만약에 후세에 다시 남에게 주는 자는 重罪를 부여한다.'가 된 다. 使人인 卑西牟利를 喙 作民 沙干支와 함께 후세에 다시 남에게 주는 자는 중죄를 부여한다고 하므로 喙 作民 沙干와 함께 6부인으로 보인다.

이 중성리비의 使人을 지방인으로 보기보다 왕경인(6부인)으로 보이는 바 그 근거는 다음과 같다.

첫째로 중성리비에서 부명은 생략되나 성촌명이 생략된 예는 없다는 점이다.

둘째로 지방관으로 나오는 경우, 봉평비에서는 阿大兮村使人, 葛尸條村使 人, 男弥只村使人으로 나오고, 적성비에서는 勿思伐城幢主使人으로 전부 지 명을 수반하고 있다.

셋째로 중앙관이라면 영천청제비 병진명의 예처럼 임시적으로 볼 수가 있고, 임시 지방관으로 볼 수가 없다.

넷째로 지방관은 임시직으로 보이는 확실한 使人의 예가 없는데 대해, 중앙 의 6부인의 경우는 영천청제비 병진명의 확실한 예가 있는 점이다.

524년의 봉평비에 나오는 使人을 제시하면 다음과 같다. 우선 봉평비의 사인 만을 따로 떼어서 인명을 제시하면 다음의 <표 2> 봉평비의 使人과 같다.

<표 2> 봉평비의 使人

직명	출신지명	인명	관등명	비고
阿大兮村使人		奈介利		杖六十의 杖刑
· 葛尸條村使人		奈介利	阿尺(외11)	
男弥只村使人		翼糸		杖百의 杖刑
위와 같음		於卽斤利		杖百의 杖刑

성을 만들다로 해석하고 있다. 作民의 사람 수나 백성을 군대로 만든다든지 하는 구 체적인 내용이 없어서 따르기 어렵다. 일반적으로 이 고분이 漢人 고관 무덤으로 추 정되는 점도 주목된다. 중성리비의 작민은 인명 표기 방식으로 볼 때 인명이다.

阿大兮村使人은 杖六十의 杖刑을[28] 받고 있다. 외위도 없다. 葛尸條村使人은 阿尺이란 외위를 가지고 있고, 장형도 면하고 있다. 男弥只村使人이란 지방관 2명은 모두 관등이 없고, 杖百의 杖刑을 받고 있다. 장형을 받은 3명은 관등이 없는 공통점을 가지고 있다. 그래도 직명은 그대로 갖고 있다. 이들은 모두 지방민 출신임을 쉽게 알 수가 있다. 이들 지방관 4인 가운데 3사람은 524년 正月15일의 소금 축제에[29] 시범적인 예로 杖刑을 맞은 것으로 보인다. 그래서 직명은 유지하고, 관등명은 삭탈된 형벌을 장형과 함께 받은 것으로 짐작된다.

다음으로 使人의 예로는 536년의 영천청제비 병진명이 있다. 이 병진명의 인명 표기를 제시하면 다음의 <표 3>의 영천청제비 병진명의 인명 분석표와 같다.

<표 3> 영천청제비 병진명의 인명 분석표

職名	出身地名	人名	官等名
使人	喙	△尺利智	大舍弟
위와 같음	위와 같음	尺次鄒	小舍弟
위와 같음	위와 같음	述利	大烏弟
위와 같음	위와 같음	尺支	小烏
위와 같음	위와 같음	未弟	小烏
一支△人		次弥介利	
위와 같음		乃利	
위와 같음		內丁兮	
위와 같음		使伊尺	
위와 같음		只伊巴	
위와 같음		伊卽刀	
위와 같음		棄礼利	

---

28) 杖刑은 禾耶界城과 失火遶城의 전투에 참가하지 않았거나 전투에서 잘못을 저질렀기 때문으로 추측된다.

29) 함안 성산산성 仇利伐 목간에서만 나오는 奴人과 봉평비에 나오는 奴人은 노비가 아닌 소금 생산자로 외위도 갖는다.

職名	出身地名	人名	官等名
위와 같음		只尸△利	干支
위와 같음		徙尒利	

이 영천청제비 병진명은 536년에 새워진 것이다. 여기에는 길이를 나타내는 하나치인 淂이 5번이나 나오고,[30] 步·尺·寸은 나오지 않고 있다. 그래서 월지 출토비에서는 步가 나와서 그 상한이 536년이 되고, 외위의 완성을 고려할 때, 그 하한은 540년경이 된다.[31] 喙(部) 출신의 5명이 大舍弟(1명), 小舍弟(1명), 大烏弟(1명), 小烏(2명)이 나오고 있다. 使人의 직명을 가진 5명의 탁부인의 인명이 나열되어 있다. 이들 5명은 영천 청제의 축조를 위해 파견된 임시직으로 보인다. 지금까지 금석문에 있어서 임시직이 나오는 예는 영천청제비 병진명밖에 없다. 중성리비의 사인이 6부인인지 지방민인지를 알 수 있는 잣대가 될 것이다.

마지막으로 545년이나 그 직전에 새워진 적성비의 勿思伐城幢主使人那利村△△△△△(△)에서 勿思伐城幢主의 관할 영역을 那利村으로 볼 수도 있으나 比子伐軍主의 출신지는 沙喙部이고, 比子伐停助人은 喙部이므로 比子伐軍主의 관할지를 喙部까지 볼 수가 없다. 따라서 勿思伐城幢主의 관할지를 那利村으로 단정할 수는 없다. 使人은 使人 또는 ~村使人으로 있다가 幢主가 개설되어 勿思伐城幢主使人식 곧 당주의 예속관으로 완성되었다. 곧 시기는 적성비가 중요하나 524년의 봉평비에는 ~村使人이 나와서 양자 사이에 차이가

---

30) 모르는 하나치가 나오는 것은 서봉총 은합 명문에 斤兩이 나오는데 대해, 무령왕릉 출토 왕비의 은팔찌에서는 은의 양을 헤아리는 하나치로 主가 나온다.

31) 신라의 경위와 외위가 완성된 시기는 함안 성산산성 목간에서 及伐尺이란 경위명이 나오고, 그 완성된 시기를 524년의 봉평비와 545년이나 그 직전에 만들어진 적성비 사이에 해당된다. 따라서 『삼국사기』 권34, 잡지3, 지리1, 康州 咸安조에 나오는 咸安郡 法興王 以大兵 滅阿尸良國 一云阿那加耶 以其地爲郡이란 한 기록을 중시할 때, 신라 관등명의 완성은 540년경이다.

있다. 勿思伐城幢主使人으로 使人이 완성된 시기를 외위제가 완성된 540년경
이다.[32]

따라서 본 목간에서는 幢主가 나오나 그 예속관인 使人이 나오지 않아서 6
세기 전반으로 볼 수가 있고,[33] 본 목간의 幢主가 고신라 금석문과 목간에서 나
오는 가장 오래된 예가 된다. 따라서 월성해자 목간 신8번의 발굴로 고신라 최
고의 幢主의 예를 추가한 셈이다.

V. 목간의 해석

본 목간의 해석을 위해 목간의 전문을 다시 한 번 제시하면 다음과 같다.

제1면 △△年正月十七日△△村在幢主再拜△淚廩典△岑△△
제2면　　　△喙部弗德智小舍易稻參石粟壹石稗參石大豆捌石
제3면　△金川一伐上內之所白人登彼礼一尺文尺智重一尺

△△年 正月十七日에 △△村在幢主가 △淚한 廩典에 再拜해서 △岑△△
했다.[34] (沙)喙部 弗德智 小舍가 稻(벼) 參石과 粟(조) 壹石과 稗(피) 參石과 大
豆(콩) 捌石을 바꾸었다. △金川 一伐은 上(△△村)에서 內(신라 6부)로 갔다
(지방민이면서 중앙의 일을 했다는 뜻이다). 所白人은 아뢰는 바의 사람이란 뜻

---

32) 김창호, 『한국 고대 목간』, 2020, 90쪽. 한 가지 첨언할 것은 함안 성산산성 목간에
　　는 及伐尺이란 경위명이 나오는데, 이를 592년으로 보면 신라 관등제의 완성이 592
　　년이 된다. 신라 관등제의 완성은 524년 봉평비와 545년이나 그 직전에 세워진 적성
　　비의 사이이다.

33) 봉평비의 건립 연대인 524년을 소급할 수 없어서 그 정확한 연대는 524~545년까지
　　이다.

34) △岑△△이 (沙)喙部 弗德智 小舍의 직명일 가능성도 있다.

으로 목간의 내용을 중앙 관청에 직접 보고한 사람이고 직명이다. 登攸礼는 인명, 一尺은 외위명이다. 文尺은 직명으로 목간을 작성하고 쓴 사람이다. 智重은 인명, 一尺은 외위명이다.

VI. 맺음말

월성해자 목간 신8번의 연대는 幢主의 예속관으로서 使人이 없는 점에 의해 6세기 전반으로 보았다.

월성해자 목간 신8번을 판독하고 해석하여 제시하면 다음과 같다.

제1면 △△年正月十七日△△村在幢主再拜△淚廩典△岑△△
제2면 　　△喙部弗德智小舍易稻參石粟壹石稗參石大豆捌石
제3면 　　△金川一伐上內之所白人登攸礼一尺文尺智重一尺

△△年 正月十七日에 △△村在幢主가 △淚한 廩典에 再拜해서 △岑△△ 했다. (沙)喙部 弗德智 小舍가 稻(벼) 參石과 粟(조) 壹石과 稗(피) 參石과 大豆(콩) 捌石을 바꾸었다. △金川 一伐은 上(△△村)에서 內(신라 6부)로 갔다(지방민이면서 중앙의 일을 했다는 뜻이다). 그 밖에 登攸礼, 智重 등의 인명이 나온다.

목간과 와전명으로 본 고신라의 도성제

I. 머리말

우리나라 삼국시대에 있어서 고구려, 백제, 신라의 수도에는 각각 도성제가[1] 있었다. 이는 가로 세로로 일정한 너비의 길을 方格으로 만들어서 길이 없는 넓은 공간에 사람이 사는 주택과 관청들이 주로 들어서게 하는 것이다. 이를 고신라에서는 坊里制라 부르고,[2] 통일신라시대에는 條坊制라 부른다. 坊里制는 591년 남산신성비 제3비의 喙部 主刀里라는 자료밖에 없다가 월성해자 목간 9번이 나와서 그 상세함을 알게 되었다. 여기에서는 習比部에 소속된 上里, 南罟上里, 阿今里, 岸上里가 나오고, 牟喙部에 소속된 仲里, 新里, 上里, 下里가 나와서 습비부와 모딕부도 신라 6부가 자랑하는 왕경의 坊里制 속에서 삶을 누렸다고 판단된다.

고신라 도성제를 주제로 한 방리제의 복원은[3] 꿈도 꾸지 못하겠지만 그 개요는 어느 정도 살필 수 있는 자료가 나왔다. 이 중요한 자료가 신라의 고도인 경주가 아닌 대구 팔거산성의 한 인명 표기 목간에서 나왔다. 이 자료는 지금까지의 고신라 도성제와는 전혀 다른 내용을 포함하고 있다. 고신라 및 통일신라 도

---

1) 도성제 대신에 최근에는 도시 유적이라고 하고 있다. 이는 잘못된 것이다.
2) 고신라의 坊里制에 대해서는 별로 주목한 가설이 없었다.
3) 고신라의 방리제를 복원한 연구 성과는 하나도 없고, 도성제의 연구자 전부가 통일신라시대의 조방제의 복원할 뿐이다.

성제 연구의 一級 사료로 판단된다. 이 목간 때문에 팔거산성의 묵서명 목간 10점이 중요시되었다. 또 이 목간은 최근에 들어와 함안 성산산성과 팔거산성에서 알려진 王私 목간의 해결에도 단초를 제공하고 있다.

통일신라의 도성제 문제는 아직까지 그 발굴 범위가 좁아서 조방제의 복원 등이 거의 불가능하다. 더구나 고신라의 坊里制는 그 복원이 더욱더 어렵다. 경주 주변 지역의 발굴로 인해 목간명과 와전명에 6부명이 더 나와야 어느 정도 해결이 가능할 것이다. 가령 포항중성리비에 나오는 村名이 沙喙部의 소속 촌일 가능성이 있다고는 상상도 할 수가 없었다.

여기에서는 먼저 왕궁이 있었던 정궁의 위치를 살펴보겠다. 다음으로 목간으로 본 고신라의 도성제를 살펴보겠다. 마지막으로 와전명으로 본 도성의 범위를 살펴보고자 한다.

II. 정궁의 위치

신라 역사 1,000년의 정궁으로는 金城시대,[4] 월성시대, 전랑지시대, 월성시대(후삼국시대)로 크게 나눌 수 있다. 후삼국시대를 제외하고는 언제부터 언제까지 정궁이었는지 알 수가 없다. 최근에 금성의 위치에[5] 대한 괄목할 만한 가

---

4) 금성에 대해서는 금석문 자료에서는 숭복사비에 金城之禽 日觀之麓이라고 하였고, 단속사 신행선사비에 金城鼎足이라고 하였다.

5) 금성의 위치에 대해서는 藤島亥治郎, 「朝鮮三國時代の都市と城」『日本古代史講座』 4, 1980에서는 월성 서북부 알천부근에 비정하였고, 강종원, 「신라왕경의 형성과정」『백제연구』 23, 1992에서는 경주평야 남쪽으로 보았고, 이기봉, 『고대 도시 경주의 탄생』, 2007에서는 첨성대 부근으로 보았고, 윤무병 · 김종철, 「역사도시 경주의 보존에 대한 조사」『문화재의 과학적 보존에 대한 연구 I 』, 1972에서는 월성의 이칭으로 보았고, 박방룡, 「도성 · 성지」『한국사론』 15, 1985에서는 왕도전체의 대명사로 보았고, 김호상, 「신라왕경의 금성연구」『경주사학』 18, 1999에서는 협의

설이 나왔다.[6] 여기에서는 다음의 사료에 주목하였다. 이를 제시하면 다음과
같다.

復號新羅 初赫居世二十一年 築宮城 號金城 婆娑王二十二年[7] 於金城東南築
城號月城 或號在城 周一千二十三步(『삼국사기』 권34, 잡지3, 지리지1)

여기에서 於金城東南築城號月城에[8] 주목하고, 그 동안의 발굴 성과에 주목
하여 발천 북쪽은 현지 지표조사의 결과 남쪽 발천을 경계로 하여 북쪽으로 완
만하게 연결되다가 첨성로 남쪽에서 둔덕처럼 비정상적인 단이 형성되어 있고,
이 볼록한 형태의 둔덕이 핑크뮬리 군락지를 중심으로 동서방향으로 연결되는
양상이다. 발천 북쪽의 첨성대 주변의 微高地는 정남향으로 발천 남쪽의 북향
하는 지형에 비해서 주거환경이 좋고, 여기에서도 3~4세기경의 후기와질토기
등이 출토된 것을 토대로 하고, 금성이 월성보다 먼저 축조되었고, 월성 서북쪽
에 금성이 위치한다는 기록에 의지하여 이곳이 신라 최초의 도성인 금성으로 보
았다. 이 가설이[9] 현재까지의 금성에 대한 위치 비정 가운데 가장 설득력이 있

궁성(황성공원일대)이자 광의의 국호로 보았고, 藤田元春, 「都城考」『尺度綜考』,
1929와 김병모, 「신라 왕경의 도시계획」『역사도시 경주』, 1984와 전덕재, 「신문왕
대 왕경의 축소와 그 배경」『신라 왕경의 역사』, 2009에서는 읍성으로 보았고, 여호
규, 「신라 도성의 전개와 왕궁의 변천」『발천 -신라 왕경의 옛물길-』, 2021에서는 고
지형 연구와 고고조사 성과를 바탕으로 첨성대 주변의 미고지 또는 대릉원 서남쪽
의 황남동-사정동 미고지를 각각 보았다.

6) 조성윤, 「고고자료로 본 신라 금성의 위치 시론」『신라문화유산연구』 6, 2022, 49~
50쪽. 金城이라는 城자에 억매여서 土城으로 보기가 쉽지만 이때에는 環濠가 유행
하는 시기이므로 환호 유적인지도 알 수가 없다.

7) 101년으로 이때에 월성으로 옮겼다고 하나 월성해자에서 출토된 목간에서 가장 오
래된 것은 6세기 전반이다.

8) 이 구절에 입각한 것은 조선시대의 『동경잡기』 등에 의한 전거를 벗어나는 계기가
되었다.

9) 월성을 두고 가까운 거리에 있는 금성을 쌓았는지는 의문이다. 보통 국가형성기에

어서 소개하였다.

금성에 뒤이어서 월성이[10) 고신라시대의 정궁이었다는[11] 데에는 의견의 일
치를 보이고 있다.[12] 월성에 뒤이어서 통일신라의 정궁에의 위치에 대해서는 두
가지 견해로 나누어진다. 하나는 月城의 어디인가에 왕궁이 있었다는 견해이
고,[13] 다른 하나는 城東洞 殿廊址가 통일신라의 정궁이란[14] 학설이다. 성동동
전랑지설은 현재 학계에서 거의 지지를 받고 있지 못하며, 월성의 근처 어디인
가에 있다고 보는 쪽은 현재 학계에서 많은 지지를 받고 있다.

月城쪽을 정궁으로 보는 근거는 안압지가 동궁의 부속인 月池일 가능성이
있는 점과[15] 이곳에서 출토되고 있는 在城명 수막새의[16] 명문이다. 우선 在城
명 수막새의 명문이 王宮을 상징하려고 하면 王宮 · 王城 등의 명문이 보다 쉽
게 王宮을 지칭하는 것으로 보기가 쉽다.[17] 이 경우에는 王宮 등으로 새기지 않

있어서 삼박자는 경주의 경우 읍남고분군, 월성, 남천 · 서천 · 서천의 내이고, 대구
는 비산동 · 내당동 고분군, 달성, 신천을 들고 있다.

10) 금성에서 월성으로 정궁을 옮긴 시기는 488년이다.

11) 금성시대와 월성시대와 통일신라 월성 근방의 왕경설의 신라 왕경형성과정에 대해
서는 이동주, 『신라 왕경 형성과정 연구』, 2019에 상세하다.

12) 월성해자에서 목간은 그 상한이 6세기 전반이고, 5세기나 그 이전의 것은 아예 없
다. 지금 발굴하고 있는 곳에서 목간이 나올 수 있는 가장 유력한 후보지는 현재 발
굴을 하고 있는 撥川 유적이다. 이는 저습지 유적이기 때문이다.

13) 대부분의 도성 연구자들의 한결같은 견해이다.

14) 윤무병, 「신라 왕경의 조방제」 『이병도박사구순기념한국사학논총』, 1987.

15) 고경희, 「신라 月池출토 在銘유물에 대한 명문 연구」, 동아대학교 대학원 석사학위
논문, 1993 참조.

16) 在城명 수막새는 후삼국시대의 기와로 보고 있고, 이는 후삼국시대의 월성에 사용
된 기와이므로 통일신라시대에 있어서 월성 근처를 정궁으로 보는 근거는 되지 못
한다.

17) 이 문제에 대해서는 남천우, 『석불사 -토함산의 重閣石窟-』, 1991, 206쪽에도 보인다.

고, 왜 在城으로 기록했는지에 대한 근거의 제시가 요망된다.[18] 안압지가 月池인 점을 근거로 해서 신라의 왕궁을 월지 근처로 추정한 견해는[19] 설득력이 있는 듯하다. 그러나 다음과 같은 다섯 가지의 문제점이 있다. 이를 차례대로 제시하면 다음과 같다.

첫째로 월지라는 인공연못을 동궁에 주고 국왕의 정궁에는 왜 인공연못이 없는지가 궁금하다. 월지가 인공연못이므로 왕궁 근처에 월지를 파는 것이 타당할 것이다.

둘째로 왜 월성 근처를 통일신라 정궁으로 보면서 그 정궁의 위치를 어디라고 꼭 집어서 지적을 하지 못하는지 그 이유가 궁금하다.

셋째로 전랑지의 한 가운데로 신라의 주작대로가 연결되고 있다. 월성 근처설에서는 정궁과 주작대로가 연결될 수가 없다.

넷째로 전랑지의 경주분지에서 가장 큰 규모의 건물지 가운데 하나이다. 경주분지에서 전랑지보다 더 규모가 큰 단일 건물은 없다.

다섯째로 전랑지의 한가운데에 3×3칸의 明堂이[20] 있다는 점이다. 명당은 왕궁 건물의 상징적인 건물의 하나이다.

여기에서는 전랑지를 통일신라 6세기 후반부터 통일신라시대의 정궁으로 본

---

18) 在城은 문헌에도 몇 군데 산견되고 있다. 婆娑王二十二年 於金城東南築城號月城 或號在城(『삼국사기』 권34, 잡지3, 지리지), 春正月 大星損皇龍寺在城中間(『삼국사기』 권7, 신라본기7, 문무왕 13년조), 冬十一月 狗登在城鼓樓 吠三日(『삼국사기』 권8, 신라본기8, 성덕왕 35년조) 등이 있다. 위의 문헌 자료에서 보면, 月城을 在城이라고 했던 점이 분명하게 된다. 在城의 의미에 대해서는 池內 宏, 『滿鮮史硏究』中世第二冊, 1937, 83쪽에서는 在가 城의 의미가 있는 것으로 보았고, 이병도, 「平壤의 在城及び羅城」『靑丘學叢』, 1931, 121~125쪽에서는 在城을 국왕의 居城으로 왕성이나 궁성에 해당되는 말로 보았다.

19) 지금까지 신라사 연구하는 대부분의 견해이다. 그러나 전랑지가 조성되기 이전까지 이고, 그 이후는 전랑지가 신라의 정궁이다.

20) 明堂에 대해서는 金子修一, 「則天武后の明堂について」『律令制 -中國·朝鮮の法と國家-』, 1986 참조.

다. 그 가부에 대해서는 앞으로의 자료 출현을 기대해 본다.

III. 목간으로 본 고신라 도성제

대구 팔거산성 목간 14번[21] 夲波部△△村△△△△(앞면) 米一石私(뒷면)에서[22] 고신라 도성제와 王私 문제 해결에[23] 결정적인 단서가 나왔다.[24] 이는 그토록 애타게 기다렸던 문서목간도 아니고, 경주 분지에서 나온 목간도 아니고, 그냥 대구 팔거산성에서 나온 인명 표기 목간이다. 이 목간은 신라사 복원에 가장 중요한 목간 가운데 하나이다. 그럼 먼저 목간의 연대부터 살펴보기로 하자. 목간 14번의 연대와 직결되는 것으로 10점의 묵서가 남아있는 목간[25] 가운데 4점이 있다. 이를 먼저 제시하면 다음과 같다.

    1번 壬戌年安居礼甘麻谷
    6번 丙寅年(王私)△分△△休
    7번 丙寅年次谷鄒ᴊ下麥易大(豆)石
    16번 安居利干支 私 男谷村支之

---

21) 이 목간에 대한 최초의 소개를 한 전경효, 「대구 팔거산성 출토 목간 소개」 『新出土 文字資料의 饗宴』, 2022에 의존하였다.

22) 米一石私란 쌀의 양은 어느 정도인지 확실히 알 수가 없지만 함안 성산산성 260여 점의 어느 목간의 공진물보다도 개별적으로 볼 때 많은 양이다.

23) 王私에 대해서는 김창호, 「고신라 목간에 보이는 王私에 대하여」 『한국고대와전명문』, 2022 참조.

24) 단일 목간으로서는 지금까지 발견된 목간 가운데 신라사를 복원할 수 있는 가장 중요한 목간 중의 하나이다.

25) 10점의 대구 팔거산성 목간에는 외위가 남아 있는 목간으로 유일하게 목간 16번의 干支 밖에 없다.

이들 목간 가운데 연대 설정의 근거가 될 수 있는 목간은 목간 16번의 干支이다. 이렇게 干支만 나오는 예로는 441년 중성리비,[26] 443년 냉수리비,[27] 524년 봉평비,[28] 536년 영천청제비 병진명,[29] 536년을 상한으로 하는 월지비[30] 등이 있다. 이 干支는 6세기 후반이나 7세기 금석문이나 목간에는 그 예가 없다. 따라서 목간 1번의 壬戌年은 542년, 목간 6번과 7번의 丙寅年은 546년이 된다. 또 대구 팔거산성 목간 14번 夲波部△△村△△△△(앞면) 米一石私(뒷면)의 연대는 540년대로 볼 수가 있다.

목간 14번 夲波部△△村△△△△(앞면) 米一石私(뒷면)에서 본피부 다음에 △△村이란 촌명이 나온다. 본피부는 왕족인 탁부, 왕비족인 사탁부에 뒤이어서 고신라 금석문에서는 3위의 세력이다. 탁부와 사탁부 무덤은 읍남고분군에 있고, 모량리의 50여 기 무덤은 모량부가 아닌 본피부의 무덤으로 보인다.[31] 왜냐하면 신라 중고 금석문에 나타난 부명별 인명의 수를 보면 쉽게 알 수 있다.

<표 1> 중고 금석문에 나타난 각 부명별 인명의 수

비명	탁부	사탁부	본피부	불명	계
봉평비	11	10	1	3	25
적성비	7	3		2	12
창녕비	21	16	1	2	40
북한산비	5	3			8
마운령비	11	6	2	1	20

---

26) 여기에서는 경위 2명, 외위 2명이 있다.

27) 여기에서는 경위 2명, 외위 1명이 있다.

28) 여기에서는 경위 1명이 있다.

29) 여기에서는 외위 1명이 있다.

30) 여기에서는 외위 1명이 있다.

31) 경주 시내에 있는 읍남고분군은 탁부와 사탁부의 무덤으로 보인다.

비명	탁부	사탁부	본피부	불명	계
황초령비	11	4		5	20
계	66	42	4	13	125

<표 1>에 있어서 524년에 건립된 봉평비에서는 탁부 11명, 사탁부 10명, 본피부 1명, 불명 3명으로 총 25명이다. 545년이나 그 직전에 세워진 적성비에서는 탁부 7명, 사탁부 3명, 불명 2명으로 총 12명이다. 561년에 세워진 창녕비에서는 탁부 21명, 사탁부 16명, 본피부 1명, 불명 2명으로 총 40명이다. 567년에 세워진[32] 북한산비에서는 탁부 5명, 사탁부 3명으로 총 8명이다. 568년에 세워진 마운령비에서는 탁부 11명, 사탁부 6명, 본피부 2명, 불명 1명으로 총 20명이다. 568년에 세워진 황초령비에서는 탁부 11명, 사탁부 4명, 불명 5명으로 총 20명이다. 각 부별 인원수는 탁부 66명, 사탁부 42명, 본피부 4명,[33] 불명 13명으로 총 125명이다. 따라서 문헌에서 왕비족으로 보아왔던 모량부 박씨는[34] 중고시대에 한미한 세력으로 왕비족이 아니다. 왕비족은 사탁부 소속으로 박씨이다.

본피부가 있던 모량리 일대는[35] 신라 왕경 6부의 방리제와는 거리가 먼 곳이다. 그렇다면 제3세력인 본피부가 모량리 일대에만 살았다고 해석할 것인가? 그래서 목간 14번 本波部△△村△△△△(앞면) 米一石私(뒷면)에서와 같이 본피부 다음에 △△村이란 촌명이 나온다는 것인가? 591년의 남산신성비 제3비에서는 喙部에 主刀里가 나오고, 월성해자 목간 9번에서는 習比部에 소속된 上里,

---

32) 북한산비의 연대에 대해서는 김창호, 「월성해자 신출토 8호 목간의 재검토」『한국고대와전명문』, 2022, 254~255쪽 참조.

33) 본피부 출신은 황초령비에서 2명이 파실되었다. 그래서 중고 신라에서는 총 6명이 된다.

34) 이는 『삼국유사』 권1, 기이1, 지철로왕조에 근거해 모량부 박씨를 왕비족으로 보고 있으나 모량부가 중고 금석문에서는 나오지 않고 있어서 왕비족은 아니라고 본다.

35) 조성윤 박사는 모량리 일대를 沙喙部로 비정하고 있다. 이에 대해서는 조성윤, 「고고자료로 본 新羅六部의 범위와 성격」『신라문화유산연구』 2, 2018 참조.

南罡上里, 阿今里, 岸上里가 나오고, 牟喙部에 소속된 仲里, 新里, 上里, 下里가 나와서 습비부와 모탁부도 신라 6부가 자랑하는 왕경의 坊里制 속에서 삶을 누렸다고 판단된다. 방리제는 신라 6부인만이 누릴 수 있는 자부심이자 자랑꺼리였다. 그런 6부인의 자긍심을 포기하고 모량리에서 신라 6부의 제3세력인 본피부가 살았다고는 볼 수는 없다.

목간 14번 本波部△△村△△△△(앞면) 米一石私(뒷면)에서 본피부 다음에 △△村이란 촌명이 나온다. 이를 어떻게 해석할 것인가? 모량리가 본피부의 아성이고, 여기에서만 본피부인이 살았다고 볼 수가 있다. 이럴 경우 본피부보다 세력이 형편없는 한지부와 습비부와 모탁부도 방리제 안에 사는데 본피부는 왜 방리제 안에서 못살았을까? 모량리 일대에 방리제가 실시되지 않고 있어서 문제이다.

본피부인은 모량리에도 살고, 신라 왕경 6부의 방리제 속에서도 살았다고 판단된다. 방리제에 소속된 곳은 ~里로 나오지만 방리제에 소속되지 않는 곳은 ~村(城)으로 불리었다고 판단된다. 이렇게 되면 신라 6부의 위치는 방리제가 실시된 곳으로 ~里로 불리는 곳과 방리제가 실시되지 못한 ~村(城)으로 구성되어 있다.[36] 탁부(왕족), 사탁부(왕비족), 본피부, 모탁부, 습비부, 한지부 등이 모두가 그랬을 것이다.

종래 신라 6부 연구는 『삼국사기』·『삼국유사』 등 문헌에만 의지해 주로 위치 비정에 신경을 써 왔다. 그래서 금석문을 잘못 이해해 실성왕과 눌지왕의 소속부는 탁부, 지증왕은 사탁부, 법흥왕은 탁부, 그의 동생인 입종갈문왕은 사탁부 소속으로 이해해 왔다. 이는 잘못된 것이다.[37] 탁부는 왕족,[38] 사탁부는 왕

---

36) 이는 어디까지나 고신라의 이야기이고, 통일신라시대에는 방리제가 보문들, 북천 등의 밖으로 확대되어 그 범위가 넓게 된다. 또 통일신라시대에도 조방제의 외부에 성촌제가 실시되었을 것이다.

37) 고신라의 탁부 왕족의 성은 김씨이고, 사탁부 왕비족의 성은 박씨이다. 부가 바뀌면 성이 바뀌기 때문이다.

38) 신라 중고의 왕족은 김씨이고, 그 소속부는 탁부이다.

비족이다.[39] 그래서 왕에 따라서 부가 바뀔 수가 없다.[40] 신라 6부를 목간 자료에 의해 왕경의 방리제가 실시된 지역에서는 ~里라고 불렀고, 북천, 서천, 남천 밖의 방리제가 실시되지 않는 곳에서도 6부의 일부가 존재했으며, 이들 지역은 ~村(城)으로 불렀다.

이러한 가설은 앞으로 금석문 자료와 목간 자료의 출현에 따라서 그 가능성이 탄력을 받을지 여부가 결정 나겠지만 현재까지의 자료로는 모험이 가깝다. 신라 왕경의 조방제와 관련지을 때, 경주 분지에서는 5세기 2단투창고배의 출토가 전무하다는 것이다.[41] 물론 황남대총을 비롯한 읍남고분군에서는 많이 나오지만 생활 유적에서는 나오지 않고 있다.

방리제가 실시된 지역에는 ~里라고 불렀고, 방리제가 실시되지 않은 6부의 일부분 지역에서는 ~村(城)이 있었다는 것은 금석문과 목간을 통한 해석이므로 신라 6부 연구의 한 기준이 될 수가 있다. 문헌에서는 중고 왕실의 왕비족이 모탁부라고 잘못 기재되어 있다. 중고 왕실의 왕비족은 사탁부 박씨이다. 이는 539년 울주천전리서석 추명의 분석으로 분명하게 되었다.[42] 그리고 중고 금석문의 부별 인명수에서도 모탁부는 1명도 없다. 대신에 사탁부는 42명으로 66명의 탁부를 근접하고 있다.

IV. 와전명으로 본 도성의 범위

대구 팔거산성 목간 14번 夲波部△△村△△△△(앞면) 米一石私(뒷면)에

---

39) 신라 중고의 왕비족은 박씨이고, 그 소속부는 사탁부이다.

40) 보다 상세히 말하면 탁부에서 사탁부로 부가 바뀌는 것은 성씨가 김씨에서 박씨로 바뀌는 것으로 고신라시대에 소속부가 달라서 왕이 성씨가 바뀔 수는 없다.

41) 조성윤 박사의 교시를 받았다.

42) 김창호, 「울주 천전리서석 원명과 추명의 재검토」 『신라 금석문』, 2020.

의해 본피부에 里가 아니라 촌이 있음을 부인할 수는 없다. 월성해자 목간 9번
에서는 習比部에 소속된 上里, 南罡上里, 阿今里, 岸上里가 나오고, 牟喙部에
소속된 仲里, 新里, 上里, 下里가 나와서 습비부와 모탁부에 里가 있음을 알 수
가 있다. 남산신성비 제3비에 喙部 主刀里가 나와서 부에 里가 있음을 알 수가
있다. 6부에는 里와 村이 혼재한다는 이야기인가? 아니면 어떤 구분이 있다는
것일까? 이 문제를 해결할 수 있는 자료로 보상화문전명이 있다. 이를 전부 제
시하면 다음과 같다.

   三川卄方(보상화문전)

   이는 당초 辛亥로 읽었던 것으로 그 연대를 711년으로 보아 왔다.[43] 이 명문
은 해석하기도 난해하지만 '三川에 (와요가[44]) 20개이다.'로 풀이할 수 있다.[45]
三川은 북천, 서천, 남천을 가리킨다. 이 3개의 내로 둘러싸인 곳은 신라의 6부
가 있던 곳이다. 三川은 신라 6부를 가리킬 가능성이 있다. 왜냐하면 卄方이 20
개의 와요지를 가리키기 때문이다. 와요지는 三川의 바깥에 있다. 그 숫자가 20
개라고 하고, 三川의 바깥에 있으나 三川은 6부로 볼 수밖에 없다.
   신라의 모든 암키와에 6/9년에 만들어진 것은 儀鳳四年皆土명이 타날되어
있다. 이 儀鳳四年皆土명 기와는 문무대왕기와라고도[46] 불리고 있다. 그 이유
를 알아보기 위해 儀鳳四年皆土명 기와가 나오는 출토지를 조사해 보기로 하

---

43) 차순철의 辛亥(711년)로 읽는 가설이 있다. 이에 대해서는 차순철, 「경주지역 명문
   자료에 대한 소고」 『목간과 문자』 3, 2009, 159쪽 참조. 또 여기에서는 경주 지역 출
   토의 명문와를 專用瓦, 共用瓦, 交流瓦, 再活用瓦로 나누고 있으나 신라시대의 기
   와는 官收官給制라서 그 구분이 의미가 없다.

44) 기와 가마의 숫자이다.

45) 고신라 금석문에서 方이 나오는 예로는 창녕비의 四方軍主, 영천청제비 병진명의
   △二百八十方 등이 있다.

46) 김창호, 『한국고대와전명문』, 2022, 95쪽.

자. 儀鳳四年皆土명 기와가 나오는 유적을 제시하면 다음과 같다. 내남면 망성리 기와 가마터, 사천왕사지, 인왕동절터, 국립경주박물관 부지, 월지, 월성 및 해자, 첨성대, 나원리절터, 칠불암,[47] 성덕여고 부지, 동천동 택지 유적, 나정, 발천[48] 등 경주 분지 전역에서 출토되고 있다. 나정의 左手를 비롯하여 5가지의 박자를 사용하고 있다고 한다.

이렇게 그 출토지 숫자가 많은 데에도 불구하고, 儀鳳四年皆土명 기와를 구워서 만들었던 가마는 내남면 망성리 요지밖에 없다. 다른 곳에서 요지가 더 발견될 가능성이 있다. 이 儀鳳四年皆土명 기와의 儀鳳四年는 679년이다. 이때를 신라 기와의 한 획기로 본다. 기와가 만들어진 것의 수준이 그 이전과는 다르기 때문이다. 儀鳳四年皆土명 기와는 그 시기를 아는데 중요한 근거가 되고 있다. 그러면 三川卄方명 보상화문전과 儀鳳四年皆土명 기와의 선후 관계가 문제이다. 儀鳳四年皆土명 기 출토 분포가 많아서 三川卄方명 보상화문전보다는 후행하는 것으로 본다.[49] 儀鳳四年皆土명 기와가 북천 건너 동천동택지 유적에서도 나오고 있어서 三川인 동천, 서천, 남천의 4각형 연결 지점을 벗어나고 있어서 그러하다.

그런데 신라 6부가 三川의 안쪽에 있었는데 북천 쪽으로, 보문들로 벗어나기 시작한 것은 679년경으로 볼 수가 있다. 그러면 앞에서 살펴보았던 里제가 실시되었던 신라 6부에도 村제가 시행되었음이 대구 팔거산성 목간 14번 夲波部△△村△△△△(앞면) 米一石私(뒷면)에 의해 분명하게 되었다. 村제가 실시된 예를 들어 보자. 먼저 중성리비의 예를 들 수가 있다. 이를 보다 확실히 알기 위

---

47) 박홍국, 「경주 나원리5층석탑과 남산 칠불암마애불상의 조성 시기 -최근 수습한 명문와편을 중심으로-」『과기고고연구』 4, 1988, 88쪽에서 儀鳳四年皆土명 기와 파편을 수습하여 칠불암의 조성 시기를 679년으로 본 것은 미술사의 불상 연구의 한 기준이 되었다. 곧 남산 칠불암 불상은 有銘 불상이 된 셈이다.

48) 발천에 대해서는 경주시 등, 『撥川 -신라왕경의 옛길-』, 2021 참조.

49) 儀鳳四年皆土명 기와를 생산하려고 하면 20기 이상의 기와 가마가 필요하기 때문에 三川卄方명 보상화문전의 명문이 1~3년 정도 빠르다고 본다.

해 포항중성리비의 인명 분석표를 제시하면 다음의 <표 2>와 같다.

<표 2> 중성리비의 인명 분석표

직명	출신지명	인명	관등명
	(喙部)	折盧(智)	王
	喙部	習智	阿干支
	沙喙	斯德智	阿干支
	沙喙	尒抽智	奈麻
	喙部	牟智	奈麻
夲牟子	喙	沙利	
위와 같음	위와 같음	夷斯利	
白爭人	喙	評公斯弥	
위와 같음	沙喙	夷須	
위와 같음	위와 같음	牟旦伐	
위와 같음	喙	斯利	壹伐
위와 같음	위와 같음	皮末智	
위와 같음	夲波	喙柴	干支
위와 같음	위와 같음	弗乃	壹伐
위와 같음	위와 같음	金評△	干支
使人		祭智	壹伐
奈蘇毒只道使	喙	念牟智	
	沙喙	鄒須智	
	위와 같음	世令	
	위와 같음	干居伐	
	위와 같음	壹斯利	
	蘇豆古利村	仇鄒列支	干支
	위와 같음	沸竹休	
	위와 같음	壹金知	
	那音支村	卜步	干支
	위와 같음	走斤壹金知	
	위와 같음	珎伐壹昔	
		豆智	沙干支

직명	출신지명	인명	관등명
		日夫智	
	(沙喙)	牟旦伐	
	喙	作民	沙干支
使人		卑西牟利	
典書		與牟豆	
	沙喙	心刀哩	

앞의 <표 2>에서 눈에 띄는 것은 지방민으로 蘇豆古利村 출신의 3명과 那音支村 출신의 3명이 각각 존재하는 점이다. 중성리비의 요체는 豆智沙干支의 宮(居館)과 日夫智의 宮(居館)을 빼앗아 (沙喙部의) 牟旦伐에게 주라는 것이다. 그런데 왕경인이 국왕을 비롯한 27명 정도만 참가하면 충분하지 왜 지방민까지 동원했는지 의문이 생긴다. 그런데 대구 팔거산성 목간 14번에서 本波部△△村△△△△(앞면) 米一石私(뒷면)이 나와서 6부에 성촌이 소속됨을 알게 되어 의문이 풀렸다. 중성리비의 蘇豆古利村 출신의 3명과 那音支村 출신의 3명은 모두 사탁부 소속의 사람임으로 추정할 수 있게 되었다.

다음으로 들 수 있는 자료로 내남 망성리 유적에서 나오는 기와명 자료가 있다. 이를 예로 들면 다음과 같다. 井井習部명·井井習府명[50]·習명·井마크[51] 등의 기와 명문이 그것이다. 이 기와는 680년경으로 추정되고 있다.[52] 이들 기와 명문은 習比部를 가리키는 것으로 보고, 망성리 일대를 습비부로 본 가설이 있다.[53] 망성리 일대에는 조방제의 흔적이 없어서 습비부라기보다는 습비부에

---

50) 習府가 과연 習部인지는 현재까지 자료로는 알 수가 없다. 신라에서 부명은 반드시 部로 표기하고, 府로 표기한 예가 없기 때문이다. 習府라 해도 官廳名이 되어서 말이 통하기에 충분하다.

51) 도교 벽사 마크라는 것은 일본의 지방 목간 전문연구자 平川 南의 가설이 유명하다.

52) 월지에서 함께 나오는 調露二年명 보상화문전의 연대인 680년에 근거하고 있다.

53) 조성윤, 앞의 논문, 2018.

소속된 일명촌명으로 보는 쪽이 타당할 듯하다.

　그 다음으로 보상화문전과 악부인동문암막새가 출토되어[54] 한지부로 추정
되고 있는 현곡 다경요지가 있다. 다경 와요지 출토로 짐작되는 전명이 있다. 月
池에서 나온 雙鹿寶相華文塼片에 다음과 같은 銘文이 그것이다. 調露二年/漢
只伐部君若小舍~/三月三日作康(?)~이를 해석하면 다음과 같다. 調露 2年(680)
에[55] 漢只伐部의[56] 君若 小舍가 (監督)했고, 3月 3日에 作康(?)이 (만들었다)가
된다. 君若 小舍는 監督者이고, 作(康?)~는 製瓦匠의 人名이 된다.[57] 이 명문에
나오는 월지와 그 주위에서는 漢只, 漢, 漢只伐部 등의 명문이 나온다. 그렇다
면 다경 일대를 漢祇部의 逸名村이 있었던 곳으로 볼 수가 있다.[58]

　마지막으로 대구 팔거산성 목간 14번 本波部△△村△△△△(앞면) 米一石
私(뒷면)에 의해 本波部에 △△村이 있었음을 알 수가 있다.

V. 맺음말

먼저 正宮의 위치 문제를 금성시대에는 발천 근처의 첨성대 옆의 미고지로

---

54) 김성구, 「다경와요지 출토 신라와전소고」 『미술자료』 33, 1983.

55) 종래 8세기 중엽으로 보아온 보상화문전의 연대를 680년으로 소급해 보게 되었다.

56) 漢只伐部란 부명은 673년 계유명아미타삼존불비상에서 사라져 있고, 신라에서 부
명이 사라진 때는 661년 태종무열왕릉비이다. 이 한지벌부는 680년이므로 잔존 요
소이다.

57) 이를 종래에는 調露二年漢只伐部君若小舍~三月三日作康(?)~(개행)를 調露二年
(680)에 한지벌부의 군약소사가 三月三日에 지었다로 해석하고 있으나 이는 잘못
된 해석으로 단 年號+인명 표기로 구성됨을 분명히 밝힌 해석 방법이다.

58) 본피부에 소속된 현재의 모량리, 사탁부에 소속된 蘇豆古利村과 邢音支村, 습비부
에 소속된 현재의 망성리 일대, 한지부에 소속된 다경 일대, 그 외 6부에 소속된 많
은 일명촌의 바깥쪽을 연결하는 선이 신라 王畿일 듯하다.

본 가설에[59] 따랐다. 다음 고신라시대에는 월성으로 보았다.[60] 통일신라시대의 정궁을 막연히 월성 근처로 보아 왔으나 정확하게 어디인지를 지적하지 못하고 있고, 여기에서는 전랑지로 보았고, 在城명 수막새는 후삼국시대의 기와로 이 때에 정궁은 월성이다.

대구 팔거산성 목간 14번 夲波部△△村△△△△(앞면) 米一石私(뒷면)는 本彼部의 소속으로 △△村이 있다는 것을 나타내주고 있다. 이 목간의 연대는 팔거산성 목간 16번의 干支란 관등명을 근거로 540년대로 보았다. 이 목간에 의해 고신라시대에는 적어도 신라 6부가 방리제와 촌제로 구성되어 있음을 알 수가 있었다.

대구 팔거산성 목간 14번을 확대해석하면 북천, 서천, 남천의 三川이 있는 곳인 신라 6부에는 坊里制가 실시되고 그 바깥에 村制가 실시되었다는 말이다. 이렇게 6부 내에 촌제가 실시된 곳은 중성리비의 사탁부 아래에 있는 蘇豆古利村과 那音支村이 있고, 망성리에서 井井習部명·井井習府명·習명·井마크 등의 기와가 나와서 습비부 소속의 일명촌으로 보이고, 다경 가마에서 漢只·漢只伐部·漢 등의 명문이 나온 것으로 추측되어서 다경이 한지부 소속의 일명촌명으로 보인다. 또 팔거산성 목간 14번에 의해 夲波部에 △△村이 있었음을 알 수가 있다. 이들 범위가 곧 王畿이다.

---

59) 조성윤, 앞의 논문, 2022.

60) 『삼국사기』 신라본기3, 자비마립간 18년조와 소지마립간 10년조에 따르면 488년부터 月城시대이다.

제2장
함안 성산산성 목간의 기초적 검토

제1절

함안 성산산성 목간의 신고찰

Ⅰ. 머리말

한국의 고대 목간은 종이가 없던 시대에 종이 대신에 나무를 깎아서 긴 사각형에 가깝게 만든 데에 붓으로 한자를 쓴 것이다. 1면에만 글씨가 있는 것이 있고, 앞면과 뒷면의 양면으로 된 것이 있고, 드물게는 4면으로 된 문서목간이 있다. 고구려의 예는 없고, 백제 사비성시대의 왕경과 지방 목간, 고신라의 왕경과 지방 목간, 통일신라의 왕경과 지방 목간 등이 있다. 목간의 대부분은 인명 표기가 주류를 이루고 있다. 인명 표기는 신라의 경우는 직명+출신지명+인명+관등명이고, 백제의 경우는 직명+부명+관등명+인명의 순서이다. 그래서 금석문과 목간을 연구하는 데에 있어서 인명 표기의 중요성은 아무리 강조해도 지나치지 않다.[1]

먼저 함안 성산산성 목간의 판독문과 해석문을 제시하였다. 성산산성 전체 목간을 대상으로 하였다. 다음으로 구리벌 목간의 負가 나오는 이유를 검토하

---

1) 지금까지 함안 성산산성 목간에 대한 중요한 연구사적 정리는 다음의 논고가 있다.
이경섭, 「함안 성산산성 목간의 연구현황과 과제」 『신라문화』 23, 2004.
전덕재, 「함안 성산산성 목간의 연구현황과 쟁점」 『신라문화』 31, 2008.
이경섭, 「함안 성산산성 출토 신라목간의 흐름과 전망」 『목간과 문자』 10, 2013.
윤선태, 「함안 성산산성 출토 신라목간의 연구성과와 전망」 『한국의 고대목간Ⅱ』, 2017.
橋本 繁, 「韓國·咸安城山山城木簡研究の最前線」 『古代文化』 70-3, 2018.

였다. 負는 다른 지역의 목간에서는 나오지 않고 구리벌에서만 나오고 있다. 아마도 수송체계가 다름을 암시하고 있는 듯하다. 그 다음으로 함안 성산산성 목간의 지명 비정에 대해 검토하였다. 함안 성산산성의 지명을 찾는 것은 어렵지만 문헌에서 가능한 한 찾으려고 노력했다.

그 다음으로 목간 2016-W150번의 代 의미를 목간 2016-W150번 내에서 찾았다. 代의 의미에 대해서는 다양한 가설이 나와 있으나 그 의미를 목간 자체에서 찾는 가설은 없다. 그 다음으로 함안 성산산성 목간 가운데 외위를 가진 목간을 살펴보았다. 마지막으로 仇利伐郡의 구조에 대해 조사하였다. 仇利伐목간은 負가 붙는 것, 奴人이 나오는 것, 本波·阿那·末那·未那·前那 등을 수반하지 않는 것, 稗·麥·米 등의 곡물 표시가 없는 것, 상당수가 割書로 쓰이는 것 등의 특징을 가지고 있다. 이러한 특징들 가운데에서 가장 주목되는 것은 奴人의 존재이다. 奴人이 붙는 자가 외위를 가지고 있어서 더욱 그러하다.

여기에서는 먼저 함안 성산산성의 목간을 국사편찬위원회 한국사데이터베이스에 따라 제시하고, 이를 가능한 한 해석하였고, 다음으로 仇利伐 목간에서 나오는 負에 살펴보고, 그 다음으로 함안 성산산성 목간의 지명 비정에 대해 살펴보고, 그 다음으로 목간 2016-W150번의 代에 대해 살펴보고, 그 다음으로 外位를 가진 목간에 대해 살펴보고, 마시막으로 仇利伐의 郡의 구조에 대해 살펴보겠다.

II. 자료의 제시

국사편찬위원회 한국사데이터베이스에 실린 번호에 따라 판독할 수 있는 자료부터 제시하고 이를 해석하여 제시하면 다음과 같다.

1(232)번 仇利伐/上彡者村(앞면) 乞利(뒷면) '仇利伐 上彡者村의 乞利이다.'

2(236)번 甘文城下麥甘文夲波王私(앞면) 文利村(知)利兮負(뒷면) '甘文城 下의 麥을 甘文의 夲波(땅 이름)이고2) 王私(땅 이름)인 文利村(행정촌명)의 (知)利兮負가 (낸 것이다.)'

3(222)번 仇利伐/上彡者村波婁 '仇利伐 上彡者村의 波婁이다.'

√ 223번 ~(村)介△利

4번 仇利伐/仇失了一伐/介利△一伐 '仇利伐의 仇失了 一伐과 介利△ 一伐이다.'

√ 243번 仇利伐/仇阤介一伐/介利△負 '仇利伐의 仇阤介 一伐과 그 짐은 짐꾼인 介利△의 負이다.'

5(244)번 仇利伐 △德知一伐奴人 塩 (負) '仇利伐의 △德知 一伐이며 奴人이 낸 소금[塩]의 負이다.'

6(226)번 王私烏多伊伐支乞負支 '王私(땅 이름) 烏多(군명) 伊伐支(행정촌명)의 乞負支이다.'

7(229)번 仇伐干好律村卑尸稗石 '仇伐 干好律村의 卑尸가 낸 稗 1石이다.'

8(230)번 及伐城秀乃巴稗 '及伐城의 秀乃巴가 낸 稗이다.'

√ 231.목흔만

9(233)번 竹尸弥牟丨于支稗一 '竹尸弥于 牟支가 낸 稗 一(石)이다.' 또는 '竹尸弥와 于牟支가 낸 稗 一(石)이다'가 된다.

10(225)번 甘文夲波居村旦利村伊竹伊 '甘文의 夲波(땅 이름)인 居村旦利村의 伊竹伊이다.'

11(227)번 烏欣弥村卜兮稗石 '烏欣弥村의 卜兮가 낸 稗 1石이다.'

12(228)번 上莫村居利支稗 '上莫村의 居利支가 낸 稗이다.'

13(238)번 陳城巴兮支稗 '陳城의 巴兮支가 낸 稗이다.'

14(242)번 大村伊息智一伐 '大村의 伊息智 一伐이다.'

15(241)번 ~家村△毛△ '~家村의 △毛△이다.'

16(237)번 言貯只一石 해석불능

17(234)번 ~前谷村阿足只(負) '~前谷村의 阿足只가 (낸 負이다.)'

√ 235번 목흔만

18번 △△△△△支稗 '△△△의 △△支가 낸 稗이다.'

20(239)번 古阤伊骨利村△(앞면) 仇仍支稗發(뒷면) '古阤 伊骨利村의 △仇仍

---

2) 이수훈, 「성산산성 목간의 本波와 末那 · 阿那」 『역사와 세계』 38, 2010에서 本波 · 末那 · 阿那를 지명으로 보는 것을 반대하는 가설이 있다.

支가 낸 稗 1바리(1석?)이다.'

21(245)번 屈仇△△村~(앞면) 稗石(뒷면) '屈仇△△村의 ~가 낸 稗 1石이다.'

22(240)번 夷津支斯尒利知[3] '夷津支의 斯尒利知이다.'

23(224)번 ~△知上干支 '~△知 上干支이다.'

24번 △了△利 '△了△利이다.'

28(001)번 古阤伊骨利村阿那(衆)智卜利古支(앞면) 稗發(뒷면) '古阤 伊骨利村의 阿那(땅 이름)의 (衆)智卜利古支가 낸 稗 1바리(1석?)이다.'

29(002)번 古阤新村智利知一尺那△(앞면) 豆于利智稗石(뒷면) '古阤 新村의 智利知 一尺과 那△豆于利智가 낸 稗 1石이다.'

30(003)번 夷津支阿那古刀羅只豆支(앞면) 稗(뒷면) '夷津支의 阿那(땅 이름)의 古刀羅只豆支가 낸 稗이다.'

31(004)번 古阤一古利村末那(앞면) 毛羅次尸智稗石(뒷면) '古阤 一古利村의 末那(땅 이름)의 毛羅次尸智가 낸 稗 1石이다.'

32(005)번 上弗乃你村(앞면) 加古波(孕)稗石(뒷면) '上弗刀你村의 加古波(孕)이 낸 稗 1石이다.'

33(006)번 仇利伐/彤谷村/仇礼支 負 '仇利伐 彤谷村의 仇礼支가 낸 負이다.'

34(007)번 仇利伐/上彡者村 波婁 '仇利伐 上彡者村의 波婁이다.'

35(008)번 內恩知 奴人 居助支 負 '內恩知가 奴人이고, 그의 짐꾼인 居助支의 負이다.'

36(009)번 仇利伐/只卽智奴/於△支 負 '仇利伐 只卽智가 奴이고, 그의 짐꾼인 於△支가 짐을 담당했다.'

37(010)번 ~內只次奴 湏礼支負 '~內只次가 奴이고, 짐은 그의 짐꾼인 湏礼支의 負이다.'

38(011)번 ~比△湏奴/尒先利支 負 '比△湏가 奴이고, 짐은 그의 짐꾼인 尒先利支의 負이다.'

39(012)번 鄒文比尸河村尒利牟利 '鄒文 比尸河村의 尒利牟利이다.'

40(013)번 ~阿卜智村尒礼負 '~阿上智村 尒礼가 낸 負이다.'

41(014)번 陳城巴兮支稗 '陳城의 巴兮支가 낸 稗이다.'

42(015)번 及伐城立(龍)稗石 '及伐城의 立龍이 낸 稗 1石이다.'

43(016)번 陽村文尸只 '陽村의 文尸只이다.'

44(017)번 土莫村居利支稗 '土莫村의 居利支가 낸 稗이다.'

---

3) 斯자는 성산산성 목간에서 대개 珎자로 되어 있으나 그 음이 무엇인지는 모르고 있다.

45(018)번 夷津阿那休智稗 '夷津 阿那(땅 이름)의 休智가 낸 稗이다.'

46(019)번 (乃)日城鄒(選)△△支 '乃日城의 鄒選△△支이다.'

47(020)번 可物智△湏麥石 '可物智△湏의 麥 1石이다.'

48(021)번 殂鐵十之 해석 불능

√022번 목흔만

50(023)번 □盖陽村末稗石 '□盖의 陽村의 末가 낸 稗 1石이다.'

52(024)번 仇伐阿那舌只稗石 '仇伐의 阿那(땅 이름)의 舌只가 낸 稗 1石이다.'

53(025)번 大村主舡麥 '大村의 村主인 舡麥이다.'

54(026)번 鄒文△△村△夲石 '鄒文 △△村의 △夲石이다.'

55(027)번 목흔만

56(028)번 △盖△△△△(稗) 해석 불능

57(029)번 ~弘帝沒利 負 '~弘帝沒利가 낸 負이다.'

59(030)번 石蜜日智私(앞면) 勿利乃(亢)花文稗(뒷면) '石蜜日智私勿利와 乃 (亢)花文이 낸 稗이다.'[4]

60(031)번 巴珎兮城下(麥)~(앞면) 巴珎兮村~(뒷면) '巴珎兮城 下의 麥을 巴珎 兮村의 누구가 (몇 石)낸 麥이다.'

61(032)번 △節△家(城)夫鄒只△(앞면) 城稗石(뒷면) '△節△家(城)의 夫鄒只 △城이 낸 稗1石이다.'

62(033)번 △△△支村(앞면) △△△奚稗石 '△△△支村의 △△△奚가 낸 稗 1石이다.'

63(034)번 ~△菽△尸支(앞면) 鄒△(뒷면) 해석 불능

64(035)번 小伊伐支△△(앞면) ~石(뒷면) '小伊伐支의 △△~石이다.'

65(036)번 甘文城下~(앞면) 河波△(뒷면) '甘文城下의 (麥을) 河波△가 (낸 얼 마이다.)'

67(037)번 ~加礼~(앞면) ~刀稗(뒷면) '~加礼~의 ~刀가 낸 稗이다.'

68(038)번 居珎只彡支~ '居珎只彡支~이다.'

69(039)번 千竹利 '千竹利이다.'

70(040)번 千竹利 '千竹利이다.'

71(041)번 ~利次稗石 '~利次가 낸 稗 1石이다.'

72(042)번 ~△一伐稗 '~△ 一伐이 낸 稗이다.'

---

4) 이는 60(031)번과 뒷면이 바뀌어 있다. 이렇게 짝이 잘못 바꾸어 있는 예는 63(034) 번과 64(035)번, 2016-W28(201)번과 2016-W30(202)번 등 모두 6예가 있다.

73(043)번 ~伐稗石 '~伐이 낸 稗 1石이다.'

74(044)번 及伐城只智稗石 '及伐城의 只智가 낸 稗 1石이다.'

75번 家△夫△ '家△夫△이다.'

76(045)번 ~伐 夫知居兮~ '~伐의 夫知居兮이다.'

77(046)번 湏伐夲波居湏智 '湏伐 夲波(땅 이름)의 居湏智이다.'

78(047)번 ~△村 伐生尒支 '~△村의 伐生尒支이다.'

79(048)번 伊伐支△△波稗一 '伊伐支의 △△波가 낸 稗 一(石)이다.'

80(049)번 及伐城△△ 稗石 '及伐城의 △△가 낸 稗 1石이다.'

81(050)번 ~伊智支石 '~伊智과 支石이다.'

82(051)번 ~智支 해석 불능

83(052)번 목흔만

84(053)번 ~蒜尸支 '~의 蒜尸支이다.'

85(054)번 伊失兮村~ '伊失兮村이다.'

86(055)번 ~密鄒加尒支石 '~의 密鄒加와 尒支石이다.'

88(056)번 ~八~(앞면) ~(뒷면)

√057번 艾△△毛珎支伐 해석 불능

88-1[5)]번 제첨축(利豆(村))으로 판독됨.

89(058)번 ~于利沙△ '~의 于利沙△이다.'

90(059)번 목흔만 있음

92(060)번 ~△知支 해석 불능

√(061)번 ~△一~

√(062)번 ~△~

√(063)번 ~石(앞면) ~△(뒷면) 해석 불능

2006-1(064)번 甘文城下麥夲波大村毛利只(앞면) 一石(뒷면) '甘文城 下의 麥을 夲波(땅 이름)인 大村의 毛利只가 낸 一石이다.'

√(065)번 목흔만(앞면) 阿竹只△△△(뒷면)

---

5) 이경섭,『신라 목간의 세계』, 2013, 180쪽에 제첨축 목간을 88번이라 했으나 국사편 찬위원회 한국사데이터베이스에는 88번이 다른 목간으로 되어 있고, 이용현,『한국 목간기초연구』, 2007, 375쪽에는 목간도록에는 목간 88번이 58번으로 되어 있다고 하였다. 58번 제첨축 목간은 그 당시 서사 자료가 종이임을 입증하는 중요한 자료 이다. 이경섭, 앞의 책, 2013에서는 제첨축을 88번·89번·90번·91번·92번·93 번·94번·2006-13번을 소개하고 있으나 국사편찬위원회 한국사데이터베이스에는 없다.

2006-3번 阿利只村(阿)那△△(앞면) 古十△△刀△△(門)(뒷면) '阿利只村의 (阿)那(땅 이름)의 △△古十△의 △刀△△(門)이다.'

2006-4(066)번 夷津夲波只那公末△稗 '夷津의 夲波(땅 이름)이며, 只那公末△가 낸 稗이다.'

√067번 ~支尒~ 해석 불능

√068번 ~器△一石 해석 불능

√069번 仇利伐~ 해석 불능

2006-6(070)번 陽村文尸只 稗 '陽村의 文尸只가 낸 稗이다.'

2006-7(071)번 買谷村古光斯珎于(앞면) 稗石(뒷면) '買谷村의 古光과 斯珎于가 낸 稗 1石이다.'

2006-8(072)번 勿利村倦益尒利(앞면) 稗石(뒷면) '勿利村의 倦益尒利가 낸 稗 1石이다.'

2006-9(073)번 次〻支村知伱留(앞면) 稗石(뒷면) '次〻支村의 知伱留가 낸 稗 1石이다.'

2006-10번 仇利伐△△奴△△支 負 '仇利伐의 △△가 奴이고, 그 짐꾼인 △△支의 負이다.'

2006-12(074)번 好△△六入 해석 불능

√076번 목흔만

√077번 △△△△利稗 '△의 △△△利가 낸 稗이다.'

2006-17(078)번 鄒文村內旦利(魚) '鄒文村의 內旦利가 낸 (魚)이다.'

2006-19(079)번 △蔛白汝△~(앞면) △月△(뒷면) 해석 불능

2006-24(080)번 仇利伐/ 比多智 奴 先能支 負 '仇利伐의 比多智가 奴이고, 그의 짐꾼인 先能支의 負이다.'

2006-25(081)번 王私烏多伊伐支卜烋 '王私(땅 이름) 烏多(군명) 伊伐支의 卜烋이다.'

√082번 ~大△△△~ 해석 불능

2006-27(083)번 末甘村/ 借刀利(支) 負 '末甘村의 借刀利(支)가 낸 負이다.'

√084번 목흔만(앞면) ~(뒷면) 해석 불능

√085번 支(負)(앞면) △△△~(뒷면) 해석 불능

√086번 판독 불능

√087번 ~△△△麥石 '~의 △△△가 낸 麥 1石이다.'

√088번 목흔만(앞면) 목흔만(뒷면) 해석 불능

2006-30(089)번 古阤伊骨村阿那(앞면) 仇利稿支稗發(뒷면) '古阤 伊骨村의 阿那(땅 이름)의 仇利稿支가 낸 稗 1바리(1석?)이다.'

2006-31(090)번 (仇利伐)~(앞면) 一古西支 負(뒷면) '(仇利伐)의 ~의 一古西支의 負이다.'

2006-32(091)번 丈△利村△△△△△ '丈△利村의 △△△이다.'

2006-35번 ~支鳥(앞면) ~(沙利)(뒷면) 해석 불능

2006-37번 ~△村△△麥石 '~△村의 △△가 낸 麥 1石이다.'

2006-40(075)번 (千)卄二益丁四 村~(제1면) △二△丁十一 村~(제2면) 해석 불능

2007-1(092)번 ~竹㫿弥支稗石 '~竹㫿弥支가 낸 稗 1石이다.'

2007-2번 제첨축

2007-3번 제첨축

2007-4(093)번 㫆盖次介利△尒稗 '㫆盖 次介利△尒가 낸 稗이다.'

2007-5(094)번 ~△皮(芥)支石 해석 불능

2007-6(095)번 仇伐 末那沙刀(礼)奴(앞면) 弥次(分)稗石(뒷면) '仇伐 末那(땅 이름)의 沙刀(礼)奴와 弥次(分)이 낸 稗 1石이다.'

2007-7(096)번 丘伐稗 '丘伐에서 낸 稗이다.'

2007-8(097)번 ~△一伐奴人毛利支 負 '(仇利伐의 누구가) 一伐이고, 奴人이고, 그의 짐꾼인 毛利支의 負이다.'

2007-9(098)번 ~本(波)跛智(福)△古~(앞면) ~支云稗石(뒷면) '~本(波)(땅 이름)의 跛智(福)△古와 △~支云이 낸 稗 1石이다.'

2007-10(099)번 古阤新村㫆(斤)△利(앞면) 沙礼(뒷면) '古阤 新村의 㫆(斤)△利와 沙柂이다.'

2007-11(100)번 占阤一古利村末那(앞면) 殆利夫稗(石)(뒷면) '古阤의 ·古利村 末那(땅 이름)의 殆利夫가 낸 稗 1(石)이다.'

2007-12(101)번 伊伐支烏利礼稗石 '伊伐支의 烏利礼가 낸 稗 1石이다.'

2007-13(102)번 眞尒密奴那智石 해석불능

2007-14(103)번 古阤一古利村末那仇△~(앞면) 稗石(뒷면) '古阤의 一古利村 末那(땅 이름)의 仇△~가 낸 稗 1石이다.'

2007-15(104)번 勿思伐 豆只稗一石 '勿思伐의 豆只가 낸 稗 一石이다.'

2007-16(105)번 㫆盖介欲弥支(稗) '㫆盖의 介欲弥支가 낸 稗이다.'

2007-17(106)번 古阤一古利村△~(앞면) 乃兮支稗石(뒷면) '古阤의 一古利村의 △~乃兮支가 낸 稗 1石이다.'

2007-18(107)번 (仇利)伐/△△只△/△伐支 負 '(仇利)伐의 △△只△의 △伐支가 낸 負이다.'

2007-19(108)번 赤城△△△△羅石 '赤城의 △△△羅石이다.'

2007-20(109)번 仇利伐/~智 '仇利伐의 ~智이다.'

2007-21(110)번 ~豆留只(一伐) '~의 豆留只(一伐)이다.'

2007-22(111)번 㖨盖奈夷(利)稗 '㖨盖의 奈夷(利)가 낸 稗이다.'

2007-23(112)번 及伐城文尸伊稗石 '及伐城의 文尸伊가 낸 稗 1石이다.'

2007-24(113)번 及伐城文尸伊急伐尺稗石 '及伐城의 文尸伊와 急伐尺이 낸 稗 1石이다.'

2007-25(114)번 古阤一古利村阿那弥伊△久(앞면) 稗石(뒷면) '古阤의 一古利村 阿那(땅 이름)의 弥伊△久가 낸 稗 1石이다.'

2007-26(115)번 ~古心△村~稗石 '~의 古心△村 ~가 낸 稗이다.'

2007-27(116)번 仇利伐/郝豆智奴人/△支 負 '仇利伐의 郝豆智가 奴人이고, 그의 짐꾼인 △支의 負이다.'

2007-28(117)번 巾夫支城夫酒只(앞면) 稗一石(뒷면) '巾夫支城의 夫酒只가 낸 稗 一石이다.'

2007-29(118)번 波阤密村沙毛(앞면) 稗石(뒷면) '波阤密村의 沙毛가 낸 稗 1石이다.'

2007-30(119)번 夷(津)支士斯石村末△△烋(앞면) 麥(뒷면) '夷(津)支의 士斯石村 末△△烋가 낸 麥이다.'

2007-31(120)번 仇利伐 仇阤知一伐奴人 毛利支 負 '仇利伐의 仇阤知 一伐이고, 奴人이고, 그의 짐꾼인 毛利支의 負이다.'

2007-32번 ~(앞면) ~(뒷면) 해석 불능

√121번 伊(勿)△~(앞면) ~(뒷면) 해석 불능

2007-33(122)번 古阤一古利村末那沙見(앞면) 日糸利稗石(뒷면) '古阤의 一古利村 末那(땅 이름)의 沙見日糸利가 낸 稗 1石이다.'

2007-34(123)번 伊大兮村稗石 '伊大兮村이 낸 稗 1石이다.'

2007-35(124)번 (礼)兮利村(앞면) 湏△只稗石(뒷면) '(礼)兮利村의 湏△只가 낸 稗 1石이다.'

2007-36(125)번 栗村稗石 '栗村에서 낸 稗 1石이다.'[6]

---

6) 김해 양동리 산성 목간에서 癸卯年七月栗村百刀公磚日除麥石이란 명문이 나왔다 (이수훈, 「김해 양동리 출토 목간의 검토」 『역사와 세계』 58, 2020, 270쪽). 여기에서 문제가 되는 것은 율촌이 행정촌인지 아니면 군명인지 여부이다. 栗村은 군명과 행정촌명이 같은 것으로 행정촌명만 적힌 것으로 이해하고 싶다. 이수훈, 앞의 논문, 2020, 276쪽에서 목간 3번인 (干)形室背此其知村~을 (干)形室 뒤에 此其知村~으로 해석하고 있으나 (干)形室 등 뒤의 이 其知村~으로 해석할 수도 있다.

2007-37(126)번 仇伐阿那內欣買子(앞면) 一万買 稗石(뒷면) '仇伐 阿那(땅 이름)의 內欣買子와 一万買가 낸 稗 1石이다.'

2007-38(127)번 古陁△利村△~(앞면) 稗石(뒷면) '古陁 △利村의 △~가 낸 稗 1石이다.'

2007-39(128)번 眞村△△△△ '眞村의 △△△△이다.'

2007-40(129)번 巾夫支城△郞支稗一 '巾夫支城의 △郞支가 낸 稗 一(石)이다.'

2007-41(130)번 居利負~ 해석 불능

2007-42(131)번 及伐城登奴稗石 '及伐城의 登奴가 낸 稗 1石이다.'

2007-43(132)번 伊伐支村△只稗石 '伊伐支村의 △只가 낸 稗 1石이다.'

2007-44(133)번 夷津支城下麥王私巴弥兮村(앞면) 弥次二石(뒷면) '夷津支城(군명) 下의 麥은 王私(땅 이름)인 巴珎兮村(행정촌명)의 弥次가 낸 二石이다.'

2007-45(134)번 甘文城下(麥)米 十一(斗)石(喙)大村卜只次持(去) '甘文城 下의 (麥)米 十一(斗)石는 (喙)大村의 卜只次持(去)가 낸 것이다.'

2007-46(135)번 小伊伐支村能毛礼(앞면) 稗石(뒷면) '小伊伐支村의 能毛礼가 낸 稗 1石이다.'

2007-47(136)번 珎淂智△ 仇以稗石 '珎淂智△와 仇以가 낸 稗 1石이다.'

2007-48(137)번 丘伐稗石 '丘伐에서 낸 稗 1石이다.'

√138번 ~△介利稗 '~의 △介利가 낸 稗이다.'

√139번 목흔만(앞면) 목흔만(뒷면) 해석 불능.

2007-49번 ~伐△稗 '~伐△가 낸 稗이다.'

2007-50번 一△△刀村△文△二△(앞면) 仇△△(뒷면) '一△△刀村의 △文△二와 △仇△△이다.'

2007-51(140)번 ~前△谷支 '~의 前△谷支이다.'

2007-52(141)번 鄒文(前)那牟只村(앞면) 伊△(習)(뒷면) '鄒文 (前)那(땅 이름)의 牟只村의 伊△(習)이다.'

2007-53(142)번 仇利伐/習彤村/牟利之 負 '仇利伐 習彤村의 牟利之의 負이다.'

2007-54(143)번 赤伐支哥村助吏支稗 '赤伐支哥村의 助吏支가 낸 稗이다.'

2007-55(144)번 仇利伐今介次負 '仇利伐의 今介次의 負이다.'

2007-56(145)번 屈斯旦(利)今部牟者足△ '屈斯旦利와 今(部)牟者足△이다.'

2007-57(146)번 古陁夲波豆物烈智△(앞면) 勿大兮(뒷면) '古陁 夲波(땅 이름)의, 豆物烈智△와 勿大兮이다.'

2007-58(147)번 伊智支村彗△利(앞면) 稗(뒷면) '伊智支村의 彗△利가 낸 稗이다.'

2007-60번 제첨축

2007-61(157)번 買谷村物礼利(앞면) 斯玳于稗石(뒷면) '買谷村의 物礼利와 斯
玳于가 낸 稗 1石이다.'

√158번 묵흔만

2007-64(159)번 上弗刀你村(앞면) (敬麻)古稗石 '上弗刀你村의 (敬麻)古가 낸
稗 1石이다.'

√160번 △△△村△△△

√161번 △△△△△稗石 '△△의 △△△가 낸 稗 1石이다.'

√162번 甘文△宍大只伐△原石 해석 불능

2007-304(163)번 夷津支城下麥烏列支負(앞면) △△△石(뒷면) '夷津支城 下
의 麥을 烏列支(행정촌명)의 負△△가 (낸 몇)石이다.'

2007-370(164)번 卒史△於勞尸兮 '卒史△의 於勞尸兮이다.'

2007-A(148)번 蘇智密村昜~(앞면) 稗(뒷면) '蘇智密村의 昜~가 낸 稗이다.'

2007-B(149)번 '~稗石 ~가 稗 1石이다.'

2007-C(150)번 목흔만

2007-D(151)번 伊竹支△△△稗 '伊竹支△의 △△가 낸 稗이다.'

2007-E(152)번 ~支負稗 '~의 ~支負가 낸 稗이다.'

2007-F(153)번 ~△△△△△~(앞면) 稗(뒷면) 해석 불능

2008-G(154)번 ~△牟知~(앞면) △(뒷면) '~의 △牟知~이다.'

2007-H(155)번 ~伊△△~ 해석 불능

2007-I(156)번 ~△△稗石 '~가 낸 稗 1석이다.'

IV-485번 (前)站△歆△利 稗 '(前)站△와 歆△利가 낸 稗이다.'

IV-491번 △△(河) '△△(河)이다.'

IV-492번 △(記)△△△ 해석 불능

IV-495번 仇利伐谷△△ (負) '仇利伐의 谷△△의 (負)이다.'

IV-501번 大△△△ '大△△△이다.'

IV-573번 △△△△△稗石 '△△ △△△가 낸 稗 1石이다.'

IV-574번 甘文(非)△大只伐支原石 '甘文의 (非)△大只와 伐支原石이다.'

IV-575번 △△伐村△ '△△伐村 △이다.'

IV-578(165)번 ~之毛羅稗 '~의 ~之毛羅가 낸 稗이다.'

IV-579(166)번 麻旦△利(앞면) 麻古稗石(뒷면) '麻旦△利와 麻古가 낸 稗 1
石이다.'

√167번 仇△△稗石 '仇△△가 낸 稗 1石이다.'

IV-580번 △△△世~(제1면) ~(제2면) 해석 불능

IV-581(168)번 仇賓村甘斯(앞면) ~(뒷면) '仇賓村의 甘斯~이다.'

IV-582(169)번 仇利伐 記夲礼支 負 '仇利伐의 記夲礼支의 負이다.'

IV-583(170)번 仇△伐~ 해석 불능

IV-586(171)번 ~△(負) 해석 불능

√172번 豆支村~

IV-587(173)번 仇利伐(앞면) △伐彡△村 伊面於支 負(뒷면) '仇利伐 △伐彡△村의 伊面於支의 負이다.'

IV-588(174)번 ~智△△(앞면) 稗石(뒷면) '~의 ~智△△가 낸 稗 1石이다.'

IV-589(175)번 ~(제1면) ~(제2면) 해석 불능

IV-590(176)번 及伐城日沙利稗石 '及伐城의 日沙利가 낸 稗 1石이다.'

√177번 목흔만(앞면) 목흔만(뒷면)

√178번 전면 목흔

√179번 及伐城文尸△稗石 '及伐城의 文尸△가 낸 稗 1石이다.'

IV-591번 仇(利伐) △△智(奴)人 △△△ 負 '仇(利伐)의 △△智가 (奴)人이고, 그의 짐꾼인 △△△의 負이다.'

IV-594(180)번 骨盖奈△~ '骨盖의 奈△~이다.'

IV-595(181)번 古阤一古利村夲波(앞면) 阤彡支稗發(뒷면) '古阤 一古利村의 夲波(땅 이름)이며, 阤彡支가 낸 稗 1바리(1석?)이다.'

182번 목흔만

IV-597(183)번 正月中比思(伐)古尸次阿尺夷喙(앞면) 羅兮落及伐尺幷作前瓷酒四斗瓮(뒷면) '正月에 比思(伐)의 古尸次 阿尺의 夷(무리)와 喙(部) 羅兮落 及伐尺(경위명)이 아울러 前瓷酒 四斗瓮을 만들었다.'

IV-598(184)번 △皂(冠)村(앞면) 此負刀寧負盜人有(뒷면) '~△皂(冠)村에 있는 이 負는 刀寧의 負이다. 盜人이 있었다.'

IV-599(185)번 帶支村烏多支米一石 '帶支村의 烏多支가 낸 米 一石이다.'

IV-600(186)번 六月中△多馮城△△△村主敬白之 烏△△成行之(제1면) △△智一伐大△△也 攻六△大城從人士夲日(제2면) △去(走)石日(率此)△△ 更△荷(秀)△(제3면) 卒日治之人(此)人烏(馮)城置不行遣之白(제4면) 해석 불능

√187번 목흔만

IV-602(188)번 十一月△△定六十月一廿月十一△五叉(제1면) △奇(旅)△△△ △△久△△拏及△△△(제2면) 해석 불능

IV-603번 豆△村 '豆△村이다.'

V-163(189)번 古阤一古利村夲波(앞면) 阤彡只稗發(뒷면) '古阤 一古利村의

本波(땅 이름)이며, 陁々只가 낸 稗 1바리(1석?)이다.'

V-164(190)번 三月中鐵山下麥十五斗(앞면) 王私 △河礼村 波利足(뒷면) '三月에 鐵山 下의 麥 十五斗를 王私(땅 이름)인 △河礼村(행정촌명)의 波利足가 낸 것이다.'

V-165(191)번 甘文下麥十五石甘文(앞면) 本波加本斯(稗)一石之(뒷면) '甘文(城) 下의 麥 十五石은 甘文(군명)의 本波(땅 이름)인 加本斯와 (稗)一石之이 낸 것이다.' 또는 '甘文의 下麥 十五石은 甘文(군명) 本波(땅 이름)의 加本斯(稗)一石之가 낸 것이다.'

V-166(192)번 古阤伊未妍上干一大兮伐(앞면) 豆幼去(뒷면) '古阤의 伊未妍上干과 一大伐과 豆幼去이다.'

√193번 ~△尸△力△尒兮(앞면) 묵흔만(뒷면)

√194번 앞뒤면 묵흔만

V-167번 ~村△△(智上)(앞면) △△△(뒷면) '~村의 △△(智)와 (上.)△△△이다.'

V-170(195)번 ~△稗十五斗(앞면) ~(뒷면) '~△가 낸 稗十五斗이다.'

V-171(196)번 盖山鄒勿負稗 '盖山의 鄒勿負가 낸 稗이다.'

V-172(197)번 ~村虎弥稗石 '~村의 虎弥가 낸 稗 1石이다.'

V-173(198)번 ~吾礼△只公 '~의 吾礼△只公이다.'

V-174(199)번 敢師智~ '敢師智가 ~.'

V-175(200)번 ~△那只旀米 '~△의 那只가 旀米를[7] 낸 것이다.'

2016-W28(201)번 ~史村△~(앞면) ~利夫稗石(뒷면) '~史村의 △~利夫가 낸 稗1石이다.'

2016-W30(202)번 ~△西毛礼~ '~△西毛礼이다.'

2016-W33번 ~△△△古△△△ 해석 불능

2016-W34(203)번 今(卒)巴漱(宿)介財利支稗 '今(卒)巴漱(宿)과 介財利支가 낸 稗이다.'

√204번 판독 불능(앞면) ~稗石(뒷면)

2016-W35(205)번 盖村仇之毛羅稗 '盖村의 仇之毛羅가 낸 稗이다.'

√206번 목흔만(앞면) 목흔만(뒷면)

2016-W40번 ~△△只△△△(앞면) ~△稗石(뒷면) '~△△只△의 △△~△가 낸 稗 1石이다.'

2016-W44번 △陀一△△△(앞면) ~△△△(뒷면) 해석 불능

---

7) 『呂氏春秋』에 旀米而不香이라고 나온다.

2016-W62(209)번 仇利伐/上三者村△△△△ '仇利伐 上彡者村의 △△△△
이다.'

√210번 목흔만

2016-W66(207)번 丘伐未那早尸智居伐尺奴(앞면) (能)利智稗石(뒷면) '丘伐
未那(땅 이름)의 早尸智와 居伐尺과 奴(能)利智가 낸 稗 1石이다.'

2016-W67(208)번 ~△身礼豆智 '~△의 身礼豆智이다.'

2016-W72번 上△~(앞면) ~利~(뒷면) '上△~의 ~利 ~이다.'

2016-W73(211)번 巾夫支城 仇智支稗~(앞면) ~(뒷면) '巾夫支城의 仇智支가
낸 稗~이다.'

2016-W89(212)번 丘利伐/卜今智上干支 奴/△△巴支 負 '丘利伐의 卜今智 上
干支이며, 奴이고, 그의 짐꾼인 △△巴支가 짐을 진다.'

2016-W92(213)번 仇利伐/夫及知一伐 奴人/宍巴礼 負 '仇利伐의 夫及知이 一
伐이고, 奴人이고, 그의 짐꾼인 宍巴礼가 짐을 진다.'

2016-W94(215)번 甘文城下麥十五石甘文夲波(앞면) 伊次只去之(뒷면) '甘
文城 下의 麥 十五石을 甘文(군명) 夲波(땅 이름)인, 伊次只去之가
낸 것이다.'

2016-W104(214)번 沙喙部負 '沙喙部가 낸 負이다.'

2016-W116(216)번 小南兮城麥十五斗石大村~ '小南兮城의 麥 十五斗石을 大
村의 ~가 낸 것이다.'

√217번 목흔만

2016-W150(218)번 三月中 眞乃滅村主 憹怖白(제1면)
　　　　　大(城)在弥卽尒智大舍下智(前)去白之(제2면)
　　　　　卽白先節六十日代法稚然(제3면)
　　　　　伊乇罹及伐尺寀言廻法卅代告今卅日食去白之(제4면)
'三月에 眞乃滅村主인 憹怖白이 大城에 있는 弥卽尒智 大舍下智의 앞
에 가서 아뢰었습니다. 곧 아뢴 앞선 때에 六十日代法은 稚然하였습니
다. 伊乇罹 及伐尺께 寀(祿俸)에 말하기를 法을 피해 卅代를 고하여 이
제 卅日食을 먹고 갔다고 아뢰었습니다.'

2016-W155(219)번 王子年△改大村△刀只(앞면) 米一石(뒷면) '王子年△(군
명)의 改大村(행정촌명)의 △刀只가 낸 米 一石이다.' 또는 '王子年(군
명)의 △改大村(행정촌명)의 △刀只가 낸 米 一石이다.'

2016-W164번 △△利△一負(앞면) 六石△△△(뒷면) 해석 불능

√220번 皮牛利烋鳥(앞면) 六△△△△(뒷면) 해석 불능

2016-W167(221)번 此麥△德石莫杖之 '이 보리쌀은 △德石에게 의지하지
않았다.'

번호 앞에 √표시를 한 것은 『한국의 고대목간II』에만 나오는 것으로 그 예는
40여 개나 되고, 국사편찬위원회 한국사데이터베이스에서만 나오는 것은 번호가
단수로 붙어 있는데 그 수는 20여 예이다. 결과적으로 목간 번호 붙이기는 282개
가 나오는 국사편찬위원회 한국사데이터베이스 쪽이 정확하여 이를 취한다. 판
독은 『한국의 고대목간II』가 정확하다. 245개의 목간이 소개되어 있는 『한국의
고대목간II』와 『한국목간총람』에 소개되어 있는데 이는 잘못된 것이다.

III. 仇利伐 목간의 負

仇利伐 목간의 가장 큰 특징은 할서가 있다는 것, 奴(人)이 존재하는 것, 負
가 있는 점,[8] 稗石 등 패류가 없는 점 등이다. 仇利伐 목간의 특징을 알기 쉽게
仇利伐 목간의 2016년까지의 자료를 제시하면 다음과 같다.[9]

　　1번 仇利伐 / 上彡者村(앞면) 乞利(뒷면)
　　3번 仇利伐/上彡者村 波婁
　　4번 仇利伐/仇失了一伐/尒利△一伐
　　5번 仇利伐△德知一伐奴人 塩 (負)
　　33번 仇利伐/(彤)谷村/仇礼支 負
　　34번 仇利伐/上彡者村 波婁
　　2006-10번 (仇利)伐/△△奴/△△支 (負)

---

8) 負는 仇利伐 목간에서만 나오는데, 단 하나의 외예로 2016-W104번 沙喙部負이 있
다. 이는 사탁부가 낸 負이다로 해석되며, 왕비족인 사탁부(김창호, 앞의 책, 2018,
170~174쪽)가 負를 담당하고 있어서 목간의 제작지가 사탁부로 보이기보다 성산산
성에서 국가 주도로 요역(축성 사업)을 행하고, 목간을 제작했을 것으로 판단된다.
9) 추정 구리벌 목간에서 구리벌이 나오지 않아도 奴(人)이 나오고, 負가 나오면 仇利
伐 목간이다. 아직까지 구리벌 이외의 목간에서 奴(人)과 負가 나오는 예는 없다.

2006-24번 仇利伐 比多湏 奴 先能支 負

2006-31번 ~(앞면) 一古西支 負(뒷면)

2007-18번 △△伐/△△只△同伐支 負

2007-20번 仇利伐/~智

2007-27번 仇利伐/郝豆智奴人/△支 負

2007-31번 仇利伐 仇阤知一伐奴人 毛利支 負

2007-53번 仇利伐/習彤村/ 牟利之 負

2007-55번 仇利伐/今你次負

IV-495번 仇利伐谷△△ (負)

IV-582번 仇利伐 記本礼支 負

IV-587번 仇利伐/△伐彡△村 伊面於支 負

IV-591번 仇(利伐) △△智奴(人) △△△ 負

2016-W62번 仇利伐/上彡者村△△△△

2016-W89번 丘利伐/卜今智上干支奴/△△巴支 負

2016-W92번 仇利伐/夫及知一伐奴人/宍巴礼 負

이 仇利伐 목간에는[10] 할서가 나오고, 奴(人)이 나오고, 또 負가 나온다.[11] 이 負는 구리벌 이외의 다른 지역에서는 발견된 바 없다. 경북 북부 지역과 충북 지

---

10) 추정 구리벌 목간의 예를 들면 다음과 같다.

17번 ~前谷村阿足只 (負)

35번 內恩知奴人居助支 負

37번 ~內只次奴湏礼支 負

38번 ~比夕湏奴(앞면) 尒先(利)支 負(뒷면)

2006-27번 ~末甘村(앞면) ~/借刀利 負(뒷면)

2006-31번 (仇利伐)~(앞면) 一古西支 負(뒷면)

2007-8번 △△△一伐奴人毛利支 負

2007-41번 △△△△(앞면) ~△居利負(뒷면)

11) 또 지명 표시의 本波(甘文, 古阤, 夷津, 湏伐), 阿那(古阤, 夷津支, 仇伐, 阿利只村), 末那(古阤, 仇伐, 夷津支), 前那(鄒文), 末那(丘伐), 未那(丘伐) 등이 그 출토예가 가장 많은 仇利伐 목간에는 없다. 구리벌은 감문, 고타, 이진, 구벌, 아리지촌, 추문과는 다른 생산 구조를 가지고 있을 가능성이 있다. 그 생산 체계 구조가 바로 소금이라고 판단된다. 왜냐하면 仇利伐 목간에서는 負와 奴(人)이 나오기 때문이다.

역에서는 낙동강을 이용하여 水運으로 운송한 것은 틀림이 없다. 그런데 구리
벌 목간에서는 稗石, 米, 麥, 稗發 등의 곡물의 명기가 없는 데에도 불구하고 다
른 곳에서는 없는 負자가 나온다. 負자는 奴人 목간에서는 단 1점의 예외도 없
이 나오고 있고, 奴人이 없는 목간에서도 負자가 나오는 예가 많다.[12] 負자는
짐을 나타내고,[13] 그 짐이 구리벌에서만 존재하고 다른 지역에 없는 점이 주목
된다. 왜 仇利伐에서만 負[짐]가 나올까? 仇利伐의 負 운송이 水運이 아닌 육로
로 사람, 소나 말이 한 것일 가능성이 있다. 그리고 앞서서 추정한 대로 仇利伐
의 위치가 함안군에서 마산시에 이르는 지역이라야[14] 조운의 필요가 없다.[15] 이
負의 존재는 奴(人)의[16] 존재와 더불어 仇利伐의 특수성을 암시해 주고 있다.
곧 구리벌이 성산산성 근처의 바닷가에서 생산된 소금 등을 공급했음을 말해주
고 있다.

IV. 함안 성산산성 목간의 지명 비정

함안 성산산성 물품꼬리표 목간에 등장하는 지명에 대해서는 선학들의 연구
성과가 있다.[17] 지금까지 비정이 가능한 주요 지명을 알기 쉽게 제시하면 다음

---

12) 이는 負의 전형적인 운송 체계가 奴(人)이 나오는 소금 운송을 중심으로 다른 곡물
    에도 영향을 주어서 실시되었고, 그렇지 못하고 負가 없는 것은 역역과 관련된 인명
    이다. 負만 있는 것은 소금에 염장된 바닷물고기로 보인다.
13) 이수훈, 「함안 성산산성 출토 목간의 패석과 부」 『지역과 역사』 15, 2004, 21~31쪽.
14) 김창호, 『고신라의 금석문과 목간』, 2018, 208쪽.
15) 仇利伐에서만 負가 나오는 점은 그 운송 체계가 다르다는 것을 의미한다.
16) 奴(人)의 구리벌에서만 존재하는 것은 목간 5번의 仇利伐 △德知一伐奴人 塩 (負)
    의 塩과 함께 생각할 때 노인은 소금 생산자로 추정된다.
17) 이경섭, 앞의 논문, 2011, 539~540쪽.

의 <표 1>과 같다.[18)]

<표 1> 함안 성산산성 목간에 나오는 지명비정

주요 지명	비정지 현재 지명	신라 당대 지명
仇利伐	충북 옥천 함안 칠원면~마산 · 창원 안동시 임하면 일대	仇(久)利城[19)] 久禮牟羅 屈火郡, 屈弗郡, 曲城郡
甘文城	김천시 개령면	甘文州 開寧郡
古阤	안동시	古阤耶郡, 古昌郡
及伐城	영주시 순흥면	及伐(山)郡, 岋山郡
仇伐	의성군 단촌면	仇火縣, 高丘縣
湏伐	상주시	沙伐州, 尙州
買谷村	안동시 도산면 · 예안면	買谷縣, 善谷縣
夷津支城	·	·
勿思伐	충북	·
鄒文	충북	·
比思(伐)	경남 창녕	比子伐州

仇利伐의 위치를 충북 옥천,[20)] 함안 칠원면~마산 · 창원,[21)] 안동시 임하면 일
대,[22)] 경북 북부로[23)] 보아 왔다. 충북 옥천설은 남산신성비 제2비의 仇(久)利城

---

18) 伊伐支는 『삼국사기』, 지리지에 隣豊縣本高句麗伊伐支縣이라고 나와서 경북 영주
   시 부석면일대라 한다. 이는 행정촌이고, 그 앞에 나오는 烏多는 군명이다. 또 居盖
   도 군명이지만 어디인지는 찾을 수 없다.
19) 仇利伐을 충북 옥천으로 보는 가장 큰 이유는 남산신성비 제2비의 지명 비정 때문
   이다.
20) 주보돈, 「함안 성산산성 출토 목간의 기초적 검토」 『한국고대사연구』 19, 2000.
21) 이경섭, 「성산산성 출토 하찰목간의 제작지와 기능」 『한국고대사연구』 37, 2005,
   130~135쪽.
22) 이경섭, 앞의 논문, 2011, 542~543쪽.
23) 윤선태, 「함안 성산산성 출토 신라목간의 용도」 『진단학보』 88, 1999, 25쪽.

이 충북 옥천군 안내면이라는[24] 가설에 의지하고 있다. 仇(久)利城과 제2비에서 함께 나오는 阿大(旦)兮村의 위치도 충북 옥천 근처로 보았다. 그 뒤에 阿大兮村은 524년에 작성된 봉평비에 阿大兮村使人이라는 직명으로 나오고 있다. 이 직명은 悉支軍主의 관할이므로 지정학상으로 충북 옥천이나 경북 북부는 될 수가 없고, 『삼국사기』, 地理志의 本高句麗 阿兮縣 景德王改名 今淸河縣에 근거하면 현재의 慶北 浦項市 淸河일 가능성이 크다. 于抽悉支河西阿郡使大等의 于抽가 영해·울진을 가리키기 때문이다. 그러면 仇(久)利城의 위치를 청하 근처로 보아야 된다. 이는 신라의 지명 비정의 어려움을 웅변해 주고 있다.

仇利伐을 久禮牟羅로 보는 가설은[25] 그 해당되는 함안 칠원면~마산·창원에는 고총고분이 없어서 따르기 어렵다.

仇利伐을 屈火郡, 屈弗郡, 曲城郡의 고지명을 가진 안동시 임하면 일대로 보는 것은[26] 屈火郡, 屈弗郡, 曲城郡과 仇利伐과의 음상사가 되지 않아서 따르기 어렵다.

이제 仇利伐의 위치를 살펴보기 위해 함안 성산산성에 나오는 물품꼬리표 목간에 나오는 지명을 살펴보기로 하자.

甘文城은 김천시 개령면으로 당시 甘文州 開寧郡이다. 古阤는 안동시로 당시 古阤耶郡 또는 古昌郡이다. 及伐城은 영주시 순흥면으로 당시 及伐(山)郡 또는 岋山郡이다. 仇伐은 의성군 단촌면으로 당시 仇火縣 또는 高丘縣이다. 買谷村은 안동시 도산면·예안면으로 買谷縣 또는 善谷縣이다. 夷津支城은 현대 지명이나 신라 당대 지명이 불명이다. 比思(伐)은 경남 창녕으로 당시 지명이 比子伐州이다. 勿思伐과 鄒文은 설명이 길어서 단락을 바꾸어서 설명하기로 한다.

물사벌과 추문촌은 545년이나 그 직전에 세워진 적성비에도 나온다. 곧 鄒文

---

24) 이종욱, 「남산신성비를 통해 본 신라의 지방통치체제」 『역사학보』 64, 1974, 11쪽.

25) 김태식, 『加耶聯盟史』, 1993, 173~189쪽.

26) 이경섭, 앞의 논문, 2011, 542~543쪽.

村幢主, 勿思伐城幢主란 직명 속에 나온다. 이들은 모두 적성비에서 高頭林城在軍主等의 휘하에 소속된 것으로 보인다. 물사벌성과 추문촌의 위치를 잘 알수가 없지만, 高頭林城在軍主等의 고두림성에 대해서는 그 위치를 경북 안동으로 보아 왔으나[27] 충북 단양군 영춘면 栢子里에서 단양 영춘으로 가는 길목에, 고두름고개[재]가 있다. 하리에 소재한 온달산성으로 가는 재의 이름이 현재까지도 고두름고개[재]라고 해 단양 영춘 하리의 온달성이 州治가 설치되었던 고두림성임이 분명하다.[28] 추문촌당주와 물사벌성당주도 고두림성재군주등의 휘하에 있었으므로 그 지명의 소재지를, 험난한 소백산맥을 지나서 멀고 먼 경북 북부 지역이라기보다는 국경의 최전선인 같은 소백산맥의 북쪽인 충북에 있었다고 보아야 될 것이다. 지명이 전부 上州의 관할인 경북 북부 지역이 아닌 자료로 목간 IV-597번에 正月中比思(伐)古尸次阿尺夷喙(앞면) 羅兮落及伐尺幷作前瓷酒四斗瓷(뒷면)라고 해서 후일의 下州에 해당되는 바사(벌)을[29] 들 수가 있다. 따라서 물사벌성과 추문촌은[30] 어느 곳인지는 확실히 알 수 없지만, 경북 북부 지방이 아닌 충북 지방에 있다고 보아야 할 것이다.

이제 仇利伐의 위치를 조사할 차례가 되었다. 仇利伐 목간에는 할서[두 줄로 쓰기]라는 특이한 방법으로 지명을 기재하는 방법이 있다. 목간 3번과 34번 仇利伐/ 上彡者村 波婁(/는 할서 표시) 등의 예가 있다. 목간 1번의 仇利伐 /上彡

---

27) 武田幸男, 「眞興王代における新羅の赤城經營」 『朝鮮學報』 93, 1979, 19쪽. 뚜렷한 근거가 없이 안동의 고명이 古昌郡, 古陁耶郡의 古자인데에 근거한 듯하다.

28) 김창호, 『고신라 금석문의 연구』, 2007, 182쪽.

29) 上州인 甘文州 관할 밖의 확실한 예로서 중요하다.
이 목간에 대해 윤선태, 앞의 논문, 2016, 402쪽에서는 上州는 식량, 下州는 노동력을 나눠 부담하였던 것은 아닐까 모르겠다고 하였으나, 목간 218번에서 比子(伐)이 노동력의 부담이 아닌 술을 공진물로 내고 있기 때문에 따르기 어렵다.

30) 武田幸男, 앞의 논문, 1979, 19쪽에서 추문을 소백산맥 이남의 경북 북부 지역에서 비정하여 김文國 곧 聞韶郡(의성)일 것으로 추정하였다. 고두림성을 안동으로 볼 때에는 가능성이 있으나 고두림성이 충북 단양 하리의 온달성이므로 성립되기 어렵다. 추문촌당주가 있던 추문촌은 충북에 있었을 것이다.

者村(앞면)[31] 乞利(뒷면), 목간 3번과 34번(쌍동이 목간)의 仇利伐 /上彡者村波
婁에서 上彡者村은 행정촌으로 『삼국사기』, 지리지의 康州 咸安郡 領縣인 김
彡縣이다.[32] 구리벌은 함안군에서 바닷가인 마산시에[33] 이르는 지역이다. 이곳
이 옛 안라국의 중요한 수도 부분에 해당되는 것이다.[34]

---

31) 이수훈, 「新羅 中古期 行政村·自然村 문제의 검토」 『한국고대사연구』 48, 2007,
   55~63쪽에서 仇利伐/ 上彡者村이 행정촌+자연촌(구리벌은 행정촌이 아니라 군임)
   의 관계라면 해당 인물의 출신지를 행정촌인 구리벌로 밝혀도 됨에도 불구하고 굳
   이 상삼자촌이라고 밝힐 이유가 없고, 목간 2007-31번 仇利伐/ 仇阤(利)一伐과 목
   간 5번 仇利伐△德知一伐塩의 예에서 행정촌 다음에 곧 바로 인명이 오고 있는 점,
   목간 11번 烏欣弥村卜兮, 목간 14번 大村伊息智 등에서 자연촌+인명이 되어서 일
   관성이 없이 혼란스럽다는 점 등에서 상삼자촌은 행정촌이란 것이다.
   구리벌보다 상삼자촌을 작게 써서 이를 자연촌으로 보는 근거로 삼고 있으나 이는
   구리벌 목간에서만 나오는 割書[두 줄로 쓰기] 때문이다. 할서는 구리벌 목간에서만
   나오기 때문에 구리벌이외의 목간에서는 자연촌이 없게 된다. 구리벌에서만 자연촌
   이 존재하고, 다른 지명인 고타, 추문 등에서는 할서가 없어서 자연촌이 없게 된다.
   그러면 고타, 추문 등에서 자연촌이 없는 이유가 궁금하다. 그 이유는 제시하지 못
   하면 할서로 쓴 상삼자촌 등도 행정촌으로 보아야 할 것이다. 할서의 경우 글자를
   작게 쓰는 이외의 다른 방법은 없다. 이는 자연촌의 표시하는 것과는 전혀 관계가
   없다. 예를 들면 구리벌 목간의 촌명 가운데 유일하게 割書가 아닌 IV-587번 仇利伐
   (앞면)/△伐彡△村 伊面於支 負(뒷면)와 39번 鄒文比尸河村과 54번 鄒文△△村과
   2007-30번 夷津(支)(末那)石村에서는 구리벌의 경우에서처럼 할서로 쓰지 않고 있
   다. 할서는 구리벌 목간에서만 나오고, 구리벌 이외에서는 단1예도 나온 예가 없다.
32) 주보돈, 앞의 논문, 2000, 56~57쪽에서 上彡者村의 김彡縣 비정에 비판하고 있다.
   上의 음은 김의 음과 통하고(남산신성비 제2비에서 阿旦兮村과 阿大兮村, 沙刀城
   과 沙戶城에서 旦과 大가 통하고, 刀와 戶가 통하는 점에서 보아 각각 동일 지명인
   점에서 보면 上과 김는 통한다), 彡은 양자에서 동일하게 나온다. 이렇게 목간 6번
   과 목간 2006-25번에서 행정촌명은 伊伐支(영주시 부석면)로 『삼국사기』, 지리지
   에 隣豊縣本高句麗伊伐支縣이라고 나오지만 郡名인 烏多은 『삼국사기』, 지리지
   에 나오지 않는다.
33) 2010년 7월 1일 창원시에 동합되기 이전의 마산시를 지칭한다.
34) 목간의 작성 연대인 540년경에는 『삼국사기』, 지리지의 지명도 많은 차이가 있었을
   것이다. 그래서 목간에 나오는 행정촌도 지리지에서 찾을 수 없다. 군으로 추정되는
   물사벌성과 추문촌과 이진(지성)과 㤼盖과 烏多도 찾을 수 없고, 목간의 13.1%가량

V. 목간 2016-W150번의 代

이 목간은 4면의 문서 목간이고, 그 내용이 풍부해 지금까지 많은 성과가 나와 있다. 우선 판독문과 해석을 설명의 편의를 위해 다시 한 번 제시하면 다음과 같다.

> 2016-W150번 三月中眞乃滅村主憹怖白(제1면)
> 大城在弥卽尒智大舍下智前去白之(제2면)
> 卽白先節六十日代法稚然(제3면)
> 伊毛羅及伐尺寀言廻法卅代告今卅日食去白之(제4면)

'三月에 眞乃滅村主인 憹怖白이 大城에 있는 弥卽尒智 大舍下智의 앞에 가서 아뢰었습니다. 곧 아뢴 앞선 때에 六十日代法은 稚然하였습니다. 伊毛羅 及伐尺께 '寀(祿俸)에 말하기를 法을 피해 卅代를 고하여 이제 卅日食을 먹고 갔다.'고 아뢨습니다.'

이 목간에 나오는 代(法)에 대해 다양한 가설이 나와 있다. 곧 代의 의미가 '(勞役에) 해당하는' 또는 '그 (勞役의) 代價에 관한'을 뜻한다거나[35] '代身하여'라고 보기도 하고,[36] 일본 고대의 사례를 참고하여 '벼(볏짚) 한 묶음(1束)을 수확할 수 있는 토지면적 또는 벼 한 묶음의 수확량'을 1대로 이해하였고,[37] 가장 주목

(목간 전체인 229점에 대한 구리벌 목간의 비율로 볼 때)을 차지하는 郡인 仇利伐도 지명만으로는 그 위치가 불분명하다.

35) 김창석, 「함안 성산산성 17차 발굴조사 출토 4면 목간(23번)에 관한 시고」 『한국사연구』 177, 2017, 142~144쪽.
이는 어디까지나 목간 2016-W150번(목간 23번)의 3면에 기재된 '60日代法'의 代가 가진 의미를 언급한 내용이다.

36) 박남수, 「신라 법흥왕대 '及伐尺'과 성산산성 출토 목간의 역법」 『신라사학보』 40, 2017, 46쪽.

37) 전덕재, 「중고기 신라의 대와 代法에 관한 고찰」 『역사와 현실』 105, 2017, 197~

되는 용어인 代는 작업 일수(날짜)를 의미하는 것으로 보았다.[38]

위의 목간 2016-W150번에서 가장 눈에 띄는 것은 廻法卅代告今卅日食去白之이란 구절이다. 卅代와 卅日食은 구조적으로 대응한다. 卅代는 卅日의 食으로 판단된다. 그렇다면 卅代는 어떤 사람이 먹은 30일의 식사를 나타낸다. 그래서 卅日食을 먹고 갔다고 아뢰고 있다. 六十代法도 60일의 식사를 나타낸다. 이것이 목간 2016-W150번 안에서 풀 수 있는 代에 대한 해석이다.

VI. 外位를 가진 목간

함안 성산산성 목간에서는 극히 소량의 외위를 가진 인명 표기가 나오는데 이를 검토하기 위해 관련 자료부터 전부 제시하면 다음과 같다.

4번 仇利伐/仇失了一伐/尒利△一伐
5번 仇利伐 △德知一伐奴人 塩 (負)
13번 大村伊息知一伐
23번 ~△知上干支
29번 古阤新村智利知一尺那△(앞면) 豆于利智稗石(뒷면)
72번 ~△一伐稗
2007-8번 ~△一伐奴人毛利支 負
2007-21번 ~豆留只(一伐)
2007-31번 仇利伐 仇阤知一伐奴人 毛利支 負
IV-597번 正月中比思(伐)古尸次阿尺夷喙(앞면) 羅兮落及伐尺幷作前瓷酒四斗瓮(뒷면)

---

38) 이수훈, 「함안 성산산성 출토 4면 목간의 代 -17차 발굴조사 출토 23번 목간을 중심으로-」『역사와 경계』 105, 2017, 174쪽.

V-166번 古阤伊未妍上干一大兮伐(앞면) 豆幼去(뒷면)
2016-W89번 丘利伐/卜今智上干支奴/△△利巴支負

　　위의 자료 가운데 23번 △知上干支와 2007-21번 ~豆留只(一伐)는 출신지가
없어 제외하고, 2007-8번 仇(阤)△一伐奴人毛利支 負와 2007-31번 仇利伐 仇
阤知一伐奴人 毛利支 負은 쌍둥이 목간임으로 2점으로 친다. 그러면 구리벌 목
간에서는 구리벌 아래의 행정 구역에서는 나온 예가 없고, 전부 구리벌에서만
나오고 있다. 구리벌에서 외위를 가진 자는 4번에 2명, 5번에 1명, 2007-8번에 1
명, 2007-31번에 1명, 2016-W89번에 1명 전부 6명이다. 구리벌 이외의 목간에
서는 13번에 1명, 23번에 1명, 29번에 1명, 72번에 1명, 2007-21번에 1명, IV-597
번에 1명, V-166번에 1명 등 전부 7명이 있을 뿐이다.[39] 만약에 구리벌을 행정
촌으로 볼 경우 甘文, 比子(伐) 등의 州治가 설치되는 곳도 행정촌으로 보아야
될 것이다. 아니면 甘文, 比子(伐) 등을 자연촌으로 보아도 행정촌이라는 증거
가 없다. 구리벌에서는 관등명(외위)을 가진 인명은 전부 구리벌 소속이지 仇利
伐 隸下의 촌 출신은 단 1명도 없다. 외위를 가진 자가 가장 많이 나오고, 목간
의 출토 예가 가장 많은 仇利伐을 군명으로 보아야지,[40] 행정촌으로 볼 수는 없
을 것이다. 仇利伐이 군명이라면 구리벌 에하의 상삼자촌 등의 촌명은 행정촌
이 된다.
　　대구무술명오작비(578년), 남산신성비 제1비(591년), 남산신성비 제2비(591
년), 남산신성비 제9비의 성촌명이 자연촌이 아닌 행정촌임은 밝힌 바 있다.[41]

---

39)　함안 성산산성 목간에서 23번은 그 출신 행정촌명을 알 수가 없다.

40)　이경섭, 앞의 논문, 2011, 568쪽에서 仇利伐(안동시 임하면, 필자는 함안군에서 마
　　산시에 이르는 지역으로 봄), 古阤(안동시), 仇伐(의성군 단촌면), 勿思伐城(충북),
　　鄒文(경북 북부인 의성군 금성면? 필자는 충북으로 봄), 甘文(김천시 개령면) 등을
　　郡(혹은 郡 단위)으로 보고 있다. 哥盖(위치 모름)와 烏多(위치 모름)와 比子(伐)(경
　　남 창녕)도 이에 속한다.

41)　김창호, 앞의 책, 2018, 221~224쪽.

신라시대의 역역은 군을 단위로 동원되었고, 행정촌을 단위로 나누어서 역역을 부담했다. 이러한 과정을 거쳤기 때문에 고신라의 금석문과 목간에 나오는 역역을 동원하는 단위를 자연촌으로 보아 왔다. 자연촌설이 성립하려고 하면 누구나 인정할 수 있는 금석문과 목간에서의 예를 제시해야 할 것이다. 가령 울주천전리서석 을묘명 居智伐村이나 오작비의 塢珎此只村에서 외위를 가진 자가 5명이나 있어서 오진차지촌은 행정촌이다. 같은 비석에서 어떤 촌명은 행정촌 어떤 촌명은 자연촌이 될 수 없으므로 오작비의 仇利支村 등 7개의 촌명은 모두 행정촌이다. 따라서 행정촌의 상위에 있는 구리벌은 행정촌이 아닌 군이다.

VII. 仇利伐郡의 구조

성산산성에서 가장 많이 나오는 구리벌 목간은 奴(人)이 나오는 것, 負가 붙는 것, 本波 · 阿那 · 末那 · 未那 · 前那 등을 수반하지 않는 것, 稗 · 麥 · 米 등의 곡물의 표시가 없는 것, 상당수가 할서로 쓰이는 것 등의 특징을 지니고 있다. 仇利伐의 奴(人) 목간은 郡에 소속되지 않는 예는 없다. 만약에 구리벌 목간의 구리벌을 행정촌으로 보게 되면 구리벌의 노(인) 목간도 자연촌으로 보아야된다. 왜냐하면 구리벌 노인 목간에는 예하에 촌명이 나오지 않고, 구리벌만이나오기 때문이다. 그런데 구리벌 노(인) 목간은 구리벌+인명+(외위명)+노(인)+인명+부의 복잡한 인명 표기의 구조이다. 이러한 복잡 구조의 인명 표기는 구리벌 노(인) 목간 이외에는 없다. 그밖에 구리벌 목간은 구리벌+인명+(부)나 구리벌+촌명+인명+(부)로 나온다. 구리벌 노인 목간에서는 부가 반드시 공반하고있는데, 다른 목간 형식의 구리벌 목간에서 부가 공반하지 않을 때도 있다. 구리벌이 행정촌이라면 감문, 고타, 구벌, 이진지촌, 믕盖, 오다 등은 모두 행정촌이지 군으로도 볼 수가 없다. 감문 등의 행정구역을 군으로 보려고 하면 구리벌도 군이 되어야 한다.

구리벌 목간이 단독으로 나오는 上彡者村, (形)谷村, 習彤村, △伐彡△村,[42] 前谷村, 末甘村을 행정촌으로 보아야 한다. 上彡者村은 『삼국사기』, 지리지의 康州 咸安郡 領縣인 검彡縣이다. 따라서 上彡者村은 행정촌이다. 결국 구리벌의 모든 촌명을 행정촌으로 보아야 한다. 대구무술명오작비, 남산신성비의 행정촌설에 대해서는 이미 전고에서 밝힌 바 있다.[43] 명활산성비의 郡中上人이란 직명이 있고, 抽兮下干支徒作受長四步五尺一寸 △叱兮一伐徒作受長四步五尺一寸 △△利彼日受長四步五尺一寸으로 되어 있어서 촌명은 없으나 행정촌으로 보아야 한다. 왜냐하면 남산신성비의 수작 거리를 행정촌을 대상으로 부과했기 때문에 명활산성비의 수작 거리도 郡中上人이 나오므로 군에서 감독하고, 행정촌을 단위로 부과했다고 본다. 구리벌의 행정촌인 上彡者村, 形谷村, 習彤村, △伐彡△村, 前谷村, 末甘村는 모두 구리벌에 속하면서 奴(人) 목간은 없다. 奴(人) 목간은 군에서 관리하는 것으로 보인다. 上彡者村, 形谷村, 習彤村, △伐彡△村, 前谷村, 末甘村 등의 촌은 모두 仇利伐郡의 밑에 있던 행정촌이다. 지금까지 금석문이나 목간에서 누구나 동의할 수 있는 자연촌은 없다. 이에 비해 울주 천전리서석 을묘명(535년)에 나오는 居智伐村, 대구무술명오작비(578년)의 塢珎此只村,[44] 남산신성비 제2비(591년)의 阿大兮村[45] 등을 행정촌의 확실한 예로 들 수가 있다.

---

42) IV-587번에 나오는 △伐彡△村은 목간 가운데 촌명으로 나와도 割書가 되지 않는 유일한 것으로 중요하며, 할서 유무로 행정촌과 자연촌으로 나눌 수가 없다.

43) 김창호, 앞의 책, 2018, 221~223쪽.

44) 塢珎此只村은 5명이 외위를 가지고 있어서 행정촌이다.

45) 남산신성비 제2비의 阿大兮村은 외위를 가진 자가 7명이나 되어 함안 성산산성의 목간에 나오는 외위를 가진 자와 비교할 때 행정촌이다.

VIII. 맺음말

먼저 자료의 제시 부분에서는 함안 성산산성 전체 목간을 국사편찬위원회 한국사데이터베이스의 번호에 의거해 제시함과 동시에 이를 해석하였다.

다음으로 仇利伐 목간의 負에 대해 조사하였다. 부는 구리벌 목간에서만 나오고 다른 목간에서는 단 1점도 나온 예가 없다. 이는 구리벌에서 물품을 수운으로 운반하지 않고, 등짐 등으로 운반했을 가능성도 있어서 다른 지역과 차별이 된다.

그 다음으로 함안 성산산성의 지명 비정을 문헌에 나오는 위주로 해서 살펴보고, 구리벌은 함안군에서 마산시에 이르는 지역으로 보았다.

그 다음으로 목간 2016-W150번의 代에 대해 조사하였다. 이 4면 목간에서 주목되는 점은 廻法卅代告今卅日食去白之이란 구절이다. 卅代는 卅日食과 대비된다. 30대는 30일의 식사와 대비된다. 그러면 六十日代法도 60일 식사하는 법으로 해석할 수가 있다.

그 다음으로 外位를 가진 목간 부분에서는 구리벌에서 나온 목간에서 나온 나머지 전 목간의 외위 수와 거의 같다. 구리벌 소속으로 외위를 가진 인명이 6명이나 되어 외위를 가진 인명이 나오지 않은 甘文, 比子(伐) 등의 州治가 있었던 곳도 행정촌으로 보아야 된다. 이들은 적어도 군으로 판단된다. 그러면 지금까지 금석문과 목간에 나오는 성촌명은 전부 행정촌이라고 생각한다. 구리벌처럼 성촌명이 붙지 않는 성산산성의 목간은 적어도 군으로 보아야 한다.

마지막으로 仇利伐을 행정촌이 아닌 군으로 보아야 한다. 上彡者村, 彤谷村, 習彤村, △伐彡△村, 前谷村, 末甘村 등의 촌은 모두 행정촌으로 보아야 이들의 물품을 관에 내는 것은 군에서 관리하고, 군을 단위로 한다고 보았다. 그래서 소금을 내는 奴(人)은 전부 군에 소속되어 있지, 구리벌 휘하의 행정촌인 上彡者村, 彤谷村, 習彤村, △伐彡△村, 前谷村, 末甘村 등의 소속으로 나오는 예는 전무하였다.

제2절

함안 성산산성 출토 목간(1)

I. 머리말

한국의 고대 목간은 종이가 없던 시대에 종이 대신에 나무를 깎아서 긴 사각형에 가깝게 만든 데에 붓으로 한자를 쓴 것이다. 1면에만 글씨가 있는 것이 있고, 앞면과 뒷면의 양면으로 된 것이 있고, 드물게는 4면으로 된 문서목간이 있다. 고구려의 예는 없고, 백제 사비성시대의 왕경과 지방 목간, 고신라의 왕경과 지방 목간, 통일신라의 왕경과 지방 목간 등이 있다. 목간의 대부분은 인명 표기가 주류를 이루고 있다. 인명 표기는 신라의 경우는 직명+출신지명+인명+관등명이고, 백제의 경우는 직명+부명+관등명+인명의 순서이다. 그래서 금석문과 목간을 연구하는 데에 있어서 인명 표기의 중요성은 아무리 강조해도 지나치지 않다.

함안 성산산성 목간에서 중요한 것의 하나로 제작 연대를 들 수 있다. 대개 『日本書紀』에 의해 560년경으로 보아왔다. 목간의 연대를 560년으로 보면 신라의 관등제의 완성도 560년으로 보아야 된다. 신라의 관등제는 545년이나 그 직전에 세워진 적성비에서는 완성되었다고 본다. 그래서 함안 성산산성의 목간의 제작연대를 재검토해 보고자 한다. 또 함안 성산산성 목간에는 중요한 것이 많으나 지명의 위치를 비정하는 것이 중요하다. 문헌에 나오는 지명과 그렇지 않는 것이 있다. 지명은 仇利伐과 같이 郡에 해당하는 것도 문헌에 나오지 않고 있어서 성산산성의 목간에 나오는 지명을 최대한 조사해 보기로 한다. 성산산성의 노인에 대해서는 고구려의 피정복민설, 사노비설 등이 있어 왔다. 과연 그런지를 상세히 조사해 보기로 하겠다. 목간의 제작 시기, 지명의 위치 비정, 노인 문제를 선학들의 연구 성과 속에서 다루어서 이들 문제를 재검토해 보고자 한다.

여기에서는 먼저 목간의 제작 연대를 살펴보겠고, 다음으로 지명 비정 문제를 살펴보겠고, 마지막으로 노인에 대해에 대한 소견을 밝혀보고자 한다.[1]

II. 제작 연대

지금까지 성산산성 목간의 제작 연대에 대한 중요한 가설은 다음과 같다. 532년에서 551년 사이로 추정한 견해가 있고,[2] 540년대부터 561년 사이로 추정한 견해가 있고,[3] 560년대로 추정되며, 아무리 늦어도 570년 이후로는 내려가지 않을 것으로 본 견해가 있고,[4] 557년에서 561년 사이로 추정한 견해가 있고,[5] 561년에서 그리 멀지 않는 시기로 추정한 견해가 있다.[6] 또 하찰에 나타난

---

1) 이외도 행정촌 · 자연촌 문제와 목간의 제작지에 대해서도 언급할 예정이었으나 너무 분량이 많아서 제작 연대, 지명 비정, 노인 문제만 다루었다.

2) 김창호, 「함안 성산산성 출토 목간에 대하여」 『함안 성산산성』 I , 1998.

3) 이성시, 「韓國木簡연구현황과 咸安城山山城출토의 木簡」 『한국고대사연구』 19, 2000, 107쪽.

4) 주보돈, 「함안 성산산성 출토 목간의 기초적 검토」 『한국고대사연구』 19, 2000, 67쪽. 이는 64쪽에서 『日本書紀』 19, 欽明紀 23년(562)조의 挾注로 인용되어 있는 一本에 任那가 전부 멸망했다는 기사를 토대로 559년을 安羅(阿尸良國)의 멸망 시점 또는 그 하안으로 본 것에 기인하고 있다. 이는 후술하는 바와 같이 『삼국사기』에서의 阿尸良國(안라국) 멸망 기사보다 『일본서기』를 더 신봉한 결과로 잘못된 방법이다.

5) 이용현, 「함안 성산산성 출토 목간에 대한 종합적 고찰」, 고려대학교 박사학위 청구 논문, 2001, 115쪽.
이용현, 「함안 성산산성 출토 목간과 6세기 신라의 지방 경영」 『동원학술논집』 5, 2003, 50~53쪽.

6) 윤선태, 「신라 중고기의 村과 徒」 『한국고대사연구』 25, 2002, 148쪽에서 이 목간은

호적 작성을 전제로 한 신라의 치밀한 지방 지배 방식에 기초하여 성산산성 목간의 작성 연대를 584년(진평왕 6) 調府 설치 이후로 보기도 했다.[7] 신라가 안라국을 멸망시킨 시기가 560년이므로 성산산성의 목간을 제작한 시기를 560년이나 그 이후로 볼 수가 있다는 견해를 제시하였다.[8] 6세기 550년으로 본 가설도 나왔다.[9] 이들 견해 가운데 어느 가설이 타당한지를 목간에서는 그 유례가 적어서 비교가 어려우나 목간을 통해 조사해 보고 나서, 비슷한 시기의 금석문 자료를 통해 검토해 보기로 하자.

함안성산 목간에는 연간지나[10] 연호가[11] 나오지 않아서 연대 설정에 어려움

561년이 시점이나 그에서 그리 멀지 않는 시기에 작성되었다고 할 수 있다고 하였다. 이경섭, 「함안 성산산성 목간의 연구 현황과 과제」 『신라문화』 23, 2004, 218쪽에서는 목간의 연대를 561년을 하한으로 하는 몇 연간으로 추정하였다.
이경섭, 「성산산성 출토 하찰목간의 제작지와 기능」 『한국고대사연구』 37, 2005, 115~116쪽에서 목간의 상한 연대를 561년 무렵으로 보았다.

7) 윤선태, 「함안 성산산성 출토 신라목간의 용도」 『진단학보』 88, 1999, 21~22쪽에서 584년이라는 견해를 제시하였다. 이는 목간을 가장 늦게 보는 가설이다. 이 견해는 윤선태, 앞의 논문, 2002, 148쪽에서 561년이 시점이나 그에서 그리 멀지 않는 시기에 자성되었다고 할 수 있다고 바꾸었다.

8) 전덕재, 「함안 성산산성 목간의 연구 현황과 쟁점」 『한국목간학회 학술대회자료집』, 2007, 70쪽. 여기에서는 『日本書紀』, 欽明日王 23년(562) 봄 정월조 기사, 즉 신라가 임나관가를 공격하여 멸망시켰다. 一本에 이르기를 21년(560)에 임나를 멸망시켰다. 임나를 加羅國, 安羅國, 斯二岐國, 多羅國, 率麻國, 古嵯國, 子他國, 散半下國, 乞飡國, 稔禮國의 十國으로 보고, 560년에 안라국이 신라에 투항했다고 보았다. 이 견해도 『삼국사기』 기록인 법흥왕대(514~539년) 阿尸良國(안라국) 정복설을 무시하고, 『일본서기』에 의해 신라 목간의 연대를 560년으로 보았다.

9) 橋本 繁, 『韓國古代木簡の研究』, 2014, 14쪽.

10) 손환일, 「한국 목간에 사용된 주제별 용어 분류」 『신라사학보』 26, 2012, 379쪽에서는 乙亥란 연간지가 성산산성 목간 65번에 나온다고 하였다. 乙亥는 555년이 되나 잘못 읽은 것으로 판단된다. 곧 한 면 또는 두 면으로 된 함안 성산산성 목간에서는 연간지가 나온 예가 없기 때문이다. 또 손환일은 『동아일보』 인터넷판 2017년 3월 6일자에 의하면, 목간 2016-W155번에서 王子年△△大村△刀只(앞면) 米一石(뒷면)을 壬子年△改大村△刀只(앞면) 米一石(뒷면)으로 판독하고서, 壬子年을 532

이 대단히 크다. 우회적인 방법이긴 하지만, 성산산성 목간에 나오는 관등명을 고신라의 금석문과 비교해 연대를 검토할 수밖에 없다. 一伐이란 외위 등이 몇 번 나오지만, 목간 4번의 仇利伐/仇失了一伐/介利△一伐,[12] 목간 5번의 仇利伐△德知一伐奴人 塩, 목간 14번의 大村伊息知一伐, 목간 23번의 ~知上干支, 목간 29번의 古阤新村智利知一尺那△(앞면) 豆兮利智稗石(뒷면), 목간 72번 ~△一伐稗, 목간 2007-8번과 목간 2007-31번[쌍둥이 목간]의 仇利伐 仇阤知一伐奴人 毛利支 負, 목간 2007-21번의 ~豆留只一伐, 목간 IV-597번의 正月中比思(伐)古尸次阿尺夷喙(앞면) 羅兮落及伐尺幷作前瓷酒四斗瓮(뒷면), 목간 V-166번의 古阤伊未硏知上干一木兮伐(앞면) 豆幼去(뒷면), 목간 2016-W89번 丘利伐/卜今智上干支奴/△△巴支 등 연대 설정에 결정적인 도움이 되지 않는다. 一伐은 봉평비(524년)에 나오는 것이 그 연대가 가장 빠르다. 一伐 이외에 목간에는 一尺과[13] 阿尺도[14] 나온다. 이들 一尺과 阿尺이란 외위명은 524년 작

<hr />

년 또는 592년으로 주장하고 있으나 따르기 어렵다. 만약에 판독이 옳다면 592년설은 대가야 멸망인 562년보다 늦어서 592년 당시에 성산산성을 축조했다고 보기 어려워 성립될 수가 없고, 532년설은 금관가야의 스스로 신라에 귀부하여 멸망한 해이고, 안라국도 532년에 신라에 귀부해 항복했다면 문헌에 기록이 남았을 것인데, 그 기록이 없어서 성립되기 어렵다. 따라서 壬子年의 판독은 잘못된 것으로 성립될 가능성이 전혀 없다. 목간 2016-W155번은 王子年△(郡)의 改大村(행정촌) △刀只가 쌀 1석을 냈다로 해석되거나 王子年(군)의 △改大村(행정촌) △刀只가 쌀 1석을 냈다로 해석된다.

△표시 글자는 분명히 있으나, 읽을 수 없는 글자의 표시이다.

앞으로 사면으로 된 문서 목간에서 연간지가 나올 가능성이 있다. 1면 또는 앞뒷면으로 된 물품꼬리표 목간에서는 연간지가 나올 가능성은 전혀 없다. 앞으로 발굴 조사가 기대되는 바이다.

11) 성산산성 목간에서 연호가 나올 가능성은 거의 없다고 사료된다.

12) / 표시는 할서[두 줄로 쓰기]를 표시하는 것으로 본고 전체에 적용된다.

13) 29번 古阤新村智利知一尺那△(앞면) 豆兮利智稗石(뒷면)이 그것이다. 이는 古阤(군명) 新村(행정촌) 智利知 一尺과 那△(행정촌) 豆兮利智가 낸 稗 1石이다로 해석된다.

14) 목간 IV-597번으로 正月中比思(伐)古尸次阿尺夷喙(앞면) 羅兮落及伐尺幷作前瓷

성 봉평비에 나온다. 목간 23번의 △知上干支나 2016-W89번 丘利伐/卜今智上干支奴/△△巴支 負에서[15] 干支로 끝나는 외위명이 나와서 그 시기는 551년의 명활산성비에서 나온 下干支에 근거할 때, 551년이 하한이다. 종래 오작비(578년) 제③행의 大工尺仇利支村壹利力兮貴干支△上△壹△利干를[16] 大工尺인 仇利支村의 壹利力兮貴干支와 △上△壹△利干으로 분석해 왔으나 大工尺인 仇利支村의 壹利力兮貴干과 支△上(干)과 壹△利干으로 본 견해가 나왔다.[17] 이렇게 보는 쪽이 오히려 타당할 것 같다. 그러면 금석문에서 관등명의 끝에 붙는 干支의 支자가 소멸하는 시기를 명활성비의 작성 시기인 551년으로 볼 수가 있다.

그런데 성산산성 목간의 연대 설정에 중요한 자료가 2017년 1월 4일 공포되었다. 『경향신문』, 2017년 1월 4일자에 실린 것을 발췌하여 옮기면 다음과 같다.[18]

6세기 신라, 중앙과 지방 지배체계 확립 시사란 제목으로 국립가야문화재연구소는 4일 경남 함안 성산산성(사적 제67호)에서 최근 2년간 발굴조사 결과 6세기 중반에 제작된 23점의 목간을 새로 발굴했다며, 그 중 4개면에 글자가 쓰

酒四斗瓮(뒷면)을 해석하면, 正月에 比思(伐)의 古尸次 阿尺(외위)의 夷(무리라는 뜻이다. 이에 대해서는 후술하기로 한다)와 喙(部)의 羅兮落 及伐尺이 함께 만든 前瓮酒의 四斗瓮이다가 된다. 여기에서는 비사(벌) 출신의 古尸次 阿尺의 무리가 나온다.
목간 IV-597번의 (伐)처럼 ( ) 속의 글자는 확정된 글자가 아니고, 그 가능성이 있는 글자의 표시이거나 추독한 글자의 표시이다.

15) 양석진·민경선, 「함안 성산산성 출토 목간 신자료」 『목간과 문자』 14, 2015에 의거하였다.
16) 판독은 한국고대사회연구소, 『역주 한국고대금석문』 II(신라 I, 가야편), 1992, 98쪽에 따랐다.
17) 전덕재, 앞의 논문, 2007, 69쪽.
18) 도재기 선임기자가 쓴 기사로 『경향신문』 2017년 1월 4일자 인터넷판을 이용하였다.

인 막대 모양의 사면목간에는 율령과 행정체계를 통한 신라 지방 체계, 조세 체계 등을 규명하는 내용을 확인했다고 밝혔다.

국립가야문화재연구소는 길이 34.4cm, 두께 1~1.9cm의 사면목간에는 眞乃滅 지방의 지배자가 잘못된 법을 집행한 뒤, 이를 중앙(경주)에 있는 大舍下智(원문에는 大舍로 17관등 중 12등급의 관등명) 관리에게 두려워하며, 올린 보고서 형식의 56자가 쓰였다며 구체적으로 及伐尺 관등의 伊毛羅라는 사람이 60일간 일을 해야 하는데, 30일 만에 일을 했다는 내용이라고 설명했다.[19]

---

19) 2017년 1월 4일자 『연합뉴스』 인터넷판에 다음과 같은 문서 목간 내용이 실려 있다. 그 뒤에 목간 2016-W150번으로 부르고 있다.
제1면 三月中眞乃滅村主 憹怖白
제2면 大城在弥卽介智大舍下智前去白之
제3면 卽白先節六十日代法稚然
제4면 伊毛羅及伐尺寀言廻法卅代告今卅日食去白之
이 사면 목간을 2017년 1월 4일자 『뉴시스통신사』 인터넷판에는 면별로 나누어서 다음과 같이 해석하고 있다(제2면과 제4면을 바꾸어서 잘못 해석하였다).
제1면 3월에 眞乃滅村主가 두려워 삼가 아룁니다.
제2면 伊毛羅及伐尺이 廻法에 따라 30대라고 해 지금 30일을 먹고 가버렸다고 아뢰었습니다.
제3면 앞선 때에는 60일을 代法으로 했었는데, 제가 어리석었음을 아룁니다.
제4면 大城에 계신 弥卽介智大舍와 下智 앞에 나아가 아룁니다.
목간 2016-W150번[목간 23번]을 제2면과 제4면을 바꾸어서 中, 白, 節, 稚然 등의 吏讀에 주목하여 다시 해석하면 다음과 같다.
'3月에 眞乃滅村主 憹怖白이 大城에 있는 弥卽介智 大舍下智의 앞에 가서 아룁니다. 즉 앞선 때의 六十日代法 덜 되었다고 (아룁니다.) 伊毛羅 及伐尺께 녹봉에 말하기를 法을 피해 卅日代를 告해서 卅日食을 먹고 갔다.'고 아뢰었습니다. 卅代나 六十日代法도 그 자세한 내용은 알 수 없지만 寀(녹봉)에 관계되는 것이다. 곧 眞乃滅村主인 憹怖白이 伊毛羅及伐尺(경위)에게 올린 寀(녹봉)에 관한 것이 문서목간 내용의 전부이다. 행정촌의 촌주로 보이는 眞乃滅村主인 憹怖白이 외위를 갖지 않는 점도 주목된다(이성산성 무진년명 목간에서의 村主는 인명 표기에서 출신지명, 인명, 외위명을 생략하고, 南漢城道使와 須城道使와 함께 村主라는 직명만 기록하고 있어서 농포백의 경우 외위를 갖고 있는 데에도 불구하고, 무진년명 이성산성 목간에 의하면, 목간에서 외위를 생략했다고 본다). 弥卽介智大舍下智에서 大舍下

智라고 관등명이 나오는 것도 유일하다. 伊毛罹 及伐尺의 及伐尺(경위)은 목간 IV
-597번에 喙(部) 羅兮落 及伐尺에 이어서 두 번째로 나온다.

목간의 내용에서 보면 보고를 받는 최고 높은 자는 弥卽尒智大舍下智가 아니라 伊
毛罹及伐尺이다. 따라서 伊毛罹及伐尺의 及伐尺은 목간 IV-597번의 비교와 사면
목간 자체의 내용으로 보면 경위명이다.

村主가 나오는 것으로 443년 냉수리비의 村主 臾支 干支, 540년경의 성산산성 목
간의 眞乃滅村主慣怖白, 561년 창녕비의 村主 △聰智 述干 麻叱智 述干, 591년 남
산신성비 제1비의 郡上村主 阿良村 今知 撰干 漆吐(村) △知尒利 上干, 二聖山城
목간(608년)의 戊辰年正月十二日朋南漢城道使(제1면) 須城道使村主前南漢城火
~(제2면) ~浦~(제3면) 등이 있다. 眞乃滅村主만이 지명과 공반되고 있고, 인명이 공
반한 촌주가 등장하면서 외위가 없는 경우는 그리 흔하지 않다. 眞乃滅의 위치는 알
수가 없으나 함안 성산산성 근처일 것이다.

또 윤선태, 「咸安 城山山城 出土 新羅 荷札의 再檢討」 『사림』 41, 2012, 163~164
쪽 및 175쪽에서는 목간 2007-24번 及伐城文尸伊急伐尺稗石을 急伐尺을 及伐尺
과 동일한 외위명으로 보았다. 及伐尺은 경위명이고, 急伐尺은 외위명이 아닌 인
명으로 판단된다. 또 목간 2007-23번에 나오는 及伐城文尸伊稗石에서 목간 2007-
24번의 及伐城文尸伊急伐尺稗石에서 文尸伊는 동일인이다(이수훈, 「城山山城 木
簡의 城下麥과 輸送體系」 『지역과 역사』 30, 2012, 170쪽에서 목간2007-7번과 목
간 2006-61번에서 공동석으로 나오는 斯珎于도 동일인으로 보았다). 이는 2007-61
번 買谷村物礼利(앞면) 斯珎于稗石(뒷면)과 2006-7번 買谷村古光斯珎于(앞면) 稗
石(뒷면)에서 斯珎于는 동일인이다(전덕재, 앞의 논문, 2008, 33쪽에서 최초로 목간
2007-23번과 목간 2007-24번에 文尸伊가 동일인으로 나오고, 목간 2007-61번과 목
간 2006-7번에서 斯珎于가 동일인으로 등장한다고 하였다. 계속해서 서로 다른 목
간에서 각각 동일인이면서 稗를 두 번 냈다고 하였다). 이는 하찰이 아니라는 증거
가 될 수 있다. 왜냐하면 하찰이라면 2인 공동의 명패가 아닌 단독 명패가 필요하다.
곧 斯珎于의 경우 2007-61번과 2006-7번의 稗石을 하나의 공진물로 합쳐서 하면 가
능한 데에도 불구하고 유사 쌍둥이 목간으로 기록하고 있다. 바꾸어 말하면 이 2쌍
의 유사 쌍둥이 목간은 7쌍의 쌍둥이 목간과 함께 최초의 발송지에서부터 같이 공
물을 같은 곳에 넣어서 만든 것이라기보다는 최종 도착지에서 앞서서 존재하고 있
었던 공물이 남아서 최종적으로 쌍둥이 목간과 유사 쌍둥이 목간이 되어서 공진물
과 함께 남아 있다가 최후를 맞게 되었다. 곧 산성의 축조 후와 다른 260점가량의
목간들과 함께 공진물은 남기고, 목간들은 동일한 시각에 목간으로서의 생명을 다
하게 되어 함께 의도적으로 동문지 근처에 묻힌 것으로 판단된다.

국립가야문화재연구소측은 당시 왕경 거주의 관등명인 大舍下智와[20] 지방민의 관등명인[21] 及伐尺이 목간으로 확인되기는 처음이라며, 목간에는 60일대법 등 갖가지 법률 용어, 관등명, 당시 생활문화상을 보여주는 표현 등이 나온다고 덧붙였다.

여기에서 중요한 것은 大舍下智라는 경위가 등장하는 점이다. 이는 함안 성산산성 목간에서는 처음으로 등장하는 것이다. 이는 금석문 자료에도 나온 예가 없다. 524년의 봉평비에는 小舍帝智가 나와서 大舍가 있었다면 大舍帝智로 표기되었을 것이다. 울주 천전리서석 원명(525년)에 나오는 大舍帝智와 함께 大舍下智는 오래된 관등명의 잔재이다. 536년의 영천청제비 병진명에는 大舍弟가 나온다.[22] 大舍로는 545년이나 그 직전에[23] 세워진 적성비에도 나온다. 大舍는 561년에 세워진 창녕비에도 나온다. 568년에 세워진 마운령비와 황초령비에도 각각 나온다. 大舍는 591년에 세워진 남산신성비 제1비, 제3비, 제4비, 제5비에도 각각 나온다. 그렇다고 성산산성의 목간 연대를 591년까지 내려다 잡을 수는 없다. 목간 2016-W150번의 大舍下智를 大舍로 끊으면, 신라의 관등제에

---

20) 일부에서는 大舍와 下智로 나누어서 해석하고 하고 있다. 彌卽尒智大舍와 下智 앞에 眞乃滅村主인 憹怖白이 경위도 없는 下智 앞에 나아가 아뢸 수는 없을 것이다. 下智의 下는 579년의 익산 미륵사 서탑의 사리봉안기의 大王陛下의 下와 같이 임금님의 거처를 나타내 大舍帝智의 帝와 통한다. 大舍下智의 下智는 大舍帝智의 帝智와 마찬가지로 大舍란 관등명에 붙는 것으로 판단된다. 大舍下智로 합쳐서 하나의 경위명으로 보고, 彌卽尒智 大舍下智를 한 사람의 인명 표기로 보아야 할 것이다.

21) 이는 사면 목간의 자체 해석에서도 지방민의 외위가 아니라 6부인을 위한 경위가 되어야 한다. 이는 후술한 바와 같이 왕경인(6부인)을 위한 경위명이다.

22) 영천청제비 병진명의 건립 연대를 김창호, 앞의 책, 2007(고신라 금석문의 연구), 109쪽 등에서 476년으로 보아 왔으나 이는 잘못된 것이다. 영천청제비 병진명의 건립 시기를 536년으로 바로 잡는다. 왜냐하면 영천청제비 병진명에서는 小烏가 나오는 데 대해 봉평비(524년)에서는 小烏帝智가 나오고 있어서 영천청제비 병진명이 봉평비보다 늦은 것이 되기 때문이다.

23) 김창호, 『삼국시대 금석문 연구』, 2009, 235쪽.

있어서 경위의 완성 시기는 545년이나 그 직전이 되어 외위보다 늦게 된다. 大舍下智로 보아야 신라의 경위는 540년경에 완성된 것이 된다. 大舍下智로 보면 울주 천전리서석 추명(525년)의 大舍帝智와 같이 고식 관등명이기 때문이다.

성산산성에 나오는 及伐尺을 봉평비 제⑧행의 16~18번째의 글자가 阿尺이나[24] 居伐尺으로 읽어서[25] 외위 11관등에는 없는 동일한 외위로 보고 있다.[26] 그런데 목간 IV-597번에 正月中比思(伐)古尸次阿尺夷喙(앞면) 羅兮落及伐尺幷作前瓷酒四斗瓮(뒷면)을[27] 해석하면, 正月에[28] 比思(伐)의 古尸次 阿尺(외위)의 夷와[29] 喙(部)의 羅兮落 及伐尺이 함께 만든 前瓷酒의 四斗瓮이다란 뜻

---

24) 18번째 글자는 있는지 없는지 알 수가 없고, 伐자는 아니다. 원래부터 글자가 없었을 가능성이 크다. 17번째 글자인 居자도 尸 밑에(尸의 밑으로 긋는 획은 바로 그었다) 입구(口)를 하고 있어서 居자도 아니다. 아마도 봉평비의 阿자가 제②행의 19·25번째 글자에서 尸 밑에 옳을 가(可) 대신에 입구(口)만을 합자한 것이라서 阿를 쓰다가 만 것으로 보인다. 목간 2016-W66(207)번은 未那가 땅 이름에 더하게 되었고, 거벌척이 외위가 아님을 알게 되었다. 이를 해석하면 丘伐 未那 早尸智와 居伐尺과 奴能利知가 낸 稗 一石이다.

25) 윤선대, 「울진 봉평신라비의 재검토」 『동방학지』 148, 2009, 15쪽.
윤선태, 앞의 논문, 2016, 397~398쪽.

26) 윤선태, 앞의 논문, 2009, 15쪽.
이용현, 「律令 제정 전후의 新羅 官等 -중고 초기 문자자료를 통해-」 『목간과 문자』 15, 2015, 90쪽.
윤선태, 앞의 논문, 2016, 397~398쪽.

27) 전덕재, 「한국의 고대목간과 연구동향」 『목간과 문자』 9, 2012, 24쪽에서 正月에 比思伐 古尸次 阿尺과 夷喙, 羅兮△, 及伐只 등이 함께 어떤 술 4개(또는 4斗의) 瓮을 만들었다고 해석하였다. 及伐尺(及伐只)을 인명으로 보고 있다.

28) 正月中은 六月十日(목간 IV-600번), 二月(목간 IV-602번)이 함께 확인되고 있는데, 이는 성산산성에서 단 기일 내에 축성이 쉬지 않고, 지속적으로 실시되었음을 의미한다. 왜냐하면 음력 正月인 한 겨울에도 공진물을 바치고 축성을 하고 있기 때문이다.

29) 『禮記』에 나오는 在醜夷不爭에서와 같이 무리 또는 동료를 나타내는 것으로 보인다. 이 글자에 대한 신중한 판독이 요망된다. 이 글자가 及伐尺이 경위냐 외위냐의 분기점이 될 수가 있기 때문이다.

이 된다. 따라서 及伐尺은 외위가 아니라 경위가 된다.[30] 그렇다면 급벌척 관등의 伊毛罹란 사람도 경위를 가진 왕경인(6부인)으로 판단된다. 伊毛罹 급벌척은 성산산성 목간에서 나온 인명 중에 가장 높은 사람 가운데 한 명임은 사면 목간의 내용으로 분명하다. 及伐尺은 냉수리비(443년)의 居伐干支, 울주 천전리서석 추명(539년)의 居伐干支, 적성비(545년이나 그 직전)의 及干支, 창녕비(561년)의 及尺干, 북한산비(567년)의 及干, 마운령비(568년)의 及干, 황초령비(568년)의 及干, 『東蕃風俗記』(594년)의 級伐干 등의 유사한 예가 있으나 級伐湌과 동일한 관등으로는 볼 수가 없다. 왜냐하면 干자조차 及伐尺이란 관등명에 포함되어 있지 않기 때문이다.

이는 중성리비(441년)에 3번이나 나오는 壹伐과[31] 마찬가지로 17관등에는 없는 경위명으로 볼 수밖에 없다. 及伐尺이란 경위명의 연대를 늦게 잡으면 신라 경위명의 형성 시기를 늦게 잡아야 된다. 성산산성 목간 연대를 560년으로 보면 신라 관등제의 완성도 561년 창녕비에 와서야 비로소 완성되게 된다. 신라 관등제의 완성은 아무리 늦게 잡아도 545년이나 그 직전에 세워진 적성비에서는 경위가 완성되었다고 볼 수가 있다.

성산산성 목간에서 나오는 관등명은 경위로 及伐尺, 大舍下智가 있고, 외위로는 上干支, 一伐, 一尺, 阿尺이 있다. 이들은 가운데 외위는 上干支를[32] 제외하고, 524년의 봉평비에도 나오고 있다. 경위 及伐尺와 大舍下智는 그 유례가 금석문에서는 없다. 인명 표기가 260여 점의 목간에서 많이 있으나 관등을 가진 지방민이 13명가량으로 적은 것은 당연한 결과로 주목된다.

신라 관등제에는 왕경 6부인에게 주는 경위와 지방민에게 주는 외위가 있다. 경위와 외위의 발전 순서에 대해서는 다양한 견해가 나와 있다.[33] 여기에서는

---

30) 외위에는 3글자로 된 것이 없기 때문이다.

31) 중성리비에서는 지방민을 위한 외위명으로도 干支가 두 번 나오고 있다.

32) 봉평비에는 上干支 대신에 下干支가 나온다.

33) 노태돈, 「蔚珍 鳳坪新羅碑와 新羅의 官等制」『韓國古代史研究』2, 1989.

중성리비(441년),[34] 냉수리비(443년),[35] 봉평비(524년)를 중심으로 살펴보기로 하자. 중성리비에서는 阿干支(두 번), 奈麻(두 번), 壹伐(세 번), 干支(두 번), 沙干支(두 번)이 나오고 있다. 壹伐과 干支는 17관등 가운데 어느 경위와 같은지도 모르고, 干支는 지방민을 위한 외위로도 두 번 나오고 있다. 곧 干支는 6부인과 지방민 모두에게 나와서 아직까지 경위와 외위가 미분화한 상태이다. 냉수리비에서는 阿干支(한 번), 居伐干支(두 번), 壹干支(한 번), 干支(두 번)이 나오고 있다. 干支는 지방민에게도 한 번이 나와서[36] 아직까지 경위와 외위가 미분화한 상태이다. 봉평비에서는 경위에 干支(한 번), 太阿干支(한 번), 阿干支(한 번), 一吉干支(두 번), 太奈麻(두 번), 奈麻(여섯 번), 邪足智(두 번), 小舍帝智(두 번), 吉之智(두 번), 小烏帝智(두 번)이 나오고 있다. 외위로는 下干支, 一伐, 一尺, 波旦(日), 阿尺이 나오고 있다. 경위에서는 干支라는 잔존 요소가 있어서

김희만, 「영일 냉수리비와 신라의 관등제」『경주사학』 9, 1990.
김희만, 「함안 성산산성 출토 목간과 신라의 외위제」『경주사학』 26, 2007.
하일식, 「포항중성리비와 신라 관등제」『韓國古代史硏究』 56, 2009.
노태돈, 「포항중성리신라비와 外位」『韓國古代史硏究』 59, 2010.
박남수, 「<포항 중성리신라비>에 나타난 신라 6부와 관등제」『사학연구』 100, 2010.
이부오, 「智證麻立干代 新羅 六部의 정치적 성격과 干支 -포항 중성리비를 중심으로-」『신라사학보』 28, 2013.
이부오, 「신라 非干 外位 편성 과정과 壹金知」『한국고대사탐구』 21, 2015.
윤선태, 「신라 외위제의 성립과 변천 -신출 자료를 중심으로-」『제8회 한국목간학회 학술회의 신라의 관등제와 골품제』, 2015.
이용현, 앞의 논문, 2015.
이부오, 「6세기 초중엽 新羅의 干群 外位 재편과 村民의 동원」『신라사학보』 36, 2016.

34) 김창호, 「포항 중성리 신라비의 재검토」『신라사학보』 29, 2013.
35) 김창호, 「迎日冷水里碑의 建立 年代 問題」『九谷黃鍾東敎授停年紀念史學論叢』, 1994.
36) 냉수리비 상면에 나오는 壹今智를 외위로 보기도 하나 문헌에 나오는 11외위 이외의 외위는 없다고 본다. 壹今智는 인명이다.

경위도 干支만을 제외하면, 대부분 완성된 것으로 보인다.[37] 524년 당시에 외위가 어느 정도 완성되었다.[38]

성산산성의 목간 연대를 결정할 차례가 되었다. 大舍下智만의 예로 볼 때에는 영천청제비 병진명에서는 大舍第로 나오기 때문에, 병진명의 작성 연대인 536년을 소급할 수가 있다. 干支로 끝나는 외위로는 봉평비(524년)에서 下干支로, 적성비(545년이나 그 직전)에서도 下干支, 撰干支로, 명활산성비(551년)에서 下干支로 각각 나오고 있다. 大舍下智로 보면 545년 이전으로 볼 수가 있다. 干支로 끝나는 외위 때문에 무조건 연대를 소급시켜 볼 수도 없다. 及伐尺으로 보면, 及伐尺干支에서 干支 또는 干이란 단어조차 탈락되고 없어서, 그 유사한 예조차도 찾기 어렵다. 及伐尺이 신라 경위에는 없는 관등명으로 그 시기를 늦게 잡으면 신라의 경위명의 완성 시기도 늦게 잡아야 된다. 그래서 그 연대를 阿尸良國(안라국)의 멸망이 금관가야의 멸망인 532년을 소급할 수가 없다. 524년의 봉평비를 통해 볼 때 干支란 경위명을 제외하고, 경위 17관등이 거의 완성되었음을 알 수가 있다. 따라서 성산산성 목간 연대를 늦게 잡아도 법흥왕의 마지막 재위 시기인 539년으로 볼 수가 있다.[39] 종래 사료로 인정하지 않았던 『삼국

---

37) 신라 경위와 외위의 형성 시기에 대해서는 금석문 자료에 근거하는 한 신라의 경위와 외위는 540년경에 거의 동시에 완성되었을 것이다.

38) 신라 외위의 완성은 536년 이후로 추정되는 월지 출토비에서 豆婁知 干支가 나와서 536년 이후로 볼 수가 있다. 늦어도 545년이나 그 직전에 세워진 적성비에 撰干支, 下干支, 阿尺의 외위가 나와서 545년보다는 외위의 완성이 앞설 것이다.

39) 왕흥사 목탑 사리공에서 출토된 청동사리합 명문에 丁酉年이란 연간지가 나와 577년이란 절대 연대를 갖게 되었다. 왕흥사 목탑(왕흥사란 가람)은 『삼국사기』 권27, 백제본기 5, 무왕조에 무왕 1년(600)~무왕 35년(634) 사이에 건립된 것으로 되어 있어서 문헌을 믿을 수 없게 한다. 또 봉평비(524년)에 나오는 悉支軍主는 그 때에 州治가 三陟이라고 문헌에는 없고, 광개토태왕비(414년), 중원고구려비(458년 이후), 집안고구려비(491년 이후, 김창호, 「집안고구려비를 통해 본 麗濟 王陵 비정 문제」『考古學探究』, 2015), 중성리비(441년), 냉수리비(443년), 봉평비(524년), 적성비(545년 직전), 창녕비(561년), 북한산비(561~568년), 마운령비(568년), 황초령비(568년)의 건립에 대해서도 문헌에는 없다. 따라서 함안 성산산성 출토

사기』 권34, 잡지3, 지리1, 康州 咸安조에 咸安郡 法興王 以大兵 滅阿尸良國 一云阿那加耶 以其地爲郡가[40] 중요한 근거이다. 阿那加耶(안라국)은 고령에 있던 대가야와 함께 후기 가야의 대표적인 나라이다.[41] 그런 안라국에[42] 대한 신라의 관심은 지대했을 것이다. 성산산성은 539년 안라국(아나가야)이 멸망되자마자 신라인에 의해 석성으로 다시 축조되었다. 신라의 기단보축이란 방법에[43] 의한 성산산성의 석성 축조는 540년경으로 볼 수가 있다.[44] 성산산성 목간의 연대도 540년경으로 볼 수가 있다.[45] 그래야 신라에 있어서 경위의 완성을 적성

목간의 제작 시기를 『일본서기』에 의한 방법론은 문제가 있다고 판단된다. 곧 『일본서기』 권19, 欽明日王 22년(561)에 나오는 故新羅築於阿羅波斯山 以備日本란 구절과 『日本書紀』 19, 欽明紀 23년(562)조의 挾注로 인용되어 있는 一本에 任那가 전부 멸망했다는 기사를 토대로 560년을 安羅의 멸망 시점 또는 그 하안으로 본 것에 기인하는 점 등에 근거해 성산산성 목간의 상한 연대를 560년으로 보는 것이다.

40) 조선 초에 편찬된 편년체 사서인 『東國通鑑』에서는 安羅國(阿尸良國)의 신라 통합 시기를 구체적으로 법흥왕 26년(539)이라고 하였다. 이는 고뇌에 찬 결론으로 판단된다. 법흥왕의 제삿날은 음력으로 539년 7월 3일이다.

41) 전기 가야를 대표하는 나라로는 고령에 있었던 대가야와 김해에 있었던 금관가야를 들 수가 있다.

42) 414년에 세워진 광개토태왕비의 永樂9年己亥(399년)조에도 任那加羅(金官伽倻)와 같이 安羅人戍兵이라고 나온다. 安羅人戍兵의 安羅는 함안에 있었던 安羅國(阿羅加耶)을 가리킨다.

43) 석성 축조에 있어서 基壇補築은 外壁補强構造物, 補築壁, 補助石築, 城外壁補築 등으로도 불리며, 신라에서 유행한 석성 축조 방식이다. 경주의 명활산성, 보은의 삼년산성, 충주산성, 양주 대모산성, 대전 계족산성, 서울 아차산성, 창녕 목마산성 등 신라 석성의 예가 있다.

44) 성산산성에서 출토된 목제 유물의 방사선탄소연대 측정 결과는 박종익, 「咸安 城山山城 發掘調査와 木簡」『韓國古代史硏究』 19, 2000, 10쪽에서 방사선탄소연대 측정 결과를 1992년에는 270~540년으로, 1994년에는 440~640년으로 각각 나왔다. 이경섭, 앞의 논문, 2004, 216쪽에 따르면, 270~540년, 440~640년이라고 한다.

45) 그런데 성산성성의 목간이 출토된 부엽층의 시기에 대해서는 고고학적인 견해는 다음과 같은 두 가지 가설이 있다. 최근 부엽층 안에서 목간과 함께 공반 출토

비의 건립 연대인 545년이나 그 직전과 대비시켜서 540년경으로 볼 수가 있다. 그렇지 않고 목간의 연대를 통설처럼 560년으로 보면 신라 경위의 완성을 560 년으로 보아야 되고, 540년경에 완성되는 외위보다[46] 늦게 경위가 완성되게 된

된 신라의 완을 7세기 전반으로 편년하고, 이에 의거하여 산성의 초축을 7세기 전반 늦은 시기로 보고 있다(이주헌, 「함안 성산산성 부엽층과 출토유물의 검토」『목간과 문자』 14, 2015, 51~65쪽). 또 부엽층에서 출토된 토기는 6세기 중엽을 중심으로 하나 연대 폭이 특히 넓으며, 성벽 초축은 6세기 중엽에, 내보축을 덧붙이고 부엽층을 조성한 동벽의 개축 시기는 7세기 초에 이루어졌다는 가설도 있다(윤상덕, 「함안 성산산성 축조 연대에 대하여」『목간과 문자』 14, 2015, 72~92쪽). 이 두가지 가설은 모두 목간이 나온 성산산성의 동벽 부엽층의 초축을 7세기 전반 내지 7세기 초로 보고 있다. 목간 자체로는 540년경에 제작된 것임으로 60년 이상의 차이가 있다. 6~7세기 토기 편년은 아직까지 절대 연대 자료가 부족한 점이 하나의 문제점일 것이다. 가령 5세기 4/4분기(475~499년)로 알려진 금관총이 尒斯智王(눌지왕)이란 명문이 나와 458의 눌지왕이란 무덤으로 비정되면서(김창호, 「신라 금관총의 尒斯智王과 적석목곽묘의 편년」『신라사학보』 32, 2014) 그 편년이 17~41년이 소급하게 되었다. 동문지 근처의 부엽층 연대 폭은 6세기 중엽을 중심으로 하나 그 연대 폭은 넓다고 한 견해도(윤상덕, 앞의 논문, 2015) 있으나 목간은 성산산성의 축조한 때(초축)에 있어서 처음으로 돌로 쌓은 경우만을 한정하기 때문에 그 시기는 짧았다고 판단된다. 또 완과 고배 등을 중심으로 한 고고학적 형식론에 의해 목간의 절대 연대를 7세기 초 또는 7세기 전반으로 보는 것은 재고의 여지가 있다. 이 시기에 절대 연대를 말해주는 고고학적인 자료가 거의 없다. 또 문자 자료에 의한 절대 연대에 대한 결론은 고고학적인 형식론에 우선한다는 점은 재언을 요하지 않는다.

46) 월지 출토비에 豆婁知干支란 인명 표기가 나온다. 이는 월지 출토비의 축성의 수작 거리를 步로 표현한데 대해, 536년의 영천청제비 병진명에서는 거리 단위를 신라 고유의 하나치인 淂을(淂의 길이가 구체적으로 얼마인지는 알 수가 없다) 사용하고 있어서 명활산성비는 536년을 소급할 수 없다. 536년 이후까지도 干支란 경위와 미분화된 외위를 사용하고 있어서 외위제의 완성에 걸림돌이 된다. 干支가 551년의 명활산성비에서는 下干支가 나와서 소멸된 것으로 판단된다. 현재까지 540년경의 금석문 자료가 없지만 신라 금석문에서 외위인 干支의 소멸을 540년경으로 보고 싶다. 왜냐하면 545년이나 그 직전에 건립된 적성비 단계에서는 경위와 외위가 완성되었을 것이기 때문이다. 또 주보돈, 「雁鴨池 出土 碑片에 대한 一考察」『大丘史學』 27, 1985에서는 월지 출토비를 명활산성비로 보았으나, 이 비는 명활산성비보다는 시기상으로 앞선 비석이다.

다. 따라서 신라 관등제인 경위와 외위는 540년경에 거의 동시에 완성되었고 볼 수가 있으며, 성산산성의 목간의 제작 시기는 540년경으로 볼 수가 있다.

III. 지명 비정

지금까지 함안 성산산성에 나오는 목간은 대개 지명+인명+물품명+수량으로[47] 되어 있다. 많은 지명이 나오고 있어서 비정에 어려움도 있다. 지금까지 나온 선학들의 지명 비정을 도시하면 다음과 같다.[48]

<표 1> 함안 성산산성 목간에 나오는 지명비정

주요 지명	비정지 현재 지명	신라 당대 지명
仇利伐	충북 옥천 함안 칠원면~마산·창원 안동시 임하면 일대	仇(久)利城[49] 久禮牟羅 屈火郡, 屈弗郡, 曲城郡
甘文城	김천시 개령면	甘文州 開寧郡
古阤	안동시	古阤耶郡, 古昌郡

551년의 명활산성비가 古阤門 근처를 수리한 비(김창호, 「명활산성작성비의 재검토」 『金宅圭博士華甲紀念文化人類學論叢』, 1989)로 분석되어서 명활산성작성비라 부르지 않고, 명활산성비라 부른다.

47) 물품명과 수량은 생략되어도 지명과 인명은 그렇지 않다.

48) 이 표는 이경섭, 앞의 논문, 2011, 539~540쪽의 <표 1> 성산산성 짐꼬리표목간의 지명 비정을 참조하여 필자의 견해를 더하였다.
夷津(支城)은 목간 30번, 2006-4번, 2007-30번, 2007-44번, 2007-304번의 5예가 있으나 그 위치 비정은 불가능하다. 이러한 이유에서 지명 비정표에서 제외하였다. 이진(지성)은 郡이 설치된 곳이다.
比思(伐)도 그 예가 하나뿐이고, 561년 창녕비에 下州行使大等이 나와 下州의 주치가 되는 昌寧이다.

주요 지명	비정지 현재 지명	신라 당대 지명
及伐城	영주시 순흥면	及伐(山)郡, 岋山郡
仇伐	의성군 단촌면	仇火縣, 高丘縣
湏伐	상주시	沙伐州, 尙州
買谷村	안동시 도산면 · 예안면	買谷縣, 善谷縣
夷津支城	·	·
勿思伐	충북	·
鄒文	충북	·
比思(伐)	경남 창녕	比子伐州

甘文은 창녕비(561년)에 甘文軍主가 있던 곳이다. 『삼국사기』 권34, 지3, 지리1에 開寧郡 古甘文小國也라고 나오는 김천시 개령면이다.

古陁는 『삼국사기』 권34, 지3, 지리1에 나오는 古昌郡 本古陀耶郡으로 현재의 안동시 일대이다.

及伐城은 남산신성비 제9비에 나오는 伋伐郡과 동일한 지명이다. 『삼국사기』 권35, 지4, 지리2에 나오는 岋山郡 本高句麗及伐山郡이라고 나오는데, 현재의 영주시 부석면 일대이다.

仇伐은 소지마립간 7년(485)에 축성했다는 仇伐城과 같은 지역으로 『삼국사기』 권34, 지3, 지리1에 나오는 仇火縣과 동일한 곳으로 현재 의성군 단촌면 일대이다.

買谷村은 『삼국사기』 권35, 지4, 지리2에 나오는 善谷縣 本高句麗買谷縣이라고 나오는데, 현재의 안동시 도산면과 예안면 일대이다.

須伐은 확실하지 않지만 상주의 고명인 沙伐과 같은 것으로 볼 수가 있다.[50]

---

49) 久斯牟羅(창원)의 서쪽이면서 安羅(함안)의 동쪽 곧 창원과 함안 사이의 함안군 칠원면 일대를 久禮牟羅(久禮山戌)로 본 가설이 김태식, 『加耶聯盟史』, 1993, 173~189쪽에 있으나 칠원면 일대와 창원 일대에는 고총고분이 없어서 따르기 어렵다.

50) 貞元十四年銘(798년) 永川菁堤碑에 沙喙部의 沙喙을 須喙라고 표기한 예가 있다(金昌鎬, 「永川 菁堤碑 貞元十四年銘의 再檢討」 『韓國史研究』 43, 1983). 그래서

仇利伐, 勿思伐城, 鄒文村, 夷津(支城)은『삼국사기』, 지리지에서 동일한 지명내지 비슷한 지명을 전혀 찾을 수가 없다.

물사벌성과 추문촌은 545년이나 그 직전에 세워진 적성비에도 나온다. 곧 鄒文村幢主, 勿思伐城幢主란 직명 속에 나온다. 이들은 모두 적성비에서 高頭林城在軍主等의[51] 휘하에 소속된 것으로 보인다. 물사벌성과 추문촌의 위치를 잘 알 수가 없지만, 高頭林城在軍主等의 고두림성에 대해서는 그 위치를 경북 안동으로 보아 왔으나[52] 충북 단양군 영춘면 栢子里에서 단양 영춘으로 가는 길목에, 고두름고개[재]가 있다. 하리에 소재한 온달산성으로 가는 재의 이름이 현재까지도 고두름고개[재]라고 해 단양 영춘 하리의 온달성이 州治가 설치되었던 고두림성임이 분명하다.[53] 추문촌당주과 물사벌성당주도 고두림성재군주등의 휘하에 있었으므로 그 지명의 소재지를, 험난한 소백산맥을 지나서 멀고 먼 경북 북부 지역이라기보다는 국경의 최전선인 같은 소백산맥의 북쪽인 충북에 있었다고 보아야 될 것이다. 지명이 전부 上州의 관할인 경북 북부 지역이 아닌 자료로 목간 IV-597번에 正月中比思(伐)古尸次阿尺夷喙(앞면) 羅兮落及伐尺幷作前瓷酒四斗瓮(뒷면)라고 해서 후일의 下州에 해당되는 바사(벌)을[54] 들 수가 있다. 따라서 물사벌성과 추문촌은[55] 어느 곳인지는 확실히 알 수 없지만, 경

沙伐과 須伐은 통하게 된다.

51) 중성리비(441년), 냉수리비(443년)의 5세기 금석문에서는 軍主가 나오지 않고, 봉평비(524년), 적성비(545년 또는 직전), 창녕비(561년), 북한산비(567년), 마운령비(568년), 황초령비(568년)의 6세기 금석문에서는 軍主가 반드시 나오고 있다.

52) 武田幸男,「眞興王代における新羅の赤城經營」『朝鮮學報』93, 1979, 19쪽. 뚜렷한 근거가 없이 안동의 고명이 古昌郡, 古陀耶郡의 古자인데에 근거하였다.

53) 김창호, 앞의 책, 2007, 182쪽.

54) 上州인 甘文州 관할 밖의 확실한 예로서 중요하다.
이 목간에 대해 윤선태, 앞의 논문, 2016, 402쪽에서는 上州는 식량, 下州는 노동력을 나눠 부담하였던 것은 아닐까 모르겠다고 하였으나, 목간 IV-597번에서 노동력의 부담이 아닌 술을 공진물로 내고 있기 때문에 따르기 어렵다.

55) 武田幸男, 앞의 논문, 1979, 19쪽에서 추문을 소백산맥 이남의 경북 북부 지역에서

북 북부 지방이 아닌 충북 지방에 있어야 할 것이다.

성산산성 목간의 지명이 나오는 것에 한정할 때, 26.67%가량을 차지하는[56] 仇利伐의 위치에 대해 조사할 차례가 되었다. 이에 대해서는 충북 옥천,[57] 함안군 칠원면 서남쪽 방면으로부터 마산과 창원 일대,[58] 안동시 임하면 일대[59] 등으로 보고 있다. 구리벌을 경북 북부인 안동시 임하면 일대나 충북 옥천으로 볼 경우에는 왜 구리벌 목간에서만이 奴人 또는 奴가 있는지에[60] 대한 해명이 필요하다. 이 문제를 해결할 수 있는 것은 구리벌에서만의 특산물이 존재해야 된다. 왜냐하면 구리벌에서만 감문성, 고타, 급벌성, 구벌, 오다, 사벌, 매곡촌, 물사벌성, 추문, 비사(벌) 등 어느 곳에서도 나오지 않는 노(인)이 나오기 때문이다. 구리벌을 경북 북부인 안동시 임하면 일대나 충북 옥천으로 볼 경우에는 구리벌만의 특산물이 있을 수 없다. 노(인)이 새로 복속된 지역의 주민을 나타낸 것으로 보면, 及伐城,[61] 買谷村은[62] 모두 옛고구려 영토로 이들 지역에서는 왜

비정하여 召文國 곧 聞韶郡(의성)일 것으로 추정하였다. 고두림성을 안동으로 볼 때에는 가능성이 있으나 고두림성이 충북 단양 하리의 온달성이므로 성립되기 어렵다. 추문촌당주가 있던 추문촌은 충북에 있었을 것이다.

56) 성산산성 목간에 지명이 나오는 것으로 구리벌 16예, 고타 14예, 급벌성 7예, 구벌 5예, 감문성 4예, 이진지성 5예, 추문촌 4예, 매곡촌 2예, 수벌 1예, 물사벌 1예, 비사벌 1예로 그 합계는 60예이다. 그러면 구리벌은 26.67%를 차지하게 된다.

57) 주보돈, 앞의 논문, 2000, 56쪽.

58) 이경섭, 앞의 논문, 2005, 134~135쪽.

59) 이경섭, 앞의 논문, 2011, 542~543쪽.

60) 노(인)목간은 지명+인명+(관등명)+奴(人)+인명+負로 구성되어 있다. 노(인)은 구리벌 목간에서만 나타나고 있다. 지금까지 다른 지명에서는 나온 예가 없다.

61) 『삼국사기』 권35, 지4, 지리2에 岋山郡 本高句麗及伐山郡이라고 되어 있다. 급벌성 목간은 성산산성에서 나오는 것으로는 다음과 같이 7점이 있다.
　8번 及伐城秀乃巴稗
　42번 及伐城龍石稗石
　74번 及伐城只智稗石
　80번 及伐城△△稗石

노인 또는 노가 없는지에 대한 설명이 필요하다. 이 두 가지 문제점 해결의 가능성을 보여줄 수 있는 있는 자료로 목간 5번[63]의 仇利伐△德知一伐塩의 소금이 있다. 巖鹽, 鹽湖, 塩井 등이 없는 우리나라에서는 바다에서만 소금을 채취한다.[64] 성산산성 목간 5번의 塩에 의해 『삼국사기』, 지리지의 屈自郡, 骨浦縣, 『일본서기』의 仇禮牟羅, 仇禮山戌에 의해 함안군 칠원면 서남쪽 방면으로부터 지금의 창원(굴자군)과 마산(골포현) 일대로 비정하였다.[65] 그러다가 塩을 인명의 일부로 보고서, 『삼국사기』, 지리지의 屈火郡, 屈弗郡과 구리벌을 연결시켜서 안동시 임하면 일대로 보았다.[66] 이렇게 되면 구리벌 목간에서만 왜 노인 또는 노가 나오는지에 대한 답을 할 수가 없다. 이는 목간 5번의 塩자가 인명의 일부가 아니라는 것을 알 수 있다. 이 塩자는 노인 또는 노의 해명에 중요한 단서로 그저 쉽게 소금을 나타낸다. 이는 구리벌을 소금을 생산할 수 있는 바닷가에

2007-23번 及伐城文尸伊稗石
2007-24번 及伐城文尸伊急伐尺稗石
2007-42번 及伐城登奴稗石

61) 『삼국사기』 권35, 지4, 지리2에 善谷縣 本高句麗買谷縣이라고 되어 있다.
    買谷村이 나오는 2예의 목간은 다음과 같나.
    2006-7번 買谷村古光斯珎于(앞면) 稗石(뒷면)
    2007-61번 買谷村物礼利(앞면) 斯珎于稗石(뒷면)

63) 원래는 목간 5번이었다. 이경섭, 「함안 城山山城 출토 新羅木簡 연구의 흐름과 전망」 『목간과 문자』 10, 2013, 87쪽에서 자세한 언급도 없이 목간 26번으로 고쳐 부르고 있다. 본고에서는 목간의 번호가 어떻게 바뀌었는지 모르지만 이에 따라서 국사편찬위원회 한국사데이터베이스의 일련번호에 따라 목간 5번으로 부른다.

64) 일본의 경우는 이 시기에 製鹽土器로 소금을 만든다. 일반적으로 토기는 안쪽 면보다 바깥쪽 면이 잘 정면되어 있다. 제염토기는 토기의 안쪽이 바깥쪽보다 잘 정면되어 있고, 소금물을 토기에 넣고 불을 놓아서 불이 다 타고 난 뒤, 토기 안쪽에 결정체로 남아있던 소금 알맹이를 모아서 이를 끓여서 소금을 생산하나, 우리나라에서는 그 발견 예가 전혀 없다.

65) 이경섭, 앞의 논문, 2005, 134~135쪽.

66) 이경섭, 앞의 논문, 2011, 541~543쪽.

비정해야 되는 이유이다. 목간 1번의 仇利伐 /上彡者村(앞면)[67] 乞利(뒷면), 목
간 3번과 34번(쌍둥이 목간)의[68] 仇利伐 /上彡者村波婁에서 上彡者村은 『삼국

---

67) 이수훈, 「新羅 中古期 行政村·自然村 문제의 검토」 『한국고대사연구』 48, 2007,
55~63쪽에서 仇利伐/ 上彡者村이 행정촌+자연촌(구리벌은 행정촌이 아니라 군임)
의 관계라면 해당 인물의 출신지를 행정촌인 구리벌로 밝혀도 됨에도 불구하고 굳
이 상삼자촌이라고 밝힐 이유가 없고, 목간 5번 仇利伐△德知一伐塩과 목간 2007-
31번 仇利伐/ 仇阤(知)一伐奴人毛利支 負의 예에서 행정촌 다음에 곧 바로 인명이
오고 있는 점, 목간 11번 烏欣弥村卜兮, 목간 14번 大村伊息智 등에서 자연촌+인명
이 되어서 일관성이 없이 혼란스럽다는 점 등에서 상삼자촌은 행정촌이란 것이다.
구리벌보다 상삼자촌을 작게 써서 이를 자연촌으로 보는 근거로 삼고 있으나 이는
구리벌 목간에서만 나오는 割書[두 줄로 쓰기] 때문이다. 할서는 구리벌 목간에서만
나오기 때문에 구리벌이외의 목간에서는 자연촌이 없게 된다. 구리벌에서만 자연
촌이 존재하고, 다른 지명인 고타, 추문 등에서는 할서가 없어서 자연촌이 없게 된
다. 그러면 고타, 추문 등에서 자연촌이 없는 이유가 궁금하다. 그 이유는 제시하지
못하면 할서로 쓴 상삼자촌 등도 행정촌으로 보아야 할 것이다. 할서의 경우 글자
를 작게 쓰는 이외의 다른 방법은 없다. 이는 자연촌의 표시하는 것과는 전혀 관계
가 없다. 예를 들면 39번 鄒文比尸河村, IV-587번 仇利伐/△伐彡△村 伊面於支 負
과 54번 鄒文△△村, 2007-30번 夷津(支)(末那)石村에서는 구리벌(IV-587번은 구
리벌 목간임)의 경우에서처럼 할서로 쓰지 않고 있다. 할서는 구리벌 목간에서만 나
오고, 구리벌 이외에서는 단1예도 나온 예가 없다. 할서로 적힌 것을 행정촌과 자연
촌 구분의 근거로 삼는 것은 목간의 할서에 대한 견해의 차이 때문에 나온 것이다.
후술하는 바와 같이 구리벌은 행정촌인 동시에 郡이므로 그 밑에 있는 上彡者村 등
은 행정촌이다.

68) 쌍둥이 목간은 6예가 더 있다.
12번 上莫村居利支稗와 44번 上莫△居利支稗
13번 陳城巴兮支稗와 41번 陳城巴兮支稗
43번 陽村文尸只와 2006-6번 陽村文尸只稗
69번 千竹利와 70번 千竹利
2007-8번 仇(阤)△一伐 奴人 毛利支 負와 2007-31번 仇利伐 仇阤知一伐奴人 毛利
支 負
IV-595번 古阤一古利村阼波(앞면) 阤彡支稗發(뒷면)와 V-163번 古阤一古利村本
波(앞면) 阤彡只稗發(뒷면)
이를 복수의 이른바 하찰이 부착된 이유에 대하여 일본의 경우 현품을 수령한 官司
가 實物과 장부를 맞춰보기 위해서이며 稅物의 勘檢에 관한 조치(弥永貞三, 「古代

史料論 -木簡-」『岩波講座 日本歷史』 25, 1976, 49~51쪽)로 보거나 대부분의 경우 하나의 공진물에 복수의 하찰이 부착되는데, 소비 단계까지 남겨진 것은 원칙적으로 1점이었다고(東野治之,「古代稅制と荷札木簡」『ヒストリア』86, 5~6쪽) 하였다.

그래서 감문과 구리벌에서 제작될 때 1차로 收取物의 검수라는 측면에서 기능을 하고, 다시 성산산성에 도착한 후 물품과 수량을 현지에서 확인하는 과정에서 2차로 기능하였다고 보았다. 하찰이 2차로 기능할 때는 甘文에서 조달 품목과 수량을 정리해서 보낸 臺帳과 짝을 이루어졌을 것이다. 복수 하찰의 경우는 두 개 중의 하나가 이 과정에서 제거되었을 가능성이 있다. 남은 하찰은 물품이 보관되고 소비될 때까지 하찰의 기능에서 物品付札의 기능으로 전환되어 떼어지지 않고 부착되어 있다가 물품의 소비 단계에서 폐기된 것으로 보았다(이경섭, 앞의 논문, 2005, 148~149쪽). 소비 단계에서 폐기되었다면 소비 시점이 각각 다르기 때문에 260여 점의 목간이 일괄해서 출토될 수가 없다. 축성의 공사가 끝나고 새로운 공진물이 새 방법에 의해 들어오면서 축성 단계의 공진물은 남겨서 계속 사용되고, 동시에 공진물의 물품꼬리표가 몽땅 똑 같은 시기에 그 기능을 잃고서 동문지 근처에 폐기된 것으로 판단된다. 그래서 쌍둥이 목간이나 유사 쌍둥이 목간이 생겨날 수가 있었을 것이다. 쌍둥이 목간이 글 자체가 7점 모두 다 달라서 목간의 출발지와 도착지인 성산산성에 모두 만들었고, 동문지에서 나온 목간은 성산산성에서 만든 목간을 장부로 사용한 것이다.

또 목간 2007-23번에 나오는 及伐城文尸伊稗石와 목간 2007-24번의 及伐城文尸伊急伐尺稗石에서 文尸伊는 동일인이다. 목간 2007-61번의 買谷村物礼利斯珎于稗石과 목간 2006-7번 買谷村古光斯珎于稗石에서 공통적으로 나오는 斯珎于도 동일인으로 보았다(전덕재, 앞의 논문, 2008, 33쪽; 이수훈, 앞의 논문, 2012, 170쪽). 이는 유사 쌍둥이 목간으로 공진물이 같은 稗石인네도 불구하고, 각기 따로 두 번으로 나누어서 낼 수 있다는 것을 의미한다. 유사 쌍둥이 목간에서 斯珎于의 경우 공진물을 합치면 하나의 목간에 쓸 수가 있는 데에도 불구하고 유사 쌍둥이 목간으로 나누어서 목간에 기재하고 있다. 이는 성산산성에서 목간이 제작되었다고 해석할 수밖에 없다. 발송처에서 목간이 제작되었다면 斯珎于의 경우는 하나로 합치면 유사 쌍둥이 목간이 되지 않는다. 그럼에도 불구하고, 두 목간에 나누어서 기록되고 있어서 유사 쌍둥이 목간이 되고 있다. 쌍둥이 목간도 12번 上莫村居利支稗와 44번 上莫△居利支稗, 13번 陳城巴兮支稗와 41번 陳城巴兮支稗, 43번 陽村文尸只와 2006-6번 陽村文尸只稗처럼 공진물이 같아도 공진물이 前年에 낸 것이 남아서나 목간은 원래대로 두고(공진물의 양은 줄어들었음) 금년 새로 낸 것에 다시 또 물품꼬리표가 만들어져서 공진품과 함께 매어서 둔 것으로 보고 싶다. 왜냐하면 모든 공진물이 똑 같은 시간에 소비되는 것은 아니기 때문이다. 그래서 유사 쌍둥이 목간이나 쌍둥이 목간이 생길 수가 있을 것이다. 유사 쌍둥이 목간은 목간의 제작지가 성산산성임을 말해주는 중요한 근거가 된다. 목간 1번 仇利伐 /上彡者村波婁와 34번 仇利伐 /上彡者村波婁, 69번 千竹利와 70번 千竹利에서와 같이 공진물의 표시가

사기』, 지리지의 康州 咸安郡 領縣인 召彡縣이다.[69] 구리벌은 함안군에서 바닷가인 마산시에[70] 이르는 지역이다. 이곳이 옛 안라국의 중요한 수도 부분에 해당되는 것이다.[71]

IV. 노인

신라의 奴(人)은 1988년 4월 봉평비(524년)에 발견되어 처음으로 알려지게

없는 목간이 쌍둥이 목간이 아닌 경우에도 39번 鄒文比尸河村介利牟利처럼 종종 나온다. 이 경우에 공진물의 표시가 없이 물품꼬리표만 있는 것이 아니다. 공진물을 좁은 목간에 표시하기 곤란할 경우가 이던가 아니면, 소금처럼 누구나 알 수 있는 공진물이기 때문에 표시하지 않았을 것으로 추측된다.

목간의 제작 시기가 단 시일에 걸쳐서 있고, 연대의 폭도 좁다고 할 수 있고(성산산성의 축조 시기가 목간의 존속 기간이다), 목간의 폐기가 성산산성 축조의 완성으로 목간이 수명을 다 했기 때문으로 판단된다. 성산산성의 축조 후에는 받는 공진물은 그 수취 방법이 달랐을 것이다. 그래서 축조 공사 때의 공진물의 표시인 목간들은 그 수명이 다해 일시에 거두어서 모두 성산산성 동문지 근처에다 폐기했을 것이다. 그렇지 않고서는 동문지 근처에서만 목간들이 출토되는 이유를 알 수가 없다. 이런 까닭으로 덕분에 많은 목간이 나와서 신라사 복원에 중요한 자료가 되고 있다.

69) 주보돈, 앞의 논문, 2000, 56~57쪽에서 上彡者村의 召彡縣 비정에 비판하고 있다. 上의 음은 召의 음과 통하고(남산신성비 제2비에서 阿旦兮村과 阿大兮村, 沙刀城과 沙戶城에서 旦과 大가 통하고, 刀와 戶가 통하는 점에서 보아서 각각 동일 지명인 점에서 보면 上과 召는 통한다), 彡은 양자에서 동일하게 나온다.

70) 2010년 7월 1일 창원시에 동합되기 이전의 마산시를 지칭한다.

71) 목간의 작성 연대인 540년경에는 『삼국사기』, 지리지의 지명도 많은 차이가 있었을 것이다. 그래서 목간에 나오는 행정촌도 지리지에서 찾을 수 없다. 군으로 추정되는 물사벌성과 추문촌과 이진(지성)도 찾을 수 없고, 목간의 26.67%가량(지명이 나오는 목간으로 한정할 때)을 차지하는 郡인 仇利伐도 지명만으로는 그 위치가 불분명하다. 함안에서 마산시에 이르는 지역으로 보인다.

되었다. 일반 신민, 새로 편입된 복속민, 차별 편제한 특수 지역민, 지방민 일반, 舊高句麗民 등의 다양한 가설이 나왔다.[72] 대체로 노(인)은 신라 지역에 새로 편입된 지역의 복속민으로 보고 있다.[73]

그런데 1998년 공개되기 시작한 함안 성산산성 목간에 奴(人)이 확인되면서 이들 노(인)을 어떻게 해석할 것 인지하는 문제가 새로 제기되었다. 그래서 성산산성 목간의 노인을 봉평비의 노인과 어떻게 연결시키는지 하는 문제가 대두되었다. 처음의 성산산성 목간의 연구에서는 私奴婢일 가능성이 언급되었다.[74] 대체로 봉평비에서 나온 결론을 성산산성 목간에 적용하여 노인을 구고구려계 복속민으로 보았다.[75] 이후 새로운 목간 자료의 발굴이 증가되자 노인이 기재된 목간을 해석하면서, 奴人=私奴婢說의 주장이 나왔다.[76] 이를 비판하면서 봉평비의 노인을 중심으로 목간의 노인을 이해를 강조하는 연구도 나왔다.[77] 노인은 기본적으로 복속민의 성격을 지녔지만, 6세기 중반에 그들을 구리벌에 사는 개인에게 각기 예속시켜 관할, 통제하도록 하였고, 이후 그들을 점차 공민으로 포섭하였다고 보았다.[78] 노인을 세금을 내는 주체로서 수취의 대상이 된 奴婢로 보기도 했다.[79] 또 성산산성의 노인을 봉평비의 노인과 함께 隸民的 상황

---

72) 한국고대사학회편, 『한국고대사연구』 2, 1989.
    울진군·한국고대사학회, 『울진 봉평신라비와 한국 고대 금석문』, 2011.
73) 武田幸男, 「新羅·蔚珍鳳坪碑の教事主體と奴人法」『朝鮮學報』 187, 2003.
74) 윤선태, 「咸安 城山山城 出土 新羅 木簡의 用途」『震檀學報』 88, 1999, 16쪽.
75) 이성시, 「한국목간연구의 현황과 함안성산산성 출토의 목간」『한국고대사연구』 19, 2000, 99~100쪽.
    朴宗基, 「韓國 古代의 奴人과 部曲」『한국고대사연구』 43, 2006.
76) 이수훈, 「咸安 城山山城 出土 木簡의 稗石과 負」『지역과 역사』 15, 2004.
    전덕재, 「함안 성산산성 목간과 중고기 신라의 수취체계」『역사와 현실』 65, 2007.
77) 이용현, 「함안성산산성 출토 목간의 負, 本波, 奴人 시론」-신라사학회발표문-, 2007.
78) 김창석, 「신라 中古期의 奴人과 奴婢」『한국고대사연구』 54, 2009.
79) 윤선태, 「함안 성산산성 출토 신라 하찰의 재검토」『사림』 41, 2012.

집단적 지배를 받던 존재로부터 개인적 人身 지배에 기반한 公民으로 전화해 가는 道程에 있는 사람으로 보았다.[80)]

위의 견해들은 奴(人)의 奴자가 奴隷 또는 奴婢를 나타낸다는 것에 근거하여 사노비로 보기까지 했다. 아니면 구고구려인으로 보아서 새로운 신라의 복속민으로 보았다. 이는 봉평비에서 나온 결론으로 성산산성 목간에 그대로 적용할 수가 있다. 이에 대해서는 뒤에서 언급하겠지만 노인의 奴자는 새로운 복속민과 전혀 관련이 없고, 동시에 奴婢의 신분과도 전혀 관련이 없다. 목간의 노인과 봉평비의 노인는 동일하다고 판단된다. 함안 성산산성 목간에 나오는 奴(人)을 검토하기 위해 奴(人)이 묵서된 목간을 제시하면과 같다.[81)]

5번 仇利伐 △德知一伐奴人 塩
2006-10번 仇利伐/△△△奴/△△支 (負)[82)]
2006-24번 仇利伐 比夕須 奴 先能支 負
2007-8번 ~一伐奴人毛利支 負

---

80) 이경섭, 「新羅의 奴人 -城山山城 木簡과 <蔚珍鳳坪碑>를 중심으로-」 『한국고대사연구』 68, 2012.

81) 구리벌 목간의 노(인)에 대해서는 이경섭, 앞의 논문, 2012, 205쪽에서 전제하였다. 추정 구리벌 목간에서 노(인)이 나오는 예를 제시하면 다음과 같다. 이경섭, 앞의 논문, 2012, 206쪽에서 전제하였다.
35번 內恩知奴人 居助支 負
37번 內只次奴 須礼支(負)
38번 比夕須奴/尒先(利)支 (負)
2007-8번 仇(阤)△一伐奴人 毛利支 負

82) 負와 함께 짐을 나타내는 용어로 이른바 發(바리)가 있다. 이는 모두 5점으로 고타에서만 나온다.
20번 古阤伊骨利村(鄒)(앞면) 仇仍支稗發(뒷면)
28번 古阤伊骨利村阿那衆智卜利古支(앞면) 稗發(뒷면)
2006-30번 古阤伊骨村阿那(앞면) 仇利(伐)支稗(發)(뒷면)
IV-595번 古阤一古利村本波(앞면) 阤 ﹠支稗發(뒷면)
V-163번 古阤一古利村本波(앞면) 阤 ﹠只稗發(뒷면)

2007-27번 仇利伐 郝豆智 奴人/ △支 負

2007-31번 仇利伐 仇陁知一伐奴人 毛利支 負[83]

83) 윤선태, 앞의 논문, 2012에서는 다음과 같이 주장하였다(이경섭, 앞의 논문, 2013, 86쪽에서 재인용).

25번 仇利伐 仇陁(智)一伐/尒利△支

2007-8번 仇(陁)△一伐 奴人 毛利支 負

2007-31번 仇利伐 仇陁知一伐奴人 毛利支 負

목간 2007-8번과 2007-31번은 쌍둥이 목간으로 여기에 기재된 仇陁知一伐이 목간 25번의 仇陁(智)一伐과 동일한 인물로 보고, 仇陁知一伐은 노인이 아니라고 하였다. 그래서 仇利伐 仇陁知一伐奴人 毛利支 負을 仇利伐 仇陁知一伐의 노비, 毛利支의 負로 해석하였다. 이럴 경우 당시 신라에서 노비가 납세의 의무를 지닌 수취의 대상자로 보았다.

25번 仇利伐 仇陁(智)一伐/尒利△支은 仇利伐 仇陁(智)一伐의 짐꾼인 尒利△支이 짐을 지다로 해석된다. 양자가 동일인이 아닐 가능성이 크다.

奴人은 외위도 가질 수 있는 소금 생산자인 동시에 公民으로 奴婢의 뜻일 수는 없다. 仇利伐 仇陁知一伐奴人 毛利支 負에서 奴人은 一伐과 함께 仇陁知란 인명의 뒤에 붙는 관등명류이다. 신라의 인명 표기에서는 직명+출신지명+인명+관등명의 순서로 기재된다. 이 가운데 직명과 출신지명은 생략될 수 있으나 인명+관등명은 반드시 기재된다. 노인은 관등명류이므로 노인의 뒤에 오는 인명이 아닌 앞사람의 신분 표시이다. 따라서 仇利伐 仇陁知一伐奴人 毛利支 負에서 奴人을 중심으로 하여 해석하면 仇利伐 仇陁知가 一伐인 동시에 奴人이며, 그의 짐꾼인 毛利支의 짐이 다가 된다. 노인이 奴婢를 뜻하는 것은 아니고, 소금을 생산하는 사람이다. 물론 짐의 주인은 仇利伐 仇陁知一伐奴人이다. 毛利支의 신분은 짐꾼으로 판단된다. 왜냐하면 노인은 소금 생산자를 가리킬 뿐, 노비라는 신분 표시로 볼 수가 없다. 만약에 목간 2007-8번과 2007-31번은 쌍둥이 목간으로 여기에 기재된 仇陁知一伐이 목간 25번의 仇陁(智)一伐과 동일한 인물로 보아도 소금 생산자로 一伐(외위 8관등)의 외위를 가진 유력자는 농사 등 다른 수입원이 있어서 그것을 성산산성에 낼 수도 있다. 목간 2007-8번과 2007-31번은 쌍둥이 목간으로 여기에 기재된 仇陁知一伐奴人이 25번 仇利伐 仇陁(智)一伐/尒利△支로 나오기 때문에 노인이 아니라는 증거는 되지 못한다. 목간 2007-8번과 2007-31번 仇利伐 仇陁知一伐奴人 毛利支 負의 仇陁知와 25번 仇利伐 仇陁(智)一伐/尒利△支의 구타지가 만약에 동일인이면 仇利伐 仇陁(智)一伐인 구타지가 노인과 농업 지주로서의 두 가지 역할을 했을 것이다. 동일인이 아닐 가능성이 더 클 것이다. 왜냐하면 목간 25번에 仇利伐 仇陁(智)一伐/尒利△支에서 一伐이란 관등명만 있고, 奴人의 표시인 노인이 一伐 다음에 없어서

IV-591번 仇(利伐)△△智(奴)人△△△ 負
2016-W89번 丘利伐/卜今智上干支 奴/△△巴支 負

仇利伐 목간에서 목간 2007-27번의 仇利伐 郝豆智奴人/ △支 負를[84] 仇利
伐에 사는 郝豆智(奴人)와 △支가 납부한 짐(負)이다로[85] 해석하고 있으나, 仇
利伐에 사는 郝豆智가 奴人이고, 짐꾼인 △支의 짐(負)이다로 해석된다. △
支는 郝豆智 奴人의[86] 짐꾼이다란 뜻이다.[87] 물론 짐의 주인은 郝豆智奴人이
다.[88] 2007-31번 仇利伐 仇陁知一伐奴人 毛利支 負에서도 仇利伐에 사는 仇陁

동일인이 아닐 가능성이 크다. 노인이란 소금 생산자이므로 신분 표시하는 데에서
당시에는 자긍심을 갖고 있어서 인명 표기에 반드시 표기했을 것이기 때문이다. 그
런데 함안 성산산성 목간에서 25번 仇利伐 仇陁(智)一伐/介利△支이란 묵서명 목
간은 국사편찬위원회 한국사데이터베이스의 어느 번호에서도 찾을 수 없었다.

84) 負는 여러 가설이 있어 왔으나 목간 219번의 方△日七村冠(앞면) 此負刀寧負盜人
有(뒷면)에서 此負刀寧負盜人有를 이 짐은 도녕의 짐이고, 盜人이 있었다로 해석되
어 짐[負]이 분명하다. 이 목간 219번이 발굴되기 이전에 이수훈,「함안 성산산성 출
토 목간의 稗石과 負」『지역과 역사』 15, 2004, 21~31쪽에서 이미 負자를 다른 곳으
로 옮기려고, 챙기거나 꾸러 놓은 물건[荷物] 즉 짐[負]을 가리키는 것으로 정확하게
해석하였다. 이 부는 노인과 함께 구리벌 목간에서만 나오고 있다.

85) 이경섭, 앞의 논문, 2012, 216쪽.

86) 신라 금석문의 인명 표기에서 보면, 직명+출신지명+인명+관등명의 순서로 기재되
며, 직명+출신지명은 생략될 수 있으나, 인명+관등명은 반드시 기재되는 노인은 관
등명(류)에 해당되고, 반드시 신분을 나타내는 인명의 뒤에 붙는다. 노인 목간은 지
명+인명+(관등명)+노인+인명+負으로 기재된다.

87) 전덕재,「함안 성산산성 목간의 연구현황과 쟁점」『한국목간학회 학술대회 자료집』,
2007, 78쪽에서 구리벌 목간으로 추정되는 목간 35번 內恩知奴人居助支 負를 內恩
知의 奴人인 居助支가 負(짐)를 운반했다로 해석하고 있으나, 居助支가 노인이 아
니다. 內恩知가 奴人이다. 奴人은 一伐 등의 외위까지도 가질 수 있는 사람이고, 노
인은 관등명류이므로 內恩知가 奴人으로서 짐의 주인이고, 짐꾼인 居助支의 負(짐)
이다로 해석된다. 居助支는 內恩知 奴人의 짐꾼으로 해석해야 된다. 짐의 주인은
물론 內恩知 奴人이다.

88) 이는 仇利伐의 郝豆智가 奴人이며, △支가 郝豆智의 짐꾼이다란 뜻이다.

知 一伐인 동시에 奴人이고, (구타지의 짐꾼인) 毛利支의 짐(負)이다로 해석된다. 목간 2007-31번에서 짐(負)의[89] 주인은 물론 仇阤知一伐奴人이다.

목간에 나오는 奴(人)의 신분에 대해 집중적으로 연구되어 왔다. 奴(人)이 기록된 목간은 仇利伐에서만 나오고 있다는 점이다. 구리벌 목간은 그 크기가 크고, 割書[두 줄로 쓰기]로 된 예도 있는 점,[90] 負가 끝에 많이 나오기도 하는 점,[91] 노(인)이 나오기도 하는 점, 本波·阿那·末那·前那 등의 땅 이름을 의미하는 예가 나오지 않는 점 등이 특징이다. 왜 구리벌 목간에만 奴(人)이 나올까? 고구려 옛 주민이라면 땅 이름을 옛 영토이었던 及伐城(영주시 부석면), 買谷村(안동시 도산면과 예안면)에서 노인이 나와야 하지 않을까? 그런데 급벌성과 매곡촌에서는 나오지 않고, 구리벌에서만 나오고 있다.

이들을 私奴婢로 볼 경우에도 감문(성), 고타, 급벌성, 구벌, 수벌, 매곡촌, 이진(지성), 물사벌, 추문, 비사(벌)에는 노인이 없는 점이 문제이다. 이들 지역에는 사노비가 본래부터 또는 그 당시에도 없었다는 전제 아래에서만 가능하다.

---

89) 이 짐(負)이 노인이 나오는 구리벌 목간에는 반드시 있고, 노인이 나오지 않는 非奴人에게는 대개 나오나, 그렇지 않는 경우도 종종 있다. 성산산성에 가까운 곳에 있던 구리벌에서 성산산성으로 짐[負]으로 운반할 때, 직접 지세로 등짐을 지거나, 소나 말을 이용해 운반했을 것이다. 구리벌 목간에서는 비노인에게도 負가 함께 나오는 경우가 많다. 그런데 다른 지역에서는 흔한 稗나 麥 등의 곡물은 표기 않는 목간이 나온다. 비노인의 경우, 성산산성으로 가져다내는 곡물은 稗나 麥 등일 것이다. 왜 그 곡물을 목간에 적지 않았을까? 奴人이 나오지 않고, 負만 나오는 목간에서 負는 소금에 염장된 물고기로 추측된다. 노인이 내는 소금처럼 누구나 알 수 있는 내용물일 것이다. 가령 보리처럼 획일화해서 누구나 보리로써 성산산성에 지게로 지거나 소나 말에 실고서 와 냈을 것이다. 26% 이상(지명이 나오는 목간으로 한정할 때)을 차지하는 구리벌 목간에는 本波, 阿那, 末那, 前那 등의 땅 이름 등은 나오지 않고 있다. 남쪽에 위치한 구리벌은 米, 麥, 稗의 생산에는 古阤, 鄒文 등 북쪽 지역보다는 유리함에도 불구하고 목간에는 그 언급이 없다.

90) 할서는 구리벌 목간 이외의 다른 목간에서는 나온 바가 없다. 할서는 구리벌 목간에서만 나오는 특징이다.

91) 負도 구리벌 목간에서만 나오는 한 특징이다.

그럼에도 불구하고, 구리벌에서만 노인이 나와서, 구리벌에만 사노비가 존재했는지에 대한 의문이 생긴다. 노인이 사노비라면 목간에 나오는 지명의 어느 곳에서나 나와야 된다. 구리벌에서만 노인이 나오는 이유가 궁금하다. 구리벌에서만 생산되고, 다른 지역에서는 없는 특산물을 생산하는 것으로 보인다. 구리벌의 특산물이 소금과 관련되는 것으로 목간 5번의 仇利伐△德知一伐奴人塩이 있다. 이는 구리벌의 위치가 소금이 생산되는 바닷가로 소금을 생산하는 곳임을 말해 준다. 목간 5번에서 仇利伐△德知一伐奴人塩에서 △德知一伐奴人이 직접 소금이란 짐(負)을[92] 담당할 수가 있느냐하는 것이 문제이다. 29번 古陁新村智利知一尺那△(앞면) 豆于利智稗石(뒷면)에서 智利知一尺이 피 1석의 일부를 다른 사람과 함께 내고 있고, 목간 72번 △一伐稗의 예에서 보면 一伐이란 외위를 가진 자도 稗를 부담하고 있다. 목간 5번에서 仇利伐△德知一伐奴人塩에서 다른 예에서와 같이[93] 아랫사람이 없어도 문제가 없다. 그리하여 仇利伐△德知一伐奴人에게는 짐꾼이나 아랫사람이 없어서[94] 직접 소나 말에 소금을 실고 구리벌의 바닷가에서 성산산성까지 왔을 것으로 추정된다. 그래서 짐꾼이 없이 직접 塩을 가지고 왔기 때문에 塩이라고 명기했을지도 모르겠다. 구리벌 목간에서만 나오는 노(인)에 주목할 때, 소금과의 관련은 중요하다.

소금은 우리나라에서는 岩鹽, 鹽湖, 塩井 등이 없으므로 바다에서만 나온다.

---

92) 목간 5번에서 파실된 부분이 문제가 되어 인명의 일부로 보기도 하나(이경섭, 앞의 논문, 2011, 541쪽), 負자가 없어진 것으로 보인다.

93) 구리벌 목간에서 노(인)은 반드시 한 사람의 짐꾼을 동반하고 負자도 함께 한다.

94) 왜 직접 목간 5번에서 仇利伐△德知一伐奴人이 직접 소금을 실고서 구리벌에서 성산산성에까지 왔는지는 알 수가 없으나 짐꾼이 오는 도중에 갑자기 병이 나거나 죽어서 仇利伐△德知一伐奴人이 직접 소 또는 말에 소금을 실고서 왔던 길을 계속 왔을 것으로 추정된다. 이러한 추정이 옳다면 목간이 제작된 곳은 구리벌이 아닌 성산산성이 된다. 왜냐하면 짐꾼을 구리벌에서는 바꿀 수가 있지만, 성산산성에 오는 도중에서는 바꿀 수가 없기 때문이다. 그래서 짐꾼이 없이 왔기 때문에 仇利伐△德知一伐奴人(負)로 기록하지 않고, 仇利伐△德知一伐奴人塩(負)로 공진물까지 기재하였을지도 모르겠다.

구리벌에서 소금을 생산했다면, 그 생산 방식은 재래식으로 土版에 어느 정도 소금물을 증류시켜서 그 물을 솥에 넣어서 따리는 토염의 생산 방법일 것이다. 구리벌은 충북 옥천이나[95] 경북 북부 지역인 안동시 임하면이[96] 아닌 바닷가로 비정해야 된다. 노(인)은 소금을 생산하는 사람으로 외위도 받을 수 있는 계층의 公民으로 판단된다. 구리벌은 함안군에서 바닷가인 마산시에 이르는 지역이다. 노(인) 목간에서 노(인)은 모두 구리벌 소속이지,[97] 구리벌 아래의 행정촌 출신자는 단1예도 없다. 소금을 만드는 데에 있어서 개인이 생산하는 것이 아니라 국가의 감독하에 郡 단위에서[98] 생산되었음을 알 수 있다.

V. 맺음말

먼저 함안 성산산성 목간의 연대를 560년대로 보아 왔으나 경위에 及伐尺, 大舍下智가 있는 점에 의해 그 시기를 540년경으로 보았다.

지명 비정에서는 종래 경북 북부 지역으로 보아 왔으나 적성비에 나오는 고

---

95) 주보돈, 앞의 논문, 2000, 56쪽.

96) 이경섭, 앞의 논문, 2011, 541~543쪽에서 목간 5번의 仇利伐△德知一伐奴人塩의 塩을 지명의 일부로 보고서 구리벌을 경북 안동시 임하면 일대로 보았다. 이렇게 되면 구리벌에서만 나오는 노인에 대한 해석이 불가능하다. 구리벌에서 나오는 노인을 해석하기 위해서는 塩을 소금으로 볼 수밖에 없다.

97) 소금은 국가의 전유물로서 중요한 경제 수단이었을 것이다. 소금의 중요성은 중국 前漢代의 『鹽鐵論』에서 소금과 철을 중요시하여 국가에서 전매한 데에서도 찾아볼 수가 있다.

98) 이경섭, 앞의 논문, 2011, 568쪽에서 仇利伐(안동시 임하면, 필자는 함안군에서 마산시에 이르는 지역으로 봄), 古阤(안동시), 仇伐(의성군 단촌면), 勿思伐城(충북), 鄒文(경북 북부인 의성군 금성면? 필자는 충북으로 봄), 甘文(김천시 개령면) 등을 郡(혹은 郡 단위)으로 보고 있다.

두림성의 위치가 충북 단양 온달성임을 근거로 추문촌과 물사벌성의 위치를 충북 지역으로 보았다. 구리벌은 함안군에서 마산시에 이르는 지역으로 보았다.

노인은 구리벌 목간에서만 나오고, 다른 지역 출토의 목간에서는 나오지 않고 있다. 구리벌의 위치가 바닷가에 있어야 소금을 생산할 수가 있고, 노인은 구리벌이란 군의 소속임을 알 수 있고, 노인이 외위도 가질 수 있고, 소금을 생산하는 신분의 公民으로 보았다.

제3절

함안 성산산성 출토 목간(2)

I. 머리말

한국의 고대 목간은 종이가 없던 시대에 종이 대신에 나무를 깎아서 긴 사각형에 가깝게 만든 데에 붓으로 한자를 쓴 것이다. 1면에만 글씨가 있는 것이 있고, 앞면과 뒷면의 양면으로 된 것이 있고, 드물게는 4면으로 된 문서목간이 있다. 고구려의 예는 없고, 백제 사비성시대의 왕경과 지방 목간, 고신라의 왕경과 지방 목간, 통일신라의 왕경과 지방 목간 등이 있다. 목간의 대부분은 인명 표기가 주류를 이루고 있다. 인명 표기는 신라의 경우는 직명+출신지명+인명+관등명이고, 백제의 경우는 직명+부명+관등명+인명의 순서이다. 그래서 금석문과 목간을 연구하는 데에 있어서 인명 표기의 중요성은 아무리 강조해도 지나치지 않다.

지방 목간의 중요한 과제 가운데 하나로 자연촌인지 행정촌인지 여부와 목간의 제작지 문제를 들 수가 있다. 전자는 고신라 금석문에 나오는 촌명과도 연관되어 있고, 후자도 이와 관련이 있다. 신라 목간에 나오는 성촌명이 행정촌인지 아니면 자연촌인지 하는 문제는 목간 단독으로 해결이 될 수가 없고, 고신라 금석문에 나오는 성촌명을 통해 해결이 가능하다. 목간의 제작지 문제도 『삼국사기』, 지리지와의 대비 등으로 같은 한자로 적힌 지명의 예 등으로 해결이 가능하다. 그러나 그것도 몇 예만 일치하고 대부분은 일치하지 않는다. 郡名에 해당되는 것조차도 문헌에 나오지 않고 있다. 행정촌과 자연촌의 구분 문제와 성산산성 목간의 제작지 문제는 지금 당장은 해결할 수 없지만 두고두고 해결해야 할 과제이다. 앞으로 목간 자료가 나옴에 따라 보다 분명히 알 수가 있을 것이다.

여기에서는 먼저 자연촌과 행정촌을 검토하겠고, 다음으로 목간의 제작지에 대한 소견을 밝혀보고자 한다.[1]

II. 자연촌과 행정촌

함안 성산산성 출토의 260여 점의 목간에는 많은 지명이 나온다. 이 지명들에는 州나 郡은 나오지 않고, 대개 村(城)으로 끝나거나 村(城)명이 없이 나오는 지명도 있다. 이들을 둘러싸고, 단독으로 촌명만 나올 경우, 자연촌으로 보는[2] 견해와 행정촌으로 보는[3] 견해가 각각 있어 왔다. 어느 가설도 결정적인 증거가 없어서, 남산신성비 제1비와 제2비와 제9비, 오작비를 원용해서 자설을 보강하고 있다. 남산신성비 제1비에서는 郡上村主가 나와서 군의 감독하에 행정촌 阿

---

1) 목간 연구의 기본이 되는 형식 분류나 그 크기 등의 형태적인 연구는 27점(글자가 확실한 것은 24점)의 목간만을 실견했고, 200점 이상의 목간을 보지 못했고, 목간의 사진도 전혀 갖추지 못한 상황에서 미처 다루지 못했다. 앞으로 기회가 되면 목간의 형태적인 연구도 고고학적인 기본 방법의 하나인 형식론에 입각하여 한번 시도해 보고자 한다.

2) 주보돈, 「함안 성산산성 목간의 기초적 검토」『한국고대사연구』 19, 2000.

3) 김창호, 「金石文 자료로 본 古新羅의 村落構造」『鄕土史硏究』 2, 1990.
   이수훈, 「新羅 村落의 성격 -6세기 금석문을 통한 행정촌 · 자연촌 문제의 검토-」『한국문화연구』 6, 1993.
   김재홍, 「新羅 中古期 村制의 成立과 地方社會構造」, 서울대학교 박사학위논문, 2001.
   이수훈, 「신라 중고기 행정촌 · 자연촌 문제의 검토」『한국고대사연구』 48, 2007.
   김창호, 「금석문 자료에서 본 古新羅 城村의 연구사적 조망」『삼국시대 금석문 연구』, 2009.

良村을[4] 중심으로 요역이 이루어졌고, 남산신성비 제2비에서는 郡中(上人)이 나와서 군의 감독하에 행정촌 阿旦(大)兮村을[5] 중심으로 남산신성 축조의 요역이 이루어졌고, 남산신성비 제9비에서는 仮伐郡, 郡上人이 나와서 급벌군의 감독하에 행정촌 伊同城을[6] 중심으로 요역이 이루어졌다. 오작비의 촌명 가운데 仇利支村은 『新增東國輿地勝覽』 권27, 玄風縣 古蹟조의 仇知山部曲의 仇知山에 비정하였다.[7] 오작비에서도 자연촌을 중심으로 행정촌이 오를 축조한 것이 아니라, 행정촌이 오의 축제를 위한 동원되었으며, 곧 郡을[8] 중심으로 감독을 한 것임을 알 수가 있다. 따라서 오작비의 촌명도 행정촌이다.

---

4) 阿良村 출신자로 외위를 가진 자가 6명이나 된다. 이는 자연촌의 호수가 둔전 문서 (촌락 문서)에서 자연촌 평균 호수인 10.75호의 약 56%나 되어 절반이 넘게 외위를 가지게 된다. 따라서 같은 비문에서 어떤 것은 행정촌, 어떤 것은 자연촌일 수 없으므로 아량촌을 비롯한 칠토촌, 노함촌이 행정촌이다. 따라서 남산신성비에 나오는 모든 성촌명은 행정촌이다. 왜냐하면 같은 남산신성비에 있어서 어떤 것은 행정촌이고, 어떤 것은 자연촌이면 읽는 사람이나 쓰는 사람이 혼란스러워서 안 되기 때문이다.

5) 阿大兮村 출신자로 외위를 가진자가 7명이나 되어 자연촌의 호수가 둔전 문서(촌락 문서)에서 자연촌의 10.75호이므로 7명의 외위를 가진 자가 65.11%나 넘어서 아대(단)혜촌을 비롯한 사도(호)성, 구리성 등이 행정촌이다.

6) 남산신성비 제1비와 제2비에 근거할 때, 남산신성비 제9비의 성촌명도 행정촌으로 본다. 仮伐郡中伊同城徒란 구절이 나와서 이동성에서 요역을 전담하고 있다. 제9비만 자연촌이고, 제1비와 제2비의 성촌명은 행정촌이라면 읽는 자나 쓰는 자가 혼란스러워 안 된다. 따라서 제9비에 나오는 모든 촌도 행정촌이다.

7) 이수훈, 앞의 논문, 1993.

8) 영천청제비 정원 14년(798)에도 청제의 축제에 切火와 押喙의 2군에서 동원되고 있어서 군 단위로 요역이 시행되었음을 알 수가 있다(金昌鎬, 「영천 청제비 정원14년 명의 재검토」 『한국사연구』 43, 1983). 통일신라시대의 大岾城 石刻(關門城 石刻)에도 骨估(영천군?), 居七山(동래군), 押喙(경산군), 切火郡(영천군), 退火(영일군 흥해), 西良郡(울산군)의 군명이 金京(서울로 지금의 경주)과 함께 나와서 지방에서는 군을 단위로 역역을 동원했음을 알 수 있다(朴方龍, 「新羅 關門城의 銘文考察」 『美術資料』 31, 1982). 오작비, 남산신성비 제1비, 제2비, 제9비의 요역에 군을 단위로 했음을 알 수 있다.

고신라 금석문과 목간에 나오는 성촌명이 행정촌인지 아니면 자연촌인지는 군의 지배가 자연촌을 중심으로 시행되었는지 여부이다. 군의 장이 당주, 나두, 도사 중 어느 것인지도 모르는 상황에서 군이 자연촌에 이르기까지 철두철미한 지배를 했다고 볼 수가 있는지 의문이다. 695년에 작성된 신라 둔전 문서(촌락 문서)에서[9] 沙害漸村, 薩下知村 등 4개 자연촌의 戶數는 각각 10호(A촌), 15호 (B촌), 8호(C촌), 10호(D촌)이다. 자연촌당 평균 10.75호이다. 이들 자연촌에서 는 관등을 가진 사람이 한 명도 없어서 외위를 가질 수 있는 사람은 1명이 있을 지 말지이다. 260여 성산산성 목간에서[10] 외위를 가진 자는 13명뿐이다. 자연촌 으로 보아온 오작비의 塢珎此只村의 경우 외위를 가진 자가 5명이나 되어 塢珎 此只村을 자연촌으로 보면, 戶數의 절반이 외위를 가지게 된다. 따라서 오작비 의 塢珎此只村은 행정촌이다. 신라의 지방 통치는 행정촌 중심의 지배로 본다. 외위를 받는 사람은 행정촌을 단위로 국가에서 주었지 자연촌을 단위로 준 것 은 아니다. 왜냐하면 가령 목간 14번의 大村伊息知一伐과 목간 5번의 仇利伐 △德知一伐奴人塩에서 목간 14번의 大村을 자연촌으로, 仇利伐을[11] 군이 아

---

9) 김창호, 「新羅 村落(屯田)文書의 作成 年代와 그 性格」『史學研究』 62, 2001.

10) 정확하게 인명이 나오는 목간의 예를 알 수 없으나 260여 점의 목간 가운데에서 줄 잡아도 200예 정도의 인명이 나올 것이다. 13명의 외위를 가진 자는 전체 인원(200 戶) 가운데 6.5%의 사람만이 외위를 가지게 된다. 이 수치는 戶數 당 인원이다. 물 품꼬리표 목간은 가족을 대상한 것이 아니라 戶를 대상으로 한 것이다. 오작비에서 塢珎此只村의 5명이란 외위는 함안 성산산성 목간 전체의 외위를 받은 숫자의 절 반이라 오작비의 塢珎此只村을 자연촌으로 보는 것은 불가능하고, 행정촌으로 볼 수밖에 없다. 곧 塢珎此只村란 행정촌 밑의 5개 이름이 나오지 않는 자연촌 당 1명 씩(외위를 안가진 자연촌도 있었을 것이다. 2~3명씩의 외위를 받은 자연촌도 있었 을 것이다)의 외위를 가진 것으로 해석할 수밖에 없을 것이다. 자연촌이 몇 개가 모 여서 행정촌이 되는지는 알 수가 없지만 5개나 그 이하나 그 이상일 경우가 있었을 것이다. 오진차지촌이 행정촌이므로 仇利支村, △夫住村, 居七村, 另冬里村, 珎得 所里村은 모두 행정촌이다. 왜냐하면 한 비석에서 어떤 것은 자연촌이고, 어떤 것은 행정촌일 수 없기 때문이다.

11) 구리벌을 자연촌으로 보는 연구자는 없다.

닌 행정촌으로 보게 되면, 행정 체계가 어떤 때는 자연촌으로, 어떤 때는 행정촌으로 시행하게 되므로 혼란스러워서 안 된다. 14번의 大村은 자연촌이 아닌 행정촌이나, 구리벌은 행정촌이면서 군으로 보아야 된다. 이럴 때에 혼란을 일으킬 수 있는 예로 목간 29번인 古阤新村智利知一尺那△(앞면) 豆于利智稗石(뒷면)과 목간 14번의 大村伊息知一伐을 들 수가 있다. 이는(목간 29번) 古阤(군명) 新村(행정촌) 智利知 一尺과 那△(행정촌) 豆于利智가 낸 稗 1石이다로 해석된다. 여기에서 古阤에 소속된 新村을 자연촌으로 보느냐 아니면 행정촌으로 보느냐가 문제가 된다. 新村을 자연촌으로 보게 되면 성산산성 목간에서 자연촌 출신으로 외위를 받는 예가 생기게 된다. 신촌을 古阤郡에 소속된 행정촌으로 보고자 한다. 목간 14번의 大村伊息知一伐도 똑같이 자연촌인지 여부가 문제된다. 이는 앞에서 살펴본 바와 같이 행정촌에서 외위를 받는 예가 많고 자연촌에서 외위를 받는 확실한 예가 없는 점에서 大村과 新村을 행정촌으로 보아야 될 것이다.

구리벌은 소금을 생산하는 지역으로 함안군과 마산시에 이르는 지역으로 郡에 해당되는[12] 지역이다. 소금은 구리벌에서 나오는데 구리벌이 군이 아니고, 행정촌이라면 성산산성의 축조에 필요한 소금을 하나의 행정촌에서 부담할 수는 없을 것이다. 따라서 구리벌은 군으로 보아야 되고,[13] 상삼자촌은 행정촌으로 보아야 된다. 구리벌 목간에 대해 자연촌도 포함되어 있는지를 살펴보기 위

---

12) 이경섭, 「성산산성 출토 신라 짐꼬리표 목간의 지명 문제와 제작단위」 『신라사학보』 23, 2011, 568쪽. 단 구리벌의 위치는 안동군 임하면 일대로 보았다.

13) 이경섭, 앞의 논문, 2011, 568쪽에서 구리벌을 郡(혹은 郡 단위)로 보고 있다. 구리벌을 군으로 보지 않고 행정촌으로 보면 26% 이상의 목간(지명이 나오는 목간에 한정할 때)이 나오는 구리벌에 上彡者村, 末甘村, (杉伐)只(村), △伐彡△村, 前谷村, 習彤村, (彤)谷村의 7개 이른바 자연촌이 있게 된다. 아직까지 미발굴 조사된 촌명까지 포함한다면 자연촌의 숫자가 너무 많고 한 개의 행정촌에서 성상산성 축조의 역역인들에게 소금을 담당하기는 무리이다. 따라서 구리벌이 군명이므로 그 밑에 있는 상삼자촌을 비롯한 촌명들은 당연히 행정촌이다.

해 관련 자료를 제시하면 다음과 같다.

        1번 仇利伐/上彡者村 乞利
        3번 仇利伐/上彡者村 波婁
        4번 仇利伐/△陁△一伐/尒利△一伐
        5번 仇利伐△德知一伐奴人塩
        33번 仇利伐/(彤)谷村/仇礼支 負
        34번 仇利伐/上彡者村 波婁
        36번 (仇利伐)只郎智奴/於△支 負[14)]
        2006-10번 (仇利伐)/△△奴△△支 負
        2006-24번 仇利伐/比夕須 奴 先能支 負
        2007-27번 仇利伐 郝豆智奴人/△支 負
        2007-31번 仇利伐 仇陁知一伐奴人 毛利支 負
        2007-53번 仇利伐 習彤村/牟利之 負[15)]
        IV-597번 仇利伐(앞면) △伐彡△村 伊面於支 負(뒷면)[16)]
        IV-591번 仇(利伐)~智(奴)人 △△△ 負
        2016-W62번 仇利伐/上三者村△△△△
        2016-W89번 丘利伐/卜今智上干支/△△巴支 負
        2016-W92번 仇利伐/夫及知一伐/奴人宍巴礼 負

---

14) 이를 知△△奴△△(仇利俊)於支負로 판독되기도 한다.

15) 이를 仇利伐(앞면) △△谷村伊(丙)比支 負(뒷면)로 읽어 왔다.

16) △伐彡△村은 할서로 적지 않았기 때문에 구리벌과 꼭 같은 크기로 적고 있다. 만
   약에 △伐彡△村을 할서로 적었다면 작게 적었을 것이다. 실제로는 그렇지 않고 △
   伐彡△村을 구리벌과 같은 크기로 적고 있다. 상삼자촌을 자연촌으로 보면 △伐彡
   △村도 자연촌으로 보아야 한다. △伐彡△村을 행정촌으로 보게 되면, 상삼자촌도
   행정촌으로 보아야 된다. 성산산성의 요역하는 사람에게 소금을 한 개의 행정촌에
   서 전담했다고 보기는 어렵고, 성산산성 목간의 26% 이상을 차지하는 구리벌 목간
   의 구리벌은 군으로 판단되고, 군에 소속된 상삼자촌을 비롯한 △伐彡△村 등의 모
   든 촌은 행정촌으로 판단된다.

仇利伐은[17] 분명히 군에 해당된다. 末甘村, (衫伐)只(村), △伐彡△村, 前谷村, 習肜村, (肜)谷村 등은 上彡者村과 마찬가지로 행정촌이다.[18] 그 어디에도 자연촌으로 볼 수 있는 근거는 없다. 구리벌 소속의 노인은 있지만 구리벌 예하의 행정촌 소속의 노인은 단 1예도 없다. 이는 후술하는 바와 같이 소금을 생산하는 노인은 군에서 관장하고 있기 때문이다. 구리벌을 군으로 보지 않고 행정촌으로 보면 하나의 행정촌에서 성산산성 요역 인원에 대한 소금 공급은 하나의 행정촌만으로의 공급은 거의 불가능할 것이다. 따라서 구리벌을 군으로 보고,[19] 상삼자촌 등의 촌을 행정촌으로 보아야 될 것이다.

또 목간 2006-17번 鄒文村內旦利魚의 鄒文村을 자연촌으로 볼 수도 있다. 이를 알아보기 위해 목간에서 鄒文(村)이 나오는 예를 제시하면 다음과 같다.

    39번 鄒文比尸河村尒利牟利
    54번 鄒文△△△村△本石
    2006-17번 鄒文村內旦利 (魚)
    2007-52번 鄒文前那牟只村(앞면) 伊△(習)(뒷면)

---

17) 구리벌을 행정촌으로 보면, 구리벌 목간이 18예, 추정 구리벌 목간 예가 10예로 지금까지 발굴 조사된 자료만으로도 총 28예가 되어 둔전 문서(촌락 문서)의 자연촌 평균 호수인 10.75호를 2.7배 가까이 초과하게 된다. 따라서 구리벌은 자연촌이 아닌 행정촌인 동시에 군이다. 구리벌 목간의 수가 가장 많아서 구리벌을 군으로 보지 않으면 성산산성 목간에서 지명의 숫자가 가장 많이 나오는 구리벌이 군이 아니므로 성산산성 목간에서는 군이 존재할 수 없게 된다.

18) 이를 자연촌으로 보려고 하면 군에서 직접 자연촌을 지배했다는 증거가 필요하다. 그 증거가 현재까지의 금석문이나 목간 자료에는 찾을 수 없다. 군은 존재하나 군의 장이 누구인지도 모르는 상황에서 군이 직접 자연촌까지 지배했다고 보기는 어려울 것이다.

19) 자연촌설의 신봉자인 이경섭은 앞의 논문, 2011, 568쪽에서 구리벌을 고타, 구벌, 추문, 감문 등과 함께 군(혹은 군 단위)으로 보고 있다.

위의 목간 자료에서 比尸河村, △△村, 牟只村은 자연촌이고,[20] 鄒文(村)은 행정촌이라는 것이다. 추문촌에 있어서 鄒文村만으로 나온다고 해서 자연촌으로 볼 수가 없다. 545년이나 그 직전에 건립된 적성비 제⑤행에 鄒文村幢主沙喙部導設智及干支란 인명 표기가 나온다. 이 인명 표기에 나오는 추문촌에 추문촌당주가 파견되므로 추문촌을 자연촌으로 볼 수가 없다. 추문촌은 행정촌이다. 목간 39번, 54번, 2007-52번[21]의 추문은 군으로 볼 수가 있다.[22] 그 밑에 있는 比尸河村, △△村, 牟只村은 행정촌이다.[23]

또 목간 60번 巴珎兮城下△(앞면) 巴珎兮村(뒷면)에서 우선 보기에 巴珎兮城을 행정촌으로 巴珎兮村을 자연촌으로 볼 수도 있다. 이는 이른바 城下麥 목간에서[24] 살펴 보아야하므로 우선 관계 자료를 제시하면 다음과 같다.[25]

    2번 甘文城下麥甘文夲波王私(앞면) 文利村知利兮負(뒷면)
    60번 巴珎兮城下△~(앞면) 巴珎兮村~(뒷면)
    2006-1번 甘文城下麥夲波大村毛利只(앞면) 一石(뒷면)

---

20) 이경섭, 앞의 논문, 2011, 571쪽.

21) 이경섭, 앞의 논문, 2011, 前邪는 방향이나 위치[方位]를 표시하는 땅이나 들이다라고 하였다.

22) 이경섭, 앞의 논문, 2011, 568쪽.

23) 이경섭, 앞의 논문, 2011, 571쪽에서 比尸河村, △△村, 牟只村을 이른바 자연촌으로 보고 있다.

24) 이수훈, 「성산산성 목간의 성하맥과 운송체계」『지역과 역사』 30, 2012, 162쪽에서 △△城下麥을 △△城에서 下(送)한 麥 또는 △△城에서 下한 麥 또는 △△城에서 下(行)하는 麥으로 풀이하고 있다. 여기에서는 △△城下麥을 전후 관계로 보아서 麥의 소속이 중요시되는 것은 △△城이므로 간단하게 △△城下麥(△△城 아래)의 麥으로 보고 싶다.

25) 김창호, 『고신라 금석문과 목간』, 2018, 228쪽에서는 이경섭, 「함안 성산산성 출토 신라목간 연구의 흐름과 전망」『목간과 문자』 10, 2013, 89쪽에 따라 197번 夷津支城下麥烏(比)支△(앞면) △△△石(뒷면)을 목간이 실재하는 것으로 보았으나 이는 없는 것이므로 바로 잡는다.

2007-44번 夷津支城下麥王私巴珎兮村(앞면) 弥次二石(뒷면)

2007-45번 甘文城下△米十一(斗)石(喙)大村卜只次持去[26]

2007-304번 夷津支城下麥烏列支負(앞면) △△△石(뒷면)[27]

Ⅴ-164번 三月中鐵山下麥十五斗(앞면) 王私△河礼村波利足(뒷면)

Ⅴ-165번 甘文下麥十五石甘文(앞면) 本波加本斯(稗)一石之(뒷면)

2016-W94번 甘文城下麥十五石甘文本波(앞면) (伊)次只去之(뒷면)

2016-W116번 小南兮城麥十五斗石大村~

   목간 2번은 甘文城下(아래)의 麥을 甘文(군명)의 本波(땅 이름)이고[28] 王私
(땅 이름)인 文利村(행정촌명)의 知利兮負가 △했다로 해석된다. 감문은 561년
에 세워진 창녕비에 甘文軍主가 나와서 앞선 시기인 동시에 목간의 제작 시기
인 540년경에는 군으로 보아도 될 것이다. 文利村은 당연히 자연촌이 아닌 행
정촌이 된다. 60번 巴珎兮城下△~(앞면) 巴珎兮村~(뒷면)은 풀이가 어려워 가
장 뒤로 미룬다. 목간 2006-1번은 甘文城下의 麥을 本波(땅 이름)인 大村(행정
촌명)의 毛利只가 낸 一石이다로 해석된다. 감문성의 下에 있는 大村은 당연히
행정촌이 된다. 목간 2007-44번은 甘文城下의 △米十一(斗)石을[29] (喙)大村의
卜只次持去가 냈다로 해석된다. (喙)大村도 행정촌으로 보는 데에 어려움이 없
다. 2007-45번 甘文城下△米十一(斗)石(喙)大村卜只次持去은 甘文城 下의 米

---

26) 이수훈, 앞의 논문, 2012, 170쪽에서 목간 2007-45번을 甘文城下(稅)米十一(斗)石
(喙)大村卜只次持去로 판독하고 있다. 이를 참조하여 판독하였다.

27) 이는 앞서서 국립가야문화재연구소, 「함안 성산산성 제12차 발굴조사 현장설명회
자료집」, 26쪽에서는 夷津支城鳥村一巴智(앞면) △△(뒷면)으로 판독되었는데 이
는 잘못된 것이다. 이를 이수훈, 앞의 논문, 2012, 152쪽에서는 夷津支城下麥鳥村
支(刀)(전면) (利)△(一)石(뒷면)으로 판독하고 있다. 이렇게 되면 夷津支城下의 麥
을 鳥村의 支(刀)(利)△가 1석을 냈다로 해석된다. 이것도 잘못된 것이다.

28) 權仁瀚, 「고대 지명형태소 本波/本彼에 대하여」『목간과 문자』 2, 2008, 91쪽에서는
本波를 本原으로 해석하고 있다.

29) 이수훈, 앞의 논문, 2012, 151쪽에서는 十一(斗)石을 11斗(말)의 石(섬, 용기)으로
이해할 것을 강조하고 있다.

11斗石을 탁대촌의 복지차지거가 낸 것이다로 해석되고, 탁대촌은 행정촌이다. 2007-304번 夷津支城下麥烏列支負(앞면) △△△石(뒷면)의 해석은 좀 어려움으로[30] 이진지성의 다른 예와 함께 조사하기 위해 관계 자료를 제시하면 다음과 같다.

30번 夷(津)支阿那古刀羅只豆支(앞면) 稗(뒷면)
2006-4번 夷津本波只那公末△(稗)
2007-30번 夷津(支)士斯石村末△△烋(앞면) 稗(뒷면)

목간 30번에서 夷(津)支(城)은 阿那이며,[31] 2007-304번 夷津支城下麥烏列支負(앞면) △△△石(뒷면)가 낸 稗이다가 된다. 夷津支城은 행정성이라고 한다.[32] 甘文城과 夷津支城을 행정성이라 했으므로 甘文城은 나중에 州治가 있을 곳이라 이에 비견되는 30번 夷(津)支阿那古刀羅只豆支(앞면) 稗(뒷면)에서 夷(津)支는 행정성인 동시에 군명이다. 阿那는 땅 이름이고, 古刀羅只豆支는 인명이다.

2006-4번 夷津本波只那公末△(稗)에서 夷津은 本波(땅 이름)이며, 只那公末△이 낸 (稗)이다가 된다. 夷津은 군이 개설된 곳이다. 2007-30번 夷津(支)士斯石村末△△烋(앞면) 稗(뒷면)에서 夷津(支)의 士斯石村인 末△△烋가 낸 稗

---

30) V-164번 三月中鐵山下麥十五斗(앞면) 王私△阿礼村波利足(뒷면)은 3월에 鐵山의 下麥 15두를 王私(땅 이름) △阿礼村의 波利足이 낸 것이다.
   V-165번 甘文(城)下麥十五石甘文(앞면) 本波加本斯(稗)一石之(뒷면)은 甘文城下의 麥十五石을 甘文(군명) 本波(땅 이름)의 加本斯(稗)一石之이 낸 것이다.
   2016-W94번 甘文城下麥十五石甘文本波(앞면) (伊)負只去之(뒷면)은 甘文城下麥 15석은 甘文의 本波(本原)에서 (伊)負只去之가 낸 것이다로 각각 해석된다.
31) 이경섭, 앞의 논문, 2011, 방향이나 위치[方位]를 표시하는 땅이나 들이다라고 하였다. 여기에서는 땅 이름으로 본다.
32) 이경섭, 앞의 논문, 2011, 571쪽.

이다가 된다. 夷津(支城)은 군에 해당되고, 士斯石村은 행정촌이다.[33] 2007-304
번 夷津支城下麥烏列支負(앞면) △△△石(뒷면)에서 夷津支城下의 麥을 烏列
支(행정촌명)의 負△△가 △石을 냈다가 된다. 夷津支城은 군명이고, 행정촌
명은 烏列支이다. 仇利伐, 鄒文村, 甘文城, 夷津支城 이외의 古阤, 及伐城, 仇
伐, 買谷村, 須伐, 勿思伐, 比思(伐)의 경우도 마찬가지로 郡이라는 결론이 나
온다.[34] 따라서 60번 巴珎兮城下△~(앞면) 巴珎兮村~(뒷면)에서 巴珎兮城下
△~의 ~巴珎兮村으로 풀이되므로 巴珎兮城을 군으로 巴珎兮村을 행정촌으로
본다.

또 나머지 4개의 城下麥 목간의 해석에 대해 조사해보자.

V-164번 三月中鐵山下麥十五斗(앞면) 王私△阿礼村波利足(뒷면)은 3월
에 鐵山의 下麥 15斗를 王私(많은 곡식을 생산하는 땅 이름)인 △阿礼村의 波
利足이 낸 것이다로 해석되고, V-165번 甘文下麥十五石甘文(앞면) 夲波加本
斯(稗)一石之(뒷면)은 甘文(城)下의 麥十五石을 甘文(군명) 夲波(땅 이름)의 加
本斯稗一石之가 낸 것이다로 해석되고, 2016-W94번 甘文城下麥十五石甘文
夲波(앞면) 伊負只去之(뒷면)은 甘文城下麥 15석은 甘文(군명)의 夲波(땅 이
름)에서 伊負只去之가 낸 것이다로 각각 해석된다. 2016-W116번 小南兮城麥
十五斗石大村~는 2016-W116번 小南兮城의 麥 十五斗·石을 大村이 ~했다로 해
석된다.[35]

목간의 인명 표기에서 △△村으로 표기된 촌락은 자연촌이 아니라 행정촌이
었다. 인명 표기의 중심은 어디까지나 행정촌이었기 때문에 郡名은 생략할 수
있으나 행정촌은 반드시 기재하였다.[36] 지금까지 알려진 성산산성 목간이나 금

---

33) 지명+지명(村)이 묵서된 앞의 것은 郡이고, 뒤의 것은 行政村이라 한다(이수훈, 앞
　의 논문, 2007). 필자도 이와 같은 생각이다.

34) 이경섭, 앞의 논문, 2011, 568쪽.

35) 이는 小南兮城의 麥을 十五斗石를 大村이 ~했다로 해석할 수도 있다.

36) 이수훈, 앞의 논문, 2007, 51~52쪽.

석문 자료에서 누구나 인정할 수 있고, 확실한 자연촌 예가 없다. 이에 비해 행정촌은 울주 천전리서석 을묘명(535년)에 居智伐村의 예가 있다.[37] 앞에서 살펴 본 외위를 가진 자가 5명이나 있는 오작비의 塢珎此只村도 행정촌이다. 남산신성비 제1비에서 阿良村이 6명의 외위 소지자가 있는 점, 제2비에서 阿大兮村출신자 7명이 외위를 가진 점에서 남산신성비에 나오는 성촌명은 모두 행정촌이다. 금석문이나 목간에 나오는 성촌명이 자연촌과 행정촌으로 공존하고 있으면, 읽고 보는 사람이나 쓰는 사람이 모두 혼란스러워서 안 된다. 따라서 목간이나 금석문에 나오는 성촌명은 모두 행정촌이다.

III. 목간의 제작지

목간의 제작지로 함안 성산산성 제작설과[38] 하찰을 처음 만든 곳인 甘文州 제작설이나[39] 행정촌 제작설,[40] 군제작설로[41] 나눌 수가 있다.[42] 성산산성 제작

---

37) 확실한 행정촌으로 울주 천전리서석 을묘명(535년)에 나오는 居智伐村을 들 수 있다. 居智伐村은 『三國史記』, 地理志, 良州조의 巘陽縣 本居知火縣 景德王改名 今因之의 居知火縣란 구절과 대비시켜서 居智伐=居知火로 본 견해가 있다(木村誠, 「新羅郡縣制の確立過程と村主制」『朝鮮史研究會論文集』13, 1976, 11쪽). 巘陽縣의 위치가 궁금하다. 『高麗史』, 志 권11, 지리 2에 巘陽縣 本居知火縣 景德王改名 爲良州領縣 顯宗九年來屬 仁宗二十一年 監務後改彦陽이라고 되어 있다. 따라서 언양현이 居智伐村임을 알 수가 있다. 居智伐村은 누가 보아도 자연촌이 아닌 행정촌이다.

38) 박종익, 「함안 성산산성 발굴조사와 목간」『한국고대사연구』19, 2000.
박종익, 「咸安 城山山城 出土 木簡의 性格 檢討」『韓國考古學報』48, 2002.

39) 전덕재, 「중고기 신라의 지방행정체계와 郡의 성격」『한국고대사연구』48, 2007, 103쪽에서 6세기 중반에 지방에 파견된 도사, 나두, 당주(도사, 당주, 당주가 어느 지방에 파견되는지도 알 수가 없다) 그리고 州의 上州行使大等을 중심축으로 지방행정을 운영했다고 보았다. 그래서 이들이 각각 목간 제작에 관여했다고 보았다.

전덕재, 앞의 논문(함안 성산산성 목간의 연구 현황과 쟁점), 2007, 75~76쪽에서는 성산산성의 목간을 上州의 行使大等이 주관하였다고 했다. 왜 갑자기 上州의 行使大等이 등장하는지에 대한 설명은 없다. 또 현재까지의 연구 성과에서는 고신라 지방통치에 있어서 上州行使大等이 무슨 역할을 했는지는 잘 알 수가 없다. 또 고신라의 幢主, 邏頭, 道使가 각각 어떤 역할을 했으며 그 역할의 차이가 무엇인지는 잘 알 수가 없다. 또 고신라 郡의 長이 누구인지는 알지 못하고 있다. 물사벌성과 추문촌이 충북 지방에 있어야 되고, 목간 IV-597번에서 비사(벌) 곧 下州 古尸次 阿尺의 무리들과 喙(部)출신의 羅兮落 及伐尺(경위명)도 술이란 공진물을 내고 있어서 上州行使大等이 성산산성의 목간을 주관했다고 보기 어렵다.

40) 전덕재, 「함안 성산산성 출토 출토 신라 하찰 목간의 형태와 제작지 검토」 『목간과 문자』 3, 2009, 53쪽에서 중고기 목간이 행정촌을 단위로 제작되고, 書寫되었다고 하였다.
이경섭, 앞의 논문, 2011, 568~573쪽.
윤선태, 「한국 고대목간의 연구현황과 과제」 『신라사학보』 38, 2016, 399쪽에서는 그 근거로 구리벌, 고타 등의 목간에 있어서 서식이나 형태상 지역성이 완연한 목간들이 존재하기 때문에 함안 목간이 행정촌을 단위로 제작되었다는 것을 알 수 있다고 하였다. 행정촌 단위로 목간이 작성되었다면 本波, 阿那, 末那가 행정촌 범위를 넘어서 나와도 정확하게 적히고 있기 때문에 따르기 어렵다.

41) 이수훈, 앞의 논문, 2007.
橋本繁, 「城山山城木簡と六世紀新羅の地方支配」 『東アジア古代文字資料の研究』, 2009.
중고기 군의 장이 누구인지도 모르는 상황에서 군을 단위로 목간이 제작되었다고 보기가 어렵다. 고타의 本波(목간 2007-57번, IV-595번, V-163번)와 감문의 本波(목간 2번, 10번, 2006-1번)과 수벌의 本波(목간 77번), 고타의 阿那(목간 28번, 6-30번, 7-25번)과 이진지의 阿那(목간 30번)와 구벌의 阿那(목간 52번, 2007-37번)와 아리지촌의 阿那(목간 6-3번), 고타의 末那(목간 2007-11번, 2007-14번, 2007-17번, 2007-33번)와 구벌의 末那(목간 2007-6번)과 이진지의 末那(목간 2007-30번)에서 군이 달라도 본파, 아나, 말나는 동일하게 기록하고 있는 점에서 따르기 어렵다.

42) 성산산성 제작이 아닌 하찰설에서는 그 근거로 이성산성 戊辰年銘(668년) 목간의 경우 발신처인 南漢城과 수신처인 須城으로 파악되므로 목간의 제작지는 남한성으로 판단되는 점이다(이경섭, 「城山山城 출토 荷札木簡의 製作地와 機能」 『한국고대사연구』 37, 2005, 136쪽). 이는 이성시, 「新羅と百濟の木簡」 『木簡が語る古代史』 上, 1996, 66~83쪽 및 이성시, 「韓國出土の木簡について」 『木簡研究』 19, 1997, 235~246쪽과 이성시, 「韓國木簡연구의 현황과 咸安 城山山城출토의 木簡」 『한국고대사연구』 19, 2000에 따른 것이다. 이성시, 앞의 논문, 2000, 88쪽에서 戊辰

年正月十二日朋南漢城道使[以下缺](제1면) 須城道使村主前南漢城火△[以下缺] (제2면) △△漢黃去△△△△△[以下缺](제3면)으로 읽고서 이를 戊辰年正月十二 日의 동틀 무렵에(朋자는 근거를 제시하지 않고, 상황 판단에 의한 해석으로 잘못된 것이다) 發信者인 南漢城道使가 (△)須城의 道使와 村主에게 보낸다는 내용이 기 재되고, 그 이하에 구체적으로 傳達되어야 할 내용이 쓰여 있다고 추정하였다. 또 이 경섭, 「新羅 木簡文化의 전개와 특성」『민족문화논총』54, 2013, 294쪽에서 戊辰年 正月十二日朋南漢城道使[以下缺](제1면) 須城道使村主前南漢城執火△[以下缺] (제2면) 城上△(通黃)去△△(得待)△[以下缺](제3면)으로 읽고서 이를 戊辰年 正月 十二日 南漢城道使와 ~가(發信)~須城道使와 村主 앞(受信), 南漢城이 불이 나 ~城 위의 △(漢黃)去△△(得待)△~로 해석하고 있다. 260여 점의 성산산성 목간에서 문 서 목간으로서 뚜렷하게 발신처와 수신처가 나온 예는 없다. 어디에서 온 누구의 것 이란 목간은 거의 대부분이다. 특히 수신처로 볼 수 있는 예는 전혀 없다. 이 문서 목 간은 이경섭의 판독은 너무 의욕적인 판독이라 따르기 어렵다. 이성시의 판독에 근 거하여 해석하면 戊辰年(668년)正月十二日에 벗인(또는 벗과) 南漢城道使와 須城 道使와 村主가 南漢城들(野=伐=火) 앞에서 △△△漢黃去하고, △△△△△했다가 된다. 이렇게 무진년 이성산성 목간을 해석한 바에 따르면, 발신자와 수신자가 없 게 된다. 이성산성 목간에 戊辰年正月十二日朋南漢城道使(제1면) 須城道使村主 前南漢城~(제2면) ~浦~(제3면)라고 되어 있는데(김창호,「二聖山城 출토의 木簡 年 代 問題」『한국상고사학보』10, 1992. 여기에서는 668년설이 타당하다고 생각한다. 668년이 타당하다고 보고, 朋을 齊의 뜻으로 해석했으나 벗으로 본다. 김창호, 앞의 논문, 1992에서는 戊辰年 正月 二日에 南漢城의 길을 가지런히 하라. ~須城道使, 村主, 前南漢城~의 책임아래 ~토록 하라로 해석했었다), 앞의 전문 해석에서 보는 바와 같이 수신처와 발신처가 분명하지 않다. 곧 주보돈,「二聖山城 출토의 木簡과 道使」『慶北史學』14, 1991에서는 남한성을 이성산성이나 그 부근으로, 이도학,「二 聖山城 출토 木簡의 검토」『한국상고사학보』12, 1993에서는 이성산성으로 보고 있 어서 발신처로 보아 온 이성산성에서 목간이 발굴되었다. 이성산성 출토의 戊辰年 목간만으로 발신처와 수신처를 나눌 수가 없다. 왜냐하면 목간에는 앞에서의 해석 처럼 직명만 열거되어 있어서 그 해석이 불분명하기 때문이다. 따라서 이성산성 출 토의 무진년명 목간의 발신처와 수신처로 나누는 것에 의해 성산산성 목간의 제작 지 추정에 근거로 삼는 것은 명백한 잘못이다. 이 무진년 목간에서 주목해야 할 점 은 南漢城道使와 須城道使와 村主란 직명만 나오고, 인명과 관등명이 안 나온다는 점이다. 인명 표기에 있어서 생략이 가능한 직명만 나오고, 출신부명도 나오지 않는 다. 직명+출신부명+인명+관등명 중에서 인명 표기에 직명만이 기록되는 최초의 예 가 된다. 직명+출신부명+인명+관등명 중에서 가장 짧게 하나만 남기려고 하면 최후 로 남는 것은 직명이다. 그래서 출신지명과 인명과 관등명 조차도 없이 무진년 문서

설은 목간이 출토된 동문지 부근의 내부 저습지에서 미완성의 목제품 및 많은 목재 찌꺼기[治木片]들이 두껍게 압착되어 있던 현장 상황이다. 계속해서 묵서 용 붓, 목간 등을 제작하기 위하여 原木을 治木하거나 묵서의 지우개로 사용한 것으로 추정되는 刀子 및 그 칼집, 도자의 자루 부분, 묵서용 붓 등이 보고되었 다.[43] 목간에는 주나 군도 나오지 않고 행정촌도 자연촌과의 구별이 어렵다. 목 간이 물품꼬리표임에는 누구나 동의하지만 운반할 때에 사용한 하찰인지는 알 수가 없다. 목간 군에는 役人의 名籍과 중요한 식량인 稗의[44] 부찰목간의 두 가 지로 구성되었다는 가설이 나왔다.[45] 분명히 목간에는 명적으로[46] 볼 수 있는 것도 포함되어 있다. 이를 하찰과 명적 절충설로 부르고 있다. 성산산성의 목간

목간에서 南漢城道使, 須城道使, 村主로 직명만 기록하고 있다. 이런 형식의 문서 목간이 함안 성산산성에서도 나올 것으로 기대된다.

43) 이경섭, 「성산산성 출토 하찰목간의 제작지와 기능」 『한국고대사연구』 37, 2005 참조.

44) 윤선태, 「함안 성산산성 출토 신라목간의 용도」 『진단학보』 88, 1999, 18~19쪽과 이 경섭, 「함안 성산산성 목간의 연구현황과 과제」 『신라문화』 23, 2004, 224쪽과 이경 섭, 앞의 논문, 2005, 137쪽에서 고려시대에 있어서 稗가 馬料인 점에 따라 稗를 馬 料로 보고 있으나 중국 고대 화북 지방의 중요한 곡물로 黍, 粟, 稷을 들고 있다. 이 는 기장과 조와 피를 가리킨다. 社稷之神에서 社는 토지 신, 稷은 곡신 신으로 稷 (稗)는 곡물을 대표하고 있어서 540년경에 主食으로 稷(稗)을 들 수가 있다. 馬料 일 경우에 있어서 540년경 당시에 성산산성에 가장 많이 갖다 바치는 공진물로(이 경섭, 앞의 논문, 2011, 563~566쪽의 <표 5> 주요 지명별 목간의 현황 -釋文, 書式, 형태, 크기->에서 稗가 나오는 곳은 고타 12예, 급벌성 7예, 구벌 5예, 이진지성 2 예, 매곡촌 2예, 물사벌 1예로 총 29예가 된다. 이는 공납물 총수인 59예 가운데 약 49.83%나 된다) 그 양이 너무 많아 말의 먹이가 될 가능성은 없다. 왜냐하면 그 당 시는 성산산성을 축조할 때이므로 병사들이 탈 수 있는 성산산성의 말의 수는 많지 가 않을 것이기 때문이다. 따라서 稗는 馬料일 수가 없고, 당시 병사를 포함한 백성 들의 主食의 하나로 판단된다. 稗는 米와 麥과 같이 도정한 것으로 판단된다.

45) 윤선태, 앞의 논문, 1999.

46) 일본식 용어로 短冊形이라 부르고 있는 것으로 긴 직사각형으로 생긴 것이고, 목간 자체에 홈이나 구멍이 없는 것이다.

만으로 행정촌, 군, 주 등의 성산산성 외부 제작설이나[47] 성산산성 자체설을[48] 해결할 수 있는 방법은 없다. 좀 우회적인 방법이긴 하지만 금석문에서 한자를 사용했으므로 성산산성 목간에 있어서 한자 사용의 정도가 어떠한지를 조사해 보기로 하자. 한자 교육 정도가 높았을 것으로 추정되는 사찰명으로부터 접근을 시도해 보기로 하자.

영묘사가[49] 758년의 葛項寺石塔銘文에[50] 零妙寺, 804년의 禪林院鐘銘의[51] 令妙寺, 994년의 葛陽寺惠居國師碑의[52] 靈廟寺로 각각 적고 있다.[53] 평기와 명문까지 합치면 영묘사는 靈妙寺, 靈廟寺, 零妙寺, 令妙寺의 4가지로 적고 있다.[54] 이는 신라시대에 있어서 한자명의 사용이 음만 중시하

---

47) 목간의 上州 제작설, 군 제작설, 행정촌 제작설은 상황 판단에 의해 목간을 하찰로 보았기 때문에 나온 것으로 목간 자체의 분석에서 얻어진 결론은 아니다.

48) 발굴 조사의 성과에서 그 증거가 뚜렷한 데에도 불구하고 목간 연구자들은 목간 자체를 하찰로 해석하고서 발굴 결과를 무시하였다.

49) 당시 한자 교육 정도가 가장 높았을 것으로 보이는 스님과 직결된 영묘사의 경우에도 靈妙寺 등 4가지의 금석문 자료가 사용되고 있다. 곧 靈妙寺, 靈廟寺, 零妙寺, 令妙寺가 한자명으로 사용되고 있다는 점은 주목해야 할 것이다. 성전사원 연구에 있어서 『삼국사기』에 성전사원의 하나인 靈廟寺를 조상 제사와 관련되는 것으로 보아서 靈廟寺로 표기한 점에 의미를 두고서, 靈廟寺의 靈廟란 점에 의해 願堂으로 보기도 하나, 금석문 자료에서 같은 금석문에서조차 두온애랑의 경우 애자를 愛와 哀로 달리 쓴 점과 민애왕의 시호를 敏哀大王, 愍哀大王으로 틀리게 쓴 점과 금석문에 있어서 영묘사란 한자 표기가 앞에서 살펴 본 바와 같이 4가지인 점에서 보면 靈廟寺로 적는 것은 아무런 의미가 없다고 판단된다.

50) 갈항사 석탑에 명문을 새긴 것은 785~798년이다.

51) 이홍직, 「貞元廿年銘 新羅梵鐘」 『백낙준선생회갑기념논총』, 1955.

52) 허흥식, 『고려불교사연구』, 1986, 580쪽.

53) 최효식·김호상, 「경주지역 매장문화재 조사현황(III) -사지발굴자료를 중심으로-」 『신라문화』 20, 2002, 398쪽에서는 靈廟, 靈妙, 令妙, 零妙의 4가지 문자명 와전이 나온다고 하였다. 이는 나말여초의 기와명문 자료이다.

54) 경주 흥륜사 서편 하수관로 설치공사 구간 내에서 靈廟寺의 靈廟를 草書로 쓴 것도 나와서 영묘사의 한자명은 모두 5가지이다.

고,[55] 한자 자체의 글자는 중요시하지 않았음을 의미한다.

또 인명, 지명, 시호명 등에서 한자가 틀리게 적는 예를 우선 간단히 뽑아서 제시하면 다음과 같다.

牟卽智寐錦王(524년, 봉평비)
另卽知太王(539년, 천전서석 추명)

武力(545년 직전, 적성비)
另力(568년, 마운령비 등)

篤支次, 夫法知, 舜知(568년, 마운령비)
篤兄, 分知, 尹知(568년, 황초령비)

阿大兮村, 沙戶城, 仇利城(591년, 남산신성비 제2비)
阿旦兮村, 沙刀城, 久利城(591년, 남산신성비 제2비)

重阿湌金志誠(719년, 감산사미륵보살조상기)[56]
重阿湌金志全(720년, 감산사아미타여래조상기)

豆溫哀郎(766년, 영태2년명납석제호)
豆溫愛郎(766년, 영태2년명납석제호)

敏哀大王(863년, 민애대왕 석탑기)
愍哀大王(887년, 진감선사비)

위의 자료에서 보면 사찰명, 왕명, 인명, 시호제의 왕명에서도 한자 표기의

---

55) 이를 국사편찬위원회 한국사데이터베이스에서는 삼국시대로 보고 있으나 다른 3가지의 한자명과 함께 고려시대로 본다.
56) 이밖에도 동일인인 여자 인명 표기 경우에도 719년 甘山寺彌勒菩薩造像記의 亡妣官肖里, 妹 古巴里, 前妻 古老里가 각각 720년의 甘山寺阿彌陀如來造像記에서는 亡妣 觀肖里, 妹 古寶里, 前妻 古路里로 다르게 표기되어 나온다.

차이가 있으며, 인명인 豆溫哀郞의 경우에는 같은 永泰二年(766)銘蠟石製壺에 서조차도 애자가 愛와 哀로 차이가 있다. 重阿湌金志誠의 경우도 重阿湌金志 全으로 이름을 발음조차 다른 한자로 적고 있다. 목간과 연대가 비슷한 6세기 의 금석문에서는 왕명에서도 牟卽智寐錦王(524년 봉평비)와 另卽知太王(539 년 천전리서석 추명)으로 차이가 있고, 당시의 일급 귀족인 金武力의[57] 경우도 武力(545년이나 그 직전, 적성비)과 另力(568년, 마운령비)으로 차이가 있다.[58] 마운령비(568년)의 篤支次, 夫法知, 舜知가 황초령비(568년)의 篤兄, 分知, 尹 知로 각각 나온다.[59] 夫法知(붑지)와 分知는 반절로 설명이 가능하나,[60] 篤支 次와 篤兄은 어떻게 동일인이 되는지도 吏讀 연구의 성과로는 알 수가 없다.[61] 지명을 모르는 軍主(군주의 앞에는 지명이 옴)란 직명을[62] 가진 사람의 이름인 舜知란 인명을 다른 비석인 황초령비에서는 尹知라 적고 있다. 남산신성비(591 년) 제2비에서 阿旦兮村과 阿大兮村, 沙刀城과 沙戶城, 仇利城과 久利城은 한 자의 글자가 다르고, 음이 같은 구리성을 제외하고, 동일한 금석문 자료에서 한 자음이 旦과 大, 刀와 戶로 차이가 있어도 모두 동일한 지명이다.

지금까지 조사된 260여 점의 성산산성 목간에는 仇利伐 16예, 古阤 14예,

---

57) 삼국 통일 때 맹활약한 김유신 장군의 할아버지이다.

58) 법흥왕의 경우 4가지나 된다. 524년 봉평비의 另卽智寐錦王, 535년 울주천전리서 석 을묘명의 法興太王, 539년의 울주천전리서석 추명의 另卽知太王, 『삼국사기』와 『삼국유사』의 법흥왕의 諱인 原宗이 그것이다.

59) 이들이 동일인임에는 마운령비와 황초령비의 인명의 비교이기 때문에 재언을 요하 지 않는다.

60) 김창호, 앞의 논문, 2014에 있어서 금관총의 尒斯智王에서 尒를 훈독하면 너가 되 고, 이 너사지왕을 마운령비의 夫法知(붑지)가 황초령비의 分知로 반절로 적힌 점 을 참고하여, 반절로 표기하면 넛지왕이 되고, 넛지왕은 눌지왕과 음상사가 되어 동 일인이 된다.

61) 이에 대한 口訣學會[吏讀學會]의 연구가 기대된다.

62) 마운령비와 황초령비에 나오는 똑 같은 軍主의 지명은 2자가 복원되어야 하므로 고 구려 지명인 達忽을 사용했을 기능성이 크다.

甘文(城) 4예, 及伐城 7예, 仇伐 5예, 夷津(支城) 5예, 鄒文(村) 4예, 買谷村 2
예, 須伐 1예, 勿思伐 1예, 比思(伐) 1예가 각각 나오며, 총지명수는 60예가 나
온다.[63] 남산신성비 제2비에서와 같이 음만으로 비슷한 예가 없이 똑 같은 한
자로 적혀 있다. 지명 가운데 땅 이름으로 보이는 本波, 阿那, 末那, 前那, 未那
가 있다.[64] 本波는 甘文(城)과 3번 함께 나오고, 古阤와 3번, 夷津과 1번, 須伐
과 1번이 각각 나온다. 阿那는 古阤와 3번, 夷津支와 1번, 仇伐 2번, 阿利只村 1
번, 촌명을 모르는 것과 1번이 각각 나온다. 末那는 古阤와 5번, 仇伐과 1번, 夷
津支와 1번이 각각 나온다. 前那는 鄒文과 1번, 未那는 仇伐과 1번이 각각 나
올 뿐이다. 목간 20번과 목간 28번의 古阤伊骨利村,[65] 목간 31번과 목간 2007-

---

63) 이경섭, 앞의 논문, 2011, 563~566쪽의 <표 5> 주요 지명별 목간의 현황(釋文, 書式,
   형태, 크기)에 근거하였다.

64) 이경섭, 「함안 성산산성 출토 목간 연구의 흐름과 전망」『목간과 문자』 10, 2013,
   82~85쪽.
   이경섭, 앞의 논문, 2011, 556쪽에서는 本波, 阿那, 末那, 前那에서 하나의 외예적인
   것으로 2006-3번 阿利只村阿那△△(앞면) 古十△△刀△△(門)(뒷면)을 들고 있다.
   阿利只村은 행정촌으로 볼 수 없다는 것이다. 阿利只村阿那의 뒤에 촌명이 올 수
   도 있다. △△古十△△刀△△(門)은 인명으로 보기에는 너무 길다. △△古十△은
   행정촌명이 된다. 그렇게 되면 阿利只村은 鄒文村과 마찬가지로 군명이 된다. 甘文
   (城), 古阤, 夷津(支城), 仇伐, 鄒文(村), 須伐조차도 자연촌을 거느린 행정촌으로 보
   고 있다. 甘文(城)이 561년에 甘文軍主가 파견된 州治가 있던 곳으로 행정촌으로
   보기 어렵다. 甘文(城), 古阤, 夷津(支城), 仇伐, 鄒文(村), 須伐은 군으로(이들 지명
   을 이경섭, 앞의 논문, 2011, 568쪽에서는 郡으로 보았다) 아래에 행정촌을 거느리
   고 있고, 阿利只村은 행정촌으로 볼 수가 있다. 더욱이 阿利只村은 『삼국사기』, 祭
   祀志, 小祀조에 보이는 波只谷原岳이 있었던 阿支縣일 가능성이 있다면 더욱 그러
   하다. 阿利只村이 阿支縣과 동일 지명인지는 알 수가 없다. 阿那가 땅 이름인 점에
   서 보면, 阿利只村은 행정촌인 동시에 군명일 것이다. △△古十△은 행정촌명이다.
   △刀△△(門)은 인명이다. 이를 해석하면 阿利只村(군) 阿那(땅 이름)이며, △△古
   十△(행정촌), △刀△△(門)(인명)이 된다.

65) 목간 2006-30번의 古阤伊骨村阿那(앞면) 仇利(伐)支稗發(뒷면)의 古阤 伊骨村은
   목간 20번과 28번의 古阤 伊骨利村과 동일한 것으로 판단된다. 아니면 목간 2006-
   30번에서 古阤 伊骨利村의 利자가 실수로 빠져서 古阤 伊骨村이 된 것으로 보인다.

11번과 목간 2007-14번과 목간 2007-17번과 목간 2007-25번과 목간 2007-33번의 古陁一古利村을 동일한 촌명으로 보았다.[66] 伊骨利村(一古利村)과[67] 仇利伐과 丘利伐, 仇伐과 丘伐을 제외하면 음만으로 동일한 지명을 표기한 예가 없다. 260여 점의 목간에서 그 지명이 다른 곳에서 조차 동일한 本波, 阿那, 末那를 표기함에 있어서 그 소속된 군이 달라도 한 번도 음만 같은 글자로 표기한 예가 없다. 이는 남산신성비 제2비와 비교할 때, 너무도 한자의 사용이 정확하여 행정촌 단위로나 군 단위로나 주 단위로 작성되었다고 보기 어렵다. 물사벌성과 추문촌이 경북 지역이 아닌 충북 지역으로 보이고, 비사(벌)이란 지명이 나와서 上州(甘文州)을 중심으로 목간이 전부 만들어졌다고 볼 수가 없다. 及伐尺이나 大舍下智란 경위를 가진 왕경인 등장하고 있고, 목간 IV-597번에 따르면 喙(部)의 羅兮落 及伐尺이[68] 比思(伐)의 古尸次 阿尺의 무리와 함께

66) 이경섭, 앞의 논문, 2005, 140~141쪽.
67) 2007-11번 古陁一古利村末那(앞면) 殆利夫稗△(뒷면), 2007-14번 古陁一古利村末那仇△△(앞면) 稗石(뒷면), 2007-33번 古陁一古利村末那沙見(앞면) 日糸利稗石(뒷면), 2007-25번 古陁一古利村阿那弥△△(앞면) 稗石(뒷면) 등에서 古陁一古利村阿那식으로도 나온다. 또 古陁伊骨利村阿那식으로는 나오는 예도 있고, 28번 古陁伊骨利村阿那衆智卜利古支(앞면) 稗發(뒷면), 2006-30번 古陁伊骨村阿那(앞면) 仇利稿支稗發(뒷면) 같은 예가 그것이다. 모두 古陁에서 나오는 지명이고, 음상사로 볼 때 동일한 지명이라서 一古利村과 伊骨利村은 동일한 촌명이 가능성이 크다.
68) 사면 목간(2016-W150)의 내용으로 볼 때 及伐尺의 소유자인 伊毛罹가 喙(部)의 羅兮落이 가진 大舍下智의 관등 소유자인 弥卽介智 보다는 높은 사람이다. 及伐尺을 가진 두 사람이 현재까지 나온 성산산성의 목간에서 나온 가장 높은 경위 관등을 가진 사람이다. 축성 책임자의 경위 관등은 及伐尺보다 더 높았을 것이다.
목간 IV-597번에 따르면 喙(部)의 羅兮落 及伐尺이 比思(伐)의 古尸次 阿尺의 무리와 함께 만든 술도 성산산성에 공납되고 있어서, 大舍下智보다 높은 관등을 가진 羅兮落 及伐尺이 어떻게 술을 만드는지에 대한 의문이 생긴다. 羅兮落 及伐尺이 고급술을 만드는데 꼭 필요한 사람으로 고급술을 만드는 데 있어서 감독도 겸했을 것이다. 그래서 比思(伐)의 古尸次 阿尺의 무리와 함께 술을 만들어서 성산산성에 공진물로 자기보다 훨씬 높은 경위명을 가진 사람에게 바쳤을 것이다.

만든 술도[69] 성산산성에 공진물로 납부되고 있어서, 성산산성의 축조가 주나 군이나 행정촌에서 담당한 것이 아니라 국가 차원에서 시행된 것이다. 왜냐하면 주, 군, 행정촌에서 목간을 제작했다면, 목간에 나오는 米, 稗, 麥, 鐵, 塩 등의 징수는 누가했는지가 문제가 된다. 성을 축조할 때[70] 사용한 稗, 塩, 麥, 米, 鐵의 징발도 국가에서 했을 것이다. 그렇다면 이와 관련된 목간도 국가에서 담당했다고 판단된다. 그래서 해서와 행서가 주류이나 초서에 가까운 것도 일부 포함되어 있어서 판독에 어려움을 겪고 있지만, 목간 240여 점의 지명 등에 음만 같은 글자로 표기되고 글자는 다른 예는 거의 없다.[71] 따라서 성산산성의 목간은 성산산성을 축조할 때, 성산산성에서 국가 주도로 제작되어 성을 축조시의 물품을 성산산성에 보관할 때에 사용되었다고 판단된다. 이렇게 보아야 고고학적인 발굴 성과와 일치가 된다. 목간의 물품꼬리표란 결론은 타당하다고 판단된다. 물론 목간의 출발지에서도 목간을 만들어서 목간에 붙여서 성산산성

---

69) 이는 比思(伐)에서 공진물을 낸 것도 아니고, 신라 6부 가운데 탁부에서 낸 것도 아니다. 비사벌과 탁부에서 함께 공진물을 낸 것으로 보면, 목간이 비사벌도 아니고, 탁부도 아닌 성산산성에서 제작되었다고 보는 도리이외에 딴 방법은 없을 것이다. 이 점은 유사 쌍둥이 목간의 에(斯珎于)와 함께 목간이 성사사성에서도 만들어졌다는 중요한 근거가 된다.

70) 성산산성 목간은 성산산성 축조 당시의 물품 징발 내용이지 축조 후의 것은 아니다. 목간 연구에서는 이 점을 간과한 듯하다. 그래서 성산산성 목간을 산성의 축조 동안에 사용되다가 축성 후에 공진물은 남고, 목간은 그 용도가 폐기되어 동문지 근처에 일괄로 버려진 것으로 판단된다. 목간의 연대 폭이 성산산성의 축조시기로 한정되는 짧은 시기로 판단된다.

71) 이는 주 제작설이나 군 제작설이나 행정촌 제작설은 성립될 수가 없고, 上州와 下州를 모두 포괄할 수 있는 성산산성에서 국가 주도로 목간이 제작되었기 때문에 한자로 된 글자의 착오가 없었다고 판단된다. 한자를 쓰는 글자가 어느 글자라고 지휘한 사람 밑에 지역 색이 나타내고 있는 것은 구리벌 목간(목간의 크기가 크고, 할서로도 쓰인 점, 負자가 마지막에 붙는 것이 많은 점, 奴人 또는 奴가 있는 점, 本波· 阿那· 末那· 前那· 未那의 땅 이름 등이 없는 점, 米· 麥· 稗 등의 곡물 표시가 단 1점도 없는 점), 고타 목간(전부 양면 목간인 점, 稗發이 고타에서만 5점 나오는 점) 등으로 쓰는 사람이 郡을 단위로 달랐을 것이다.

으로 가지고 왔고, 성산산성에서도 다시 목간을 만들어서 장부로 사용해서 목간의 기능이 없어질 때, 성산산성 동문지 근처에 묻힌 것은 장부로 사용되던 것이라고 판단된다.

IV. 맺음말

목간에 자주 나오는 지명+지명(촌)을 군과 행정촌의 관계로 보았다. 지명만 단독으로 나오는 것도 행정촌으로 보았다.

목간의 제작지에 대해서는 주, 군, 행정촌 제작설이 있어 왔으나, 240여 점의 목간에 나오는 지명에 놀라울 정도로 같은 글자로 적혀 있는 점, 왕경인도 술이란 공진물을 내는 점, 성산산성 축조가 국가에서 관장했다는 점, 발굴 결과 治木 등이 나와서 성산산성에서 목간이 제작되었다고 보고한 점 등에서 성산산성에서 성산산성을 축조할 때에도 짐의 출발지에서와 마찬가지로 목간을 제작하여 목간의 장부로 썼다고 보았다. 왜냐하면 목간의 생명이 끝나고 동문지 근처에 버릴 때 각각의 하물에 꿉혀 있는 목간을 거두어서 버린 것이 아니라 목간을 장부로 쓴 것인 모아져 있던 것을 버렸기 때문이다.

제4절

함안 성산산성 목간의 제작 시기

Ⅰ. 머리말

함안 성산산성에서는 260점가량의 목간이 출토되었다. 단일 유적에서 나온 목간으로는 그 수나 양에서 단연 일등이다. 성산산성 목간은 제작 시기는 조금씩의 차이가 있으나 폐기 시기는 동일하다. 그래서 일괄 유물이라는 고고학적인 용어를 사용하고 있다. 목간의 길이가 너무 길어서 차고 다니기에 불편한 성산산성 목간은 전부가 하찰이 아닌 물품꼬리표로[1] 판단된다. 목간 연구에 있어서 가장 중요한 것은 대부분이 인명 표기이므로 인명에 대한 이해이다. 仇利伐 목간에 나오는 奴人이 포함된 목간을 잘못 해석한 경우가 많았다. 이는 인명 표기에 관한 견해의 차이이다.

함안 성산산성 목간에서 중요한 것의 하나로 그 제작 시기를 들 수가 있다. 대개 『日本書紀』에 의해 560년경으로 보아왔다. 목간의 연대를 560년경으로 보면, 신라 관등제의 완성도 560년경으로 보아야 한다. 최근에는 壬子年을 壬子 年으로 잘못 읽고서 그 연대를 592년으로 보고서 잘못된 고고학적인 가설을 인용하였다. 곧 부엽토층에서 나온 단각고배의 연대를 7세기 전반으로 보고서 목

---

1) 함안 성산산성 목간의 7쌍 쌍둥이 목간은 글씨체가 전부 다르다. 이로 보면 출발지나 성산산성에서 각각 작성된 것이다. 현재 동문지에서 남아 있는 목간은 성산산성에서 제작된 것이다. 이는 성산산성에서 장부로 사용된 것이다. 이를 어떻게 부를지는 숙제이다. 물론 쌍둥이 목간 千竹利처럼 역역 관련 목간도 30여 점이나 있다.

간의 연대를 592년으로 보았다. 그렇게 되면 신라 관등제도 592년이나 7세기 전반에 완성된 것이 된다. 신라의 관등제는 545년이나 그 직전에 세워진 적성비 단계에서는 완성되었다고 본다. 524년 봉평비 단계에서는 대부분의 관등이 완성되었다.

고고학에 있어서 층위는 정확하게 1층, 2층, 3층으로 나누어진다. 그 때 층위는 형식에 우선하지만 함안 성산산성 발굴에서는 유물 포함층은 단순히 1층밖에 없었다. 그래서 6세기 중엽, 6세기 후엽, 7세기 전반이라는 토기 연대에 있어서 6세기 중엽, 6세기 후엽의 토기가 모두 7세기 전반에 목간 출토층인 부엽토층에 매몰될 수가 없다. 목간은 동일한 시기에 폐기된 일괄 유물이지만 토기는 각 시대별로 버려져서 묻히지 모두 한꺼번에 7세기 전반에 묻히는 것은 아니다. 7세기 전반에 모두 묻혔다는 근거는 고고학적인 유물 어디에도 없다.

여기에서는 먼저 선학들의 연구 성과를 일별해 보기로 한다. 다음으로 592년으로 단정한 壬子年說을 검토하기로 한다. 마지막으로 함안 성산산성 목간의 제작 시기를 검토해 보기로 하겠다.

II. 지금까지의 연구

지금까지 성산산성 목간의 제작 연대에 대한 중요한 가설은 다음과 같다. 532년에서 551년 사이로 추정한 견해가 있고,[2] 540년대부터 561년 사이로 추정한 견해가 있고,[3] 560년대로 추정되며, 아무리 늦어도 570년 이후로는 내려

---

2) 김창호, 「함안 성산산성 출토 목간에 대하여」 『함안 성산산성』 1, 1998.
3) 이성시, 「韓國木簡연구현황과 咸安城山山城출토의 木簡」 『한국고대사연구』 19, 2000, 107쪽.

가지 않을 것으로 본 견해가 있고,[4] 557년에서 561년 사이로 추정한 견해가 있고,[5] 561년에서 그리 멀지 않는 시기로 추정한 견해가 있다.[6] 또 하찰에 나타난 호적 작성을 전제로 한 신라의 치밀한 지방 지배 방식에 기초하여 성산산성 목간의 작성 연대를 584년(진평왕 6) 調府 설치 이후로 보기도 했다.[7] 신라가 안라국을 멸망시킨 시기가 560년이므로 성산산성의 목간을 제작한 시기를 560년이나 그 이후로 볼 수가 있다는 견해를 제시하였다.[8] 6세기 550년으로 본 가설

---

4) 주보돈, 「함안 성산산성 출토 목간의 기초적 검토」『한국고대사연구』 19, 2000, 67쪽. 이는 64쪽에서 『日本書紀』 19, 欽明紀 23년(562)조의 挾注로 인용되어 있는 一本에 任那가 전부 멸망했다는 기사를 토대로 559년을 安羅(阿尸良國)의 멸망 시점 또는 그 하안으로 본 것에 기인하고 있다. 이는 후술하는 바와 같이 『삼국사기』에서의 阿尸良國(안라국) 멸망 기사보다 『일본서기』를 더 신봉한 결과로 잘못된 방법이다.

5) 이용현, 「함안 성산산성 출토 목간에 대한 종합적 고찰」, 고려대학교 박사학위 청구논문, 2001, 115쪽.
   이용현, 「함안 성산산성 출토 목간과 6세기 신라의 지방 경영」『동원학술논집』 5, 2003, 50~53쪽.

6) 윤선태, 「신라 중고기의 村과 徒」『한국고대사연구』 25, 2002, 148쪽에서 이 목간은 561년이 시점이나 그에서 그리 멀지 않는 시기에 작성되었다고 할 수 있다고 하였다.
   이경섭, 「함안 성산산성 목간의 연구 현황과 과제」『신라문화』 23, 2004, 218쪽에서는 목간의 연대를 561년을 하한으로 하는 몇 연간으로 추정하였다.
   이경섭, 「성산산성 출토 하찰목간의 제작지와 기능」『한국고대사연구』 37, 2005, 115~116쪽에서 목간의 상한 연대를 561년 무렵으로 보았다.

7) 윤선태, 「함안 성산산성 출토 신라목간의 용도」『진단학보』 88, 1999, 21~22쪽에서 584년이라는 견해를 제시하였다. 이는 목간을 가장 늦게 보는 가설이다. 이 견해는 윤선태, 앞의 논문, 2002, 148쪽에서 561년이 시점이나 그에서 그리 멀지 않는 시기에 작성되었다고 할 수 있다고 바꾸었다.

8) 전덕재, 「함안 성산산성 목간과 중고기 신라의 수취체계」『역사와 현실』 65, 2007, 70쪽. 여기에서는 『日本書紀』, 欽明日王 23년(562) 봄 정월조 기사, 즉 신라가 임나 관가를 공격하여 멸망시켰다. 一本에 이르기를 21년(560)에 임나를 멸망시켰다. 임

도 나왔다.[9] 이들 견해 가운데 어느 가설이 타당한지를 목간에서는 그 유례가
적어서 비교가 어려우나 목간을 통해 조사해 보고 나서, 비슷한 시기의 금석문
자료를 통해 검토해 보기로 하자.

함안성산 목간에는 연간지나[10] 연호가[11] 나오지 않아서 연대 설정에 어려움
이 대단히 크다. 우회적인 방법이긴 하지만, 성산산성 목간에 나오는 관등명을
고신라의 금석문과 비교해 연대를 검토할 수밖에 없다. 一伐이란 외위 등이 몇

나를 加羅國, 安羅國, 斯二岐國, 多羅國, 率麻國, 古嵯國, 子他國, 散半下國, 乞飡
國, 稔禮國의 十國으로 보고, 560년에 안라국이 신라에 투항했다고 보았다. 이 견해
도 『삼국사기』 기록인 법흥왕대(514~539년) 阿尸良國(안라국) 정복설을 무시하고,
『일본서기』에 의해 신라 목간의 연대를 560년으로 보았다.

9) 橋本 繁, 『韓國古代木簡の研究』, 2014, 14쪽.

10) 손환일, 「한국 목간에 사용된 주제별 용어 분류」 『신라사학보』 26, 2012, 379쪽에서
는 乙亥란 연간지가 성산산성 목간 65번에 나온다고 하였다. 乙亥는 555년이 되나
잘못 읽은 것으로 판단된다. 곧 한 면 또는 두 면으로 된 함안 성산산성 목간에서는
연간지가 나온 예가 없기 때문이다. 또 손환일은 『동아일보』 인터넷판 2017년 3월
6일자에 의하면, 목간 2016-W155번에서 壬子年△△大村△刀只(앞면) 米一石(뒷
면)을 壬子年△改大村△刀只(앞면) 米一石(뒷면)으로 판독하고서, 壬子年을 532
년 또는 592년으로 주장하고 있으나 따르기 어렵다. 만약에 판독이 옳다면 592년설
은 대가야 멸망인 562년보다 늦어서 592년 당시에 성산산성을 축조했다고 보기 어
려워 성립될 수가 없고, 532년설은 금관가야의 스스로 신라에 귀부하여 멸망한 해
이고, 안라국도 532년에 신라에 귀부해 항복했다면 문헌에 기록이 남았을 것인데,
그 기록이 없어서 성립되기 어렵다. 따라서 壬子年의 판독은 잘못된 것으로 성립될
가능성이 전혀 없다. 목간 2016-W155번은 壬子年△(郡)의 改大村(행정촌) △刀只
가 쌀 1석을 냈다로 해석되거나 壬子年(군)의 △改大村(행정촌) △刀只가 쌀 1석을
냈다로 해석된다.
△표시 글자는 분명히 있으나, 읽을 수 없는 글자의 표시이다.
앞으로 사면으로 된 문서 목간에서 연간지가 나올 가능성이 있다. 1면 또는 앞뒷면
으로 된 물품꼬리표 목간에서는 연간지가 나올 가능성은 전혀 없다. 앞으로 발굴 조
사가 기대되는 바이다.

11) 성산산성 목간에서 연호가 나올 가능성은 거의 없다고 사료된다.

번 나오지만, 목간 4번의 仇利伐/仇失了一伐/尒利△一伐,[12] 목간 5번의 仇利
伐△德知一伐奴人 塩, 목간 14번의 大村伊息知一伐, 목간 23번의 ~知上干支,
목간 29번의 古阤新村智利知一尺那△(앞면) 豆兮利智稗石(뒷면), 목간 72번
~△一伐稗, 목간 2007-8번과 목간 2007-31번[쌍둥이 목간]의 仇利伐 仇阤知一
伐奴人 毛利支 負, 목간 2007-21번의 ~豆留只一伐, 목간 IV-597번 正月中比
思(伐)古尸次阿尺夷喙(앞면) 羅兮落及伐尺幷作前瓷酒四斗瓮(뒷면), 목간 V
-166번의 古阤伊未硏知上干一木兮伐(앞면) 豆幼去(뒷면), 목간 2016-W89번
丘利伐/卜今智上干支奴/△△巴支 등 연대 설정에 결정적인 도움이 되지 않는
다. 一伐은 봉평비(524년)에 나오는 것이 그 연대가 가장 빠르다. 一伐 이외에
목간에는 一尺과[13] 阿尺도[14] 나온다. 이들 一尺과 阿尺이란 외위명은 524년 작
성 봉평비에 나온다. 목간 23번의 △知上干支나 2016-W89번 丘利伐/卜今智上
干支奴/△△巴支 負에서[15] 干支로 끝나는 외위명이 나와서 그 시기는 551년의
명활산성비에서 나온 下干支에 근거할 때, 551년이 하한이다. 종래 오작비(578
년) 제③행의 大工尺仇利支村壹利力兮貴干支△上△壹△利干를[16] 大工尺인

---

12) /표시는 할서[두 줄로 쓰기]를 표시하는 것으로 본고 전체에 적용된다.

13) 29번 古阤新村智利知一尺那△(앞면) 豆兮利智稗石(뒷면)이 그것이다. 이는 古阤
(군명) 新村(행정촌) 智利知 一尺과 那△(행정촌) 豆兮利智가 낸 稗 1石이다로 해
석된다.

14) 목간 IV-597번으로 正月中比思(伐)古尸次阿尺夷喙(앞면) 羅兮落及伐尺幷作前瓷
酒四斗瓮(뒷면)을 해석하면, '正月에 比思(伐)의 古尸次 阿尺(외위)의 夷(무리라는
뜻이다. 이에 대해서는 후술하기로 한다)와 喙(部)의 羅兮落 及伐尺이 함께 만든 前
瓷酒의 四斗瓮이다'가 된다. 여기에서는 비사(벌) 출신의 古尸次 阿尺의 무리가 나
온다.
목간 IV-597번의 (伐)처럼 ( ) 속의 글자는 확정된 글자가 아니고, 그 가능성이 있는
글자의 표시이거나 추독한 글자의 표시이다.

15) 양석진 · 민경선, 「함안 성산산성 출토 목간 신자료」 『목간과 문자』 14, 2015에 의거
하였다.

16) 판독은 한국고대사회연구소, 『역주 한국고대금석문』 II(신라 I, 가야편), 1992, 98

仇利支村의 壹利刀兮貴干支와 △上△壹△利干으로 분석해 왔으나 大工尺인
仇利支村의 壹利刀兮貴干과 支△上(干)과 壹△利干으로 본 견해가 나왔다.[17]
이렇게 보는 쪽이 오히려 타당할 것 같다. 그러면 금석문에서 관등명의 끝에 붙
는 干支의 支자가 소멸하는 시기를 명활성비의 작성 시기인 551년으로 볼 수가
있다.

그런데 성산산성 목간의 연대 설정에 중요한 자료가 2017년 1월 4일 공포
되었다. 『경향신문』, 2017년 1월 4일자에 실린 것을 발췌하여 옮기면 다음과
같다.[18]

6세기 신라, 중앙과 지방 지배체계 확립 시사란 제목으로 국립가야문화재연
구소는 4일 경남 함안 성산산성(사적 제67호)에서 최근 2년간 발굴조사 결과 6
세기 중반에 제작된 23점의 목간을 새로 발굴했다며, 그 중 4개면에 글자가 쓰
인 막대 모양의 사면목간에는 율령과 행정체계를 통한 신라 지방 체계, 조세 체
계 등을 규명하는 내용을 확인했다고 밝혔다.

국립가야문화재연구소는 길이 34.4cm, 두께 1~1.9cm의 사면목간에는 眞乃
滅 지방의 지배자가 잘못된 법을 집행한 뒤, 이를 중앙(경주)에 있는 大舍下智
(원문에는 大舍로 17관등 중 12등급의 관등명) 관리에게 두려워하며, 올린 보고
서 형식의 56자가 쓰였다며 구체적으로 及伐尺 관등의 伊毛罹라는 사람이 60
일간 일을 해야 하는데, 30일 만에 일을 했다는 내용이라고 설명했다.[19]

쪽에 따랐다.

17) 전덕재, 앞의 논문, 2007, 69쪽.

18) 도재기 선임기자가 쓴 기사로 『경향신문』 2017년 1월 4일자 인터넷판을 이용하였다.

19) 2017년 1월 4일자 『연합뉴스』 인터넷판에 다음과 같은 문서 목간 내용이 실려 있다.
그 뒤에 2016-W150번으로 부르고 있다.
제1면 三月中眞乃滅村主 憹怖白
제2면 大城在弥卽尒智大舍下智前去白之
제3면 卽白先節六十日代法稚然
제4면 伊毛罹及伐尺寀言廻法卅代告今卅日食去白之

이 사면 목간을 2017년 1월 4일자 『뉴시스통신사』 인터넷판에는 면별로 나누어서 다음과 같이 해석하고 있다(제2면과 제4면을 바꾸어서 잘못 해석하였다).

제1면 3월에 眞乃滅村主가 두려워 삼가 아룁니다.

제2면 伊毛罹及伐尺이 廻法에 따라 30대라고 해 지금 30일을 먹고 가버렸다고 아뢰었습니다.

제3면 앞선 때에는 60일을 代法으로 했었는데, 제가 어리석었음을 아룁니다.

제4면 大城에 계신 弥卽介智大舍와 下智 앞에 나아가 아룁니다.

목간 2016-W150번[목간 23번]을 제2면과 제4면을 바꾸어서 中, 白, 節, 稚然 등의 吏讀에 주목하여 다시 해석하면 다음과 같다.

3月에 眞乃滅村主 憹怖白이 大城에 있는 弥卽介智 大舍下智의 앞에 가서 아룁니다. 즉 앞선 때의 六十日代法 덜 되었다고 (아룁니다.) 伊毛罹 及伐尺께 '宋(녹봉)에 말하기를 法을 피해 卅日代를 告해서 卅日食을 먹고 갔다.'고 아뢰었습니다. 卅代나 六十日代法도 그 자세한 내용은 알 수 없지만 宋(녹봉)에 관계되는 것이다. 곧 眞乃滅村主인 憹怖白이 伊毛罹及伐尺(경위)에게 올린 宋(녹봉)에 관한 것이 문서 목간 내용의 전부이다. 행정촌의 촌주로 보이는 眞乃滅村主인 憹怖白이 외위를 갖지 않는 점도 주목된다(이성산성 무진년명 목간에서의 村主는 인명 표기에서 출신 지명, 인명, 외위명을 생략하고, 南漢城道使와 須城道使와 함께 村主라는 직명만 기록하고 있어서 농포백의 경우 외위를 갖고 있는 데에도 불구하고, 무진년명 이성산성 목간에 의하면, 목간에서 외위를 생략했다고 본다). 弥卽介智大舍下智에서 大舍下智라고 관등명이 나오는 것도 유일하다. 伊毛罹 及伐尺의 及伐尺(경위)은 목간 Ⅳ-597번에 喙(部) 羅兮落 及伐尺에 이어서 두 번째로 나온다.

목간의 내용에서 보면 보고를 받는 최고 높은 사는 弥卽介智大舍下智가 아니라 伊毛罹及伐尺이다. 따라서 伊毛罹及伐尺의 及伐尺은 목간 Ⅳ-597번의 비교와 사면 목간 자체의 내용으로 보면 경위명이다.

村主가 나오는 것으로 443년 냉수리비의 村主 臾支 干支, 540년경의 성산산성 목간의 眞乃滅村主憹怖白, 561년 창녕비의 村主 △聰智 述尺 麻叱智 述干, 591년 남산신성비 제1비의 郡上村主 阿良村 今知 撰干 漆吐(村) △知尒利 上干, 二聖山城 목간(608)의 戊辰年正月十二日朋南漢城道使(제1면) 須城道使村主前南漢城火~(제2면) ~浦~(제3면) 등이 있다. 眞乃滅村主만이 지명과 공반되고 있고, 인명이 공반한 촌주가 등장하면서 외위가 없는 경우는 그리 흔하지 않다. 眞乃滅의 위치는 알수가 없으나 함안 성산산성 근처일 것이다.

또 윤선태, 「咸安 城山山城 出土 新羅 荷札의 再檢討」 『사림』 41, 2012, 163~164쪽 및 175쪽에서는 목간 2007-24번 及伐城文尸伊急伐尺稗石을 急伐尺을 及伐尺과 동일한 외위명으로 보았다. 及伐尺은 경위명이고, 急伐尺은 외위명이 아닌 인명으로 판단된다. 또 목간 2007-23번에 나오는 及伐城文尸伊稗石에서 목간 2007-24번의 及伐城文尸伊急伐尺稗石에서 文尸伊는 동일인이다(이수훈, 「城山山城 木簡

국립가야문화재연구소측은 당시 왕경 거주의 관등명인 大舍下智와[20] 지방 민의 관등명인[21] 及伐尺이 목간으로 확인되기는 처음이라며, 목간에는 60일대 법 등 갖가지 법률 용어, 관등명, 당시 생활문화상을 보여주는 표현 등이 나온다 고 덧붙였다.

여기에서 중요한 것은 大舍下智라는 경위가 등장하는 점이다. 이는 함안 성 산산성 목간에서는 처음으로 등장하는 것이다. 이는 금석문 자료에도 나온 예 가 없다. 524년의 봉평비에는 小舍帝智가 나와서 大舍가 있었다면 大舍帝智로

의 城下麥과 輸送體系」『지역과 역사』 30, 2012, 170쪽에서 목간 2007-7번과 목간 2006-61번에서 공통적으로 나오는 斯珎于도 동일인으로 보았다). 이는 목간 2007-61번 買谷村物礼利(앞면) 斯珎于稗石(뒷면)과 2006-7번 買谷村古光斯珎于(앞면) 稗石(뒷면)에서 斯珎于는 동일인이다(전덕재, 앞의 논문, 2008, 33쪽에서 최초로 목 간 2007-23번과 목간 2007-24번에 文尸伊가 동일인으로 나오고, 목간 2007-61번과 목간 2006-7번에서 斯珎于가 동일인으로 등장한다고 하였다. 계속해서 서로 다른 목간에서 각각 동일인이면서 稗를 두 번 냈다고 하였다). 이는 하찰이 아니라는 증 거가 될 수 있다. 왜냐하면 하찰이라면 2인 공동의 명패가 아닌 단독 명패가 필요하 다. 곧 斯珎于의 경우 2007-61번과 2006-7번의 稗石을 하나의 공진물로 합쳐서 하 면 가능한 데에도 불구하고 유사 쌍둥이 목간으로 기록하고 있다. 바꾸어 말하면 이 2쌍의 유사 쌍둥이 목간은 7쌍의 쌍둥이 목간과 함께 최초의 발송지에서부터 같이 공물을 같은 곳에 넣어서 만든 것이라기보다는 최종 도착지에서 앞서서 존재하고 있었던 공물이 남아서 최종적으로 쌍둥이 목간과 유사 쌍둥이 목간이 되어서 공진 물과 함께 남아 있다가 최후를 맞게 되었다. 곧 산성의 축조 후와 다른 260점가량의 목간들과 함께 공진물은 남기고, 목간들은 동일한 시각에 목간으로서의 생명을 다 하게 되어 함께 동문지 근처에 묻힌 것으로 판단된다.

20) 일부에서는 大舍와 下智로 나누어서 해석하고 하고 있다. 弥卽尒智大舍와 下智 앞 에 眞乃滅村主인 憹怖白이 경위도 없는 下智 앞에 나아가 아뢸 수는 없을 것이다. 下智의 下는 579년의 익산 미륵사 서탑의 사리봉안기의 大王陛下의 下와 같이 임금 님의 거처를 나타내 大舍帝智의 帝와 통한다. 大舍下智의 下智는 大舍帝智의 帝智 와 마찬가지로 大舍란 관등명에 붙는 것으로 판단된다. 大舍下智로 합쳐서 하나의 경위명으로 보고, 弥卽尒智 大舍下智를 한 사람의 인명 표기로 보아야 할 것이다.

21) 이는 사면 목간의 자체 해석에서도 지방민의 외위가 아니라 6부인을 위한 경위가 되어야 한다. 이는 후술한 바와 같이 왕경인(6부인)을 위한 경위명이다.

표기되었을 것이다. 울주 천전리서석 원명(525년)에 나오는 大舍帝智와 함께 大舍下智는 오래된 관등명의 잔재이다. 536년의 영천청제비 병진명에는 大舍 弟가 나온다.[22] 大舍로는 545년이나 그 직전에[23] 세워진 적성비에도 나온다. 大 舍는 561년에 세워진 창녕비에도 나온다. 568년에 세워진 마운령비와 황초령비 에도 각각 나온다. 大舍는 591년에 세워진 남산신성비 제1비, 제3비, 제4비, 제5 비에도 각각 나온다. 그렇다고 성산산성의 목간 연대를 591년까지 내려다 잡을 수는 없다. 목간 2016-W150번의 大舍下智를 大舍로 끊으면, 신라의 관등제에 있어서 경위의 완성 시기는 545년이나 그 직전이 되어 외위보다 늦게 된다. 大 舍下智로 보아야 신라의 경위는 540년경에 완성된 것이 된다. 大舍下智로 보면 울주 천전리서석 원명(525년)의 大舍帝智와 같이 고식 관등명이기 때문이다.

성산산성에 나오는 及伐尺을 봉평비 제⑧행의 16~18번째의 글자가 阿尺이 나[24] 居伐尺으로 읽어서[25] 외위 11관등에는 없는 동일한 외위로 보고 있다.[26]

---

22) 영천청제비 병진명의 건립 연대를 김창호, 앞의 책, 2007(고신라 금석문의 연구), 109쪽 등에서 476년으로 보아 왔으나 이는 잘못된 것이다. 영천청제비 병진명의 건립 시기를 536년으로 바로 잡는다. 왜냐하면 영천청제비 병진명에서는 小烏가 나오는 데 대해 봉평비(524년)에서는 小烏帝智가 나오고 있어서 영천청제비 병진명이 봉평비보다 늦은 것이 되기 때문이다.

23) 김창호, 『삼국시대 금석문 연구』, 2009, 235쪽.

24) 18번째 글자는 있는지 없는지 알 수가 없고, 伐자는 아니다. 원래부터 글자가 없었을 가능성이 크다. 17번째 글자인 居자도 卩 밑에(尸의 밑으로 긋는 획은 바로 그었다) 입구(口)를 하고 있어서 居자도 아니다. 아마도 봉평비의 阿자가 제②행의 19 · 25번째 글자에서 尸 밑에 옳을 가(可) 대신에 입구(口)만을 합자한 것이라서 阿를 쓰다가 만 것으로 보인다. 목간 2016-W66(207)번은 未那가 땅 이름에 더하게 되었고, 거벌척이 외위가 아님을 알게 되었다. 이를 해석하면 丘伐 未那 旱尸智와 居伐尺과 奴能利知가 낸 稗 一石이다.

25) 윤선태, 「울진 봉평신라비의 재검토」 『동방학지』148, 2009, 15쪽.
윤선태, 앞의 논문, 2016, 397~398쪽.

26) 윤선태, 앞의 논문, 2009, 15쪽.
이용현, 「律令 제정 전후의 新羅 官等 -중고 초기 문자자료를 통해-」 『목간과 문자』

그런데 목간 IV-597번에 正月中比思(伐)古尸次阿尺夷喙(앞면) 羅兮落及伐尺幷作前瓷酒四斗瓮(뒷면)을[27] 해석하면, 正月에[28] 比思(伐)의 古尸次 阿尺(외위)의 夷와[29] 喙(部)의 羅兮落 及伐尺이 함께 만든 前瓷酒의 四斗瓮이다란 뜻이 된다. 따라서 及伐尺은 외위가 아니라 경위가 된다. 그렇다면 급벌척 관등의 伊毛罹란 사람도 경위를 가진 왕경인(6부인)으로 판단된다. 伊毛罹 급벌척은 성산산성 목간에서 나온 인명 중에 가장 높은 사람 가운데 한 명임은 사면 목간의 내용으로 분명하다. 及伐尺은 냉수리비(443년)의 居伐干支, 울주 천전리서석 추명(539년)의 居伐干支, 적성비(545년이나 그 직전)의 及干支, 창녕비(561년)의 及尺干, 북한산비(567년)의 及干, 마운령비(568년)의 及干, 황초령비(568년)의 及干, 『東蕃風俗記』(594년)의 級伐干 등의 유사한 예가 있으나 級伐湌과 동일한 관등으로는 볼 수가 없다. 왜냐하면 干자조차 及伐尺이란 관등명에 포함되어 있지 않기 때문이다.[30]

이는 중성리비(441년)에 3번이나 나오는 壹伐과[31] 마찬가지로 17관등에는 없는 경위명으로 볼 수밖에 없다. 及伐尺이란 경위명의 연대를 늦게 잡으면 신

15, 2015, 90쪽.

윤선태, 앞의 논문, 2016, 397~398쪽.

27) 전덕재, 「한국의 고대목간과 연구동향」 『목간과 문자』 9, 2012, 24쪽에서 正月에 比思伐 古尸次 阿尺과 夷喙, 羅兮△, 及伐只 등이 함께 어떤 술 4개(또는 4斗의) 瓮을 만들었다고 해석하였다. 及伐尺(及伐只)을 인명으로 보고 있다.

28) 正月中은 六月十日(목간 IV-600번), 二月(목간 IV-602번)이 함께 확인되고 있는데, 이는 성산산성에서 단 기일 내에 축성이 쉬지 않고, 지속적으로 실시되었음을 의미한다. 왜냐하면 음력 正月인 한 겨울에도 공진물을 바치고 축성을 하고 있기 때문이다.

29) 『禮記』에 나오는 在醜夷不爭에서와 같이 무리 또는 동료를 나타내는 것으로 보인다. 이 글자에 대한 신중한 판독이 요망된다. 이 글자가 及伐尺이 경위냐 외위냐의 분기점이 될 수가 있기 때문이다.

30) 외위에는 3자로 된 관등명이 없어서 경위로 본다.

31) 중성리비에서는 지방민을 위한 외위명으로도 干支가 두 번 나오고 있다.

라 경위명의 형성 시기를 늦게 잡아야 된다. 성산산성 목간 연대를 560년으로 보면 신라 관등제의 완성도 561년 창녕비에 와서야 비로소 완성되게 된다. 신라 관등제의 완성은 아무리 늦게 잡아도 545년이나 그 직전에 세워진 적성비에서는 경위가 완성되었다고 볼 수가 있다.

성산산성 목간에서 나오는 관등명은 경위로 及伐尺, 大舍下智가 있고, 외위로는 上干支, 一伐, 一尺, 阿尺이 있다. 이들은 가운데 외위는 上干支를[32] 제외하고, 524년의 봉평비에도 나오고 있다. 경위 及伐尺와 大舍下智는 그 유례가 금석문에서는 없다. 인명 표기가 260여 점의 목간에서 많이 있으나 관등을 가진 지방민이 13명 가량으로 적은 것은 당연한 결과로 주목된다.

신라 관등제에는 왕경 6부인에게 주는 경위와 지방민에게 주는 외위가 있다. 경위와 외위의 발전 순서에 대해서는 다양한 견해가 나와 있다.[33] 여기에서는 중성리비(441년),[34] 냉수리비(443년),[35] 봉평비(524년)를 중심으로 살펴보기로

---

32) 봉평비에는 上干支 대신에 下干支가 나온다.

33) 노태돈, 「蔚珍 鳳坪新羅碑와 新羅의 官等制」『韓國古代史研究』 2, 1989.
　　김희만, 「영일 냉수리비와 신라의 관등제」『경주사학』 9, 1990.
　　김희만, 「함안 성산산성 출토 목간과 신라의 외위제」『경주사학』 26, 2007.
　　하일식, 「포항중성리비와 신라 관등제」『韓國古代史研究』 56, 2009.
　　노태돈, 「포항중성리신라비와 外位」『韓國古代史研究』 59, 2010.
　　박남수, 「<포항 중성리신라비>에 나타난 신라 6부와 관등제」『사학연구』 100, 2010.
　　이부오, 「智證麻立干代 新羅 六部의 정치적 성격과 干支 -포항 중성리비를 중심으로-」『신라사학보』 28, 2013.
　　이부오, 「신라 非干 外位 편성 과정과 壹金知」『한국고대사탐구』 21, 2015.
　　윤선태, 「신라 외위제의 성립과 변천 -신출 자료를 중심으로-」『제8회 한국목간학회 학술회의 신라의 관등제와 골품제』, 2015.
　　이용현, 앞의 논문, 2015.
　　이부오, 「6세기 초중엽 新羅의 干群 外位 재편과 村民의 동원」『신라사학보』 36, 2016.

34) 김창호, 「포항 중성리 신라비의 재검토」『신라사학보』 29, 2013.

35) 김창호, 「迎日冷水里碑의 建立 年代 問題」『九谷黃鍾東敎授停年紀念史學論叢』,

하자. 중성리비에서는 阿干支(두 번), 奈麻(두 번), 壹伐(세 번), 干支(두 번), 沙干支(두 번)이 나오고 있다. 壹伐과 干支는 17관등 가운데 어느 경위와 같은지도 모르고, 干支는 지방민을 위한 외위로도 나오고 있다. 곧 干支는 6부인과 지방민 모두에게 나와서 아직까지 경위와 외위가 미분화한 상태이다. 냉수리비에서는 阿干支(한 번), 居伐干支(두 번), 壹干支(한 번), 干支(두 번)이 나오고 있다. 干支는 지방민에게도 한 번이 나와서[36] 아직까지 경위와 외위가 미분화한 상태이다. 봉평비에서는 경위에 干支(한 번), 太阿干支(한 번), 阿干支(한 번), 一吉干支(두 번), 太奈麻(두 번), 奈麻(여섯 번), 邪足智(두 번), 小舍帝智(두 번), 吉之智(두 번), 小鳥帝智(두 번)이 나오고 있다. 외위로는 下干支, 一伐, 一尺, 波旦(旦), 阿尺이 나오고 있다. 경위에서는 干支라는 잔존 요소가 있어서 경위도 干支만을 제외하면, 대부분 완성된 것으로 보인다.[37] 524년 당시에 외위가 어느 정도 완성되었다.[38]

성산산성의 목간 연대를 결정할 차례가 되었다. 大舍下智만의 예로 볼 때에는 영천청제비 병진명에서는 大舍第로 나오기 때문에, 병진명의 작성 연대인 536년을 소급할 수가 있다. 干支로 끝나는 외위로는 봉평비(524년)에서 下干支로, 적성비(545년이나 그 직전)에서도 下干支, 撰干支로, 명활산성비(551년)에서 下干支로 각각 나오고 있다. 大舍下智로 보면 545년 이전으로 볼 수가 있다. 干支로 끝나는 외위 때문에 무조건 연대를 소급시켜 볼 수도 없다. 及伐尺으로

1994.

36) 냉수리비 상면에 나오는 壹今智를 외위로 보기도 하나 문헌에 나오는 11외위 이외의 외위는 없다고 본다. 壹今智는 인명이다.

37) 신라 경위와 외위의 형성 시기에 대해서는 금석문 자료에 근거하는 한 신라의 경위와 외위는 540년경에 거의 동시에 완성되었을 것이다.

38) 신라 외위의 완성은 536년 이후로 추정되는 월지 출토비에서 豆婁知 干支가 나와서 536년 이후로 볼 수가 있다. 늦어도 545년이나 그 직전에 세워진 적성비에 撰干支, 下干支, 阿尺의 외위가 나와서 545년보다는 외위의 완성이 앞설 것이다.

보면, 及伐尺干支에서 干支 또는 干이란 단어조차 탈락되고 없어서, 그 유사한 예조차도 찾기 어렵다. 及伐尺이 신라 경위에는 없는 관등명으로 그 시기를 늦게 잡으면 신라의 경위명의 완성 시기도 늦게 잡아야 된다. 그래서 그 연대를 阿尸良國(안라국)의 멸망이 금관가야의 멸망인 532년을 소급할 수가 없다. 524년의 봉평비를 통해 볼 때 干支란 경위명을 제외하고, 경위 17관등이 거의 완성되었음을 알 수가 있다. 따라서 성산산성 목간 연대를 늦게 잡아도 법흥왕의 마지막 재위 시기인 539년으로 볼 수가 있다.[39] 종래 사료로 인정하지 않았던 『삼국사기』 권34, 잡지3, 지리1, 康州 咸安조에 咸安郡 法興王 以大兵 滅阿尸良國 一云阿那加耶 以其地爲郡가[40] 중요한 근거이다. 阿那加耶(안라국)은 고령에 있던 대가야와 함께 후기 가야의 대표적인 나라이다.[41] 그런 안라국에[42] 대한 신

---

39) 왕흥사 목탑 사리공에서 출토된 청동사리합 명문에 丁酉年이란 연간지가 나와 577년이란 절대 연대를 갖게 되었다. 왕흥사 목탑(왕흥사란 가람)은 『삼국사기』 권27, 백제본기 5, 무왕조에 무왕 1년(600)~무왕 35년(634) 사이에 건립된 것으로 되어 있어서 문헌을 믿을 수 없게 한다. 또 봉평비(524년)에 나오는 悉支軍主는 그 때에 州治가 三陟이라고 문헌에는 없고, 광개토태왕비(414년), 중원고구려비(449년 이후), 집안고구려비(491년 이후, 김창호, 「집안고구려비를 통해 본 麗濟 王陵 비정 문제」 『考古學探究』, 2015), 중성리비(441년), 냉수리비(443년), 봉평비(524년), 적성비(545년 직전), 창녕비(561년), 북한산비(561~568년), 마운령비(568년), 황초령비(568년)의 건립에 대해서도 문헌에는 없다. 따라서 함안 성산산성 출토 목간의 제작 시기를 『일본서기』에 의한 방법론은 문제가 있다고 판단된다. 곧 『일본서기』 권19, 欽明日王 22년(561)에 나오는 故新羅築於阿羅波斯山 以備日本란 구절과 『日本書紀』 19, 欽明紀 23년(562)조의 挾注로 인용되어 있는 一本에 任那가 전부 멸망했다는 기사를 토대로 560년을 安羅의 멸망 시점 또는 그 하안으로 본 것에 기인하는 점 등에 근거해 성산산성 목간의 상한 연대를 560년으로 보는 것이다.

40) 조선 초에 편찬된 편년체 사서인 『東國通鑑』에서는 安羅國(阿尸良國)의 신라 통합 시기를 구체적으로 법흥왕 26년(539)이라고 하였다. 이는 고뇌에 찬 결론으로 판단된다. 법흥왕의 제삿날은 음력으로 539년 7월 3일이다.

41) 전기 가야를 대표하는 나라로는 고령에 있었던 대가야와 김해에 있었던 금관가야를 들 수가 있다.

42) 414년에 세워진 광개토태왕비의 永樂9年己亥(399년)조에도 任那加羅(金官伽倻)

라의 관심은 지대했을 것이다. 성산산성은 539년 안라국(아나가야)가 멸망되자마자 신라인에 의해 석성으로 다시 축조되었다. 신라의 기단보축이란 방법에[43] 의한 성산산성의 석성 축조는 540년경으로 볼 수가 있다.[44] 성산산성 목간의 연대도 540년경으로 볼 수가 있다.[45] 그래야 신라에 있어서 경위의 완성을 적성비

와 같이 安羅人戌兵이라고 나온다. 安羅人戌兵의 安羅는 함안에 있었던 安羅國(阿羅加耶)을 가리킨다.

43) 석성 축조에 있어서 基壇補築은 外壁補强構造物, 補築壁, 補助石築, 城外壁補築 등으로도 불리며, 신라에서 유행한 석성 축조 방식이다. 경주의 명활산성, 보은의 삼년산성, 충주산성, 양주 대모산성, 대전 계족산성, 서울 아차산성, 창녕 목마산성 등 신라 석성의 예가 있다.

44) 성산산성에서 출토된 목제 유물의 방사선탄소연대 측정 결과는 박종익, 「咸安 城山山城 發掘調査와 木簡」『韓國古代史研究』 19, 2000, 10쪽에서 방사선탄소연대 측정 결과를 1992년에는 270~540년으로, 1994년에는 440~640년으로 각각 나왔다. 이경섭, 앞의 논문, 2004, 216쪽에 따르면, 270~540년, 440~640년이라고 한다.

45) 그런데 성산성성의 목간이 출토된 부엽층의 시기에 대해서는 고고학적인 견해는 다음과 같은 두 가지 가설이 있다. 최근 부엽층 안에서 목간과 함께 공반 출토된 신라의 완을 7세기 전반으로 편년하고, 이에 의거하여 산성의 초축을 7세기 전반 늦은 시기로 보고 있다(이주헌, 「함안 성산산성 부엽층과 출토유물의 검토」『목간과 문자』 14, 2015, 51~65쪽). 또 부엽층에서 출토된 토기는 6세기 중엽을 중심으로 하나 연대 폭이 특히 넓으며, 성벽 초축은 6세기 중엽에, 내보축을 덧붙이고 부엽층을 조성한 동벽의 개축 시기는 7세기 초에 이루어졌다는 가설도 있다(윤상덕, 「함안 성산산성 축조 연대에 대하여」『목간과 문자』 14, 2015, 72~92쪽). 이 두가지 가설은 모두 목간이 나온 성산산성의 동벽 부엽층의 초축을 7세기 전반 내지 7세기 초로 보고 있다. 목간 자체로는 540년경에 제작된 것임으로 60년 이상의 차이가 있다. 6~7세기 토기 편년은 아직까지 절대 연대 자료가 부족한 점이 하나의 문제점일 것이다. 가령 5세기 4/4분기(475~499년)로 알려진 금관총이 尒斯智王(눌지왕)이란 명문이 나와 458년의 눌지왕이란 무덤으로 비정되면서(김창호, 「신라 금관총의 尒斯智王과 적석목곽묘의 편년」『신라사학보』 32, 2014) 그 편년이 17~41년이 소급하게 되었다. 동문지 근처의 부엽층 연대 폭은 6세기 중엽을 중심으로 하나 그 연대 폭은 넓다고 한 견해도(윤상덕, 앞의 논문, 2015) 있으나 목간은 성산산성의 축조한 때(초축)에 있어서 처음으로 돌로 쌓은 경우만을 한정하기 때문에 그 시기는 짧다고 판단된다. 또 완과 고배 등을 중심으로 한 고고학적 형식론에 의해 목간의 절대 연대를 7세기 초 또는 7세기 전반으로 보는 것은 재고의 여지가 있다. 이 시기에 절대 연

의 건립 연대인 545년이나 그 직전과 대비시켜서 540년경으로 볼 수가 있다. 그 렇지 않고 목간의 연대를 통설처럼 560년으로 보면 신라 경위의 완성을 560년 으로 보아야 되고, 540년경에 완성되는 외위보다[46] 늦게 경위가 완성되게 된다. 따라서 신라 관등제인 경위와 외위는 540년경에 거의 동시에 완성되었고 볼 수 가 있으며, 성산산성의 목간의 제작 시기는 540년경으로 볼 수가 있다.[47]

이러한 가설을 무시하고, 고고학자의 부엽토층을 5세기 말로 보는 것과 2016-W155번의 王子年△改大村△刀只(앞면) 米一石(뒷면)을 壬子年△改大村△刀只(앞면) 米一石(뒷면)으로 잘못 읽고서 壬子年을 592년으로 본 것에 기초하여 함안 성산산성 목간 245점의 연대를 592년경으로 보았다. 이 가설에 대해서는 장을 달리하여 상론하겠다.

대를 말해주는 고고학적인 자료가 거의 없다. 또 문자 자료에 의한 절대 연대에 대한 결론은 고고학적인 형식론에 우선한다는 점은 재언을 요하지 않는다.

46) 월지 출토비에 豆婁知干支란 인명 표기가 나온다. 이는 월지 출토비의 축성의 수 작 거리를 步로 표현한데 대해, 536년의 영천청제비 병진명에서는 거리 단위를 신라 고유의 하나치인 淂을(淂의 길이가 구체적으로 얼마인지는 알 수가 없다) 사용하고 있어서 월지출토비는 536년을 소급할 수 없다. 536년 이후까지도 干支란 경위와 미분화된 외위를 사용하고 있어서 외위제의 완성에 걸림돌이 된다. 干支가 551년의 명활산성비에서는 下干支가 나와서 소멸된 것으로 판단된다. 현재까지 540년 경의 금석문 자료가 없지만 신라 금석문에서 외위인 干支의 소멸을 540년경으로 보고 싶다. 왜냐하면 545년이나 그 직전에 건립된 적성비 단계에서는 경위와 외위가 완성되었을 것이기 때문이다. 또 주보돈, 「雁鴨池 出土 碑片에 대한 一考察」『大丘 史學』27, 1985에서는 월지 출토비를 명활산성비로 보았으나, 이 비는 명활산성비 보다는 시기상으로 앞선 비석이다.
551년의 명활산성비가 古陁門 근처를 수리한 비(김창호, 「명활산성작성비의 재검토」『金宅圭博士華甲紀念文化人類學論叢』, 1989)로 분석되어서 명활산성작성비라 부르지 않고, 명활산성비라 부른다.

47) 지금까지 장황하게 제시한 540년경 설은 김창호, 『한국 고대 목간』, 2020, 78~90쪽 참조.

III. 壬子年說의 검토

　2016-W155(219)번 王子年△改大村△刀尺(앞면) 米一石(뒷면)을 壬子年△
改大村△刀尺(앞면) 米一石(뒷면)으로 잘못 읽은 것은 함안 성산산성에서 단각
고배를 반출한 부엽토층의 연대이므로 먼저 부엽토층의 연대에 대한 여러 가설
을 살펴보기로 한다.

　함안 성산산성 목간의 6세기 중엽설은[48] 고고학쪽에서 이의를 제기한 가설
이 나왔다.[49] 여기에서는 목간 출토층에서 나온 토기 편년을 토대로 7세기 전반
설을 주장하였다. 또 성산산성 초축 당시 유수에 취약에 취약한 계곡부의 지형
을 극복하기 위해 초축 당시부터 이중으로 축조했을 가능성이 높다고 했다.[50]

　이러한 주장은 문헌적 기록에 바탕을 추정에 대한 토대를 정면으로 배치되는
것이어서 문헌사학자에게 경종이 되었다. 곧 부엽토층 내 출토 기종 중 소형안
은 6세기 중엽, 6세기 후엽, 7세기 초로 볼 수 있고,[51] 공반되는 이중원문의 印
花文施釉陶器는 7세기 이후로 편년되기 때문에,[52] 소형완은 인화문 유개합과
공반되고 있으므로 소형완은 인화문유개합과 동시기이거나 이보다 한 단계 늦
은 시기일 것이므로 7세기 초 이후일 가능성이 높다고 하였다.[53]

　이렇게 고고학에서 가장 중요한 편년 방법인 토기 편년을 바탕으로 7세기 초

---

48)　이성시, 「韓國木簡연구현황과 咸安城山山城출토의 木簡」 『한국고대사연구』 19,
　　　2000, 107쪽.
　　　橋本 繁, 『韓國古代木簡의 硏究』, 2014, 14쪽.
49)　이주헌, 「함안 성산산성 부엽층과 출토유물의 검토」 『목간과 문자』 14, 2015, 55쪽.
50)　이주헌, 앞의 논문, 2015, 61쪽.
51)　윤상덕, 앞의 논문, 2015.
52)　홍보식, 「신라후기양식토기와 통일신라양식토기의 연구」 『가야고고학 논총』 3,
　　　2002 등.
53)　이주헌, 앞의 논문, 2015, 63쪽.

로 본 것은 대단히 중요하다. 유구에 대한 해석의 당부는 차치하고, 종래 아무런 의심이 없이 믿어왔던 문헌의 통설 곧 6세기 중엽설에 근본적인 의문을 제기한 점에서 성산산성 목간 연구에 있어서 크다란 전환점이 되었다고 본다. 이러한 고고학적인 연구 성과에 따르면, 성산산성의 목간들은 7세기 전반의 늦은 시기를 하한으로 폐기한 것이 된다.

애초 이러한 성산산성 목간의 7세기 전반설은 충격적이었으나 종래 통설과 너무나도 동떨어진 것이었고, 반대로 고고학적 토기편년이 근본적으로 잘못되어 있을 수도 있었고, 토기편년이 50년 혹은 그 이상으로 올려서 연대를 잡을 수도 있다고 보았다. 이러한 사정 때문에 7세기 전반설은 문헌사가에 의해 주목을 받지 못하고, 오히려 문헌사가에 의해 7세기 전반설에 대한 반론만 나왔다.

함안 성산산성 목간 260여 점은 모두 예외가 없이 부엽토층에서 군집되어 출토되었다. 곧 신라의 각 지방에서 보내어진 공물에 함안 성산산성에서 제작되어 공물에 붙인 목간들은 일괄적으로 폐기되면서 부엽토층의 부엽자재의 일부로 재활용한 것이다. 壬子年 592년은 목간 제작 연대를 나타내므로 목간의 폐기 곧 부엽토층에 대한 매립 연대의 상한이 된다. 목간의 매립은 592년에 이루어진 것이다. 592년은 동시에 목간 제작의 기준 연대이기도 한데, 성산산성 목간에 기년 혹은 시기가 나온 것은 없다.

그리하여 260여 점의 목간이 나온 부엽토층이나 출토 토기 가운데 가장 늦은 인화문시유도기를 토대로 성산산성 목간의 연대를 7세기 전반으로 보고서 2016-W155(219)번 王子年△改大村△刀只(앞면) 米一石(뒷면)을 壬子年△改大村△刀只(앞면) 米一石(뒷면)으로 잘못 읽은 것은 함안 성산산성에서 목간 연대 해결에 중요한 실수였다.[54] 부엽토층을 폐기하고 나서 같은 시간에 덮은 것은 아니다. 목간을 폐기하여 동문 근처에 버리고 나서, 그냥 두었기 때문에 7

---

54) 壬子年을 532년으로 보는 견해가 박남수, 「신라 법흥왕대 '及伐尺'과 성산산성 출토 목간의 '役法'」 『신라사학보』 40, 2017에 의해 제기되었다.

세기 전반 토기도 나오고, 6세기 중반이나 6세기 후반의 토기도 나온다. 이들 시
기가 다른 토기가 전부 7세기 전반에 동시에 매립되었다고는 생각되지 않는다.
그래서 성산산성 목간 연대를 7세기 전반으로 볼 수가 없다. 목간은 동시에 폐
기되어 묻혔지만, 토기는 몇 번에 걸쳐서 폐기한 것으로 해석된다. 따라서 성산
산성 목간의 7세기 전반설은 성립될 수가 없다.

　이러한 토기 편년은 금관총의 尒斯智王명 3루환두대도 검초 부속구가 나오
지 않을 때 이야기이다. 尒斯智王명문은 1921년 금관총 발굴에서 그 존재를 알
지 못하다가 2013년에 와서야 그 존재를 알게 되었다. 발굴된 지 92년 만에 명
문을 발견하였고, 2015년에는 국립중앙박물관과 국립경주박물관의 합동조사
단에 의해 尒斯智王刀명 명문이 발견되었다. 특히 尒斯智王刀란 명문은 尒斯
智王의 칼이란 뜻으로 칼의 주인이 무덤의 피장자임을 밝히고 있다. 尒斯智王
刀명 명문이 나와도 자꾸 음상사란 증거에 의해 異斯夫의 칼로 보고 있으나 이
사부는 伊史夫智伊干支라고 545년이나 그 직전에 세워진 적성비에 나와서 왕
은 아니다.

　尒斯智王이란 명문은 3루환두대도 검초 부속구에 새긴 것으로 고신라 금석
문에서 인명에 왕이 붙는 경우에 주목해야 된다. 441년 포항중성리신라비의 折
盧(智王), 443년 포항냉수리신라비의 珎夫智王,[55] 乃智王, 至都盧葛文王, 524
년 울진봉평신라비의 牟卽智寐錦王, 徙夫智葛文王, 535년 울주 천전리서석 을
묘명의 法興太王, 539년 울주 천전리서석 추명의 另卽知太王, 徙夫知葛文王,
567년 북한산비 眞興太王, 新羅太王, 568년의 마운령비와 황초령비에 각각 나
오는 眞興太王뿐이다. 북한산비의 新羅太王을 제외하면 전부 다 인명과 왕이
공존하고 있다.

　尒斯智王이나 尒斯智王刀란 명문도 인명+왕이란 명문이다. 이렇게 尒斯智

---

55) 珎夫智王으로 표기했으나 珎자는 냉수리비와 함안 성산산성 목간에서만 나오는 신
　　라 조자로 무슨 글자인지 알 수가 없다.

(인명)+王으로 된 인명은 마립간을 칭할 때인 중성리비와 냉수리비에서 밖에 없다. 尒斯智王은 누구일까? 이사지왕을 訓讀하면 너사지왕이 되고, 다시 半切로 읽으면, 넛지왕이 된다. 麻立干이란 왕호의 사용 시기를 『삼국사기』, 신라본기에서는 눌지마립간, 자비마립간, 소지마립간, 지증마립간으로 되어 있고, 『삼국유사』, 왕력편에서는 내물마립간, 실성마립간, 눌지마립간, 자비마립간, 비처마립간, 지증마립간으로 되어 있어서 약간의 차이가 있다. 학계에서는 『삼국유사』를 취하고 있다.[56] 이 가운데에서 눌지왕과 넛지왕은 音相似이다. 그렇게 찾아왔던 신라 적석목곽묘에서 절대 연대 자료를 금관총에서 찾았다. 40,000여 점의 유물을 가진 금관총은 458년에 죽은 눌지왕릉이다. 고신라의 확실한 왕릉으로 태종무열왕릉이 있고, 눌지왕릉인 금관총이 있게 된다.

금관총이 458년 눌지왕릉이므로 적석목곽묘에서 횡혈식석실분으로의 전환 시기를 550년에서 30년을 소급시킨 520년으로 보아야 한다. 금관총은 대개 5세기 4/4분기로 보아 왔다. 이를 458년으로 보면 종래의 편년과 17~41년의 틈이 생기고, 520년 春正月에 律令 頒布가 있어서 520년으로 본다. 적석목곽묘의 시작은 미추왕은 太祖星漢王이라고 불렀고,[57] 그의 능은 『삼국유사』에 陵在興輪寺東이라고 했고, 竹現陵이라고 했고, 『삼국사기』, 신라본기, 味鄒尼師今 23년조에서는 大陵이라고 했고, 儒禮尼師今 14년조에는 竹長陵이라고 했다. 따라서 미추왕릉은 경질토기와 금제귀걸이 1쌍이 세트를 이루는 고분일 가능성이 있다. 그래서 신라 적석목곽묘의 편년을 다음과 같이 본다.

미추왕릉(太祖星漢王; 284년)→황남동 109호 3·4곽(4세기 중엽)→황남동 110호(4세기 후반)→98호 남분(奈勿王陵; 402년)→금관총(尒斯智王陵=訥祗王陵; 458년)→천마총(5세기 후반)→호우총(510년경)→보문리 합장묘(519년

---

56) 마립간인 매금은 광개토태왕비 경자년(400)조에 나와서 이는 내물왕(357~402년)을 가리키므로 『삼국유사』쪽이 옳다.

57) 김창호, 「新羅 太祖星漢의 재검토」 『역사교육논집』 5, 1983.

경)→횡혈식석실분(520년 이후; 율령 공포)

　동아시아에 있어서 고분시대의 절대 연대가 출토된 무덤으로는 415년 北燕 馮素弗墓에서는 鐙子 이외의 유물은 그 숫자가 많지 않아서 별로 알려지지 않았고, 고구려의 357년 안악 3호분, 408년 덕흥리 벽화 고분, 414년 태왕릉 등이 있으나 전부 도굴되었고, 백제의 525년 무령왕릉이 있으나 백제 토기가 1점도 출토되지 않았고, 신라 延壽元年辛卯명 은합이 나왔으나 고구려제이고, 475년 호우총에서 壺杅가 나왔으나 이 역시 고구려제이고, 일본 이나리야마고분의 철검 명문의 辛亥年은 471년이 맞으나 전세되어 6세기 전반 유물과[58] 반출했다. 금관총의 절대 연대는 458년이고, 전세가 될 수가 없고, 도굴되지 않는 유물들로 세기의 발견으로 驚天動地할 고고학적인 사건이다. 앞으로 4~8세기 유물 편년에 큰 도움이 될 것이고, 앞으로 어쩌면 거의 영원히 이런 유물을 만날 수가 없을 것이다.[59]

　그러면 금관총은 訥祇麻立干의 무덤이 되어, 금관총 유물 40,000여 점은 절대 연대를 갖게 된다. 그 연대도 5세기 4/4분기가 아닌 458년이 되어 적석목곽묘의 연대를 30년 정도 소급하게 된다. 그러면 6~7세기의 단각고배도 그 시기를 30년 정도 소급시켜야 한다. 王子年을 壬子年으로 잘못 읽고서 함안 성산산성 목간 일괄유물 260점가량을 592년으로 보았다. 592년에서 30년경을 소급시키면 562년이 되어 592년에 매달릴 수 없다. 부엽토층에서 출토된 단각고배 가운데 6세기 중엽의 것이 있다고 고고학자는 이야기한다.[60] 이것이 최초로 부엽토층에 버려진 것이다. 6세기 중엽에서 금관총의 尒斯智王명에 의해 30년을 소

---

58)　f자형비와 검릉형행엽과 공반했다. 이렇게 세트를 이루면, 그 시기는 6세기 전반이다.

59)　적석목곽묘의 발굴에서 금제귀걸이 1쌍 없이 발굴한 예는 황남동100호(검총)이 유일하다. 유해부에 도달하지 못하고 발굴을 끝낸 것으로 재발굴되어야 한다. 이에 대해서는 김창호, 「慶州 皇南洞 100號墳(劍塚)의 재검토」 『한국상고사학보』 8, 1991 참조.

60)　윤상덕, 앞의 논문, 2015.

급시키면 그 연대는 520년경이[61] 된다. 따라서 함안 성산산성 부엽토 출토의 단 각고배 편년에 의해 그 시기를 7세기 전반으로 본 가설은 성립될 수가 없고, 王 子年을 壬子年으로 잘못 읽어서 592년으로 보는 것은 성립될 수가 없다.

IV. 성산산성 목간의 연대

이제 함안 성산산성 목간 일괄유물인 260점가량의 연대를 조사할 차례가 되 었다. 목간의 연대는 먼저 목간 안에서 찾아야 한다. 목간 밖에서 그 연대를 찾 으면 목간의 연대를 7세기 전반에 의지하여 잘못 읽은 壬子年에 의해서 592년 으로 볼 수가 있다. 성산산성의 목간은 대개 6세기 중엽으로 보아 왔다. 6세기 중엽설은 561년의 창녕비를 의식한 대세론적인 가설이다. 고고학적인 결론의 이용은 고고학의 연구자가 아니면 우를 범하기 쉽다. 부엽토층 토기 편년에 의 한 함안 성산산성 목간의 7세기 전반설이 그 대표적인 예이다. 여기에서는 성산 산성 목간에 있어서 절대 설정에 중요한 외위가 나오는 목간 전부를 제시하면 다음과 같다.

> 4번 仇利伐/仇失了一伐/尒利△一伐
> 5번 仇利伐 △德知一伐奴人 塩 (負)
> 13번 大村伊息知一代
> 23번 ~△知上干支
> 29번 古阤新村智利知一尺那△(앞면) 豆于利智稗石(뒷면)
> 72번 ~△一伐稗
> 2007-8번 ~△一伐奴人毛利支 負
> 2007-21번 ~豆留只(一伐)

---

61) 이때는 아직까지 안라국이 멸망되기 이전이므로 고려의 대상이 될 수가 없다.

2007-31번 仇利伐 仇阤知一伐奴人 毛利支 負

IV-597번 正月中比思(伐)古尸次阿尺夷喙(앞면) 羅兮落及伐尺幷作前瓷酒四
斗瓮(뒷면)

V-166번 古阤伊未妍上干一大兮伐(앞면) 豆幼去(뒷면)

2016-W89번 丘利伐/卜今智上干支奴/△△利巴支負

위의 12개의 자료에서 一伐, 一尺, 阿尺은 524년 울진봉평염제신라비에서
나와서 연대 설정에 별로 도움이 되지 않는다. 연대 설정에 중요한 자료는 上干
支이다. 그런데 V-166번 古阤伊未妍上干一大兮伐(앞면) 豆幼去(뒷면)에서는
上干으로 支자가 탈락하고 없다. 이를 근거로 성산산성 목간 연대를 늦게 잡을
수도 있다. 문제는 관등명의 끝자가 탈락되고 없는 예가 있느지가 문제이다. 그
러한 예를 신라 금석문에서는 찾을 수 없고, 고구려 평양성 성벽석각 제3석에
그러한 예가 있어서 이를 제시하면 다음과 같다.

⑥	⑤	④	③	②	①	
節	位	內	向	廿	己	1
矣	使	中	△	一	丑	2
	介	百	下	日	年	3
	文	頭	二	自	三	4
	作	上	里	此	月	5
				下		6

우선 전문의 해석하여 제시하면 '己丑年(509년) 3월 21일에 이곳으로부터 △
쪽을 향하여 아래로 2리를 內中百頭 上位使(者) 介文이 作節했다'가 된다. 上
位使는 고구려의 관등명으로 者자가 탈락한 것이다. 고구려에서 上位使者의
者자는 망할 때까지 존속했던 것이고, 上干支의 支자는 551년에 탈락할 것이
다. 목간 V-166번에 나오는 上干도 上干支와 같은 것이다. 그러면 성산산성 목
간에서 외위 上干支가 나오는 목간은 3예가 된다. 上干支에서 支자가 탈락하고

上干이 되는 시기는 550년경이다. 이제 성산산성 목간에서 나오는 경위에 대해 알아보기 위해 그 예를 제시하면 다음과 같다.

IV-597번 正月中比思(伐)古尸次阿尺夷喙(앞면) 羅兮落及伐尺幷作前瓷酒四
斗瓷(뒷면)
2016-W150번
제1면 三月中眞乃滅村主 憹怖白
제2면 大城在弥卽尒智大舍下智前去白之
제3면 卽白先節六十日代法稚然
제4면 伊毛罹及伐尺寀言廻法卅代告今卅日食去白之

먼저 大舍下智란 경위명은 525년 울주 천전리서석 원명의 大舍帝智와 같은 유이다. 그래서 함안 성산산성 목간의 연대를 6세기 전반으로 볼 수가 있다. 다음으로 두 번이나 나오는 及伐尺이란 관등명은 문헌에는 없는 경위명이다. 이는 경위명인 壹伐, 干支와 같은 것으로 524년 봉평비에 干支가 잔존하고 있다. 『삼국사기』 권34, 잡지3, 지리1, 康州 咸安조에 咸安郡 法興王 以大兵 滅阿尸良國 一云阿那加耶 以其地爲郡가[62) 중요한 근거이다. 阿那加耶(안라국)은 고령에 있던 대가야와 함께 후기 가야의 대표적인 나라이다.[63] 그런 안라국에 대한 신라의 관심은 지대했을 것이다. 성산산성은 539년 안라국(아나가야)이 멸망되자 말자 신라인에 의해 석성으로 다시 축조되었다. 신라의 기단보축이란 방법에 의한 성산산성의 석성 축조는 540년경으로 볼 수가 있다.[64] 성산산성 목

---

62) 조선 초에 편찬된 편년체 사서인 『東國通鑑』에서는 安羅國(阿尸良國)의 신라 통합 시기를 구체적으로 법흥왕 26년(539)이라고 하였다. 이는 고뇌에 찬 결론으로 판단된다. 법흥왕의 제삿날은 음력으로 539년 7월 3일이다.

63) 전기 가야를 대표하는 나라로는 고령에 있었던 대가야와 김해에 있었던 금관가야를 들 수가 있다.

64) 성산산성은 백제의 공략을 대비하여 축조한 것이지 589년 중국 수의 건국에 따라 돌궐+고구려+백제+왜와 수+신라로 보고 있으나 지나친 해석이다.

간의 연대도 540년경으로[65] 볼 수가 있다.[66]

V. 맺음말

먼저 함안 성산산성 출토 목간의 제작 시기에 대한 선학들의 경해를 일별하였다. 대개 6세기 중엽으로 보아 왔다.

다음으로 592년의 壬子年說이 성산산성의 목간 출토층인 부엽토층을 근거로 하였다. 곧 부엽토층에서 출토된 단각고배가 6세기 중엽, 6세기 후엽, 7세기 전반으로 편년됨을 근거로 목간의 연대를 592년으로 보려고 했다. 단각고배는 7세기 전반에 한꺼번에 부엽토층에 매몰되는 것이 아니라 토기의 편년처럼 6세기 중엽에 묻히는 것, 6세기 후엽에 묻히는 것, 7세기 전반에 각각 묻히는 것이 있어서 목간의 연대를 7세기 전반으로 볼 수가 없다. 또 금관총이 458년 눌지왕릉이므로 적석목곽묘에서 횡혈식석실분으로의 전환 시기를 550년에서 30년을 소급시킨 520년으로 보아야 한다. 금관총은 대개 5세기 4/4분기로 보아 왔다. 이를 458년으로 보면 종래의 편년과 17~41의 틈이 생기고, 520년 春正月에 律令 頒布가 있어서 520년으로 본다. 그래서 성산산성 단각고배를 모두 30년정도 소급시켜야 한다. 그러면 목간의 연대는 6세기 중엽(550년경)에서 30년을 소급시키면 520년이 된다.

먼저 3번이나 나오는 上干支는 그 연대를 551년경으로 볼 수가 있다. 또 大

---

65) 경위인 及伐尺의 소멸 시기가 540년경이다. 이를 560년대로 보면 561년 창녕비 등 560년대 금석문에서 그 경위명이 보여야 한다.

66) 만약에 성산산성 목간의 제작 시기를 592년으로 보면, 신라의 관등제 확립이 592년이 되고, 고대 국가의 완성 시기도 592년의 진평왕 14년 이후로 미루어진다.

舍下智란 경위명은 525년 울주 천전리서석 원명의 大舍帝智와 같은 유이다. 그래서 함안 성산산성 목간의 연대를 6세기 전반으로 볼 수가 있다. 다음으로 두 번이나 나오는 及伐尺이란 관등명은 문헌에는 없는 경위명이다. 이는 경위명인 壹伐, 干支와 같은 것으로 524년 봉평비에 干支가 잔존하고 있다. 『삼국사기』 권34, 잡지3, 지리1, 康州 咸安條에 咸安郡 法興王 以大兵 滅阿尸良國 一云阿那加耶 以其地爲郡가 중요한 근거이다. 阿那加耶(안라국)은 고령에 있던 대가야와 함께 후기 가야의 대표적인 나라이다. 그런 안라국에 대한 신라의 관심은 지대했을 것이다. 성산산성은 539년 안라국(아나가야)가 멸망되자 말자 신라인에 의해 백제 침략에 대비하여 석성으로 다시 축조되었다. 신라의 기단보축이란 방법에 의한 성산산성의 석성 축조는 540년경으로 볼 수가 있다. 성산산성 목간의 연대도 540년경으로 볼 수가 있다.

제5절

함안 성산산성 목간의 성촌명

Ⅰ. 머리말

한국의 고대 목간은 종이가 없던 시대에 종이 대신에 나무를 깎아서 긴 사각형에 가깝게 만든 데에 붓으로 한자를 쓴 것이다. 1면에만 글씨가 있는 것이 있고, 앞면과 뒷면의 양면으로 된 것이 있고, 드물게는 4면으로 된 문서목간이 있다. 고구려의 예는 없고, 백제 사비성시대의 왕경과 지방 목간, 고신라의 왕경과 지방 목간, 통일신라의 왕경과 지방 목간 등이 있다. 목간의 대부분은 인명 표기가 주류를 이루고 있다. 인명 표기는 신라의 경우는 직명+출신지명+인명+관등명이고, 백제의 경우는 직명+부명+관등명+인명의 순서이다. 그래서 금석문과 목간을 연구하는 데에 있어서 인명 표기의 중요성은 아무리 강조해도 지나치지 않다.

함안 성산산성에 나오는 성촌명은 자연촌으로 보는 견해와 행정촌으로 보는 견해가 각각 있어왔다. 이 가설은 고신라 금석문과 함께 고려하지 않으면 안 된다. 남산신성비의 제1비의 아랑촌의 외위 소유자가 6명이나 되고, 남산신성비 제2비에서 아단혜촌의 외위 소유자가 7명이나 되어 행정촌이다. 郡+성촌명이 오는 성촌명의 예를 들고, 그 예들을 유형별로 나누어서 살펴보겠다. 마지막으로 같은 행정촌인 데도 불구하고 지명의 한자가 틀리는 예들을 조사하겠다. 함안 성산산성에 나오는 성촌명은 단일한 자료로서는 가장 많다. 안 나온 자료를 치면 남산신성비의 예가 가장 많을 것이다. 우리 생애에 있어서 성산산성만큼 많이 나오는 성촌명을 다룰 수 있는 기회가 없을 것이다. 성산산성의 성촌명을 다루어 보는 것은 필요할 것이다. 성산산성 목간에 있어서 성촌명을 연구하는 이유도 바로 여기에 있다. 성촌명를 다루는 이유도 그 중요성 때문이다. 함안 성산산성의 성촌명은 행정촌과 자연촌 문제, 郡+행정촌, 지명이 틀리는 행정촌의 예 등을 통해서 어느 정도 풀이가 가능하다.

여기에서는 먼저 단독 성촌명과 행정촌의 관계를 살펴보고, 다음으로 郡名+행정촌명의 목간에 대해 살펴보고, 마지막으로 동일한 촌명의 다른 글자로 적힌 예에 대해 살펴보고자 한다.

II. 단독 성촌명과 행정촌

고신라 금석문이나 목간에 나오는 지명들인 성촌명에는 州나 郡은 나오지 않고, 대개 村(城)으로 끝나거나 村(城)명이 없이 나오는 지명이 많다. 이들을 둘러싸고, 단독으로 촌명만 나올 경우, 자연촌으로 보는 견해와[1] 행정촌으로 보는 견해가[2] 각각 있어 왔다. 학계에서는 대개 성촌명의 자연촌설을 받아들이고 있다. 자연촌설이 과연 디당한지를 함안 성산산성 목간에 나오는 성촌명만이 단독으로 나오는 예를 중심으로 조사해 보고자 한다. 그러면 성촌명+인명+稗(稗石, 稗一, 稗一石)인 예부터 제시하면 다음과 같다.

1) 주보돈,「함안 성산산성 목간의 기초적 검토」『한국고대사연구』 19, 2000.
2) 김창호,「金石文 자료로 본 古新羅의 村落構造」『鄕土史硏究』 2, 1990.
   이수훈,「新羅 村落의 성격 -6세기 금석문을 통한 행정촌·자연촌 문제의 검토-」『한국문화연구』 6, 1993.
   김재홍,「新羅 中古期 村制의 成立과 地方社會構造」, 서울대학교 박사학위논문, 2001.
   이수훈,「신라 중고기 행정촌·자연촌 문제의 검토」『한국고대사연구』 48, 2007.
   김창호,「금석문 자료에서 본 古新羅 城村의 연구사적 조망」『삼국시대 금석문 연구』, 2009.

9번 竹尸弥乎ㄴ于支稗一 '竹尸弥于乎支가 낸 稗 一(石)이다.' 또는 '竹尸弥와 于乎支가 낸 稗 一(石)이다'가 된다.

11번 烏欣弥村卜兮稗石 '烏欣弥村의 卜兮가 낸 稗 1石이다.'

12번 上莫村居利支稗 '上莫村의 居利支가 낸 稗이다.'

13번 陳城巴兮支稗 '陳城의 巴兮支가 낸 稗이다.'

32번 上弗刀你村(앞면) 加古波孕稗石(뒷면) '上弗刀你村의 加古波孕이 낸 稗 1石이다.'

41번 陳城巴兮支稗 '陳城의 巴兮支가 낸 稗이다.'

42번 及伐城立龍稗石 '及伐城의 立龍이 낸 稗 1石이다.'

44번 上莫村居利支稗 '上莫村의 居利支가 낸 稗이다.'

62번 △△△支村(앞면) △△△奚稗石 '△△△支村의 △△△奚가 낸 稗 1石이다.'

79번 伊伐支△△波稗一 '伊伐支의 △△波가 낸 稗 一(石)이다.'

2006-6번 陽村文尸只 稗 '陽村의 文尸只가 낸 稗이다.'

2006-9번 次𣹓支村知弥留(앞면) 稗石(뒷면) '次𣹓支村의 知珎留가 낸 稗 1石이다.'

2007-26번 ~古心△村~稗石 '~古心△村의 ~가 낸 稗 1石이다.'

2007-28번 巾夫支城夫酒只(앞면) 稗一石(뒷면) '巾夫支城의 夫酒只가 낸 稗 一石이다.

2007-34번 伊大兮村稗石 '伊大兮村이 낸 稗 1石이다.'

2007-35번 秋彡利村(앞면) 湏△只稗石(뒷면) '秋彡利村의 湏△只가 낸 稗 1石이다.'

2006-37번 仇伐阿那內欣買子(앞면) 一万買稗石(뒷면) '仇伐의 阿那(땅 이름) 內欣買子와 一万買가 낸 稗 1石이다.'

2007-43번 伊伐支村△只稗石 '伊伐支村의 △只가 낸 稗 1石이다.'

2007-54번 赤伐支弖村助吏支稗 '赤伐支弖村의 助吏支가 낸 稗이다.'

2007-58번 伊智支村彗△利(앞면) 稗(뒷면) '伊智支村의 彗△利가 낸 稗이다.'

2007-64번 上弗刀你村(앞면) (敬新)古稗石 '上弗刀你村의 (敬新)古가 낸 稗 1石이다.'

IV-573번 △△△△△稗石 '△△ △△△가 낸 稗 1石이다.'

V-171번 盖山鄒勿負稗 '盖山의 鄒勿負가 낸 稗이다.'

V-172번 ~村虎弥稗石 '~村의 虎弥가 낸 稗 1石이다.'

2016-W35번 盖村仇之乇羅稗 '盖村의 仇之乇羅가 낸 稗 얼마이다.'

지금까지 성촌명이 30예 가운데 어느 촌명도 『삼국사기』, 지리지에서는 찾을 수 없다. 그런데 단 42번 及伐城立龍稗石은 『삼국사기』 권35, 지4, 지리2에 나오는 岋山郡 本高句麗及伐山郡이라고 나오는데, 현재의 영주시 부석면 일대이다. 及伐城은 郡名이다. 또 79번 伊伐支△△波稗一의 伊伐支과 2007-43번 伊伐支村 △只稗石의 伊伐支村은 같다. 모두 행정촌이다. 『삼국사기』, 지리지에 隣豊縣 本高句麗伊伐支縣이라고 나오고, 6번 王私烏多伊伐支乞負支와 2006-25번 王私烏多伊伐支卜烋는 王私 烏多+伊伐支+인명으로 구성되어 있다.[3] 王私는 많은 곡식을 생산하는 땅 이름이고, 烏多는 郡名, 伊伐支는 縣名 곧 행정촌명이나 烏多란 군명은 사서에 나오지 않고 있다. 그렇다면 나머지 30예의 성촌명도 행정촌명으로 보아야 혼란이 없다. 같은 함안 성산산성 목간에서 어떤 것은 자연촌명, 어떤 것은 행정촌명이 되어서는 혼란스러워 안 된다.

촌명+稗石(稗)의 예가 있다.

> 2007-7번 丘伐稗 '丘伐에서 낸 稗이다.'
> 2007-34번 伊大兮村稗石 '伊大兮村이 낸 稗 1石이다.'
> 2007-36번 栗村稗石 '栗村에서 낸 稗 1石이다.'
> 2007-48번 丘伐稗石 '丘伐에서 낸 稗 1石이다.'

丘伐은 뒤에서 소개할 다른 仇伐 목간 예에서 볼 때, 누가 보아도 郡名이다. 丘伐과 栗村과 伊大兮村을 자연촌이 아닌 행정촌으로 보아야 할 것이다.

성촌명+인명+외위명이 나오는 인명 표기를 살펴보자.

> 14번 大村伊息智一伐 '大村의 伊息知 一伐이다.'
> 2007-21번 ~豆留只(一伐) '~의 豆留只의 (一伐)이다.'

성촌 출신으로 자연촌 출신은 그 예가 확실한 게 없으므로 一伐의 외위(11등

---

3) 이에 대해서는 郡名+행정촌명의 烏多郡조를 참조할 것.

급중 8등급)을 가진 두 사람은 행정촌 출신으로 보인다.

성촌명+인명의 예를 조사해 보기로 하자.

15번 ~家村△毛△ '~家村의 △毛△이다.'
40번 阿上智村介礼負 '阿上智村의 介礼負이다.'
53번 大村主舡麥 '大村의 村主인 舡麥이다.'
88번 △△△△支△ '△△△의 △支△이다.'

위의 4예는 촌명+인명으로 구성되어 있는데, 촌명을 자연촌으로 볼 근거도 행정촌으로 볼 근거도 없다. 촌명+인명도 성촌명+인명+稗(稗石, 稗一, 稗一石)의 예와 촌명+稗石(稗)의 예와 성촌명+인명+외위명의 예에 따를 때, 그 수가 너무나도 적어서 행정촌으로 보아야 할 것이다.

III. 郡名+(행정촌명)

仇利伐 목간의 가장 큰 특징은 割書가 있다는 것, 奴(人)이 존재하는 것, 負가 있는 점,[4] 稗石, 稗一, 稗 등이 뒤에 붙지 않는 점, 외위를 가진 자가 가장 많은 군명인 점 등이다. 仇利伐 목간의 특징을 알기 쉽게 仇利伐 목간의 2016년까지의 자료를 제시하면 다음과 같다.[5]

---

4) 負는 仇利伐 목간에서만 나오는데, 단 하나의 예외로 2016-W104번 沙喙部負가 있다. 이는 사탁부가 낸 負이다고 해석되며, 왕비족인 사탁부(김창호, 『고신라 금석문과 목간』, 2018, 170~174쪽)가 負를 담당하고 있어서 목간의 제작지가 사탁부로 보기보다 성산산성에서 국가 주도로 요역(축성 사업)을 행하고, 목간을 제작했을 것으로 판단된다.
5) 추정 구리벌 목간에서 구리벌이 나오지 않아도 奴(人)이 나오고, 負가 나오면 仇利伐 목간이다. 아직까지 구리벌 이외의 목간에서 奴(人)과 負가 나오는 예는 없다.

1번 仇利伐/上彡者村(앞면) 乞利(뒷면) '仇利伐 上彡者村의 乞利이다.'

3번 仇利伐/上彡者村 波婁 '仇利伐 上彡者村의 波婁이다.'

4번 仇利伐/仇失了一伐/尒利△一伐 '仇利伐의 仇失了 一伐과 尒利△ 一伐이다.'

5번 仇利伐△德知一伐奴人 塩 (負) '仇利伐의 △德知 一伐이며 奴人인 그가 소금[塩] 負를 낸 것이다.'

33번 仇利伐/(彤)谷村/仇礼支 負 '仇利伐 彤谷村의 仇礼支가 낸 負이다.'

34번 仇利伐/上彡者村 波婁 '仇利伐 上彡者村의 波婁이다.'

2006-10번 仇利伐△△奴△△支 負 '仇利伐의 △△ 奴의 짐꾼인 △△支의 負이다.'

2006-24번 仇利伐/ 比多湏奴 先能支 負 '仇利伐의 比多湏 奴이며, 그의 짐꾼인 先能支의 負이다.'

2006-31번 (仇利伐)~(앞면) 一古西支 負(뒷면) '(仇利伐) ~의 ~의 一古西支의 負이다.'

2007-18번 仇利伐/(衫伐)只(村)/同伐支 負 '仇利伐의 (衫伐)只(村)의 同伐支가 낸 負이다.'

2007-20번 仇利伐/~智 해석 불능

2007-27번 仇利伐/郝豆智奴人/△支 負 '仇利伐의 郝豆智가 奴人이며, 그의 짐꾼인 △支의 負이다.'

2007-31번 仇利伐 仇阤知一伐奴人 毛利支 負 '仇利伐의 仇阤知 一伐이고, 奴人이며, 그의 짐꾼인 毛利支의 負이다.'

2007-53번 仇利伐/習彤村/ 牟利之 負 '仇利伐 習彤村의 牟利之의 負이다.'

IV-582번 仇利伐 記本礼支 負 '仇利伐의 記本礼支의 負이다.'

IV-587번 仇利伐/△伐彡△村伊面於比支 負 '仇利伐 △伐彡△村의 伊面於比支의 負이다.'

IV-591번 仇(利伐) △△智奴(人) △△△ 負 '仇(利伐)의 △△智 (奴)人이며, 짐꾼인 △△△의 負이다.'

2016-W62번 仇利伐/上三者村△△△△ '仇利伐 上三者村의 △△△△이다.'

2016-W89번 丘利伐卜今智上干支 奴/△△巴支 負 '丘利伐의 卜今智 上干支이며, 奴이고, 그의 짐꾼의 負는 △△巴支이 진다.'

2016-W92번 仇利伐/夫及知一伐 奴人/宍巴礼 負 '仇利伐의 夫△知가 一伐이고, 奴人이며, 그의 짐꾼인 宍巴利△가 負를 진다.'

仇利伐 목간은 몇 가지 유형으로 나누어진다. 이를 유형별로 나누어서 제시하면 다음과 같다.

仇利伐+성촌명+인명의 예부터 들면 다음과 같다.

　　1번 仇利伐 上彡者村(앞면) 乞利(뒷면)
　　3번 仇利伐/上彡者村 波婁
　　34번 仇利伐/上彡者村 波婁
　　2016-W62번 仇利伐/上三者村△△△△

위의 자료 가운데 3번과 34번은 쌍둥이 목간이다. 구리벌+상삼자촌+인명은 모두 4예로 모두 상삼자촌 출신뿐이다. 仇利伐은 함안 성산산성 목간 가운데 그 예가 가장 많아서 郡名이다. 上彡者村은 행정촌으로 『삼국사기』, 지리지의 康州 咸安郡 領縣인 김彡縣이다.[6) 구리벌은 함안군에서 바닷가인 마산시에[7) 이르는 지역이다. 이곳이 옛 안라국의 중요한 수도 부분에 해당되는 것이다.[8) 따라서 상삼자촌은 행정촌이고, 仇利伐은 郡名이다.

다음은 仇利伐+촌명+인명+負로 된 예를 조사해 보기로 하자.

---

6) 주보돈, 앞의 논문, 2000, 56~57쪽에서 上彡者村의 김彡縣 비정에 비판하고 있다. 上의 음은 김의 음과 통하고(남산신성비 제2비에서 阿旦兮村과 阿大兮村, 沙刀城과 沙戶城에서 旦과 大가 통하고, 刀와 戶가 통하는 점에서 보아서 각각 동일 지명인 점에서 보면 上과 김는 통한다), 彡은 양자에서 동일하게 나온다. 이렇게 목간 6번과 목간 2006-25번에서 행정촌명은 伊伐支(영주시 부석면)로 『삼국사기』, 지리지에 隣豊縣本高句麗伊伐支縣이라고 나오지만 郡名인 烏多는 『삼국사기』, 지리지에 나오지 않는다.

7) 2010년 7월 1일 창원시에 통합되기 이전의 마산시를 지칭한다.

8) 목간의 작성 연대인 540년경에는 『삼국사기』, 지리지의 지명도 많은 차이가 있었을 것이다. 그래서 목간에 나오는 행정촌도 지리지에서 찾을 수 없다. 군으로 추정되는 물사벌성과 추문촌과 이진(지성)과 朌盖과 烏多도 찾을 수 없고, 목간의 13.1%가량(목간 전체인 229점에 대한 구리벌 목간의 비률로 볼 때)을 차지하는 郡인 仇利伐도 지명만으로는 그 위치가 불분명하다.

33번 仇利伐/(彤)谷村/仇礼支 負
2006-31번 (仇利伐)~(앞면) 一古西支 負(뒷면)
2007-18번 仇利伐/(衫伐)只(村)同伐支 負
2007-53번 仇利伐/智彤村/ 牟利之 負
IV-587번 仇利伐(앞면)△伐彡△村 伊面於比支 負(뒷면)

5명의 인명은 모두 仇利伐郡에 소속되어 있는 행정촌의 이름으로 판단된다.
앞에서의 상삼자촌이 행정촌이므로 5개의 촌명도 모두 행정촌으로 보아야 할
것이다.
    다음은 仇利伐+인명+負로 된 목간에 대해 알아보자.

    2007-55번 仇利伐今尒次負
    IV-495번 仇利伐谷△△ (負)
    IV-582번 仇利伐 記本礼支 負

이들 목간은 모두 구리벌에 직접 소속되어 있다. 郡名인 구리벌의 소속자도
구리벌이 군으로 역할을 하는 동시에 행정촌으로서의 역할을 함을 보여준다.
군에서 직접 자연촌을 지배할 수는 없고, 행정촌을 지배할 것이다.
    다음은 仇利伐+인명+(외위명)+奴(人)+인명+負를 살펴보기로 하자. 우선 관
련 자료부터 제시하면 다음과 같다.[9]

    5번 仇利伐△德知一伐奴人 塩 (負)
    2006-10번 仇利伐△△奴△△支 負
    2006-24번 仇利伐 比多湏 奴 先能支 負

---

9) 奴(人) 목간으로 추정되는 仇利伐 목간은 다음과 같다.
    35번 ~內恩知奴人居助支 負
    37번 ~內只次奴湏礼支 負
    38번 ~比夕湏奴尒/先(利)支 (負)
    2007-8번 仇(阤)△一伐奴人毛利支 負

2007-27번 仇利伐/郝豆智奴人/△支 負
2007-31번 仇利伐 仇阤知一伐奴人 毛利支 負
IV-591번 仇(利伐) △△智奴(人) △△△ 負
2016-W89번 丘利伐/卜今智上干支奴人/△△巴支負
2016-W92번 仇利伐/夫及知一伐 奴人/宍巴礼 負

2006-10번, 2006-24번, 2007-27번, 2007-31번, IV-591번, 2016-W89번, 2016-W92번의 仇利伐+인명+(외위명)+奴(人)+인명+負와는 負의 순서가 꼭 같이 맨 마지막에 온다. 7명의 노인 목간은 모두 奴(人)과 負를 동반하고 있다. 외위인 上干支나 一伐을 가진 경우도 있어서 사노비일 수는 없고, 소금 생산자로 추정된다. 왜냐하면 仇利伐郡의 위치가 함안군과 마산시에 이르는 지역으로 노인만이 구리벌 목간에서 나오기 때문에 그렇게 볼 수밖에 없다. 목간 5번 仇利伐△德知一伐奴人 塩 (負)에서 구리벌에서 소금이 나오는 것으로 볼 수가 있다.

마지막으로 仇利伐+인명+외위명+인명+외위명의 경우가 있다. 그 자료를 인용하면 다음과 같다.

　　4번 仇利伐/仇失了一伐/尒利△一伐 '仇利伐의 仇失了一伐과 尒利△一伐이다.'

이렇게 한 목간에 두명의 인명이 모두 외위를 갖는 예로는 유일한 자료이다.[10] 두 사람 모두 공진물의 표시도 없다.

이제 古阤 목간에 대해 살펴볼 차례가 되었다. 우선 지금까지 출토된 자료를 전부 제시하면 다음과 같다.

　　20번 古阤伊骨利村△(앞면) 仇仍支稗發(뒷면) '古阤 伊骨利村의 △仇仍支가 낸 稗 1바리(1석?)이다.'

---

10) 목간 4번의 仇失了一伐과 尒利△一伐이 割書 때문에 자연촌 출신으로 볼 수가 없다. 모두가 仇利伐郡 소속으로 판단된다.

28번 古阤伊骨利村阿那衆智卜利古支(앞면) 稗發(뒷면) '古阤 伊骨利村의 阿
那(땅 이름)의 衆智와 卜利古支가 낸 稗 1바리(1석?)이다.'

29번 古阤新村智利知一尺那△(앞면) 豆于利智稗石(뒷면) '古阤 新村의 智利
知 一尺과 那△의 豆分利智가 낸 稗 1石이다.'

31번 古阤一古利村末那(앞면) 毛羅次尸智稗石(뒷면) '古阤 一古利村의 末那
(땅 이름) 毛羅次尸智가 낸 稗 1石이다.'

2006-30번 古阤伊骨村阿那(앞면) 仇利稿支稗發(뒷면) '古阤 伊骨村의 阿那
(땅 이름)의 仇利稿支가 낸 稗 1바리(1석?)이다.'

2007-10번 古阤新村局斤△利(앞면) 沙礼(뒷면) '古阤 新村의 局斤△와 利沙
礼이다.'

2007-11번 古阤一古利村末那(앞면) 殆利夫稗(石)(뒷면) '古阤의 一古利村 末
那(땅 이름)의 殆利夫가 낸 稗 1(石)이다.'

2007-14번 古阤一古利村末那仇△(앞면) 稗石(뒷면) '古阤의 一古利村 末那
(땅 이름)의 仇△가 낸 稗 1石이다.'

2007-17번 古阤一古利村△~(앞면) 乃分支稗石(뒷면) '古阤의 一古利村 △~와
乃分支가 낸 稗 1石이다.'

2007-25번 古阤一古利村阿那弥伊△久(앞면) 稗石(뒷면) '古阤의 一古利村 阿
那(땅 이름)의 弥伊△久가 낸 稗 1石이다.'

2007-33번 古阤一古利村末那沙見(앞면) 日糸利稗石(뒷면) '古阤의 一古利村
末那(땅 이름)의 沙見日糸利가 낸 稗 1石이다.'

2007-57번 古阤夲波豆物烈智△(앞면) 勿大兮(뒷면) '古阤 夲波(땅 이름)인 豆
物烈智와 △勿大兮이다.'

IV-595번 古阤一古利村夲波(앞면) 阤ㆍ支 稗發(뒷면) '古阤 一古利村의 夲波
(땅 이름)이며, 阤ㆍ支가 낸 稗 1바리(1석?)이다.'

V-163번 古阤一古利村夲波(앞면) 阤ㆍ只稗發(뒷면) '古阤 一古利村의 夲波
(땅 이름)이며, 阤ㆍ只가 낸 稗 1바리(1석?)이다.'

V-166번 古阤伊未姸上干一大今伐(앞면) 豆幼去(뒷면) '古阤의 伊未姸 上干
支와 一大今伐豆幼去이다.'

古阤 목간 16점은 모두 앞면과 뒷면으로 되어 있다. 여기에서는 古阤+촌명
+夲波(阿那, 末那)+인명+稗石으로 된 2007-11번, 2007-14번, 2007-17번, 2007-
25번, 2007-33번, 2007-57번 등의 6예가 있다. 다음으로 古阤+촌명+인명+稗發

로 된 20번, 28번, 2006-30번, IV-593번, V-163번 등의 5예가 있다. 그 다음으로 古阤+촌명+인명으로 된 것으로 2007-10번이 있다. 마지막으로 古阤+인명+외위명+인명의 예가 V-166번이다. 古阤一古利村, 古阤伊骨利村, 古阤密村, 古阤新村, 古阤牟破豆△村은 古阤가 군명이므로 뒤에 나오는 一古利村, 伊骨利村, 密村, 新村, 豆△村은 모두 행정촌이다.

다음은 甘文城의 목간에 대해서 조사할 차례가 되었다. 우선 관계 자료를 제시부터 하면 다음과 같다.

> 2번 甘文城下麥甘文牟波王私(앞면) 文利村知利兮負(뒷면) '甘文城 下의 麥을 甘文의 牟波(땅 이름)이고 王私(땅 이름)인 文利村의 知利兮負가 (낸 것이다.)'
>
> 10번 甘文牟波居村旦利村伊竹伊 '甘文의 牟波(땅 이름)인 居村旦利村의 伊竹伊이다.'
>
> 2006-1번 甘文城下麥牟波大村毛利只(앞면) 一石(뒷면) '甘文城 下의 麥을 牟波(땅 이름)인 大村의 毛利只가 낸 一石이다.'
>
> 2007-45번 甘文城下(麥)米十一(斗)石(喙)大村卜只次持去 '甘文城 下의 (麥)과 米 十一(斗)石은 喙大村의 卜只次持去가 낸 것이다.'
>
> V-165번 甘文(城)下麥十五石甘文(앞면) 牟波加本斯(稗)一石之(뒷면) '甘文(城) 下의 麥 十五石을 甘文의 牟波(땅 이름)인 加本斯(稗)一石之가 낸 것이다.'
>
> 2016-W94번 甘文城下麥十五石甘文牟波(앞면) (伊)次只去之(뒷면) '甘文城 下의 麥 十五石을 甘文 牟波(땅 이름), (伊)次只去之가 낸 것이다.'

甘文(城) 목간은 6점 가운데 5점이나 城下麥 목간이다. 牟波도 6점 가운데 5점에서나 나오고 있다. 甘文城下麥+보리량+甘文牟波+인명으로 된 V-165번과 2016-W94번은 공통성이 있으나 나머지 4점은 공통성이 없이 제각각이다. 甘文의 뒤에 나오는 王村文利村, 居村旦利村, 大村, 喙大村은 모두 행정촌이다.

다음은 及伐城에 대해서 조사할 차례가 되었다. 우선 관계 자료부터 제시하면 다음과 같다.

8번 及伐城秀乃巴稗 '及伐城의 秀乃巴가 낸 稗이다.'
42번 及伐城立龍稗石 '及伐城의 立龍이 낸 稗 1石이다.'
74번 及伐城只智稗石 '及伐城의 只智가 낸 稗 1石이다.'
80번 及伐城△△稗石 '及伐城의 △△가 낸 稗 1石이다.'
2007-23번 及伐城文尸伊稗石 '及伐城의 文尸伊가 낸 稗 1石이다.'
2007-24번 及伐城文尸伊急伐尺稗石 '及伐城의 文尸伊와 急伐尺이[11] 낸 稗 1
　　石이다.'
2007-42번 及伐城登奴稗石 '及伐城의 登奴가 낸 稗 1石이다.'
IV-590번 及伐城日沙利稗石 '及伐城의 日沙利가 낸 稗 1石이다.'

　及伐城 목간은 모두 8점이다. 及伐城은 『삼국사기』, 지리지에 나오는 及伐
(山)郡 또는 岋山郡으로 영주시 일원에 있던 郡名이다. 모두 及伐城+인명+稗石
(稗)로 되어 있다. 2007-24번만은 두 사람이 나오고 있어서 유사쌍둥이 목간이
다. 유사쌍둥이 목간은 목간의 제작지가 及伐城이 아닌 성산산성이라는 중요한
증거가 된다.[12] 앞면과 뒷면으로 된 목간은 1점도 없다.
　이제 仇伐의 목간에 대해 조사할 차례가 되었다. 우선 관련 목간의 자료부터
제시하면 다음과 같다.

7번 仇伐干好律村卑尸稗石 '仇伐 干好律村의 卑尸가 낸 稗 1石이다.'
52번 仇伐阿那舌只稗石 '仇伐의 阿那(땅 이름)의 舌只가 낸 稗 1石이다.'
2007-6번 仇伐末那刀礼奴(앞면) 弥次分稗石(뒷면) '仇伐 末那(땅 이름)의 刀
　　礼奴와 弥次分이 낸 稗 1石이다.'
2007-37번 仇伐阿那內欣買子(앞면) 一万買稗石(뒷면) '仇伐 阿那(땅 이름)의
　　內欣買子와 一万買가 낸 稗 1石이다.'
2007-48번 丘伐稗石 '丘伐에서 낸 稗 1石이다.'

---

11) 急伐尺을 居伐尺과 같은 외위로 본 윤선태의 가설이 있으나 인명으로 보인다. 왜냐
　　하면 관등명이라고 하면 목간 2007-23번에서 文尸伊로 인명만이 기록될 수 없기 때
　　문이다.
12) 김창호, 『고신라 금석문과 목간』, 2018, 207쪽.

2016-W66번 丘伐未那早尸智居伐尺奴(앞면) 能利智稗石(뒷면) '丘伐 未那(땅이름)의 早尸智와 居伐尺과 奴能利智가 낸 稗 1石이다.'

먼저 仇伐 목간은 모두 稗石으로 끝나고 있다. 仇伐 목간 7번은 仇伐+촌명+인명+稗石으로 되어 있다. 다음 2007-6번과 2007-37번은 仇伐+未那(阿那)+두 명의 인명+稗石으로 되어 있다. 그 다음으로 목간 52번은 仇伐+阿那+인명+稗石으로 되어 있다. 그 다음으로 목간 2007-48번은 독특하게 仇伐+稗石으로 되어 있다. 마지막으로 2016-W66번은 丘伐+未那+인명+인명+인명+稗石으로 구성되어 있다. 목간 7번에서 구벌은 군명이므로 구벌 뒤에 나오는 干好律村은 행정촌명이다.

夷津(支城)의 목간을 조사할 차례가 되었다. 우선 관련 목간의 자료부터 제시하면 다음과 같다.

> 30번 夷津支阿那古刀羅只豆支(앞면) 稗(뒷면) '夷津支의 阿那(땅 이름)의 古刀羅只豆支가 낸 稗이다.'
> 2006-4번 夷津卒波只那公末△稗 '夷津의 卒波(땅 이름)이며, 只那公末가 낸 稗이다.'
> 2007-30번 夷(津)支士斯石村末△△烋(앞면) 麥(뒷면) '夷(津)支 士斯石村의 末△△烋가 낸 麥이다.'
> 2007-44번 夷津支城下麥王私巴珎兮村(앞면) 弥次二石(뒷면) '夷津支城 下의 麥은 王私(땅 이름)인 巴珎兮村의 弥次가 낸 二石이다.'
> 2007-304번 夷津支城下麥烏列支(負)(앞면) △△△石(뒷면) '夷津支城 下의 麥을 烏列支(행정촌명)의 (負)△△가 낸 △石이다.'

먼저 2007-44번과 2007-304번은 그 순서가 夷津支城+下麥+촌명+인명+보리의 양으로 똑 같다. 다음으로 30번은 夷津支+阿那+인명+稗로 되어 있다. 그 다음으로 2006-4번은 夷津+卒波+인명+稗로 되어 있다. 2007-30번은 夷(津)支+末那+촌명+인명+麥으로 되어 있다. 이 목간 2007-30번은 麥이 나오면서 城下麥 목간이 아닌 예로 중요하다. 夷津支城 다음에 나오는 士斯石村, 巴珎兮村, 烏

列支는 모두 행정촌이다.

다음은 鄒文(村)에 대하여 조사할 차례가 되었다. 우선 관련 목간의 자료부터 제시하면 다음과 같다.

> 39번 鄒文比尸河村尒利牟利 '鄒文 比尸河村의 尒利牟利이다.'
> 54번 鄒文△△△村△夲石 '鄒文 △△△村의 △夲石이다.'
> 2006-17번 鄒文村內旦利(魚) '鄒文村의 內旦利가 낸 (魚)이다.'
> 2007-52번 鄒文(前)那牟只村(앞면) 伊△習(뒷면) '鄒文 (前)那(땅 이름)의 牟只村의 伊△習이다.'

먼저 목간 39번과 54번은 鄒文+촌명+인명이다. 다음 2006-17번은 鄒文村+인명+魚[고기]로[13] 고기가 공진물에 나오는 유일한 예이다. 마지막으로 목간 2007-52번은 鄒文+前那+촌명+인명으로 구성되어 있다. 鄒文(村) 다음에 나오는 比尸河村, △△村, 牟只村은 모두 행정촌이다.

다음은 買谷村에 대하여 조사할 차례가 되었다. 우선 관련 목간의 자료부터 제시하면 다음과 같다.

> 2006-7번 買谷村古光斯珎于(앞면) 稗石(뒷면) '買谷村의 古光과 斯珎于가 낸 稗 1石이다.'
> 2007-61번 買谷村物礼利(앞면) 斯珎于稗石(뒷면) '買谷村의 物礼利와 斯珎于가 낸 稗 1石이다.'

이 두 목간은 買谷村+두명의 인명+稗石으로 구성되어 있다. 斯珎于의 경우는 두 목간에 모두 인명이 나와서 유사쌍둥이 목간이다. 이는 목간의 제작지가 성산산성이라는 단초가 된다. 왜냐하면 발송지인 買谷村에서 목간이 작성되었다면 斯珎于는 양 쪽 목간에서 나오지 않고, 한 쪽에서 나올 것이기 때문이다.

---

13) 고기는 생선을 말린 것으로 짐작된다.

買谷村은 『삼국사기』, 지리지에 善谷縣 本高句麗買谷縣이라고 나와서 행정촌이다.

다음은 湏伐에 대하여 조사할 차례가 되었다. 우선 관련 목간의 자료부터 제시하면 다음과 같다.

　　77번 湏伐本波居湏智 '湏伐 本波(땅 이름)의 居湏智이다.'

한 점밖에 발굴되지 않았다. 湏伐=沙伐로 현재 경북 상주시 일대이다. 목간은 湏伐+本波+인명으로 구성되어 있다. 湏伐은 군명이다.

다음은 勿思伐에 대하여 조사할 차례가 되었다. 우선 관련 목간의 자료부터 제시하면 다음과 같다.

　　2007-15번 勿思伐 豆只稗一石 '勿思伐의 豆只가 낸 稗 一石이다.'

한 점밖에 발굴되지 않았다. 勿思伐은 적성비에 勿思伐城幢主라고 나와서 그 위치를 충북 지역으로 볼 수가 있다. 勿思伐은 군명이다.

다음은 鐵山에 대하여 조사할 차례가 되었다. 우선 관련 목간의 자료부터 제시하면 다음과 같다.

　　V-164번 三月中鐵山下麥十五斗(앞면) 王私△阿礼村波利足(뒷면) '三月에 鐵山 下의 麥 十五斗를 王私(땅 이름)인 △阿礼村의 波利足이 낸 것이다.'

한 점밖에 발굴되지 않았다. 城下麥 목간에 속하는 것으로 三月中에라고 달이 표시되어 있다. 城下麥의 城은 전부 郡이므로 鐵山도 군으로 보아야 한다. 鐵山郡의 소속인 王私(땅 이름) △阿礼村은 행정촌이다.

다음은 比思(伐)에 대하여 조사할 차례가 되었다. 우선 관련 목간의 자료부터 제시하면 다음과 같다.

IV-597번 正月中比思(伐)古尸次阿尺夷喙(앞면) 羅兮落及伐尺幷作前瓷酒四
斗瓮(뒷면) '正月에 比思(伐)의 古尸次 阿尺의 夷(무리, 동료)와 喙(部)
羅兮落 及伐尺(경위명)이 아울러 前瓷酒 四斗瓮을 만들었다.'

이 목간은 외위를 가진 지방민이 경위를 가진 喙部 출신의 왕경인과 함께 나
오는 것으로 유명하다. 이렇게 지방민과 왕경인이 함께 인명과 관등명이 나오
는 예는 이 목간이 처음이다. 比思(伐)은 나중에 州治가 설치되는 곳이므로 군
으로 보아야 할 것이다.

다음은 王子年(△)에 대하여 조사할 차례가 되었다. 우선 관련 목간의 자료
부터 제시하면 다음과 같다.

2016-W155번 王子年△改大村△刀只(앞면) 米一石(뒷면) '王子年의 △改大
村의 △刀只가 낸 米 一石이다.' 또는 '王子年(△)의 改大村의 △刀只가
낸 米 一石이다.'

이 목간은 王子年을 壬子年으로 읽어서 592년으로 보고 있다.[14] 단면 목간
이나 양면 목간에서는 연간지가 나온 예가 없어서 따르기 어렵다. 함안 성산산
성 4면 목간에서는 연간지가 나올 가능성이 있다. 王子年 또는 王子年(△)은 군
명이고, (△)改大村은 행정촌명이다.

다음은 巴珎兮城에 대하여 조사할 차례가 되었다. 우선 관련 목간의 자료부
터 제시하면 다음과 같다.

60번 巴珎兮城下(麥)~(앞면) 巴珎兮村~(뒷면) '巴珎兮城 下의 麥을 巴珎兮村
의 누구가 (몇 石)낸 것이다.'

이 목간은 城下麥 목간이다. 城下麥 목간은 甘文城에서 5점, 夷津支城에서

---

14) 손환일의 가설이다. 일설에는 532년으로 보기도 한다.

2점, 鐵山에서 1점, 巴珎兮城에서 1점, 小南兮城에서 1점 등 모두 10점이 나왔다. 모두 ~城下麥의 ~城은 모두 郡으로 판단된다. 巴珎兮城도 군명이고, 巴珎兮村은 행정촌명이다.

지명+지명+인명으로 된 목간은 郡名+行政村名+인명으로 판단된다. 그래서 다음과 같은 예가 나온다.

> 1번 仇利伐/上彡者村(앞면) 乞利(뒷면)
> 3번 仇利伐/上彡者村 波婁
> 34번 仇利伐/上彡者村 波婁
> 2016-W62번 仇利伐/上三者村△△△△

上彡者村은 행정촌으로 『삼국사기』, 지리지의 康州 咸安郡 領縣인 召彡縣이다. 따라서 上彡者村도 행정촌으로 판단된다. 그렇다면 仇利伐은 郡名이다.

伊伐支가 나오는 행정촌명을 조사할 차례가 되었다.

> 6번 王私烏多伊伐支乞負支 '王私(땅 이름) 烏多(군명) 伊伐支의 乞負支이다.'
> 79번 伊伐支△△波稗一 '伊伐支의 △△波가 낸 稗 一(石)이다.'
> 2006-25번 王私烏多伊伐支卜烋 '王私(땅 이름) 烏多(군명) 伊伐支의 卜烋이다.)'

여기에서 伊伐支는 『삼국사기』, 지리지에 隣豊縣 本高句麗伊伐支縣이라고 나와서 행정촌이 틀림없다. 따라서 烏多는 군명이다. 상삼자촌과 이벌지의 예에서 추론하면 지명+지명+인명으로 된 목간은 앞의 지명은 군명, 뒤의 지명은 행정촌이다. 그래서 仇利伐, 古陁, 甘文城, 仇伐, 夷津(支城), 鄒文(村), 湏伐, 勿思伐, 烏多, 咼盖, 鐵山, 比思(伐), 王子年(△), 巴珎兮城(물사벌과 비사벌 등은 지명+인명으로 되어 있음)은 모두 郡名으로 판단되고, 그 다음의 지명은 행정촌명이다. 두 번의 지명만 나오는 買谷村은 행정촌으로, 8번 나오는 及伐城은 군으로 판단된다. 왜냐하면 買谷村은 『삼국사기』, 지리지에 善谷縣 本高句麗買谷縣이라고 나와서 행정촌이고, 及伐城은 『삼국사기』, 지리지에 岋山郡 本高句麗及伐山郡이라고 해서 郡名이다.

IV. 동일한 촌명

동일한 촌명으로는 古阤에 가장 많이 나온다. 전부 양면으로 된 것을 특징
으로 하는 古阤에는 29번과 2007-10번에서 두 번 나오는 新村을 제외하고 전
부 伊骨利村(一古利村)뿐이다.

> 20번 古阤伊骨利村(鄒)(앞면) 仇仍支稗發(뒷면)
> 28번 古阤伊骨利村阿那衆智卜利古支(앞면) 稗發(뒷면)
> 31번 古阤一古利村末那(앞면) 毛羅次尸智稗石(뒷면)
> 2006-30번 古阤伊骨村阿那(앞면) 仇利稿支稗發(뒷면)
> 2007-11번 古阤一古利村末那(앞면) 殆利夫稗(石)(뒷면)
> 2007-14번 古阤一古利村末那仇△(앞면) 稗石(뒷면)
> 2007-17번 古阤一古利村△~(앞면) 乃兮支稗石(뒷면)
> 2007-25번 古阤一古利村阿那弥伊△久(앞면) 稗石(뒷면)
> 2007-33번 古阤一古利村末那沙見(앞면) 日糸利稗石(뒷면)
> IV-595번 古阤一古利村夲波(앞면) 阤〻支稗發(뒷면)
> V-163번 古阤一古利村夲波(앞면) 阤〻只稗發(뒷면)

古阤 목간은 모두 앞면과 뒷면의 양면으로 되어 있다. 가장 흥미로운 점은
古阤 목간에서만 나오는 一古利村과 伊骨利村은 동일한 촌명인지 여부이다.
우선 목간 2006-30번의 伊骨村은 伊骨利村에서 利자가 빠진 동일한 촌명이다.
古阤에서만 나오는 一古利村과 伊骨利村은 음상사이므로 동일한 지명으로 판
단된다.

仇利伐(22점의 예)과 丘利伐(2016-W89번)은 한자음이 꼭 같다. 仇伐(7번,
52번, 2007-6번, 2007-12번, 2007-37번)과 丘伐(2007-48번, 2016-W66번)은 한
자음이 동일하다. 이는 남산신성비 제2비(阿旦兮村과 阿大兮村, 沙刀城과 沙
戶城, 久利城과 仇利城가 크게 차이가 있음)의 14명 인명 표기 차이보다 함안
성산산성의 240여 명 인명 표기가 그 차이가 적다. 함안 성산산성에서는 一古利
村이 伊骨利村으로 나오고 나머지 8예는 음은 같고 한자가 틀릴 뿐이다. 이렇

게 정확한 한자로 지명을 적는 것은 성산산성에서도 목간을 제작했기 때문으로
보인다.

V. 맺음말

먼저 단독 성촌명과 행정촌을 조사하였다. 단독으로 나오는 성촌명은 모두
행정촌으로 보았다. 고신라의 금석문과 목간에는 자연촌의 예가 없다.

다음으로 촌명만 단독으로 있는 경우도 행정촌으로 보았고, 郡名+행정촌명
에 있어서는 仇利伐, 古阤, 甘文城, 仇伐, 夷津(支城), 鄒文(村), 湏伐, 勿思伐,
烏多, 믬盖, 鐵山, 王子年(△), 巴珎兮城의 郡名 다음에는 행정촌이 온다고 보
았다.

마지막으로 동일한 촌명을 조사하였다. 古阤에서만 나오는 一古利村과 伊
骨利村은 음상사이므로 동일한 지명으로 판단된다. 仇利伐(22점의 예)과 丘
利伐(2016-W89번)은 한자음이 꼭 같다. 仇伐(7번, 52번, 2007-6번, 2007-12번,
2007-37번)과 丘伐(2007-48번, 2016-W66번)은 한자음이 동일하다. 이는 남산
신성비 제2비(阿旦兮村과 阿大兮村, 沙刀城과 沙戶城, 久利城과 仇利城가 크
게 차이가 있음)의 14명 인명 표기 차이보다 함안 성산산성의 240여 명 인명 표
기가 그 차이가 적다. 이렇게 정확한 한자로 지명을 적는 것은 성산산성에서도
목간을 제작했기 때문으로 보인다.

제3장

함안 성산산성 목간의 성격

제1절

함안 성산산성 목간의 용도

Ⅰ. 머리말

함안 성산산성 목간은 1998년 27점의 목간이 공개되었다.[1] 2004년 『韓國의 古代木簡』을[2] 간행하면서 116점의 목간이 보고되었다. 단일 유적에서는 가장 많은 목간이 나왔다. 2006~2008년까지의 목간 152점이 공개되었다.[3] 그 때까지 의 목간을 집성하여 『韓國木簡字典』까지 나왔다.[4] 2017년에도 목간이 공개되 고 있다.[5] 현재까지 260여 점의[6] 목간이 나왔다. 단일 유적에서는 가장 많은 목

---

1) 김창호, 「咸安 城山山城 出土 木簡에 대하여」 『咸安 城山山城』 Ⅰ, 1998. 글자가 판 독될 수 있는 목간은 모두 23점이다.

2) 국립창원문화재연구소, 『韓國의 古代木簡』, 2005.

3) 이경섭, 「성산산성 출토 신라 짐꼬리표[荷札] 목간의 地名 문제와 제작 단위」 『신라 사학보』 23, 2011, 536쪽에 따르면, 2006~2007년에 116점, 2008년에 36점이 각각 출토되었다고 한다.

4) 국립가야문화재연구소, 『韓國木簡字典』, 2011. 여기에서는 성산산성에서 나온 224 점의 목간이 수록되어 있다.

5) 『경향신문』, 2017년 1월 4일자. 23점의 목간이 새로 발굴했다고 한다. 1점 사면 목 간은 그 내용이 신문을 통해 알려졌다.

6) 지금까지 공개된 목간에서 보면, 윤선태, 「한국 고대목간의 연구현황과 과제」 『신라 사학보』 38, 2016, 392쪽에서 310점(?)이 나왔다고 하였고, 2017년 1월 4일에 23점 이 공개되어 함안 성산산성에서 출토된 목간의 총수는 2017년 1월 4일 현재 333점 가량 된다. 국사편찬위원회 한국사데이터베이스에 따르면 묵흔이 있는 것과 제첨축 을 포함하여서 글자가 있는 목간의 수는 282점이다. 여기에서는 글자가 적힌 260여

간이 출토되었고, 그 내용도 가장 풍부하다.

함안 성산산성 목간에 대해서는 1999년 11월 <함안 성산산성 출토 목간의 내용과 성격>이란 제목으로 국제학술회의가 열려 국제화가 되었다.[7] 그 동안의 연구 성과를 정리한 논문도 나왔다.[8] 그 개요는 대체로 560년경에 작성되었으며, 荷札이라는 것이다. 하찰설의 주요한 근거는 목간 머리 쪽의 양쪽에 홈이 파져 있는데 근거하고 있다. 이는 일본학계의 7~8세기 목간에서 얻은 결론으로 우리 목간에도 그대로 적용될 수 있을지 의문이다. 함안 성산산성 목간은 100년이나 빠른 6세기경의 것이기 때문이다. 함안 성산산성 목간은 신라사 연구에 있어서 일급 사료인 1차 자료로 그 중요성은 새삼 재언을 요하지 않는다. 성산산성 목간의 최초 보고자로서[9] 경험을 살려서 그 잘못된 점을[10] 바로 잡고, 성산산성

점을 대상으로 한다. 국사편찬위원회 한국사데이터베이스에서는 282점이라고 한다. 245점이란 점수는 잘못된 것이다. 260여 점이 정확하다.

7) 한국고대사학회, 「함안 성산산성 출토 목간의 내용과 성격」(국제학술회의 발표요지), 1999. 여기에 실린 글들은 수정 보완되어 한국고대사학회, 『한국고대사연구』 19, 2000에 재수록 되어 있다.

8) 이용현, 「咸安 城山山城 出土 木簡」『한국의 고대 목간』, 2004.
이경섭, 「함안 성산산성 출토 목간의 연구현황과 과제」『신라문화』 23, 2004.
전덕재, 「함안 성산산성 출토 목간의 연구현황과 쟁점」『신라문화』 31, 2008.
이경섭, 「함안 성산산성 출토 신라목간의 흐름과 전망」『목간과 문자』 10, 2013.
橋本 繁, 「韓國·咸安城山山城木簡研究の最前線」『古代文化』 70-3, 2018.

9) 김창호, 앞의 논문, 1998.

10) 김창호, 앞의 논문, 1998에서 잘못된 점은 다음과 같다. 먼저 稗一과 稗石을 彼日이란 외위명으로 보는 등 목간 해석에 잘못을 저질렀다. 다음으로 下麥을 下幾로 잘못 판독하여 경북 안동 豊山으로 보아서 지명 비정에 혼란을 야기시켰고, 이 이른바 城下麥 목간은 그 숫자가 현재 10에 이상이나 되어 下幾의 판독이 잘못되었고, 下麥의 판독이 정확하였음을 알 수 있다. 그 다음으로 夲波를 땅 이름으로 보기도 한 가설이 나올 줄도 알지 못하고, 성주로 비정하는 잘못을 범했다. 마지막으로 목간 9번을 竹尸弥牟レ于支稗一(竹尸弥于牟支稗一)로 해석해야 됨을 竹尸△乎于支稗一로 잘못 읽어서 경위와 미분화된 외위인 干支가 나오는 6세기 전반을 하한으로 하는 이른 시기의 자료로 볼 여지를 남겼다.

목간연구에 대해 조그마한 디딤돌이라도 만들고자 하는 가벼운 마음이다.[11]

먼저 지금까지 연구에서는 2009년까지의 연구 성과를 중심으로 살펴보겠다. 신라 함안 성산산성 출토 목간의 성격에는 명적설·신분증설·하찰설 등의 다양한 가설이 있다. 이를 비판적으로 소개하고 검토하였다. 마지막으로 물품꼬리표설에는 9가지의 근거를 제시해 성산산성 목간의 성격을 성산산성에서 제작하여 물품에 달았던 것[물품꼬리표]과 하찰도 있었음 살펴보려고 한다.

II. 지금까지의 연구

우선 함안 성산산성 목간 24점에 대해 稗一, 稗石, 稗를 彼日과 동일한 외위로 보면서 이를 남산신성비의 上人 집단과 동일한 것으로 보았다.[12] 이어서 1999년 11월에 열린 국제학술심포지엄에서 함안 성산산성 목간에 관한 본격적인 논의가 이루어졌다. 여기에서 신라가 안라를 병합한 뒤 지방민을 동원하여 이곳을 축성하고 이후 守城케 하였는데, 이러한 성을 지키는 임무에 동원된 여러 지역의 책임자들의 신분증이었다고 보았다.[13] 또 軍籍으로 사용되었던 것으로 보기는 힘들며, 함안 지역을 축성하면서 분야별 책임자들의 인명을 기록한 명부라고 보았다.[14] 또 신라 영내의 여러 지방에서 성산산성으로 가져온 물품

---

11) 함안 성산산성 목간은 학술대회를 한지 20년이나 지났고, 목간의 발굴 양도 10배가 넘어서 다시 학술대회를 하여 중의를 모을 필요가 있다.

12) 김창호, 앞의 논문, 1998.

13) 박종익, 「함안 성산산성 발굴조사와 목간」 『함안 성산산성 출토목간의 내용과 성격』(국제학술회의 발표요지), 1999.

14) 주보돈, 「함안 성산산성 출토 목간의 성격」 『함안 성산산성 출토목간의 내용과 성격』(국제학술회의 발표요지), 1999, 37쪽.

에 붙어있던 荷札[짐꼬리표]로 보았다.[15] 성산산성의 군량을 경북지역의 주민이 稗[피]를 貢進할 때의 付札[꼬리표]로 보았다.[16] 이에 비해 秦·漢簡과 비교할 때 名籍 혹은 名簿로 제작되었을 것이라 추정하였다.[17] 결국 심포지엄을 통해 종래 신분증설을 비롯한 명부·명적설과 하찰·물품부착설이 개진되었다.

심포지엄이 열린 직후인 1999년 12월에 함안 성산산성 목간을 일부는 稗의 付札, 일부는 축성공사 및 병역과 관련되어 차출된 사람들을 기록하고, 이들의 이동을 보증해 준 役人의 名籍이라고 보았다.[18]

이듬해 앞서서 열린 심포지움의 내용이 2009년 9월에 활자화되었다.[19] 모두 심포지엄의 내용이 그대로 나와서 자기의 주장을 그대로 강조하고 있다. 함안 성산산성의 목간을 守城관련 책임자의 신분증으로 보고 있으나[20] 같은 목간에서 외위를 가진 자는 극히 적고, 외위가 없는 자가 많은 점이 문제이다. 성산산성 목간을 축성에 필요에 의해 작성된 名籍으로 보고 있으나[21] 稗, 麥 등의 곡물이 목간에 적혀 있는 점이 문제이다. 목간을 성산산성에 반입된 稗나 鹽에 부착된 荷札로 보기도 하나[22] 仇利伐/上彡者村波婁처럼 荷物이 없는 목간도 있

15) 이성시, 「한국 목간연구의 현황과 함안 성산산성 출토의 목간」『함안 성산산성 출토 목간의 내용과 성격』(국제학술회의 발표요지), 1999, 69쪽.

16) 平川南, 「함안 성산산성출토 목간」『함안 성산산성 출토목간의 내용과 성격』(국제학술회의 발표요지), 1999.

17) 謝桂華, 「중국에서 출토된 魏晉代 이후의 漢文簡紙文書槪括」『함안 성산산성 출토 목간의 내용과 성격』(국제학술회의 발표요지), 1999, 148쪽.

18) 윤선태, 「함안 성산산성 출토 신라 목간의 용도」『진단학보』 88, 1999.

19) 한국고대사학회, 『한국고대사연구』 19, 2000.

20) 박종익, 「함안 성산산성 발굴조사와 목간」『한국고대사연구』 19, 2000, 25쪽.

21) 주보돈, 「함안 성산산성 출토목간의 성격」『한국고대사연구』 19, 2000, 59쪽.

22) 이성시, 「한국 목간연구의 현황과 함안 성산산성 출토의 목간」『한국고대사연구』 19, 2000, 107쪽. 이는 일본식으로 6세기의 한국 목간에는 적용할 수가 없다. 함안 성산산성 목간은 공진물이 없는 30여 점은 역역 동원에 동원된 사람의 명적이다.

는 점이 있어서 문제가 된다.

그 후 2002년 12월에 성산산성에서 추가로 목간 65점이 출토되었다. 이와 거의 같은 시기에 신분증설을 재주장하는 견해가 나왔다.[23] 곧 稗類가 관등명이라고 추정되는 점, 목간이 성산산성 자체 내에서 제작된 것이라는 점을 주요 근거로 하여 일본학자에 의해 주장되었던 荷札說에 반대하고 목간 함안 성산산성 자체에서 만들어진 신분증설을 주장하였다.

2005년은 목간 연구에 있어서 중요한 해이다. 7월에 국립창원문화재연구소(현 국립가야문화재연구소)에서 『한국의 고대 목간』이라는 목간도록을 발간하였다. 여기에서는 한국에서 출토된 목간의 실물 크기의 적외선사진을 싣고 있다. 2017년에는 『한국의 고대 목간Ⅱ』가 출간되어 함안 성산산성 목간 연구의 새 장을 열게 되었다.

III. 성산산성 목간 용도의 검토[24]

지금까지 함안 성산산성 목간에 대해서는 크게 짐과 관련된 것과 사람과 관련된 것으로 크게 나눌 수 있다. 짐과 관련된 것으로 보는 설은 荷札說로 보는 것이 있고, 사람과 관련된 것으로 보는 설로는 身分證說과 名籍說이 있다. 이 3설을 나누어서 하나씩 검토해 보기로 하자.

1. 신분증설

신분증설은 성산산성 목간의 稗石 등을 외위명인 彼日로 보고서 잘못 시작

---

23) 박종익, 「함안 성산산성 목간의 성격검토」 『한국고고학보』 48, 2002, 152~153쪽.
24) 이 부분은 이용현, 『한국목간기초연구』, 2006, 351~363쪽을 발췌하였다.

된 가설이다.[25] 신분증설에서는 稗石 등의 稗類가 외위 피일과 관련되는 관련이 있다고 보고 다음과 같이 주장하였다.[26]

왜 이러한 형식으로 기록이 남아 있을까. 축성 이후의 守城과 관련하여 나타난 근무자의 신분증일까. 즉 조선시대의 호패처럼 타지방에서 차출되어온 병사들의 신분증표는 아닐까? 명문 목간 24점 가운데 3점을 제외하면 모든 묵서가 목간 하단부에서 頭部방향으로 쓰인 점이다. 목간을 묶어두기[패용하기] 위한 두부의 홈이나 구멍이 있는 반대쪽에서부터 글자가 시작되는데, 이는 목간을 묶어두는 끈이 긴 상태에서 보여주기 위한 것이 아닐까 한다. 목간의 인명 표기를 보면 왕경인은 없고, 지방민만 나오고 있다. ~지방민이 갖는 외위는 一伐과 稗石(=稗一)뿐이고, 이것을 명활산성비 · 남산신성비와 비교하면 上人집단으로 추정된다.

여기에서는 목간의 하단부에 있는 V자형 홈과 글자가 쓰인 방향, 또 목간의 기재된 내용을 근거로 목간을 상대방에게 보여주기 위해 만든 것으로 보는 듯하다. 이에 대해서는 다음과 같은 비판이 있다.[27]

첫째로 목간의 크기와 문자의 기재 방식이 너무도 기능적이지 못하다. 20~23cm가 넘는 것들도 있는데, 이를 허리에 늘어뜨릴 때는 몸을 움직이는데 방해가 되며, 보는 쪽은 글자가 반대 방향이 된다.

둘째로 하나의 목간에 복수의 지명과 복수의 인명이 기재되고 있는 것도 있어서 이를 한 개의 신분증으로 보기 어렵다.

셋째로 신분증이라면 관리에 의해 작성되었을 것이므로 현재의 목간보다는 좀 더 규격성이 있어야 할 것이다.

이러한 비판에도 불구하고 새로 발굴 조사된 65점의 함안 성산산성 목간 정

---

25) 김창호, 앞의 논문, 1998에서 처음으로 주장되었다.

26) 박종익, 앞의 논문, 1999, 183쪽.

27) 이성시, 앞의 논문, 1999, 60쪽.

보를 토대로 신분증설을 계속해서 주장하고 있다.[28] 이 가설은 함안 성산산성에서 목간이 제작되었다는 점을 근거로 삼고 있으나 그 중요한 근거는 다음과 같다.

첫째로 목간의 제작 과정을 나타내 주는 유물과 刀子와 붓이 함께 출토되고 있다.

둘째로 같은 내용, 같은 형식의 목간이 몇 점 확인되었다. 서로 하나씩 가지고 대조하기 위한 것으로 보았다. 이로 보아 현지에서 제작된 것이며, 그것은 신분확인용 목간이라고 할 수 있다.[29] 이상을 근거로 성산산성 목간이 현지에서 제작된 것이며. 그것은 신분확인용목간이라는 것이다.

먼저 7점 정도의 쌍둥이 목간으로[30] 성을 출입할 때와 나갈 때 사용된 신원확인용 목간으로 보기에는 20~23cm를 넘는 목간이 있어서 언뜻 따르기 어렵다. 다음으로 목간 자체가 신분과 荷物를 나타내는 것은 틀림없지만 신분확인용으로 보기에는 그 크기나 荷物의 표기가 있어서 따르기 어렵다.

2. 名籍說

명적설을 주장하고 있는 것은 최초로 소개된 24점의 함안 성산산성 목간의 내용을 통해 나온 가설로 그 중요한 견해는 다음과 같다.[31]

첫째로 함안 성산산성의 인명을 분석해 보면, 왕경인(6부인)은 없고, 지방민만이 나오고 있다.

둘째로 지방민이 갖는 외위는 一伐과 稗石(稗一)뿐이고, 이는 명활산성비·남산신성비와 비교하면 上人집단으로 추정된다.

---

28) 박종익, 앞의 논문, 2002.
29) 박종익, 앞의 논문, 2002, 154쪽.
30) 쌍둥이 목간은 성산산성 목간에서는 모두 7쌍이 나왔다.
31) 김창호, 앞의 논문, 1998.

이는 그 뒤의 새로운 자료의 출현으로 모두 무너진 가설이고,[32] 稗石(稗一)을 彼日로 본 것은 이 가설이 안고 있는 치명적인 약점이다. 성산산성의 지방민이 명활산성비·남산신성비의 上人집단과는 전혀 관련이 없다. 명적설은 그 뒤에도 나왔다.[33] 여기에서는 다음과 같은 이유를 근거로 명적설을 주장하고 있다.

첫째로 함안 성산산성을 축조하면서 그 분야별 책임자들의 인명 표기를 기록한 명부라는 점이다.

둘째로 축성 작업 및 그를 끝내고 난 뒤 작성되었을 비문의 기초 자료로서도 활용되었을 가능성이 크다.

셋째로 가장 빈번하게 보이는 仇利伐 출신자들이 동문을 담당했을 가능성이 크다.

넷째로 하나의 목간에 2인씩이 기재된 사례도 있어서 개인별로 소지할 수 있는 용도의 것은 아니다. 軍籍과 관련하여 개인이 소지한 것이라면 일시에 한 곳에 폐기될 리가 없을 것이므로 군적용은 아니다.[34] 명적설에 대한 다음과 같은 비판이 있다.

첫째 번 견해에서 분야별 책임자의 인명을 기록했다고 하나 축성의 분야별 책임자는 남산신성비의 上人집단으로 대표되지만 성산산성의 목간에는 통설처럼 上人집단이 없어서 문제이다.

둘째 번 견해에서 축성 작업 및 그를 끝내고 난 뒤 작성되었을 비문의 기초 자료로서도 활용되었을 가능성이 크다고 했으나 성산산성의 전면적인 발굴에도 불구하고 비석은 발견되지 않았다.

---

32) IV-597(183)번 正月中比思(伐)古尸次阿尺夷喙(앞면) 羅兮落及伐尺幷作前瓷酒四斗瓮(뒷면) '正月에 比思(伐)의 古尸次 阿尺의 夷(무리)와 喙(部) 羅兮落 及伐尺(경위명)이 아울러 前瓷酒 四斗瓮을 만들었다'의 예에서 보면 탁부 출신의 라혜락이 급벌척이란 경위를 가지고 있고, 古尸次 阿尺의 무리와 함께 술을 만들고 있어서 신분증설은 성립될 수가 없다.

33) 주보돈, 앞의 논문, 2000.

34) 이용현, 『한국목간기초연구』, 2006.

셋째 번 견해에서 가장 빈번하게 보이는 仇利伐 출신자들이 동문을 담당했을 가능성이 크다고 했으나 그 근거는 제시하지 않고 있다.

넷째 번 견해에서 하나의 목간에 2인씩이 기재된 사례도 있어서 개인별로 소지할 수 있는 용도의 것은 아니다라고 했으나 명적이라면 개인별 소유가 원칙이다.

명적설의 근거는 稗石(稗一) 등 稗類가 곡물 이름이 아니라 외위라는 가설에서 출발하였다. 그런데 새로 발굴된 65점의 목간에는 성산산성 목간 72(042)번에는 ~△一伐稗라고 명기되어 있어서 稗類를 더 이상 외위명으로 볼 수가 없다.

또 稗石(稗一) 등 稗類로 끝나는 목간은 荷札(付札)임을 인정하면서 그 이외의 일부목간에 대해서는 명적으로 파악한 절충설이다.[35] 여기에서는 목간을 A류와 B류로 구분하고, 그 가운데에서 A류가 명적, B류가 荷札이라고 하였다. B류는 稗石(稗一) 등 稗類가 들어있는 목간이고, A류는 그렇지 않는 목간이다. A류의 특징을 다음과 같이 보았다.

첫째로 각 지역에서 성산산성의 축성공사나 병역과 관련하여 차출된 사람들 곧 '役人의 名籍'이다.

둘째로 이후 이 목간은 함안의 관청에서 역이 끝날 때까지 개인 신상 관련의 명부로서 활용하다 폐기된 것이다.

그 근거로 다음과 같은 3가지를 들었다.

첫째로 A류 목간이 모두 구멍이나 ∨자홈이 있어 서로 묶고 정리할 수 있는 형태의 것이다.

둘째로 목간의 제작기법 · 형태 · 기재양식 · 필체 등에서 A류를 다시 a · b · c로 구분하여 그 사이의 뚜렷한 지역성을 설정할 수 있다.

셋째로 둘째의 b의 경우 追記가 있어 목간이 이동된 뒤에 함안의 행정관이 이를 재이용되는 과정에서 기록된 것으로 볼 수 있다.

---

35) 윤선태, 앞의 논문, 1999.

B류 목간이 대개 구멍이나 ∨자홈이 있어 서로 묶고 정리할 수 있는 형태의 것이 문제이고, 이들 목간은 함안의 관청에서 역이 끝날 때까지 개인 신상 관련의 명부로서 활용하다 폐기된 것이라고 한다면 동문지 밖의 습지에서 일괄 유물로 발굴되는 이유를 알 수가 없다. A류와 B류로 나누는 것은 그 분류 자체가 잘못된 것이다. A류를 패류가 들어있는 목간과 B류를 그렇지 않는 목간으로 보고 있으나 米나 麥이 나오는 목간도 명적으로 보아야 할 것이다.

3. 荷札說

함안 성산산성의 하찰설은 일인학자에 의해 주장되었다.[36] 7~8세기 목간이 주축을 이루는 일본의 성과를 6세기의 성산산성 목간에 적용할 수 있을지 의문이다. 이 하찰설에서는 목간의 모양에 주목하여 목간에 구멍이 있거나 홈이 파여 있을 경우 이를 모두 移動物에 부착된 것으로 보았다. 또 목간 5(244)번의 마지막 글자를 塩자로 확정하고 稗이외의 공진물을 하나 더 늘였다. 전체적으로 성산산성의 목간은 지명+인명+관등명의 구조가 아니라 지명+인명+관등명+물품명으로, 다시 말해 지명+인명+외위명+물품명+수량으로 구성되고 있는 하찰이라고 하였다.[37]

함안 성산산성 목간의 형상(=모양·형태)과 기재 양식으로 보아 대개가 거의 동일한 성격의 것이며, 物品付札 즉 물품에 붙는 꼬리표라고 하였다.[38] 稗石의 石은 一石의 合字로 稗石은 稗一石으로 해석할 수 있으며, 稗一은 稗一石의 줄인 형태라 하였다. 아울러 공진물 부착에서 물품이 생략되는 예가 일본 목간

---

36) 平川 南, 「함안 성산산성 출토 목간」『함안 성산산성 출토목간의 내용과 성격』, 1999.
    이성시, 앞의 논문, 1999.

37) 이성시, 앞의 논문, 2000.

38) 平川 南, 앞의 논문, 1999.

에서 보이는 점을 들고서 이를 지명+인명+관등명 형식의 목간도 그러한 형식에 속하는 것으로 보았다.

그런데 목간 3(222)번처럼 목간에 구멍이 없거나 홈이 파여 있지 않을 경우에도 荷札로 볼 지가 의문이다. 또 하찰설을 함안 산성성산 목간에 적용할 때 목간에 구멍이 있거나 홈이 파여 있을 때 이외의 근거가 없다. 또 목간에 구멍이 있거나 홈이 파여 있을 때, 목간의 밑에 구멍이 있고, 홈이 파인 이유에 대한 설명이 없다.[39]

IV. 物品꼬리표설

함안 성산산성 목간이 성산산성이외의 지역에서 만들어졌다면 荷札이고, 성산산성에서 제작되었다면 物品꼬리표로 해석할 수밖에 없다. 荷札說은 7~8세기 일본 목간에서 얻어진 결론에서 나온 것으로 6세기의 성산산성 목간에는 적용에는 한계가 있다. 6세기의 목간이 거의 없는 일본 예에 의거해서 6세기의 신라 목간을 풀이하는 것은 한계가 있다. 또 단편적 사료인 성산산성의 목간으로 그 제작지를 살펴보는 것은 한계가 있다. 바꾸어 말하면 荷札說에서 함안 성산산성 이외의 지역에서 목간이 제작되었다고 증명하기도 어렵다.

여기에서는 9가지의 예를 들어서 성산산성의 제작지를 검토해 보고자 한다.

첫째로 지명의 한자가 잘못되어 있는 점이 거의 없는 점이다.

20번 古阤伊骨利村△(앞면) 仇仍支稗發(뒷면)
28번 古阤伊骨利村阿那衆智卜利古支(앞면) 稗發(뒷면)

---

39) 하찰설은 성산산성 목간에서 공진물이 없는 목간이 30여 예가 되어서 이는 역역을 위한 명찰로 보인다.

31번 古阤一古利村末那(앞면) 毛羅次尸智稗石(뒷면)
2006-30번 古阤伊骨村阿那(앞면) 仇利稿支稗發(뒷면)
2007-11번 古阤一古利村末那(앞면) 殆利夫稗(石)(뒷면)
2007-14번 古阤一古利村末那仇△(앞면) 稗石(뒷면)
2007-17번 古阤一古利村△~(앞면) 乃兮支稗石(뒷면)
2007-25번 古阤一古利村阿那弥伊△久(앞면) 稗石(뒷면)
2007-33번 古阤一古利村末那沙見(앞면) 日糸利稗石(뒷면)
IV-595번 古阤一古利村夲波(앞면) 阤ㄹ支 稗發(뒷면)
V-163번 古阤一古利村夲波(앞면) 阤ㄹ只稗發(뒷면)

둘째로 古阤 목간은 모두 앞면과 뒷면의 양면으로 되어 있다. 가장 흥미로운
점은 古阤 목간에서만 나오는 一古利村과 伊骨利村은 동일한 촌명인지 여부이
다. 우선 목간 2006-30번의 伊骨村은 伊骨利村에서 利자가 빠진 동일한 촌명이
다. 古阤에서만 一古利村과 伊骨利村은 음상사이므로 동일한 지명으로 판단된
다.[40]

仇伐(7번, 52번, 2007-6번, 2007-12번, 2007-37번)과 丘伐(2007-48번, 2016-
W66번), 仇利伐(5번 등 다수)과 丘利伐(2016-W89번)과 上彡者村(1번, 3번, 34
번)과 上三者村(2016-W62번)을 제외하면 음만으로 동일한 지명을 표기한 예
가 없다. 이는 남산신성비 제2비(阿旦兮村과 阿大兮村, 沙刀城과 沙戶城, 久利
城과 仇利城 가 크게 차이가 있음)의 14명 인명 표기 차이보다 함안 성산산성의
229명 인명 표기가 그 차이가 적다. 함안 성산산성에서는 一古利村이 伊骨利村
으로 나오고 나머지 3예는 음은 같고 한자가 틀릴 뿐이다. 이렇게 정확한 한자
로 지명을 적는 것은 성산산성에서 목간을 제작했기 때문으로 보인다. 그렇지
않고 각 지방에서 제작되었다면 夲波, 阿那, 前那, 末那, 未那 등의 땅 이름이
같을 수가 없다. 따라서 목간은 성산산성에서도 제작되었다고 본다.

---

40) 동일한 지명이 아니면 목간이 성산산성에서 제작되었다는 입론은 더 설득력을 갖게
    된다.

셋째로 유사 쌍둥이 목간 2점의 예로 들 수가 있다.

> 2006-7번 買谷村古光斯珎于(앞면) 稗石(뒷면) '買谷村의 古光과 斯珎于가 낸 稗 1石이다.'
> 2007-61번 買谷村物礼利(앞면) 斯珎于稗石(뒷면) '買谷村의 物礼利와 斯珎于가 낸 稗 1石이다.'
> 2007-23번 及伐城文尸伊稗石 '及伐城의 文尸伊가 낸 稗 1石이다.'
> 2007-24번 及伐城文尸伊急伐尸稗石 '及伐城의 文尸伊와 急伐尸이 낸 稗 1石이다.'

斯珎于의 경우다. 斯珎于는 목간 2006-7번에서는 古光과 목간 2007-61번에서는 物礼利와 각각 공진물을 함께 내고 있다. 이 경우 斯珎于는 산지에서 稗石을 낸다고 목간을 만들었다면 독립되게 斯珎于만의 목간이 있어야 된다. 목간 2007-23번과 2007-24번에서 文尸伊는 공통적으로 나와서 쌍둥이 목간이 아닌 유사 쌍둥이 목간이다. 이 경우 文尸伊의 공물이 양분된 점이 주목된다. 이 경우 文尸伊의 공진물이 稗石을 초과하기 때문으로 볼 수가 있다. 이는 목간이 성산산성에서 제작되었다는 근거가 된다.

넷째로 산지의 달이 나오는 목간을 통해서 목간의 산지를 추정할 수 있다.

> V-164번 三月中鐵山下麥十五斗(앞면) 王私△阿礼村波利足(뒷면) '三月에 鐵山 下의 麥 十五斗을 王私(땅 이름)인 △阿礼村의 波利足이 낸 것이다.'

三月에 보리는 나오지 않는다. 보리는 양력 6월에 생산된다. 따라서 음력 3월과 보리의 공진과는 관계가 없다. 그래서 三月[양력 4월]에 보리를 정확하게 양을 정하여 공진물을 적을 수 있는 것은 보리의 생산지가 아닌 소비지인 함안 성산산성으로 판단된다.

다섯째로 왕경인과 지방민이 한 목간에 나오므로 왕경에서 작성했는지, 지방에서 작성했는지를 알 수 없다.

IV-597번 正月中比思(伐)古尸次阿尺夷喙(앞면) 羅兮落及伐尺幷作前瓷酒四
斗瓮(뒷면) '正月에 比思(伐)의 古尸次 阿尺의 夷(무리, 동료)와 喙(部)
羅兮落 及伐尺(경위명)이 아울러 前瓷酒 四斗瓮을 만들었다.'

이 목간의 比思(伐)의 古尸次 阿尺의 동료와 喙(部) 羅兮落 及伐尺(경위명)
이 함께 나와서 어디에서 목간을 작성했는지 알 수 없어서 성산산성에서 목간이
작성되었다고 보는 쪽이 타당할 것이다.

여섯째로 목간에 구멍이 있거나 홈이 파여 있을 경우에도 荷札에서만 필요
한 것이 아니라 물품꼬리표에서도 홈이 필요하다. 이 경우 목간에 구멍이 없거
나 홈이 파여 있지 않을 경우도 쉽게 그 이유를 해결할 수 있다. 목간을 가마니
등에 물품에 위에 놓거나 꽂아 두어서 그렇다고 해석할 수 있다.

일곱째로 양쪽에 홈이 파져 있고 목흔이 전혀 없는 2006-34번과 같은 이른바
예비용 목간이 성산산성에서 발견되었다. 긴사각형(일본 용어: 단책형)의 미사
용 목간이 있는 점이다. 2007-I처럼 하단부가 완형인데, 삼각형의 홈이 파져있
지 않고 있다. 이는 위의 목간들이 성산산성에서 제작된 것이지 생산지에서 만
들어져서 예비용으로 가져올 이유가 없는 것이다.

여덟째로 목간이 출토된 동문지 부근의 내부 저습지에서 미완성의 목제품 및
많은 목재 찌꺼기[治木片]들이 두껍게 압착되어 있던 현장 상황이다. 계속해서
묵서용 붓, 목간 등을 제작하기 위하여 原木을 治木하거나 묵서의 지우개로 사
용한 것으로 추정되는 刀子 및 그 칼집, 도자의 자루 부분, 묵서용 붓 등이 보고
되었다는 점이다.

아홉째로 2016-W104번의 沙喙部負나 IV-597번의 喙(部) 羅兮落 及伐尺(경
위명)이 나와서 6부인도 목간을 만들어서 가지고 왔다고 생각되지 않는 점이다.

이상과 같은 9가지의 이유에서 함안 성산산성 목간이 성산산성에서도 제작
되었다고 추정하고, 쌍둥이 목간 목간에 의에 공물의 생산지에서도 목간을 만
들었다고 추정하는 바이다.

IV. 맺음말

　함안 성산산성 목간의 용도는 신분증설, 명적설, 하찰설, 물품꼬리표설 등이 있어 왔다. 의사 쌍둥이 목간 등 9가지의 이유에서 성산산성에서도 목간이 제작되었고, 목간이 출발지에서 공진물이 있는 경우는 하찰로 제작되었음은 당연한 것이다. 이를 뒷받침하는 것이 7쌍의 쌍둥이 목간이다. 어느 것도 그 글씨가 모두 달라서 동일 지역에서 작성되지 않았다. 애초 출발지에서 공진물이 있는 것은 하찰로 작성되어 성산산성에 도달해서 다시 문서 장부로 쓰기 위해 목간을 작성했고, 목간이 동문지 근처에 묻힌 것은 하찰로 와서 공물 낱낱에 매달려 있던 하찰이 아니라 성산산성 역역 담당자들이 하찰의 역할을 하지 않았는 복제된 하찰을 모아서 가지고 있던 장부의 물품 대장으로 쓰인 것으로 판단되어 하찰설은 따르기 어렵다. 모두에 대해 하찰설이 성립되기 위해서는 공물의 낱낱에 매달려 있던 목간을 거두어서 동문지에 버렸다는 전제가 필요하다. 공진물이 없는 30여 점은 역역과 관련되는 명적이고, 나머지는 하찰이나 이들은 모두 성산산성에서 1부를 더 만들어서 장부로 사용한 물품꼬리표이다. 이것이 동문지 근처에 버려진 것으로 어떻게 부를지 알 수가 없다.

제2절

함안 성산산성 목간으로 본 신라의 지방통치체제

I. 머리말

한국의 고대 목간은 종이가 없던 시대에 종이 대신에 나무를 깎아서 긴 사각형에 가깝게 만든 데에 붓으로 한자를 쓴 것이다. 1면에만 글씨가 있는 것이 있고, 앞면과 뒷면의 양면으로 된 것이 있고, 드물게는 4면으로 된 문서목간이 있다. 고구려의 예는 없고, 백제 사비성시대의 왕경과 지방 목간, 고신라의 왕경과 지방 목간, 통일신라의 왕경과 지방 목간 등이 있다. 목간의 대부분은 인명 표기가 주류를 이루고 있다. 인명 표기는 신라의 경우는 직명+출신지명+인명+관등명이고, 백제의 경우는 직명+부명+관등명+인명의 순서이다. 그래서 금석문과 목간을 연구하는 데에 있어서 인명 표기의 중요성은 아무리 강조해도 지나치지 않다.

고신라의 지방제도는 주군성촌제로 되어 있으며 주에 軍主, 군에 幢主, 성촌에 道使가 각각 파견되는 것으로 이해해 왔다. 곧 군주는 △△州軍主로 표기된 예가 없고 당주도 △△郡幢主로 표기된 예가 없다. 겨우 나오는 것이 주명이 나오는 예로는 上州行使大等과 下州行使大等이란 주명뿐이고, 군명이 나오는 예로는 于抽悉支阿西河郡使大等 뿐이다. 그래서 △△州軍主, △△郡幢主이란 지명이 없어서 군주는 지방행정의 장임을 의심하지 않았으나 당주는 의심해 왔다. 행정성촌의 장으로 불리는 도사는 지명이 성촌이 끝난 곳이 있어서 쉽게 받아지고 있으나 남산신성비 제1비에서는 성촌으로 끝나지 않는 지명 뒤에 道使가 오고 있다. 또 남산신성비 제5비에는 ~道使幢主란 직명이 있어서 당주는 군의 장,

도사는 행정촌의 장으로 보기도 어렵다.[1] 고신라 지방제도는 주의 장, 군의 장을 규정하기가 어렵다. 더구나 성촌의 장을 논하기는 아직까지 시기상조인 느낌이 든다. 곧 군의 장이 누구인지 하는 문제와 성촌의 장이 누구인지 하는 문제는 대단히 어렵다. 여기에서는 창녕비 등의 금석문 자료와 함께 고신라 지방통치조직에 대해 살펴보고자 한다.

여기에서는 먼저 함안 성산산성의 지배통치와 관련된 자료를 제시하고, 다음으로 성산산성 목간의 작성 시기를 살펴보고, 마지막으로 목간으로 본 신라의 지방 통치를 살펴보고자 하겠다.

II. 자료의 제시

<구리벌>

1번 仇利伐/上乡者村(앞면) 乞利(뒷면) '仇利伐 上乡者村의 乞利이다.'

3번 仇利伐/上乡者村 波婁 '仇利伐 上乡者村의 波婁이다.'

4번 仇利伐/仇失了一伐/尒利△一伐 '仇利伐의 仇失了 一伐과 尒利△ 一伐이다.'

5번 仇利伐△德知一伐奴人 塩 (負) '仇利伐의 △德知 一伐이며 奴人인 그가 소금[塩]의 負를 졌다.'

33번 仇利伐/(彤)谷村/仇礼支 負 '仇利伐 彤谷村의 仇礼支가 낸 負이다.'

34번 仇利伐/上乡者村 波婁 '仇利伐 上乡者村의 波婁이다.'

36번 (仇利伐)/只郎智奴/於△支 負 '仇利伐의 只郎智가 奴이고, 그의 짐꾼인 於△支의 짐이다.'

2006-10번 (仇利伐)/△△△奴/△△支 負 '仇利伐의 △△△가 奴이고, 그의 짐꾼인 △△支의 짐이다.'

---

1) 道使를 행정촌의 장으로 보려고 하면 중성리비에서는 奈蘇毒只道使, 냉수리비에서는 耽湏道使만이 지방관으로서 6세기의 軍主 대신에 隨駕하고 있어서 道使를 郡의 長으로 볼 수밖에 없다.

2006-24번 仇利伐/ 比多湏 奴 先能支 負 '仇利伐의 比多湏의 奴이고, 그의 짐
꾼인 先能支의 負이다.'

2007-27번 仇利伐/ 郝豆智奴人/△支 負 '仇利伐의 郝豆智가 奴人이고, 그의
짐꾼인 △支의 짐이다.'

2007-53번 仇利伐/習彤村/ 牟利之 負 '仇利伐 習彤村의 牟利之의 負이다.'

IV-587번 仇利伐/△伐彡△村 伊面於支 負 '仇利伐 △伐彡△村의 伊面於支의
負이다.'

IV-591번 仇(利伐) △△智(奴)人 △△△ 負 '仇(利伐)의 △△智가 (奴)이고, 그
의 짐꾼인 △△△의 負이다.'

2016-W62번 仇利伐/上彡者村△△△△ '仇利伐 上三者村의 △△△△이다.'

2016-W89번 丘利伐/卜今智上干支 奴/△△巴支 負 '丘利伐의 卜今智 上干支
이며, 奴이고, 그의 짐꾼인 △△巴支의 負이다.'

2016-W92번 仇利伐/夫及知一伐 奴人/宍巴礼 負 '仇利伐의 夫及知가 一伐이
고, 奴人이고, 그의 짐꾼인 宍巴礼의 짐이다.'

<고타>

20번 古阤伊骨利村△(앞면) 仇仍支稗發(뒷면) '古阤 伊骨利村의 △仇仍支가
낸 稗 1바리(1석?)이다.'

28번 古阤伊骨利村阿那衆智卜利古支(앞면) 稗發(뒷면) '古阤 伊骨利村의 阿
那(땅 이름)의 衆智와 卜利古支가 낸 稗 1바리(1석?)이다.'

29번 古阤新村智利知一尺那△(앞면) 豆于利智稗石(뒷면) 古阤 新村의 智利
知 一尺과 那△의 豆于利智가 낸 稗 1石이다.'

31번 古阤一古利村末那(앞면) 毛羅次尸智稗石(뒷면) '古阤 一古利村의 末那
(땅 이름)의 毛羅次尸智가 낸 稗 1石이다.'

2006-30번 古阤伊骨村阿那(앞면) 仇利稿支稗發(뒷면) '古阤 伊骨村의 阿那
(땅 이름)의 仇利稿支가 낸 稗 1바리(1석?)이다.'

2007-10번 古阤新村冏斤△利(앞면) 沙礼(뒷면) '古阤 新村의 冏斤△利와 沙礼
이다.'

2007-11번 古阤一古利村末那(앞면) 殆利夫稗(石)(뒷면) '古阤의 一古利村 末
那(땅 이름)의 殆利夫가 낸 稗 1(石)이다.'

2007-14번 古阤一古利村末那仇△(앞면) 稗石(뒷면) '古阤의 一古利村 末那
(땅 이름)의 仇△가 낸 稗 1石이다.'

2007-17번 古阤一古利村△~(앞면) 乃兮支稗石(뒷면) '古阤의 一古利村의 △~
乃兮支가 낸 稗 1石이다.'

2007-25번 古阤一古利村阿那弥伊△久(앞면) 稗石(뒷면) '古阤의 一古利村 阿
那(땅 이름)의 弥伊△久가 낸 稗 1石이다.'

2007-33번 古阤一古利村末那沙見(앞면) 日糸利稗石(뒷면) '古阤의 一古利村
末那(땅 이름)의 沙見日糸利가 낸 稗 1石이다.'

2007-57번 古阤夲波豆物烈智△(앞면) 勿大分(뒷면) '古阤 夲波(땅 이름)인 豆
物烈智와 △勿大分이다.'

Ⅳ-595번 古阤一古利村夲波(앞면) 阤ʒ支 稗發(뒷면) '古阤 一古利村의 夲波
(땅 이름)이며, 阤ʒ支가 낸 稗 1바리(1석?)이다.'

Ⅴ-163번 古阤一古利村夲波(앞면) 阤ʒ只稗發(뒷면) '古阤 一古利村의 夲波
(땅 이름)이며, 阤ʒ只가 낸 稗 1바리(1석?)이다.'

Ⅴ-166번 古阤智伊末妍上干一大分伐(앞면) 豆幼去(뒷면) '古阤의 伊末妍 上
干(支)와 一大分豆幼去이다.'

<감문성>

2번 甘文城下麥甘文夲波王私(앞면) 文利村(知)利分負(뒷면) '甘文城 下의 麥
을 甘文의 夲波(땅 이름)이고, 王私(땅 이름)인 文利村의 (知)利分負가 (낸
뭐이다.)'

10번 甘文夲波居村旦利村伊竹伊 '甘文의 夲波(땅 이름)인 居村旦利村의 伊竹
伊이다.'

2006-1번 甘文城下麥夲波大村毛利只(앞면) 一石(뒷면) '甘文城 下의 麥을 夲
波(땅 이름)인 大村의 毛利只가 낸 一石이다.'

2007-45번 甘文城下(麥)米十一(斗)石(喙)大村卜只持去 '甘文城 下의 (麥)과
米 十一(斗)石은 (喙)大村의 卜只持去가 낸 것이다.'

Ⅴ-165번 甘文(城)下麥十五石甘文(앞면) 夲波加本斯稗一石之(뒷면) '甘文(城)
下의 麥 十五石을 甘文의 夲波(땅 이름)인 加本斯와 稗一石之이 낸 것이다.'

2016-W94번 甘文城下麥十五石甘文夲波(앞면) (伊)次只去之(뒷면) '甘文城 下
의 麥 十五石을 甘文(군명) 夲波(땅 이름)인, (伊)次只去之가 낸 것이다.'

<급벌성>

8번 及伐城秀乃巴稗 '及伐城의 秀乃巴가 낸 稗이다.'

42번 及伐城立龍稗石 '及伐城의 立龍이 낸 稗 1石이다.'

74번 及伐城只智稗石 '及伐城의 只智가 낸 稗 1石이다.'

80번 及伐城△△ 稗石 '及伐城의 △△가 낸 稗 1石이다.'

2007-23번 及伐城文尸伊稗石 '及伐城의 文尸伊가 낸 稗 1石이다.'

2007-24번 及伐城文尸伊急伐尺稗石 '及伐城의 文尸伊와 急伐尺이 낸 稗 1石이다.'

2007-42번 及伐城登奴稗石 '及伐城의 登奴가 낸 稗 1石이다.'

IV-590번 及伐城日沙利稗石 '及伐城의 日沙利가 낸 稗 1石이다.'

<구벌>

7번 仇伐干好律村卑尸稗石 '仇伐 干好律村의 卑尸가 낸 稗 1石이다.'

52번 仇伐阿那舌只稗石 '仇伐의 阿那(땅 이름)의 舌只가 낸 稗 1石이다.'

2007-6번 仇伐末那沙刀礼奴(앞면) 弥次分稗石(뒷면) '仇伐 末那(땅 이름)의 沙刀礼奴와 弥次分이 낸 稗 1石이다.'

2007-37번 仇伐阿那內欣買子(앞면) 一万買稗石(뒷면) '仇伐 阿那(땅 이름)의 內欣買子와 一万買가 낸 稗 1石이다.'

2007-48번 丘伐稗石 '丘伐에서 낸 稗 1石이다.'

2016-W66번 丘伐未那早尸智居伐尺奴(앞면) 能利智稗石(뒷면) '丘伐 未那(땅 이름)의 早尸智와 居伐尺과 奴能利智가 낸 稗 1石이다.'

<이진지성>

30번 夷津支阿那古刀羅只豆支(앞면) 稗(뒷면) '夷津支의 阿那(땅 이름)의 古刀羅只豆支가 낸 稗이다.'

2006-4번 夷津卒波只那公末△稗 '夷津의 卒波(땅 이름)이며, 只那公末△이 낸 稗이다.'

2007-30번 夷(津)支士斯石村末△△烋(앞면) 麥(뒷면) '夷(津)支의 士斯石村의 末△△烋가 낸 麥이다.'

2007-44번 夷津支城下麥王私巴珎兮村(앞면) 弥次二石(뒷면) '夷津支城 下의 麥은 王私(땅 이름)인 巴珎兮村(행정촌명)의 弥次가 낸 二石이다.'

2007-304번 夷津支城下麥烏列支負(앞면) △△△石(뒷면) '夷津支城 下의 麥을 烏列支(행정촌명)의 負△△가 (낸 몇)石이다.'

<추문촌>

39번 鄒文比尸河村尒利牟利 '鄒文 比尸河村의 尒利牟利이다.'

54번 鄒文△△△村△夲石 '鄒文 △△△村의 △夲石이다.'

2006-17번 鄒文村內旦利(魚) '鄒文村의 內旦利가 낸 (魚)이다.'

2007-52번 鄒文(前)那牟只村(앞면) 伊△(習)(뒷면) '鄒文 (前)那(땅 이름)의 牟只村의 伊△(習)이다.'

<수벌>
77번 湏伐夲波居湏智 '湏伐 夲波(夲原)의 居湏智이다.'

<물사벌>
2007-15번 勿思伐 豆只稗一石 '勿思伐의 豆只가 낸 稗 一石이다.'

<오다>
6번 王私烏多伊伐支乞負支 '王私(땅 이름) 烏多(군명) 伊伐支(행정촌명)의 乞
　　負支이다.'
2006-25번 王私烏多伊伐支卜烋 '王私(땅 이름) 烏多(군명) 伊伐支(행정촌명)
　　의 卜烋이다.'

<另盖>
50번 另盖陽村末稗石 '另盖(군명) 陽村(행정촌명)의 末이 낸 稗 1石이다.'
2007-4번 另盖次介利△介稗 '另盖의 次介利△介가 낸 稗이다.'
2007-16번 另盖介欲(弥支) '另盖의 介欲(弥支)이다.'
2007-22번 另盖奈夷(利)稗 '另盖의 奈夷(利)가 낸 稗이다.'

<철산>
Ⅴ-164번 三月中鐵山下麥十五斗(앞면) 王私 △河礼村波利足(뒷면) '三月에
　　鐵山 下의 麥 五十斗를 王私(땅 이름)인 △河礼村(행정촌명)의 波利足이
　　낸 것이다.'

<비사벌>
Ⅳ-597번 正月中比思(伐)古尸次阿尺夷喙(앞면) 羅兮落及伐尺幷作前瓷酒四
　　斗瓮(뒷면) '正月에 比思(伐)의 古尸次 阿尺의 夷(무리, 동료)와 喙(部)
　　羅兮落 及伐尺(경위명)이 아울러 前瓷酒 四斗瓮을 만들었다.'

<왕자년(△)>
2016-W155번 王子年△改大村△刀只(앞면) 米一石(뒷면) '王子年의 △改大
　　村의 △刀只가 낸 米 一石이다.' 또는 '王子年(郡名)의 改大村의 △刀只
　　가 낸 米 一石이다.'

<파진혜성>
60번 巴珎兮城下(麥)~(앞면) 巴珎兮村~(뒷면) '巴珎兮城 下의 (麥을) 巴珎兮
村의 누구가 (몇 石)낸 뭐이다.' 또는 '巴珎兮城 下의 (麥) (~石을) 巴珎兮
村의 누구가 낸 것이다.'

仇利伐이 郡名임은 목간 1번 仇利伐上彡者村乞利, 목간 3번과 34번의 3번
仇利伐/上彡者村 波婁, 2016-W62번 仇利伐/上彡者村△△△△에서 上彡者村
은 『삼국사기』, 지리지 康州 咸安郡 領縣인 김彡縣이다. 따라서 仇利伐은 군명
이다.

伊伐支는 『삼국사기』, 지리지에 隣豊縣 本高句麗伊伐支縣이라고 나오고 있
는데, 경북 영주시 부석면일대이다. 伊伐支의 앞에 나오는 烏多는 군명이다.

甘文은 창녕비(561년)에 甘文軍主가 있던 곳이다. 『삼국사기』 권34, 지3, 지
리1에 開寧郡 古甘文小國也라고 나오는 김천시 개령면이다.

古阤는 『삼국사기』 권34, 지3, 지리1에 나오는 古昌郡 本古陀耶郡으로 현재
의 안동시 일대이다.

及伐城은 남산신성비 제9비에 나오는 伋伐山과 동일한 지명이다. 『삼국사
기』 권35, 지4, 지리2에 나오는 岋山郡 本高句麗及伐山郡이라고 나오는데, 현
재의 영주시 부석면 일대이다.

仇伐은 소지마립간 7년(485)에 축성했다는 仇伐城과 같은 지역으로『삼국사
기』 권34, 지3, 지리1에 나오는 仇火縣과 동일한 곳으로 현재 의성군 단촌면 일
대이다.

須伐은 확실하지 않지만 상주의 고명인 沙伐과 같은 것으로 볼 수가 있다.[2]

이상은 감문성 지역에 속하는 군명과 행정촌명들이다. 그 밖의 오다, 弓盖,
철산, 파진혜성, 이진지성, 구리벌, 왕자년(△)는 郡名이지만 그 정확한 위치를

---

2) 貞元十四年銘(798년) 永川菁堤碑에 沙喙部의 沙喙을 須喙라고 표기한 예가 있다
(金昌鎬, 「永川 菁堤碑 貞元十四年銘의 再檢討」『韓國史研究』 43, 1983). 그래서
沙伐과 須伐은 통하게 된다.

알 수가 없다. 행정촌명이면서 위치를 알 수 있는 자료로 買谷村이 나온다. 買谷村은 『삼국사기』 권35, 지4, 지리2에 나오는 善谷縣 本高句麗買谷縣이라고 나오는데, 현재의 안동시 도산면과 예안면 일대이다.

III. 성산산성 목간의 작성 시기

함안성산 목간에는 연간지나[3] 연호가[4] 나오지 않아서 연대 설정에 어려움이 대단히 크다. 우회적인 방법이긴 하지만, 성산산성 목간에 나오는 관등명

---

3) 손환일, 「한국 목간에 사용된 주제별 용어 분류」 『신라사학보』 26, 2012, 379쪽에서는 乙亥란 연간지가 성산산성 목간 65번에 나온다고 하였다. 乙亥는 555년이 되나 잘못 읽은 것으로 판단된다. 곧 한 면 또는 두 면으로 된 함안 성산산성 목간에서는 연간지가 나온 예가 없기 때문이다. 또 손환일은 『동아일보』 인터넷판 2017년 3월 6일자에 의하면, 목간 2016-W155번에서 王子年△改大村△刀只(앞면) 米一石(뒷면)을 壬子年△△大村△刀只(앞면) 米一石(뒷면)으로 판독하고서, 壬子年을 532년 또는 592년으로 주장하고 있으나 따르기 어렵다. 만약에 판독이 옳다면 592년설은 대가야 멸망인 562년보다 늦어서 592년 당시에 성산산성을 축조했다고 보기 어려워 성립될 수가 없고, 532년설은 금관가야의 스스로 신라에 귀부하여 멸망한 해이고, 안라국도 532년에 신라에 귀부해 항복했다면 문헌에 기록이 남았을 것인데, 그 기록이 없어서 성립되기 어렵다. 따라서 壬子年의 판독은 잘못된 것으로 성립될 가능성이 전혀 없다. 이 목간은 王子年△(郡名)의 改大村(행정촌) △刀只가 쌀 1석을 냈다로 해석되거나 王子年(군명)의 △改大村(행정촌) △刀只가 쌀 1석을 냈다로 해석된다.
△표시는 글자는 분명히 있으나, 읽을 수 없는 글자의 표시이다.
앞으로 사면으로 된 문서 목간에서 연간지가 나올 가능성이 있다. 1면 또는 앞뒷면으로 된 물품꼬리표 목간에서는 연간지가 나올 가능성은 전혀 없다. 앞으로 발굴 조사가 기대되는 바이다.
4) 성산산성 목간에서 연호가 나올 가능성도 있을 것이다. 왜냐하면 신라의 최초의 연호는 建元으로 536년에 開元했기 때문이다. 성산산성의 신축이 540년경이라서 더욱 그러하고, 年干支도 4면 목간에서 나올 가능성이 있다.

을 고신라의 자료와 비교해 연대를 검토할 수밖에 없다. 一伐이란 외위가 몇 번 나오지만 목간 4번의 仇利伐/仇失了一伐/尒利△一伐,[5] 목간 5번의 仇利伐△ 德知一伐奴人 塩, 목간 14번의 大村伊息知一伐, 목간 72번의 △一伐稗, 목간 2007-8번과 목간 2007-31번[쌍둥이 목간]의 仇利伐 仇阤知一伐奴人 毛利支 負, 목간 2007-21번의 ~豆留只一伐 등이 나오지만 별로 연대 추정에 도움이 되지 않는다. IV-597번 正月中比思(伐)古尸次阿尺夷喙(앞면) 羅兮落及伐尺幷作前 瓷酒四斗瓮(뒷면)의 阿尺, 29번 古阤新村智利知一尺那△(앞면) 豆于利智稗石 (뒷면)의 一尺, 2016-W92번 仇利伐/夫△知一伐/宋巴礼 負의 阿尺, 一尺, 一伐 등은 연대 설정에 결정적인 도움이 되지 않는다. 一伐은 봉평비(524년)에 나오 는 것이 그 연대가 가장 빠르다. 一伐 이외에 봉평비와 목간에는 一尺과 阿尺도 나온다. 이들 一伐과 一尺과 阿尺이란 외위명은 524년 작성의 봉평비에 나온 다. 목간 23번의 ~△知上干支나 V-166번의 古阤未妍上干一大兮伐(앞면) 豆幼 去(뒷면)나[6] 2016-W89번 丘利伐/卜今智上干支奴/△△巴支 負에서[7] 干支로 끝나는 외위명이 나와서 그 시기는 551년의 명활산성비에서 나온 下干支에 근 거할 때, 551년이 하한이다. 종래 오작비(578년) 제③행의 大工尺仇利支村壹利 力兮貴干支△上△壹△利干를[8] 大工尺인 仇利支村의 壹利力兮貴干支와 △ 上△壹△利干으로 분석해 왔으나 大工尺인 仇利支村의 壹利力兮貴干과 支△ 上(干)과 壹△利干으로 본 견해가 나왔다.[9] 이렇게 보는 쪽이 오히려 타당할 것 같다. 그러면 금석문에서 관등명의 끝에 붙는 干支의 支자가 소멸하는 시기를

---

5) /표시는 할서[두 줄로 쓰기]를 표시하는 것으로 본고 전체에 적용된다.

6) 古阤未妍上干은 540년경에 上干은 上干支의 支가 잘못 쓰지 않은 예이다.

7) 양석진 · 민경선, 「함안 성산산성 출토 목간 신자료」『목간과 문자』 14, 2015에 의거 하였다.

8) 판독은 한국고대사회연구소, 『역주 한국고대금석문』 II(신라 I, 가야편), 1992, 98 쪽에 따랐다.

9) 전덕재, 앞의 논문, 2007, 69쪽.

명활성비의 작성 시기인 551년으로 볼 수가 있다.

2017년에 새로 발표된 목간에는 다음과 같은 것이 있다.[10]

> 2016-W150번 三月中眞乃滅村主憛怖白(제1면)
> 　大城在弥卽尒智大舍下智前去白之(제2면)
> 　卽白先節六十日代法稚然(제3면)
> 　伊毛罹及伐尺寀言廻法卅代告今卅日食去白之(제4면)
> '三月에 眞乃滅村主인 憛怖白이[11] 大城에 있는 弥卽尒智 大舍下智의 앞에 가
> 서 아뢰었습니다. 곧 아뢴 앞선 때에 六十日代法은 稚然(未熟)하였습니다. 伊
> 毛罹 及伐尺께 寀(祿俸)에 말하기를 法을 피해 卅代를 고하여 이제 卅日食을
> 먹고 갔다고 아뢰었습니다.'

大舍下智란 관등명은 524년의 봉평비의 小舍帝智나 525년의 울주 천전리서
석 원명의 大舍帝智와 통하여 함안 성산산성 목간의 연대를 520년대로 볼 수가
있다. 성산산성 목간에는 연대 설정에 중요한 자료가 더 있다. 그 자료를 제시하
면 다음과 같다.

목간 IV-597번의 正月中比思(伐)古尸次阿尺夷喙(앞면) 羅兮落及伐尺幷作
前瓷酒四斗瓮(뒷면)을[12] 해석하면, 正月에[13] 比思(伐)의 古尸次 阿尺(외위)의

---

10) 최장미, 「함안 성산산성 제17차 발굴조사 출토 목간 자료의 검토」 『목간과 문자』
　18, 2017.

11) 촌주는 냉수리비(443년)에 村主 臾支 干支로 처음 등장하고, 창녕비(561년)에 村主
　奀聰智 述干와 村主 麻叱智 述干으로 나온다. 그 다음에 남산신성비(591년) 제1비
　에 村上村主 阿良村 今知 撰干과 郡上村主 柒吐村 △知尒利 上干이 나오고, 파실
　되어 일부가 없어진 제5비에 向村主 2명이 나올 뿐이다. 이들 6세기 村主에서는 인
　명이 공반하고 있다. 따라서 목간 2016-W150번에서 촌주도 眞乃滅村主憛怖白까
　지 끊어서 眞乃滅村主(지명+직명)+憛怖白(인명)으로 보아야 할 것이다.

12) 전덕재, 「한국의 고대목간과 연구동향」 『목간과 문자』 9, 2012, 24쪽에서 正月에 比
　思伐 古尸次 阿尺과 夷喙, 羅兮△, 及伐只 등이 함께 어떤 술 4개(또는 4斗의) 瓮을
　만들었다고 해석하였다. 及伐尺(及伐只)을 인명으로 보고 있다.

13) 正月中은 六月中(목간 IV-600번), 十一月中(목간 IV-602번), 三月中(목간 V-164번과

夷와[14] 喙(部)의 羅兮落 及伐尺이 함께 만든 前瓮酒의 四斗瓮이다란 뜻이 된다. 따라서 及伐尺은 외위가 아니라 경위가 된다. 及伐尺이 경위명이므로 목간 2016-W150번의 伊毛羅 及伐尺도 경위를 가진 인명이다.

위의 급벌척(경위)이 언제 소멸되어 신라 관등제가 완성되었는지가 문제가 된다. 『日本書紀』, 欽明日王 23년(562) 봄 정월조 기사, 즉 신라가 임나관가를 공격하여 멸망시켰다. 一本에 이르기를 21년(560)에 임나를 멸망시켰다. 임나를 加羅國, 安羅國, 斯二岐國, 多羅國, 率麻國, 古嵯國, 子他國, 散半下國, 乞湌國, 稔禮國의 十國으로 보고, 560년에 안라국이 신라에 투항했다고 보았다. 이 견해도 『삼국사기』의 기록인 법흥왕대(514~539년) 阿尸良國(안라국) 정복설을 무시하고, 『일본서기』에 의해 신라 목간의 연대를 560년으로 보았다. 이렇게 함안 성산산성의 목간 연대를 560년으로 보게 되면, 신라의 관등제도 560년에 완성되게 된다. 신라의 관등제는 545년이나 그 직전에 세워진 적성비 단계에는 완성되었다고 본다. 그러면 안라국은 539년에 신라에 정복되었다는 기록은 설득력이 있다. 경위와 외위의 완성도 540년경으로 볼 수가 있다.

IV. 고신라 자료로 본 신라의 지방통치

신라 중고 지방관제는 州郡制였다는 데에는 이론이 없다. 이 州郡制는 여러 차례의 변화 과정을 거쳐 통일 후 九州五小京制로 완비되었다. 중고의 지방 제

목간 2016-W150번) 등이 함께 확인되고 있는데, 이는 성산산성에서 단 기일 내에 축성이 쉬지 않고, 지속적으로 실시되었음을 의미한다. 왜냐하면 음력 正月인 한 겨울에도 공진물을 바치고 축성을 하고 있기 때문이다.

14) 『禮記』에 나오는 在醜夷不爭에서와 같이 무리 또는 동료를 나타내는 것으로 보인다. 이 글자에 대한 신중한 판독이 요망된다. 이 글자가 及伐尺이 경위냐 외위냐의 분기점이 될 수가 있기 때문이다.

도는 지금까지 적지 않은 업적이 쌓여 있으며,[15] 이로써 대체적인 윤곽은 파악할 수 있게 되었다. 중고의 지방에 州·郡·村(城)이 존재하였으며, 이에 대응하여 軍主·幢主·道使라 불리는 지방관이 파견되었다고 이해되어 왔다.

그런데 남산신성비 제5비에서 ~道使幢主란 관직명이 나와서 위의 결론은 전면 재검토되어야 할 것이다. 幢主가 郡의 장이 되기 위해서는 지명+郡幢主으로 된 직명이 되어야 한다. 마찬가지로 軍主에 있어서도 지명+州軍主란 직명이 나와야 된다. 그러한 직명은 軍主나 幢主 모두에서 나오지 않고 있다. 甘文軍主를 감문주군주로 보지 않는 연구자는 없었다. 마찬가지로 남산신성비 제1비의 奴含道使나 제2비의 阿旦兮村道使도 郡의 장일 가능성이 있다.

여기에서는 먼저 고신라 지방관이 가장 많이 나오는 창녕비의 지방관을 살펴보고, 다음으로 軍主에 대해 살펴보고, 그 다음으로 使大等에 대해 살펴보고, 마지막으로 幢主·邏頭·道使에 대해 살펴보겠다.

---

15) 今西 龍,「新羅上州下州考」『新羅史研究』, 1933.
　　藤田亮策,「新羅九州小京考」『朝鮮學報』5, 1953.
　　末松保和,「新羅幢停考」『新羅史の諸問題』, 1954.
　　韓㳓劤,「고대국가 성장과정에 있어서의 대복속민정책(상)」『역사학보』12, 1960.
　　임병태,「신라소경고」『역사학보』35, 1967.
　　村上四男,「新羅の歃良州(良州)について」『朝鮮學報』48, 1968.
　　이종욱,「남산신성비를 통해서 본 신라의 지방통치체제」『역사학보』64, 1974.
　　신형식,「신라군주고」『백산학보』19, 1975.
　　山尾幸久,「朝鮮三國の軍區組織」『古代朝鮮と日本』, 1975.
　　末松保和,「新羅の郡縣制」『學習院大學研究年報』12, 1975.
　　이기동,「신라하대의 패강진」『한국학보』4, 1976.
　　浜田耕策,「新羅の城·村設置と郡縣制の施行」『朝鮮學報』84, 1976.
　　주보돈,「신라 중고의 지방통치조직에 대하여」『한국사연구』23, 1979.
　　김주성,「신라하대의 지방관사와 촌주」『한국사연구』41, 1983.
　　木村誠,「新羅時代の鄕」『歷史評論』403, 1983.
　　이수훈,「신라 중고기 주의 구조와 성격」『부대사학』12, 1988.
　　이수훈,「신라 촌락의 성격」『한국문화연구』6, 1993.
　　이수훈,「신라 촌락의 입지와 성·촌명」『국사관논총』48, 1993.

1. 창녕비의 地方官

고신라 지방관의 시발점은 창녕비이다. 창녕비 제⑤ · ⑥행에 大等与軍主幢主道使与外村主란 구절이 주목된다. 이는 고신라 지방관제 해결의 실마리를 쥐고 있다. 이 구절은 단독으로 해결이 어렵고, 창녕비의 인명 분석표와 대비해 해결해야 함으로 창녕비의 인명 분석표부터 제시하면 다음의 <표 1>과 같다.

<표 1> 창녕비의 인명 분석표

직명	부명	인명	관등명
(大等)	~	~智	葛文王
위와 같음	~	~	~
위와 같음	(沙喙)	屈珎智	大一伐干
위와 같음	沙喙	△△智	一伐干
위와 같음	(喙)	(居)折(夫)智	一尺干
위와 같음	(喙)	(內禮夫)智	一尺干
위와 같음	喙	(比次)夫智	迊干
위와 같음	沙喙	另力智	迊干
위와 같음	喙	△里夫智	(大阿)干
위와 같음	沙喙	都設智	(阿)尺干
위와 같음	沙喙	△△智	一吉干
위와 같음	沙喙	忽利智	一(吉)干
위와 같음	喙	珎利△次公	沙尺干
위와 같음	喙	△△智	沙尺
위와 같음	喙	△述智	沙尺干
위와 같음	喙	△△△智	沙尺干
위와 같음	喙	比叶△△智	沙尺干
위와 같음	本彼	夫△智	及尺干
위와 같음	喙	△△智	(及尺)干
위와 같음	沙喙	刀下智	及尺干
위와 같음	沙喙	△尸智	及尺干
위와 같음	喙	鳳安智	(及尺)干

직명	부명	인명	관등명
△大等	喙	居七夫智	一尺干
위와 같음	喙	△未智	一尺干
위와 같음	沙喙	吉力智	△△干
△大等	喙	未得智	(一)尺干
위와 같음	沙喙	乇聰智	及尺干
四方軍主 比子伐軍主	沙喙	登△△智	沙尺干
四方軍主 漢城軍主	喙	竹夫智	沙尺干
四方軍主 碑利城軍主	喙	福登智	沙尺干
四方軍主 甘文軍主	沙喙	心麥夫智	及尺干
上州行使大等	沙喙	宿欣智	及尺干
위와 같음	喙	次叱智	奈末
下州行使大等	沙喙	春夫智	大奈末
위와 같음	喙	就舜智	大舍
于抽悉支河西阿郡使大等	喙	比尸智	大奈末
위와 같음	沙喙	湏兵夫智	奈末
旨爲人	喙	德文兄	奈末
比子伐停助人	喙	覓薩智	大奈末
書人	沙喙	導智	奈舍(大舍)
村主		㕡聰智	述干
위와 같음		麻叱智	述干

大等은 22명의 大等 집단을 가리킴이 분명하다. 軍主는[16] 4명의 四方軍主임이 분명하다. 外村主는 2명의 村主임이 분명하다. 幢主·道使는 그 직명이 나

---

16) 5세기 금석문인 중성리비(441년)와 냉수리비(443년)에서는 道使는 나오나 軍主는 나오지 않는다. 6세기 금석문인 524년의 봉평비, 545년이나 그 직전에 세워진 적성비, 561년의 창녕비, 567년의 북한산비, 568년의 마운령비와 황초령비에서는 반드시는 道使가 없어도 軍主는 꼭 나온다. 왜 이렇게 차이가 큰지 그 이유를 봉평비와 냉수리비의 21년 차이로는 설명할 수가 없다. 냉수리비의 건비 연대를 443년으로 보아서 적어도 81년의 차이는 있어야 된다.

오지 않아서 2명씩이 나오는 上州行使大等과 下州行使大等과 于抽悉支河西阿郡使大等을 주목하였다. 이를 범칭론 등으로 해결하려는 노력 등이 있었으나 학계의 의견 일치는 아직 도래되지 않고 있다. 于抽悉支河西阿郡使大等도 1개의 군으로 보거나[17] 于抽(영해 · 울진), 悉支(삼척), 河西阿(강릉)인 3개의 군으로 보기도[18] 한다. 使大等의 경우 북한산비에 4명이나 같은 직명을 갖고 있어서[19] 범칭론 등은 성립될 수가 없다. 또 大等与軍主幢主道使与外村主를 해석하면 大等과 軍主 · 幢主 · 道使와 外村主가 된다. 大等, 軍主, 外村主는 찾을 수 있으나 幢主와 道使는 찾을 수 없다. 이 당주와 도사는 지방관이 확실하며, 그 앞에는 지명이 온다고 생각된다. 지금까지 군주, 당주, 도사의 앞에는 지명이 올 뿐, 인명이 온 예는 없었다.

2. 軍主

군주는 중성리비(441년), 냉수리비(443년)에서는 보이지 않고 있다. 5세기 신라에서는 아직까지 州가 설치되지 않았고, 軍主란 지방관도 없었다. 지방제도의 미성숙도를 엿볼 수 있다.

다음으로 봉평비에는 悉支軍主가 나오는데, 524년이 悉支(三陟) 州治는『삼국사기』와『삼국유사』에는 나오지 않고 있다. 실지군주는 금석문에 나오는 최초의 군주이다.

그 다음으로 545년 직전에 세워진 적성비에는 군주가 高頭林城在軍主等이라서 복수(2명)로 된 유일한 예이다. 이 고두림은 충북 단양 하리에 있는 온달성이다. 이 州治 역시 문헌에는 없는 것이다. 高頭林城在軍主等도『삼국사기』와『삼국유사』에는 없는 군주이다. 더구나 군주가 복수인 경우도 주목된다.

---

17) 이수훈,「신라 중고기 군의 형태와 성(촌)」『고대연구』1, 1988.

18) 김창호,『고신라 금석문의 연구』, 2007, 178쪽.

19) 김창호, 앞의 책, 2007, 73~74쪽.

그 다음으로 561년의 四方軍主인 比子伐軍主, 漢城軍主, 碑利城軍主, 甘文軍主를 들 수가 있다. 軍主의 보좌관으로서 比子伐停助人를 들 수가 있다.

그 다음으로 567년의 북한산비의 南川軍主를 들 수가 있다. 국가 차원의 금석문 가운데 인명이 가장 적게 나와서 지방관도 남천군주뿐이다.

마지막으로 568년의 마운령비와 황초령비에서는 파실된 일명의 軍主와[20] 그 보좌관인 助人이 나온다. 이 두 비석을 끝으로 국가 차원의 금석문은 종언을 고하게 되어 지방관도 더 이상 나오지 않는다.[21]

軍主의 가장 큰 특징은 모든 軍主가 △△(△)軍主로 기재되지 △△州軍主로 기재되지 않는 점이다. 이 점은 幢主와 道使가 郡의 장이 될 수가 있게 한다. 곧 △△幢主나 △△道使가 나오면 △△郡幢主나 △△郡道使로 나와야 한다고 생각하고 郡의 장이 아니라고 보았다. 軍主의 앞에서는 어느 예에서나 州자는 없어도 州의 長으로 보았다.

3. 使大等

먼저 창녕비에 나오는 上州行使大等 · 下州行使大等 · 于抽悉支河西阿郡使大等의 使大等에 대한 선학들의 견해부터 일별해 보기로 하자.

첫째로 <표 1>에서 2명씩의 사대등 가운데 앞에 있는 宿欣智及干支 · 春夫智奈末 · 比尸智大奈末 등을 中代의 州助로 뒤에 있는 次叱智奈末 · 就舜智大舍 · 湏兵夫智奈末 등을 長史로 비정한 견해가 있다.[22] 둘째로 (行)使大等을 단순히 軍主의 輔佐官으로 본 견해가 있다.[23] 셋째로 (行)使大等을 道使로 보고,

---

20) 마운령비와 황초령비에 나오는 △△軍主는 達忽軍主로 복원되는지도 알 수 없다.

21) 6세기 금석문에는 軍主가 반드시 나오나 5세기 금석문에서는 나오지 않고 道使만 나오고 있다.

22) 今西 龍, 『新羅史研究』, 1933, 484~485쪽.

23) 藤田亮策, 『朝鮮學論考』, 1963, 344쪽.

사방군주 앞에 나오는 두 개의 △大等을[24] 당주일 가능성을 시사한 견해가 있다. 넷째로 중고 지방통치조직을 이원적으로 파악하고서 州行使大等을 주의 민정관으로, 郡使大等을 군의 민정관으로 파악한 견해가 있다.[25] 다섯째로 (行)使大等을 <표 1>에서 찾아야 한다는 전제아래 당주와 도사의 汎稱으로 본 견해가 있다.[26]

첫째 견해에서 사대등을 州助 · 長史로 파악한 것은 재고의 여지가 있는 듯하다. 군주의 예속관은 창녕비와 마운령비 · 황초령비에 근거할 때, 助人이고,[27] 당주의 예속관은 적성비의 勿思伐城幢主使人이란 직명에 근거하면 使人이다. 따라서 주조와 장사의 전신은 사대등이 아니라 助人과 使人일 가능성이 크기 때문이다. 둘째의 견해에서 (行)使大等을 군주의 보좌관으로 보고 있으나 창녕비의 上州行使大等의 직명을 가진 宿欣智及尺干은 감문군주의 관등과 꼭 같아서 얼른 납득이 되지 않는다. 세 번째의 견해에서 (行)使大等을 도사로 비정하면, 도사도 州에 파견되는 모순을 안게 된다. 네 번째 가설과 다섯 번째 가설은 현재 학계에서 가장 널리 인정되고 있음으로 단락을 바꾸어 검토해 보기로 하자.

먼저 于抽悉支河西阿郡使大等란 직명 가운데 于抽悉支河西阿郡을 한 개의 군으로 보았다. 于抽는 영해 · 울진, 悉支는 삼척, 河西阿는 강릉에 비정되고 있어서[28] 3개의 군으로 보아야 된다. 왜냐하면 于抽悉支河西阿郡使大等 · 上州行使大等 · 下州行使大等에서 (行)使大等을 제거하면 于抽悉支河西阿郡 · 上州 · 下州가 남아서 于抽悉支河西阿郡을 한 개의 군으로 보기보다는 3개의 군

---

24) 이기백, 「대등고」『역사학보』 17 · 18, 1962: 『신라정치사회사연구』 재수록, 75쪽. 三池賢一, 「<三國史記>職官志外位條解釋」『北海道駒澤大學硏究紀要』 5, 103쪽에서도 (行)使大等을 道使에 비정하고 있다.

25) 木村 誠, 「新羅郡縣制の確立過程と村主制」『朝鮮史硏究會論文集』 13, 1976, 18쪽.

26) 주보돈, 「신라 중고의 지방통치조직에 대하여」『한국사연구』 23, 1979, 5쪽.

27) 山尾幸久, 「朝鮮三國のエホリのミヤケ硏究序說」『古代朝鮮と日本』, 1975, 176쪽에서 이미 軍主의 官이고, 州助에 해당하는 것으로 밝히고 있다.

28) 末松保和, 앞의 책, 1954, 305쪽.

으로 보아야 한다. 또 창녕비의 건립(561년) 이전인 441년의 중성리비에서는 奈蘇毒只道使, 443년의 냉수리비에서는 耽湏道使, 524년의 봉평비에서는 居伐牟羅道使, 悉支道使, 536년을 상한으로 하는 월지 출토비에서는 ~村道使 등이 나왔고, 幢主는 545년이나 그 직전인 적성비에서 勿思伐城幢主, 鄒文村幢主의 예가 있어서 범창론은 성립될 수가 없다.

다시 앞으로 돌아가 이원론에서 말하는 사대등의 民政官說에 대해 조사해 보자. 이원론은 창녕비에 나오는 사대등의 통치 지역이 군주의 통치 지역이 완연히 구별된다는 전제아래 전자(사대등)를 민정, 후자(군주)를 군정의 지방관으로 본 것에서 출발하였다.[29] 이 견해에 따르면[30] 사대등의 통치 지역은 사대등의 통치 지역은 上州, 下州, 于抽悉支河西阿郡의 3군이 되며, 군주의 통치 지역은 比子伐, 漢城, 甘文, 碑利城의 4지역이 된다는 것이다. 창녕비만으로 四方軍主와 (行)使大等의 통치 구역을 따로 구분하는 것은 확실한 근거가 없다. 또 『삼국사기』, 지리지, 尙州火王郡條에 火王郡 本比自火郡一云比子伐 眞興王十六年置州 名下州란 구절 등에 의해, 창녕비에 나오는 上州와 甘文을, 下州와 比子伐을 각각 동일한 것으로 본 견해가 있다.[31] 결국 上州=甘文, 下州=比子伐, 于抽悉支河西阿郡=碑利城으로 보아야 할 것이다.

중고의 통치조직을 이원적으로 보는 다른 견해에 대해서[32] 살펴보기로 하자. 이 견해에서는 州·郡·村에 대응되는 軍政·民政의 장을 각각 軍主와 州行使大等, 幢主와 郡使大等, 外村主와 道使로 파악하였다.[33] 이 견해에서 州·郡·村에 비정된 6명의 지방관은 조선시대의 지방관의 수보다 많아서 따르기 어렵다. 또 大等与軍主幢主道使与外村主에서 군주·당주·도사·외촌주는 언급

---

29) 末松保和, 앞의 책, 1954, 339쪽.
30) 木村 誠, 앞의 논문, 1976, 18쪽.
31) 今西 龍, 앞의 책, 1933, 290쪽.
32) 木村 誠, 앞의 논문, 1976.
33) 木村 誠, 앞의 논문, 1976, 18쪽.

하고 있으나 行使大等이나 郡使大等은 언급이 없는 점도 문제이다.

行使大等이나 郡使大等은 모두 그 정체를 알 수가 없다. 州行使大等나 3군의 郡使大等은 명칭상으로는 州의 장이 되어야 한다. 실제로는 비자벌군주 등 4주의 장이 군주가 이면서도 州行使大等처럼 비자벌주군주식으로 된 군주는 524년 봉평비의 실지군주이래 없다. 우리는 주의 장은 당연히 군주로 문헌의 결론에 따라서 군주라 보았다. 그 어느 누구도 上州行使大等 · 下州行使大等에서 상주와 하주가 나와도 이를 주의 장관이라고 부르지 않았다.

4. 幢主 · 邏頭 · 道使

신라 금석문에 있어서의 幢主와 道使는 각각 郡과 村(城)에 파견된 지방관으로 이해되어 왔다. 이 점은 중고의 통치 조직을 일원적으로 보거나 이원적으로 보거나 관계없이 일치하고 있다. 幢主 · 道使란 직명은 창녕비의 隨駕人名에는 보이지 않고, 大等与軍主幢主道使与外村主에서 보일 뿐이다. 도사는 지명이 수반된 예를 남산신성비에서 볼 수가 있었으나 幢主의 경우는[34] 1978년 단양적성비의 발견으로 지명을 수반한 당주가 알려지게 되었다.[35] 당주는 월성해자 목간 신8번에서는 △△村在幢主로 나오고, 적성비에서는 勿思伐城幢主, 鄒文村幢主의 2예로, 이는 남산신성비 제5비의 ~道使幢主와 함께 당주가 지명이 같이 나오는 예이다. 邏頭는 남산신성비 제1비의 阿良邏頭, 남산신성비 제4비의 (古生)邏頭가 각각 비문의 인명 표기에 처음으로 등장하고 있다. 다음은 道使는 그 예가 많고 해서 단락을 바꾸어서 살펴보기로 하자.

먼저 道使는 441년의 중성리비에서 奈蘇毒只道使가, 443년의 냉수리비에서 耽湏道使가, 524년의 봉평비에서 居伐牟羅道使와 悉支道使가, 536~540년인

---

34) 幢主는 월성해자 목간에도 알려진 바 있으므로 상세한 것은 김창호, 「고신라 금석문의 地方官制」『신라금석문』, 2020, 262쪽 참조.

35) 이기백, 「단양적성비발견의 의의와 왕교사부분의 검토」『사학지』 12, 1978, 26쪽.

월지 출토비의 ~村道使가, 남산신성비 제1비의 奴含道使와 營坫道使가, 남산신성비 제2비의 阿大兮村道使와 仇利城道使와 笒大支村道使가, 남산신성비 제5비의 ~道使幢主가, 624년의 송림사 전탑지 출토의 道使가, 668년 이성산성 목간의 南漢山城道使와 須城道使가 각각 나오고 있다. 당주와 도사의 관계에 있어서 남산신성비 제5비의 ~道使幢主란 직명을 볼 때, 당주는 군의 장, 도사는 행정촌의 장이란 결론은 성립될 수가 없다. 당주와 도사는 대등한 관계이고, 남산신성비 제1비의 阿良邏頭, 남산신성비 제4비의 (古生)邏頭가 각각 비문의 인명 표기에 처음으로 등장하고 있는 邏頭도 도사나 당주와 같은 유형의 직명으로 보인다. 따라서 幢主, 邏頭, 道使는 모두 郡의 장으로 볼 수밖에 없다. 幢主, 邏頭, 道使의 차이점은 지금까지의 자료로는 알 수가 없다.[36]

당주와 도사는 창녕비 제⑤ · ⑥행에 大等与軍主幢主道使与外村主라고 나온다. 분명히 州의 장인 軍主와 村主사이에 당주와 도사가 있다. 이들 관직을 해석할 때, 우리는 △△郡幢主나 △△郡道使로 되어 있지 않아서 군의 장으로 보지 않았다. 앞에서 살펴본 대로 軍主의 앞에도 州가 있는 예는 없다. 州는 上州行使大等 · 下州行使大等에서 나온 예가 있다. 그렇다면 고신라 금석문에서 郡이 나온 예로는 于抽悉支河西阿郡使大等, 남산신성비 제1비의 郡中村主, 남산신성비 제2비의 郡中上人, 남산신성비 제9비의 郡上人이 있을 뿐이다. 그렇다면 州의 장인 軍主와 촌의 장인 촌주사이에 있는 당주와 도사는 당연히 군의 장이 될 수밖에 없다.[37] 우리는 당연히 △△郡幢主나 △△郡道使로 나올 것으

---

36) 其俗呼城曰健牟羅 그 나라 풍습에 성(城)은 건모라(健牟羅)라고 부른다.
其邑在內曰啄評 안에 있는 마을은 탁평(啄評)이라고 부른다.
在外曰邑勒 밖에 있는 마을은 읍륵(邑勒)이라고 부른다.
亦中國之言郡縣也 이 말도 중국 말로 군현(郡縣)이라는 뜻이다.
國有六啄評 나라 안에 여섯 탁평(啄評)과
五十二邑勒 쉰 두 읍륵(邑勒)이 있다(『양서』, 신라전).
六啄評은 6부이고, 五十二邑勒은 52郡으로 보인다.
37) 행정촌에서는 道使가 아니라 村主가 다스릴 것이다.

로 기대했고, 군이 있으면서 군의 장은 없는 것으로 보았다.

함안 성산산성 목간에 의해 성산산성의 목간 연대인 540년경의 지방관을 살펴보기는 어렵다. 甘文은 창녕비(561년)에 甘文軍主가 있던 곳이다. 『삼국사기』 권34, 지3, 지리1에 開寧郡 古甘文小國也라고 나오는 김천시 개령면이다.

古阤는 『삼국사기』 권34, 지3, 지리1에 나오는 古昌郡 本古陀耶郡으로 현재의 안동시 일대이다.

及伐城은 남산신성비 제9비에 나오는 伋伐郡과 동일한 지명이다. 『삼국사기』 권35, 지4, 지리2에 나오는 岋山郡 本高句麗及伐山郡이라고 나오는데, 현재의 영주시 부석면 일대이다.

須伐은 확실하지 않지만 상주의 고명인 沙伐과 같은 것으로 볼 수가 있다.[38]

仇利伐, 勿思伐城, 鄒文村, 夷津(支城)은 『삼국사기』, 지리지에서 동일한 지명내지 비슷한 지명을 전혀 찾을 수가 없다.

물사벌성과 추문촌은 545년 직전에 세워진 적성비에도 나온다. 곧 鄒文村幢主, 勿思伐城幢主란 직명 속에 나온다. 이들은 모두 적성비에서 高頭林城在軍主等의 휘하에 소속된 것으로 보인다. 물사벌성과 추문촌의 위치를 잘 알 수가 없지만, 高頭林城在軍主等의 고두림성에 대해서는 그 위치를 경북 안동으로 보아 왔으나[39] 충북 단양군 영춘면 栢子里에서 단양에서 영춘으로 가는 길목에, 고두름고개[재]가 있다. 하리에 소재한 온달산성으로 가는 재의 이름이 현재까지도 고두름고개[재]라고 해 단양 영춘 하리의 온달성이 州治가 설치되었던 고두림성임이 분명하다.[40] 추문촌당주과 물사벌성당주도 고두림성재군주 등의 휘하에 있었으므로 그 지명의 소재지를, 험난한 소백산맥을 지나서 멀고 먼 경

38) 貞元十四年銘(798년) 永川菁堤碑에 沙喙部의 沙喙을 須㒨라고 표기한 예가 있다 (金昌鎬, 「永川 菁堤碑 貞元十四年銘의 再檢討」 『韓國史研究』 43, 1983). 그래서 沙伐과 須伐은 통하게 된다.

39) 武田幸男, 「眞興王代における新羅の赤城經營」 『朝鮮學報』 93, 1979, 19쪽. 뚜렷한 근거가 없이 안동의 고명이 古昌郡, 古陀耶郡의 古자인데에 근거하였다.

40) 김창호, 『고신라 금석문의 연구』, 2007, 182쪽.

북 북부 지역이라기보다는 국경의 최전선인 같은 소백산맥의 북쪽인 충북에 있었다고 보아야 될 것이다. 지명이 전부 上州의 관할인 경북 북부 지역이 아닌 자료로 목간 Ⅳ-597번에 正月中比思(伐)古尸次阿尺夷喙(앞면) 羅兮落及伐尺幷作前瓷酒四斗瓮(뒷면)라고 해서 후일의 下州에 해당되는 바사(벌)을[41] 들 수가 있다. 따라서 물사벌성과 추문촌은[42] 어느 곳인지는 확실히 알 수 없지만, 경북 북부 지방이 아닌 충북 지방에 있어야 할 것이다.

甘文, 比思(伐), 古阤, 及伐城, 須伐, 仇利伐, 勿思伐城, 鄒文村, 夷津(支城)은 적어도 군이라고 판단된다. 이들 지역에는 幢主, 邏頭, 道使가 파견된 곳이다. 함안 성산산성 목간에서는 幢主, 邏頭, 道使가 나오지 않고 지명만 나올 뿐이다. 540년 당시에는 545년이나 그 직전에 세워진 적성비의 지방 통치조직이 있었다고 판단되어 軍主, 幢主, 道使와 助人·使人은 있었을 것이다. 앞으로 地名+郡+幢主 또는 지명+군+邏頭 또는 지명+군+道使의 지방관의 직명이 나올 것이다. 또 烏多, 鐵山, 比思(伐), 王子年(△), 巴珎兮城도 郡일 가능성이 있다. 이들 지역에서도 幢主, 邏頭, 道使가 파견되었을 가능성이 있다.

V. 맺음말

먼저 구리벌, 고타, 감문(성), 급벌성, 구벌, 이진(지성), 추문촌, 수벌, 물사벌,

---

41) 上州인 甘文州 관할 밖의 확실한 예로서 중요하다.
　　이 목간에 대해 윤선태, 앞의 논문, 2016, 402쪽에서는 上州는 식량, 下州는 노동력을 나눠 부담하였던 것은 아닐까 모르겠다고 하였으나, 목간 218번에서 노동력의 부담이 아닌 술을 공진물로 내고 있기 때문에 따르기 어렵다.

42) 武田幸男, 앞의 논문, 1979, 19쪽에서 추문을 소백산맥 이남의 경북 북부 지역에서 비정하여 召文國 곧 聞韶郡(의성)일 것으로 추정하였다. 고두림성을 안동으로 볼 때에는 가능성이 있으나 고두림성이 충북 단양 하리의 온달성이므로 성립되기 어렵다. 추문촌당주가 있던 추문촌은 충북에 있었을 것이다.

오다, 弓盖, 비사벌, 왕자녕(△), 파진혜성의 郡名 자료를 제시하였다.

　다음으로 함안 성산산성의 목간 연대를 경위명의 大舍下智, 及伐尺이 나오고, 외위에 上干支도 나옴을 근거로 목간의 연대를 560년으로 보면 이들이 소멸된 때도 560년으로 보아야 된다. 신라에서 관등제의 완성은 늦어도 적성비의 건비 연대인 545년이나 그 직전으로 보인다. 함안 성산산성 목간 연대의 하한은 540년경으로 판단된다.

　창녕비의 地方官 부분에서는 창녕비 제⑤ · ⑥행에 나오는 大等与軍主幢主道使与外村主란 구절과 창녕비의 인명 분석표 직명과 대비했다. 大等, 軍主, 村主는 대비가 가능하나 幢主와 道使는 찾을 수 없었다. 軍主 부분에서는 지명+州+軍主로 된 직명이 단 1예도 없음에도 불구하고 甘文軍主 등의 四方軍主를 군주로 보아왔다. 軍主의 예에 따를 때 郡의 장인 幢主 · 邏頭 · 道使도 군의 장일 가능성이 있다. 使大等 부분에서는 上州行使大等 · 下州行使大等 · 于抽悉支河西阿郡使大等의 使大等에 대해 선학들의 견해를 두루 살펴보았으나 뚜렷한 결론은 없는 듯하다. 幢主 · 邏頭 · 道使 부분에 대해서는 명칭이 다른 데에도 불구하고 뚜렷한 차이점은 알 수가 없다. 남산신성비 제5비에 ~道使幢主란 직명이 나와서 서로 간에 상하 관계는 아닌 듯하다.

제3절

함안 성산산성 城下麥 목간의 재검토

I. 머리말

한국의 고대 목간은 종이가 없던 시대에 종이 대신에 나무를 깎아서 긴 사각형에 가깝게 만든 데에 붓으로 한자를 쓴 것이다. 1면에만 글씨가 있는 것이 있고, 앞면과 뒷면의 양면으로 된 것이 있고, 드물게는 4면으로 된 문서목간이 있다. 고구려의 예는 없고, 백제 사비성시대의 왕경과 지방 목간, 고신라의 왕경과 지방 목간, 통일신라의 왕경과 지방 목간 등이 있다. 목간의 대부분은 인명 표기가 주류를 이루고 있다. 인명 표기는 신라의 경우는 직명+출신지명+인명+관등명이고,[1] 백제의 경우는 직명+부명+관등명+인명의 순서이다. 그래서 금석문과 목간을 연구하는 데에 있어서 인명 표기의 중요성은 아무리 강조해도 지나치지 않다.

함안 성산산성 목간에는 城下麥 목간이 있다. 이를 공진물의 수납으로 甘文(城) 등을 그 예를 들었다. 목간의 제작지가 성산산성이 아닐 경우에 타당하나 성산산성일 경우에는 그렇게 볼 수가 없다. 城下麥 목간은 목간에 적힌 내용이 복잡하게 되어 있다. 그래서 어느 목간에서는 나오지 않고, 성산산성 목간에만 나오는 독특한 것이다. 그래서 공진물의 수납의 구체적인 예로 보았다. 10여 예가 나오는 城下麥 목간은 그 형식도 다양하다. 10여 개의 성하맥 목간의 어디에

---

1) 이를 망각하고 仇利伐 목간의 奴人을 노예로 보는 잘못을 범한 예가 종종 있다.

도 공진물의 수납이라는 구체적인 예가 있다. 오히려 성하맥 목간이 복잡하게 되어 있으며, 다른 곳의 지방 목간에는 없고, 성산산성에만 있을 뿐이다.[2] 성하맥 목간 전체를 열심히 조사하면 성산산성 목간에만 城下麥 목간이 있는 지하는 이유를 알 수 있을 것이다. 이것이야말로 목간 연구에 있어서 기본이 되는 것이다. 성하맥 목간이 존재하는 이유를 알아야 한다. 그래야 성하맥 목간의 성격을 규명할 수 있다. 이를 금석문 자료에서나 성산산성 목간에서도 찾을 수 없고, 오로지 성산산성 城下麥 목간을 통해서만 찾을 수 있다.

여기에서는 먼저 지금까지 연구에서는 城에 예속된 또는 아래 설과 城에 下한 설로 나누어 검토하겠다. 다음으로 10개의 城下麥 목간을 판독하여 제시하였다. 그 다음으로 여러 지명 속에서 城下麥 목간을 살펴보았다. 마지막으로 땅이름인 本波와 王私에 주목하여 10개의 城下麥 목간을 해석하겠다.

II. 지금까지의 연구

1. 城에 예속된 또는 아래 설

먼저 城에 예속된 또는 아래 설에 대해 살펴보기로 한다. 아래의 견해들은 기재양식에는 차이가 나되 城下麥 목간이 다른 성산산성 물품꼬리표 목간과 공통된 내용을 이루는 것으로 보고 있다.

2012년 城下를 城에 下(예속)된 지역이라는 뜻으로 보고, 城下 다음 지명이 城이 주도하여 麥을 부담시킨 지역이라고 했다.[3] 또 城下麥 목간의 기재양식에 대해 城은 예하 촌락단위를 포괄하는 상위지역으로 세금을 수집했고, 麥(米)은

---

2) 대구 팔거산성 목간 7번 丙寅年次谷鄒〉下麥易大(豆)石의 예가 있다.

3) 윤선태, 「함안 성산산성 출토 신라 하찰의 재검토」 『사림』 41, 2012, 172~175쪽.

세금으로 내야 할 기본곡물, 斗石은 세금꾸러미 한 섬의 환산량, 村名은 세금을 납부한 촌락 지명, 人名은 그에 거주하는 납부자 인명으로 보았다.[4]

2018년 城下麥 목간의 완전한 기재양식을 [연월(일)中+대단위지명(~城)+下+물품명+계량기준+소단위지명+인명+負+물품명+양+행위+之]로 복원했다.[5] 日 다음에는 처격조사인 中자가 온 예가 없고, 負자는 仇利伐 목간의 특징으로 城下麥 목간에는 절대로 올 수가 없고, 맨 마지막의 之자는 인명의 일부라서 문제가 된다. 물품명이 두 번 나오는 것은 앞의 물품량이 원래 납입해야 될 혹은 발송해야 될 물품이고, 뒤에 나오는 것이 실제 납입된 혹은 발송할 물품이며, 두 개가 서로 다르다면 둘 다 기재해야 되고, 만약에 같다면 둘 중 하나는 생략하여도 좋다고 이해하였다. 기재내용은 특이하지만 城下麥 목간도 다른 부착목간들과 대동소이한 서식으로 보았다.

2021년 下를 상하관계를 나타내는 말로 이해하여 앞에 나오는 ~城이 뒤에 나오는 지명의 상급단위로 추정하였다.[6] 城下麥 목간은 기본 기재양식 물품명을 앞으로 이동시킨 것에 불과하고 麥을 상위 지명 바로 뒤에 쓴 것은 잘 보이게 한 것, 분류의 편의를 감안란 것으로서 체크 포인트에서 장부에 기재하기 위해 정리할 때 필요한 것이라고 지적했다.

2. ~城이 下한 설의 검토

城下麥의 下를 동사로 보고서, 이를 ~城이 下한 麥으로 이해한 설에 대해 검토하기로 한다.

---

4) 윤선태, 「함안 성산산성 출토 신라목간의 연구성과와 과제」『한국의 고대목간Ⅱ』, 2017, 485~487쪽.

5) 홍승우, 「함안 성산산성 목간의 물품 기재방식과 성하목간의 서식」『목간과 문자』 21, 2018, 85~93쪽.

6) 이용현, 「성산산성 목간에 보이는 신라의 지방경영과 곡물·인력 관리 -城下麥 서식과 本波·喙의 분석을 중심으로-」『동서문화』 17, 2021, 17~21쪽.

2012년 처음으로 城에서 下(送·行)한 麥이란 뜻으로 보았다. 麥 같은 공진물을 먼저 村으로 모으고, 그 다음에 州를 비롯한 중요거점인 城에 收合되고, 城이 성산산성 등 특정한 목적지로 발송하는 역할을 담당하였다고 추정했다.[7] 목간에 나오는 인명에 대해서는 수량이 뒤에 나오는 것(목간 2006-1번 등)은 擔稅者, 앞에 나오는 것(목간 2007-45번 등)은 輸送者로 보았다.

2018년 城下麥을 ~城에서 보리를 내려주었다. 혹은 ~城에서 내려준 보리로 보았지만,[8] 앞에서 언급했듯이 뒤에 오는 村名과 人名 부분은 곡식을 받는 수신자로 해석했다.[9] 城 예하 여러 村의 사람들이 성산산성에 존재했고, 해당 성은 이들에게 일정량의 곡식을 내려주고 있었던 것이며, 고대 일본에서 仕丁들에게 지급된 養米와 비슷한 성격으로 보았다.

2022년 함안 성산성에 나오는 王私를 왕·왕실이 소유하는 토지, 예속민과 관련이 큰 것으로 보고서 城下麥의 下를 동사로 보고, 이를 城이 내린 麥으로 보았다.[10] 下를 동사로 보는 예는 직접 제시하지 못하고,[11] 下와 반대되는 上의 예를 들었다. 그 예가 524~545년 사이에 작성된 월성해자 목간 신8번과 670년대에 작성된 일본 正倉院 佐波理加盤付屬文書를 들었다. 여기에서는 먼저 월성해자 목간 신8번의 전문과 그 해석문을 제시하면 다음과 같다.

제1면 △△年正月十七日△△村在幢主再拜△淚廩典△岑△△

---

7) 이수훈, 「성산산성목간의 성하맥과 수송체계」 『지역과 역사』 30, 2012, 169~174쪽.

8) 홍승우, 앞의 논문, 2018, 86~93쪽.

9) 이는 명백한 잘못이다. 성산산성에 나오는 촌명과 인명은 수신자일 수가 없다. 왜냐하면 수신자는 성산산성이기 때문이다.

10) 하시모토 시게루, 「함안 성산산성 목간의 왕사와 성하맥」 『신라사학보』 54, 2022, 211~216쪽.

11) 성산산성 목간에 있어서 동사는 4점의 문서목간을 제외할 때 250여 점의 물품꼬리표에는 없다. 따라서 城下麥 목간의 下를 동사로 보기가 어렵다.

제2면   △喙部弗德智小舍易稻參石粟壹石稗參石大豆捌石[12]
제3면   △金川一伐上內之所白人登彼礼一尺文尺智重一尺

　　△△年 正月十七日에 △△村在幢主가 △淚한 廩典에 再拜해서 △笒△△
했다.[13] (沙)喙部 弗德智 小舍가 稻(벼) 參石과 粟(조) 壹石과 稗(피) 參石과 大
豆(콩) 捌石을 바꾸었다. △金川 一伐은 上(△△村)에서 內(신라 6부)로 갔다
(지방민이면서 중앙의 일을 했다는 뜻이다). 所白人은 아뢰는 바의 사람이란 뜻
으로 목간의 내용을 중앙 관청에 직접 보고한 사람의 직명이고, 登彼礼는 인명,
一尺은 외위명이다. 文尺은 직명으로 목간을 작성하고 쓴 사람이고, 智重은 인
명, 一尺은 외위명이다.[14]

　　다음으로 일본 正倉院 佐波理加盤付屬文書의 전문과 그 해석문을 제시하면
다음과 같다.

　　　(앞면)
　　　犭接五
　　　　馬於內 上犭一具上仕之 犭尾者上仕而汚去如

　　　巴川村正月一日上米四斗一刀大豆二斗四刀二月一日上米
　　　四斗一刀大豆二斗四刀三月米四斗
　　　(뒷면)
　　　　　　　　　　米十斗失受
　　　永忽知乃末受丑二石上米十五斗七刀 之直大舍受失二石
　　　上米十七斗丑一石十斗上米十三斗 熱△山大舍受丑二石
　　　上米一石一斗

---

12) 易자를 昜자로 전경효, 앞의 논문, 2021, 294쪽에서는 읽고 있으나 여기에서는 뜻이
　　통하는 易자로 새로 읽었다.

13) △笒△△이 (沙)喙部 弗德智 小舍의 직명일 가능성도 있다.

14) 幢主의 예속관으로 경위를 가진 6부인과 외위를 가진 지방민이 있음이 주목된다.

공물 문서는 '犭接五는 물품 창고의 일련 번호. 馬於內(지명)에서 上等의 犭(貂) 1구를[15] 바쳤다. 그 꼬리도 바쳤으나 더럽혀졌다.'

'巴川村에서 正月 一日에 上米 四斗一刀, 大豆 二斗四刀를 바쳤고, 二月一日에 上米 四斗一刀, 大豆 二斗四刀를 바쳤고, 三月에 米四斗를 바쳤다.' 이 두 가지는 모두 供物 문서이다.

'…… 米十斗, 失을 받았는데[16] …… 이다. 永忽知 乃未이 丑 二石, 上米 十五斗七刀를[17] 받았다. 之直大舍가 失 二石, 上米 十七斗, 丑 一石十斗, 上米 十三斗를 받았다. 熱△山 大舍가 丑 二石, 上米 一石一斗를 받았다.' 이는 祿俸 문서이다.

따라서 월성해자 목간 신8번과 일본 正倉院 佐波理加盤付屬文書의 上은 上納하다. 혹은 바치다라는 뜻의 동사가 아니다. 곧 下를 '내리다'라는 뜻의 동사로 보는 근거는 없어져서 城下麥의 下를 '내리다'라는 뜻의 동사로는 볼 수가 없다.

III. 자료의 제시

城下麥 목간이나 疑似 城下麥 목간을[18] 제시하면 다음과 같다.

---

15) 犭를 돼지 고기로 본 가설이 있으나 꼬리는 소용이 없어서 담비(貂)로 본다.

16) 하시모토 시게루, 「釜山 盃山城木簡의 기초적 검토 -佐波理加盤付屬文書와의 비교를 중심으로-」『신라사학보』 53, 2021, 465쪽에서 '受失'는 관인이 국가로부터 받지 못했다. '失受'는 반대로 국가가 관인으로부터 규정대로 받지 못했다로 해석하고 있으나 지나친 해석이다. 왜냐하면 失이 보리이기 때문이다. 곧 '受失'은 '보리 얼마를 받았다'는 뜻이다. '失受'는 '보리를 받은 것' 정도로 해석된다.

17) 上米 十五斗七刀를 米(쌀) 十五말 七되를 上納했다고 일본학계에서는 해석하고 있으나 여기에서는 上米를 上品쌀로 해석하고, 녹봉의 하나라고 해석한다. 앞의 공물 문서에 二月一日上米四斗一刀大豆二斗四刀三月米四斗라고 해서 米도 나오고, 上米도 나오기 때문이다.

18) 의사 성하맥 목간은 城下麥으로 나오지 않고, 城麥 등으로 나오는 경우이다. 그 대

2번 甘文城下麥甘文本波王私(앞면) 文利村知利兮負(뒷면)

60번 巴㺨兮城下(麥)(결락)(앞면) 巴㺨兮村(결락)(뒷면)

2006-1번 甘文城下麥本波大村毛利只(앞면) 一石(뒷면)

2007-44번 夷津支城下麥王私巴㺨兮村(앞면) 弥次二石(뒷면)

2007-45번 甘文城下(麥)米十一(斗)石(喙)大村卜只次持去

2007-304번 夷津支城下麥烏列支負(앞면) △△△石(뒷면)

V-164번 三月中鐵山下麥十五斗(앞면) 王私△河礼村波利足(뒷면)

V-165번 甘文(城)下麥十五石甘文(앞면) 本波加本斯(稗)一石之(뒷면)

2016-W94번 甘文城下麥十五石甘文本波(앞면) 伊次只去之(뒷면)

2016-W116번 小南兮城麥十五斗石大村~

IV. 지명속의 城下麥 목간

적어도 郡으로 추정되는 지명은 仇利伐, 古陁, 甘文(城), 及伐城, 仇伐, 夷津(支)(城), 鄒文(村), 買谷村, 湏伐, 勿思伐, 烏多, 弻盖, 鐵山, 比思(伐), 王子年(△), 巴㺨兮城 등이다. 이들 지명의 특징을 조사해 보기로 하자. 먼저 仇利伐 목간에 대해 검토해 보기로 하자. 우선 설명의 편의를 위해 구리벌 목간과 추정 仇利伐 목간부터 제시하면 다음과 같다.

仇利伐[19]

표적인 예가 성산산성 목간의 2016-W116번 小南兮城麥十五斗石大村~과 대구 팔거산성의 목간 7번의 丙寅年次谷鄒<下麥易大(豆)石이 있다.

19) 추정 구리벌 목간은 다음과 같다.
   17번 ~前谷村阿足只(負)
   35번 ~內恩知奴人居助支 負
   37번 ~內只次奴湏礼支 負
   38번 ~比夕湏奴介/先(利)支 (負)

1번 仇利伐 /上彡者村(앞면) 乞利(뒷면)
3번 仇利伐/上彡者村 波婁
4번 仇利伐 /仇失了一伐/介利△一伐
5번 仇利伐 △德知一伐奴人塩
33번 仇利伐 /(彤)谷村/仇礼支 負
34번 仇利伐/上彡者村 波婁
36번 (仇利伐)/只卽智奴/於△支 負
2006-10번 (仇利伐) △△奴△△支 負
2006-24번 仇利伐 /比夕湏 奴 先能支 負
2006-31번 (仇利伐)~(앞면) 一古西支 負(뒷면)
2007-18번 仇利伐/(衫伐)只(村)/同伐支 (負)
2007-20번 仇(利伐)/~智
2007-27번 仇利伐/郝豆智 奴人/△支 負
2007-31번 仇利伐 仇阤知一伐奴人 毛利支 負
2007-53번 仇利伐/習彤村/牟利之 負
2007-55번 仇利伐 今介次負
IV-495번 仇利伐谷△△ (負)
IV-582번 仇利伐記夲礼支 負
IV-587번 仇利伐(앞면) △伐彡△村伊面於支 負(뒷면)
IV-591번 仇(利伐) △△智(奴)人 △△△ 負
2016-W62번 仇利伐/上彡者村△△△△
2016-W89번 丘利伐/卜今智上干支奴/△△巴支 負
2016-W92번 仇利伐/夫及知一伐 奴人/宍巴礼 負

仇利伐 목간에는 1번 仇利伐 上彡者村(앞면) 乞利(뒷면), 3번과 34번 仇利伐/上彡者村 波婁(쌍둥이 목간), 33번 仇利伐 /(彤)谷村/仇礼支, 2016-W62번 仇利伐/上彡者村△△△△와 같이 仇利伐+행정촌명+인명으로 된 것이 있다. 여기에서도 2가지로 적히고 있다. 곧 목간 1번처럼 앞면과 뒷면에 적힌 경우, 3

2006-27번 ~末甘村/借刀利 負
2007-8번 ~一伐奴人毛利支 負(목간 2007-31번과 쌍둥이 목간이다)
2007-41번 목흔만(앞면) ~△居利負(뒷면)

번과 33번과 34번처럼 할서로 적힌 경우로 나눌 수 있다.

4번 仇利伐 /△阤△一伐/介利△一伐처럼 仇利伐 출신의 두 사람이 할서로 적혀 있는 데에도 불구하고 仇失了一伐과 介利△一伐로 외위를 가지고 있다. 이는 할서의 의미를 자연촌으로 볼 수 없는 중요한 근거가 된다. 왜냐하면 仇失了一伐과 介利△一伐이 모두 郡 소속임을 나타내주고 있다.

5번 仇利伐 △德知一伐奴人塩도 仇利伐 목간에서 가장 중요한 것 가운데 하나이다. 이를 仇利伐을 경북 안동시 임하면 일대인 屈火郡, 屈弗郡, 曲城郡으로 보고,[20] 塩자를 인명의 하나로 보았다. 이렇게 되면 고신라 금석문과 목간에서 塩자가 인명에 포함되는 유일한 예가 되고, 파실된 부분이 塩△△~負가 되어야 한다. 그러면 파실된 글자가 최소한 4자 이상이나 되어 너무 많다. 5번 仇利伐 △德知一伐奴人塩에서 5번 仇利伐 △德知一伐奴人塩(負)로 負자가 파실된 것으로 볼 수가 있다. 이렇게 되면 奴人으로서 짐꾼이 함께하지 않는 유일한 예가 된다. 그래서 구리벌을 안동시 임하면 일대로 보고, 塩을 인명의 일부로 보기도 했다. 성산산성에 도착하기 전에[21] △德知一伐奴人의 짐꾼이 죽어서 목간 공간에 짐꾼의 이름 대신에 그냥 塩이라고 표기했을 것이다. 그래서 仇利伐의 奴人은 울진봉평비의 奴人과 함께 소금 생산자로[22] 판단된다. 또 1번 仇利伐/上彡者村(앞면) 乞利(뒷면), 3번과 34번 仇利伐/上彡者村 波婁(쌍둥이 목간), 2016-W62번 仇利伐/上三者村△△△△의 상삼자촌은 『삼국사기』, 지리지의 康州 咸安郡 領縣인 召彡縣이다. 그래서 구리벌은 소금을 생산하므로 바다를 가져야 하므로 함안군에서 마산시에 이르는 지역이다. 그렇지 않고서는 적어도 郡으로 추정되는 古阤, 甘文(城), 及伐城, 仇伐, 夷津(支)(城), 鄒文(村), 湏伐, 勿思伐, 烏多, 帰盖, 鐵山, 比思(伐), 王子年(△), 巴珎兮城 등에서는 奴

---

20) 이경섭, 「성산산성 출토 신라 짐꼬리표 목간의 지명 문제와 제작 단위」『신라사학보』 23, 2011, 542~543쪽.

21) 이 5번 仇利伐 △德知一伐奴人塩(負)는 성산산성에 도착하고 나서 제작되었다.

22) 김창호, 『고신라 금석문과 목간』, 2018, 121쪽.

(人)이 나오지 않고 유독 仇利伐에서만 奴(人)이 나오는 이유를 풀 수가 없다. 따라서 5번 仇利伐 △德知一伐奴人塩을 5번 仇利伐 △德知一伐奴人塩 (負)로 보아야 된다.

36번 (仇利伐)/只卽智奴/於△支負, 2006-10번 (仇利伐) △△奴△△支負, 2006-24번 仇利伐/比夕湏 奴 先能支 負, 2007-27번 仇利伐/郝豆智奴人/△支 負, 2007-31번 仇利伐 仇阤知一伐奴人 毛利支 負, IV-591번 仇(利伐) △△智 (奴)人 △△△ 負, 2016-W89번 丘利伐/卜今智上干支奴/△△巴支 負이 한 그 룹이 된다. 이 가운데에서 36번, 2006-24번, 2007-27번, 2016-W89번은 할서로 적혀 있고, 2007-31번은 할서가 아니다. 다시 奴人으로 된 것과 奴로 된 것으로 나눌 수 있으나 이는 결국 같은 것이다.

2006-31번 (仇利伐)~(앞면) 一古西支 負(뒷면), 2007-55번 仇利伐今尒次負, IV-495번 仇利伐谷△△ (負), IV-582번 仇利伐記夲礼支 負가 仇利伐+인명+負 로 한 그룹이 된다. 2006-31번만이 앞면과 뒷면에 기록하고 있고, 2007-55번, IV -495번, IV-582번은 한 면에만 기록하고 있다.

2007-18번 仇利伐/(衫伐)只(村)/同伐支 (負), 2007-53번 仇利伐/習彤村/毛利 之 負, IV-587번 仇利伐(앞면) △伐彡△村伊面於支 負(뒷면), 2016-W92번 仇 利伐/夫及知一伐奴人/宍巴礼 負들이 한 그룹이다. 이 목간들은 구리벌+행정촌 명+인명+負이지만 앞면과 뒷면에 기록한 IV-587번을 제외하면 한 면에 기록하 고 있고, 2016-W92번의 경우는 仇利伐+인명+관등명+負+인명으로 되어 있다. 또 7-18번, 7-53번, 2016-W92번은 할서로 되어 있다.

古阤에 해당되는 행정촌명을 제시하면 다음과 같다.

> 20번 古阤伊骨利村△(앞면) 仇仍支稗發(뒷면)
> 28번 古阤伊骨利村阿那衆智卜利古支(앞면) 稗發(뒷면)
> 29번 古阤新村智利知一尺那△(앞면) 豆于利智稗石(뒷면)
> 31번 古阤一古利村末那(앞면) 毛羅次尸智稗石(뒷면)
> 2006-30번 古阤伊骨村阿那(앞면) 仇利稿支稗發(뒷면)

2007-10번 古阤新村局斤△利(앞면) 沙礼(뒷면)
2007-11번 古阤一古利村末那(앞면) 殆利夫稗(石)(뒷면)
2007-14번 古阤一古利村末那仇△(앞면) 稗石(뒷면)
2007-17번 古阤一古利村△~(앞면) 乃兮支稗石(뒷면)
2007-25번 古阤一古利村阿那弥伊△久(앞면) 稗石(뒷면)
2007-33번 古阤一古利村末那沙見(앞면) 日糸利稗石(뒷면)
2007-57번 古阤夲波豆物烈智△(앞면) 勿大兮(뒷면)
Ⅳ-595번 古阤一古利村夲波(앞면) 阤⻌支 稗發(뒷면)
Ⅴ-163번 古阤一古利村夲波(앞면) 阤⻌只稗發(뒷면)
Ⅴ-166번 古阤伊未姸上干一大今伐(앞면) 豆幼去(뒷면)

古阤 목간은 모두 앞면과 뒷면으로 되어 있는 점이 그 특징이다. 상세히 조사해 보면 20번 古阤伊骨利村△(앞면) 仇仍支稗發(뒷면)는 古阤+촌명+인명+곡물로 구성되어 있다. 2007-10번 古阤新村局△利(앞면) 沙礼(뒷면)이 한 그룹이다. 古阤+행정촌명+인명으로 구성되어 있다. 28번 古阤伊骨利村阿那衆智卜利古支(앞면) 稗發(뒷면), 2006-30번 古阤伊骨村阿那(앞면) 仇利稿支稗(뒷면), 2007-11번 古阤一古利村末那(앞면) 殆利夫稗(石)(뒷면), 2007-14번 古阤一古利村末那仇△(앞면) 稗石(뒷면), 2007-17번 古阤一古利村△~(앞면) 乃兮支稗石(뒷면), 2007-25번 古阤一古利村阿那弥伊△久(앞면) 稗石(뒷면), 2007-33번 古阤一古利村末那沙見(앞면) 日糸利稗石(뒷면), Ⅳ-595번 古阤一古利村夲波(앞면) 阤⻌支 稗發(뒷면), Ⅴ-163번 古阤一古利村夲波(앞면) 阤⻌只稗發(뒷면) 등이 한 그룹이다. 古阤+행정촌명+末那 등+인명+곡물명으로 이루어져 있다. 29번 古阤新村智利知一尺那△(앞면) 豆于利智稗石(뒷면)이 한 그룹이다. 이는 古阤+행정촌+인명+외위명+인명+곡물명으로 구성되어 있다. 31번 古阤一古利村末那(앞면) 毛羅次尸智稗石(뒷면)이 한 그룹이다. 古阤+행정촌명+인명+곡물명으로 구성되어 있다. Ⅴ-166번 古阤伊未姸上干一大今伐(앞면) 豆幼去(뒷면)가 한 그룹이다. 古阤+인명+외위+인명으로 구성되어 있다.

甘文(城)
2번 甘文城下麥甘文本波王私(앞면) 文利村知利兮負(뒷면)
10번 甘文本波居村旦利村伊竹伊
2006-1번 甘文城下麥本波大村毛利只(앞면) 一石(뒷면)
2007-45번 甘文城下(麥)米十一(斗)石(喙)大村卜只次持去
V-165번 甘文(城)下麥十五石甘文(앞면) 本波加本斯(稗)一石之(뒷면)
2016-W94번 甘文城下麥十五石甘文本波(앞면) (伊)次只去之(뒷면)

목간 10번을 제외하고 나머지 5점이 모두 城下麥 목간이다. 이 목간은 甘文
+本波+행정촌명+인명으로 구성되어 있다. 城下麥 목간은 크게 세 가지로 나누
어진다. 甘文城+城下麥+本波+행정촌명+인명의 예가 있고, 甘文城+城下麥+本
波+행정촌명+인명+곡식량의 예가 있고, 甘文城+城下麥+곡식량+本波+인명의
예가 있다.

及伐城
8번 及伐城秀乃巴稗
42번 及伐城立龍稗石
74번 及伐城只智稗石
80번 及伐城△△稗石
2007-23번 及伐城文尸伊稗石
2007-24번 及伐城文尸伊急伐尺稗石
2007-42번 及伐城登奴稗石
IV-590번 及伐城日沙利稗石

及伐城명 목간은 주로 及伐城+인명+稗石으로 구성되어 있다. 목간 8번만이
稗로 끝나고 있다. 2007-23번 及伐城文尸伊稗石과 2007-24번 及伐城文尸伊急
伐尺稗石에서 文尸伊는 동일인으로 2007-24번은 유사 쌍둥이 목간으로 유명
하다.

仇伐
7번 仇伐干好律村卑尸稗石

52번 仇伐阿那舌只稗石

2007-6번 仇伐末那沙刀礼奴(앞면) 弥次分稗石(뒷면)

2007-37번 仇伐阿那內欣買子(앞면) 一万買稗石(뒷면)

2007-48번 丘伐稗石

2016-W66번 丘伐未那早尸智居伐尺奴(앞면) 能利智稗石(뒷면)

仇(丘)伐 목간은 전부 稗石으로 끝나고 있다. 7번 仇伐干好律村卑尸稗石은 仇伐+행정촌명+인명+稗石으로 구성되어 있고, 52번 仇伐阿那舌只稗石은 仇伐+阿那+인명+稗石으로 구성되어 있고, 이와 비슷한 것으로 2007-37번 仇伐阿那內欣買子(앞면) 一万買稗石(뒷면)이 있고, 2007-6번 仇伐末那沙刀礼奴(앞면) 弥次分稗石(뒷면)은 仇伐+末那+인명+인명+稗石으로 구성되어 있고, 이와 유사한 것으로 2007-37번 仇伐阿那內欣買子(앞면) 一万買稗石(뒷면)이 있고, 2007-48번 丘伐稗石은 丘伐+稗石으로[23] 구성되어 있고, 2016-W66번 丘伐未那早尸智居伐尺奴(앞면) 能利智稗石(뒷면)은 丘伐 +未那+인명+인명+인명+稗石으로 각각 이루어져 있다.

夷津(支)(城)

22번 夷津支士斯介利知

30번 夷津支阿那古刀羅只豆支(앞면) 稗(뒷면)

2006-4번 夷津夲波只那公末△稗

2007-30번 夷(津)支士斯石村末△△烋(앞면) 麥(뒷면)

2007-44번 夷津支城下麥王私巴珎兮村(앞면) 弥次二石(뒷면)

2007-304번 夷津支城下麥烏列支負(앞면) △△△石(뒷면)

---

23) 이렇게 지명+稗石으로 구성되어 있는 목간은 목간 2007-34번의 伊夫兮村稗石, 목간 2007-36번의 栗村稗石, 목간 2007-39번의 眞村稗石 등이 있다. 이는 생산지에서 목간을 만들지 않았다는 증거가 된다. 생산지 목간을 제작했다면 개별로 목간을 작성했을 것이기 때문이다. 특히 郡으로 추정되는 목간 2007-48번의 丘伐稗石은 주목해야 할 것이다. 郡을 단위로 稗石이 쓰여 있다는 점은 주목할 필요가 있다. 목간을 생산지에서 작성했다면 丘伐稗石과 같은 형식의 목간은 절대로 나올 수가 없다.

夷津(支城)은 두 개가 城下麥 목간이고, 4개가 일반 목간이다. 30번과 2006-4번과 같이 夷津支+夲波 등+인명+稗로 구성되어 있거나 2007-30번과 같이 夷津支+末那+행정촌명+인명+麥으로 구성되어 있다. 2007-30번은 城下麥을 제외하고 麥이 나오는 유일한 예이다.[24] 城下麥은 대개 夷津支+城下麥+행정촌명+인명+곡식량으로 되어 있다.

鄒文(村)
39번 鄒文比尸河村介利牟利
54번 .鄒文△△△村△夲石
2006-17번 鄒文村內旦利(魚)
2007-52번 鄒文(前)那牟只村(앞면) 伊△習(뒷면)

鄒文(村) 목간은 39번 鄒文比尸河村介利牟利과 54번 .鄒文△△△村△夲石과 같이 鄒文+행정촌명+인명으로 구성되거나 2006-17번 鄒文村內旦利(魚)과 같이 鄒文村+인명+고기로 구성되거나 2007-52번 鄒文(前)那牟只村(앞면) 伊△習(뒷면)과 같이 鄒文+前那+행정촌+인명으로 각각 구성되어 있다. 2007-52번만이 앞면과 뒷면으로 되어 있다.

買谷村
2006-7번 買谷村古光斯珎于(앞면) 稗石(뒷면)
2007-61번 買谷村物礼利(앞면) 斯珎于稗石(뒷면)

買谷村은 두 점의 목간밖에 없다. 두 점 모두 앞면과 뒷면으로 구성되어 있다. 2006-7번 買谷村古光斯珎于(앞면) 稗石(뒷면)과 2007-61번 買谷村物礼利(앞면) 斯珎于稗石(뒷면)은 모두 買谷村+인명+인명+稗石으로 구성되어 있고, 두 목간에서 공통으로 나오는 斯珎于은 동일인이다. 따라서 斯珎于는 유사 쌍

---

24) 2006-37번 ~△利村△△麥石도 이에 들어갈 수 있을지도 모르겠다.

둥이 목간이다.

滇伐
77번 滇伐夲波居滇智

滇伐 목간은 단 1점이다. 77번 滇伐夲波居滇智이 그것이다. 滇伐+夲波+인명으로 나올 뿐이다.

勿思伐
2007-15번 勿思伐 豆只稗一石

勿思伐도 한 점뿐이다. 勿思伐+인명+稗一石이 목간의 전부이다. 勿思伐은 勿思伐城幢主는 545년이나 그 직전에 세워진 적성비에 나온다.

烏多
6번 王私烏多伊伐支乞負支
2006-25번 王私烏多伊伐支卜然

6번 王私烏多伊伐支乞負支은 王私(땅 이름)+烏多(군명)+伊伐支(행정촌명)+乞負支(인명)으로 구성되어 있고, 2006-25번 王私烏多伊伐支乞負支는 王私(땅 이름)+烏多(군명)+伊伐支(행정촌명)+卜然(인명)으로 구성되어 있다. 伊伐支는 『삼국사기』, 지리지에 隣豊縣 本高句麗伊伐支縣이라고[25] 해서 행정촌이[26] 틀림없다.

弖盖
50번 弖盖陽村末稗石
2007-4번 弖盖次弖利△弖稗

---

25) 현재 경북 영주시 부석면 일대이다.
26) 79번 伊伐支△△波稗一의 예가 더 있다.

2007-16번 彳弓盖介(欲)弥支
2007-22번 彳弓盖奈夷利稗

50번 彳弓盖陽村末稗石은 郡+행정촌으로 구성되어 있다. 2007-4번 彳弓盖次介利△介稗, 2007-16번 彳弓盖介(欲)弥支, 2007-22번 彳弓盖奈夷利稗를 비교할 때, 목간 2007-16번의 끝 글자는 稗자로 복원될 것이다. 이들 목간은 모두 彳弓盖+인명+稗로 되어 있다.

鐵山
V-164번 三月中鐵山下麥十五斗(앞면) 王私△河礼村波利足(뒷면)

鐵山명 목간은 城下麥류의 목간 1점밖에 없다. 三月中+지명(군명)+下麥+곡식량+王私(땅 이름)+행정촌명+인명으로 구성되어 있다.

比思(伐)
IV-597번 正月中比思(伐)古尸次阿尺夷喙(앞면) 羅兮落及伐尺幷作前瓷酒酒斗瓮(뒷면)

이 목간은 比思(伐)이 나온 유일한 예이고, 함안 성산산성 목간의 소속이 경북 북부라는 데에 대한 확실한 반대되는 증거로 중요하다.

壬子年(△)
2016-W155번 壬子年△改大村△刀只(앞면) 米一石(뒷면)

이 목간은 壬子年으로 읽어서 연간지로 읽기도 하나[27] 양면 목간에서 연간지가 나온 예가 없어서 따르기 어렵다. 이 목간은 군명+행정촌명+인명+米一石으로 이루어져 있다.

---

27) 손환일의 견해이다.

巴珎兮城

　　60번 巴珎兮城下(麥)(결락)(앞면) 巴珎兮村(결락)(뒷면)

　　巴珎兮城下麥 목간은 목간 60번밖에 없다. 巴珎兮(군명)+城下麥+곡식량+
행정촌명+인명으로 구성된 것으로 추정된다.

　　六部名
　　IV-597번 正月中比思(伐)古尸次阿尺夷喙(앞면) 羅兮落及伐尺幷作前瓷酒四
　　　　斗瓮(뒷면)
　　2016-W104번 沙喙部負[28]

　　함안 성산산성 목간에서 부명이 나오는 예는 두 자료밖에 없다. IV-597번에
서는 왕족인 喙(部) 출신의 인명이 나오고, 2016-W104번에서는 왕비족인[29] 沙
喙部가 나온다. 또 2016-W104번에서는 負가 나와서 仇利伐이외의 목간에서
負가 나오는 최초의 예가 된다.

V. 城下麥 목간의 검토

　　우선 城下麥 목간 10점을 상세히 살펴보기 위해 다시 한 번 전부 제시하면
다음과 같다.

　　2번 甘文城下麥甘文夲波王私(앞면) 文利村知利兮負(뒷면)
　　60번 巴珎兮城下(麥)(결락)(앞면) 巴珎兮村(결락)(뒷면)

---

28) 이는 사탁부에서 지게에 짐을 질 수 없음으로 사탁부의 짐이다로 해석되며, 仇利伐
　　목간 이외의 목간에서 負가 나오는 유일한 예이다.
29) 김창호, 『고신라 금석문과 목간』, 2018, 169~177쪽.

2006-1번 甘文城下麥夲波大村毛利只(앞면) 一石(뒷면)
2007-44번 夷津支城下麥王私巴珎兮村(앞면) 弥次二石(뒷면)
2007-45번 甘文城下(麥)米十一(斗)石(喙)大村卜只次持去
2007-304번 夷津支城下麥烏列支負(앞면) △△△石(뒷면)
Ⅴ-164번 三月中鐵山下麥十五斗(앞면) 王私△河礼村波利足(뒷면)
Ⅴ-165번 甘文(城)下麥十五石甘文(앞면) 夲波加本斯(稗)一石之(뒷면)
2016-W94번 甘文城下麥十五石甘文夲波(앞면) 伊次只去之(뒷면)
2016-W116번 小南兮城麥十五斗石大村~

城下麥 목간은 甘文城 5예, 夷津支城 2예, 鐵山 1예, 巴珎兮城 1예, 小南兮城 1예로 모두 10예이다. 목간 2007-45번과 목간 2016-W116번을 제외하면 8점이 모두 양면 목간이다. 양면 목간이 모두 나온 古阤 목간(16점)에서는 城下麥이 나온 바 없다. 양면 목간은 城下麥 목간의 한 특징이다. 목간 Ⅴ-164번에서 三月中이 나와서 목간의 제작이 산지가 아닌 도착지인 성산산성에서 이루어졌을 가능성을 크게 해 준다. 왜냐하면 보리의 수확은 양력으로 6월이기 때문이다. 양력 4월(음력 3월)은 보리가 다 떨어져서 국가에 공납할 것이 없다.[30]

城下麥 목간은 城下麥을 제외하면 다른 목간과 큰 차이가 없다. 城下麥 목간에서 가장 큰 특징은 城下麥이 있다는 점이다. 城下麥 목간이 아닌 목간에서 麥이 나오는 드문 예인 2007-30번 夷(津)支(未)那石村末支(下仇)(앞면) 麥(뒷면)이나 2006-37번 ~△利村△△麥石과 비교할 때, 麥이 맨 뒤에 나오고, 城下麥으로 앞에 나오는 차이밖에 없다. ~城下麥은 麥의 생산지로 판단된다. ~城下麥이 麥의 생산지라면 城下麥 목간은 일반 목간과의 차이는 생산지를 기재하는 것밖에 없다. 그렇다면 城下麥 목간은 200여 명의 인명 표기와는 달리 ~城下麥으로 보리의 생산지를 표기하고 있다. 이는 고식 인명 표기 방식으로 판단된다. 그래서 ~城下麥식으로 麥의 생산지를 표기했을 것이다. 보리 생산지를 쉽게 표

---

30) 城下麥 목간을 鐵山下麥 목간에 따를 때 수급체계와는 관련이 없다고 판단된다. 보리는 음력 5월에 수확하여 음력 3월에는 공진할 수 없기 때문이다.

현하기 위해 ~城下麥식으로 麥의 생산지를 구체적으로 나타내고 있다. V-164
번 三月中鐵山下麥十五斗(앞면) 王私△河礼村波利足(뒷면)에서는 城자가 생
략되고 있어서 城下麥 목간보다는 새로운 형식이다. 따라서 城下麥 목간은 수
송 체계와는 관련이 없고, 성산산성에서 생산지가 구체적으로 표기된 고식 목
간의 잔존 예로 판단된다. 城下麥 목간은 그래서 모두가 복잡하게 되어 있고,
앞면과 뒷면으로 되어 있고, 다른 목간에서는 유례없는 생산물의 표시인 ~城下
麥으로 앞에 온다.

VI. 城下麥 목간의 해석

이제 함안 성산산성에서 출토된 10점의 城下麥 목간을 해석할 차례가 되었
다. 이를 전부 해석하면 아래와 같다.

　　2번 甘文城下麥甘文夲波王私(앞면) 文利村知利夕負(뒷면)

이는 '甘文城(군명) 아래의 보리를 甘文(군명)의 夲波(땅 이름)이고 王私(땅
이름)인 文利村(행정촌명)의 知利夕負가 낸 것이다.'가 된다.

　　60번 巴珎夕城下(麥)(결락)(앞면) 巴珎夕村(결락)(뒷면)

이는 '巴珎夕城(군명) 아래의 보리를 巴珎夕村(행정촌명)의 누구가 낸 것이
다'가 된다.

　　2006-1번 甘文城下麥夲波大村毛利只(앞면) 一石(뒷면)

이는 '甘文城(군명) 아래의 보리를 夲波(땅 이름)인 大村(행정촌명)의 毛利

只(인명)가 낸 一石이다.'가 된다.

2007-44번 夷津支城下麥王私巴珎兮村(앞면) 弥次二石(뒷면)

이는 '夷津支城(군명) 아래의 보리를 王私(땅 이름)인 巴珎兮村(행정촌명) 弥次(인명)가 낸 二石이다.'가 된다.

2007-45번 甘文城下(麥)米十一(斗)石(喙)大村卜只次持去

이는 '甘文城(군명) 아래의 (麥)米 十一(斗)石은 (喙)大村(행정촌명) 卜只次 持去(인명)이 낸 것이다.'

2007-304번 夷津支城下麥烏列支負(앞면) △△△石(뒷면)

이는 '夷津支城(군명) 아래의 보리는 烏列支(행정촌명) 負△△(인명)가 낸 △石이다.'

V-164번 三月中鐵山下麥十五斗(앞면) 王私△河礼村波利足(뒷면)

이는 '三月에 鐵山(군명) 아래의 보리 十五斗는 王私(땅 이름)인 △河礼村 (행정촌) 波利足(인명)이 낸 것이다.'

V-165번 甘文(城)下麥十五石甘文(앞면) 夲波加本斯(稗)一石之(뒷면)

이는 '甘文(城)(군명) 아래의 보리 十五石은 甘文(군명) 夲波(땅 이름) 加本 斯(稗)一石之(인명)이 낸 것이다.' 또는 '甘文(城)(군명) 아래의 보리 十五石은 甘文(군명) 夲波(땅 이름) 加本斯와 (稗)一石之(인명)가 낸 것이다.'가 된다.

2016-W94번 甘文城下麥十五石甘文夲波(앞면) 伊次只去之(뒷면)

이는 '甘文城(군명) 아래의 보리 十五石은 甘文(군명) 夲波(땅 이름) 伊次只去之(인명)이 낸 것이다.'가 된다.

2016-W116번 小南兮城麥十五斗石大村~

이는 '小南兮城(군명) 보리 十五斗石은 大村(행정촌명) 누구가 낸 것이다.'가 된다.

끝으로 왜 그러면 城下麥 목간이 260여 점의 함안 성산산성에 10점 정도가 존재하고, 대구 팔거산성에서 목간 7번의 의사 城下麥 목간이 존재하느냐하는 점이다. 함안 성산산성 목간 가운데에는 及伐尺이란 경위명이 두 번 나온다. 及伐尺은 성산산성 목간 연대 설정에 중요하다. 성산산성 목간 연대를 2016-W155번 王子年△改大村△刀只(앞면) 米一石(뒷면)에서 王子年을 壬子年으로 읽어서 592년으로 보면[31] 신라의 관등제 성립 곧 완성을 592년 이후로 보아야 한다. 아라가야가 『삼국사기』에 법흥왕대에 통합되었고, 신라 관등제가 524년의 봉평비 건립과 545년 그 직전인 적성비 건립의 사이임을 근거할 때, 540년경에 완성되었다고 볼 수가 있다. 의사 성하맥 목간인 대구 팔거산성 목간 7번의 丙寅年은 팔거산성 목간 16번에서 干支란 외위명이 나와서 그 시기가 546년이다. 신라 지방 산성에서 나오는 목간 가운데 540년경 이전이나 546년 이전의 목간은 발견되지 않고 있다.

城下麥 목간은 가장 이른 시기의 유적에서만 출토되고 있다. 신라 금석문의 가장 오래된 것으로 황남대총 남분의 5세기 1/4분기의 허리띠의 부속구에 새겨진 夫人帶명이 있다. 이는 夫人이란 말의 보편화로 보여 그 이전에 신라가 문자

---

31) 이용현, 「함안 성산산성 목간의 연대 -壬子年 해석을 중심으로-」 『신라사학보』 50, 2020.

를 사용했음을 알 수 있다. 그렇다면 城下麥 목간은 그 이전인 6세기 전반에 유행한 고식 목간의 잔재로 볼 수가 있다.

VII. 맺음말

먼저 지금까지 선학들의 견해를 ~아래에 혹은 ~에 예속된과 내리다란 동사로 본 견해로 나누어서 살펴보았다. 동사로 보는 견해에서는 城下麥의 下자를 동사로 보는 구체적인 예가 없어서 월성해자 목간 신8번의 上內之, 일본 正倉院 佐波理加盤付屬文書의 上米를 그 예로 들었으나 두 자료의 上자는 동사가 아니다. 성산산성 목간에 있어서 210여 개의 물품꼬리표 목간에서 동사가 나온 예는 드물다.

다음으로 城下麥 목간 9점과 의사 성하맥 목간 1점 총 10개의 목간을 王私에 주목하여 새롭게 판독하여 제시하였다.

그 다음으로 仇利伐, 古阤, 甘文(城), 及伐城, 仇伐, 夷津(支)(城), 鄒文(村), 湏伐, 勿思伐, 烏多, 旮盖, 鐵山, 比思(伐), 王子年(△), 巴珎兮城 등의 지명에 나오는 속에서 城下麥 목간을 조사하여 이를 郡名으로 보았다.

그 다음으로 城下麥 목간은 甘文城 5예, 夷津支城 2예, 鐵山 1예, 巴珎兮城 1예, 小南兮城 1예로 모두 10예이다. 목간 2007-45번과 목간 2016-W116번을 제외하면 8점이 모두 양면 목간이다. 양면 목간이 모두 나온 古阤 목간(16점)에서는 城下麥이 나온 바 없다. 양면 목간은 城下麥 목간의 한 특징이다. 목간 V-164번에서 三月中이 나와서 목간의 제작이 산지가 아닌 도착지인 성산산성에서 이루어졌을 가능성을 크게 해 준다. 왜냐하면 보리의 수확은 양력으로 6월이기 때문이다. 양력 4월(음력 3월)은 보리가 다 떨어져서 국가에 공납할 것이 없다.

마지막으로 城下麥 목간에 나오는 땅 이름인 本波와 王私에 주목하여 10개의 城下麥 목간을 전부 해석하였다.

제4절

함안 성산산성 목간의 奴人

Ⅰ. 머리말

한국의 고대 목간은 종이가 없던 시대에 종이 대신에 나무를 깎아서 긴 사각형에 가깝게 만든 데에[1] 붓으로 한자를 쓴 것이다. 1면에만 글씨가 있는 것이 있고, 앞면과 뒷면의 양면으로 된 것이 있고, 드물게는 4면으로 된 문서목간이 있다. 고구려의 예는 없고, 백제 사비성시대의 왕경과 지방 목간, 고신라의 왕경과 지방 목간, 통일신라의 왕경과 지방 목간 등이 있다. 목간의 대부분은 인명 표기가 주류를 이루고 있다. 인명 표기는 신라의 경우는 직명+출신지명+인명+관등명이고, 백제의 경우는 직명+부명+관등명+인명의 순서이다. 그래서 금석문과 목간을 연구하는 데에 있어서 인명 표기의 중요성은 아무리 강조해도 지나치지 않다.

지금까지 함안 성산산성 목간은 묵서가 있는 것만 260여 점이[2] 알려졌다. 이에 대한 많은 연구 성과가 나와 있다.[3] 함안 성산산성 목간의 연구는 거의 완성

---

1) 이를 일본의 한자어로는 短冊形이라고 부른다.

2) 문서 목간이 4점, 2면이나 1면으로 된 목간이 255점 전후이다. 255점 전후의 목간은 90% 이상이 인명 표기와 관련된 것이다.

3) 이경섭, 「함안 성산산성 목간의 연구현황과 과제」 『신라문화』 23, 2004.
   전덕재, 「함안 성산산성 목간의 연구현황과 쟁점」 『신라문화』 31, 2008.
   이경섭, 「함안 성산산성 출토 신라목간의 흐름과 전망」 『목간과 문자』 10, 2013.
   윤선태, 「함안 성산산성 출토 신라목간의 연구성과와 전망」 『한국의 고대목간Ⅱ』, 2017.

단계에 와 있는 것이 아니라 이제부터가 시작이다. 아무도 주목하지 않았던 王私 목간에 대한 연구가 최근에 나왔다.[4] 안목과 노력만 있다면 성산산성 목간을 통해서 얼마든지 좋은 논문을 쓸 수 있다는 가능성을 보여주는 것 같다.

仇利伐 목간에는 奴人 또는 奴가 나오는 8개의 목간이 있다.[5] 이 奴人은 1988년 4월에 발견된 봉평비에도 나온다. 성산산성 목간에 나오는 奴人과 봉평비의 奴人은 같은 성격의 것이다. 성산산성 목간에 나오는 奴人은 단편적으로 다루었지만 단일 논문으로 다루지는 않았다. 奴人을 노비로 보는 것이 주류인 듯하다. 노비가 외위를 갖고, 古阤, 甘文(城), 及伐城, 仇伐, 夷津(支)(城), 鄒文(村), 買谷村, 湏伐, 烏多, 弖盖, 鐵山, 比思(伐), 王子年(△), 巴珎兮城에서는 단 1점의 奴人도 없고, 이들 지역에서는 노비가 없다고 보아야 되는 문제가 생긴다.

함안 성산산성 목간은 한국 고대 목간 연구의 이정표를 세운 유적이다. 유적의 중요성에 비추어 보아도 학계에서 의견의 일치를 보지 못한 경우가 많다. 그 대표적인 것의 하나가 목간의 연대 문제이다. 목간의 연대를 560년경으로 보아오다가 최근에는 592년의 壬子年으로 보고 있다. 성산산성 목간에는 及伐尺이라 경위가 두 번이나 나와서 그 시기를 신라 관등제의 완성인 524년 봉평비와 545년이나 그 직전에 세워진 적성비의 사이로 보아야 한다. 결국 성산산성 목간의 연대는 540년경으로 볼 수가 있다.

함안 성산산성 목간은 앞으로 저습지 유적에서 고신라, 백제, 고구려의 목간이 나올 가능성이 큼으로 비교에 의해 발전된 연구 성과를 기대할 수가 있다. 함

橋本 繁,「韓國·咸安城山山城木簡硏究の最前線」『古代文化』70-3, 2018.

4) 하시모토 시게루,「함안 성산산성 목간의 王私와 城下麥」『신라사학보』 54, 2022. 단 王私 목간을 그 촌명이 왕이나 왕실의 직할지이며, 인명은 그기에 예속된 사람으로 보고서 王私 목간을 왕실 직할지 주민이 성산산성에 역역 동원된 것으로 해석하였으나 王私는 곡식을 많이 생산하는 넓은 땅의 이름으로 본다. 이에 대해서는 본서의 제5장 제2절「고신라 목간에 보이는 王私에 대하여」참조.

5) 추정 奴(人) 목간으로 4점이 더 있다.

안 성산산성 목간의 王私 목간 5점에 대한 연구도 그 후에 발굴 조사된, 대구 팔거산성 출토 목간의 3점 王私 목간에 의지한 바가 크다. 함안 성산산성 목간의 2점이 처음 王私 판독만으로는 연구의 진전은 어려웠을 것이다. 이렇게 함안 성산산성 목간을 기준으로 나중에 발굴 조사된 유적의 목간의 대비로 인한 연구는 대단히 중요하다.

함안 성산산성 목간의 奴人도 성산산성 목간만으로는 그 개요를 파악하기 어렵다. 봉평비에서 2번 나오는 奴人은 성산산성 목간의 연구에 한 기준이 된다. 앞으로 奴人 목간이 더 나올 가능성이 크다. 저습지가 있는 산성 발굴로 奴人 목간이 나오면 奴人의 실체가 자동적으로 들어날 것이다. 땅 이름으로 알려진 本波, 阿那, 末那, 前那, 未那, 王私 등의 실체에 대해서도 발굴 조사가 많아짐으로 쉽게 해결될 수 있을 것이다.

여기에서는 먼저 고신라의 奴(人)에 대한 선학들의 견해를 일별해 보겠다. 다음으로 仇利伐 목간의 모든 자료를 제시하겠다. 그 다음으로 봉평비문 속에서 奴人에 대해 살펴보겠다. 마지막으로 奴人 문제에 대한 몇 가지 소견을 밝혀 보고자 한다.

II. 지금까지의 연구

신라의 奴(人)은 1988년 4월 봉평비(524년)에 발견되어 처음으로 알려지게 되었다. 일반 신민, 새로 편입된 복속민, 차별 편제한 특수 지역민, 지방민 일반, 舊高句麗民 등의 다양한 가설이 나왔다.[6] 대체로 노(인)은 신라 지역에 새로 편

---

6) 한국고대사학회편, 『한국고대사연구』 2, 1989.
  울진군 · 한국고대사학회, 『울진 봉평신라비와 한국 고대 금석문』, 2011.

입된 지역의 복속민으로 보고 있다.[7]

  그런데 1998년 공개되기 시작한 함안 성산산성 목간에 奴(人)이 확인되면서 이들 노(인)을 어떻게 해석할 것 인지하는 문제가 새로 제기되었다. 그래서 성산산성 목간의 노인을 봉평비의 노인과 어떻게 연결시키는지 하는 문제가 대두되었다. 처음의 성산산성 목간의 연구에서는 私奴婢일 가능성이 언급되었다.[8] 대체로 봉평비에서 나온 결론을 성산산성 목간에 적용하여 노인을 구고구려계 복속민으로 보았다.[9] 이후 새로운 목간 자료의 발굴이 증가되자 노인이 기재된 목간을 해석하면서, 奴人=私奴婢說의 주장이 나왔다.[10] 이를 비판하면서 봉평비의 노인을 중심으로 목간의 노인을 이해를 강조하는 연구도 나왔다.[11] 노인은 기본적으로 복속민의 성격을 지녔지만, 6세기 중반에 그들을 구리벌에 사는 개인에게 각기 예속시켜 관할, 통제하도록 하였고, 이후 그들을 점차 공민으로 포섭하였다고 보았다.[12] 노인을 세금을 내는 주체로서 수취의 대상이 된 奴婢로 보기도 했다.[13] 또 성산산성의 노인을 봉평비의 노인과 함께 隷民的 상황 집단적 지배를 받던 존재로부터 개인적 人身 지배에 기반한 公民으로 전화해 가는 道程에 있는 사람으로 보았다.[14]

---

7) 武田幸男,「新羅・蔚珍鳳坪碑の教事主體と奴人法」『朝鮮學報』187, 2003.

8) 윤선태,「咸安 城山山城 出土 新羅 木簡의 用途」『震檀學報』88, 1999, 16쪽.

9) 이성시,「한국목간연구의 현황과 함안성산산성 출토의 목간」『한국고대사연구』19, 2000, 99~100쪽.
   朴宗基,「韓國 古代의 奴人과 部曲」『한국고대사연구』43, 2006.

10) 이수훈,「咸安 城山山城 出土 木簡의 稗石과 負」『지역과 역사』15, 2004.
    전덕재,「함안 성산산성 목간과 중고기 신라의 수취체계」『역사와 현실』65, 2007.

11) 이용현,「함안성산산성 출토 목간의 負, 本波, 奴人 시론」-신라사학회발표문-, 2007.

12) 김창석,「신라 中古期의 奴人과 奴婢」『한국고대사연구』54, 2009.

13) 윤선태,「함안 성산산성 출토 신라 하찰의 재검토」『사림』41, 2012.

14) 이경섭,「新羅의 奴人 -城山山城 木簡과 <蔚珍鳳坪碑>를 중심으로-」『한국고대사연구』68, 2012.

위의 견해들은 奴(人)의 奴자가 奴隷 또는 奴婢를 나타낸다는 것에 근거하여 사노비로 보기까지 했다. 아니면 구고구려인으로 보아서 새로운 신라의 복속민으로 보았다. 이는 봉평비에서 나온 결론으로 성산산성 목간에 그대로 적용할 수가 있다. 이에 대해서는 뒤에서 언급하겠지만 노인의 奴자는 새로운 복속민과 전혀 관련이 없고, 동시에 奴婢의 신분과도 전혀 관련이 없다. 목간의 노인과 봉평비의 노인는 동일하다고 판단된다.

III. 자료의 제시

仇利伐 목간의 가장 큰 특징은 割書가 있다는 것, 奴(人)이 존재하는 것, 負가 있는 점,[15] 稗石, 稗一, 稗 등이 뒤에 붙지 않는 점, 외위를 가진 자가 가장 많은 군명인 점 등이다. 仇利伐 목간의 특징을 알기 쉽게 仇利伐 목간의 2016년까지의 자료를 제시하면 다음과 같다.[16]

> 1번 仇利伐/上彡者村(앞면) 乞利(뒷면) '仇利伐 上彡者村의 乞利이다.'
> 3번 仇利伐/上彡者村 波婁 '仇利伐 上彡者村의 波婁이다.'
> 4번 仇利伐/仇失了一伐/尒利△一伐 '仇利伐의 仇失了 一伐과 尒利△ 一伐이다.'
> 5번 仇利伐△德知一伐奴人 塩 (負) '仇利伐의 △德知 一伐이며 奴人인 그가

---

15) 負는 仇利伐 목간에서만 나오는데, 단 하나의 예외로 2016-W104번 沙喙部負가 있다. 이는 사탁부가 낸 負이다로 해석되며, 왕비족인 사탁부(김창호, 『고신라 금석문과 목간』, 2018, 170~174쪽)가 負를 담당하고 있어서 목간의 제작지가 사탁부로 보기보다 성산산성에서 국가 주도로 요역(축성 사업)을 행하고, 목간을 제작했을 것으로 판단된다.

16) 추정 구리벌 목간에서 구리벌이 나오지 않아도 奴(人)이 나오고, 負가 나오면 仇利伐 목간이다. 아직까지 구리벌 이외의 목간에서 奴(人)과 負가 나오는 예는 없다.

소금[塩]을 負로 낸 것이다.'

33번 仇利伐/(彤)谷村/仇礼支 負 '仇利伐 彤谷村의 仇礼支가 낸 負이다.'

34번 仇利伐/上彡者村 波婁 '仇利伐 上彡者村의 波婁이다.'

2006-10번 仇利伐△△奴△△支 負 '仇利伐의 △△ 奴의 짐꾼인 △△支의 負이다.'

2006-24번 仇利伐/ 比多湏奴 先能支 負 '仇利伐의 比多湏 奴이며, 그의 짐꾼인 先能支의 負이다.'

2006-31번 (仇利伐)~(앞면) 一古西支 負(뒷면) '(仇利伐) ~의 ~의 一古西支의 負이다.'

2007-18번 仇利伐/(衫伐)只(村)/同伐支 負 '仇利伐의 (衫伐)只(村)의 同伐支가 낸 負이다.'

2007-20번 仇利伐/~智 해석 불능

2007-27번 仇利伐/郝豆智奴人/△支 負 '仇利伐의 郝豆智가 奴人이며, 그의 짐꾼인 △支의 負이다.'

2007-31번 仇利伐 仇阤知一伐奴人 毛利支 負 '仇利伐의 仇阤知 一伐이고, 奴人이며, 그의 짐꾼인 毛利支의 負이다.'

2007-53번 仇利伐/習彤村/ 牟利之 負 '仇利伐 習彤村의 牟利之의 負이다.'

IV-582번 仇利伐 記本礼支 負 '仇利伐의 記本礼支의 負이다.'

IV-587번 仇利伐/△伐彡△村伊面於比支 負 '仇利伐 △伐彡△村의 伊面於比支의 負이다.'

IV-591번 仇(利伐) △△智奴(人) △△△ 負 '仇(利伐)의 △△智 (奴)人이며, 짐꾼인 △△△의 負이다.'

2016-W62번 仇利伐/上三者村△△△△ '仇利伐 上三者村의 △△△△이다.'

2016-W89번 丘利伐卜今智上干支 奴/△△巴支 負 '丘利伐의 卜今智 上干支이며, 奴이고, 그의 짐꾼의 負는 △△巴支의 짐이다.'

2016-W92번 仇利伐/夫及知一伐 奴人/宍巴礼 負 '仇利伐의 夫△知가 一伐이고, 그의 짐꾼인 宍巴利△의 負이다.'

仇利伐 목간은 몇 가지 유형으로 나누어진다. 이를 유형별로 나누어서 제시하면 다음과 같다.

우선 仇利伐+인명+奴(人)+인명+負를 살펴보기로 하자.[17]

　　2006-10번 仇利伐△△奴△△支 負
　　2006-24번 仇利伐 比多湏 奴 先能支 負
　　2007-27번 仇利伐/郝豆智奴人/△支 負
　　IV-591번 仇(利伐) △△智奴(人) △△△ 負

그 다음으로 仇利伐+인명+외위명+奴人+인명을 조사해 보자.

　　2007-31번 仇利伐 仇陁知一伐奴人 毛利支 負
　　2016-W89번 丘利伐/卜今智上干支奴人/△△巴支負
　　2016-W92번 仇利伐/夫及知一伐 奴人/宍巴礼 負

그 다음으로 仇利伐+성촌명+인명의 예부터 들면 다음과 같다.

　　1번 仇利伐/上彡者村(앞면) 乞利(뒷면)
　　3번 仇利伐/上彡者村 波婁
　　34번 仇利伐/上彡者村 波婁
　　2016-W62번 仇利伐/上三者村△△△△

　이들은 모두 上彡(三)者村 출신들이다. 이들은 다른 성촌 출신의 사람들처럼 공진물에 대한 기록이 없다. 이러한 현상은 함안 성산산성 목간의 전체에 걸쳐서 있다.

---

17) 추정 구리벌 목간으로 奴(人) 목간이 4점 더 있다.
　　35번 ~內恩知奴人居助支 負
　　37번 ~內只次奴湏礼支 負
　　38번 ~比夕湏奴尒/先(利)支 (負)
　　2007-8번 ~一伐奴人毛利支 負(2007-31번과 쌍둥이 목간임)

위의 자료 가운데 3번과 34번은 쌍둥이 목간이다. 구리벌+상삼자촌+인명
은 모두 4예로 모두 상삼자촌 출신뿐이다. 仇利伐은 함안 성산산성 목간 가운
데 그 예가 가장 많아서 郡名이다. 上彡者村은 행정촌으로 『삼국사기』, 지리지
의 康州 咸安郡 領縣인 김彡縣이다.[18] 구리벌은 함안군에서 바닷가인 마산시
에[19] 이르는 지역이다. 이곳이 옛 안라국의 중요한 수도 부분에 해당되는 것이
다.[20] 따라서 상삼자촌은 행정촌이고, 仇利伐은 郡名이다.

그 다음은 仇利伐+촌명+인명+負로 된 예를 조사해 보기로 하자.

> 33번 仇利伐/(彤)谷村/仇礼支 負
> 2006-31번 (仇利伐)~(앞면) 一古西支 負(뒷면)
> 2007-18번 仇利伐/(衫伐)只(村)同伐支 負
> 2007-53번 仇利伐/習彤村/ 牟利之 負
> Ⅳ-587번 仇利伐(앞면)△伐彡△村 伊面於比支 負(뒷면)

5명의 인명은 모두 仇利伐郡에 소속되어 있는 행정촌의 이름으로 판단된다.
앞에서의 상삼자촌이 행정촌이므로 5개의 촌명도 모두 행정촌으로 보아야 할

---

18) 주보돈, 앞의 논문, 2000, 56~57쪽에서 上彡者村의 김彡縣 비정에 비판하고 있다.
上의 음은 김의 음과 통하고(남산신성비 제2비에서 阿旦兮村과 阿大兮村, 沙刀城
과 沙戶城에서 旦과 大가 통하고, 刀와 戶가 통하는 점에서 보아서 각각 동일 지명
인 점에서 보면 上과 김는 통한다), 彡은 양자에서 동일하게 나온다. 이렇게 목간 6
번과 목간 2006-25번에서 행정촌명은 伊伐支(영주시 부석면)로 『삼국사기』, 지리지
에 隣豊縣本高句麗伊伐支縣이라고 나오지만 郡名인 烏多는 『삼국사기』, 지리지에
나오지 않는다.

19) 2010년 7월 1일 창원시에 통합되기 이전의 마산시를 지칭한다.

20) 목간의 작성 연대인 540년경에는 『삼국사기』, 지리지의 지명도 많은 차이가 있었을
것이다. 그래서 목간에 나오는 행정촌도 지리지에서 찾을 수 없다. 군으로 추정되는
물사벌성과 추문촌과 이진(지성)과 帮盖과 烏多도 찾을 수 없고, 목간의 13.1%가량
(목간 전체인 260점가량에 대한 구리벌 목간의 비율로 볼 때)을 차지하는 郡인 仇利
伐도 지명만으로는 그 위치가 불분명하다.

것이다.

그 다음은 仇利伐+인명+負로 된 목간에 대해 알아보자.

> 2007-55번 仇利伐今尒次負
> IV-495번 仇利伐谷△△ (負)
> IV-582번 仇利伐 記本礼支 負

이들 목간은 모두 구리벌에 직접 소속되어 있다. 郡名인 구리벌의 소속자도 구리벌이 군으로 역할을 하는 동시에 행정촌으로서의 역할을 함을 보여준다. 군에서 직접 자연촌을 지배할 수는 없고, 행정촌을 지배할 것이다.

그 다음으로 仇利伐+인명+외위명+노인+공진물+(負)을 조사해 보자.

> 5번 仇利伐△德知一伐奴人 塩 (負) '仇利伐의 △德知 一伐이며 奴人인 그가 소금[塩]을 負로 낸 것이다.'

마지막으로 仇利伐+인명+외위명+인명+외위명의 경우가 있다. 그 자료를 인용하면 다음과 같다.

> 4번 仇利伐/仇失了一伐/尒利△一伐 '仇利伐의 仇失了 一伐과 尒利△ 一伐이다.'

이렇게 한 목간에 두 명의 인명이 모두 외위를 갖는 예로는 유일한 자료이다.[21] 두 사람 모두 공진물의 표시도 없다.

---

21) 목간 4번의 仇失了一伐과 尒利△一伐이 割書 때문에 자연촌 출신으로 볼 수가 없다. 모두가 仇利伐郡 소속으로 판단된다.

Ⅳ. 봉평염제비의 奴人

이제 1988년에 발견된 울진봉평신라염제비에[22) 奴人이 나와서 중요하다. 우선 이의 전문을 제시하면 다음과 같다.

⑩	⑨	⑧	⑦	⑥	⑤	④	③	②	①	
	麻	奈	使	新	者	別	愼	干	甲	1
立	節	尒	卒	羅	一	教	·	支	辰	2
石	書	利	次	六	行	今	宋	岑	季	3
碑	人	杖	小	部	△	居	智	喙	正	4
人	牟	六	舍	煞	之	伐	居	部	月	5
喙	珎	十	帝	斑	人	牟	伐	美	十	6
部	斯	葛	智	牛	備	羅	干	听	五	7
博	利	尸	悉	△	土	男	支	智	日	8
士	公	條	支	△	塩	弥	一	干	喙	9
于	吉	村	道	麥	王	只	夫	支	部	10
時	之	使	使	事	大	夲	智	沙	牟	11
教	智	人	烏	大	奴	是	太	喙	卽	12
之	沙	奈	婁	人	村	奴	奈	部	智	13
若	喙	尒	次	喙	負	人	麻	而	寐	14
此	部	利	小	部	共	雖	一	·	·	15
省	善	阿	舍	內	值	·	尒	粘	錦	16

---

22) 봉평비의 阿大兮村使人 奈尒利 杖六十, 男弥只村使人 翼昃杖百 於卽斤利 杖百이
란 杖刑은 禾耶界城과 失火邊城의 전투와 관련이 있는 듯하다.
봉평비에서 岑喙部의 설정은 문제가 있다. 고신라 금석문에서 이 인명 표기를 제외
하고 모량부 출신은 전무하다. 그럼에도 불구하고 잠탁부 출신이 干支란 관등명을
가져서 일약 6두품이 단독으로 나온다. 고신라 금석문에서 喙部, 沙喙部 등은 喙部,
沙喙部 등으로 적힐 뿐, 다른 식으로는 적히지 않았다. 월성해자 목간 9번에서 모량
부를 牟喙로 표기하고 있어서 더욱 의문이 생긴다.

⑩	⑨	⑧	⑦	⑥	⑤	④	③	②	①	
獲	文	·	帝	沙	五	是	智	智	王	17
罪	吉	尺	智	智	其	奴	太	太	沙	18
於	之	男	居	奈	餘	人	奈	阿	喙	19
天	智	弥	伐	麻	事	前	麻	干	部	20
·	新	只	牟	沙	種	時	牟	支	徒	21
·	人	村	羅	喙	種	王	心	吉	夫	22
·	喙	使	尼	部	奴	大	智	先	智	23
居	部	人	牟	一	人	教	奈	智	葛	24
伐	述	翼	利	登	法	法	麻	阿	文	25
牟	刀	戾	一	智		道	沙	干	王	26
羅	小	杖	伐	奈		俠	喙	支	本	27
異	鳥	百	弥	麻		阼	部	一	波	28
知	帝	於	宜	莫		隘	十	毒	部	29
巴	智	卽	智	次		禾	斯	夫	△	30
下	沙	斤	波	邪		耶	智	智	夫	31
干	喙	利	旦	足		界	奈	一	智	32
支	部	杖	組	智		城	麻	吉	五	33
辛	牟	百	只	喙		失	悉	干	△	34
日	利	悉	斯	部		火	介	支	(△)	35
智	智	支	利	比		遠	智	喙		36
一	小	軍	一	湏		城	奈	勿		37
尺	鳥	主	全	婁		我	麻	力		38
世	帝	喙	智	邪		大	等	智		39
中	智	部	阿	足		軍	所	一		40
△		介	大	智		起	教	吉		41
三		夫	分	居		若	事	干		42
百		智	村	伐		有		支		43
九		奈	使	牟						44
十			人	羅						45
八				道						46

이 봉평비에서 가장 중요한 부분은 別敎 부분이다. 이를 제시하면 다음과 같다.

別敎 今居伐牟羅男弥只本是奴人 雖是奴人前時王大敎法 道俠阼隘 禾耶界城
失火遶城我大軍起 若有者一行△之 人備土鹽 王大奴村共値五 其餘事種種奴
人法

냉수리비 전면 제⑨행과 제⑪행에 각각 別敎란 구절이 나오고, 別敎는 적성
비 제⑮행에도 나오는바 비문의 가장 핵심적인 부분이다. 別敎를 내린다. 이제
居伐牟羅와 男弥只는[23] 본래 奴人이었지만 前時에 왕은 大敎
法을 내려주셨다. 길이 좁고, 오르막도 험악한 禾耶界城과 失火遶城의 우리 대
군을 일으켰다. 若有者인 一行을 ~했다. 사람들이 土鹽을 준비하였다. 왕은 大
奴村은 값 5를 부담케 하였다. 그 나머지 일은 여러 가지 奴人法에 따르도록 했
다. 비문의 가장 핵심적인 부분에서 奴人들이 활약하고 있어서 奴人을 소금 생
산자 이외의 다른 것으로 볼 수가 없다.

奴人이지만 길이 좁고, 오르막도 험악한 禾耶界城과 失火遶城의 우리 대군
을 일으켰다고 강조하고 있다. 본래부터 奴人이라 했으므로 구고구려인이거나
사노비일 수는 없다. 奴人을 아는데 중요한 구절로 土鹽이[24] 있다. 토염은 재래
식으로 소금을 만드는 곳으로 현재의 울진 지방의 체험장이 유명하다.

---

23) 居伐牟羅와 男弥只는 울진이나 울진 근처의 바닷가에 위치해야 된다. 그래야 소금
을 생산할 수 있다. 봉평비가 서있던 곳인 봉평이 거벌모라일 가능성이 클 것이다.
봉평비에 나오는 소금 생산지는 居伐牟羅와 男弥只와 悉支가 있다.

24) 토염을 만드는 전통적인 방법은 다음과 같다. 먼저 깨끗한 백사장에 논과 같은 형태
로 염전을 만들고, 바닥에는 바닷물이 스며들지 못하도록 깨끗한 붉은 황토흙으로
단단하게 다진다. 그 염전의 둑에는 바닷물을 끌어들이는 물길을 만들고, 염전 옆에
는 깊은 웅덩이를 판다. 웅덩이 역시 황토 진흙으로 다진다. 이 웅덩이는 염전에서
바닷물을 적시어 말려 염도가 높아진 바닷물을 보관하는 곳이다. 그 웅덩이 옆에 화
덕을 걸고 장작불을 때어 소금을 만든다. 이것이 토염이다.

V. 몇 가지 검토

　仇利伐 목간에서는 奴人이 나오고, 古阤, 甘文(城), 及伐城, 仇伐, 夷津(支)(城), 鄒文(村), 買谷村, 湏伐, 烏多, 另盖, 鐵山, 比思(伐), 王子年(△), 巴珎兮城에서는 단 1점의 奴人 목간이 나오지 않는 이유가 궁금하다. 奴人은 노비로 보기도 하나,[25] 노비가 仇利伐에만 있고, 다른 성촌명에서는 노비가 없어서 이해가 되지 않는다. 더구나 노비가 외위를 가지고 있어서 더욱 그러하다.

　우선 仇利伐+인명+奴(人)+인명+負를 살펴보기로 하자. 우선 관련 자료부터 제시하면 다음과 같다.

> 2006-10번 仇利伐△△奴△△支 負 '仇利伐의 △△가 奴人이며, 짐꾼인 △△支가 진다.'
> 2006-24번 仇利伐 比多湏 奴 先能支 負 '仇利伐의 比多湏가 奴이며, 짐꾼인 先能支가 진다.
> 2007-27번 仇利伐/郝豆智奴人/△支 負 '仇利伐의 郝豆智가 奴人이며, 짐꾼인 △支가 진다.'
> IV-591번 仇(利伐) △△智奴(人) △△△ 負 '仇(利伐)의 △△智가 奴(人)이며, 짐꾼인 △△△가 진다.'

　다음으로 仇利伐+인명+외위명+奴(人)+인명+負을 조사해 보자.

> 5번 仇利伐△德知一伐奴人 塩 (負) '仇利伐의 △德知 一伐이며 奴人인 그가 소금[塩]을 진다.'
> 2007-31번 仇利伐 仇阤知一伐奴人 毛利支 負로 '仇利伐의 仇阤知 一伐이며, 奴人이고, 그의 負를 짐꾼인 毛利支가 진다.'
> 2016-W89번 丘利伐/卜今智上干支奴人/△△巴支負로 이는 '丘利伐의 卜今智 上干支이며 奴人이고, 그의 負를 △△巴支가 진다.'

---

25) 윤선태, 「함안 성산산성 출토 신라 하찰의 재검토」 『사림』 41, 2012, 167쪽.

2016-W92번 仇利伐/夫及知一伐奴人/宍巴利負로 이는 '仇利伐의 夫△知 一
伐이며 奴人이고, 그의 負를 짐꾼인 宍巴利礼가 진다.'

奴人 목간에 있어서 負는 짐을 나타낼 수도 있고, 진다는 뜻의 동사로도 해
석될 수가 있다. 어느 것으로 해석하든지 지게로 소금을 진다는 의미에서는 꼭
같다. 지게로 짐을 저서는 안동 등에서와 같은 먼 곳에서는 올 수가 없다. 안동,
상주 등 낙동강 북부에서는 漕運으로 와야 하기 때문이다.

奴人 목간에서 짐을 짐꾼이 지게로 져서 함안 성산산성까지 오기 때문에 성
산산성에서 仇利伐의 위치가 안동 등으로 경북 북부 지역으로 보아서는 안 된
다. 함안 성산산성 근처로 보아야 할 것이다. 거듭 이야기하지만 仇利伐의 위치
를 성산산성 근처로 볼 수 있는 자료가 있다. 설명의 편의를 위해 이를 다시 한
번 제시하면 다음과 같다.

1번 仇利伐/上彡者村(앞면) 乞利(뒷면)
3번 仇利伐/上彡者村 波婁
34번 仇利伐/上彡者村 波婁
2016-W62번 仇利伐/上三者村△△△△

여기에 나오는 행정촌명 上彡者村 또는 上三者村은『삼국사기』, 지리지의
康州 咸安郡의 領縣인 김彡縣이다.[26] 따라서 仇利伐이란 군명은 성산산성에서
멀지 않는 곳, 성산산성과 가장 가까운 현재의 함안군과 구 마산시 지역이다. 그
래야 구 마산시 지역에서 소금을 생산할 수 있고, 소금의 성산산성으로의 배달
은 지게로 저서 날랐다고 해석된다. 이렇게 奴人을 소금 생산자로 보지 않고서
는 외위를 가질 수 있는 신분이면서 짐꾼을 통해서 소금을 배달하는 점을 이해

---

26) 주보돈, 「함안 성산산성 출토 목간의 기초적 검토」『한국고대사연구』 19, 2000,
56~57쪽에서는 上彡者村이 김彡縣이 아니라고 비판하고 있으나 비판의 뚜렷한 근
거는 없다.

할 수가 없다.

5번 仇利伐△德知一伐奴人 塩 (負) '仇利伐의 △德知 一伐이며 奴人인 그가 소금[塩]을 진다.'에서 塩자를 인명의 일부로 보기도 하나[27] 고구려, 백제, 신라의 금석문과 목간에서 300개 전후의 인명 표기가 나오는데, 塩자가 포함된 인명 표기는 단 1예에도 없다. 따라서 목간 5번의 塩자는 인명의 일부가 아니고, 단독으로 소금을 나타낸다. 奴人은 외위명을 갖고 있는 仇利伐 사람만해도 △德知 一伐, 仇阤知 一伐, 卜今智 上干支, 夫及知 一伐의 4명이나 있어서 노비설은 성립될 수가 없다. 奴人을 소금 생산자로 보아서 평민으로 보지 않으면 안된다.

VI. 맺음말

신라의 奴(人)은 1988년 4월 봉평비(524년)에 발견되어 처음으로 알려지게 되었다. 일반 신민, 새로 편입된 복속민, 차별 편제한 특수 지역민, 지방민 일반, 舊高句麗民 등의 다양한 가설이 나왔다. 노(인)은 신라 지역에 새로 편입된 지역의 복속민으로 보고 있다. 또 奴人이란 말에 근거하여 노비로 본 가설이 우세하다. 이러한 견해들은 왜 仇利伐 목간에서만 奴(人)이 있는지에 대한 설명을 할 수가 없다. 곧 성산산성 목간에 나오는 古阤, 甘文(城), 及伐城, 仇伐, 夷津(支)(城), 鄒文(村), 買谷村, 湏伐, 勿思伐, 烏多, 弔盖, 鐵山, 比思(伐), 王子年(△), 巴珎兮城 등의 많은 지명 가운데에서 仇利伐에만 노비가 있고, 다른 곳에서는 노비가 없었다는 전제가 필요하다. 仇利伐 목간 가운데 奴(人)은 외위명을 가지고 있어서 외위명을 가지는 노비의 다른 예가 필요하다. 외위명이 없는 奴

---

27) 이경섭, 「성산산성 출토 신라 짐꼬리표 목간의 지명 문제와 제작단위」 『신라사학보』 23, 2011, 541쪽.

(人)도 노비가 아닌 일반 백성이다.

5번 仇利伐△德知一伐奴人 塩 (負) '仇利伐의 △德知 一伐이며 奴人인 그가 소금[塩]을 負로 낸 것이다.' 목간 5번의 塩자를 인명의 일부로 보기도 하나 고구려, 백제, 신라의 금석문과 목간에서 나오는 300예에 가까운 인명 표기의 인명에 塩자가 포함된 예는 없다. 목간 5번은 소금과 관련된 奴(人)의 실체 파악에 중요하다. 유독 목간 5번에서만 짐꾼이 없을까? 소금을 지고 오는 도중에 짐꾼이 죽었거나 아파서 소금의 주인이 진 것으로 보인다. 負는 짐을 나타내지만 짐꾼이 지게로 짐을 진다는 의미도 포함하기 때문에 지게로 지는 소금을 안동 등 경북 북부 지역에서 오는 것은 무리이고, 성산산성 근처의 바닷가인 함안군과 구 마산시 일대에서 짐을 지게로 지고 온 것으로 판단된다. 따라서 仇利伐의 위치가 구 마산시와 함안군 일대로 판단된다.

지금까지 奴(人)이 동시대적 자료에 등장하는 것은 524년의 봉평비와 540년 경의 함안 성산산성 목간밖에 없다. 봉평비는 바닷가에 있어서 居伐牟羅가 봉평으로 보이고, 이 봉평에 있던 居伐牟羅人 등이 禾耶界城과 失火邊城의 전투에서 가장 큰 공을 세우고, 그 사람 수가 많았던 居伐牟羅에 봉평비를 세웠던 것이다. 524년 당시에 신라의 소금 생산은 남해안은 불가능하고, 동해안의 토염에 의지할 수밖에 없다. 성산산성 목간에서 나오는 8점의 奴(人) 목간은 仇利伐이란 郡을 단위로 편재되어 있을 뿐, 행정촌을 단위로 나오지 않고 있다. 소금의 생산은 仇利伐이란 郡을 단위로 했음을 말해주고 있다.

제5절

성산산성 목간의 本波·阿那·末那 등에 대하여

I. 머리말

한국 함안 성산산성은 목간의 보고이다. 경위 及伐尺 등 다른 곳에서는 없던 것이 나오고 있다. 本波, 阿那, 末那, 前那, 未那, 王私 등도 문헌이나 다른 목간 등에서는 없는 자료이다. 그래서 다양한 각도에서 연구되어 왔으나 학계에서 의견의 일치는 보지 못하고 있다. 지명설과 어떤 물품의 발송 책임자로 대립하고 있으나 전자가 우세한 듯하다. 지명설에서도 구체적으로 어떤 지명인지는 잘 모르고 있다. 本波는 本原으로 보는 가설이 우세하지만 阿那, 末那, 前那, 未那 등은 그 의미를 잘 모르고 있다.

阿那, 末那, 前那, 未那 등은 那가 끝에 공통적으로 나와서 땅이나 들을 가리키는 것은 분명하지만 그 세부적인 차이나 구체적인 의미는 잘 모르고 있다. 함안 성산산성 목간에서 지명이 분명한 단어 뒤에 本波, 阿那, 末那, 前那, 未那 등이 오는 것밖에 알 수 없고, 그 실체는 파악할 수도 없다. 本波, 阿那, 末那, 前那, 未那 등은 지명 뒤에 오거나 두 개의 지명 사이에 끼여서 나온다. 그 의미가 무엇인지를 검토해 보기로 하겠다.

여기에서는 먼저 本波, 阿那, 末那, 前那, 未那에 대한 지금까지의 연구 성과를 살펴보고, 다음으로 伊伐支와 上乡者村이 주는 의미를 살펴보고, 그 다음으로 .奴(人) 목간이 가르쳐 주는 전제 조건을 살펴보고, 그 다음으로 本波 목간을 검토해 보고, 그 다음으로 阿那 목간을 검토해 보고, 그 다음으로 末那 목간을 검토해 보고, 그 다음으로 前那 목간과 未那 목간을 검토해 보고, 마지막으로 지명 사이에 끼여 있는 本波, 阿那, 前那 등을 검토해 보기로 하겠다.

II. 지금까지의 연구

2007년 처음으로 本波 등에 새로운 가설이 나왔다.[1) 함안 성산산성 목간에는 本波가 공통적으로 전하는 것이 여럿이 있다는 전제 아래 이를 소개하면 다음과 같다.

> 2(236)번 甘文城下麥甘文本波王私(앞면) (文)利村(知)利兮負(뒷면)
> 10(225)번 甘文本波居村旦利村伊竹伊
> 2006-1(064)번 甘文城下麥本波大村毛利只(앞면) 一石(뒷면)
> 77(046)번 湏伐本波居湏智
> 2006-4(066)번 夷津本波只那公末△稗

여러 목간에 공통적으로 전하는 本波는 본래 波 즉 彼 지역이란 뜻으로서 어떤 행정촌의 發源이 되는 원마을(자연취락)을 가리키는 개념으로 이해된다고 하였다.

> 28(001)번 古阤伊骨利村阿那(衆)智卜利古支(앞면) 稗發(뒷면)
> 30(003)번 夷津支阿那古刀羅只豆支(앞면) 稗(뒷면)
> 45(018)번 夷津阿那休智稗
> 52(024)번 仇伐阿那舌只稗石

阿那는 천변의 평야에 위치한 취락을 가리키는 용어로 짐작되나 확신이 서지 않는다. 다만 그것이 자연촌보다 규모가 작은 취락을 가리키는 것은 분명한 듯하다고 하였다.

같은 해 12월에 負, 本波, 奴人에 대한 가설이 나왔다.[2) 여기에서는 성산산성

---

1) 전덕재, 「함안 성산산성 목간의 내용과 중고기 신라의 수취체계」『역사와 현실』 65, 2007.

2) 이용현, 「함안성산산성 출토 목간의 부, 본파, 노인 시론」, 2007, 신라사학회 제67차 학술발표회 발표문(2007년 12월 22일)

의 목간은 연대를 561년경으로 보고, 그 용도를 하찰로 보고 나서, 本波가 甘文本波뿐만 아니라 夷津本波, 須伐本波로 서로 다른 지방에서 나와서 本洞(발원지)일 가능성은 희박하다. 결국 本波는 경북 성주의 지명이다. 本波는 신라시대에 비교적 흔한 지명이었다. 本波는 音假字일 가능성이 크다. 本이나 波자가 音讀字일 가능성은 희박하다. 本波가 무엇을 의미하는지는 도출할 수 없다고 하였다.

2008년에 本波(本彼)의 本原설이 나왔다.[3] 여기에서의 중요한 근거는 다음과 같다.

1) 고구려와 백제의 지명들와 비교하여 신라의 지명들에서는 '-原'이라는 지명어미를 찾아보기 어렵다. 신라 지명으로 소개된 예들 '薑原縣=荳原縣, 國原城, 南原城, 北原(京), 西原(京), 珍原縣, 黃原縣' 등은 모두 본래 백제나 고구려로부터 수복한 땅들에 있는 지명들이므로 이들을 제외하고 나면 신라의 지명으로서 '-原'의 지명어미를 지니는 것은 거의 찾아볼 수 없기 때문이다.[4] 삼국의 지형상 신라에만 이 지명어미가 없어야 이유를 찾기어려우므로 '-原'의 지명어미가 다른 표기로 나타날 가능성을 찾을 수 있다.

2) 『三國史記』卷37에 熊川州 領縣으로 "西原[一云臂城, 一云子谷](현재의 청주시)"에서 '原=臂'의 대응관계를 찾을 수 있는데, '臂'는 중세국어에서 '볼'의 訓을 지니므로(볼爲臂「훈민정음해례」) 지명어미 '-原'이 신라에서 '*-볼'로 나타날 가능성을 찾을 수 있다. 중세국어에서 '볼'이 '原'의 뜻을 지니는 어휘로 드물게 나타남도 참조. "夫人이 쏘 무로되 이어긔 갓가빙사루미 지비 잇ᄂᆞ니잇가 比丘ㅣ 닐오되 오직 이 ᄇᆞ래 子賢長者ㅣ 지비 잇다 듣노이다" 『월인석보』 8: 94a

3) 이와 관련하여 지명어미 '-原'이 일본 지명들에서 '-hara'(또는 '-haru')로

---

3) 권인한, 「고대 지명형태소 '本波/本彼'에 대하여」 『목간과 문자』 2, 2008.

4) 宋基中, 『古代國語 語彙 表記 漢字의 字別 用例 硏究』, 서울대학교출판부, 2004, 756~758쪽.

나타남이 주목된다('-haru'는 方言으로 筑紫, 佐賀, 對馬, 大分, 鹿兒島 등 關西地域에 분포하므로 'hara'보다 古形으로 판단된다). '-hara'의 매우 이른 시기 표기의 하나로 稲荷山鐵劍銘文(471년)의 裏面에 등장하는 '加差披余'(kasahiyo<kasahayo<* kasahara)는 稲荷山古墳群 근처에 있는 '笠原'과 관련시켜 이해하고 있다는 점에서[5] 우리의 논의에 또하나의 실마리를 제공해준다고 할 수 있다. 여기서 주목되는 점은 '* -hara'(原)의 표기에 '本彼'의 「彼」와 동음관계에 있는 音借字 「披」를 쓰고 있다는 사실인데, 이는 字音의 면에서나 用字의 면에서나 한반도 특히, 신라와의 관련성을 보여주는 것으로 특기할 만한 존재다. 여기에 현대일본어의 /h/는 /* p/로 소급된다는 점을 想起한다면 2)에서 말한 '* -불'과 '* -hara'(原)의 동일 기원 가능성을 말할 수 있지 않을까 한다.

2010년 本波 · 末那 · 阿那에 대해 지명으로 보지 않고, 어떤 물품의 발송 책임자로 본 가설이 나왔다.[6] 여기에서는 本波=發源聚落 · 本原說을 비판적으로 검토하여 아니라고 보았고, 末那 · 阿那=지명 · 인명설의 검토를 통해 성립될 수가 없어서 本波와 末那 · 阿那의 성격을 어떤 물품의 발송 책임자로 보았다.

2011년 本波 · 阿那 · 末那 · 前那의 의미에 대한 견해가 나왔다.[7] 本波 · 阿那 · 末那 · 前那를 해당 목간의 전체적인 기재내용과 서식으로부터 지명과 관계되는 용어임으로 확인하고서 그 의미를 규명하고자 하였다. 本波 · 阿那 · 末那 · 前那는 지명과 관계된 용어이기 하지만 지명 그 자체는 아니라고 보았다. 그리고 '那'가 땅, 들(평야) 등의 의미를 지니고 있고, 前那의 사례로부터 어떤 방향이나 위치의 지역(혹은 구역)를 표현하는 것임을 고구려 · 백제의 方位部에

---

5) 大野晋, 『シンポジウム 鐵劍の謎と古代日本』, 東京: 新潮社, 1979, 73 · 77 · 154쪽.

6) 이수훈, 「城山山城 木簡의 本波와 末那 · 阿那」 『역사와 세계』 38, 2010.

7) 이경섭, 「성산산성 출토 짐꼬리표[荷札] 목간의 地名 문제와 제작 단위」 『신라사학보』 23, 2011.

견주어 밝힐 수 있었다. 곧 고구려는 內(中·黃), 北(後·黑), 東(左·上·靑), 南(前·赤), 西(右·下·白)部로, 백제는 上(東), 前(南), 中, 下(西), 後(北)部로 도성 내 행정구역인 5부가 존재하였다, 성산산성에 나오는 本波, 阿那, 末那, 前那, 末那 가운데에서 前那를 제외하고 대비가 되지 않는다.

2019년에 촌락의 재편과 자연취락이란 관점에서 本波, 阿那, 末那에 접근한 견해가 나왔다.[8] 本波, 阿那, 末那의 의미를 두고 크게 직명과 공간으로 나누어진다. 현재로서는 전자를 따를 수밖에 없다. 지금까지는 정확한 의미를 알 수 없지만, 성산산성 목간에는 촌이외에 本波, 阿那, 末那 등 이전에서 나오지 않는 자료가 나온다. 이러한 자연취락들은 행정체계상 촌의 하위단위로 파악된다. 지명+촌명 형식의 성산산성 목간을 통해 각종 자연취락을 뜻하는 용어들이 확인된다. 이러한 자연취락들은 행정체계상 村의 하위단위로 파악되었다. 다만 모든 자연취락이 목간에 기재된 것이 아니라 경제적, 사회적으로 우세한 것을 우선 대상으로 삼았으리라 추정된다. 당시 신라는 일부 자연취락의 성장을 유도하고 지원함으로써 촌락을 재편하고 촌락에 대한 지배체제를 강화하고자 했는데, 목간 속 자연취락은 그러한 정책의 흔적이라 할 수 있다. 한편 '지명+촌명' 형식의 성산산성 목간을 통해 중고기 村의 용례를 자연촌과 행정촌으로 나눌 수 있음을 확인하였다. 하지만 목간에 자연촌이 상위의 행정촌명을 생략한 채 단독으로 목간에 기록될 수 있었던 점에서 자연촌을 지방지배의 기층 단위로서 일정 역할을 수행하던 독자적인 단위로 보아야 한다. 그리고 이는 자연촌 역시 행정촌처럼 국가의 행정력에 의해 인위적으로 재편된 단위였음을 의미하기도 하였다. 이처럼 자연촌은 행정촌과 마찬가지로 지방지배를 위해 국가가 인위적으로 설정한 행정단위로서의 성격을 가졌다고 하였다.

2021년 하찰에 보이는 喙와 本波는 신라 왕경 6부이며, 王私는 왕실 內省, 國王 관련을 의미한다. 州治를 중심으로 요지에 국왕과 6부의 관할이거나, 그

---

8) 홍기승, 「함안 성산산성 목간으로 본 6세기 신라 촌락사회와 지배방식」 『목간과 문자』 22, 2019.

들의 권리가 설정된 村이 존재했다고 하였다.[9] 王私는 많은 곡식을 내는 넓은 땅임이 밝혀졌고,[10] 夲波를 本彼部로 보면 성산산성 목간에서 夲波를 해석할 수가 없는 점이 문제이다. 역시 夲波는 본피부가 아니다.

2021년 함안 성산산성 목간의 지명을 현대의 지명으로까지 연결시키면서[11] 城下麥 목간의 서식 속에서 夲波와[12] 喙를[13] 6부명으로 본 가설이 나왔다.[14] 같은 위치에 오는 阿那, 末那, 未那, 前那 등에 대한 고려가 없는 점이 아쉽다.

III. 伊伐支와 上㣇者村이 주는 의미

먼저 伊伐支가 나오는 목간부터 제시하면 다음과 같다.

6번 王私烏多伊伐支乞負支 '王私(땅 이름) 烏多 伊伐支의 乞負支이다.'

---

9) 이용현, 「城山山城 木簡에 보이는 신라의 지방경영과 곡물 · 인력의 관리 -城下麥 서식과 夲波, 喙의 분석을 중심으로-」 『동서인문』 17, 2021.

10) 김창호, 「고신라 목간에 보이는 王私에 대하여」 『한국고대와전명문』, 2022.

11) 가령 阿大兮村을 爾同兮縣에 비정해 현재의 구미시 해평면 해평리 일대로 비정하고 있으나 524년의 봉평비에 阿大兮村使人이 나오는데 실지군주의 영현이 해평리 일대로 볼 수가 없다. 오히려 『삼국사기』 권35, 잡지4, 지리지2에 나오는 有隣郡 本高句麗于尸郡 景德王改名 今禮州 領縣一 淸河縣 本高句麗阿兮縣 今淸河縣의 阿兮縣과 연결해야할 것이다.

12) 夲波의 경우 지명의 앞에 오는 경우와 지명의 뒤인 인명의 앞에 오는 경우가 있어서 본피부로 볼 수가 없고, 본피부라면 10개의 목간 중에서 본파가 아닌 본피부라고 部자가 없는 점도 문제이다.

13) 2007-45번 甘文城下(麥)米十一(斗)石(喙)大村卜只次持(去) '甘文城 下의 (麥)과 米十一(斗)石은 (喙)大村의 卜只次持(去)가 낸 것이다.'와 같이 탁대촌으로 해석해도 아무런 문제가 없다.

14) 이용현, 앞의 논문, 2021.

79번 伊伐支△△波稗一 '伊伐支의 △△波가 낸 稗 一(石)이다.'
2006-25번 王私烏多伊伐支卜烋 '王私(땅 이름) 烏多 伊伐支의 卜烋이다.'

　여기에서 伊伐支는 『삼국사기』, 지리지에 隣豊縣 本高句麗伊伐支縣이라고
나와서 행정촌이 틀림없다. 따라서 烏多는 군명이다.[15] 이벌지의 예에서 추론하
면 지명+지명+인명으로 된 목간은 앞의 지명은 군명, 뒤의 지명은 행정촌이다.
　仇利伐+성촌명+인명의 예부터 들면 다음과 같다.

　　　1번 仇利伐/上彡者村(앞면) 乞利(뒷면)
　　　3번 仇利伐/上彡者村 波婁
　　　34번 仇利伐/上彡者村 波婁
　　　2016-W62번 仇利伐/上三者村△△△△

　위의 자료 가운데 3번과 34번은 쌍둥이 목간이다. 구리벌+상삼자촌+인명은
모두 4예로 모두 상삼자촌 출신뿐이다. 仇利伐은 함안 성산산성 목간 가운데
그 예가 가장 많아서 郡名이다. 上彡者村은 康州 咸安郡 領縣인 김彡縣이다.[16]
구리벌은 함안군에서 바닷가인 마산시에[17] 이르는 지역이다. 이곳이 옛 안라국
의 중요한 수도 부분에 해당되는 것이다.[18] 따라서 상삼자촌은 행정촌이고, 仇

---

15) 王私는 땅 이름이다.
16) 주보돈, 「함안 성산산성 출토 목간의 기초적 검토」『한국고대사연구』 9, 2000, 56~
　　57쪽에서 上彡者村의 김彡縣 비정에 비판하고 있다. 上의 음은 김의 음과 통하고
　　(남산신성비 제2비에서 阿旦兮村과 阿大兮村, 沙刀城과 沙戶城에서 旦과 大가 통
　　하고, 刀와 戶가 통하는 점에서 보아서 각각 동일 지명인 점에서 보면 上과 김는 통
　　한다), 彡은 양자에서 동일하게 나온다. 이렇게 목간 6번과 목간 2006-25번에서 행
　　정촌명은 伊伐支(영주시 부석면)로 『삼국사기』, 지리지에 隣豊縣本高句麗伊伐支
　　縣이라고 나오지만 郡名인 烏多은 『삼국사기』, 지리지에 나오지 않는다.
17) 2010년 7월 1일 창원시에 통합되기 이전의 마산시를 지칭한다.
18) 목간의 작성 연대인 540년경에는 『삼국사기』, 지리지의 지명도 많은 차이가 있었을
　　것이다. 그래서 목간에 나오는 행정촌도 지리지에서 찾을 수 없다. 군으로 추정되는

利伐은 郡名이다. 함안 성산산성 목간에서 지명+지명으로 된 것은 군명+행정촌으로 보아야 한다.

IV. 奴(人) 목간이 가르쳐 주는 전제 조건

함안 성산산성 목간에 나오는 奴(人)을 검토하기 위해 奴(人)이 묵서된 목간을 제시하면 다음과 같다.[19)]

> 5번 仇利伐 △德知一伐奴人 塩(負)
> 2006-10번 仇利伐/△△△奴/△△支 (負)
> 2006-24번 仇利伐 比夕須 奴 先能支 負
> 2007-8번 ~一伐奴人毛利支 負
> 2007-27번 仇利伐 郝豆智 奴人/ △支 負
> 2007-31번 仇利伐 仇阤知一伐奴人 毛利支 負
> IV-591번 仇(利伐)△△智(奴)人△△△ 負
> 2016-W89번 丘利伐/卜今智上干支 奴/△△巴支 負

仇利伐 목간에서 목간 2007-27번의 仇利伐 郝豆智奴人/ △支 負를[20)] 仇利

물사벌성과 추문촌과 이진(지성)과 帚盖과 鳥多도 찾을 수 없고, 목간의 13.1%가량(지명이 나오는 목간 전체인 229점에 대한 구리벌 목간의 비율로 볼 때)을 차지하는 郡인 仇利伐도 지명만으로는 그 위치가 불분명하다.
19) 추정 구리벌 목간으로 奴(人) 목간이 4점 더 있다.
   35번 ~內恩知奴人居助支 負
   37번 ~內只次奴湏礼支 負
   38번 ~比夕湏奴尒/先(利)支 (負)
   2007-8번 ~一伐奴人毛利支 負(2007-31번과 쌍둥이 목간임)
20) 負는 여러 가설이 있어 왔으나 목간 219번의 方△日七村冠(앞면) 此負刀寧負盜人

伐에 사는 郝豆智(奴人)와 △支가 납부한 짐(負)이다로[21] 해석하고 있으나, 仇利伐에 사는 郝豆智가 奴人이고, 짐꾼인 △支의 짐(負)이다로 해석된다. △支는 郝豆智 奴人의 짐꾼이다란 뜻이다. 물론 짐의 주인은 郝豆智奴人이다. 목간 2007-31번에서 仇利伐 仇阤知一伐奴人 毛利支 負에서도 仇利伐에 사는 仇阤知 一伐인 동시에 奴人이고, (구타지의 짐꾼인) 毛利支의 짐(負)이다로 해석된다. 목간 2007-31번에서 짐(負)의 주인은 물론 仇阤知一伐奴人이다. 목간에 나오는 奴(人)의 신분에 대해 집중적으로 연구되어 왔다. 奴(人)이 기록된 목간은 仇利伐에서만 나오고 있다는 점이다. 구리벌 목간은 그 크기가 크고, 割書[두 줄로 쓰기]로 된 예도 있는 점,[22] 負가 끝에 많이 나오기도 하는 점,[23] 노(인)이 나오기도 하는 점, 本波 · 阿那 · 末那 · 前那 등의 땅 이름을 의미하는 예가 나오지 않는 점 등이 특징이다. 왜 구리벌 목간에만 奴(人)이 나올까? 고구려 옛 주민이라면 고구려의 옛 영토이었던 及伐城(영주시 부석면), 買谷村(안동시 도산면과 예안면)에서 노인이 나와야 하지 않을까? 그런데 급벌성과 매곡촌에서는 나오지 않고, 구리벌에서만 나오고 있다.

이들을 私奴婢로 볼 경우에도 감문(성), 고타, 급벌성, 구벌, 수벌, 매곡촌, 이진(지성), 물사벌, 추문, 비사(벌) 등에는 노인이 없는 점이 문제이다. 이들 지역에는 사노비가 본래부터 또는 그 당시에도 없었다는 전제아래에서만 가능하다.

有(뒷면)에서 此負刀寧負盜人有를 이 짐은 도녕의 짐이고, 盜人이 있었다로 해석되어 짐[負]이 분명하다. 이 목간 219번이 발굴되기 이전에 이수훈, 「함안 성산산성 출토 목간의 稗石과 負」『지역과 역사』 15, 2004, 21~31쪽에서 이미 負자를 다른 곳으로 옮기려고, 챙기거나 꾸러 놓은 물건[荷物] 즉 짐[負]을 가리키는 것으로 정확하게 해석하였다. 이 부는 노인과 함께 구리벌 목간에서만 나오고 있다.

21) 이경섭, 앞의 논문, 2012, 216쪽.

22) 할서는 구리벌 목간 이외의 다른 목간에서는 나온 바가 없다. 할서는 구리벌 목간에서만 나오는 특징이다.

23) 負도 구리벌 목간에서만 나오는 한 특징이다.

그럼에도 불구하고, 구리벌에서만 노인이 나와서, 구리벌에만 사노비가 존재했는지에 대한 의문이 생긴다. 노인이 사노비라면 목간에 나오는 지명의 어느 곳에서나 나와야 된다. 구리벌에서만 노인이 나오는 이유가 궁금하다. 구리벌만에서만 다른 지역에서는 없는 특산물을 생산하는 것으로 보인다. 구리벌의 특산물이 소금과 관련되는 것으로 목간 5번의 仇利伐△德知一伐奴人塩이 있다. 이는 구리벌의 위치가 소금이 생산되는 바닷가로 소금을 생산하는 곳임을 말해 준다. 목간 5번에서 仇利伐△德知一伐奴人塩의 △德知一伐奴人이 직접 소금이란 짐(負)을[24] 담당할 수가 있느냐하는 것이 문제이다. 29번 古阤新村智利知一尺那△(앞면) 豆于利智稗石(뒷면)에서 智利知一尺이 피 1석의 일부를 다른 사람과 함께 내고 있고, 목간 72번 △一伐稗의 예에서 보면 一伐이란 외위를 가진 자도 稗를 부담하고 있다. 목간 5번에서 仇利伐△德知一伐奴人塩에서 다른 예에서와 같이[25] 아랫사람이 없어도 문제가 없다. 그리하여 仇利伐△德知一伐奴人에게는 짐꾼이나 아랫사람이 없어서[26] 직접 소나 말에 소금을 실고 구리벌의 바닷가에서 성산산성까지 왔을 것으로 추정된다. 그래서 짐꾼이 없이 직접 塩을 가지고 왔기 때문에 塩이라고 명기했을지도 모르겠다. 구리벌 목간에서만 나오는 노(인)에 주목할 때, 소금과의 관련은 중요하다.

---

24) 목간 5번에서 파실된 부분이 문제가 되어 인명의 일부로 보기도 하나(이경섭, 앞의 논문, 2011, 541쪽), 負자가 없어진 것으로 보인다.

25) 구리벌 목간에서 노(인)은 반드시 한 사람의 짐꾼을 동반하고 負자도 함께 한다.

26) 왜 직접 목간 5번에서 仇利伐△德知一伐奴人이 직접 소금을 실고서 구리벌에서 성산산성에까지 왔는지는 알 수가 없으나 짐꾼이 오는 도중에 갑자기 병이 나거나 죽어서 仇利伐△德知一伐奴人이 직접 소 또는 말에 소금을 싣고서 왔던 길을 계속 왔을 것으로 추정된다. 이러한 추정이 옳다면 목간이 제작된 곳은 구리벌이 아닌 성산산성이 된다. 왜냐하면 짐꾼을 구리벌에서는 바꿀 수가 있지만, 성산산성에 오는 도중에서는 바꿀 수가 없기 때문이다. 그래서 짐꾼이 없이 왔기 때문에 仇利伐△德知一伐奴人(負)로 기록하지 않고, 仇利伐△德知一伐奴人塩(負)로 공진물까지 기재하였을지도 모르겠다.

소금은 우리나라에서는 岩鹽, 鹽湖, 塩井 등이 없으므로 바다에서만 나온다. 구리벌에서 소금을 생산했다면, 그 생산 방식은 재래식으로 土版에 어느 정도 소금물을 증류시켜서 그 물을 솥에 넣어서 따리는 토염의 생산 방법일 것이다. 구리벌은 충북 옥천이나[27] 경북 북부 지역인 안동시 임하면이[28] 아닌 바닷가로 비정해야 된다. 노(인)은 소금을 생산하는 사람으로 외위도 받을 수 있는 계층의 公民으로 판단된다. 구리벌은 함안군에서 바닷가인 마산시에 이르는 지역이다. 노(인) 목간에서 노(인)은 모두 구리벌군 소속이지,[29] 구리벌 아래의 행정촌 출신자는 단1예도 없다. 소금을 만드는 데에 있어서 개인이 생산하는 것이 아니라 국가의 감독하에 郡 단위에서[30] 생산되었음을 알 수 있다.

이렇게 소금 생산자인 奴(人)은 반드시 인명이나 관등명인 외위 뒤에 붙는다. 어느 경우도 지역 명칭 뒤에는 붙지 않는다. 이 점은 중요하다. 왜냐하면 성산산성 목간에서 반드시 인명의 뒤에는 인명계 용어가 나오고, 지명의 뒤에는 지명계 용어가 나오기 때문이다. 이러한 점을 지적한 연구 성과는 없었다. 本波 · 阿那 · 末那 · 前那 · 未那가 지명의 앞에 나오면 지명계통 용어고, 인명의 앞에 나오면 인명계통 용어이다.

---

27) 주보돈, 앞의 논문, 2000, 56쪽.

28) 이경섭, 앞의 논문, 2011, 541~543쪽에서 목간 5번의 仇利伐△德知一伐奴人塩의 塩을 인명의 일부로 보고서 구리벌을 경북 안동시 임하면 일대로 보았다. 이렇게 되면 구리벌에서만 나오는 노인에 대한 해석이 불가능하다. 구리벌에서 나오는 노인을 해석하기 위해서는 塩을 소금으로 볼 수밖에 없다.

29) 소금은 국가의 전유물로서 중요한 경제 수단이었을 것이다. 소금의 중요성은 중국 前漢代의 『鹽鐵論』에서 소금과 철을 중요시하여 국가에서 전매한 데에서도 찾아볼 수가 있다.

30) 이경섭, 앞의 논문, 2011, 568쪽에서 仇利伐(안동시 임하면, 필자는 함안군에서 마산시에 이르는 지역으로 봄), 古阤(안동시), 仇伐(의성군 단촌면), 勿思伐城(충북), 鄒文(경북 북부인 의성군 금성면? 필자는 충북으로 봄), 甘文(김천시 개령면) 등을 郡(혹은 郡 단위)으로 보고 있다.

V. 本波 목간의 검토

本波가[31] 나오는 목간부터 제시하면 다음과 같다.

> 2번 甘文城下麥甘文夲波王私(앞면) 文利村(知)利兮負(뒷면) '甘文城 下의 麥을 甘文의 夲波(땅 이름)이고, 王私(땅 이름)인 文利村의 (知)利兮負가 (낸 것이다.)'
>
> 10번 甘文夲波居村旦利村伊竹伊 '甘文의 夲波인 居村旦利村의 伊竹伊이다.'
>
> 77번 湏伐夲波居湏智 '湏伐 夲波의 居湏智이다.'
>
> 2006-1번 甘文城下麥夲波大村毛利只(앞면) 一石(뒷면) '甘文城 下의 麥을 夲波인 大村의 毛利只가 낸 一石이다.'
>
> 2006-4번 夷津夲波只那公末△稗 '夷津의 夲波이며, 只那公末△가 낸 稗이다.'
>
> 2007-9번 ~夲(波)跛智(福)△古△~(앞면) ~支云稗石(뒷면) '~夲(波)(땅 이름)의 跛智(福)△古와 △~支云이 낸 稗 1石이다.'
>
> 2007-57번 古陁夲波豆物烈智△(앞면) 勿大兮(뒷면) '古陁 夲波이고, 豆物烈智△와 勿大兮이다.'
>
> IV-595번 古陁一古利村夲波(앞면) 陁彡支稗發(뒷면) '古陁 一古利村의 夲波이며, 陁彡支가 낸 稗 1바리(1석?)이다.'
>
> V-163번 古陁一古利村夲波(앞면) 陁彡只稗發(뒷면) '古陁 一古利村의 夲波이며, 陁彡只가 낸 稗 1바리(1석?)이다.'
>
> V-165번 甘文下麥十五石甘文(앞면) 夲波加本斯(稗)一石之(뒷면) '甘文(城) 下의 麥 十五石을 甘文(군명)의 夲波(땅 이름)의 加本斯와 (稗)一石之이 낸 것이다.' 또는 '甘文의 下麥 十五石을 甘文(군명) 夲波(땅 이름)의 加本斯(稗)一石之가 낸 것이다.'
>
> 2016-W94번 甘文城下麥十五石甘文夲波(앞면) 伊次只去之(뒷면) '甘文城 下

---

31) 本波가 나오는 11개의 목간에서 본파를 이용현, 「성산산성 목간에 보이는 신라의 지방경영과 곡물·인력 관리 -성하맥 서식과 본파, 탁의 분석을 중심으로-」『동서인문』17, 2021에서 본피부라고 주장하고 있고, 2007-45번의 喙大村의 喙를 탁부로 보고 있다. 주지하는 바와 같이 땅 이름으로 나오는 것은 본파이외에도 王私, 阿那, 末那, 前那, 未那 등이 있다. 이들이 本波를 本彼部로 보지 못하게 하고 있다. 더구나 王私는 넓고 넓은 땅 이름이 밝혀져서 더욱 그러하다.

의 麥十五石을 甘文(군명)의 夲波(땅 이름)의 伊次只去之가 낸 것이다.'

목간 2번은 지명+지명+本波+지명+인명으로 구성되어 있고, 목간 10번은 지명+本波+지명+인명으로 구성되어 있고, 목간 77번은 지명+本波+인명으로 구성되어 있고, 목간 2006-1번은 지명+本波+지명+인명+물품으로 구성되어 있고, 목간 2006-4번은 지명+本波+인명으로 구성되어 있고, 목간 2007-9번은 지명+本波+인명으로 구성되어 있고, 목간 2007-57번은 지명+本波+인명으로 구성되어 있고, 목간 IV-595번은 지명+지명+本波+인명+물품으로 구성되어 있고, 목간 V-163번은 지명+지명+本波+인명+물품으로 구성되어 있고, 목간 V-165번은 지명+물품+지명+本波+인명으로 구성되어 있고, 목간 2016-W94번은 지명+물품+지명+本波+인명으로 각각 구성되어 있다.

이는 다시 ① 목간 2번은 지명+지명+本波+지명+인명으로 구성되어 있고, ② 목간 10번은 지명+本波+지명+인명으로 구성되어 있고, ③ 목간 77번은 지명+本波+인명으로 구성되어 있고, 목간 2006-4번은 지명+本波+인명으로 구성되어 있고, 목간 2007-9번은 지명+本波+인명으로 구성되어 있고, 목간 2007-57번은 지명+本波+인명으로 구성되어 있고, ④ 목간 2006-1번은 지명+本波+지명+인명+물품으로 구성되어 있고, ⑤ 목간 IV-595번은 지명+지명+本波+인명+물품으로 구성되어 있고, 목간 V-163번은 지명+지명+本波+인명+물품으로 구성되어 있고, ⑥ 목간 2016-W94번은 지명+물품+지명+本波+인명으로 6가지 부류로 각각 구성되어 있다.

本波가 나온 지역은 목간 2번의 甘文城下麥甘文夲波王村文利村, 목간 10번의 甘文夲波居村旦利村, 목간 77번의 湏伐夲波, 목간 2006-1번의 甘文城下麥夲波大村, 목간 2006-4번의 夷津夲波, 목간 2007-9번의 ~夲(波), 목간 2007-57번의 古阤夲波, 목간 IV-595번의 古阤一古利村夲波, 목간 V-163번의 古阤一古利村夲波, 목간 V-165번의 甘文下麥十五石甘文夲波, 목간 2016-W94번의 甘文城下麥十五石甘文夲波 등이다. 甘文 5예, 古阤 3예, 湏伐 1예, 夷津 1예, 모르는 곳 1예이다.

VI. 阿那 목간의 검토

阿那가 나오는 목간부터 제시하면 다음과 같다.

> 28번 古阤伊骨利村阿那(衆)智卜利古支(앞면) 稗發(뒷면) '古阤 伊骨利村의
> 阿那의³²⁾ (衆)智卜利古支가 낸 稗 1바리(1석)이다.'
> 30번 夷津支阿那古刀羅只豆支(앞면) 稗(뒷면) '夷津支의 阿那의 古刀羅只豆
> 支가 낸 稗이다.'
> 45번 夷津阿那休智稗 '夷津의 阿那의 休智가 낸 稗이다.'
> 52번 仇伐阿那舌只稗石 '仇伐의 阿那의 舌只가 낸 稗 1石이다.'
> 2006-3번 阿利只村(阿)那△△(앞면) 古十△△刀△△(門)(뒷면) '阿利只村의 (阿)
> 那의 △△古十△의 △刀△△(門)이다.'
> 2006-30번 古阤伊骨村阿那(앞면) 仇利稿支稗發(뒷면) '古阤 伊骨村의 阿那의
> 仇利稿支가 낸 稗 1바리(1석?)이다.'
> 2007-25번 古阤一古利村阿那弥伊△久(앞면) 稗石(뒷면) '古阤의 一古利村 阿
> 那의 弥伊△久가 낸 稗 1石이다.'
> 2007-37번 仇伐阿那內欣買子(앞면) 一万買 稗石(뒷면) '仇伐 阿那의 內欣買
> 子와 一万買가 낸 稗 1石이다.'

목간 28번은 지명+지명+阿那+인명+물품으로 구성되어 있고, 목간 30번은
지명+阿那, 목간 2006-3번은 지명+阿那+지명+인명인명으로 구성되어 있고, 목
간 45번은 지명+阿那+인명+물품으로 구성되어 있고, 목간 52번은 지명+阿那+
인명+물품으로 구성되어 있고, 목간 2006-3번은 지명+阿那+지명+인명의 순서
로 구성되어 있고, 목간 2006-30번은 지명+지명+阿那+인명+물품으로 구성되어
있고, 목간 2007-25번은 지명+지명+阿那+인명+물품으로 구성되어 있고, 목간
2007-37번은 지명+阿那+인명으로 각각 구성되어 있다.

이는 다시 ① 목간 28번은 지명+지명+阿那+인명+물품으로 구성되어 있고,

---

32) 이하의 阿那는 모두 땅 이름을 뜻한다.

목간 2006-30번은 지명+지명+阿那+인명+물품으로 구성되어 있고, 목간 2007-25번은 지명+지명+阿那+인명+물품으로 구성되어 있고, ② 목간 30번은 지명+阿那+인명으로 구성되어 있고, 목간 2007-37번은 지명+阿那+인명으로 각각 구성되고, ③ 목간 45번은 지명+阿那+인명+물품으로 구성되어 있고, 목간 52번은 지명+阿那+인명+물품으로 구성되어 있고, ④ 목간 2006-3번은 지명+阿那+지명+인명의 순서로 각각 4가지 부류로 구성되어 있다.

阿那가 나오는 지역은 목간 28번의 古阤伊骨利村阿那, 목간 30번의 夷津支阿那, 목간 45번의 夷津阿那, 목간 52번의 仇伐阿那, 목간 2006-3번의 阿利只村(阿)那△△古十△, 목간 2006-30번의 古阤伊骨村阿那, 목간 2007-25번의 古阤一古利村阿那, 목간 2007-37번의 仇伐阿那 등이다. 古阤 3예, 夷津(支) 2예, 仇伐 2예, 阿利只村 1예이다.

VII. 末那 목간의 검토

末那가 나오는 목간부터 제시하면 다음과 같다.

> 31번 古阤一古利村末那(앞면) 毛羅次尸智稗石(뒷면) '古阤 一古利村의 末那의[33] 毛羅次尸智가 낸 稗 1石이다.'
> 2007-6번 仇伐末那沙刀(礼)奴(앞면) 弥次(分)稗石(뒷면) '仇伐 末那의 沙刀(礼)奴와 弥次(分)이 낸 稗 1石이다.'
> 2007-11번 古阤一古利村末那(앞면) 殆利夫稗(石)(뒷면) '古阤의 一古利村의 末那의 殆利夫가 낸 稗 1(石)이다.'
> 2007-14번 古阤一古利村末那仇△~(앞면) 稗石(뒷면) '古阤의 一古利村의 末那의 仇△~가 낸 稗 1石이다.'

---

33) 이하의 末那는 모두 땅 이름을 뜻한다.

2007-33번 古阤一古利村末那沙見(앞면) 日糸利稗石(뒷면) '古阤의 一古利村
의 末那의 沙見日糸利가 낸 稗 1石이다.'

목간 31번은 지명+지명+末那+인명+물품으로 구성되었고, 목간 2007-6번은
지명+末那+인명+물품으로, 목간 2007-11번은 지명+지명+末那+인명+물품으로
구성되어 있고, 목간 2007-14번은 지명+지명+末那+인명+물품으로 구성되어 있
고, 목간 2007-33번은 지명+지명+末那+인명+물품으로 각각 구성되어 있다.

이는 다시 ① 목간 31번은 지명+지명+末那+인명+물품으로 구성되어 있고,
목간 2007-11번은 지명+지명+末那+인명+물품으로 구성되어 있고, 목간 2007-
14번은 지명+지명+末那+인명+물품으로 구성되어 있고, 목간 2007-33번은 지
명+지명+末那+인명+물품으로 각각 구성되어 있고, ② 목간 2007-6번은 지명+
末那+인명+물품으로 구성되어 있다. 2가지 부류로 나눌 수 있다.

末那가 나오는 지역은 목간 31번의 古阤一古利村末那, 목간 2007-6번의 仇
伐末那, 목간 2007-11번의 古阤一古利村末那, 목간 2007-14번의 古阤一古利村
末那, 목간 2007-33번의 古阤一古利村末那 등이다. 古阤가 4예, 仇伐 1예이다.

VIII. 前那 목간과 末那 목간의 검토

먼저 前那가 나오는 목간을 제시하면 다음과 같다.

2007-52번 鄒文前那牟只村(앞면) 伊△(習)(뒷면) '鄒文 (前)那의[34] 牟只村의
伊△(習)이다.'

---

34) 이하의 前那는 모두 땅 이름을 뜻한다.

이를 '鄒文(村)의 前那牟只村의 伊△(智)이 (낸 뭐이다.)'로 해석하고 있다.[35] 鄒文의 前那의 伊△(智)이다.'로 해석해야 될 것이다. 성산산성 260여 목간에서 那가 단독으로 나오는 예는 3자가 있으나 阿那, 末那, 前那, 未那식으로는 나오지 않기 때문이다.

다음으로 末那가 나오는 목간을 제시하면 다음과 같다.

> 2016-W66번 丘伐未那早尸智居伐尺奴(앞면) (能)利智稗石(뒷면) '丘伐의 未那의[36] 早尸智居伐과 尺奴(能)利智가 낸 稗 1石이다.' 또는 '丘伐의 未那의 早尸智와 居伐尺과 奴(能)利智가 낸 稗 1石이다.'

이 목간은 丘伐 未那에 사는 무尸智의 居伐尺의 奴 (能)利智가 등장하는데 居伐尺의 외위로 추정되며, (能)利智는 그의 私奴라고 추정된다고 하였다.[37] 사노는 주인과 함께 稗 1석을 낼 수가 없다. 居伐尺도 외위가 아닌 인명이다.

IX. 고찰

목간 2번에는 甘文城下麥甘文夲波王村文利村라고 해서 지명+지명+本波+지명을 되어 있고, 목간 10번에는 甘文夲波居村旦利村라고 해서 지명+本波+지명으로 되어 있고, 목간 2006-1번에는 甘文城下麥夲波大村라고 해서 지명+本波+지명으로 되어 있고, 목간 2006-3번에는 阿利只村(阿)那△△(앞면) 古十△땅이라고 해서 지명+阿那+지명으로 되어 있고, 목간 2007-52번에는 鄒文前那牟只村라고 해서 지명+前那+지명으로 되어 있다. 그 외의 다른 목간에서는

---

35) 홍승우, 앞의 논문, 2019, 67쪽.
36) 이하의 未那는 모두 땅 이름을 뜻한다.
37) 홍승우, 앞의 논문, 2019, 62쪽.

지명+(지명)+本波/阿那/末那/未那로 되어 있다.

지명[38]+(지명)+本波/阿那/末那/未那로 되어 있을 때에는 자연 취락설이 성립되나 지명+(지명)+本波/阿那/前那에서는 행정촌 위에 本波/阿那/前那 등이 오므로 자연 취락설은 성립될 수가 없다. 이들은 성격을 알지 못하는 땅 이름으로 행정촌 위에 오는 本波/阿那/前那는 광의의 것이고, 지명+(지명)+本波/阿那/末那/未那는 협의의 땅 이름이다. 물론 本波, 阿那, 末那, 前那, 未那가 모두 땅 이름이지만 구체적인 것은 알 수 없다.[39]

X. 맺음말

먼저 함안 성산산성의 목간에 나오는 本波, 阿那, 末那, 前那, 未那 등을 중심으로 선학들의 가설을 일별하였다.

다음으로 王私烏多伊伐支의 伊伐支와 仇利伐/上彡者村의 上彡者村은 『삼국사기』에 나와서 모두 행정촌이므로 지명+지명으로 된 목간은 뒤의 것은 행정촌명, 앞의 것은 군명이 된다.

그 다음으로 노인은 구리벌 목간에서만 나오고, 다른 목간에서는 나오지 않는다. 이렇게 소금 생산자인 奴(人)은 반드시 인명이나 관등명인 외위 뒤에 붙는다. 어느 경우도 지역 명칭 뒤에는 붙지 않는다. 이 점이 중요한데, 성산산성 목간에서 반드시 인명 뒤에는 인명계 용어가 나오고, 지명의 뒤에는 지명계 용어가 나오기 때문이다. 이러한 점을 지적한 연구 성과는 없었다. 本波 · 阿那 · 末那 · 前那 · 未那가 지명의 뒤에 나오면 지명계통 용어이고, 인명의 뒤에 나오

---

38) 자연취락설은 편의상 사용한 것이며, 이는 행정촌이다.
39) 本波, 阿那, 末那, 前那, 未那 등이 구리벌 목간 등에서는 나오지 않는 바 그 이유가 궁금하다.

면 인명계통 용어이다.

그 다음으로 本波가 나온 지역은 목간 2번의 甘文城下麥甘文夲波王私文利村, 목간 10번의 甘文夲波居村旦利村, 목간 77번의 湏伐夲波, 목간 2006-1번의 甘文城下麥夲波大村, 목간 2006-4번의 夷津夲波, 목간 2007-9번의 ~夲(波), 목간 2007-57번의 古阤夲波, 목간 IV-595번의 古阤一古利村夲波, 목간 V-163번의 古阤一古利村夲波, 목간 V-165번의 甘文下麥十五石甘文夲波, 목간 2016-W94번의 甘文城下麥十五石甘文夲波 등이다. 甘文 5예, 古阤 3예, 湏伐 1예, 夷津 1예, 모르는 곳 1예이다.

그 다음으로 阿那가 나오는 지역은 목간 28번의 古阤伊骨利村阿那, 목간 30번의 夷津支阿那, 목간 45번의 夷津阿那, 목간 52번의 仇伐阿那, 목간 2006-3번의 阿利只村(阿)那△△(앞면) 古十△, 목간 2006-30번의 古阤伊骨村阿那, 목간 2007-25번의 古阤一古利村阿那, 목간 2007-37번의 仇伐阿那 등이다. 古阤 3예, 夷津(支) 2예, 仇伐 2예, 阿利只村 1예이다.

그 다음으로 末那가 나오는 지역은 목간 31번의 古阤一古利村末那, 목간 2007-6번의 仇伐末那, 목간 2007-11번의 古阤一古利村末那, 목간 2007-14번의 古阤一古利村末那, 목간 2007-33번의 古阤一古利村末那 등이다. 古阤가 4예, 仇伐 1예이다.

그 다음으로 2007-52번 鄒文前那牟只村(앞면) 伊△(習)(뒷면) '鄒文 (前)那의 牟只村의 伊△(習)이다.' 이를 '鄒文(村)의 前那牟只村의 伊△(習)이다.'로 해석하고 있다. 이는 잘못이다. 또 2016-W66번 丘伐末那早尸智居伐尺奴(앞면) (能)利智稗石(뒷면) '丘伐의 末那의 早尸智居伐과 尺奴(能)利智가 낸 稗 1石이다.' 또는 '丘伐의 末那의 早尸智와 居伐尺과 奴(能)利智가 낸 稗 1石이다.'

마지막으로 목간 2번에는 甘文城下麥甘文夲波王私文利村라고 해서 지명+지명+本波+王私+지명을 되어 있고, 목간 10번에는 甘文夲波居村旦利村라고 해서 지명+本波+지명으로 되어 있고, 목간 2006-1번에는 甘文城下麥夲波大村라고 해서 지명+本波+지명으로 되어 있고, 목간 2006-3번에는 阿利只村(阿)那△△(앞면) 古十△라고 해서 지명+阿那+지명으로 되어 있고, 목간 2007-52번에는 鄒文前那牟只村라고 해서 지명+前那+지명으로 되어 있다. 그 외의 다른 목간에서는 지명+(지명)+本波/阿那/末那/未那로 되어 있다. 지명+(지명)+本波/阿那/末那/未那로 되어 있을 때에는 자연 취락설이 성립되나 지명+(지명)+本波/阿那/前那에서는 행정촌 위에 本波/阿那/前那 등이 오므로 자연 취락설은 성립될 수가 없다. 이들은 성격을 알지 못하는 땅 이름으로 행정촌 위에 오는 本波/阿那/前那는 광의의 것이고, 지명+(지명)+本波/阿那/末那/未那는 협의의 땅 이름이다. 물론 本波는 밑인 둑(방죽)의 뜻이고, 阿那, 末那, 前那, 未那가 땅 이름이지만 구체적인 것은 불명이다.

제4장

함안 성산산성 목간의 내용

제1절

함안 성산산성 목간 2016-W150번에 대하여

I. 머리말

260여 점이 출토된 함안 성산산성 목간의 연구는 대단히 활발하다. 그럼에도 불구하고 아직까지 그 연구는 오히려 시작 단계이다. 쌍둥이 목간 千竹利와 같이 인명만 있는 목간이나 공진물의 표시가 없는 목간의 성격은 무엇인지를 잘 모르고 있다. 제일 많이 나오는 仇利伐 목간에서는 공진물의 표시가 단 1점밖에 없다. 그 이유를 알 수가 없다. 공진물을 표시하고 있는 목간만 본다면 성산산성에 공납물을 낸 목간으로 볼 수가 있다. 공진물을 적지 않는 목간의 수도 30여 점이나 되어 그 수가 적지 않다. 공진물이 많이 나오는 순서로는 稗, 麥, 米 등의 순서이다. 이 가운데에서 稗가 많이 나오는데 稷으로 적히지 않았는지 그 이유를 알 수가 없다. 稗는 사람의 식량으로 사용된 것이 아니라 말 먹이로 사용되었다는 가설까지 나오고 있다.

가장 많이 목간이 나온 仇利伐 목간에서는 奴人이 나오는 것, 城下麥 목간이 없는 것, 割書가 있는 것, 목간에 稗, 麥, 米 등의 곡물이 없는 것, 負가 목간에 나오는 것, 本波, 阿那, 末那, 王私 등의 땅 이름이 없는 것 등의 특징이 있으나 그 이유를 알지 못하고 있다. 마찬가지로 함안 성산산성 목간이 역역과 관련되는지 여부는 조심스럽지만 관련되지 않는 쪽으로 본다. 문서 목간인 함안 성산산성 목간 2016-W150번에서는 그러할 가능성이 있는 듯하다.

여기에서는 먼저 목간을 판독하고 그 명문을 제시하겠다. 다음으로 慷怖白

의 인명 여부를 살펴보겠다. 그 다음으로 大舍下智인지 大舍와 下智인지 여부를 살펴보겠다. 그 다음으로 선학들의 전문 해석 속에서 목간의 내용을 살펴보겠다. 그 다음으로 .及伐尺 문제인 及伐尺이 경위인지 외위인지를 살펴보겠다. 마지막으로 代法의 의미를 살펴보겠다.

II. 목간의 판독과 제시

먼저 제1면에 대해서는 판독에 이론이 없다.

제2면에서는 1번째 글자를 此나 本으로 읽어서 함안 성산산성으로 보고 있으나 따르기 어렵고, 大자로 읽는 것이 남은 자획과 일치한다. 6번째 글자를 尒자 또는 尒자로 읽고 있으나 여기에서는 尒자로 읽는다.

제3면에 있어서 5번째 글자를 六十의 합자로 읽거나 本자로 읽는데, 여기에서는 六十의 합자로 읽는다.

제4면에 있어서 2번째 글자를 乇지 또는 沰자로 읽는 견해가 있으나 여기에서는 乇자로 읽는다. 3번째 글자는 瞿자 또는 羅자로 읽고 있으나 여기에서는 瞿자로 읽는다. 7번째 글자는 寀자 또는 條자로 읽고 있으나 寀자로 읽는다. 9번째 글자는 모르는 글자로 보거나 廻자로 보아 왔다. 여기에서는 廻자로 읽는다. 문서 목간의 전문을 제시하면 다음과 같다.

> 1면 三月中 眞乃滅村主 憹怖白
> 2면 大城在弥卽尒智大舍下智前去白之
> 3면 卽白 先節六十日代法稚然
> 4면 伊乇瞿及伐尺寀言廻法卅代告今卅日食去白之

III. 懷怖白의 인명 여부

懷怖白의 懷怖를 괴롭고 두려워하다로 해석하고 있다. 무엇 때문에 괴롭고 두려워하는 지는 그 이유가 궁금하다. 그 이유를 함안 성산산성 목간 2016-W150번에서는 찾을 수 없다. 이는 어디에서도 그 이유를 찾을 수 없다는 말이다. 지방민 출신이 관직에 오르는 村主는 443년 냉수리비에서는 村主(직명) 臾支(인명) 干支(외위명)이라고 나오고, 561년 창녕비에서는 村主(직명) 奀聰智(인명) 述干(외위명)과 村主(직명) 麻叱智(인명) 述干(외위명)과 外村主가 나온다. 591년의 남산신성비 제1비에서는 郡上村主(직명) 阿良村(출신촌명) 今知(인명) 撰干(외위명)과 郡上村主(직명) 柒吐村(출신촌명) △知介利(인명) 上干(외위명)이 나온다. 남산신성비 제5비에서는 向村主가 두 번 나온다. 669년 이성산성 출토 목간에서 村主가 나온다. 따라서 촌주는 上干, 撰干, 述干의 외위를 갖는다.

이들은 경위의 어떤 것과 같은지가 문제이다. 여기에서 관련 기사를 제시하면 다음과 같다.

『삼국사기』권40, 잡지9, 직관지 하, 외관조에 文武王十四年 以六徒眞骨出居 於五京九州 別稱官名 其位視官位 嶽干視一吉湌 述干視沙湌 高干視級湌 貴干視大奈麻 選干(一作撰干)視奈麻 上干視大舍 干視舍知 一伐視吉次 彼日視小烏 阿尺視先沮知

視는 견주어 지다라고 해석되므로 촌주의 관등이 述干과 撰干일 경우에는 大舍보다는 높고, 上干일 경우에는 같아서 懷怖를 괴롭고 두려워하다로 해석할 필요가 없게 된다. 외위가 신라밖에 없는 것은 지방민에 대한 우대책으로 신라 삼국 통일의 원동력이 되었다.

그러면 眞乃滅村主懷怖白을 한 인명으로 볼 수는 없을까? 관련 자료부터 제시하면 다음과 같다.

14번 大村伊息智一伐 '大村의 이식지 일벌이다.'
53번 大村主舡麥 '大村主(大村의 村主)인 舡麥이다.'[1]

大村主舡麥과 함께 眞乃滅村主懷怖白을 한 사람의 인명 표기로 본다. 촌명
+촌주가 나오는 예는 9세기 후반의 황룡사 앞 광장의 1호 우물에서 나온 청동
그릇의 達溫心村主, 9세기 후반의 청주 쌍정리 출토 명문와의 易吾加茀村主
등이 있을 뿐이다.

IV. 大舍下智인지 大舍와 下智인지 여부

함안 성산산성 목간의 작성 연대를 540년으로 보면 大舍下智로 붙여서 보
고, 그 작성 연대를 560년경이나 592년으로 볼 때에는 大舍下智를 大舍와 下智
로 나누어서 본다. 왜냐하면 545년이나 그 직전에 작성된 단양적성신라비에 大
舍란 경위명이 나오기 때문이다. 大舍와 下智로 나누어 보면 무슨 문제기 생기
는지 조사해 보기로 하자.

첫째로 弥卽尒智大舍와 下智로 끊어서 읽으면 관등도 없는 왕경인의 앞에
나아가서 大舍와 같거나 높은 村主가 괴롭고 두려워하며 보고할 수가 있을까?

둘째로 두 왕경인이 함께 갈 때는 사탁부인 나오면 그 예속관은 탁부이다. 창
년비에서 비자벌군주는 사탁부 출신이나 비자벌정조인은 탁부 출신이다. 황초
녕비에 있어서 逸名의 군주는 탁부 출신이나 조인은 사탁부 출신이다. 弥卽尒
智大舍와 下智로 끊어 읽으면 下智는 弥卽尒智大舍의 예속관이므로 부명이 달
라야 함으로 반드시 표기되어야 한다.

셋째로 弥卽尒智大舍와 下智로 끊어 읽으면, 下智가 관등명과 출신부명이

---

1) 이를 이성시는 漕運과 관련된 목간으로 해석했다.

없는 6부인이 되는 문제가 생긴다. 441년의 중성리비와 443년의 냉수리비를 제외하면 6세기 신라 금석문에서는 6부인이 관등이 없는 예는 드물다.

Ⅴ. 목간의 내용

2017년에 공포된 함안 성산산성 목간 2016-W150번에 대해서는 발굴한 국립가야문화재연구소에 의해 다음과 같이 발표하였다.

> 1면 3월에 眞乃滅村主가 두려워하며 삼가 아룁니다.
> 2면 △城에 계신 弥卽尒智 大舍와 下智 앞에 나아가 아룁니다.
> 3면 앞선 때에는 60일을 代法으로 하였는데, 저의 어리석음을 아룁니다.
> 4면 伊毛罹及伐尺이 △法을 따라 卅代라고 고하고 지금 30일을 먹고 가버렸다고 아룁니다.

2017년에 국립가야문화재연구소의 해석에 문제점을 지적하면서 학계에서 새로운 가설이 나왔다.[2] 여기에서 제시된 해석의 전문은 다음과 같다.

> 1면 3월에 진내멸의 촌주가 괴롭고 두려워하며 아룁니다.
> 2면 △성에 있는 弥卽等智 大舍가 下智 앞에 나아가 (사건의 자초지정을) 아뢰었습니다.
> 3면 이에 (하지가) 말하기를, '앞서 60일 代法은 엉성했습니다(稚然).
> 4면 (그래서) 伊毛罹及伐尺이 살펴 말하면서 법을 우회하여[廻法] 卅代로써 고했으니, 이제 30일의 食料를 없애야 합니다.'라고 (촌주가) 보고합니다.

---

2) 김창석, 「함안 성산산성 17차 발굴조사 출토 四面木簡(23호)에 관한 시고」『한국사연구』, 2017, 138쪽.

이 가설에 있어서 판독에서의 특징은 2면의 5번째 글자를 六十의 합자로 본 것과 4면의 7번째 글자를 案로 읽은 점이다. 여기에서는 진내멸촌주를 보고하는 자로 보고, 하지란 관등도 없는 자에게 보고하는 것으로 이해하고 있으며, 미즉이지 대사가 진내멸촌의 유력자인 이탁이급벌척이 60일 대법에 따라 모종의 일을 수행하는 책임을 지고 있었는데, 伊毛罹及伐尺이 살펴 말하면서 법을 우회하여[廻法] 卅代로써 고했으니, 이제 30일의 食料를 없애야 합니다라고 진내멸촌주가 중앙에 보고하는 것으로 되어 있다.

같은 해에 함안 성산산성 목간 2016-W150번에 대한 새로운 가설이 나왔다.[3] 이 가설의 목간의 전문 해석부터 소개하면 다음과 같다.

> 1면 3월에 진내멸촌주가 괴로워하고 두려워하며 아뢰었다.
> 2면 △성에 계신 미즉등지 대사와 하지 앞에 나아가 아룁니다.
> 3면 ① 곧 아뢰기를, '앞선 때에(전에) 本日(지금) (시행되고 있는) 代法은 엉성한(유치한) 모습입니다.'라고 하였습니다.
>   ② 곧 아뢰기를, '앞선 때에(전에) 本日(지금) (시행되고 있는) 대법은 (양이) 적은 모습입니다.'라고 하였습니다.
> 4면 伊毛罹及伐尺의 案로 말하면, 법에 의거하여 돌아보아 卅代였다고 告하였으나, 지금 30일만에 다 먹어버렸다고 아룁니다.

伊毛罹及伐尺이 案로서 받은 30대를 30일 동안에 다 먹어버렸다는 언급한 것을 통하여 1代가 한 사람이 하루에 먹는 곡식의 양으로 추정할 수 있다고 주장하고 있다.

같은 해에 함안 성산산성 목간 2016-W150번에 대한 논문이 또 나왔다.[4] 이는 얼마나 한국 고대의 자료가 없었으면 문서 목간이 나오지 같은 해에 3편의

---

3) 전덕재, 「중고기 신라의 대와 대법에 관한 고찰 -함안 성산산성 17차 발굴조사 출토 사면 문서목간을 중심으로-」『역사와 현실』 105, 2017, 197쪽.
4) 이수훈, 「함안 성산산성 출토 4면 목간의 '代'」『역사와 경계』 105, 2017, 170~171쪽.

논문이 나왔다. 이 논문의 요체가 되는 함안 성산산성 목간 2016-W150번의 해석에 대해 살펴보기로 하자.

> 1면 3월에 진내멸촌주가 괴로워하고 두려워하며 아뢰옵니다.
> 2면 △성에 계신 弥卽等智 大舍와 下智 앞에 (眞乃滅村主가) 나아가 아룁니다.
> 3면 (眞乃滅村主가) 아뢰기를, 지난번의 60日代는 法에 (제대로 따르지 않은) 유치한(미숙한) 판단이었습니다.
> 4면 伊毛羅及伐尺이 (상황을 제대로 파악하지 못한 眞乃滅村主에게) 분명하게 말하여, 廻法에는 30代임을 告하므로, 지금 30日 분량의 식량을 책정하였음을 (眞乃滅村主가) 나아가 아룁니다.

이 견해는 가장 주목되는 용어는 代로 代法의 실체가 없다고 해석하고, 이를 작업 일수(날짜)로 보았다. 곧 代는 60日代=60日의 작업 일수(날짜)와 30代=30日의 작업 일수(날짜)에서 알 수 있듯이 중고기에는 代를 날짜를 헤아리는 단위로 보았다.

2019년에 함안 성산산성 목간 2016-W150번에 대한 논문이 나왔다.[5] 여기에서의 해석 전문을 제시하면 다음과 같다.

> 1면 3월에 眞乃滅村主가 괴롭고 두려워하며[6] 아룁니다.
> 2면 △城에 계신 弥卽尒智 大舍 下智 앞에 나아가 아룁니다.
> 3면 곧 아뢰기를, 앞선 때에는 60일 代法이었는데, (제가) 어리석었습니다.
> 4면 伊毛羅及伐尺이 살펴 말하기를 법을 피하여 30代라고 고하고, 지금 30일을 먹고 가버렸음을 아룁니다.

---

5) 강나리, 「신라 중고기의 '代法'과 역역동원체제 -함안 성산산성 출토 218호 목간을 중심으로-」『한국고대사연구』93, 2019, 242쪽.
6) 『삼국사기』 권34, 잡지9, 직관지 하에 嶽干視一吉飡 述干視沙飡 高干視級飡 貴干視大奈麻 選干一作撰干視奈麻 干視舍知 一伐視吉次 彼日視小烏 阿尺視先沮知 되어 있어서 大舍下智와 창녕비에서 촌주의 관등인 述干 등은 차이가 없다.

함안 성산산성에서 출토된 목간 2016-W150번에서는 진내멸촌주가 代法과 관련하여 △城의 미즉이지 대사에게 올린 보고서로, 伊他羅 及伐尺이 60일로 규정된 일에 대해 30일만 채우고 가버렸음을 보고한 내용이다.

2019년에 나온 또 다른 논문이 있다.[7] 함안 성산산성 목간 2016-W150번에 대한 논문의 개요를 알기 위해 목간 자체의 해석부터 제시하면 다음과 같다.

> 1면 3월에 진내멸 촌주가 大城에 계신 미즉이지 대사하께 아뢴다고 하였다.
> 2면 (진내멸 촌주가 삼가 아뢰기를 '大城에 계신 미즉이지 대사하지 앞에 갑니다.'라고 하였다.)
> 3면 이 때 아뢰기를 "접 때(이전에) 60일을 대신하는 법은 성숙되지 않았습니다.
> 4면 (그래서) 이탁라 급벌척이 조목조목 말하기를 '법을 바꾸어 30으로 대신합니다.'라고 告하고 이제 30일치를 먹고 갔습니다."라고 하였다.

이러한 해석을 발판으로 행정실무책임자-촌주-총괄왕경인으로의 보고 경로를 추출하였으며, 실무책임자인 이탁라가 비사벌(창녕)소속임을 밝혀 냈다. 그래서 남산신성비 제1비와 제9비의 비교로 미즉이지 대사는 도사급으로 진내멸 촌주는 촌주와 비사벌 출신이라는 이타라 급벌척과 夷喙羅兮智及伐尺은 阿尺과 대비시켰다.

그런데 IV-597번 正月中比思(伐)古尸次阿尺夷喙(앞면) 羅兮落及伐尺幷作前瓷酒四斗瓮(뒷면) '正月에 比思(伐)의 古尸次 阿尺의 夷(무리)와[8] 喙(部) 羅兮落 及伐尺(경위명)이 아울러 前瓷酒 四斗瓮을 만들었다.'로 해석되어 급벌척은 경위이다.

---

7) 이용현, 「함안 성산산성 출토 문서목간 가야5598의 검토 -주변 문자자료와의 다각적 비교를 통해-」 『목간과 문자』 23, 2019, 44쪽.

8) 『禮記』에 나오는 在醜夷不爭에서 夷는 동료, 무리 등을 가리킨다.

VI. 及伐尺 문제

及伐尺을 외위로 본 가설이 있다.[9] 이 자료는 다음의 자료를 해석하여 及伐尺이 경위임이 분명하게 되었다.

> IV-597번 正月中比思(伐)古尸次阿尺夷喙(앞면) 羅兮落及伐尺幷作前瓷酒四斗瓮(뒷면) '正月에 比思(伐)의 古尸次 阿尺의 夷(무리)와[10] 喙(部) 羅兮落 及伐尺(경위명)이 아울러 前瓷酒 四斗瓮을 만들었다.'

及伐尺이 경위명인 것은 분명하지만 신라 17관등명 가운데는 없다. 이렇게 신라 17관등명에 없으면서 경위명으로 나오는 예로는 壹伐과 干支 등이 있다. 이들의 소멸 시기는 524년 봉평비의 건립에서 545년이나 그 직전인 적성비의 건립 연대까지로 볼 수가 있다. 이 가운데 壹伐은 441년 중성리비에서만 나오고 그 뒤로는 보이지 않고, 干支는 441년 중성리비, 443년 냉수리비, 524년 봉평비에서 모두 보인다. 及伐尺은 함안 성산산성 목간 IV-597번, 2016-W150번에서 딱 두 번 보인다. 금석문에서도 그 유례를 찾아 볼 수가 없다.

학계에서는 及伐尺을 대개 외위로 보고 있다. 목간 IV-597(183)번에서 夷자는 『禮記』에 나오는 在醜夷不爭에서와 같이 무리 또는 동료의 뜻이다. 이는 正月에 比思(伐) 古尸次 阿尺의 무리(夷)가 喙(部) 출신의 羅兮落 及伐尺과 함께 前瓷酒 四斗瓮을 만들었다로 해석된다. 이를 正月에 比思伐 古尸次 阿尺과 夷喙, 羅兮△, 及伐只 등이 함께 어떤 술 4개(또는 4斗의) 瓮을 만들었다고 해석하였고, 及伐尺(及伐只)을 인명으로 보고 있다.[11] 또 이를 正月에 比思伐 古尸

---

9) 박남수, 「신라 법흥왕대 '及伐尺'과 성산산성 출토 목간의 '役法'」 『신라사학보』 40, 2017.

10) 『禮記』에 나오는 在醜夷不爭에서 夷는 동료, 무리 등을 가리킨다.

11) 전덕재, 「한국의 고대목간과 연구동향」 『목간과 문자』 9, 2012, 24쪽.

次 阿尺과 이탁라혜락 及伐尺이 함께 前瓷酒 四斗瓮을 만들었다로 해석하였다.[12] 이는 及伐尺을 외위로 본 것이다. 과연 외위로 볼 수 있는지 여부를 조사해 보자.

<표 1> 봉평비와 창녕비의 관등 복원

창녕비				봉평비			
1	一伐干			1	一伐干支		
2	伊干			2	伊干支		
3	迊干			3	迊干支		
4	波珍干			4	波珍干支		
5	大阿干			5	大阿干支		
6	阿干			6	阿干支		
7	一吉干	1	嶽干	7	一吉干支	1	嶽干支
8	沙干	2	述干	8	沙干支	2	述干支
9	及伐干	3	高干	9	及伐干支	3	高干支
10	大奈麻	4	貴干	10	大奈麻	4	貴干支
11	奈麻	5	撰干	11	奈麻	5	撰干支
12	大舍	6	上干	12	大舍帝智	6	上干支
13	舍知	7	干	13	舍知帝智	7	下干支
14	吉士	8	一伐	14	吉之智	8	一伐
15	大鳥	9	一尺	15	大鳥帝智	9	一尺
16	小鳥	10	彼日	16	小鳥帝智	10	彼日
17	造位	11	阿尺	17	邪足智	11	阿尺
경위		외위		경위		외위	

<표 1>에서 외위는 두 자를 넘는 관등이 없다.[13] 모두가 두 자이고, 干은 외

---

12) 이용현, 「함안 성산산성 출토 문서목간 가야5598의 검토 -주변 문자자료와의 다각적 비교를 통해-」『목간과 문자』 23, 2019, 53쪽.
13) 居伐尺이란 외위의 설정도 무리이다. 왜냐하면 거벌척은 3자이고, 외위에서는 모두

자이다. 이에 비해 경위는 一伐干, 波珍干, 大阿干, 一吉干, 及伐干, 大奈麻의 6 관등명이나 있다. 及伐尺이 외위가 아니라 경위일 가능성이 크게 된다. 及伐尺은 及伐干과 가장 유사하고, 大奈麻의 바로 앞에 있는 5두품으로 보인다. 5두품이므로 及伐干에서 干은 떼고, 尺을 더해 及伐尺이 되었다. 그러면 大舍下智보다도 높은 관등이 된다.

이 及伐尺은 함안 성산산성 목간의 연대 해결에 실마리를 가지고 있다. 大舍下智의 경우는 大舍와 下智로 나누는 견해가 나오지만 及伐尺의 경우는 이를 대개 외위로 보고 있다. 학계에서 성산산성 목간 연대를 592년으로 보는 견해가 유력하다. 이를 소개하면 다음과 같다.

> 2016-W155(219)번 王子年△改大村△刀只(앞면) 米一石(뒷면) '王子年△의 改大村의 △刀只가 낸 米 一石이다.' 또는 '王子年(郡)의 △改大村의 △刀只가 낸 米 一石이다.'

이 王子年를 壬子年으로 읽어서 그 연대를 592년(진평왕 14)으로 보았다.[14] 이렇게 되면 함안 성산산성 축조가 592년이 되고, 신라의 관등제 완성도 592년이 되고, 신라 고대 국가 완성도 진평왕 14년이 된다. 앞에서 보았듯이 신라 관등제의 완성은 봉평비와 적성비의 사이인 524~545년 사이이다. 외위명인 干支가 536년에도 잔존해 있고, 월지 출토비의 연대가 536년을 상한으로 하였기 때문에 신라 관등제의 완성 곧 及伐尺의 소멸 시기는 540년경으로 볼 수밖에 없다. 결국 함안 성산산성 목간의 연대는 540년경이 된다.

함안 성산산성 목간의 연대는 성산산성에서 더 이상의 발굴 조사 계획이 없고, 이와 관련된 다른 자료도 나올 가능성이 없고, 현재까지 출토된 자료를 가지

가 2자가 고작이기 때문이다. 봉평비의 一全智도 마찬가지이다.

14) 이용현, 「함안 성산산성 목간의 연대 -壬子年 해석을 중심으로-」 『신라사학보』 50, 2020.

고 조사하지 않으면 안 된다. 王子年을 壬子年으로 읽는 데에는 더 할 말이 없다. 王子年을 壬子年으로 읽으면, 행정촌명+인명+곡식량이 되어서 곡식량이 나오는 목간에 있어서 행정촌명+인명 앞에 군명이 없이 연간지가 나오는 유일한 예가 된다.

260여 점의 함안 성산산성 목간 가운데에서 문서 목간이 4점, 260여 점이 역역과 물품꼬리표 목간이다. 문서 목간 가운데에서 年干支가 나왔다면 수긍이 되겠으나 260점 가운데 1점에서 연간지가 나왔다는 것은 믿을 수가 없다. 날짜도 月日이 아니라 三月中처럼 三月에로 나오고 있다. 문제의 연간지는 壬子年이 아니라 王子年이라는 군명이다.

VII. 代法의 의미

代法은 어떤 의미가 있을까? 524년 봉평비의 種種奴人法이나 545년이나 그 직전에 세워진 적성비의 赤城佃舍法처럼 그 의미를 알지 못하지만 분명 실체는 있었다고 보인다. 種種奴人法은 여러 가지 소금생산자에 관한 법으로 짐작되며, 赤城佃舍法은 적성의 밭과 집에 관한 법으로 짐작될 뿐이다. 代法의 의미를 함안 성산산성 목간 2016-W150번에서 찾는다면 원래는 60代法을 해야 되나 崇에 말하기를 '법을 피해 30대를 고하고, 지금 30일을 먹고 갔다.'고 아뢰었습니다고 한다.

함안 성산산성 목간 2016-W150번은 공진물을 내는 것과는 관계가 없이 성산산성의 역역과 관계되는 목간이다. 60일 代法이 엉성해서 법을 피해 30대를 고하고, 지금 30일을 먹고 갔다.'고 아뢰고 30일 代法을 한 것이다. 곧 60일간의 요역 대신에 30일의 요역을 하고 진내멸 촌주가 갔다고 해석된다. 대법은 원래는 60일 대법이나 그 내용이 엉성해서 30일대법이 시행되었다는 이야기이다. 바꾸어 말하면 어떤 역부가 60일을 해야 되는데 30일만 일하고 갔다는 것이다.

VIII. 전문의 해석

먼저 정확한 해석을 위해 다시 한 번 전문을 제시하면 다음과 같다.

1면 三月中 眞乃滅村主 憹怖白
2면 大城在弥卽尒智大舍下智前去白之
3면 卽白 先節六十日代法稚然
4면 伊毛罹及伐尺寀言廻法卅代告今卅日食去白之

3월에 眞乃滅村主 憹怖白이 大城에 있는 弥卽尒智大舍下智 앞에 나아가 아룁니다.

곧 앞선 때에 아뢴 60일 代法은 서투른 것이었다고 아룁니다.

伊毛罹及伐尺께 '寀(녹봉)에 말하기를 법을 피해 30대를 고하고, 지금 30일을 먹고 갔다.'고 아뢰었습니다.

IX. 맺음말

먼저 문제가 되는 글자를 중심으로 판독을 살펴보고 판독을 다음과 같이 제시하였다.

1면 三月中 眞乃滅村主 憹怖白
2면 大城在弥卽尒智大舍下智前去白之
3면 卽白 先節六十日代法稚然
4면 伊毛罹及伐尺寀言廻法卅代告今卅日食去白之

다음으로 弥卽尒智大舍下智와 伊毛罹及伐尺은 인명이 있고, 眞乃滅村主만이 인명이 없어서 憹怖白을 인명으로 보았다.

그 다음으로 弥卽尒智大舍와 下智로 끊어 읽으면, 下智가 관등명이 없는 유일한 6부인이 되는 문제가 생긴다. 441년의 중성리비와 443년의 냉수리비를 제외하면 6세기 신라 금석문에서는 6부인이 관등이 없는 예는 거의 없다. 따라서 彌卽尒智大舍下智로 붙여서 본다.

그 다음으로 지금까지 나온 목간의 내용 파악과 직결되는 목간의 해석을 전부 검토하였다.

그 다음으로 及伐尺을 외위로 본 가설이 있다. 이 자료는 다음의 자료를 해석하여 及伐尺이 경위임이 분명하게 되었다.

IV-597번 正月中比思(伐)古尸次阿尺夷喙(앞면) 羅兮落及伐尺幷作前瓷酒四斗瓮(뒷면) '正月에 比思(伐)의 古尸次 阿尺의 夷(무리)와 喙(部) 羅兮落 及伐尺(경위명)이 아울러 前瓷酒 四斗瓮을 만들었다.' 及伐尺이 경위명인 것은 분명하지만 신라 17관등명 가운데는 없다. 이렇게 신라 17관등명에 없으면서 경위명으로 나오는 예로는 壹伐과 干支 등이 있다.

그 다음으로 함안 성산산성 목간 2016-W150번은 공진물을 내는 것과는 관계가 없이 성산산성의 역역과 관계되는 목간이다. '60일 代法이 엉성해서 법을 피해 30대를 고하고, 지금 30일을 먹고 갔다.'고 아뢰고 30일 代法을 한 것이다. 곧 60일간의 요역 대신에 30일이 요역을 하고 진내멸 촌주가 갔다고 해석된다. 대법은 원래는 60일 대법이나 그 내용이 엉성해서 30일대법이 시행되었다는 이야기이다.

마지막으로 목간의 전문을 직역으로 해석하였다.

3월에 眞乃滅村主 憬怖白이 大城에 있는 彌卽尒智大舍下智 앞에 나아가 아룁니다.

곧 앞선 때에 아뢴 60일 代法은 서투른 것이었다고 아룁니다.

伊毛罹及伐尺께 '궦에 말하기를 법을 피해 30대를 고하고, 지금 30일을 먹고 갔다.'고 아뢰었습니다.

제2절

함안 성산산성 목간 2016-W155번에 대하여

Ⅰ. 머리말

함안 성산산성에서는 260여 점의 목간이 나왔다. 이 수치는 낙랑군의 목간을 제외할 때 우리나라 고대목간 수의 1/2 이상을 차지한다. 고신라의 산성 목간에서 대구 팔거산성, 경산 소월리 유적, 하남 이성산성, 부산 배산산성 등이 고신라 유적이다. 이들 유적에서는 출토된 목간 수가 10점을 넘지 못한다. 함안 성산산성의 수치는 다시는 우리 생애에 기대할 수 없는 목간의 숫자이다. 고신라 목간은 나름대로 중요한 특징이 있다. 대구 팔거산성 목간은 王私의 해명과 신라 6부와 왕경제 연구에 중요하고,[1] 경산 소월리 유적 목간은 제사와 관련된 목간으로 중요하고, 하남 이성산성 목간은 道使 연구에 중요하고, 부산 배산산성 목간은 빈민 구제와 관련된 목간으로[2] 중요하다. 함안 성산산성 목간은 그 언급할 범위가 넓어서 한마디로 말 할 수 없다.

한국의 목간은 1975년부터 1976년에 걸쳐서 발굴 조사된 월지 발굴 조사에서 처음으로 나왔다. 그 뒤에 성산산성 목간의 발굴로[3] 본격적인 목간 연구가 시작되었다고 할 수가 있다. 목간 연구자로서 함안 성산산성 목간을 모르면 그

---

1) 김창호, 「대구 팔거산성 출토 목간에 대하여」 『한국고대와전명문』, 2022.

2) 김창호, 「부산 배산산성 출토 목간의 새로운 해석」 『한국고대와전명문』, 2022.

3) 함안 성산산성 목간은 1991년부터 2016년까지 4반세기에 걸쳐서 발굴 조사된 성과이다.

자격이 없다고 할 수 있을 정도였다. 그 만큼 중요한 성산산성 목간은 목간 연구자로서는 반드시 거쳐야 할 관문이었다. 그래서 여러 가지 학설이 나오고 있다. 2016-W155(219)번 王子年△改大村△刀只(앞면) 米一石(뒷면)에 대해서는 壬子年說을 비롯하여 부세 감면제설 등도 나오고 있다.

목간 논문은 1점이나 2점 정도를 가지고는 적외선 사진을 실지 않으면 200자 원고지로 70매 채우기도 어렵다. 연구 성과가 나와야 주를 달고 해서 70매를 채운다. 우리나라의 목간은 한국목간학회가 결성되어서 『목간과 문자』라고 잡지를 1년에 두 번 내고 있는데, 목간 이외의 문자 자료도 싣고 있다.

여기에서는 먼저 성산산성 목간 연대에 대한 지금까지의 학설을 살펴보겠다. 다음으로 최근에 주장자가 많은 壬子年說에 대해 비판적으로 살펴보겠다. 마지막으로 賦稅 감면제 문제에 대한 소견을 밝혀 보고자 한다.

II. 성산산성 목간 연대에 대한 지금까지의 학설

지금까지 성산산성 목간의 제작 언내에 대한 중요한 가설은 다음과 같다. 532년에서 551년 사이로 추정한 견해가 있고,[4] 540년대부터 561년 사이로 추정한 견해가 있고,[5] 560년대로 추정되며, 아무리 늦어도 570년 이후로는 내려가지 않을 것으로 본 견해가 있고,[6] 557년에서 561년 사이로 추정한 견해가 있

---

4) 김창호, 「함안 성산산성 출토 목간에 대하여」 『함안 성산산성』 I, 1998.

5) 이성시, 「韓國木簡연구현황과 咸安城山山城출토의 木簡」 『한국고대사연구』 19, 2000, 107쪽.

6) 주보돈, 「함안 성산산성 출토 목간의 기초적 검토」 『한국고대사연구』 19, 2000, 67쪽. 이는 64쪽에서 『日本書紀』 19, 欽明紀 23년(562)조의 挾注로 인용되어 있는 一本에 任那가 전부 멸망했다는 기사를 토대로 559년을 安羅(阿尸良國)의 멸망 시점 또는 그 하안으로 본 것에 기인하고 있다. 이는 후술하는 바와 같이 『삼국사기』

고,[7] 561년에서 그리 멀지 않는 시기로 추정한 견해가 있다.[8] 또 하찰에 나타난 호적 작성을 전제로 한 신라의 치밀한 지방 지배 방식에 기초하여 성산산성 목간의 작성 연대를 584년(진평왕 6) 調府 설치 이후로 보기도 했다.[9] 신라가 안라국을 멸망시킨 시기가 560년이므로 성산산성의 목간을 제작한 시기를 560년이나 그 이후로 볼 수가 있다는 견해를 제시하였다.[10] 6세기 550년으로 본 가설도 나왔다.[11] 이들 견해 가운데 어느 가설이 타당한지를 목간에서는 그 유례가

에서의 阿尸良國(안라국) 멸망 기사보다 『일본서기』를 더 신봉한 결과로 잘못된 방법이다.

7) 이용현, 「함안 성산산성 출토 목간에 대한 종합적 고찰」, 고려대학교 박사학위 청구논문, 2001, 115쪽.
　 이용현, 「함안 성산산성 출토 목간과 6세기 신라의 지방 경영」『동원학술논집』 5, 2003, 50~53쪽.

8) 윤선태, 「신라 중고기의 村과 徒」『한국고대사연구』 25, 2002, 148쪽에서 이 목간은 561년이 시점이나 그에서 그리 멀지 않는 시기에 작성되었다고 할 수 있다고 하였다.
　 이경섭, 「함안 성산산성 목간의 연구 현황과 과제」『신라문화』 23, 2004, 218쪽에서는 목간의 연대를 561년을 하한으로 하는 몇 연간으로 추정하였다.
　 이경섭, 「성산산성 출토 하찰목간의 제작지와 기능」『한국고대사연구』 37, 2005, 115~116쪽에서 목간의 상한 연대를 561년 무렵으로 보았다.

9) 윤선태, 「함안 성산산성 출토 신라목간의 용도」『진단학보』 88, 1999, 21~22쪽에서 584년이라는 견해를 제시하였다. 이는 목간을 가장 늦게 보는 가설이다. 이 견해는 윤선태, 앞의 논문, 2002, 148쪽에서 561년이 시점이나 그에서 그리 멀지 않는 시기에 작성되었다고 할 수 있다고 바꾸었다.

10) 전덕재, 「함안 성산산성 목간의 연구 현황과 쟁점」『한국목간학회 학술대회자료집』, 2007, 70쪽. 여기에서는 『日本書紀』, 欽明日王 23년(562) 봄 정월조 기사, 즉 신라가 임나관가를 공격하여 멸망시켰다. 一本에 이르기를 21년(560)에 임나를 멸망시켰다. 임나를 加羅國, 安羅國, 斯二岐國, 多羅國, 率麻國, 古嵯國, 子他國, 散半下國, 乞湌國, 稔禮國의 十國으로 보고, 560년에 안라국이 신라에 투항했다고 보았다. 이 견해도 『삼국사기』 기록인 법흥왕대(514~539년) 阿尸良國(안라국) 정복설을 무시하고, 『일본서기』에 의해 신라 목간의 연대를 560년으로 보았다.

11) 橋本 繁, 『韓國古代木簡の硏究』, 2014, 14쪽.

적어서 비교가 어려우나 목간을 통해 조사해 보고 나서, 비슷한 시기의 금석문 자료를 통해 검토해 보기로 하자.

함안성산 목간에는 연간지나[12] 연호가[13] 나오지 않아서 연대 설정에 어려움이 대단히 크다. 우회적인 방법이긴 하지만, 성산산성 목간에 나오는 관등명을 고신라의 금석문과 비교해 연대를 검토할 수밖에 없다.

> 4번 仇利伐/仇失了一伐/尒利△一伐
> 5번 仇利伐 △德知一伐奴人 塩 (負)
> 13번 大村伊息知一伐
> 23번 ~△知上干支
> 29번 古阤新村智利知一尺那△(앞면) 豆于利智稗石(뒷면)
> 72번 ~△一伐稗

---

12) 손환일, 「한국 목간에 사용된 주제별 용어 분류」『신라사학보』 26, 2012, 379쪽에서는 乙亥란 연간지가 성산산성 목간 65번에 나온다고 하였다. 乙亥는 555년이 되나 잘못 읽은 것으로 판단된다. 곧 한 면 또는 두 면으로 된 함안 성산산성 목간에서는 연간지가 나온 예가 없기 때문이다. 또 손환일은 『동아일보』 인터넷판 2017년 3월 6일자에 의하면, 목간 2016-W155번에서 王子年△△大村△刀只(앞면) 米一石(뒷면)을 壬子年△改大村△刀只(앞면) 米一石(뒷면)으로 판독하고서, 壬子年을 532년 또는 592년으로 주장하고 있으나 따르기 어렵다. 만약에 판독이 옳다면 592년설은 대가야 멸망인 562년보다 늦어서 592년 당시에 성산산성을 축조했다고 보기 어려워 성립될 수가 없고, 532년설은 금관가야의 스스로 신라에 귀부하여 멸망한 해이고, 안라국도 532년에 신라에 귀부해 항복했다면 문헌에 기록이 남았을 것인데, 그 기록이 없어서 성립되기 어렵다. 따라서 壬子年의 판독은 잘못된 것으로 성립될 가능성이 전혀 없다. 목간 2016-W155번은 王子年△(郡)의 改大村(행정촌) △刀只가 쌀 1석을 냈다로 해석되거나 王子年(군)의 △改大村(행정촌) △刀只가 쌀 1석을 냈다로 해석된다.
△표시 글자는 분명히 있으나, 읽을 수 없는 글자의 표시이다.
앞으로 사면으로 된 문서 목간에서 연간지가 나올 가능성이 있다. 1면 또는 앞뒷면으로 된 물품꼬리표 목간에서는 연간지가 나올 가능성이 전혀 없다. 앞으로 발굴 조사가 기대되는 바이다.
13) 성산산성 목간에서 연호가 나올 가능성은 거의 없다고 사료된다.

2007-8번 ~△一伐奴人毛利支 負
2007-21번 ~豆留只(一伐)
2007-31번 仇利伐 仇阤知一伐奴人 毛利支 負
IV-597번 正月中比思(伐)古尸次阿尺夷喙(앞면) 羅兮落及伐尺幷作前瓷酒四
斗瓮(뒷면)
V-166번 古阤伊未姘上干一大兮伐(앞면) 豆幼去(뒷면)
2016-W89번 丘利伐/卜今智上干支奴/△△利巴支負

위의 자료 13번 나오는 관등명 가운데에서 8번 나오는 一伐이나 한 번 나오
는 一尺이나 한 번 나오는 阿尺은 연대 설정에 도움이 되지 않는다. 524년의 봉
평비에서 591년의 남산신성비까지에서 나오기 때문이다. 그나마 도움이 되는
것은 上干支가 나오는 목간이다. 上干으로 표기된 예가 있다. 목간 V-166번이
그것이다. 목간 23번과 목간 2016-W89번에서는 上干支이다. 上干은 上干支의
잘못 표기한 것으로 보이는 바 그러한 예가 문제이다. 561년 창녕비에서는 書人
이란 직명을 가진 사람의 관등명이 奈舍인 바, 이는 大舍의 잘못으로 짐작되고,
창녕비 제⑯행의 11번째 글자인 尺다음에 干자를 쓰지 못하고 이를 제⑮행과
제⑯행의 사이와 12번째와 13번째 사이에 추각하고 있다. 509년의 고구려 평양
성 석각 제3석에서 上位使者를 上位使라고 쓴 예가 있다.[14] 여기에서는 上干支
라는 관등 때문에 551년경으로 볼 수가 있다.

함안 성산산성 목간의 연대에 대한 열쇠는 다음과 같은 두 목간이 쥐고 있어
서 이를 제시하면 다음과 같다.

IV-597(183)번 正月中比思(伐)古尸次阿尺夷喙(앞면) 羅兮落及伐尺幷作前瓷
酒四斗瓮(뒷면) '正月에 比思(伐)의 古尸次 阿尺의 夷(무리)와 喙(部) 羅
兮落 及伐尺(경위명)이 아울러 前瓷酒 四斗瓮을 만들었다.'
2016-W150(218)번 三月中 眞乃滅村主 憹怖白(제1면)
大(城)在弥卽尒智大舍下智(前)去白之(제2면)

---

14) 김창호, 「고구려 금석문의 인명 표기」『고구려와 백제의 금석문』, 2022, 152~156쪽.

卽白先節六十日代法稚然(제3면)
伊毛羅及伐尺寀言廻法卅代告今卅日食去白之(제4면)

'三月에 眞乃滅村主인 儞怖白이 大城에 있는 弥卽介智 大舍下智의 앞에 가서 아뢰었습니다.' 곧 아뢴 앞선 때에 六十日代法은 稚然하였습니다(미숙하다고 하였습니다). 伊毛羅 及伐尺께 '寀(祿俸)에 말하기를 法을 피해 卅代를 고하여 이제 卅日食을 먹고 갔다.'고 아뢰었습니다.

두 목간에서 모두 나오는 경위인 及伐尺은 壬子年으로 읽어서 592년으로 보면 신라의 고대국가 완성과 관등제 확립도 592년으로 보아야 한다. 신라 고대국가 완성을 592년 진평왕 14년으로 볼 수는 없다. 신라의 관등제 완성도 524년 봉평비와 545년이나 그 직전인 적성비의 사이로 보는 것이 타당하다. 591년 남산신성비가 나올 때까지도 관등제가 완성되지 못했다고 볼 수는 없다.

III. 壬子年說의 검토

2016-W155번 壬子年△改大村△刀只(앞면) 米一石(뒷면)을 壬子年△改大村△刀只(앞면) 米一石(뒷면)으로 잘못 읽은 것은 함안 성산산성에서 단각고배를 반출한 부엽토층의 연대이므로 먼저 부엽토층의 연대에 대한 여러 가설을 살펴보기로 한다.

함안 성산산성 목간의 6세기 중엽설은[15] 고고학쪽에서 이의를 제기한 가설이 나왔다.[16] 여기에서는 목간 출토층에서 나온 토기 편년을 토대로 7세기 전반

---

15) 이성시, 「韓國木簡연구현황과 咸安城山山城출토의 木簡」 『한국고대사연구』 19, 2000, 107쪽.
　　橋本 繁, 『韓國古代木簡の硏究』, 2014, 14쪽.
16) 이주헌, 「함안 성산산성 부엽층과 출토유물의 검토」 『목간과 문자』 14, 2015, 55쪽.

설을 주장하였다. 또 성산산성 초축 당시 유수에 취약에 취약한 계곡부의 지형을 극복하기 위해 초축 당시부터 이중으로 축조했을 가능성이 높다고 했다.[17]

이러한 주장은 문헌적 기록에 바탕을 추정에 대한 토대를 정면으로 배치되는 것이어서 문헌사학자에게 경종이 되었다. 곧 부엽토층 내 출토 기종 중 소형완은 6세기 중엽, 6세기 후엽, 7세기 초로 볼 수 있고,[18] 공반되는 이중원문의 印花文施釉陶器는 7세기 이후로 편년되기 때문에,[19] 소형완은 인화문 유개합과 공반되고 있으므로 소형완은 인화문유개합과 동시기이거나 이보다 한 단계 늦은 시기일 것이므로 7세기 초 이후일 가능성이 높다고 하였다.[20]

이렇게 고고학에서 가장 중요한 편년 방법인 토기 편년을 바탕으로 7세기 초로 본 것은 대단히 중요하다. 유구에 대한 해석의 당부는 차치하고, 종래 아무런 의심이 없이 믿어왔던 문헌의 통설 곧 6세기 중엽설에 근본적인 의문을 제기한 점에서 성산산성 목간 연구에 있어서 크다란 전환점이 되었다고 본다. 이러한 고고학적인 연구 성과에 따르면, 성산산성의 목간들은 7세기 전반의 늦은 시기를 하한으로 폐기한 것이 된다.

애초 이러한 성산산성 목간의 7세기 전반설은 충격적이었으나 종래 통설과 너무나도 동떨어진 것이었고, 반대로 고고학적 토기편년이 근본적으로 잘못되어 있을 수도 있었고, 토기편년이 50년 혹은 그 이상으로 올려서 연대를 잡을 수도 있다고 보았다. 이러한 사정 때문에 7세기 전반설은 문헌사가에 의해 주목을 받지 못하고, 오히려 문헌사가에 의해 7세기 전반설에 대한 반론만 나왔다.

함안 성산산성 목간 260여 점은 모두 예외가 없이 부엽토층에서 군집되어 출토되었다. 곧 신라의 각 지방에서 보내어진 공물에 함안 성산산성에서 제작되어

---

17) 이주헌, 앞의 논문, 2015, 61쪽.

18) 윤상덕, 「함안 성산산성 축조 연대에 대하여」『목간과 문자』14, 2015.

19) 홍보식, 「신라후기양식토기와 통일신라양식토기의 연구」『가야고고학 논총』3, 2002 등.

20) 이주헌, 앞의 논문, 2015, 63쪽.

공물에 붙인 목간들은 일괄적으로 폐기되면서 부엽토층의 부엽자재의 일부로 재활용한 것이다. 壬子年 592년은 목간 제작 연대를 나타내므로 목간의 폐기 곧 부엽토층에 대한 매립 연대의 상한이 된다. 목간의 매립은 592년에 이루어진 것이다. 592년은 동시에 목간 제작의 기준 연대이기도 한데, 성산산성 목간에 기년 혹은 시기가 나온 것은 없다.

그리하여 260여 점의 목간이 나온 부엽토층이나 출토 토기 가운데 가장 늦은 인화문시유도기를 토대로 성산산성 목간의 연대를 7세기 전반으로 보고서 2016-W155번 王子年△改大村△刀只(앞면) 米一石(뒷면)을 壬子年△改大村 △刀只(앞면) 米一石(뒷면)으로 잘못 읽은 것은 함안 성산산성에서 목간 연대 해결에 중요한 실수였다. 부엽토층을 폐기하고 나서 같은 시간에 덮은 것은 아니다. 목간을 폐기하여 동문 근처에 버리고 나서, 그냥 두었기 때문에 7세기 전반 토기도 나오고, 6세기 중반이나 6세기 후반의 토기도 나온다.[21] 이들 시기가 다른 토기가 전부 7세기 전반에 동시에 매립되었다고는 생각되지 않는다. 그래서 성산산성 목간 연대를 7세기 전반으로 볼 수가 없다. 목간은 동시에 폐기되어 묻혔지만, 토기는 몇 번에 걸쳐서 폐기한 것으로 해석된다. 따라서 성산산성 목간의 7세기 전반설은 성립될 수가 없다.

이러한 토기 편년은 금관총의 尒斯智王명 3루환두대도 검초 부속구가 나오지 않을 때 이야기이다. 尒斯智王 명문은 1921년 금관총 발굴에서 그 존재를 알지 못 하다가 2013년에 와서야 그 존재를 알게 되었다. 발굴된 지 92년 만에 명문을 발견하였고, 2015년에는 국립중앙박물관과 국립경주박물관의 합동조사단에 의해 尒斯智王刀명 명문이 발견되었다. 특히 尒斯智王刀란 명문은 尒斯智王의 칼이란 뜻으로 칼의 주인이 무덤의 피장자임을 밝히고 있다. 尒斯智王

---

21) 이를 어떻게 해석하느냐가 성산산성 목간 연대와 직결된다. 7세기 전반에 6세기 중반, 6세기 후반의 토기가 함께 묻혔다고는 보지 않는다. 6세기 중반에도 토기가 묻히고, 6세기 후반에도 토기가 묻히고, 7세기 전반에도 토기가 묻힌 것으로 해석된다.

刀 명문이 나와도 자꾸 음상사란 증거에 의해 異斯夫의 칼로 보고 있으나 이사부는 伊史夫智伊干支라고 545년이나 그 직전에 세워진 적성비에 나와서 왕은 아니다.

尒斯智王이란 명문은 3루환두대도 검초 부속구에 새긴 것으로 고신라 금석문에서 인명에 왕이 붙는 경우에 주목해야 된다. 441년 포항중성리신라비의 折盧(智王), 443년 포항냉수리신라비의 珎夫智王,[22] 乃智王, 至都盧葛文王, 524년 울진봉평신라비의 牟卽智寐錦王, 徙夫智葛文王, 535년 울주 천전리서석 을묘명의 法興太王, 539년 울주 천전리서석 추명의 另卽知太王, 徙夫知葛文王, 567년 북한산비 眞興太王, 新羅太王, 568년의 마운령비와 황초령비에 각각 나오는 眞興太王뿐이다. 북한산비의 新羅太王을 제외하면 전부 다 인명과 왕이 공존하고 있다.

尒斯智王이나 尒斯智王刀란 명문도 인명+왕이란 명문이다. 이렇게 尒斯智(인명)+王으로 된 인명은 마립간을 칭할 때인 중성리비와 냉수리비에서 밖에 없다. 尒斯智王은 누구일까? 이사지왕을 訓讀하면 너사지왕이 되고, 다시 半切로 읽으면, 넛지왕이 된다. 麻立干이란 왕호의 사용 시기를 『삼국사기』, 신라본기에서는 눌지마립간, 자비마립간, 소지마립간, 지증마립간으로 되어 있고,『삼국유사』, 왕력편에서는 내물마립간, 실성마립간, 눌지마립간, 자비마립간, 비처마립간, 지증마립간으로 되어 있어서 약간의 차이가 있다. 학계에서는 『삼국유사』를 취하고 있다.[23] 이 가운데에서 눌지왕과 넛지왕은 音相似이다. 그렇게 찾아왔던 신라 적석목곽묘에서 절대 연대 자료를 금관총에서 찾았다. 40,000여 점의 유물을 가진 금관총은 458년에 죽은 눌지왕릉이다. 고신라의 확실한 왕릉으로 태종무열왕릉이 있고, 눌지왕릉인 금관총이 있게 된다.

---

22) 珎夫智王으로 표기했으나 珎자는 냉수리비와 함안 성산산성 목간에서만 나오는 신라 조자이다.

23) 마립간인 매금은 광개토태왕비 경자년(400)조에 나와서 이는 내물왕(357~402년)을 가리키므로 『삼국유사』 쪽이 옳다.

금관총이 458년 눌지왕릉이므로 적석목곽묘에서 횡혈식석실분으로의 전환 시기를 550년에서 30년을 소급시킨 520년으로 보아야 한다. 금관총은 대개 5세기 4/4분기로 보아 왔다. 이를 458년으로 보면 종래의 편년과 17~41년의 틈이 생기고, 520년 春正月에 律令 頒布가 있어서 520년으로 본다. 적석목곽묘의 시작은 미추왕은 太祖星漢王이라고 불렀고,[24] 그의 능은 『삼국유사』에 陵在興輪寺東이라고 했고, 竹現陵이라고 했고, 『삼국사기』, 신라본기, 味鄒尼師今 23년조에서는 大陵이라고 했고, 儒禮尼師今 14년조에는 竹長陵이라고 했다. 따라서 미추왕릉은 경질토기와 금제귀걸이 1쌍이 세트를 이루는 고분일 가능성이 있다. 그래서 신라 적석목곽묘의 편년을 다음과 같이 본다.

미추왕릉(太祖星漢王; 284년)→황남동 109호 3 · 4곽(4세기 중엽)→황남동 110호(4세기 후반)→98호 남분(奈勿王陵; 402년)→금관총(尒斯智王陵=訥祇王陵; 458년)→천마총(5세기 후반)→호우총(510년경)→보문리 합장묘(519년경)→횡혈식석실분(520년 이후; 율령 공포)

동아시아에 있어서 고분시대의 절대 연대가 출토된 무덤으로는 415년 北燕 馮素弗墓에서는 鐙子 이외의 유물은 그 숫자가 많지 않아서 별로 알려지지 않았고, 고구려의 357년 안악3호분, 408년 덕흥리 벽화 고분, 414년 태왕릉 등이 있으나 전부 도굴되었고, 백제의 525년 무령왕릉이 있으나 백제 토기가 1점도 출토되지 않았고, 신라 延壽元年辛卯명 은합이 나왔으나 고구려제이고, 475년 호우총에서 壺杆가 나왔으나 이 역시 고구려제이고, 일본 이나리야마고분의 철검 명문의 辛亥年은 471년이 맞으나 전세되어 6세기 전반 유물과[25] 반출했다. 금관총의 절대 연대는 458년이고, 전세가 될 수가 없고, 도굴되지 않는 유물들로 세기의 발견으로 驚天動地할 고고학적인 사건이다. 앞으로 4~8세기 유물 편

---

24) 김창호, 「新羅 太祖星漢의 재검토」『역사교육논집』 5, 1983.
25) f자형비와 검릉형행엽과 공반했다. 이렇게 세트를 이루면, 그 시기는 6세기 전반이다.

년에 큰 도움이 될 것이고, 앞으로 어쩌면 거의 영원히 이런 유물을 만날 수가 없을 것이다.[26]

　　그러면 금관총은 訥祇麻立干의 무덤이 되어, 금관총 유물 40,000여 점은 절대 연대를 갖게 된다. 그 연대도 5세기 4/4분기가 아닌 458년이 되어 적석목곽묘의 연대를 30년 정도 소급하게 된다. 그러면 6~7세기의 단각고배도 그 시기를 30년 정도 소급시켜야 한다. 王子年을 壬子年으로 잘못 읽고서 함안 성산산성 목간 일괄유물 260여 점을 592년으로 보았다. 592년에서 30년경을 소급시키면 562년이 되어 592년에 매달릴 수 없다. 부엽토층에서 출토된 단각고배 가운데 6세기 중엽의 것이 있다고 고고학자는 이야기한다.[27] 이것이 최초로 부엽토층에 버려진 것이다. 6세기 중엽에서 금관총의 尒斯智王명에 의해 30년을 소급시키면 그 연대는 520년경이[28] 된다. 따라서 함안 성산산성 부엽토 출토의 단각고배 편년에 의해 그 시기를 7세기 전반으로 본 가설은 성립될 수가 없고, 王子年을 壬子年으로 잘못 읽어서 592년으로 보는 것은 성립될 수가 없다.[29]

IV. 賦稅 감면제 문제

　　2016-W155번 王子年△改大村△刀只(앞면) 米一石(뒷면)을 壬子年△改大

---

26) 적석목곽묘의 발굴에서 금제귀걸이 1쌍 없이 발굴한 예는 황남동 100호(검총)가 유일하다. 유해부에 도달하지 못하고 발굴을 끝낸 것으로 재발굴되어야 한다. 이에 대해서는 김창호, 「慶州 皇南洞 100號墳(劍塚)의 재검토」『한국상고사학보』 8, 1991 참조.

27) 윤상덕, 앞의 논문, 2015.

28) 이때는 아직까지 안라국이 멸망되기 이전이므로 고려의 대상이 될 수가 없다.

29) 592년으로 함안 성산산성의 목간의 연대로 보면, 신라의 관등제의 완성이나 고대 국가의 완성도 592년 이후로 보아야 한다.

村△刀只(앞면) 米一石(뒷면)를 2016-W155번 壬子年(荒敗)大村△刀只(앞면) 米一石(뒷면)으로 고쳐서 壬子年△改大村△刀只(앞면) 米一石(뒷면)으로 읽고서[30] 안라국의 신라에 편입 시점은 혹은 하한은 561년이나,[31] 2016-W155번의 壬子年은 592년으로 파악된다고 하면서 △改를 荒敗로 읽었다. 그래서 목간 2016-W155번을 부세 감면제와 관련지어 해석하였다. 곧 592년에 흉년으로 인하여 大村에 사는 △刀只가 원래 정해진 세액보다 적은 쌀 한 섬을 납부한 것으로 해석하였다.

大村에 대한 목간은 다음과 같은 2예가 있다. 이를 뽑아서 제시하면 다음과 같다.

14(242)번 大村伊息智一伐 '大村(행정촌명)의 伊息智 一伐이다.'
53(025)번 大村主舡麥 '大村(행정촌명)의 村主인 舡麥이다.'

大村 출신으로 53(025)번 舡麥과 14(242)번 伊息智가 나오지만 부세 감면에 관한 언급은 없고, 260여 점의 장부를 대신에 사용했던 대장 목간에서 부세 감면한 다른 예가 없는 점이 문제이다. 부세 감면을 하려고 하면 흉년이 들었던 그 지방 일대에 할 것이다. 곧 賦稅를 내는 목간이 함안 성산산성에 나오는 이유가 있어야 할 것이다. 荒敗로 추독하고 있으나 荒자의 초두머리 부분이 글자에서 잘 보이지 않는다.

---

30) 강나리, 「함안 성산산성 출토 '壬子年' 목간과 신라의 부세 감면제」『선사와 고대』 63, 2020.

31) 『삼국사기』 권34, 잡지3, 지리1, 康州 咸安조에 咸安郡 法興王 以大兵 滅阿尸良國 一云阿那加耶 以其地爲郡가 539년에 阿尸良國이 멸망한 중요한 근거이다. 거듭 이야기하지만 성산산성 목간에서 두 번이나 나오는 及伐尺이란 경위는 목간의 연대를 561년으로 볼 수 없게 만든다. 목간의 연대를 561년으로 보면, 561년에도 신라 관등제가 완성되지 못했고, 고대국가도 완성되지 못한 것이 된다.

V. 맺음말

먼저 함안 성산산성 목간의 제작 시기에 대한 여러 견해에 대해 살펴보았다. 560년경설이 우세하다가 최근에는 592년설이 유행하고 있다.

다음으로 壬子年으로 읽어서 592년으로 보는 가설에 대해 검토하였다. 592년에 성산산성 목간이 제작되었다면 두 번 나오는 及伐尺이란 경위가 592년에도 소멸되지 않고 있어서 신라의 고대국가 성립이나 관등제 완성을 592년 진평왕 14년으로 보아야 되는 점이 문제이다.

마지막으로 이 목간의 △改를 荒敗로 읽었다. 그래서 목간 2016-W155번을 부세 감면제와 관련지어 해석하였다. 곧 592년에 흉년으로 인하여 大村에 사는 △刀只가 원래 정해진 세액보다 적은 쌀 한 섬을 납부한 것으로 해석하였다. 곧 쌀 1섬을 내는 것은 함안 성상산성의 다른 예로 볼 때 많은 양의 공진물이므로 따르기 어렵다.

제3절

함안 성산산성에서 공진물이 없는 목간

Ⅰ. 머리말

함안 성산산성 목간은 1991년부터 2016년까지 4반세기 동안 17차에 걸쳐서 발굴 조사되었다. 성산산성 동문지 근처에 출토된 목간의 수는 260여 점이었다. 이들 목간 가운데 4점의 문서 목간을 제외하면 260여 점이 단면 또는 양면으로 된 대장으로 사용된 목간이다. 260여 점 가운데 200점 이상이 인명 표기가 나오는 것으로 대개 공진물을 공반하고 있다. 공진물 가운데에서 인명 표기에 대한 해석의 차이가 있는 것은 목간 5(244)번에서 奴人塩으로 끊어서 이를 노비의 인명으로 본 것이다. 지금까지 고구려, 백제, 고신라의 금석문과 목간에서 나온 300개 정도의 인명 표기에서 노비의 인명 표기는 나온 바가 없고, 塩이 인명 표기의 인명에 포함된 예가 없다.

함안 성산산성 목간은[1] 공진물이 있는 것과 그렇지 않은 것으로 크게 나눌 수 있다. 이 두 가지 종류를 구분지어서 연구한 가설은 아직까지 없다. 곧 함안

---

1) 지금까지 함안 성산산성 목간에 대한 중요한 연구사적 정리는 다음의 논고가 있다.
이경섭, 「함안 성산산성 목간의 연구현황과 과제」 『신라문화』 23, 2004.
전덕재, 「함안 성산산성 목간의 연구현황과 쟁점」 『신라문화』 31, 2008.
이경섭, 「함안 성산산성 출토 신라목간의 흐름과 전망」 『목간과 문자』 10, 2013.
윤선태, 「함안 성산산성 출토 신라목간의 연구성과와 전망」 『한국의 고대목간Ⅱ』, 2017.
橋本 繁, 「韓國·咸安城山山城木簡研究の最前線」 『古代文化』 70-3, 2018.

성산산성 목간에서 공진물이 없는 것은 역역 동원과 관계있는지 여부를 본격적으로 한 번도 따져보지 않았다. 마찬가지로 공진물이 있는 목간의 사람도 역역과 관련 있는지 여부를 따져보지 않았다. 성산산성 목간에서는 이에 대한 뚜렷한 증거가 없다. 그래도 이 문제부터 집고 나가는 것이 성산산성 목간 연구의 기초적인 작업이라고 생각된다.

함안 성산산성 목간을 경주 남산신성비와 비교하여 역역이 같다는 결론이 나왔으나 及伐尺이 외위가 아닌 경위라서 믿을 수가 없다. 함안 성산산성의 역역이 540년경이므로 명활산성비와 비슷한 역역 체제임에는 틀림이 없으나 그 뚜렷한 자료가 나오지 않고 있다. 함안 성산산성 목간에는 역역에 관한 내용이 전혀 없었을까하는 의문이 생긴다. 이 역역에 관련 여부를 목간에서 찾는 것은 대단히 중요하다.

여기에서는 먼저 260여 점의[2] 성산산성 목간 가운데에서 공진물의 표시가 없는 자료를 제시하겠다. 다음으로 공진물이 거의 나오지 않고 있는 仇利伐 목간에 대해 살펴보겠다. 그 다음으로 古阤 목간에 대해 살펴보겠다. 마지막으로 지명과 공진물이 없는 쌍둥이 목간에 대해 살펴보겠다.

II. 자료의 제시

260여 점의 성산산성 목간에서 공진물인 곡식 등이 나오지 않는 목간은 다음과 같다. 이들이 무엇을 의미하는지 조사해 보지 않았다.

---

2) 함안 성산산성의 목간 총수는 245점으로 보는 국립가야문화재연구소, 『한국의 고대목간II』, 2017가 있으나 이는 잘못된 것이고, 국사편찬위원회 한국사데이터베이스에서는 282점으로 되어 있어서 이것이 옳다. 가령 중요한 목간을 한 예만 들면 4번 仇利伐/仇失了一伐/尒利△一伐의 경우는 국립가야문화재연구소, 앞의 책, 2017에는 없다.

1(232)번 仇利伐/上彡者村(앞면) 乞利(뒷면) '仇利伐의 上彡者村의 乞利이다.'

3(222)번 仇利伐/上彡者村波婁 '仇利伐의 上彡者村의 波婁이다.'

4번 仇利伐/仇失了一伐/尒利△一伐 '仇利伐의 仇失了 一伐과 尒利△ 一伐이다.'

5(244)번 仇利伐 △德知一伐奴人 塩 (負) '仇利伐의 △德知 一伐이고 奴人이며, 塩을 負로 졌다.'

6(226)번 王私烏多伊伐支乞負支 '王私(땅 이름) 烏多(군명)의 伊伐支(행정촌명)의 乞負支이다.'

10(225)번 甘文夲波居村旦利村伊竹伊 '甘文(군명) 夲波(땅 이름)의 居村旦利村(행정촌명)의 伊竹伊이다.'

14(242)번 大村伊息智一伐 '大村(행정촌명)의 伊息智 一伐이다.'

15(241)번 ~家村△毛△ '~家村의 △毛△이다.'

22(240)번 夷津支斯尒利知 '夷津支(군명) 斯尒利知이다.'

23(224)번 ~△知上干支 '~△知 上干支이다.'

24번 △了△利 '△了△利이다.'

33(006)번 仇利伐/彤谷村/仇礼支 負 '仇利伐의 彤谷村의 仇礼支의 負이다.'

34(007)번 仇利伐/上彡者村 波婁 '仇利伐의 上彡者村의 波婁이다.'

35(008)번 ~內恩知 奴人 居助支 負 '(仇利伐)의 ~內恩知가 奴人이고, 그 짐꾼인 居助支가 負를 지다.'

36(009)번 仇利伐/只卽智奴/於△支 負 '仇利伐의 只卽智가 奴이고, 그 짐꾼인 於△支가 負를 지다.'

37(010)번 ~內只次奴 湏礼支負 '(仇利伐의) ~內只次가 奴이며, 그의 짐꾼인 湏礼支가 負를 지다.'

38(011)번 ~比△湏奴/尒先利支 負 '(仇利伐의) ~比△湏가 奴이며, 그의 짐꾼인 尒先利支가 負를 지다.'

39(012)번 鄒文比尸河村尒利牟利 '鄒文(村)(군명) 比尸河村(행정촌명) 尒利牟利이다.'

40(013)번 ~阿卜智村尒礼負 '~(군명) 阿卜智村(행정촌명)의 尒礼負이다.'

43(016)번 陽村文尸只 '陽村(행정촌명)의 文尸只이다.'

46(019)번 (乃)日城鄒(選)△△支 '(乃)日城(행정촌명)의 鄒(選)△△支이다.'

53(025)번 大村主舡麥 '大村(행정촌명)의 村主인 舡麥이다.'

54(026)번 鄒文△△村△夲石 '鄒文(군명) △△村(행정촌명)의 △夲石이다.'

57(029)번 ~弘帝沒利 負 '~(仇利伐의) 弘帝沒利가 낸 負이다.'

69(039)번 千竹利 '千竹利이다.'

70(040)번 千竹利 '千竹利이다.'

77(046)번 湏伐夲波居湏智 '湏伐(군명) 夲波(땅 이름) 居湏智이다.'

78(047)번 ~△村 伐生尒支 '~△村의 伐生尒支이다.'

2006-3번 阿利只村(阿)那△△(앞면) 古十△△刀△△(門)(뒷면) '阿利只村(군명)의 (阿)那(땅 이름)의 △△古十△(행정촌명)의 △刀△△(門)이다.'

2006-10번 仇利伐△△奴△△支 負 '仇利伐의 △△가 奴이며, 그 짐꾼인 △△支가 負를 졌다.'

2006-24(080)번 仇利伐/ 比多智 奴 先能支 負 '仇利伐의 比多智가 奴이며, 그의 짐꾼인 先能支가 負를 졌다.'

2006-25(081)번 王私烏多伊伐支卜烋 '王私(땅 이름) 烏多(군명) 伊伐支(행정촌명)의 卜烋이다.'

2006-27(083)번 末甘村/ 借刀利(支) 負 '末甘村의 借刀利(支)가 낸 負이다.'

2006-31(090)번 (仇利伐)~(앞면) 一古西支 負(뒷면) '(仇利伐의)~一古西支가 낸 負이다.'

2007-8(097)번 ~△一伐奴人毛利支 負 '(仇利伐의) ~△(인명) 一伐이며, 奴人이고, 그의 짐꾼인 毛利支가 負를 졌다.'

2007-10(099)번 古陁新村㖨(斤)△利(앞면) 沙礼(뒷면) '古陁(군명)의 新村(행정촌명)의 㖨(斤)△利와 沙礼이다.'

2007-18(107)번 (仇利)伐/△△只△/△伐支 負 '(仇利)伐의 △△只△의 △伐支가 낸 負이다.'

2007-19(108)번 赤城△△△羅石 '赤城의 △△△羅石이다.'

2007-20(109)번 仇利伐/~智 '仇利伐의 ~智이다.'

2007-27(116)번 仇利伐/郝豆智奴人/△支 負 '仇利伐의 郝豆智가 奴人이고, 그의 짐꾼인 △支의 負이다.'

2007-31(120)번 仇利伐 仇阤知一伐奴人 毛利支 負 '仇利伐의 仇阤知가 一伐이며, 奴人이고, 그의 짐꾼인 毛利支의 負이다.'

2007-53(142)번 仇利伐/䪥彤村/牟利之 負 '仇利伐의 䪥彤村의 牟利之의 負이다.'

2007-55(144)번 仇利伐今尒次負 '仇利伐의 今尒次의 負이다.'

2007-57(146)번 古陁夲波豆物烈智△(앞면) 勿大兮(뒷면) '古陁의 夲波(땅 이름)의 豆物烈智와 △勿大兮이다.'

IV-582(169)번 仇利伐 記夲礼支 負 '仇利伐의 記夲礼支가 진 負이다.'

V-166(192)번 古陁伊未䀒上干一大兮伐(앞면) 豆幼去(뒷면) '古陁의 伊未䀒上干과 一大兮伐과 豆幼去이다.'

2016-W62(209)번 仇利伐/上三者村△△△△ '仇利伐의 上三者村의 △△△△이다.'

2016-W89(212)번 丘利伐/卜今智上干支 奴/△△巴支 負 '丘利伐의 卜今智가
上干支이고, 奴이며, 그의 짐꾼인 △△巴支의 負이다.'
2016-W92(213)번 仇利伐/夫及知一伐 奴人/宍巴礼 負 '仇利伐의 夫及知가 一
伐이며, 奴人이고, 그의 짐꾼인 宍巴礼의 負이다.'
2016-W104(214)번 沙喙部負 '沙喙部의 負이다.'

III. 仇利伐 목간

仇利伐 목간에는 곡식의 공진물이 나오는 예는 없다. 첫째로 奴人과 負가 모
두 나오는 예가 있어서 그 구체적인 예를 제시하면 다음과 같다.

5(244)번 仇利伐 △德知一伐奴人 塩 (負)
35(008)번 ~內恩知 奴人 居助支 負
36(009)번 仇利伐/只卽智奴/於△支 負
38(011)번 ~比△湏奴/尒先利支 負
37(010)번 ~內只次奴 湏礼支負
38(011)번 ~比△湏奴/尒先利支 負
2006-10번 仇利伐△△奴△△支 負
2006-24(080)번 仇利伐/ 比多智 奴 先能支 負
2007-8(097)번 ~△一伐奴人毛利支 負
2007-27(116)번 仇利伐/郝豆智奴人/△支 負
2007-31(120)번 仇利伐 仇阤知一伐奴人 毛利支 負
2016-W89(212)번 丘利伐/卜今智上干支 奴/△△巴支 負
2016-W92(213)번 仇利伐/夫及知一伐 奴人/宍巴礼 負

이상 13개의 목간에는 일반 공진물인 소금의 표시는 없지만 공진물은 소금
이다. 奴人은 鹵人의[3] 이두식 표기이다. 이 奴(人)을 사노비로 보고 있으나 목

---

3) 이 시기의 鹵자는 471년의 일본의 이나리야마철검명에서 卤로 나온다.

간 2007-8번의 一伐, 목간 2007-31번의 一伐, 목간 2016-W89번의 上干支, 목간 2016-W92번의 一伐 등에서와 같이 외위를 공반하고 있다. 외위를 가지는 지방민이 노예인 예를 찾을 수가 없다. 군명이 나오는 仇利伐, 古阤, 甘文城, 仇伐, 夷津(支城), 鄒文(村), 湏伐, 勿思伐, 烏多, 丹盖, 鐵山, 王子年(△), 巴珎兮城의 郡名 가운데에서 仇利伐이 가장 외위를 가진 사람이 많다. 여기에서는 외위가 나오는 구체적인 예를 들어보기로 하자.

> 4번 仇利伐/仇失了一伐/尒利△一伐
> 5번 仇利伐 △德知一伐奴人 塩 (負)
> 13번 大村伊息知一代
> 23번 ~△知上干支
> 29번 古阤新村智利知一尺那△(앞면) 豆于利智稗石(뒷면)
> 72번 ~△一伐稗
> 2007-8번 ~△一伐奴人毛利支 負
> 2007-21번 ~豆留只(一伐)
> 2007-31번 仇利伐 仇阤知一伐奴人 毛利支 負
> IV-597번 正月中比思(伐)古尸次阿尺夷喙(앞면) 羅兮落及伐尺幷作前瓷酒四
>   斗瓮(뒷면)
> V-166번 古阤伊未妍上干一大兮伐(앞면) 豆幼去(뒷면)
> 2016-W89번 丘利伐/卜今智上干支奴/△△利巴支負

함안 성산산성 목간 260여 예에서 외위를 가진 사람은 모두 13명이다. 그 가운데 仇利伐 출신은 모두 6명이다. 奴人인 자가 4명, 노인이 아닌 자가 2명이다. 大村이 1명, 古阤 2명, 비사벌 1명, 불명 3명이다. 외위를 가장 많이 가지고 있는 仇利伐의 奴(人)을 사노비로 볼 수는 없다. 첫째로 특히 주의할 점은 奴人을 사노비로 볼 경우에 다른 郡에서는 노비인 奴人이 없는 점이다. 앞으로 목간에서 보다 확실한 자료가 나오기를 기대한다.

둘째로 奴人이 없이 負만 나오는 목간이다. 그 구체적인 예를 제시하면 다음과 같다.

2007-18(107)번 (仇利)伐/△△只△/△伐支 負
2007-53(142)번 仇利伐/習彤村/牟利之 負
2007-55(144)번 仇利伐今尒次負
2007-55(144)번 仇利伐今尒次負
IV-582(169)번 仇利伐 記夲礼支 負

    이 다섯 목간에서는 군에 소속된 사람이 3사람이 있고, 習彤村이란 행정촌에 속한 사람도 있다. 문제는 무엇을 지고 성산산성에 가서 공진물을 내었는지 여부이다. 이들이 奴人이 아닌 것은 분명하다. 무엇을 내었을까? 260여 점의 목간에서는 稗 96회, 麥 13회,[4] 米 4회 등이 나온다.[5] 확실한 증거는 없으나 米일 가능성이 있다.[6] 왜냐하면 경북 북부 지역보다도 함안 지역이 논농사에 유리하기 때문이다. 여기에서 주목되는 것은 2016-W104(214)번 沙喙部負의 負이다. 이 목간에서 쌀 등의 곡식을 왕비족인[7] 사탁부에서 내고서 목간에다가 기록했을까?하는 의문이 생긴다. 왕족인 탁부에서는 술을 만들어서 내고 있다. 그 예를 제시하면 다음과 같다.

---

4) 윤선태, 「함안 성산산성 출토 신라목간의 용도」『진단학보』 88, 1999, 18~19쪽과 이경섭, 「함안 성산산성 목간의 연구 현황과 과제」『신라문화』 23, 2004, 224쪽과 이경섭, 「성산산성 출토 하찰목간의 제작지와 기능」『한국고대사연구』 37, 2005, 137쪽에서 고려시대에 있어서 피가 馬料인 점에 따라 稗를 馬料로 보고 있다. 중국 고재 화북 지방에서 중요한 곡물로 黍, 粟, 稷을 들고 있다. 이는 기장과 조와 피를 가리킨다, 社稷之神에서 社는 토지 신, 稷은 곡신 신으로 稷(稗)는 곡물을 대표하고 있어서 540년경에 主食으로 稷(稗)을 들 수가 있다. 馬料일 경우에 있어서 540년경 당시에 성산산성에 가장 많이 갖다 바치는 공진물로는 稗, 麥, 米의 순서이다.
5) 홍승우, 「함안 성산산성 목간의 물품 기재방식과 성하목간의 서식」『목간과 문자』 21, 2018, 80쪽.
6) 仇利伐 목간에서 負만 나오는 목간은 그 내용물이 염장된 바닷물고기로 추측된다.
7) 신라 중고시대 왕비족을 모량부라고 보아왔으나 울주 천전리서석 추명과 중고시대 금석문에서 모탁부의 인명이 1명도 없는 점에 의한다.

IV-597(183)번 正月中比思(伐)古尸次阿尺夷喙(앞면) 羅兮落及伐尺幷作前瓮
酒四斗瓮(뒷면) '正月에 比思(伐)의 古尸次 阿尺의 夷(무리)와 喙(部) 羅
兮落 及伐尺(경위명)이 아울러 前瓮酒 四斗瓮을 만들었다.'

탁부에서는 비사벌(창녕)의 고시차 아척과 그의 동료와 함께 라혜락 급벌척
이 전자주를 만들어서 4단지나 내고 있다. 사탁부에서도 술 1짐을 낸 것일지도
모른다고 추측하는 바이다.
셋째로 奴人과 負가 모두 없는 목간이다. 이를 예로 들면 다음과 같다.

1(232)번 仇利伐/上彡者村(앞면) 乞利(뒷면)
3(222)번 仇利伐/上彡者村波婁
4번 仇利伐/仇失了一伐/尒利△一伐
34(007)번 仇利伐/上彡者村 波婁
2007-20(109)번 仇利伐/~智
2016-W62(209)번 仇利伐/上三者村△△△△

위의 자료 가운데 3번과 34번은 쌍둥이 목간이다. 이 쌍둥이 목간에 대해서
는 후술하기로 한다. 목간 4번은 2명이 나오는데 모두 一伐이란 외위명을 가지
고 있다. 외위를 가지고 있는 仇利伐의 유력자가 奴人과 負란 표시도 없다. 이
목간은 仇利伐 목간에서 인명이 복수가 될 수 있음을 나타내주고 있다. 왜 공진
물인 稗, 麥, 米의 표시가 없을까? 이에 대해서는 뒤에서 논의해 보고자 한다.

IV. 古阤 목간

古阤 목간에 대해 살펴볼 차례가 되었다. 우선 지금까지 출토된 자료를 전부
제시하면 다음과 같다.

20번 古阤伊骨利村△(앞면) 仇仍支稗發(뒷면) '古阤 伊骨利村의 △仇仍支가
낸 稗 1바리(1석?)이다.'

28번 古阤伊骨利村阿那衆智卜利古支(앞면) 稗發(뒷면) '古阤 伊骨利村의 阿
那(땅 이름)의 衆智와 卜利古支가 낸 稗 1바리(1석?)이다.'

29번 古阤新村智利知一尺那△(앞면) 豆兮利智稗石(뒷면) '古阤 新村의 智利
知 一尺과 那△의 豆兮利智가 낸 稗 1石이다.'

31번 古阤一古利村末那(앞면) 毛羅次尸智稗石(뒷면) '古阤 一古利村의 末那
(땅 이름) 毛羅次尸智가 낸 稗 1石이다.'

2006-30번 古阤伊骨村阿那(앞면) 仇利稿支稗發(뒷면) '古阤 伊骨村의 阿那
(땅 이름)의 仇利稿支가 낸 稗 1바리(1석?)이다.'

2007-10번 古阤新村局斤△利(앞면) 沙礼(뒷면) '古阤 新村의 局斤△와 利沙礼
이다.'

2007-11번 古阤一古利村末那(앞면) 殆利夫稗(石)(뒷면) '古阤의 一古利村 末
那(땅 이름)의 殆利夫가 낸 稗 1(石)이다.'

2007-14번 古阤一古利村末那仇△(앞면) 稗石(뒷면) '古阤의 一古利村 末那
(땅 이름)의 仇△가 낸 稗 1石이다.'

2007-17번 古阤一古利村△~(앞면) 乃兮支稗石(뒷면) '古阤의 一古利村 △~와
乃兮支가 낸 稗 1石이다.'

2007-25번 古阤一古利村阿那弥伊△久(앞면) 稗石(뒷면) '古阤의 一古利村 阿
那(땅 이름)의 弥伊△久가 낸 稗 1石이다.'

2007-33번 古阤一古利村末那沙見(앞면) 日糸利稗石(뒷면) '古阤의 一古利村
末那(땅 이름)의 沙見日糸利가 낸 稗 1石이다.'

2007-57번 古阤夲波豆物烈智△(앞면) 勿大兮(뒷면) '古阤 夲波(땅 이름)인 豆
物烈智와 △勿大兮이다.'

IV-595번 古阤一古利村夲波(앞면) 阤ㄥ支 稗發(뒷면) '古阤 一古利村의 夲波
(땅 이름)이며, 阤ㄥ支가 낸 稗 1바리(1석?)이다.'

V-163번 古阤一古利村夲波(앞면) 阤ㄥ只稗發(뒷면) '古阤 一古利村의 夲波
(땅 이름)이며, 阤ㄥ只가 낸 稗 1바리(1석?)이다.'

V-166번 古阤伊未姸上干一大今伐(앞면) 豆幼去(뒷면) '古阤의 伊未姸 上干
과 一大今伐과 豆幼去이다.'

이 가운데에서 2007-10번과 2007-57번과 V-166번을 제외하고는 전부 공진
물로 稗를 내고 있다. 古阤 목간은 전부 양면으로 된 공통점이 있다. 古阤는『삼

국사기』권34, 잡지3, 지리지1에 따르면 古昌郡 本古陀耶郡 景德王改名 今安東府라고 되어 있어서 안동이다. 안동에서 성산산성까지 오려고 하면 漕運밖에 없다. 上干이란 외위를 가진 자를 비롯하여 3명은 왜 공진물을 납부하지 않을까? 결론을 미리 말하면 이들 공진물이 없는 30여 명은 역역으로 동원된 사람들이다.

Ⅴ. 지명과 공진물이 없는 쌍둥이 목간

함안 성산산성에서 나오는 목간으로 쌍둥이 목간은 모두 7쌍이다. 이들 자료를 제시하면 다음과 같다.

> 13번 仇利伐/上彡者村波婁와 34번 仇利伐/上彡者村 波婁
> 12번 上莫村居利支稗와 44번 上莫△居利支稗
> 13번 陳城巴兮支稗와 41번 陳城巴兮支稗
> 43번 陽村文尸只와 2006-6번 陽村文尸只稗
> 69번 千竹利와 70번 千竹利
> 2007-8번 仇(阤)△一伐 奴人 毛利支 負와 2007-31번 仇利伐 仇阤知一伐奴人 毛利支 負
> Ⅳ-595번 古阤一古利村牟波(앞면) 阤彡支稗發(뒷면)과 Ⅴ-163번 古阤一古利村本波(앞면) 阤彡只稗發(뒷면)

위의 7개의 쌍둥이 목간은 글씨를 쓴 사람이 서로 달라서 목간이 출발지와 도착지인 성산산성에서 각각 만들어졌고, 성산산성 동문지 근처에서 나온 목간은 도착지에서 만들어서 공진물 대장으로 사용한 것으로 보인다. 7점 가운데 5점은 모두 공진물이 있으나 2점은 공진물의 표시가 없다. 특히 69번 千竹利와 70번 千竹利의 경우는 출신지나 공진물이 모두 없다. 그 이유가 궁금하다. 글씨의 서체는 달라서 두 군데에서 작성했기 때문에 가짜일 수는 없다. 왜 집도 절도

없이 달랑 인명만 기록했을까? 보통 성산산성 목간에서 출신지명, 인명, 공진물
명이 기록되는데, 69번 千竹利와 70번 千竹利만은 이름만을 기록했을까? 千竹
利는 浮浪者였을 가능성이 있다. 그래서 이름만을 기록했을 것이다. 그리고 성
산산성의 역역은 담당했을 것이다. 그렇다면 공진물이 기록되지 않은 仇利伐
목간의 奴人과 負가 있는 목간과 負만 있는 목간을 제외하고서 나머지 공진물
이 없는 목간은 역역을 담당했을 것이다.

공진물이 기록되지 않았지만 소금을 낸 것으로 보이는 12개의 仇利伐 목간
에서는 반드시 짐꾼을 대동하고 있다. 단 5(244)번 仇利伐 △德知一伐奴人 塩
(負)에서는 짐꾼이 없이 혼자서 소금을 성산산성까지 짐을 지고 나르고 있다. 이
목간도 원래는 짐꾼이 있었다고 판단된다. 소금을 나르는 도중에 짐꾼이 병이
나거나 죽어서 소금의 주인인 奴人이 직접 소금을 날랐다고 판단된다. 그렇다
면 12인의 노인 모두가 짐꾼을 대동하고 소금을 운반한 것으로 보인다. 그렇다
면 만약에 奴人이 역역을 졌다면 짐꾼이 아닌 奴人이라야 함으로 소금을 운반
하면서 짐꾼까지 둔 마당에 역역을 졌다고는 보지 않는다. 공진물을 내려온 사
람이 과연 공진물도 내고 역역도 했는지 여부는 정확히 알 수가 없지만 공진물
의 양이 稗가 대부분이고, 그 양도 一石인 것이 많아서 역역을 지지 않았을 가
능성이 있다. 실제로 공진물을 내는 사람이 역역에 동원되었다면 같은 날짜에
동원되었을 것인데 실제는 그렇지 않다. 그 예들을 제시하면 다음과 같다.

> IV-597(183)번 正月中比思(伐)古尸次阿尺夷喙(앞면) 羅兮落及伐尺幷作前瓷
> 酒四斗瓷(뒷면) '正月에 比思(伐)의 古尸次 阿尺의 夷(무리)와 喙(部) 羅
> 兮落 及伐尺(경위명)이 아울러 前瓷酒 四斗瓷을 만들었다.'
> V-164(190)번 三月中鐵山下麥十五斗(앞면) 王私 △河礼村 波利足(뒷면) '三
> 月에 鐵山 下의 麥 十五斗를 王私(땅 이름)인 △河礼村(행정촌명)의 波
> 利足가 낸 것이다.'

이 두 자료에서 IV-597(183)번은 正月에 공진물을 바치고, V-164(190)번에
서는 三月에 공진물을 바치고 있다. 이러한 것은 공진물의 바치는 시기가 V

-164(190)번의 三月로 한정할 수 없음을 말해주고 있다. 더구나 음력 三月에는 보리가 다 떨어진 시기이다. 그래서 보리를 공진물로 바친 시기를 목간 13번 등 모두 三月로 보기에는 무리가 있다. 공진물을 바치는 시기가 양식에 떨어지는 시기에 맞추어서 일정한 간격을 두고 했는지도 알 수가 없다. 그렇다면 공진물을 내는 사람은 역역을 지지 않았다고 추정할 수가 있다.

VI. 맺음말

먼저 함안 성산산성 목간 260여 점 가운데에서 49개의 공진물이 없는 목간을 제시하였다.

다음으로 仇利伐 목간을 3가지로 나누었다. 첫째로 奴(人)과 負가 모두 있는 것, 둘째로 負만 있는 것, 셋째로 奴(人)과 負가 모두 없는 것 등으로 나누어서 검토하였다.

셋째로 古阤 목간 15점 가운데에서 2007-10번과 2007-57번과 Ⅴ-166번을 제외하고는 전부 공진물로 稗를 내고 있다. 古阤 목간은 전부 양면으로 된 공통점이 있다.

넷째로 지명과 공진물이 없는 쌍둥이 목간인 69번 千竹利와 70번 千竹利를 통해 집도 절도 없는 浮浪者라고 보고서 역역에 동원된 사람으로 보았다. 공진물을 기록하지 않은 목간은 역역에 동원된 사람일 가능성이 있고, 공진물이 있는 사람은 공진물만을 내는 사람으로 보았다.

제4절

함안 성산산성에서 공진물이 있는 목간

Ⅰ. 머리말

함안 성산산성 목간에는 공진물이 있는 것이 150점가량[1] 된다. 없는 것이 30점가량 된다. 거의 모두가 공진물이 있는 목간인 셈이다. 종래에는 공진물의 유무에 상관없이 모두 하찰이라고 해석해 왔다. 성산산성 목간은 모두 출발지에서 하찰이 작성되어 도착지인 성산산성에서도 총괄 장부로서 그 명부를 작성하고 있다. 그 근거로 7쌍의 쌍둥이 목간에서 그 필체가 전부 달라서 그러하다. 이제 공진물이 없는 목간도 하찰이라고 불러야 하는지에 대한 의문이 생긴다. 공진물이 없는 목간은 하찰이 아니고, 성산산성을 쌓는데 필요한 역역 명부이다.

하찰이라는 일인학자의 주장에 따르기 급해서 아무도 함안 성산산성 목간에 대한 공진물이 있는 것과 없는 것으로 나누어서 살펴보지 않았다. 공진물이 없는 목간조차 하찰로 보는 잘못을 저지르고 말았다.[2] 우리의 지방 출토 함안 성산산성 목간은 6세기의 것이고, 일본의 것은 7~8세기의 것이 주류이다. 일본의 목간은 나름대로의 특징이 있다. 우리의 것은 그 나름대로의 특징이 있다. 함안 성산산성 목간이 양쪽 끝부분에 홈이 있다고 해서 하찰로 본 것은 잘못이다. 왜

---

1) 負가 나오는 22점은 제외한 숫자이다.
2) 이는 역역 동원과 관계되는 목간 69번과 목간 70번의 千竹利를 보아도 알 수 있듯이 이는 浮浪者로 해석되고, 축성에 역역 동원되었다고 해석할 수밖에 없다.

냐하면 공진물이 없는 목간이 30점가량이 되기 때문이다.

함안 성산산성에서 출토된 목간이 하찰이기 위해서는 공진물 낱낱에 부착되었던 목간을 공사가 끝나고 일일이 거두어서 매납했다는 전제가 필요하다. 성산산성의 하찰 목간은 출발지에서 한 번 만들어졌고, 다시 도착지에서 만들어졌다고 본다. 성산산성에서 만들어진 목간은 하찰이 아니라 장부로 사용한 것으로 보인다. 그 증거가 7쌍의 쌍둥이 목간이다. 글씨체가 다 다르게 되어 있다. 성산산성의 목간은 장부로 사용한 것을 일괄로 묻은 것이지 공진물의 낱낱에 붙어있던 것을 일일이 거두어서 묻은 것은 아니다.

여기에서는 먼저 米가 있는 목간을 검토하겠다. 다음으로 麥이 있는 목간을 검토하겠다. 그 다음으로 稗가 있는 목간을 검토하겠다. 그 다음으로 負가 있는 목간을 검토하겠다. 그 다음으로 기타 공진물을 검토하겠다. 마지막으로 목간 자료의 해석을 하겠다.

II. 米가 있는 것

米가 나오는 곳은 두 곳밖에 없다. 함안 성산산성 전체에서 도정한 벼인 쌀을 내는 데는 세 곳이다. 그 예를 제시하면 다음과 같다.

> 2007-45(134)번 甘文城下(麥)米十一(斗)石(喙)大村卜只次持(去)
> IV-599(185)번 帶支村烏多支米一石
> 2016-W155(219)번 王子年△改大村△刀只(앞면) 米一石(뒷면)

IV-599(185)번 帶支村의 烏多支가 낸 米一石과 2007-45(134)번 甘文城下(麥)米十一(斗)石의 (喙)大村과 王子年△의 改大村의 △刀只가 낸 米一石이 전부이다. 쌀은 1석을 공진물로 바친 것을 알 수가 있다. 260점의 목간 가운데에서 쌀로 공진물을 내는 것은 전체 합쳐서 3석밖에 되지 않아서 너무도 적다.

III. 麥이 있는 것

麥이 공진물로 내는 곳을 제시하면 다음과 같다.

2(236)번 甘文城下麥甘文卒波王私(앞면) 文利村(知)利兮負(뒷면)

47(020)번 可物智△湏麥石

60(031)번 巴珎兮城下(麥)~(앞면) 巴珎兮村~(뒷면)

65(036)번 甘文城下~(앞면) 河波△(뒷면)

2006-1(064)번 甘文城下麥卒波大村毛利只(앞면) 一石(뒷면)

2007-30(119)번 夷(津)支士斯石村末△△烋(앞면) 麥(뒷면)

2007-44(133)번 夷津支城下麥王私巴弥兮村(앞면) 弥次二石(뒷면)

2007-45(134)번 甘文城下(麥)米十一(斗)石(喙)大村卜只次持(去)

2007-304(163)번 夷津支城下麥烏列支負(앞면) △△△石(뒷면)

Ⅴ-164(190)번 三月中鐵山下麥十五斗(앞면) 王私 △河礼村 波利足(뒷면)

Ⅴ-165(191)번 甘文下麥十五石甘文(앞면) 卒波加本斯(稗)一石之(뒷면)

2016-W94(215)번 甘文城下麥十五石甘文卒波(앞면) 伊次只去之(뒷면)

2016-W116(216)번 小南兮城麥十五斗石大村~

2016-W167(221)번 此麥△德石莫杖之

눈에 띄는 것은 목간 2007-44번의 공진물 양이 2석으로 된 점이다. 함안 성산산성 목간에서 유일한 예이다. 米, 麥, 稗 가운데에서 모두 1석인데 대해 2석으로 된 하나밖에 없는 예이다. 一石의 잘못일 가능성도 있다.

Ⅴ-165(191)번과 2016-W94(215)번은 十五石이란 공진물을 내고 있는데, 함안 성산산성 목간에서 가장 많이 내는 공진물이다. 혹시 十五斗石의 잘못은 아닐까하는 생각이 든다. 十五斗石이라면 十五斗一石이기 때문이다.[3] 그러한 예로 2007-45(134)번 甘文城下(麥)米十一(斗)石(喙)大村卜只次持(去)과 2016-W116(216)번 小南兮城麥十五斗石大村~의 예가 있다.

---

3) 윤선태의 가설로 여기에서는 이에 따른다.

Ⅳ. 稗가 있는 것

7(229)번 仇伐干好律村卑尸稗石

8(230)번 及伐城秀乃巴稗

9(233)번 竹尸弥牟レ于支稗一

11(227)번 鳥欣弥村卜兮稗石

12(228)번 上莫村居利支稗

13(238)번 陳城巴兮支稗

18번 △△△△△支稗

20(239)번 古陁伊骨利村△(앞면) 仇仍支稗發(뒷면)

21(245)번 屈仇△△村~(앞면) 稗石(뒷면)

28(001)번 古陁伊骨利村阿那(衆)智卜古古支(앞면) 稗發(뒷면)

29(002)번 古陁新村智利知一尺那△(앞면) 豆于利智稗石(뒷면)

30(003)번 夷津支阿那古刀羅只豆支(앞면) 稗(뒷면)

31(004)번 古陁一古利村末那(앞면) 毛羅次尸智稗石(뒷면)

32(005)번 上弗乃你村(앞면) 加古波(孕)稗石(뒷면)

41(014)번 陳城巴兮支稗

42(015)번 及伐城立(龍)稗石

44(017)번 土莫村居利支稗

45(018)번 夷津阿那休智稗

50(023)번 帚盖陽村末稗石

52(024)번 仇伐阿那舌只稗石

59(030)번 石蜜日智私(앞면) 勿利乃(亢)花文稗(뒷면)

61(032)번 △節△家(城)夫鄒只△(앞면) 城稗石(뒷면)

62(033)번 △△△支村(앞면) △△△奚稗石

67(037)번 ~加礼~(앞면) ~刀稗(뒷면)

71(041)번 ~利次稗石

72(042)번 ~△一伐稗

73(043)번 ~伐稗石

74(044)번 及伐城只智稗石

79(048)번 伊伐支△△波稗一

80(049)번 及伐城△△ 稗石

2006-4(066)번 夷津卒波只那公末△稗

2006-6(070)번 陽村文尸只 稗

2006-7(071)번 買谷村古光斯珎于(앞면) 稗石(뒷면)

2006-8(072)번 勿利村倦益尒利(앞면) 稗石(뒷면)

2006-9(073)번 次彡支村知你留(앞면) 稗石(뒷면)

077번 昻△△△△利稗

2006-30(089)번 古陁伊骨村阿那(앞면) 仇利稿支稗發(뒷면)

2006-37번 ~△村△△麥石

2007-1(092)번 ~竹烋弥支稗石

2007-4(093)번 昻盖次尒利△尒稗

2007-6(095)번 仇伐 末那沙刀(礼)奴(앞면) 弥次(分)稗石(뒷면)

2007-7(096)번 丘伐稗

2007-9(098)번 ~夲(波)跛智(福)△古△~(앞면) ~支云稗石(뒷면)

2007-11(100)번 古陁一古利村末那(앞면) 殆利夫稗(石)(뒷면)

2007-12(101)번 伊伐支烏利礼稗石

2007-14(103)번 古陁一古利村末那仇△~(앞면) 稗石(뒷면)

2007-15(104)번 勿思伐 豆只稗一石

2007-16(105)번 昻盖尒欲弥支稗

2007-17(106)번 古陁一古利村△~(앞면) 乃兮支稗石(뒷면)

2007-22(111)번 昻盖奈夷(利)稗

2007-23(112)번 及伐城文尸伊稗石

2007-24(113)번 及伐城文尸伊急伐尺稗石

2007-25(114)번 古陁 ·古利村阿那弥伊△久(앞면) 稗石(뒷넌)

2007-26(115)번 ~古心△村~稗石

2007-28(117)번 巾夫支城夫酒只(앞면) 稗一石(뒷면)

2007-29(118)번 波陁密村沙毛(앞면) 稗石(뒷면)

2007-33(122)번 古陁一古利村末那沙見(앞면) 日糸利稗石(뒷면)

2007-34(123)번 伊大兮村稗石

2007-35(124)번 (礼)彡利村(앞면) 湏△只稗石(뒷면)

2007-36(125)번 栗村稗石

2007-37(126)번 仇伐阿那內欣買子(앞면) 一万買 稗石(뒷면)

2007-38(127)번 古陁△利村△~(앞면) 稗石(뒷면)

2007-40(129)번 巾夫支城△郞支稗一

2007-42(131)번 及伐城登奴稗石

2007-43(132)번 伊伐支村△只稗石

2007-46(135)번 小伊伐支村能毛礼(앞면) 稗石(뒷면)

2007-47(136)번 珎淂智△ 仇以稗石

2007-48(137)번 丘伐稗石

138번 ~△尒利稗

2007-54(143)번 赤伐支旾村助吏支稗

2007-58(147)번 伊智支村彗△利(앞면) 稗(뒷면)

2007-61(157)번 買谷村物礼利(앞면) 斯珎于稗石(뒷면)

2007-64(159)번 上弗刀你村(앞면) (敬麻)古稗石

2007-D(151)번 伊竹支△△△稗

2007-E(152)번 ~△支負稗

IV-578(165)번 ~之毛羅稗

IV-579(166)번 麻旦△利(앞면) 麻古稗石(뒷면)

167번 仇△△稗石

IV-588(174)번 ~智△△(앞면) 稗石(뒷면)

IV-590(176)번 及伐城日沙利稗石

179번 及伐城文尸△稗石

IV-595(181)번 古陁一古利村本波(앞면) 陁ㄱ支稗發(뒷면)

V-163(189)번 古陁一古利村本波(앞면) 陁ㄱ只稗發(뒷면)

V-171(196)번 盖山鄒勿負稗

V-172(197)번 ~村虎弥稗石

2016-W28(201)번 ~史村△~(앞면) ~利夫稗石(뒷면)

2016-W34(203)번 今(卒)巴漱(宿)尒財利支稗

2016-W35(205)번 盖村仇之毛羅稗

2016-W66(207)번 丘伐未那早尸智居伐尺奴(앞면) (能)利智稗石(뒷면)

2016-W73(211)번 巾夫支城 仇智支稗~(앞면) ~(뒷면)

稗石으로 나온 예가 46개이고, 稗로 나온 예가 27개이고, 稗一로 나온 예가 3개이고, 稗一石으로 나온 예가 2개이고, 稗發로 나온 예가 5개이다. 稗發로 나온 예는 모두 현재의 안동인 古陁에서 소나 말에다 짐을 실고 함안 성산산성까지 온 것으로 해석할 수밖에 없다. 그러나 發 자체의 글자는 麥자가 아닌 發자라서 稗發로 읽을 수밖에 없다.

稗石을 稗一石으로 해석할 때, 공진물을 내는 것은 전부가 1석이 된다. 그러면 稗石이 稗一石이므로 공진물은 전부 稗一石을 낸 것이 된다. 稗만 나오는 것도 稗一石을 낸 것으로 볼 수밖에 없다. 여기에서 중요한 문제는 稗가 피를 사람이 먹도록 도정했는지 여부이다. 정창원 좌파리가반부속문서에서는 도정이지 않는 쌀을 丑이라고 하고, 도정하지 않는 보리쌀을 失이라고 부르고 있다.[4] 米는 도정한 쌀이다. 麥도 성산산성에서 축성하면서 도정하는 것은 무리한 일이므로 도정한 보리쌀로 본다. 稗도 馬料란 가설이[5] 있으나 함안 성산산성의 공진물 가운데 그 숫자가 가장 많아서 사람이 먹는 도정한 피로 본다.

V. 負가 있는 것

243번 仇利伐/仇阤尒一伐/尒利△負
5(244)번 仇利伐 △德知一伐奴人 塩 (負)
33(006)번 仇利伐/彤谷村/仇礼支 負
35(008)번 内恩知 奴人 居助支 負
36(009)번 仇利伐/只即智奴/於△支 負
37(010)번 ~内只次奴 湏礼支負
38(011)번 ~比ㅅ湏奴/尒先利支 負
40(013)번 .~阿卜智村尒礼負
57(029)번 ~弘帝沒利 負
2006-10번 仇利伐△△奴△△支 負
2006-24(080)번 .仇利伐/ 比多智 奴 先能支 負
2006-27(083)번 末甘村/ 借刀利(支) 負
2006-31(090)번 (仇利伐)~(앞면) 一古西支 負(뒷면)
2007-8(097)번 ~△一伐奴人毛利支 負
2007-18(107)번 (仇利)伐/△△只△/△伐支 負
2007-27(116)번 仇利伐/郝豆智奴人/△支 負

---

4) 김창호, 『한국고대와전명문』, 2022, 176쪽.
5) 윤선태 교수의 가설이다. 稗는 도정한 피이므로 馬料일 수가 없다.

2007-31(120)번 仇利伐 仇阤知一伐奴人 毛利支 負
IV-582(169)번 仇利伐 記夲礼支 負
IV-587(173)번 仇利伐(앞면) △伐彡△村 伊面於支 負(뒷면)
IV-591번 仇(利伐) △△智(奴)人 △△△ 負
2016-W89(212)번 丘利伐/卜今智上干支 奴/△△巴支 負
2016-W92(213)번 仇利伐/夫及知一伐 奴人/宍巴礼 負

 짐꾼을 두고서 소금을 운반해서 함안 성산산성으로 날랐던 奴(人) 목간이 12개가 있다. 이들을 노예로 보기도 하나 소금 외위도 가질 수 있는 소금 생산자로 본다. 짐꾼을 이용해서 함안 성산산성까지 짐을 나르는 사람은 奴人밖에 없다. 이는 노인의 신분이 다른 지방민보다는 높았다는 증거로 보인다. 그렇지 않다면 왜 짐꾼을 두고서 짐을 운반할 수가 있을까?

 다음으로 자기가 자기 짐을 지는 사람이 있다. 이는 모두 10명이나 된다. 짐을 지고 가는 사람으로 무엇을 지고 가는지 알 수가 없다. 쌀을 지고 가는지 아니면 바닷가에서 생산되는 염장한 생선을 지고 가는지 알 수가 없다. 쌀이라면 IV-599(185)번 帶支村의 烏多支가 낸 米一石과 2007-45(134)번 甘文城下(麥)米十一(斗)石의 (喙)大村과 2016-W155번 王子年△의 改大村의 △刀只가 낸 米一石 등의 예처럼 곡식의 종류와 양을 표기했을 것이다. 그렇다면 고등어, 갈치 등과 같은 생선을 염장한 물고기로 볼 수가 있다.

VI. 기타

IV-597(183)번 正月中比思(伐)古尸次阿尺夷喙(앞면) 羅兮落及伐尺幷作前瓷
酒四斗瓮(뒷면)

 이 목간에서 중요한 것은 及伐尺이 외위인지 경위인지 여부이다. 외위가 3자로 된 예는 전무하다. 10개가 2자로 되어 있고, 1개는 외자로 되어 있다. 경위에는 3자로 된 예가 卜伐干, 伊伐干, 波珍干, 大阿干, 及尺干, 大奈麻 등이 있다. 따라서 及伐尺은 及尺干과 관련되는 5두품의 관등으로 추측된다. 正月中에 比思(伐)의 古尸次 阿尺의 夷(무리)와 喙(部) 羅兮落 及伐尺이 함께 前瓮酒 四斗瓮을 만들었다가 된다. 탁부 출신의 나혜락 급벌척은 고급술을 만드는 기술자로 보인다.

2016-W104(214)번 沙喙部負

이 목간은 仇利伐이외의 목간에서 負가 나오는 유일한 예이다. 왕비족인 사탁부 박씨도 술을 만들어서 준 탁부에 상응하는 조치를 해야 되므로 負도 술이라고 판단된다.

2006-17(078)번 鄒文村內旦利(魚)

이 목간은 목간 전체에서 고기를 내는 유일한 예이다. 추문촌은 단양적성비에도 나오는 곳으로 충북에 있던 지명으로 보인다. 고기는 민물고기로 마린 것을 보낸 것으로 보인다. 추문촌에서 성산산성끼지는 너무 멀어서 산체로 보낼수는 없다.

VII. 공진물이 있는 목간 자료의 해석

2(236)번 甘文城下麥甘文本波王私(앞면) 文利村(知)利兮負(뒷면) '甘文城 下의 麥을 甘文의 本波(땅 이름)이고, 王私(땅 이름)인 文利村의 (知)利兮負가 낸 것이다.'

243번 仇利伐/仇阤尒一伐/尒利△負 '仇利伐의 仇阤尒 一伐과 尒利△이 낸 負이다.'

5(244)번 仇利伐 △德知一伐奴人 塩 (負) '仇利伐의 △德知 一伐이고 奴人인

그가 직접 소금을 졌다.'

7(229)번 仇伐干好律村卑尸稗石 '仇伐의 干好律村의 卑尸가 낸 稗 1石이다.'

8(230)번 及伐城秀乃巴稗 '及伐城의 秀乃巴가 낸 稗이다.'

9(233)번 竹尸弥牟レ于支稗一 '竹尸弥와 于牟支가 낸 稗 1석이다.'

11(227)번 鳥欣弥村卜兮稗石 '鳥欣弥村의 卜兮가 낸 稗 1石이다.'

12(228)번 上莫村居利支稗 '上莫村의 居利支가 낸 稗이다.'

13(238)번 陳城巴兮支稗 '陳城의 巴兮支가 낸 稗이다.'

18번 △△△△△支稗 '△△△의 △△支가 낸 稗이다.'

20(239)번 古阤伊骨利村△(앞면) 仇仍支稗發(뒷면) '古阤의 伊骨利村의 △仇 仍支가 낸 稗 1發(바리)이다.'

21(245)번 屈仇△△村~(앞면) 稗石(뒷면) '屈仇△△村의 ~가 낸 稗 1石이다.'

28(001)번 古阤伊骨利村阿那(衆)智卜利古支(앞면) 稗發(뒷면) '古阤의 伊骨利 村의 阿那(땅 이름) (衆)智卜와 利古支가 낸 稗 1發(바리)이다.'

29(002)번 古阤新村智利知一尺那△(앞면) 豆于利智稗石(뒷면) '古阤의 新村 의 智利知 一尺과 那△ 豆于利智가 낸 稗 1石이다.'

30(003)번 夷津支阿那古刀羅只豆支(앞면) 稗(뒷면) '夷津支의 阿那(땅 이름) 의 古刀羅와 只豆支가 낸 稗이다.'

31(004)번 古阤一古利村末那(앞면) 毛羅次尸智稗石(뒷면) '古阤의 一古利村 의 末那(땅 이름)인 毛羅次尸智가 낸 稗 1石이다.'

32(005)번 上弗乃你村(앞면) 加古波(孕)稗石(뒷면) '上弗乃你村의 加古波(孕) 이 낸 稗 1石이다.'

33(006)번 仇利伐/彤谷村/仇礼支 負 '仇利伐의 彤谷村의 仇礼支가 낸 負이다.'

35(008)번 內恩知 奴人 居助支 負 '(仇利伐의) 內恩知가 奴人이며, 그의 짐꾼 인 居助支가 負을 졌다.'

36(009)번 仇利伐/只卽智奴/於△支 負 '仇利伐의 只卽智가 奴이며, 그의 짐꾼 인 於△支가 負를 지다.'

37(010)번 ~內只次奴 湏礼支負 '(仇利伐)의 內只次가 奴이며, 그의 짐꾼인 湏 礼支가 負를 진다.'

38(011)번 ~比△湏奴/尒先利支 負 '(仇利伐의) 比△湏가 奴이며, 그의 짐꾼인 尒先利支가 負를 진다.'

40(013)번 ~阿卜智村尒礼負 '(仇利伐의) 阿卜智村의 尒礼가 지는 負이다.'

41(014)번 陳城巴兮支稗 '陳城의 巴兮支가 낸 稗이다.'

42(015)번 及伐城立(龍)稗石 '及伐城의 立(龍)이 낸 稗 1石이다.'

44(017)번 土莫村居利支稗 '土莫村의 居利支가 낸 稗이다.'

45(018)번 夷津阿那休智稗 '夷津의 阿那(땅 이름)의 休智가 낸 稗이다.'

47(020)번 可物智△湏麥石 '可物智와 △湏이 낸 麥 1石이다.'

50(023)번 号盖陽村末稗石 '号盖의 陽村의 末이 낸 稗 1石이다.'

52(024)번 仇伐阿那舌只稗石 '仇伐의 阿那(땅 이름)의 舌只가 낸 稗 1石이다.'

57(029)번 ~弘帝沒利 負 '(仇利伐)의 弘帝沒利가 낸 負이다.'

59(030)번 石蜜日智私(앞면) 勿利乃(亢)花文稗(뒷면) '石蜜日智私勿利와 乃(亢)花文가 낸 稗이다.'

60(031)번 巴珎兮城下(麥)~(앞면) 巴珎兮村~(뒷면) '巴珎兮城 下의 (麥)을 巴珎兮村의 누구가 낸 것이다.'

61(032)번 △節△家(城)夫鄒只△(앞면) 城稗石(뒷면) '△節△家(城)의 夫鄒只△城에서 낸 稗 1石이다.'

62(033)번 △△△支村(앞면) △△△奚稗石 '△△△支村의 △△△奚가 낸 稗 1石이다.'

65(036)번 甘文城下~(앞면) 河波△(뒷면) '甘文城 下의 麥을 河波△의 누구가 낸 얼마이다.'

67(037)번 ~加礼~(앞면) ~刀稗(뒷면) '~加礼~의 ~刀가 낸 稗이다.'

71(041)번 ~利次稗石 '~利次가 낸 稗 1石이다.'

72(042)번 ~△一伐稗 '~△ 一伐이 낸 稗이다.'

73(043)번 ~伐稗石 '~伐이 낸 稗 1石이다.'

74(044)번 及伐城只智稗石 '及伐城의 只智가 낸 稗 1石이다.'

79(048)번 伊伐支△△波稗一 '伊伐支의 △△波가 낸 稗 1석이다.'

80(049)번 及伐城△△ 稗石 '及伐城의 △△가 낸 稗 1石이다.'

2006-1(064)번 甘文城下麥夲波大村毛利只(앞면) 一石(뒷면) '甘文城 下의 麥은 夲波(땅 이름)인 大村의 毛利只가 낸 一石이다.'

2006-4(066)번 夷津夲波只那公末△稗 '夷津의 夲波(땅 이름) 只那公末△이 낸 稗이다.'

2006-6(070)번 陽村文尸只 稗 '陽村의 文尸只가 낸 稗이다.'

2006-7(071)번 買谷村古光斯珎于(앞면) 稗石(뒷면) '買谷村의 古光과 斯珎于가 낸 稗 1石이다.'

2006-8(072)번 勿利村倦益尒利(앞면) 稗石(뒷면) '勿利村의 倦益尒利가 낸 稗 1石이다.'

2006-9(073)번 次ゝ支村知你留(앞면) 稗石(뒷면) '次ゝ支村의 知你留가 낸 稗 1石이다.'

2006-10번 仇利伐△△奴△△支 負 '仇利伐의 △△가 奴이고, 그의 짐꾼인 △

△支가 負를 지다.'

077번 旵△△△△利稗 '旵△의 △△△利가 낸 稗이다.'

2006-17(078)번 鄒文村內旦利(魚) '鄒文村의 內旦利가 낸 魚이다.'

2006-24(080)번 仇利伐/ 比多智 奴 先能支 負 '仇利伐의 比多智가 奴이며, 그 의 짐꾼인 先能支가 負를 졌다.'

2006-27(083)번 末甘村/ 借刀利(支) 負 '(仇利伐의) 末甘村의 借刀利(支)가 진 負이다.'

2006-30(089)번 古阤伊骨村阿那(앞면) 仇利稿支稗發(뒷면) '古阤의 伊骨村의 阿那(땅 이름) 仇利稿支가 낸 稗 1發(바리)이다.'

2006-31(090)번 (仇利伐)~(앞면) 一古西支 負(뒷면) '(仇利伐)의 ~村의 一古西 支가 낸 負이다.'

2006-37번 ~△村△△麥石 '~△村의 △△가 낸 麥 1石이다.'

2007-1(092)번 ~竹烋弥支稗石 '~村의 竹烋弥支가 낸 稗 1石이다.'

2007-4(093)번 旵盖次介利△尒稗 '旵盖의 次介利△尒가 낸 稗이다.'

2007-6(095)번 仇伐 末那沙刀(礼)奴(앞면) 弥次(分)稗石(뒷면) '仇伐의 末那 (땅 이름)인 沙刀(礼)奴와 弥次(分)이 낸 稗 1石이다.'

2007-7(096)번 丘伐稗 '丘伐에서 낸 稗이다.'

2007-8(097)번 ~△一伐奴人毛利支 負 '(仇利伐의) ~△ 一伐이고, 奴人이며, 그의 짐꾼인 毛利支의 負이다.'

2007-9(098)번 ~夲(波)跛智(福)△古△~(앞면) ~支云稗石(뒷면) '~夲(波)(땅 이 름)인 跛智(福)△古와 △~支云이 낸 稗 1石이다.

2007-11(100)번 古阤一古利村末那(앞면) 殆利夫稗(石)(뒷면) '古阤의 一古利 村의 末那(땅 이름)인 殆利夫가 낸 稗 1(石)이다.'

2007-12(101)번 伊伐支烏利礼稗石 '伊伐支의 烏利礼가 낸 稗 1石이다.'

2007-14(103)번 古阤一古利村末那仇△~(앞면) 稗石(뒷면) '古阤의 一古利村 의 末那(땅 이름)인 仇△~가 낸 稗 1石이다.'

2007-15(104)번 勿思伐 豆只稗一石 '勿思伐의 豆只가 낸 稗一石이다.'

2007-16(105).旵盖尒欲弥支稗 '旵盖의 尒欲弥支가 낸 稗이다.'

2007-17(106)번 古阤一古利村△~(앞면) 乃兮支稗石(뒷면) '古阤의 一古利村 의 △~乃兮支가 낸 稗 1石이다.'

2007-18(107)번 (仇利)伐/△△只△/△伐支 負 '(仇利)伐의 △△只△의 △伐支 가 낸 負이다.'

2007-22(111)번 旵盖奈夷(利)稗 '旵盖의 奈夷(利)가 낸 稗이다.'

2007-23(112)번 及伐城文尸伊稗石 '及伐城의 文尸伊가 낸 稗 1石이다. '

2007-24(113)번 及伐城文尸伊急伐尺稗石 '及伐城의 文尸伊와 急伐尺이 낸 稗 1石이다.'

2007-25(114)번 古阤一古利村阿那弥伊△久(앞면) 稗石(뒷면) '古阤의 一古利 村의 阿那(땅 이름)인 弥伊△久가 낸 稗 1石이다.'

2007-26(115)번 ~古心△村~稗石 '~古心△村의 ~가 낸 稗 1石이다.'

2007-27(116)번 仇利伐/郝豆智奴人/△支 負 '仇利伐의 郝豆智는 奴人이며, 그 의 짐꾼인 △支가 負를 졌다.'

2007-28(117)번 巾夫支城夫酒只(앞면) 稗一石(뒷면) '巾夫支城의 夫酒只이 낸 稗一石이다.'

2007-29(118)번 波阤密村沙毛(앞면) 稗石(뒷면) '波阤密村의 沙毛가 낸 稗 1 石이다.'

2007-30(119)번 夷(津)支士斯石村末△△烋(앞면) 麥(뒷면) '夷(津)支의 士斯 石村의 末△△烋가 낸 麥이다.'

2007-31(120)번 仇利伐 仇阤知一伐奴人 毛利支 負 '仇利伐의 仇阤知가 一伐 이며, 奴人이다. 그의 짐꾼인 毛利支가 負를 졌다.'

2007-33(122)번 古阤一古利村末那沙見(앞면) 日糸利稗石(뒷면) '.古阤의 一古 利村의 末那(땅 이름)인 沙見日糸利가 낸 稗 1石이다.'

2007-34(123)번 伊大兮村稗石 '伊大兮村에서 낸 稗 1石이다.'

2007-35(124)번 (礼)尒利村(앞면) 湏△只稗石(뒷면) '(礼)尒利村의 湏△只가 낸 稗 1石이다.'

2007-36(125)번 栗村稗石 '栗村에서 낸 稗 1石이다.'

2007-37(126)번 仇伐阿那內欣買子(앞면) 一万買 稗石(뒷면) '仇伐의 阿那(땅 이름)인 內欣買子와 一万買가 낸 稗 1石이다.'

2007-38(127)번 古阤△利村△~(앞면) 稗石(뒷면) '古阤의 △利村의 △~가 낸 稗 1石이다.'

2007-40(129)번 巾夫支城△郎支稗一 '巾夫支城의 △郎支가 낸 稗 一이다.'

2007-42(131)번 及伐城登奴稗石 '及伐城의 登奴가 낸 稗 1石이다.'

2007-43(132)번 伊伐支村△只稗石 '伊伐支村의 △只가 낸 稗 1石이다.'

2007-44(133)번 夷津支城下麥王私巴弥兮村(앞면) 弥次二石(뒷면) '夷津支城 의 下의 麥을 王私(땅 이름)인 巴弥兮村의 弥次가 二石을 냈다.'

2007-45(134)번 甘文城下(麥)米十一(斗)石(喙)大村卜只次持(去) '甘文城의 下 에 (麥)米十一(斗)石을 (喙)大村의 卜只次持(去)가 냈다.'

2007-46(135)번 小伊伐支村能毛礼(앞면) 稗石(뒷면) '小伊伐支村의 能毛礼가 낸 稗 1石이다.'

2007-47(136)번 珎淂智△ 仇以稗石 '珎淂智와 △仇以가 낸 稗 1石이다.'

2007-48(137)번 丘伐稗石 '丘伐에서 낸 稗 1石이다.'

138번 ~△尒利稗 '~△尒利가 낸 稗이다.'

2007-53(142)번 仇利伐/習彤村/牟利之 負 '仇利伐의 習彤村의 牟利之가 낸 負 이다.'

2007-54(143)번 赤伐支旱村助吏支稗 '赤伐支旱村의 助吏支가 낸 稗이다.'

2007-55(144)번 仇利伐今尒次負 '仇利伐의 今尒次가 낸 負이다.'

2007-58(147)번 伊智支村彗△利(앞면) 稗(뒷면) '伊智支村의 彗△利가 낸 稗 이다.'

2007-61(157)번 買谷村物礼利(앞면) 斯珎于稗石(뒷면) '買谷村의 物礼利와 斯 珎于가 낸 稗 1石이다.'

2007-64(159)번 上弗刀你村(앞면) (敬麻)古稗石 '上弗刀你村의 (敬麻)古가 낸 稗 1石이다.'

2007-304(163)번 .夷津支城下麥烏列支負(앞면) △△△石(뒷면) '夷津支城의 下에 麥을 烏列支負△△가 낸 1石이다.'

2007-D(151)번 伊竹支△△△稗 '伊竹支△의 △△가 낸 稗이다.'

2007-E(152)번 ~△支負稗 '(~의) ~△支負가 낸 稗이다.'

IV-495번 仇利伐谷△△ (負) '仇利伐의 谷△△가 낸 (負)이다.'

IV-578(165)번 ~之毛羅稗 '~의 ~之毛羅가 낸 稗이다.'

IV-579(166)번 麻旦△利(앞면) 麻古稗石(뒷면) '麻旦△利와 麻古가 낸 稗 1石 이다.'

167번 仇△△稗石 '仇△△가 낸 稗 1石이다.'

IV-582(169)번 仇利伐 記夲礼支 負 '仇利伐의 記夲礼支가 낸 負이다.'

IV-587(173)번 仇利伐(앞면) △伐彡△村 伊面於支 負(뒷면) '仇利伐의 △伐彡 △村의 伊面於支가 낸 負이다.'

IV-588(174)번 ~智△△(앞면) 稗石(뒷면) '~智△△이 낸 稗 1石이다.'

IV-590(176)번 及伐城日沙利稗石 '及伐城의 日沙利가 낸 稗 1石이다.'

179번 及伐城文尸△稗石 '及伐城의 文尸△가 낸 稗 1石이다.'

IV-591번 仇(利伐) △△智(奴)人 △△△ 負 '仇(利伐)의 △△智가 (奴)人이고, 그의 짐꾼인 △△△가 負를 졌다.'

IV-595(181)번 古阤一古利村夲波(앞면) 阤彡支稗發(뒷면) '古阤의 一古利村 의 夲波(땅 이름)인 阤彡支가 稗 1發(바리)이다.'

IV-597(183)번 正月中比思(伐)古尸次阿尺夷喙(앞면) 羅兮落及伐尺幷作前瓷 酒四斗瓮(뒷면) '正月에 比思(伐)의 古尸次 阿尺의 夷喙(동료)와 羅兮落

及伐尺이 아울러 前瓷酒 四斗瓮을 만들었다.'

IV-598(184)번 △皂(冠)村(앞면) 此負刀寧負盗人有(뒷면) '△皂(冠)村에 이 負는 刀寧의 負이다. 盗人이 있었다.'

IV-599(185)번 帶支村烏多支米一石 '帶支村의 烏多支가 낸 米一石이다.'

V-163(189)번 古陁一古利村本波(앞면) 阤ミ只稗發(뒷면) '古陁의 一古利村의 本波(땅 이름)의 阤ミ只가 낸 稗 1發이다.'

V-164(190)번 三月中鐵山下麥十五斗(앞면) 王私 △河礼村 波利足(뒷면) '三月에 鐵山 下에 麥 十五斗를 王私(땅 이름)인 △河礼村의 波利足가 낸 것이다.'

V-165(191)번 甘文下麥十五石甘文(앞면) 本波加本斯(稗)一石之(뒷면) '甘文 下의 麥 十五石 甘文의 本波(땅 이름)인 加本斯(稗)一石之가 낸 것이다.'

V-171(196)번 盖山鄒勿負稗 '盖山의 鄒勿負가 낸 稗이다.'

V-172(197)번 ~村虎弥稗石 '~村의 虎弥가 낸 稗 1石이다.'

2016-W28(201)번 ~史村△~(앞면) ~利夫稗石(뒷면) '~史村의 △~利夫가 낸 稗 1石이다.'

2016-W34(203)번 今(卒)巴漱(宿)亣財利支稗 '今(卒)巴漱(宿)과 亣財利支가 낸 稗이다.'

2016-W35(205)번 盖村仇之乇羅稗 '盖村의 仇之乇羅가 낸 稗이다.'

2016-W66(207)번 丘伐未那早尸智居伐尺奴(앞면) (能)利智稗石(뒷면) '丘伐의 未那(땅 이름) 早尸智와 居伐尺과 奴(能)利智가 낸 稗 1石이다.'

2016-W73(211)번 巾夫支城 仇智支稗~(앞면) ~(뒷면) '巾夫支城의 仇智支가 낸 稗~이다.'

2016-W89(212)번 丘利伐/卜今智上干支 奴/△△巴支 負 '丘利伐의 卜今智가 上干支이며, 奴이고, 그의 짐꾼인 △△巴支가 負를 진다.'

2016-W92(213)번 仇利伐/夫及知一伐 奴人/宍巴礼 負 '仇利伐의 夫及知가 一伐이고, 奴人이며, 그의 짐꾼인 宍巴礼가 負를 졌다.'

2016-W94(215)번 甘文城下麥十五石甘文本波(앞면) 伊次只去之(뒷면) '甘文城 下의 麥十五石을 甘文의 本波(땅 이름)인 伊次只去之가 낸 것이다.'

2016-W104(214)번 沙喙部負 '沙喙部가 낸 負이다.'

2016-W116(216)번 小南兮城麥十五斗石大村~ '小南兮城의 麥 十五斗石은 大村의 누구가 낸 것이다.'

2016-W155(219)번 壬子年△改大村△刀只(앞면) 米一石(뒷면) '壬子年의 △改大村의 △刀只가 낸 米一石이다.'

2016-W167(221)번 此麥△德石莫杖之 '이 麥은 △德石에게 의지하지 않았다.'

Ⅷ. 맺음말

먼저 米를 공진물로 내는 곳은 3예로 모두 1石을 내고 있다. 帶支村烏多支米一石, △改大村△刀只 米一石 등의 3예가 고작이다. 축성 작업은 돌을 나르기 때문에 영양식을 해야 되는데 실은 그렇지가 못하다.

다음으로 麥을 공진물로 내는 곳은 14곳으로 城下麥 목간도 10점이나 나오고 있다. 城下麥 목간은 540년대에 작성된 대구 팔거산성 목간에서도 나온다. 모두 가장 이른 시기인 540년대의 목간에서만 나오는 오랜 형식의 잔재일 것이다.

그 다음으로 稗石으로 나온 예가 46개이고, 稗로 나온 예가 27개이고, 稗一로 나온 예가 3개이고, 稗一石으로 나온 예가 2개이고, 稗發로 나온 예가 5개이다. 稗는 馬料로 보기도 하나 米나 麥이 정창원 좌파리가반부속문서에서 도정하지 않는 것을 각각 丑, 失로 나와서 稗를 도정한 피로 본다.

그 다음으로 負가 나오는 목간으로 22예가 있다. 그 가운데 12예는 奴人 목간으로 소금 생산자를 가리키고, 소금의 생산과 관계가 없는 負만 나오는 목간도 있다. 이는 10점으로 염장한 바다 고기를 성산산성에 운반한 것으로 보인다.

마지막으로 고급술은 비사벌 출신의 고시차 아척의 무리와 6부 출신(喙部)의 羅兮落 及伐尺이 함께 前瓷酒 四斗瓮을 만들어서 축성에 고생하는 사람들에게 먹게 했다. 沙喙部의 負도 고급술로 보인다. 충북에 있는 鄒文村에서는 內旦利가 말린 고기를 바쳤다.

제5절

함안 성산산성 목간 及伐尺의 소멸 시기

Ⅰ. 머리말

　　함안 성산산성에서는 1991년부터 2016년까지 17차에 걸쳐서 발굴 조사를 실시하여 282점의 목간이 출토되었다.[1] 이들 목간에는 王私, 本波, 阿那, 末那, 前那, 未那 등 모르는 땅 이름으로 보아오다가 王私의 경우는 대구 팔거산성 목간에 의해 곡식을 많이 생산하는 땅으로 알게 되었다.[2] 本波의 경우 최근에는 本彼部란 가설이 나왔다.[3] 곧 함안 성산산성 목간의 지명을 현대의 지명으로까지 연결시키면서[4] 城下麥 목간의 서식 속에서 夲波와 喙를 6부명으로 본 가설이다. 夲波가 지명의 앞에 오는 경우와 지명의 뒤인 인명의 앞에 오는 경우가 있어서 문제이다. 喙도 喙部로 보고 있으나 이는 喙大村으로 합쳐서 촌명으로 보

---

1)　245점설은 잘못된 것이다. 확실한 글자가 있는 목간의 숫자만하여도 260여 점이나 된다.

2)　김창호, 「고신라 목간에 보이는 왕사에 대하여」 『한국고대와전명문』, 2022.

3)　이용현, 「성산산성 목간에 보이는 신라의 지방경영과 곡물·인력의 관리 -성하맥 서식과 本波·喙의 분석을 중심으로-」 『동서인문』 17, 2021.

4)　가령 阿大兮村을 爾同兮縣에 비정해 현재의 구미시 해평면 해평리 일대로 비정하고 있으나 524년의 봉평비에 阿大兮村使人이 나오는데 실지군주의 영현이 해평리 일대로 볼 수가 없다. 오히려 『삼국사기』 권35, 잡지4, 지리지2에 나오는 有隣郡 本高句麗于尸郡 景德王改名 今禮州 領縣一 淸河縣 本高句麗阿兮縣 今淸河縣의 阿兮縣과 연결해야할 것이다.

아야 할 것이다.

고신라의 목간은 주로 산성의 저습지에서[5] 출토되고 있으며, 함안 성산산성, 대구 팔거산성, 하남 이성산성, 부산 배산산성 등에서 출토되고 있다. 이들 목간 가운데 중요한 것은 함안 성산산성 목간은 282점이라는 목간 수가 그 중요성을 웅변해 주고 있다. 목간 수는 10점으로[6] 그 수는 적지만 대구 팔거산성 목간은 생활사의 복원이라는 관점에서 본다면 대단히 중요하다.[7] 부산 배산산성 목간은 단 1점만 출토되었으나 빈민구제를 위한 賑恤 관련 목간이기[8] 때문에 중요하다.

함안 성산산성 목간의 중요성은 아무리 강조해도 지나치지 않다. 그 가운데에서 及伐尺이 경위인지 아니면 외위인지 여부를 포함하여 그 소멸 시기를 치밀하게 검토한 적이 없다. 또 중성리비 등 금석문 자료와 대구 팔거산성 목간에 대해 검토가 요망된다. 그래서 함안 성산산성 목간의 연대가 정확히 밝혀지기를 바란다.

여기에서는 먼저 중성리비의 경위 17관등과 외위 11관등 이외의 관등명에 대해 살펴보기로 하겠다. 다음으로 냉수리비의 경위 17관등과 외위 11관등 이외의 관등명에 대해 살펴보기로 하겠다. 그 다음으로 봉평비에서 경위 17관등에 없는 관등명에 대해 살펴보겠다. 그 다음으로 영천청제비 병진명, 월지 출토비, 대구 팔거산성의 목간 등에서 나오는 외위 干支에 대해 살펴보겠다. 마지막으로 及伐尺의 소멸 시기에 대해 살펴보겠다.

---

5) 배수지나 저수지에서 나오는 경우가 많다.

6) 윤재석 편저, 『한국목간총람』, 2022, 418~420쪽에는 묵서가 확실한 것으로 9점을 소개하고 있다. 목간 15번 △村王私禾△△△(之)이 빠져 있다.

7) 도성제의 복원이라는 관점에서는 팔거산성 목간이 대단히 중요하고. 王私의 의미를 찾는 데에도 팔거산성 목간보다 중요한 것은 없다. 이에 대해서는 김창호, 『한국고대와전명문』, 2022 참조.

8) 김창호, 「부산 배산산성 목간의 새로운 해석」 『한국고대와전명문』, 2022.

II. 중성리비

먼저 441년에 작성된 포항중성리신라비를 통해 경위 17관등이나 외위 11관등에 들어가지 않는 관등명이 있는지를 조사해 보자. 우선 중성리비의 인명 분석표를 제시하면 다음의 <표 1>과 같다.

<표 1> 중성리비의 인명 분석표

직명	출신지명	인명	관등명
	(喙部)	折盧(智)	王
	喙部	習智	阿干支
	沙喙	斯德智	阿干支
	沙喙	介抽智	奈麻
	喙部	牟智	奈麻
夲牟子	喙	沙利	
위와 같음	위와 같음	夷斯利	
白爭人	喙	評公斯弥	
위와 같음	沙喙	夷須	
위와 같음	위와 같음	牟旦伐	
위와 같음	喙	斯利	壹伐
위와 같음	위와 같음	皮末智	
위와 같음	夲波	喙柴	干支
위와 같음	위와 같음	弗乃	壹伐
위와 같음	위와 같음	金評△	干支
使人		祭智	壹伐
奈蘇毒只道使	喙	念牟智	
	沙喙	鄒須智	
	위와 같음	世令	
	위와 같음	干居伐	
	위와 같음	壹斯利	

직명	출신지명	인명	관등명
	蘇豆古利村	仇鄒列支	干支
	위와 같음	沸竹休	
	위와 같음	壹金知	
	那音支村	卜步	干支
	위와 같음	走斤壹金知	
	위와 같음	珎伐壹昔	
		豆智	沙干支
		日夫智	
	(沙喙)	牟旦伐	
	喙	作民	沙干支
使人		卑西牟利	
典書		與牟豆	
	沙喙	心刀哩	

중성리비에서는 阿干支, 沙干支 등 6두품 관등명과 奈麻 등 5두품 관등명이 나오지만 진골에 해당되는 관등명과 4두품에 해당되는 관등명은 나오지 않는다. 경위로 壹伐이 3번이나 나오는데 이는 다른 금석문이나 목간에서는 그 유례를 찾을 수가 없는 관등명이다. 干支란 관등명은 경위와 외위에서 모두 나오고 있다.

III. 냉수리비

포항냉수리신라비에서 경위 17관등명에 들어가지 않고 나오는 관등명과 외위 11관등명에 들어가지 않고 나오는 관등명이 있는지를 살펴보기 위해 포항냉수리신라비의 인명 분석표를 제시하면 다음의 <표 2>와 같다.

<표 2> 냉수리비의 인명 분석표

직명	출신지명	인명	관등명	비고
	喙	斯夫智	王	實聖王
	위와 같음	乃智	王	訥祗王
	珎而麻村	節居利		비의 주인공
	沙喙	至都盧	葛文王	
	위와 같음	斯德智	阿干支	
	위와 같음	子宿智	居伐干支	
	喙	尒夫智	壹干支	
	위와 같음	只心智	居伐干支	
	本彼	頭腹智	干支	
	위와 같음	斯彼暮斯智	干支	
		兒斯奴		
		末鄒		
		斯申支		
典事人	沙喙	壹夫智	奈麻	
위와 같음	위와 같음	到盧弗		
위와 같음	위와 같음	須仇你		
위와 같음	喙	心訾公		耽須道使
위와 같음	喙	沙夫那		
위와 같음	위와 같음	斯利		
위와 같음	沙喙	蘇那支		
村主		臾支	干支	
		須支壹今智		

여기에서도 阿干支, 居伐干支 등으로 6두품에 해당되는 관등명과 奈麻 등 5
두품에 해당되는 관등명만 나올 뿐, 진골과 4두품에 해당되는 관등명은 나오지
않고 있다. 壹干支가 경위 어느 관등명과 같은지 알 수가 없다. 干支는 경위명
과 외위명에 모두 나오나 어느 관등명에 해당되는지는 알 수가 없다. 마지막의
須支壹今智를 須支 壹今智로 끊어서 須支를 인명, 壹今智를 외위명으로 보기

도 하나 외위에 3자로 된 예가 없고, 동시에 외위에는 존칭의 의미가 智로 된 예가 없어서 須支壹今智로[9] 합쳐서 인명으로 본다.

IV. 봉평비

이제 울진봉평신라비에 나오는 17관등명에 들어가지 않는 인명 표기를 살피기 위해 봉평비의 인명 분석표를 제시하면 다음의 <표 3>과 같다.

<표 3> 봉평비의 인명 분석표

직명	출신지명	인명	관등명	비고
	喙部	牟卽智	寐錦王	法興王
	沙喙部	徙夫智	葛文王	沙喙部의 長
	夲波部	△夫智	五△(△)	夲波部의 長
干支岑	喙部	美昕智	干支	
위와 같음	沙喙部	而粘智	太阿干支(경5)	
위와 같음	위와 같음	吉先智	阿干支(경6)	
위와 같음	위와 같음	一毒夫智	一吉干支(경7)	
위와 같음	喙(部)	勿力智	一吉干支(경7)	
위와 같음	위와 같음	愼宍智	居伐干支(경9)	
위와 같음	위와 같음	一夫智	太奈麻(경10)	
위와 같음	위와 같음	一介智	太奈麻(경10)	
위와 같음	위와 같음	牟心智	奈麻(경11)	
위와 같음	沙喙部	十斯智	奈麻(경11)	
위와 같음	위와 같음	悉介智	奈麻(경11)	
事大人	喙部	內沙智	奈麻(경11)	

---

9) 須支와 壹今智의 두 사람 인명으로 볼 수도 있다.

직명	출신지명	인명	관등명	비고
위와 같음	沙喙部	一登智	奈麻(경11)	
위와 같음	위와 같음	具次	邪足智(경17)	
위와 같음	喙部	比須婁	邪足智(경17)	
居伐牟羅道使		卒次	小舍帝智(경13)	
悉支道使		烏婁次	小舍帝智(경13)	
	居伐牟羅	尼牟利	一伐(외8)	
	위와 같음	弥宜智	波旦(외10)	彼日로 보임
	위와 같음	組只斯利		
	위와 같음	一全智		
阿大兮村使人		奈尒利		杖六十의 杖刑
葛尸條村使人		奈尒利	阿尺(외11)	
男弥只村使人		翼糸		杖百의 杖刑
위와 같음		於卽斤利		杖百의 杖刑
悉支軍主	喙部	尒夫智	奈麻(경11)	
書人		牟珎斯利公	吉之智(경14)	
위와 같음	沙喙部	善文	吉之智(경14)	
新人	喙部	述刀	小烏帝智(경16)	
위와 같음	沙喙部	牟利智	小烏帝智(경16)	
	居伐牟羅	異知巴	下干支(외7)	
	위와 같음	辛日智	一尺(외9)	

봉평비에서 인명 분석의 분석은 岑喙部냐? 아니면 干支岑이냐하는 문제부터 해결해야 된다. 岑喙部로 보면 美昕智 干支가 모량부 출신으로서는 국가 차원의 신라 중고의 금석문에서 등장하는 유일한 예가 된다. 모량부는 신라 중고 왕실의 왕비족으로 보아 왔으나 539년 울주 천전리서석 추명에 따르면 중고의 왕비족은 모량부가 아니고 사탁부 박씨로 판명이 났고,[10] 모량부가 6두품 이상

---

10) 김창호, 「울주 천전리서석 원명과 추명의 재검토」 『신라 금석문』, 2020, 92쪽.

의 관등을 가질 수 없어서 문제이다.[11] 따라서 잠탁부란 끊어 읽는 것은 잘못되었다고 판단된다.

울진봉평비에서 모르는 관등명은 五△(△)와 干支뿐이다. 특히 五△(△)는 그 유례 없는 관등명이나 本彼部가 6두품이 가장 높은 관등은 창녕비에서 及尺干이므로 五△(△)은 본피부 부족장의 관등인 6두품의 관등명으로 보인다.

V. 기타

이제 모르는 관등명인 외위명이 나오는 3예를 소개하면 다음과 같다. 먼저 536년의 절대 연대를 가진 영천청제비 병진명의 인명 분석표를 제시하면 다음의 <표 4>와 같다.

<표 4> 영천청제비병진명의 인명 분석표

직명	출신지명	인명	관등명
使人	喙	△尺利智	大舍弟
위와 같음	위와 같음	尺次鄒	小舍弟
위와 같음	위와 같음	述利	大烏弟
위와 같음	위와 같음	尺支	小烏
위와 같음	위와 같음	未弟	小烏
一支△人		次弥尒利	
위와 같음		乃利	
위와 같음		內丁兮	

---

11) 모량부, 한지부, 습비부가 가질 수 있는 가장 높은 관등은 5두품으로 大奈麻라고 판단된다. 지금까지 모량부, 한지부, 습비부에서 가장 높은 관등은 남산신성비 제2비에서 모량부 출신이 大烏을 가진 예가 있고, 한지부가 調露二年명 쌍록보상화문에서 小舍을 가진 예가 전부이다.

직명	출신지명	인명	관등명
위와 같음		使伊尺	
위와 같음		只伊巴	
위와 같음		伊卽刀	
위와 같음		棠礼利	
위와 같음		只尸△利	干支
위와 같음		徙尒利	

여기에서는 외위인 干支를 가진 예가 단 한번뿐이나 그 절대 연대가 536년이라서 중요하다. 다음은 월지 출토비편의 전문을 소개하면 다음과 같다.

④	③	②	①	
一	一	干	村	1
伐	尺	支	道	2
徒	豆	大	使	3
十	婁	工	喙	4
四	知	尺	部	5
步	干	侊		6
	支	兮		7
		之		8

이 월지비편의 제③행에 干支가 있다. 이는 외위로 월지비편의 연대가 540년 경임을 말해주고 있다.

마지막으로 외위인 干支의 연대를 알 수 있는 자료로 대구 팔거산성 목간들이 있다. 이들을 제시하면 다음과 같다.

1번 壬戌年安居礼甘麻谷
6번 丙寅年(王私)△分△△休
7번 丙寅年次谷鄒ㆆ下麥易大(豆)石
16번 安居利干支 私 男谷村支之

이들 목간 가운데 연대 설정의 근거가 될 수 있는 목간은 16번의 干支이다. 이 干支는 6세기 후반이나 7세기 금석문이나 목간에는 그 예가 없다. 따라서 목간 1번의 壬戌年은 542년, 목간 6번과 7번의 丙寅年은 546년이 된다.

VI. 及伐尺의 소멸 시기

먼저 及伐尺 자료부터 제시하면 다음과 같다.

IV-597번 正月中比思(伐)古尸次阿尺夷喙(앞면) 羅兮落及伐尺幷作前瓷酒四斗瓮(뒷면) '正月에 比思(伐)의 古尸次 阿尺의 夷(무리)와 喙(部) 羅兮落 及伐尺(경위명)이 아울러 前瓷酒 四斗瓮을 만들었다.'

먼저 정확한 해석을 위해 함안 성산산성 목간 2016-W150번 전문을 설명의 편의를 제시하면 다음과 같다.

1면 三月中 眞乃滅村主 憹怖白
2면 大城在弥卽尒智大舍下智前去白之
3면 卽白 先節六十日代法稚然
4면 伊毛罹及伐尺寀言廻法卅代告今卅日食去白之
3월중에 眞乃滅村主 憹怖白이 大城에 있는 弥卽尒智大舍下智 앞에 나아가 아룁니다.
곧 앞선 때에 아뢴 60일 代法은 서투른 것이었다고 아룁니다.
伊毛罹及伐尺께 '寀에 말하기를 법을 피해 30대를 고하고, 지금 30일을 먹고 갔다.'고 아뢰었습니다.

먼저 목간 IV-597번에서 及伐尺을 외위로 보고 있으나 외위로 보면 3글자로 된 외위가 없는 점이 문제이다. 及伐尺은 경위로 경위 제9관등인 及尺干과 유사하다. 이는 경위 제10관등인 大奈麻와 보다는 높고, 及尺干보다는 낮은 관등으로 추정된다. 이러한 及伐尺이 언제 소멸되었는지가 궁금하다. 及伐尺이 경위일 때에는 524년 봉평비의 예가 가장 마지막이다. 及伐尺이 외위일 때에는 대구 팔거산성 목간의 丙寅年 546년이 마지막이다.

　及伐尺이 경위일 때라도 524년을 함안 성산산성 목간의 연대로 볼 수가 없다. 함안 성산산성의 목간 연대는 及伐尺이 쥐고 있다. 종래 사료로 인정하지 않았던 『삼국사기』 권34, 잡지3, 지리1, 康州 咸安條에 咸安郡 法興王 以大兵 滅阿尸良國 一云阿那加耶 以其地爲郡가[12] 중요한 근거이다. 阿那加耶(안라국)은 고령에 있던 대가야와 함께 후기 가야의 대표적인 나라이다.[13] 그런 안라국에[14] 대한 신라의 관심은 지대했을 것이다. 성산산성은 539년 안라국(아나가야)이 멸망되자 마자 신라인에 의해 석성으로 다시 축조되었다. 신라의 기단보축이란 방법에[15] 의한 성산산성의 석성 축조는 540년경으로 볼 수가 있다.[16] 성산산성 목간의 연대도 540년경으로 볼 수가 있다.[17] 그래야 신라에 있어서 경위

---

12) 조선 초에 편찬된 편년체 사서인 『東國通鑑』에서는 安羅國(阿尸良國)의 신라 통합 시기를 구체적으로 법흥왕 26년(539)이라고 하였다. 이는 고뇌에 찬 결론으로 판단된다. 법흥왕이 제삿날은 음력으로 539년 7월 3일이나.

13) 전기 가야를 대표하는 나라로는 고령에 있었던 대가야와 김해에 있었던 금관가야를 들 수가 있다.

14) 414년에 세워진 광개토태왕비의 永樂9年己亥(399년)조에도 任那加羅(金官伽倻)와 같이 安羅人戌兵이라고 나온다. 安羅人戌兵의 安羅는 함안에 있었던 安羅國(阿羅加耶)을 가리킨다.

15) 석성 축조에 있어서 基壇補築은 外壁補强構造物, 補築壁, 補助石築, 城外壁補築 등으로도 불리며, 신라에서 유행한 석성 축조 방식이다. 경주의 명활산성(5세기 중엽), 보은의 삼년산성(470년), 충주산성, 양주 대모산성, 대전 계족산성, 서울 아차산성, 창녕 목마산성 등 신라 석성의 예가 있다.

16) 성산산성에서 출토된 목제 유물의 방사선탄소연대 측정 결과는 박종익, 「咸安 城山山城 發掘調査와 木簡」『韓國古代史硏究』 19, 2000, 10쪽에서 방사선탄소연대 측정 결과를 1992년에는 270~540년으로, 1994년에는 440~640년으로 각각 나왔다. 이경섭, 앞의 논문, 2004, 216쪽에 따르면, 270~540년, 440~640년이라고 한다.

17) 그런데 성산성성의 목간이 출토된 부엽층의 시기에 대해서는 고고학적인 견해는 다

의 완성을 적성비의 건립 연대인 545년이나 그 직전과 대비시켜서 540년경으로 볼 수가 있다. 그렇지 않고 목간의 연대를 통설처럼 560년으로 보면 신라 경위 의 완성을 560년으로 보아야 되고, 540년경에 완성되는 외위보다[18] 늦게 경위

음과 같은 두 가지 가설이 있다. 최근 부엽층 안에서 목간과 함께 공반 출토된 신라 의 완을 7세기 전반으로 편년하고, 이에 의거하여 산성의 초축을 7세기 전반 늦은 시기로 보고 있다(이주헌, 「함안 성산산성 부엽층과 출토유물의 검토」『목간과 문 자』14, 2015, 51~65쪽). 또 부엽층에서 출토된 토기는 6세기 중엽을 중심으로 하나 연대 폭이 특히 넓으며, 성벽 초축은 6세기 중엽에, 내보축을 덧붙이고 부엽층을 조 성한 동벽의 개축 시기는 7세기 초에 이루어졌다는 가설도 있다(윤상덕, 「함안 성산 산성 축조 연대에 대하여」『목간과 문자』14, 2015, 72~92쪽). 이 두가지 가설은 모 두 목간이 나온 성산산성의 동벽 부엽층의 초축을 7세기 전반 내지 7세기 초로 보 고 있다. 목간 자체로는 540년경에 제작된 것임으로 60년 이상의 차이가 있다. 6~7 세기 토기 편년은 아직까지 절대 연대 자료가 부족한 점이 하나의 문제점일 것이다. 가령 5세기 4/4분기(475~499년)로 알려진 금관총이 尒斯智王(눌지왕)이란 명문이 나와 458년의 눌지왕이란 무덤으로 비정되면서(김창호, 「신라 금관총의 尒斯智王 과 적석목곽묘의 편년」『신라사학보』32, 2014) 그 편년이 17~41년이 소급하게 되 었다. 동문지 근처의 부엽층 연대 폭은 6세기 중엽을 중심으로 하나 그 연대 폭은 넓 다고 한 견해도(윤상덕, 앞의 논문, 2015) 있으나 목간은 성산산성의 축조한 때(초 축)에 있어서 처음으로 돌로 쌓은 경우만을 한정하기 때문에 그 시기는 짧았다고 판 단된다. 또 완과 고배 등을 중심으로 한 고고학적 형식론에 의해 목간의 절대 연대 를 7세기 초 또는 7세기 전반으로 보는 것은 재고의 여지가 있다. 이 시기에 절대 연 대를 말해주는 고고학적인 자료가 거의 없다. 또 문자 자료에 의한 절대 연대에 대 한 결론은 고고학적인 형식론에 우선한다는 점은 재언을 요하지 않는다.

18) 월지 출토비에 豆婁知干支란 인명 표기가 나온다. 이는 월지 출토비의 축성의 수 작 거리를 步로 표현한데 대해, 536년의 영천청제비 병진명에서는 거리 단위를 신 라 고유의 하나치인 淂을(淂의 길이가 구체적으로 얼마인지는 알 수가 없다) 사용 하고 있어서 명활산성비는 536년을 소급할 수 없다. 536년 이후까지도 干支란 경위 와 미분화된 외위를 사용하고 있어서 외위제의 완성에 걸림돌이 된다. 干支가 551 년의 명활산성비에서는 下干支가 나와서 소멸된 것으로 판단된다. 현재까지 540년 경의 금석문 자료가 없지만 신라 금석문에서 외위인 干支의 소멸을 540년경으로 보 고 싶다. 왜냐하면 545년이나 그 직전에 건립된 적성비 단계에서는 경위와 외위가 완성되었을 것이기 때문이다. 또 주보돈, 「雁鴨池 出土 碑片에 대한 一考察」『大丘 史學』27, 1985에서는 월지 출토비를 명활산성비로 보았으나, 이 비는 명활산성비

가 완성되게 된다. 따라서 신라 관등제인 경위와 외위는 540년경에 거의 동시에 완성되었고 볼 수가 있으며, 성산산성의 목간의 제작 시기는 540년경으로 볼 수가 있다.

그런데 王子年을 壬子年으로 잘못 읽어서 그 연대를 592년으로 본 가설이 나왔다.[19] 여기에서는 목간 2016-W155(219)번 王子年△改大村△刀只(앞면) 米一石(뒷면)을 壬子年△改大村△刀只(앞면) 米一石(뒷면)으로 잘못 읽은 것에 그 근거를 두고 있다. 이렇게 되면 及伐尺에 의해 540년경으로 본 가설과 모순되고 있다.

이렇게 592년으로 볼 때 문제가 되는 것은 신라 관등제의 완성 시기가 문제가 된다. 신라 관등제의 완성은 보통 545년이나 그 직전에 건립된 적성비라고 일반적으로 보고 있다. 이러한 문제는 적성비뿐만 아니라 561년의 창녕비, 화려한 한문체가 나오는 567년의 북한산비, 568년의 마운령비, 568년의 황초령비에서도 관등제가 완성된 것이 아니다. 왜냐하면 及伐尺이 나오기 때문이다. 及伐尺은 540년경에 소멸된 것으로 보아야 신라의 관등제가 540년경에는 완성된 것으로 볼 수가 있다.

VII. 맺음말

먼저 441년에 작성된 중성리비에 3번 나오는 壹伐은 경위는 확실하나 무슨 관등과 같거나 몇 관등인지는 알 수가 없었다. 경위와 외위 모두에서 干支가 나

보다는 시기상으로 앞선 비석이다. 551년의 명활산성비가 古陁門 근처를 수리한 비(김창호, 「명활산성작성비의 재검토」 『金宅圭博士華甲紀念文化人類學論叢』, 1989)로 분석되어서 명활산성작성비라 부르지 않고, 명활산성비라 부른다.

19) 이용현, 「함안 성산산성 목간의 연대 -壬子年 해석을 중심으로-」 『신라사학보』 50, 2020.

온다.

다음으로 443년에 작성된 냉수리비에서는 지금까지 금석문에서 단 한번 나오는 경위 壹干支가 있으나 그 정체를 알 수가 없고, 干支는 경위와 외위에서 모두 나오나 어떤 관등인지 알 수는 없다.

524년 봉평비에서 모르는 관등명은 五△(△)와 干支뿐이다. 五△(△)는 본피부의 소속이므로 본피부에서 가장 높은 관등은 창녕비의 及尺干이라서 6두품의 관등으로 보인다.

536년 영천청제비 병진명에 干支가 나오고, 월지 출토비에도 干支가 나오고, 대구 팔거산성 목간에서도 干支를 가진 목간이 나와서 목간 6번과 7번의 丙寅年은 546년이 된다.

及伐尺의 소멸 시기는 경위는 524년, 외위는 546년이다. 그 이후로는 그 예가 없다. 『삼국사기』 권34, 잡지3, 지리1, 康州 咸安조에 咸安郡 法興王 以大兵 滅阿尸良國 一云阿那加耶 以其地爲郡에 의거하여 안라국의 멸망 시기를 539년으로 보고서 及伐尺이 경위이므로 그 소멸 시기를 540년경으로 보았다.

제5장
지방 목간

제1절

고신라 목간에 보이는 王私에 대하여

Ⅰ. 머리말

　신라 목간은 경주 월지, 경주 전인용사지, 국립경주박물관 부지 유적, 김해 봉황동 유적, 인천 계양산성 유적, 함안 성산산성 유적, 경주 월성해자 유적, 경주 황남동 376번지 유적, 창녕 화왕산성 유적, 하남 이성산성 유적, 익산 미륵사지 유적, 부산 배산산성 유적, 대구 팔거산성 유적, 경산 소월리 유적 등에서 출토되고 있다. 경주 월성해자 유적, 하남 이성산성 유적, 함안 성산산성 유적, 부산 배산산성 유적, 대구 팔거산성 유적, 경산 소월리 유적을 제외하면 통일신라시대의 것들이다.

　목간은 지엽적인 내용을 담고 있기 때문에 문헌과의 연결은 경주 월지 유적에서 출토된 洗宅을[1] 제외하곤 없다. 곧 광개토태왕비, 충주고구려비, 집안고구려비, 사택지적비, 중성리신라비, 냉수리신라비, 봉평신라비, 단양적성비, 창녕비, 북한산비, 마운령비, 황초령비 등에 대해서도 문헌에는 언급이 없다. 문헌과 금석문 나아가서는 목간과는 그 창구가 다르다고 보아야 할 것이다. 그래서 문헌과 연결되는 금석문과 목간 자료는 조심하지 않으면 안 된다.

　신라시대 목간 가운데에서 그 숫자가 가장 많은 유적은 함안 성산산성이다.

---

1) 洗宅의 최근 연구 성과로는 김수태, 「통일신라시대의 洗宅 재론」 『영남학』 73, 2020 참조할 것.

260여 점의 목간이 나와서 여러 가지에 대한 연구 성과가 있다.[2] 함안 성산산성에서는 王私가 나오는 목간이 5점이 있다. 대구 팔거산성 목간에서도 王私가 나오는 목간이 3점이나 있다. 이들 두 유적에서 출토되는 王私 목간은 2022년에 되어서야 비로소 전론 1편이 나왔다.[3] 대개 신라둔전문서의 法私, 『삼국사기』에 나오는 私臣과 私母에 준하여 이를 해석하였다. 王私의 경우, 私臣과 私母와 비교할 때 私王이 아니고 王私라 단순 비교는 어려울 것이다.

여기에서는 먼저 지금까지 王私에 대해 언급한 선학들의 견해를 살펴보고, 다음으로 성산산성 5점과 팔거산성 3점의 王私 목간의 자료를 제시하겠다. 그 다음으로 王私의 의미를 살펴보겠다. 그 다음으로 王私 목간의 제작 시기를 금석문과 목간 자료를 통해 살펴보겠다. 마지막으로 王私 목간 8점을 전부 해석하고자 한다.

II. 지금까지의 연구

종래 이 王私에 대해서는 별로 주목하지 않았고, 그냥 지명 정도로 생각했다.[4] 함안 성산산성 목간 가운데에는 王私가 보이는데, 이에 대해서는 왕실 직

---

2) 성산산성 목간에 대한 연구사는 다음과 같은 논문이 참조된다.
   이경섭, 「함안 성산산성 목간의 연구현황과 과제」 『신라문화』 23, 2004.
   전덕재, 「함안 성산산성 목간의 연구현황과 쟁점」 『신라문화』 31, 2008.
   이경섭, 「함안 성산산성 출토 신라목간의 흐름과 전망」 『목간과 문자』 10, 2013.
   윤선태, 「함안 성산산성 출토 신라목간의 연구성과와 전망」 『한국의 고대목간 II』, 2017.
   橋本 繁, 「韓國·咸安城山山城木簡研究の最前線」 『古代文化』 70-3, 2018.
3) 橋本 繁, 「함안 성산산성 목간의 '王私'와 '城下麥'」 『新羅史學報』 54, 2022.
4) 윤선태, 「함안 성산산성 출토 신라 하찰의 재검토」 『사림』 41, 2012, 174쪽.

할지의 성격을 지닌다는 지적이 있었다.[5] 곧 私란 公과 대척적 개념으로 개인과 자산을 의미한다. 王私란 王, 國王의 私的인 것을 의미하는 듯하다. 私臣은 일반적으로 家臣, 親臣을 의미하는데, 국왕 부서인 內省 혹 그 前身부서의 臣下라고 할 수 있다고 하였다.[6]

지엽적으로 다루어지던 王私에 대한 전론이 나왔다.[7] 여기에서는 최근에 팔거산성에서 새로 발견된 목간을 통해서 성산산성 목간의 王私를 주목하였다. 종래 王私 목간은 성산산성에서 2점이 있는 것으로 알려졌지만 새로 3점을 판독하여 모두 5점이 있는 것이 되었다. 이 王私는 『삼국사기』에 보이는 內省의 私臣과 本彼宮의 私母를 참조해서 왕·왕실과 관련되는 것으로 생각된다. 그리고 私臣과 私母는 宮을 통해서 왕실의 토지, 예속민 관리와 관련되었을 가능성이 크며, 王私도 그러한 왕·왕실이 소유하는 토지, 예속민과 관련이 있는 것으로 추정된다. 王私 목간에 나오는 촌이 왕·왕실의 직할지이며, 인명은 그기에 예속된 사람이라고 주장하였다.

III. 자료의 제시

王私 목간은 성산산성에서 5점, 팔거산성에 3점이 전부이다. 앞으로 왕경을 제외한 지방의 산성에서 더 나올 가능성이 있다.[8] 이 王私 목간 8점을 제시하면

---

5) 橋本 繁, 「동아시아세계 속 한국목간의 위상 -신라 <율령>과 함안 성산산성목간-」 『簡牘자료를 통해 본 고대 동아시아사 연구 국제학술회의 발표 논문집』(경북대학교 사학과 BK사업단), 2018, 61쪽.

6) 이용현, 「城山山城 木簡에 보이는 신라의 지방경영과 곡물·인력 관리」 『동서인문』 17, 2021, 25쪽.

7) 橋本 繁, 앞의 논문, 2022.

8) 540년대나 그 이전의 목간에서 王私 목간이 나올 가능성이 있다.

다음과 같다.

성산산성 목간
2번 甘文城城下麥甘文本波王私(앞면) 文利村知利兮負(뒷면)
6번 王私烏多伊伐支△負支
2006-25번 王私烏多伊伐支卜烋
2007-44번 夷津支城下麥王私巴珎兮村(앞면) 弥次二石
V-164번 三月中鐵山下麥十五斗(앞면) 王私△阿礼村波利足(뒷면)

팔거산성
3번 (卯)年王私所利(珎)習△△麥石
6번 丙寅年(王私)△(分)△△休
15번 △村王私禾△△△(之)

IV. 王私의 의미

王私와 비슷한 말로 法私가 695년 작성의 신라둔전문서에 나온다. B촌(薩下支村) 戶口 부분이 그것이다. 우선 관계 부분을 적기하면 다음과 같다.

合孔烟十五 計烟四余分二 此中仲下烟一余子 下上烟二余子 下仲烟五並余子 下3烟
六以余子五 法私一

이 法私에 대해서는 일반적으로 法幢軍團과 관련되어 해석하고 있다.[9] 최근에 들어와 法은 신라 국법을, 私는 왕 및 왕실을 뜻하는 것으로 본 견해가 나왔다.[10] 그래서 法私를 신라국법에 따라 징발되어 특히 왕실에 出仕하여 잡역 등

---

9) 旗田巍, 『朝鮮中世史會史の硏究』, 1972, 432~434쪽 등.

10) 木村誠, 「統一期新羅村落支配の諸相」 『人文學報』 368, 2006, 8~15쪽.

을 부담하는 역역종사자로 보았다. 그런데 法私가 余子와 같은 위치에 있어서 사람으로 풀이된다. 따라서 法私는 법당군당과 관련된 것으로 보는 통설이 옳다.

私를 왕·왕실과 관련된다고 추정한 근거는 私臣과 私母이다. 私臣에 대해서는 『삼국사기』권4, 신라본기, 진평왕 44년(622) 2월조에 以伊湌龍樹爲內省私臣 初王七年大宮·梁宮·沙梁宮三所各置私臣 至是治內省私臣一人 兼掌三宮이라고 하였고, 『삼국사기』권39, 직관지에 內省 景德王八年改爲殿中省後復故 私臣一人 眞平王七年 三宮各置私臣 大宮和文大阿湌 梁宮首盼夫阿湌沙梁宮弩知伊湌 至四十四年 以一員兼掌三宮 位自衿荷至太大角干 惟其人則授之 亦無年限 景德王又改爲殿中令 後複稱私臣이라고 나온다. 그래서 私臣은 왕 및 왕족의 거소인 여러 궁을 관장했으나 私臣의 私는 왕의 사적·개인적 영역 나아가서 왕·왕실 그 자체를 함의했다고 보았다.

私母에 대해서는 『삼국사기』권39, 직관지, 본피궁조에 本彼宮 神文王元年置 虞一人 私母一人 工翁二人 典翁一人 史二人이라고 나온다. 私母가 本彼宮을 관장했다고 보고서, 私母의 私도 私臣의 私와 같이 왕실과 관련되는 것으로 보았다.[11]

私臣, 私母는 경영체로서 宮을 통하여 왕실의 토지, 예속민의 관리와 관련되었을 가능성이 있다. 王私도 그러한 왕·왕실이 소유하는 토지, 예속민과 관련이 있는 말로 추정된다. 王私 목간의 뒤에는 촌명+인명이 나오므로 이 촌명이 왕·왕실 직할지이며, 인명은 그기에 예속된 사람으로 보았고, 王私 목간은 왕실 직할지 주민이 성산산성에 역역 동원된 것으로 해석하였다.[12]

王私 목간의 출발점이 된 신라 둔전문서의 法私의 私가 왕실을 나타내지 않고 사람을 나타내서 문제가 되고, 촌명+인명의 앞에 오는 것은 직명이나 本波, 阿那, 末那 등의 특수한 지명이 올 수 있고, 사람은 올 수가 없다. 팔거산성의 목

---

11) 木村誠, 앞의 논문, 2006, 10쪽.
12) 하시모토 시게루, 앞의 논문, 2022, 209쪽.

간 15번 △村王私禾△△△(之)에서[13] 촌명 뒤에 王私가 나오고 있어서 이 王私를 왕·왕실의 직할지에 있는 사람들로서는 풀 수가 없다. 그러면 무엇일까? 王私가 직명은 아니므로 本波, 阿那, 末那 등과 같은 특수한 지명일 가능성이 있다. 그 근거가 되는 자료로 팔거산성 목간 14번 本彼部△△村△△△△(앞면) 米一石私(뒷면)이 있다. 이 자료의 私의 의미가 무엇일까? 주목되는 자료로 성산산성에서 출토된 2점의 城下麥 목간이 있다. 우선 관계 전문을 제시하면 다음과 같다.

> 2007-45번 甘文城下△米十一斗石喙大村卜只次持△
> 2016-W116번 小南兮城麥十五斗石大村~

목간 2007-45번과 목간 2016-W116번에서 斗石이란 하나치가 눈에 띈다. 이를 팔거산성 목간 14번의 石私와 비교하면 私가 많은 부피를 표시하는 하나치로 보인다. 私는 왕의 사적·개인적 영역 나아가서는 왕·왕실 그 자체를 의미하는 것이 아니라 많은 부피를 나타내는 하나치이다.[14] 왜냐하면 石보다 많은 부피를 나타내기 때문이다.

그러면 우리나라 고대의 도량형제에서 대한자사전에도 안 나오는 도량형이 있는지 여부이다. 서봉총 출토의 은합 명문에 나오는 은을 헤아리는 도량형을 제시하면 三斤六兩이다. 520년에 만들어진 무령왕릉 출토 은천명은 庚子年二月多利作大夫人分二百卅主耳의 主가 은을 헤아리는 하나치이다. 다 아는 바와 같이 신라 축성비에서 거리를 나타내는 하나치는 步, 尺, 寸이다. 이에 대해 536년에 세워진 영천청제비 병진명에는 步, 尺, 寸 대신에 淂이 많이 나온다. 私

---

13) 이 목간은 윤재석 편저, 『한국목간총람』, 2022에서 빠져있다.

14) 곡식을 많이 넣는 것으로 짚으로 만든 섬 또는 섬이 있었다. 이를 사전에서 찾으니 없고, 일곱날섬 또는 다섯날섬이 있다고 한다. 일곱날섬은 곡식 30말이 들어가는 것이라고 한다.

도 主나 淂과 마찬가지로 우리가 모르는 부피를 나타내는 하나치로 판단된다.

결국 王私는 많은 양의 곡식을 생산하는 땅 이름이다.[15] 本波, 阿那, 末那 등의 특수한 땅 이름에 불과하다. 이에 관한 자료는 앞으로 6세기 전반이나 5세기 목간 자료가 나와야 그 정확한 의미를 규명할 수 있을 것이다. 여기에서는 本波, 阿那, 末那 등의 특수한 지명과 같은 땅 이름으로 본다. 本波, 阿那, 末那 등의 특수한 지명에 대해서는 그 실체 규명이 되지 않고 있는 것으로 앞으로 자료 출현을 기다릴 수밖에 없다.

V. 王私 목간의 제작 시기

우선 함안 성산산성 목간의 연대를 알아보기로 하자. 먼저 함안 성산산성 목간 일괄유물인 260여 점의 연대를 조사할 차례가 되었다. 목간의 연대는 먼저 목간 안에서 찾아야 한다. 목간 밖에서 그 연대를 찾으면 목간의 연대를 施釉印花紋土器의 연대인 7세기 전반에 의지하여 잘못 읽은 壬子年에 의해서 592년으로 볼 수가 있다. 성산산성의 목간은 대개 6세기 중엽으로 보아 왔다. 6세기 중엽설은 561년의 창녕비를 의식한 대세론적인 가설이다. 고고학적인 결론의 이용은 고고학의 연구자가 아니면 우를 범하기 쉽다. 부엽토층 토기 편년에 의한 함안 성산산성 목간의 7세기 전반설이 그 대표적인 예이다. 여기에서는 성산산성 목간에 있어서 절대 설정에 중요한 외위가 나오는 목간 전부를 제시하면 다음과 같다.

    4번 仇利伐/仇失了一伐/尒利△一伐

---

15) 王私에 있어서 王은 크다 또는 많다는 뜻이고, 私는 石보다 많은 양의 곡식을 가리킨다. 결국은 王私는 많은 양의 곡식을 생산하는 땅 이름으로 보인다.

5번 仇利伐 △德知一伐奴人 塩 (負)

13번 大村伊息知一代

23번 ~△知上干支

29번 古阤新村智利知一尺那△(앞면) 豆于利智稗石(뒷면)

72번 ~△一伐稗

2007-8번 ~△一伐奴人毛利支 負

2007-21번 ~豆留只(一伐)

2007-31번 仇利伐 仇阤知一伐奴人 毛利支 負

IV-597번 正月中比思(伐)古尸次阿尺夷喙(앞면) 羅兮落及伐尺幷作前瓷酒四
　　　　斗瓮(뒷면)

V-166번 古阤伊未妍上干一大兮伐(앞면) 豆幼去(뒷면)

2016-W89번 丘利伐/卜今智上干支奴/△△利巴支負

　위의 12개의 자료에서 一伐, 一尺, 阿尺은 524년 울진봉평염제신라비에서
나오나 연대 설정에 별로 도움이 되지 않는다. 연대 설정에 중요한 자료는 上干
支이다. 그런데 V-166번 古阤伊未妍上干一大兮伐(앞면) 豆幼去(뒷면)에서는
上干으로 支자가 탈락하고 없다. 이를 근거로 성산산성 목간 연대를 늦게 잡을
수도 있다. 문제는 관등명의 끝자가 탈락되고 없는 예가 있는지가 문제이다. 그
러한 예를 신라 금석문에서는 찾을 수 없고, 고구려 평양성 성벽석각 제3석에
그러한 예가 있어서 이를 제시하면 다음과 같다.

⑥	⑤	④	③	②	①	
節	位	內	向	廿	己	1
矣	使	中	△	一	丑	2
	介	百	下	日	年	3
	文	頭	二	自	三	4
	作	上	里	此	月	5
				下		6

　우선 전문의 해석하여 제시하면 '己丑年(509년) 3월 21일에 이곳으로부터 △
쪽을 향하여 아래로 2리를 內中百頭 上位使(者) 介文이 作節했다.'가 된다. 上

位使는 고구려의 관등명으로 者자가 탈락한 것이다. 고구려에서 上位使者의 者자는 망할 때까지 존속했던 것이고, 上干支의 支자는 540년대에 탈락할 것이다. 목간 V-166번에 나오는 上干도 上干支와 같은 것이다. 그러면 성산산성 목간에서 외위 上干支가 나오는 목간은 3예가 된다. 上干支에서 支자가 탈락하고 上干이 되는 시기는 550년경이다. 이제 성산산성 목간에서 나오는 경위에 대해 알아보기 위해 그 예를 제시하면 다음과 같다.

> IV-597번 正月中比思(伐)古尸次阿尺夷喙(앞면) 羅兮落及伐尺幷作前瓷酒四
> 斗瓷(뒷면)
> 2016-W150번
> 　　제1면 三月中眞乃滅村主 憹怖白
> 　　제2면 大城在弥卽尒智大舍下智前去白之
> 　　제3면 卽白先節六十日代法稚然
> 　　제4면 伊毛罹及伐尺寀言廻法卅代告今卅日食去白之

먼저 大舍下智란 경위명은 525년 울주 천전리서석 원명의 大舍帝智와 같은 유이다. 그래서 함안 성산산성 목간의 연대를 6세기 전반으로 볼 수가 있다. 다음으로 두 번이나 나오는 及伐尺이란 관등명은 문헌에는 없는 경위명이다. 이는 경위명인 壹伐, 干支와 같은 것으로 524년 봉평비에 干支가 잔존하고 있다. 『삼국사기』권34, 잡지3, 지리1, 康州 咸安조에 咸安郡 法興王 以大兵 滅阿尸良國 一云阿那加耶 以其地爲郡가[16] 중요한 근거이다. 阿那加耶(안라국)은 고령에 있던 대가야와 함께 후기 가야의 대표적인 나라이다.[17] 그런 안라국에 대한 신라의 관심은 지대했을 것이다. 성산산성은 539년 안라국(아나가야)가 멸

---

16) 조선 초에 편찬된 편년체 사서인 『東國通鑑』에서는 安羅國(阿尸良國)의 신라 통합 시기를 구체적으로 법흥왕 26년(539)이라고 하였다. 이는 고뇌에 찬 결론으로 판단된다. 법흥왕의 제삿날은 음력으로 539년 7월 3일이다.
17) 전기 가야를 대표하는 나라로는 고령에 있었던 대가야와 김해에 있었던 금관가야를 들 수가 있다.

망되자마자 신라인에 의해 석성으로 다시 축조되었다. 신라의 기단보축이란 방법에 의한 성산산성의 석성 축조는 540년경으로 볼 수가 있다.[18] 성산산성 목간의 연대도 540년경으로[19] 볼 수가 있다.

또 2016-W155(219)번 王子年△改大村△刀只(앞면) 米一石(뒷면)을 壬子年△改大村△刀只(앞면) 米一石(뒷면)으로 잘못 읽은 것은 함안 성산산성에서 단각고배를 반출한 부엽토층의 연대이므로 먼저 부엽토층의 연대에 대한 여러 가설을 살펴보기로 한다.

함안 성산산성 목간의 6세기 중엽설은[20] 고고학쪽에서 이의를 제기한 가설이 나왔다.[21] 여기에서는 목간 출토층에서 나온 토기 편년을 토대로 7세기 전반설을 주장하였다. 또 성산산성 초축 당시 유수에 취약한 계곡부의 지형을 극복하기 위해 초축 당시부터 이중으로 축조했을 가능성이 높다고 했다.[22]

이러한 주장은 문헌적 기록에 바탕을 추정에 대한 토대를 정면으로 배치되는 것이어서 문헌사학자에게 경종이 되었다. 곧 부엽토층 내 출토 기종 중 소형완은 6세기 중엽, 6세기 후엽, 7세기 초로 볼 수 있고,[23] 공반되는 이중원문의 印花文施釉陶器는 7세기 이후로 편년되기 때문에,[24] 소형완은 인화문 유개합과

---

18) 성산산성은 백제의 공략을 대비하여 축조한 것이지 589년 중국 수의 건국에 따라 돌궐+고구려+백제+왜와 수+신라로 보고 있으나 지나친 해석이다. 수와 신라는 화친 관계이기 때문이다.

19) 경위인 及伐尺의 소멸 시기가 540년경이다. 이를 560년대로 보면 561년 창녕비 등 560년대 금석문에서 그 경위명이 보여야 한다.

20) 이성시, 「韓國木簡연구현황과 咸安城山山城출토의 木簡」『한국고대사연구』 19, 2000, 107쪽.
橋本 繁, 『韓國古代木簡の硏究』, 2014, 14쪽.

21) 이주헌, 「함안 성산산성 부엽층과 출토유물의 검토」『목간과 문자』 14, 2015, 55쪽.

22) 이주헌, 앞의 논문, 2015, 61쪽.

23) 윤상덕, 앞의 논문, 2015.

24) 홍보식, 「신라후기양식토기와 통일신라양식토기의 연구」『가야고고학 논총』 3, 2002 등.

공반되고 있으므로 소형완은 인화문유개합과 동시기이거나 이보다 한 단계 늦은 시기일 것이므로 7세기 초 이후일 가능성이 높다고 하였다.[25]

이렇게 고고학에서 가장 중요한 편년 방법인 토기 편년을 바탕으로 7세기 초로 본 것은 대단히 중요하다. 유구에 대한 해석의 당부는 차치하고, 종래 아무런 의심이 없이 믿어왔던 문헌의 통설 곧 6세기 중엽설에 근본적인 의문을 제기한 점에서 성산산성 목간 연구에 있어서 커다란 전환점이 되었다고 본다. 이러한 고고학적인 연구 성과에 따르면, 성산산성의 목간들은 7세기 전반의 늦은 시기를 하한으로 폐기한 것이 된다.

애초 이러한 성산산성 목간의 7세기 전반설은 충격적이었으나 종래 통설과 너무나도 동떨어진 것이었고, 반대로 고고학적 토기편년이 근본적으로 잘못되었을 수도 있었고, 토기편년이 50년 혹은 그 이상으로 올려서 연대를 잡을 수도 있다고 보았다. 이러한 사정 때문에 7세기 전반설은 문헌사가에 의해 주목을 받지 못하고, 오히려 문헌사가에 의해 7세기 전반설에 대한 반론만 나왔다.

함안 성산산성 목간 260여 점은 모두 예외가 없이 부엽토층에서 군집되어 출토되었다. 곧 신라의 각 지방에서 보내진 공물에 함안 성산산성에서 제작되어 공물에 붙인 목간들은 일괄적으로 폐기되면서 부엽토층의 부엽자재의 일부로 재활용한 것이다. 壬子年 592년은 목간 제작 연대를 나타내므로 목간의 폐기 곧 부엽토층에 대한 매립 연대의 상한이 된다. 목간의 매립은 592년에 이루어진 것이다. 592년은 동시에 목간 제작의 기준 연대이기도 한데, 성산산성 목간에 기년 혹은 시기가 나온 것은 없다.

그리하여 260여 점의 목간이 나온 부엽토층이나 출토 토기 가운데 가장 늦은 인화문시유도기를 토대로 성산산성 목간의 연대를 7세기 전반으로 보고서 2016-W155(219)번 王子年△改大村△刀只(앞면) 米一石(뒷면)을 壬子年△改大村△刀只(앞면) 米一石(뒷면)으로 잘못 읽은 것은 함안 성산산성에서 목간

---

25) 이주헌, 앞의 논문, 2015, 63쪽.

연대 해결에 중요한 실수였다. 부엽토층을 폐기하고 나서 같은 시간에 덮은 것은 아니다. 목간을 폐기하여 동문 근처에 버리고 나서, 그냥 두었기 때문에 7세기 전반 토기도 나오고, 6세기 중반이나 6세기 후반의 토기도 나온다. 이들 시기가 다른 토기가 전부 7세기 전반에 동시에 매립되었다고는 생각되지 않는다. 그래서 성산산성 목간 연대를 7세기 전반으로 볼 수가 없다. 목간은 동시에 폐기되어 묻혔지만, 토기는 몇 번에 걸쳐서 폐기한 것으로 해석된다. 따라서 성산산성 목간의 7세기 전반설은 성립될 수가 없다.

이러한 토기 편년은 금관총의 尒斯智王명 3루환두대도 검초 부속구가 나오지 않을 때 이야기이다. 尒斯智王 명문은 1921년 금관총 발굴에서 그 존재를 알지 못하다가 2013년에 와서야 그 존재를 알게 되었다. 발굴된 지 92년 만에 명문을 발견하였고, 2015년에는 국립중앙박물관과 국립경주박물관의 합동조사단에 의해 尒斯智王刀명 명문이 발견되었다. 특히 尒斯智王刀란 명문은 尒斯智王의 칼이란 뜻으로 칼의 주인이 무덤의 피장자임을 밝히고 있다. 尒斯智王刀 명문이 나와도 자꾸 음상사란 증거에 의해 異斯夫의 칼로 보고 있으나 이사부는 伊史夫智伊干支라고 545년이나 그 직전에 세워진 적성비에 나와서 왕은 아니다.

尒斯智王이란 명문은 3루환두대도 검초 부속구에 새긴 것으로 고신라 금석문에서 인명에 왕이 붙는 경우에 주목해야 된다. 441년 포항중성리신라비의 折盧(智王), 443년 포항냉수리신라비의 珎夫智王, 乃智王, 至都盧葛文王, 524년 울진봉평신라비의 牟卽智寐錦王, 徙夫智葛文王, 535년 울주 천전리서석 을묘명의 法興太王, 539년 울주 천전리서석 추명의 另卽知太王, 徙夫知葛文王, 567년 북한산비의 眞興太王, 新羅太王, 568년의 마운령비와 황초령비에 각각 나오는 眞興太王뿐이다. 북한산비의 新羅太王을 제외하면 전부 다 인명과 왕이 공존하고 있다.

尒斯智王이나 尒斯智王刀란 명문도 인명+왕이란 명문이다. 이렇게 尒斯智(인명)+王으로 된 인명은 마립간을 칭할 때인 중성리비와 냉수리비에서 밖에 없다. 尒斯智王은 누구일까? 이사지왕을 訓讀하면 너사지왕이 되고, 다시 半切로 읽으면, 넛지왕이 된다. 麻立干이란 왕호의 사용 시기를 『삼국사기』, 신라본기에서는 눌지마립간, 자비마립간, 소지마립간, 지증마립간으로 되어 있고, 『삼국유사』, 왕력편에서는 내물마립간, 실성마립간, 눌지마립간, 자비마립간, 비처마립간, 지증마립간으로 되어 있어서 약간의 차이가 있다. 학계에서는 『삼국유사』를 취하고 있다.[26] 이 가운데에서 눌지왕과 넛지왕은 音相似이다. 그렇게 찾아 왔던 신라 적석목곽묘에서 절대 연대 자료를 금관총에서 찾았다. 40,000여 점의 유물을 가진 금관총은 458년에 죽은 눌지왕릉이다. 고신라의 확실한 왕릉으로 태종무열왕릉이 있고, 눌지왕릉인 금관총이 있게 된다.

금관총이 458년 눌지왕릉이므로 적석목곽묘에서 횡혈식석실분으로의 전환 시기를 550년에서 30년을 소급시킨 520년으로 보아야 한다. 금관총은 대개 5세기 4/4분기로 보아 왔다. 이를 458년으로 보면 종래의 편년과 17~41년의 틈이 생기고, 520년 春正月에 律令 頒布가 있어서 520년으로 본다. 적석목곽묘의 시작은 미추왕은 太祖星漢王이라고 불렀고,[27] 그의 능은 『삼국유사』에 陵在興輪寺東이라고 했고, 竹現陵이라고 했고, 『삼국사기』, 신라본기, 味鄒尼師今 23년조에서는 大陵이라고 했고, 儒禮尼師今 14년조에는 竹長陵이라고 했다. 따라서 미추왕릉은 경질토기와 금제귀걸이 1쌍이 세트를 이루는 고분일 가능성이 있다. 그래서 신라 적석목곽묘의 편년을 다음과 같이 본다.

미추왕릉(太祖星漢王; 284년)→황남동 109호 3 · 4곽(4세기 중엽)→황남동 110호(4세기 후반)→98호 남분(奈勿王陵; 402년)→금관총(尒斯智王陵=訥祗王陵; 458년)→천마총(5세기 후반)→호우총(510년경)→보문리 합장묘(519년경)→횡혈식석실분(520년 이후; 율령 공포)

동아시아에 있어서 고분시대의 절대 연대가 출토된 무덤으로는 415년 北燕

---

26) 마립간인 매금은 광개토태왕비 경자년(400년)조에 나와서 이는 내물왕(357~402년)을 가리키므로 『삼국유사』 쪽이 옳다.
27) 김창호, 「新羅 太祖星漢의 재검토」 『역사교육논집』 5, 1983.

馮素弗墓에서는 鐙子 이외의 유물은 그 숫자가 많지 않아서 별로 알려지지 않았고, 고구려의 357년 안악3호분, 408년 덕흥리 벽화 고분, 414년 태왕릉 등이 있으나 전부 도굴되었고, 백제의 525년 무령왕릉이 있으나 백제 토기가 1점도 출토되지 않았고, 신라 서봉총에서 延壽元年辛卯명 은합이 나왔으나 고구려제이고, 475년 호우총에서 壺杅가 나왔으나 이 역시 고구려제이고, 일본 이나리야마고분의 철검 명문의 辛亥年은 471년이 맞으나 전세되어 6세기 전반 유물과[28] 반출했다. 금관총의 절대 연대는 458년이고, 전세가 될 수가 없고, 도굴되지 않는 유물들로 세기의 발견으로 驚天動地할 고고학적인 사건이다. 앞으로 4~8세기 유물 편년에 큰 도움이 될 것이고, 앞으로 어쩌면 거의 영원히 이런 유물을 만날 수가 없을 것이다.[29]

그러면 금관총은 訥祇麻立干의 무덤이 되어, 금관총 유물 40,000여 점은 절대 연대를 갖게 된다. 그 연대도 5세기 4/4분기가 아닌 458년이 되어 적석목곽묘의 연대를 30년 정도 소급하게 된다. 그러면 6~7세기의 단각고배도 그 시기를 30년 정도 소급시켜야 한다. 王子年을 壬子年으로 잘못 읽고서 함안 성산산성 목간 일괄유물 260여 점을 592년으로 보았다. 592년에서 30년경을 소급시키면 562년이 되어 592년에 매달릴 수 없다. 부엽토층에서 출토된 단각고배 가운데 6세기 중엽의 것이 있다고 고고학자는 이야기한다.[30] 이것이 최초로 부엽토층에 버려진 것이다. 6세기 중엽에서 금관총의 尒斯智王명에 의해 30년을 소급시키면 그 연대는 520년경이[31] 된다. 따라서 함안 성산산성 부엽토 출토의 단각

---

28) f자형비와 검릉형행엽과 공반했다. 이렇게 세트를 이루면, 그 시기는 6세기 전반이다.

29) 적석목곽묘의 발굴에서 금제귀걸이 1쌍 없이 발굴한 예는 황남동 100호(검총)가 유일하다. 유해부에 도달하지 못하고 발굴을 끝낸 것으로 재발굴되어야 한다. 이에 대해서는 김창호, 「慶州 皇南洞 100號墳(劍塚)의 재검토」『한국상고사학보』8, 1991 참조.

30) 윤상덕, 「함안 성산산성 축조연대에 대하여」『목간과 문자』14, 2015.

31) 이때는 아직까지 안라국이 멸망되기 이전이므로 고려의 대상이 될 수가 없다.

고배 편년에 의해 그 시기를 7세기 전반으로 본 가설은 성립될 수가 없고, 王子年을 壬子年으로 잘못 읽어서 592년으로 보는 것은 문제가 있다. 더구나 及伐尺이란 경위가 목간 IV-597번과 목간 2016-W150번에서 나와서 함안산성 목간의 제작 연대를 592년으로 보면 신라 경위제의 완성을 592년 이후로 보아야 된다. 561년의 창녕비나 545년이나 그 직전인 적성비에서 이미 경위나 외위가 완성되어서 592년설은 성립될 수가 없다.

다음 팔거산성 출토 목간의 제작 시기에 대해 검토할 차례가 되었다. 팔거산성 출토 목간에서 연대를 알 수 있는 자료로 다음과 같은 4예가 중요하다.

> 1번 壬戌年安居礼甘麻谷
> 6번 丙寅年(王私)△分△△休
> 7번 丙寅年次谷鄒ᔒ下麥易大(豆)石
> 16번 安居利干支 私 男谷村支之

干支란 외위가 나오는 확실한 예로 441년의 중성리비와 443년의 냉수리비가 있으나 연대 설정에 중요한 것으로 영천청제비병진명(536년)을 들 수가 있다. 우선 인명 분석표를 제시하면 다음의 <표 1>과 같다.

<표 1> 영천청제비병진명의 인명 분석표

職名	出身地名	人名	官等名
使人	喙	△尺利智	大舍第
위와 같음	위와 같음	尺次鄒	小舍第
위와 같음	위와 같음	述利	大鳥第
위와 같음	위와 같음	尺支	小鳥
위와 같음	위와 같음	未第	小鳥
一支△人		次弥尒利	
위와 같음		乃利	
위와 같음		內丁兮	
위와 같음		使伊尺	

職名	出身地名	人名	官等名
위와 같음		只伊巴	
위와 같음		伊卽刀	
위와 같음		衆礼利	
위와 같음		只尸△利	干支
위와 같음		徙尒利	

　　영천청제비 병진명에서 외위를 가진 것은 一支△人 只尸△利 干支의 예가
있다. 영천청제비 병진명에서 두 번 나오는 小烏에 524년의 봉평비에 나오는 小
烏帝智처럼 帝智 또는 弟 또는 支가 없어서 476년이 아니라 536년이 옳다.[32]
외위로서 干支가 나오는 최후의 예는 월지 출토비이다. 이는 536년을 상한으로
한다. 영천청제비 병진명(536년)에서는 길이를 나타내는 하나치가 淂으로 나오
는데 대해 월지 출토비에서는 步로 나와서 월지 출토비는 536년을 소급할 수가
없다.
　　월지 출토비의 비문을 제시하면 다음과 같다.

④	③	②	①	
一	一	干	村	1
伐	尺	支	道	2
徒	豆	大	使	3
十	婁	工	喙	4
四	知	尺	部	5
步	干	侊		6
	支	兮		7
		之		8

---

32) 필자는 김창호, 『고신라 금석문의 연구』, 서경문화사, 2007, 109쪽에서 476년으로
　　보았으나 이는 잘못된 것으로 536년으로 바로 잡는다.

豆婁知干支가 외위에 干支만 있는 금석문에서 최후의 예이다. 이는 외위에서 경위와 구분이 되지 않는 干支란 외위의 최후의 시기이다. 그 구체적 시기는 알 수 없으나 536년을 상한으로 한다. 하한은 성산산성 목간에 근거할 때 540년경이다. 제③행의 豆婁知 干支는 그 외위에서 마지막으로 나오는 확실한 예이다.

따라서 팔거산성 목간 16번 安居利干支 私 男谷村支之는 '安居利 干支와 私男谷村의 支之이다'로 해석되고 그 시기는 540년경이 된다. 목간 1번의 壬戌年는 542년, 목간 6번과 목간 7번의 丙寅年은 546년이 된다.

VI. 王私 목간의 해석

이제 함안 성산산성 王私 목간 5점과 대구 팔거산성 王私 목간 3점을 해석할 차례가 되었다.

성산산성 목간
2번 甘文城下麥甘文本波王私(앞면) 文利村知利兮負(뒷면) '甘文城(군명) 下의 麥은 甘文(군명) 本波(땅 이름)이고 王私(땅 이름)인 文利村(행정촌명)의 △利兮△가 낸 얼마이다.'
6번 王私烏多伊伐支△負支 '王私(땅 이름) 烏多(군명) 伊伐支(행정촌명)의 △負支이다.'
2006-25번 王私烏多伊伐支卜烋 '王私(땅 이름) 烏多(군명) 伊伐支(행정촌명)의 卜烋이다.'
2007-44번 夷津支城下麥王私巴珎兮村(앞면) 弥次二石(뒷면) '夷津支城 下의 麥은 王私(땅 이름) 巴珎兮村(행정촌명)의 弥次가 二石을 낸 것이다.'
V-164번 三月中鐵山下麥十五斗(앞면) 王私△阿礼村波利足(뒷면) '三月에 鐵山 下의 麥 十五斗를 王私(땅 이름) △阿礼村(행정촌명)의 波利足가 낸 것이다.'

팔거산성
3번 (卯)年王私所利(珎)罸△△麥石 '~(卯)年(547년?) 王私(땅 이름) 所利(珎)

褶(행정촌명)의 △△가 낸 麥 1石이다.'
6번 丙寅年(王私)△(分)△△休 '丙寅年 (王私)(땅 이름) △(分)△(행정촌명)의 △休이다.'
15번 △村王私禾△△△(之) '△村 王私(땅 이름) 禾△△(행정촌명)의 △(之)이다.'

VII. 맺음말

먼저 王私 목간에 대해 언급한 적이 있는 4가지의 견해를 그 발표 순서에 따라 살펴보았다. 대개 王私는 『삼국사기』에 보이는 內省의 私臣과 本彼宮의 私母를 참조해서 왕·왕실과 관련되는 것으로 생각된다. 그리고 私臣과 私母는 宮을 통해서 왕실의 토지, 예속민 관리와 관련되었을 가능성이 크며, 王私도 그러한 왕·왕실이 소유하는 토지, 예속민과 관련이 있는 것으로 추정된다. 王私 목간에 나오는 촌이 왕·왕실의 직할지이며, 인명은 거기에 예속된 사람이라고 주장하여 왔으나 王私는 많은 양의 곡식을 생산하는 땅 이름으로 새롭게 해석하였다.

다음으로 고신라에서 나오는 5점의 함안 성산산성 목간과 3점의 대구 팔거산성 목간을 소개하였다.

그 다음으로 王私의 의미를 王私가 직명은 아니므로 本波, 阿那, 末那 등과 같은 특수한 지명일 가능성이 있다. 그 근거가 되는 자료로 팔거산성 목간 14번 本彼部△△村△△△△△(앞면) 米一石私(뒷면)이 있다. 이 자료의 私의 의미가 무엇일까? 주목되는 자료로 성산산성에서 출토된 2점의 城下麥 목간이 있다. 우선 관계 전문을 제시하면 다음과 같다.

2007-45번 甘文城下△米十一斗石喙大村卜只次持△
2016-W116번 小南兮城麥十五斗石大村

목간 2007-45번과 목간 2016-W116번에서 斗石이란 하나치가 눈에 띈다. 이를 팔거산성 목간 14번의 石私와 비교하면 私가 많은 부피를 표시하는 하나치로 보인다. 私는 왕의 사적·개인적 영역 나아가서는 왕·왕실 그 자체를 의미하는 것이 아니라 많은 부피를 나타내는 하나치이다. 왜냐하면 石보다 많은 부피를 나타내기 때문이다.

그 다음으로 王私 목간의 제작 시기를 함안 성산산성 목간은 540년경으로 보았고, 대구 팔거산성 목간 1번의 壬戌年는 442년, 목간 6번과 목간 7번의 丙寅年은 446년이 된다.

마지막으로 王私가 나오는 함안 성산산성 목간의 5점과 대구 팔거산성 목간의 3점을 해석하였다.

제2절

대구 팔거산성 출토 목간에 대하여

I. 머리말

고신라시대에 있어서 경주를 중심으로 하는 왕경 목간과[1] 산성에서 주로 출토되는 지방 목간으로 2분할 수가 있다. 고신라 지방 목간은 함안 성산산성, 김해 양동산성, 하남 이성산성, 부산 배산산성, 대구 팔거산성 등이 그 예이다. 지방 고신라의 목간 가운데 산성에서 출토되지 않는 예는 경산 소월리 목간이[2] 있다. 산성은 퇴뫼식산성이든[3] 포곡식산성이든[4] 상관없이 반드시 물이 필요하다. 물은 저습지나 샘에서 취득하며, 무기와 식량 등과 함께 반드시 필요하다. 산성에서 목간이 나오는 곳은 대개 저습지 유적이다.

함안 성산산성에서 출토된 260여 점의 목간은[5] 삼국시대 목간의 절반 이상을 차지하고 있다. 성산산성에서와 같은 다량의 목간 유물이 나오는 예를 다시는 기대할 수가 없을 것이다. 성산산성 출토 목간에 대한 연구는 다 끝난 것이 아니라 이제 시작에 불과하다. 그 좋은 예가 그냥 지명 정도로 보아온 王私를 심도 있게 연구한 본격적인 논문이 나온 것은 2022년의 일이다. 목간에 대한 논

---

1) 월성해자 출토 목간과 월지 출토 목간이 유명하다.
2) 甘末谷 등의 지명 10여 개와 田, 畓 등의 토지 종류와 結, 負의 토지 면적이 나온다.
3) 한 산봉우리의 8부 능선 근처를 둘러싼 비교적 작은 산성이다.
4) 산봉우리와 골짜기를 합쳐서 둘러싼 산성으로 비교적 큰 산성이다.
5) 260여 점의 성산산성 목간은 고대의 한국 목간 가운데 가장 유명하다.

문은 대부분이 묵서 판독에 지면을 할애하고 있다. 목간 판독에 절대적으로 필요한 적외선 사진과 그 설명을 제외할 때 논문의 지면은 원고지로 70매를 채우기도 어렵다.

함안 성산산성 목간은 경산 소월리 유적 목간을 제외할 때 대부분이 인명 표기이다. 간혹 이를 잘못 끊어 읽는 예가 있었다. 함안 성산산성 목간 가운데 仇利伐 목간에서만[6] 나오는 奴人 목간의 奴人이 앞사람에 붙는 관등명류임에도 뒷사람에 붙는 것으로 보아서 노비로 해석하기도 한다. 奴人은 간혹 나오는 외위명과 함께 앞사람에 붙기 때문에 奴人을 노비라고 해석할 수가 없다. 奴人 다음에 나오는 사람이 노비일 가능성이 없고, 짐꾼이므로 奴人 목간에서의 노비설은 문제가 된다.

아직까지 고신라 목간의 연구는 걸음마 단계이다. 목간에 대한 심도 있는 연구라기보다는 목간의 판독과 소개에 그치고 있다. 깊이 있는 연구가 필요함에도 불구하고 목간의 판독에 대한 여러 가지 표시는 일본의 것을 따르고 있다. 같다는 표시가 신라식으로는 ᄛ임에도 불구하고 일본식인 夕를 사용하고 있다. 일본에서는 목간은 주로 7세기나 그 이후의 것이고, 우리처럼 6세기의 것은 거의 없다. 일본의 목간을 모른다고 한국의 삼국시대 목간을 연구할 수 없는 것도 아니다. 중국이나 일본의 목간 자료는 어디까지나 참고 자료일 뿐이다.

한국 고대 목간은 한국목간학회가 조직되어 체계적인 연구를 하고 있다. 그래서 『목간과 문자』란 학회지도 1년에 두 번 내고 있다. 이 학회지가 신 출토 목간 논문을 모우고 있다. 신 발견 금석문 논문도 실리고 있다. 목간 논문은 발굴 조사에서 나온 목간을 적외선 촬영의 결과 얻어진 것이다. 앞으로 발굴 조사는 점차 증가하는 경향이므로 목간의 출토는 그 수가 증가할 것이다.

한국에서 목간을 전공하는 학자는 그렇게 많지가 않다. 목간만을 전문적으로 연구하는 학자가 일본에는 많다. 중국에도 많다. 아직까지 목간 자료의 출

---

6) 이외에도 仇利伐 목간은 割書가 있는 점, 負가 있는 점, 本波, 阿那, 末那, 未那, 前那 등이 없는 점, 稗, 麥 등의 곡식 표시가 없는 점 등의 특징을 가지고 있다.

토양은 중국이나 일본에 비해서 무척이나 적다. 우리나라의 목간은 5세기로 올라가는 것은 거의 없다. 전부가 6세기나 그 이후의 것이다. 목간 연구의 가장 큰 문제는 정설이 없다는 것이다. 함안 성산산성 목간만 하더라도 532년설, 540년경설, 560년설, 592년설로 나뉘고 있다. 성산산성 목간이 260여 점이나 되어도 여러 가설이 나오는데, 하물며 10점 미만이 나오는 산성 유적의 목간의 경우는 더욱 여러 가설이 있을 수 있다.

여기에서는 먼저 대구시 북구 노곡동 산 1-1번지에 위치한 팔거산성의 고고학적인 환경을 살펴보겠다. 다음으로 팔거산성의 목간 10예를 판독하여 소개하겠다. 그 다음으로 팔거산성의 목간 연대를 금석문을 통해 살펴보겠다. 그 다음으로 王私 목간 3점에 대해 검토하겠다. 그 다음으로 石私의 의미에 대해 살펴보겠다. 그 다음으로 목간 14번과 6부에 대해 살펴보겠다. 마지막으로 목간 전체에 대한 해석을 시도해 보겠다.

Ⅱ. 고고학적 환경

목간이 출토된 대구 팔거산성은[7] 대구시 북구 노곡동 산1-1번지 일대에 위치한다. 산성 인근에 동천동 취락 유적,[8] 팔달동 유적,[9] 칠곡 생활유적,[10] 구암동

---

7) 이 장은 주로 전경효, 「대구 팔거산성 출토 목간 소개」『新出土 文字資料의 饗宴』, 2022에서 전제하였다. 본고의 탈고 후에 윤선태, 「대구 팔거산성 출토 신라 지방 목간」『신라학리뷰』1, 2002와 홍승우, 「대구 팔거산성 출토 신라 목간의 검토」『대구사학』149, 2022가 나왔다. 함께 읽어보면 팔거산성 목간의 이해에 도움이 될 것이다.

8) (財)嶺南文化財研究院, 『大邱 東川洞 聚落遺蹟 본문1 본문2 사진』, 2002.

9) 慶北大學校博物館, 『大邱 八達洞 遺蹟』, 1993.
(財)嶺南文化財研究院, 『大邱 八達洞遺蹟Ⅰ』, 2000.

10) 慶北大學校博物館, 『大邱 漆谷 生活遺蹟』, 2006.

고분군[11] 등 청동기시대부터 삼국시대에 이르는 주거지나 고분 유적이 조사되었다. 팔거산성의 산성에 대한 지표조사는 1999년 대구대학교 박물관이 실시하였고,[12] 2015년에는 (재)영남문화재연구원 등에 의해 수행되었으며,[13] 2018년에는 (재)화랑문화재연구원이 시굴조사를 진행하였다. 2020년 10월부터 발굴조사를 진행하고 있다. 먼저 시굴 조사 결과 산성의 수구, 치,[14] 문지, 건물지, 추정 집수지, 축대, 성벽 등이 확인되었다. 그리고 발굴 조사의 결과 삼국시대에서 통일신라시대에 이르는 석축 7기, 집수지 2기, 계단지, 배수로, 수구 등이 발견되었다.

현재까지 팔거산성에서 출토된 목간은 총 16점이다. 이들 목간은 추정 집수지 2호에서 출토되었는데, 그 토층은 위쪽부터 4개의 토층으로 구성되어 있다. Ⅰ층은 집수지 2호 폐기 이후 함몰된 지형을 평탄화하기 위해 조성한 성토층이며, Ⅱ층은 집수지 폐기 이후 일정기간 방치되면서 생성된 자연퇴적층이다. 또한 Ⅲ층은 목재 구조물이 붕괴되는 과정에서 집수지 가장자리의 토사가 유입된 층으로 다량의 할석이 들어 있다. Ⅳ층은 목재 구조물 내부에 퇴적된 회청색과 회색 泥土層이다. 이 토층에서 단경호, 甕, 1단투창고배의 각부편 등이 출토되었다.[15] 특히 Ⅰ층에서 통일 무렵부터 제작된 印花紋土器 조각이 발견되었다. 이를 통해 통일 이전인 7세기 중엽을 전후한 무렵 집수지가 폐기되었음을 알 수 있다.

---

11) 嶺南大學校博物館, 『鳩巖洞 古墳 發掘 調查 報告』, 1978.
(財)嶺南文化財硏究院, 『大邱 鳩巖洞1號墳』, 2018.

12) 대구대학교 박물관, 『大邱 八莒山城 地表調查報告書』, 1999.

13) (재)영남문화재연구원 · 대구시 북구청, 「팔거산산성의 구조적 특성과 학술적 가치」 『구암동 고분군 · 팔거산성의 문화유산 가치와 활용방안 학술대회 자료집』, 2016.

14) 고구려 산성의 한 가지 특징이다.

15) 보통 산성에서는 기와가 출토되는데, 기와에 대한 언급은 (재)화랑문화재연구원, 『대구 팔거산성 정비사업 부지 내(A구역)유적 발굴(시굴)조사 결과 약보고』, 2019, 12쪽의 트렌치 6, 7, 10에 기와가 보고되어 있다. 이 기와를 실견한 이동주 교수는 7세기라고 하였다. 이 기와는 郡治나 縣治의 근거가 되는 중요한 유물이다.

III. 자료의 제시[16]

묵서가 새겨진 10점을 소개하면 다음과 같다.

1번 壬戌年安居礼甘麻谷
2번 尵伐
3번 △△年王私所利△習△△麥石
4번 奈(奴宪)積作稻石伐(食)軍
6번 丙寅年(王私)△分△△休
7번 丙寅年次谷鄒ミ下麥易大(豆)石
9번 夲(城)△(珎)△△
14번 夲波部△△村△△△△(앞면) 米一石私(뒷면)[17]
15번 △村王私禾△△△(之)[18]
16번 安居利干支 私 男谷村支之[19]

IV. 목간의 작성 연대

팔거산성 목간 16번 安居利干支 私 男谷村支之의 干支란 외위명에 대해 알아보기 위해 목간에서는 그 예를 찾을 수 없어서 금석문 자료를 통해 조사해 보자. 441년에 세워진 중성리비에 나오는 蘇豆古利村 仇鄒列支나 那音支村 卜步는 모두 干支를 가지고 있으나 어느 외위와 동일한지는 알 수가 없다. 443년에

---

16) 여기의 판독은 전경효, 앞의 논문, 2022에 따랐으나 정식 보고서가 나오면 조금 달라질 가능성도 있다.

17) 이 중요한 목간을 윤재석편저, 『한국목간총람』, 2022, 420쪽에서는 앞면은 빼고, 뒷면만을 소개하고 있다.

18) 이 목간은 윤재석 편저, 앞의 책, 2022, 420쪽에 빠져 있다.

19) 安居利 干支의 앞에 출신지명과 직명이 있었을 가능성이 크다.

세워진 냉수리비에서는 村主 臾支 干支의 예가 있으나 어느 외위와 동일한지를 알 수가 없다.

외위가 나오는 확실한 예로 영천청제비병진명(536년)을 들 수가 있다. 우선 인명 분석표를 제시하면 다음의 <표 1>과 같다.

<표 1> 영천청제비병진명의 인명 분석표

職名	出身地名	人名	官等名
使人	喙	△尺利智	大舍第
위와 같음	위와 같음	尺次鄒	小舍第
위와 같음	위와 같음	述利	大烏第
위와 같음	위와 같음	尺支	小烏
위와 같음	위와 같음	未第	小烏
一支△人		次弥尒利	
위와 같음		乃利	
위와 같음		內丁兮	
위와 같음		使伊尺	
위와 같음		只伊巴	
위와 같음		伊卽刀	
위와 같음		衆礼利	
위와 같음		只尸△利	干支
위와 같음		徙尒利	

영천청제비 병진명에서 외위를 가진 것은 一支△人 只尸△利 干支의 예가 있다. 영천청제비 병진명에서 두 번 나오는 小烏에 524년의 봉평비에 나오는 小烏帝智처럼 帝智 또는 第 또는 之가 없어서 476년이라 아니라 536년이 옳다.[20] 외위로서 干支가 나오는 최후의 예는 월지 출토비이다. 이는 536년을 상한으로

---

20) 필자는 김창호, 『고신라 금석문의 연구』, 서경문화사, 2007, 109쪽에서 476년으로 보았으나 이는 잘못된 것으로 536년으로 바로 잡는다.

한다. 영천청제비 병진명(536년)에서는 길이를 나타내는 하나치가 淂으로 5번이나 나오는데 대해 월지 출토비에서는 步로 나와서[21] 월지 출토비는 536년을 소급할 수가 없다.

월지 출토비의 비문을 제시하면 다음과 같다.

④	③	②	①	
一	一	干	村	1
伐	尺	支	道	2
徒	豆	大	使	3
十	婁	工	喙	4
四	知	尺	部	5
步	干	伩		6
	支	兮		7
		之		8

豆婁知干支가 외위에 干支만 있는 금석문에서 최후의 예이다. 이는 외위에서 경위와 구분이 되지 않는 干支란 외위의 최후의 시기이다. 그 구체적 시기는 알 수 없으나 536년을 상한으로 한다. 하한은 성산산성 목간에 근거할 내 540년경이다.[22] 제③행의 豆婁知 干支는 그 외위에서 마지막으로 나오는[23] 확실한

---

21) 보통 길이는 한국 고대에 있어서 步尺寸으로 표기된다.
22) 함안 성상산성 목간에는 及伐尺이란 경위명이 두 번 나온다. 이는 신라 관등제 성립의 열쇠 곧 성산산성 축성 연대의 열쇠를 쥐고 있다. 신라사에 있어서 관등제의 완성은 봉평비와 적성비의 건립 연대 사이인 524~545년이다. 만약에 성산산성 목간에서 王子年을 壬子年으로 잘못 읽은 것에 따라 592년을 성산산성 목간의 연대로 보게 되면, 신라 관등제의 완성은 진평왕대로 591년의 남산신성비를 작성할 때도 관등제가 미완성이었다.
23) 팔거산성 목간 16번과 월지 출토비는 모두 540년대의 동시대적 자료로 그 선후 관계는 알 수가 없다.

예이다.

干支란 외위명은 6세기 후반 금석문인 오작비, 남산신성비에서는[24] 나오지 않고 있다. 이 干支란 외위명이 나오면 그 시기는 5세기나 6세기 전반이다. 앞으로도 외위인 干支가 6세기 후반의 금석문이나 목간에서 나오는 일은 없을 것이다. 그러면 팔거산성 목간의 작성 시기는 6세기 전반이 된다. 그 구체적인 연대를 알아보기 위해 관련 목간 자료를 제시하면 다음과 같다.

> 1번 壬戌年安居礼甘麻谷
> 6번 丙寅年(王私)△分△△休
> 7번 丙寅年次谷鄒ㄣ下麥易大(豆)石

6세기 전반에서 壬戌年은 602년이[25] 아닌 542년이고, 丙寅年은 606년이[26] 아닌 546년이 된다. 목간 16번 安居利干支 私 男谷村支之의 연대는 540년경이 된다. 또 목간 3번 △(卯)年王私所利(珎)習△△麥石의 연대는 547년으로 丁卯年으로 복원될 가능성이 크다.

V. 王私 목간

王私 목간은 함안 성산산성에서 5점이 나왔고,[27] 대구 팔거산성에서 3점이

---

24) 현재까지 10기가 알려져 있다.
25) 하시모토 시게루, 「함안 성산산성 목간의 王私와 城下麥」『신라사학보』 54, 2022에서는 이 팔거산성 목간의 작성 연대를 602년으로 보고 있다.
26) 하시모토 시게루, 앞의 논문, 2022에서는 이 목간의 연대를 606년으로 보고 있다.
27) 그 구체적인 예를 들면 다음과 같다.
   2번 甘文城城下麥甘文本波王私(앞면) 文利村知利兮負(뒷면)
   6번 王私烏多伊伐支△負支

나왔다.[28] 우선 설명의 편의를 위해 관계 자료를 다시 한 번 더 제시하면 다음과 같다.

> 3번 △(卯)年王私所利(珎)習△△麥石
> 6번 丙寅年(王私)△分△△休
> 15번 △村王私禾△△△(之)

여기에 나오는 王私는 그 수효도 적고 해서 단순히 지명 정도로 이해했다.[29] 그 뒤에 王私에 대한 본격적인 연구가 나왔다.[30] 여기에서 私를 왕·왕실과 관련된다고 추정한 근거는 私臣과 私母이다. 私臣에 대해서는 『삼국사기』 권4, 신라본기, 진평왕 44년(622) 2월조에 以伊湌龍樹爲內省私臣 初王七年大宮·梁宮·沙梁宮三所各置私臣 至是治內省私臣一人 兼掌三宮이라고 하였고, 『삼국사기』 권39, 직관지에 內省 景德王八年改爲殿中省 後復故 私臣一人 眞平王七年 三宮各置私臣 大宮和文大阿湌 梁宮首盻夫阿湌 沙梁宮弩知伊湌 至四十四年 以一員兼掌三宮 位自衿荷至太大角干 惟其人則授之 亦無年限 景德王又改爲殿中令 後複稱私臣이라고 나온다. 그래서 私臣은 왕 및 왕족의 거소인 여러 궁을 관장했으나 私臣의 私는 왕의 사적·개인적 영역 나아가서 왕·왕실 그 자체를 함의했다고 보았다.

私母에 대해서는 『삼국사기』 권39, 직관지, 본피궁조에 本彼宮 神文王元年

2006-25번 王私烏多伊伐支卜烋
2007-44번 夷津支城下麥王私巴珎兮村(앞면)
　　　弥次二石
V-164번 三月中鐵山下麥十五斗(앞면) 王私△阿礼村波利足(뒷면)

28) 성산산성 목간은 540년경이고, 팔거산성 목간은 542년과 546년의 절대 연대를 가져서 앞으로 540년대나 그 이전의 목간에서 王私 목간이 나올 가능성이 크다.

29) 윤선태, 「함안 성산산성 출토 신라 하찰의 재검토」 『사림』 41, 2012, 174쪽.

30) 하시모토 시게루, 앞의 논문, 2022.

置 虞一人 私母一人 工翁二人 典翁一人 史二人이라고 나온다. 私母가 本彼宮을 관장했다고 보고서, 私母의 私도 私臣의 私와 같이 왕실과 관련되는 것으로 보았다.[31]

私臣, 私母는 경영체로서 宮을 통하여 왕실의 토지, 예속민의 관리와 관련되었을 가능성이 있다. 王私도 그러한 왕·왕실이 소유하는 토지, 예속민과 관련이 있는 말로 추정된다. 王私 목간의 뒤에는 촌명+인명이 나오므로 이 촌명이 왕·왕실 직할지이며, 인명은 그기에 예속된 사람으로 보았고, 王私 목간은 왕실 직할지 주민이 성산산성에 역역 동원된 것으로[32] 해석하였다.

王私 목간의 출발점이 된 신라 둔전문서의 法私의 私가 왕실을 나타내지 않고 사람을 나타내서 문제가 되고, 촌명+인명의 앞에 오는 것은 직명이나 本波, 阿那, 末那 등의 땅 이름인 특수한 지명이 올 수 있고, 사람은 올 수가 없다. 팔거산성의 목간 15번인 △村王私禾△△△(之)에서 촌명 뒤에 王私가 나오고 있어서 이 王私를 왕·왕실의 직할지에 있는 사람들로서는 풀 수가 없다. 그러면 무엇일까? 王私가 직명은 아니므로 本波, 阿那, 末那 등과 같은 특수한 지명일 가능성이 있다. 그 근거가 되는 자료로 팔거산성 목간 14번 本彼部△△村△△△△(앞면) 米一石私(뒷면)이 있다. 이 자료의 私의 의미가 무엇일까? 주목되는 자료로 성산산성에서 출토된 2점의 城下麥 목간이 있다. 우선 관계 전문을 제시하면 다음과 같다.

> 2007-45번 甘文城下△米十一斗石喙大村卜只次持△
> 2016-W116번 小南兮城麥十五斗石大村~

목간 2007-45번과 목간 2016-W116번에서 斗石이란 하나치가 눈에 띈다. 이

---

31) 木村誠,「統一新羅村落支配の諸相」『人文學報』368, 2006, 10쪽.
32) 성산산성 축조에 보리, 피, 쌀 등의 공물을 낸 것이지, 남산신성비에서와 같은 역역 동원의 증거는 260여 점 가운데 30여 점이 있다.

를 팔거산성 목간 14번의 石私와 비교하면 私가 많은 부피를 표시하는 하나치로 보인다. 私는 왕의 사적·개인적 영역 나아가서는 왕·왕실 그 자체를 의미하는 것이 아니라 많은 부피를 나타내는 하나치이다. 왜냐하면 石보다 많은 부피를 나타내기 때문이다.

VI. 石私의 의미

팔거산성 목간 14번 本彼部△△村△△△△(앞면) 米一石私(뒷면)이 있다. 여기에서의 石(섬)이므로 쉽게 이해가 되지만 石 다음에 나오는 私는 생소하다. 이와 구조적으로 닮은 것으로 두 점의 城下麥 목간이 있다. 설명의 편의를 위해 다시 한 번 이를 제시하면 다음과 같다.

2007-45번 甘文城下△米十一斗石喙大村卜只次持△
2016-W116번 小南兮城麥十五斗石大村~

목간 2007-45번과 목간 2016-W116번에서 斗石이란 하나치가 눈에 띈다. 이를 팔거산성 목간 14번의 私와 비교하면 私가 많은 부피를 표시하는 하나치로[33] 보인다. 이렇게 우리가 모르는 무게나 길이 단위를 나타내는 하나치의 예가 있는지 문제이다. 우선 무게 단위부터 살펴보기 위해 451년의 서봉총 은합 명문을 제시하면 다음과 같다.

_____

33) 私는 시골에서 어릴 때 섬 또는 섭이라고 불렀던 것이 있었는데, 사전에 나오지 않는다. 사전에는 다섯날 섬, 일곱날 섬이 나오는데 일곱날 섬은 곡식 30말이 들어간다고 한다.

	銀盒 蓋內		銀盒 外底			
	②	①	③	②	①	
1	太	延	三	三	△	1
2	王	壽	斤	月	壽	2
3	敎	元		△	元	3
4	造	年		太	年	4
5	合	太		王	太	5
6	杅	歲		敎	歲	6
7	用	在		造	在	7
8	三	卯		合	辛	8
9	斤	三		杅		9
10	六	月				10
11	兩	中				11

여기에서의 은의 무게는 三斤六兩으로[34] 斤兩으로 되어 있다. 그런데 520년에 만들어진 백제 무령왕비의 은팔찌 명문은 庚子年二月多利作大夫人分二百卅主耳로[35] 은의 무게를 모르는 단위인 主란 하나치가 사용되고 있다.

신라시대의 길이를 나타내는 하나치는 步尺寸이다. 남산신성비 등에서 예외 없이 사용되고 있다. 그런데 536년의 영천청제비 병진명에서는 사전에도 안 나오는 길이를 나타내는 하나치가 사용되고 있다. 곧 淂이란 길이를 나타내는 하나치가 5번이나 나온다. 따라서 私는 主와 淂과 마찬가지로 신라의 고유한 부피(양)를 나타내는 하나치로 판단된다.

私는 부피(양)를 나타내는 하나치로 지명+인명으로 구성된 인명 표기 앞에

---

34) 銀盒 外底에는 六兩, 銀盒 蓋內에는 三斤 六兩으로 된 점을 근거로 은합 본체를 만드는 데에는 은이 三斤이 들고, 두껑을 만드는 데에는 三斤 六兩이 들었다고 해석하기도 하나 은합 전체를 만드는 데에 三斤 六兩이 들었다고 보아야 할 것이다.

35) 이 은팔찌는 多利가 만든 것으로 금속기에 제작자가 나오는 거의 유일한 인명 표기이다.

온 예가 없다. 인명 표기인 출신지명+인명 앞에는 직명이 올 수 있고, 夲波, 阿那, 末那 등의 땅 이름이 올 수가 있어서 王私도 많은 곡식을[36] 생산할 수 있는 땅 이름으로 보고자 한다.

VII. 목간 14번과 6부

調露二年/漢只伐部君若小舍~/三月三日作康(?)~(개행)명쌍록보상화문전이[37] 월지에서 출토되었다. 다경와요지에서[38] 漢只, 漢명 암키와가 출토되어 한지부와 관련이 있는 것으로 보고 있고, 망성리와요지에서는 習部井井, 習府井井, 井井, 井명 암키와가 출토되어 습비부와 관련이 있는 것으로 보고 있다.[39] 680년 당시에 기와는 부별로 만들었고, 기와 가마가 있는 다경 와요지나 망성리 와요지까지 신라 6부의 범위일 가능성이 있다. 441년 중성리비에서 沙喙部 牟旦伐에게 宮을 빼앗아 주는 것이 그 요체이므로 사탁부의 위치를 포함 중성리까지로 볼 수가 있다.

三川卄方명 보상화문전이[40] 나와서 三川卄方은 680년경에 경주의 북천, 서천, 남천의 3천에 20기의 기와 가마가 있었다고 해석된다. 이를 기와 명문과 합

---

36) 王私에 있어서 王은 크다와 많다를 뜻하고, 私는 石보다 많은 부피(양)을 뜻한다. 곧 王私는 많은 양의 곡식을 생산하는 땅이란 뜻이다.

37) 680년에는 673년의 癸酉銘阿彌陀三尊佛費像의 예에 따르면 인명 표기에서 부명이 사라진 때이다. 이는 시대착오적인 것으로 연구에 있어서는 조심하지 않으면 안된다. 와전이 部를 단위로 제작되었음을 말해 주고 있다.

38) 다경 와요지에서 漢只, 漢 등의 명문와가 나온다는 것은 지표 조사로 확인 된 것이 아니라 추정한 것이다.

39) 조성윤은 망성리 일대를 습비부라고 보고 있다.

40) 이는 종래 辛亥명 보상화문전으로 알려진 것이다. 그 시기를 711년으로 보았다.

쳐서 보면 신라의 6부는 3천의 바깥에도 있었다는 것이 된다. 결국 6부의 위치를 방리제가 실시된 곳으로만 한정할 수가 없다.

목간 14번 夲波部△△村△△△△(앞면) 米一石私(뒷면)에서 본피부 다음에 △△村이란 촌명이 나온다. 본피부는 왕족인 탁부, 왕비족인 사탁부에 뒤이어서 고신라 금석문에서는 3위의 세력이다. 탁부와 사탁부 무덤은 읍남고분군에 있고, 모량리의 50여 기 무덤은 모량부가 아닌 본피부의 무덤으로 보인다. 왜냐하면 신라 중고 금석문에 나타난 부명별 인명의 수를 보면 쉽게 알 수 있다.

<표 2> 중고 금석문에 나타난 각 부명별 인명의 수

비명	탁부	사탁부	본피부	불명	계
봉평비	11	10	1	3	25
적성비	7	3		2	12
창녕비	21	16	1	2	40
북한산비	5	3			8
마운령비	11	6	2	1	20
황초령비	11	4		5	20
계	66	42	4	13	125

<표 2>에 있어서 524년에 건립된 봉평비에서는 탁부 11명, 사탁부 10명, 본피부 1명, 불명 3명으로 총 25명이다. 545년이나 그 직전에 세워진 적성비에서는 탁부 7명, 사탁부 3명, 불명 2명으로 총 12명이다. 561년에 세워진 창녕비에서는 탁부 21명, 사탁부 16명, 본피부 1명, 불명 2명으로 총 40명이다. 567년에 세워진 북한산비에서는 탁부 5명, 사탁부 3명으로 총 8명이다. 568년에 세워진 마운령비에서는 탁부 11명, 사탁부 6명, 본피부 2명, 불명 1명으로 총 20명이다. 568년에 세워진 황초령비에서는 탁부 11명, 사탁부 4명, 불명 5명으로 총 20명이다. 각 부별 인원수는 탁부 66명, 사탁부 42명, 본피부 4명, 불명 13명으로 총 125명이다. 따라서 문헌에서 왕비족으로 보아왔던 모량부 박씨는 중고시대에 한미한 세력으로 왕비족이 아니다. 왕비족은 사탁부 박씨이다.

본피부가 있던 모량리 일대는 신라 왕경 6부의 방리제와는 거리가 먼 곳이다. 그렇다면 제3세력인 본피부가 모량리 일대에만 살았다고 해석할 것인가? 그래서 목간 14번 本波部△△村△△△△(앞면) 米一石私(뒷면)에서와 같이 본피부 다음에 △△村이란 촌명이 나온다는 것인가? 591년의 남산신성비 제3비에서는 喙部에 主刀里가 나오고, 월성해자 목간 9번에서는 習比部에 소속된 上里, 南罡上里, 阿今里, 岸上里가 나오고, 牟喙部에 소속된 仲里, 新里, 上里, 下里가 나와서 습비부와 모탁부도 신라 6부가 자랑하는 왕경의 坊里制 속에서 삶을 누렸다고 판단된다. 방리제는 신라 6부인만이 누릴 수 있는 자부심이자 자랑꺼리였다. 그런 6부인의 자긍심을 포기하고 모량리에서 신라 6부의 제3세력인 본피부가 살았다고는 볼 수가 없다.

목간 14번 本波部△△村△△△△(앞면) 米一石私(뒷면)에서 본피부 다음에 △△村이란 촌명이 나온다. 이를 어떻게 해석할 것인가? 모량리가 본피부의 아성이고, 여기에서만 본피부인이 살았다고 볼 수가 있다. 이럴 경우 본피부 보다 세력이 형편없는 한지부와 습비부와 모탁부도 방리제 안에 사는데 본피부는 왜 방리제 안에서 못살까? 모량리 일대에 방리제가 실시되지 않고 있어서 문제이다.

본피부인은 모량리에도 살고, 신라 왕경 6부의 방리제 속에서도 살았다고 판단된다. 방리제에 소속된 곳은 ~里로 나오지만 방리제에 소속되지 않는 곳은 ~村(城)으로 불렸다고 판단된다. 이렇게 되면 신라 6부의 위치는 방리제가 실시된 곳으로 ~里로 불리는 곳과 방리제가 실시되지 못한 ~村(城)으로 구성되어 있다.[41] 탁부(왕족), 사탁부(왕비족), 본피부, 모탁부, 습비부, 한지부 등이 모두가 그랬을 것이다.

종래 신라 6부 연구는 『삼국사기』·『삼국유사』 등 문헌에만 의지해 주로 위치 비정에 신경을 써 왔다. 그래서 금석문을 잘못 이해해 실성왕과 눌지왕의 소속부는 탁부, 지증왕은 사탁부, 법흥왕은 탁부, 그의 동생인 입종갈문왕은 사탁

---

41) 이는 어디까지나 고신라의 이야기이고, 통일신라시대에는 방리제가 북천 등의 밖으로나 보문들로 확대된다.

부 소속으로 이해해 왔다. 이는 잘못된 것이다. 탁부는 왕족, 사탁부는 왕비족이다. 그래서 왕에 따라서 부가 바뀔 수가 없다.[42] 신라 6부를 목간 자료에 의해 왕경의 방리제가 실시된 지역에서는 ~里라고 불렀고, 북천, 서천, 남천 밖의 방리제가 실시되지 않는 곳에서도 6부의 일부가 존재했으며, 이들 지역은 ~村(城)으로 불렀다.

이러한 가설은 앞으로 금석문 자료와 목간 자료의 출현에 따라서 그 가능성이 탄력을 받을지 여부가 결정 나겠지만 현재까지의 자료로는 모험이 가깝다. 신라 왕경의 조방제와 관련지을 때, 경주 분지에서는 5세기 2단투창고배의 출토가 전무하다는 것이다.[43] 물론 황남대총을 비롯한 읍남고분군에서는 많이 나오지만 생활 유적에서는 나오지 않고 있다.

방리제가 실시된 지역에는 ~里라고 불렀고, 방리제가 실시되지 않은 6부의 일부분 지역에서는 ~村(城)이 있었다는 것은 금석문과 목간을 통한 해석이므로 신라 6부 연구의 한 기준이 될 수가 있다. 문헌에서는 중고 왕실의 왕비족이 모탁부라고 잘못 기재되어 있다. 중고 왕실의 왕비족은 사탁부이다. 이는 539년 울주천전리서석 추명의 분석으로 분명하게 되었다. 그리고 중고 금석문의 부별 인명수에서도 모탁부는 1명도 없다. 대신에 사탁부는 42명으로 66명의 탁부를 근접하고 있다.

VIII. 자료의 해석

1번 壬戌年安居礼甘麻谷 '壬戌年(542년)에 安居礼와 甘麻谷이다.'
2번 軌伐 '자세한 해석은 불가능하고 지명의 일부일 가능성이 있다.'

---

42) 부가 바뀌면 성도 바뀐다. 왕족은 탁부 김씨이고, 왕비족은 사탁부 박씨이다.
43) 조성윤 박사의 교시를 받았다.

3번 △(卯)年王私所利(珎)䐴△△麥石 ‘(丁)(卯)年(547년?)에 王私(땅 이름) 所利(珎)(행정촌명) 䐴△△(인명)이 낸 麥 1石이다.’

4번 奈(奴兔)積作稻石伐(食)軍 ‘이 목간은 단 면이지만 인명 표기가 나오는 짐꼬리표 목간이 아니고, 문서목간으로 그 해석은 거의 불가능하다.’ ‘이를 해석하면 奈(奴兔)이 모아서 지은 稻를 石伐이 먹고 軍이(~했다).’

6번 丙寅年(王私)△分△△休 ‘丙寅年(546년)에 王私(많은 곡식을 생산하는 땅 이름) △分△(행정촌명) △休이다.’

7번 丙寅年次谷鄒ㄛ下麥易大(豆)石 ‘丙寅年(546년)에 次谷鄒ㄛ(군명) 아래의 보리를 易大(豆)가 1石을 냈다.’

9번 夲(城)△(珎)△△ ‘夲(城)(행정촌명)의 △(珎)△△이다.’

14번 夲波部△△村△△△△△(앞면) 米一石私(뒷면) ‘夲波部(6부명 가운데 하나)의 △△村(행정촌명)의 △△△△가 낸 米 1石私(많은 양의 쌀)이다.’

15번 △村王私禾△△△(之) ‘△村(군명) 王私(땅 이름) 禾△△(행정촌명)의 △(之)(인명)이다.’

16번 安居利干支 私 男谷村支之 ‘安居利(인명) 干支(외위명)와 私男谷村(행정촌명)의 支之(인명)이다.’

IX. 맺음말

먼저 대구시 북구 노곡동 산 1-1번지에 위치한 팔거산성과 그 주변의 고고학적인 환경을 살펴보았다.

다음으로 대구 팔거산성에서 출토된 총 16점 가운데에서 묵서가 비교적 양호한 10점의 판독문을 제시하였다.

그 다음으로 팔거산성 목간 가운데 16번에 나오는 干支란 외위가 금석문에서 대개 540년경을 하한으로 한 점을 토대로 목간 1번의 壬戌年은 542년으로, 목간 6번과 목간 7번의 丙寅年은 546년으로 각각 보았다.

그 다음으로 王私 목간 3점은 종래 왕·왕실이 소유하는 예속민으로 보아 왔으나 목간 14번의 石私란 구절에 의해 王私가 많은 곡식을 생산하는 땅 이름으로 보았다.

그 다음으로 고신라 목간에 유일하게 나오는 石私를 함안 성산산성 목간의 斗石이란 구절과 대비해 私도 石보다 많은 부피를 가리키는 하나치로 보았다.

그 다음으로 팔거산성 목간 14번에 의해 신라 6부가 방리제가 실시된 지역에는 ~里가 있었고, 그렇지 않는 곳에서는 ~村(城)제가 실시되었다고 판단된다. 신라 6부를 보다 넓게 보게 되었다.

마지막으로 팔거산성 16점 목간 가운데 묵서가 비교적 잘 남아있는 10점을 전부 해석하였다.

제3절

대구 팔거산성 출토 목간의 재검토
-하시모토 시게루 박사의 비판에 답함-

I. 머리말

대구광역시 북구 노곡동 산1-1번지에 위치한 八莒山城은 대구의 대표적인 삼국시대의 산성 가운데 하나이다.[1] 팔공산 끝자락에 위치한 해발고도 285m 정도의 함지산 정상부에 축조된 산성으로,[2] 둘레는 약 1,140m, 높이는 약 5m 정도로 조사되었다. 가파른 경사를 이용하여 흙과 잡석을 섞어 만든 이른바 토석혼축으로 알려져 있었는데, 근래에는 서쪽 성벽이 비교적 고식의 석축 성벽이라는 보고가 있는 등 신라의 석축산성으로[3] 파악되고 있다.[4]

---

1) 팔거산성은 포곡식산성인지 퇴뫼식산성인지 알 수가 없다. 전자는 산과 골짜기를 둘러싸고, 후자는 8부 능선의 하나의 산봉우리를 둘러싼다. 함지산 정상부에 산성을 쌓았다면 어느 것에도 속하지 않을 가능성이 있다.

2) 팔거산성은 성곽의 동쪽 성벽은 능성의 정상을 따라 쌓았고, 서쪽 성벽은 바깥쪽 둘레의 사면에 돌과 흙을 이용한 片築法으로 축조하였다고 한다.

3) 팔거산성의 축조 연대는 5세기라는 (재)계림문화재연구원 유환성 부장의 교시를 받았다. 2호 집수지에서 출토된 목간의 壬戌年은 602년이 아닌 542년이고, 丙寅年은 606년이 아닌 546년이 된다. 따라서 540년대가 팔거산성의 목간의 중심 연대이다. 이때에 석성을 쌓았다고 볼 수가 있다.

4) 신라의 5세기 산성으로 명활산성, 삼년산성, 고모산성과 함께 팔거산성을 들 수가 있다.

2020년 10월부터 2021년 7월까지 (재)화랑문화재연구원에 의해 정식 발굴 조사가 시행되었다. 목간은 장방형으로 된 제2집수지에서 16점이 출토되었는데, 글자를 읽을 수 있는 것은 모두 10점이다. 이 10점의 목간은 260여 점이 출토된 함안 성산산성 목간에 못하지 않게 중요하다. 신라 지방 목간 전체에서 묵서가 있는 10점이라는 숫자는 2등을 달리고 있다. 그래서 많은 연구 성과가 나와 있다.[5] 목간이 출토되어 공포된 지가 2년밖에 되지 않았으나 이렇게 연구 성과가 많은 것은 그 중요성을 학계에서는 주목하고 있는 증거이다.

이 팔거산성 목간 가운데 14번의 목간에 나오는 米一石私를 구조적으로 분석하여 私를 많은 곡식을 생산하는 넓은 땅으로 보았다.[6] 그래서 王私도 크고 넓은 땅 이름으로 보았다. 또 王私가 私臣과 私母와 관련되고, 私臣과 私母는 宮을 통해서 왕실의 토지, 예속민을 관리했을 가능성이 크고, 王私도 왕·왕실이 소유하는 토지, 예속민과 관련이 있다는 가설과 정면으로 상충하는 것이었다. 이 논문에 대한 비판의 논문이 나왔다.[7] 이 비판의 논문에 대한 답변으로 본 논문을 쓰게 되었다.

여기에서는 먼저 팔거산성의 고고학적 환경을 살펴보겠다. 그 다음으로 명문의 판독을 해보겠다. 그 다음으로 목간 14번의 稻자 판독 문제점을 살펴보겠다.

---

5) 전경효, 「대구 팔거산성 출토 목간 소개」『신출토 문자자료의 향연』, 한국목간학회 제37회 정기발표회, 2022. 아래의 논문과 내용이 같아서 여기에서는 이 논문을 인용하기로 한다.
전경효, 「대구 팔거산성 출토 목간 소개」『목간과 문자』28, 2022.
하시모토 시게루, 「함안 성산산성 목간의 '王私'와 '城下麥'」『신라사학보』54, 2022.
윤선태, 「대구 팔거산성 출토 신라 지방목간」『신라학리뷰』1, 2022.
김창호, 「대구 팔거산성 출토 목간에 대하여」『한국고대와전명문』, 2022.
홍승우, 「대구 팔거산성 출토 신라 목간 검토」『대구사학』149, 2022.
하시모토 시게루, 「신라의 지방지배와 목간 -대구 팔거산성목간의 기초적 검토를 중심으로-」『목간에 반영된 고대 동아시아의 법제와 행정제도』, 경북대학교 인문학술원 HK+학술단 제5회 국제회의, 2023.
6) 김창호, 앞의 논문, 2022, 355~357쪽.
7) 하시모토 시게루, 앞의 논문, 2023.

그 다음으로 목간 14번의 本彼部△△村의 판독에 대해 검토하겠다. 그 다음으로 安居礼와 安居利의 동일인인지 여부에 대해 살펴보겠다. 그 다음으로 王私를 검토하겠다. 그 다음으로 城下麥 목간에 대해 살펴보겠다. 마지막으로 신라의 지방 지배에 대해 간단히 살펴보겠다.

II. 고고학적 환경

목간이 출토된 대구 팔거산성은 대구시 북구 노곡동 산1-1번지 일대에 위치한다. 산성 인근에 동천동 취락 유적,[8] 팔달동 유적,[9] 칠곡 생활유적,[10] 구암동 고분군[11] 등 청동기시대부터 삼국시대에 이르는 주거지나 고분 유적이 조사되었다. 이 산성에 대한 지표조사는 1999년 대구대학교 박물관이 실시하였고,[12] 또 2015년에는 (재)영남문화재연구원 등에 의해 팔거산성에 대한 학술 연구가 수행되었으며,[13] 2018년에는 (재)화랑문화재연구원이 시굴조사를 진행하였다. (재)화랑문화재연구원에서는 2020년 10월부터 발굴 조사를 진행하였다. 먼저 시굴 조사 결과 산성의 수구, 치,[14] 문지, 건물지, 추정 집수지, 축대, 성벽 등이

---

8) (財)嶺南文化財硏究院, 『大邱 東川洞 聚落遺蹟』 본문1 본문2 사진, 2002.

9) 慶北大學校博物館, 『大邱 八達洞 遺蹟』, 1993.
   (財)嶺南文化財硏究院, 『大邱 八達洞遺蹟 I』, 2000.

10) 慶北大學校博物館, 『大邱 漆谷 生活遺蹟』, 2006.

11) 嶺南大學校博物館, 『鳩巖洞 古墳 發掘 調査 報告』, 1978.
    (財)嶺南文化財硏究院, 『大邱 鳩巖洞1號墳』, 2018.

12) 대구대학교 박물관, 『大邱 八莒山城 地表調査報告書』, 1999.

13) (재)영남문화재연구원·대구시 북구청, 「팔거산산성의 구조적 특성과 학술적 가치」 『구암동 고분군·팔거산성의 문화유산 가치와 활용방안 학술대회 자료집』, 2016.

14) 고구려 산성의 한 가지 특징이다.

확인되었다. 그리고 발굴 조사의 결과 삼국시대에서 통일신라시대에 이르는 석축 7기, 집수지 2기, 계단지, 배수로, 수구 등이[15] 발견되었다. 현재까지 고신라의 목간은 집수지 등 저습지 유적에서 출토되고 있는데, 주로 산성에서 가장 많이 발견된다. 그 예를 간단히 제시하면 다음의 <표 1>과 같다.

<표 1> 신라 산성 출토 목간 일람표

산성 이름	시기	숫자	유형	출토 시기
함안 성산산성	540년경	282[16]	하찰, 문서, 역역	1991~2016
대구 팔거산성	540년대	16	하찰, 문서, 역역	2021~2022
김해 양동산성	583년경	3	하찰	2018
하남 이성산성	668년경	14	문서	1986
부산 배산산성	675년경	1	문서	2017
안성 죽주산성	6세기 후반~7세기 전반	2	미상	2006~2010
서울 아차산성	6~7세기	1	미상	2015
남원 아막성	6~7세기	1	하찰	2020
창녕 화왕산성	9~10세기	4	주술	2002~2005
인천 계양산성	통일신라시대	2	논어 목간	2003~2005
장수 침령산성	9~10세기	1	문서 목간[17]	2016~2017

현재까지 팔거산성에서 출토된 목간은 총 16점이다. 이들 목간은 추정 집수지 2호에서 출토되었는데, 그 토층은 위쪽부터 4개의 토층으로 구성되어 있다. Ⅰ층은 집수지 2호 폐기 이후 함몰된 지형을 평탄화하기 위해 조성한 성토층이며, Ⅱ층은 집수지 폐기 이후 일정기간 방치되면서 생성된 자연퇴적층이다. 또한 Ⅲ층

---

15) 산성에서 반드시 존재하는 우물에 대한 언급도 없다.

16) 이 숫자는 목간의 총수로 국사편찬위원회 한국사데이터베이스에 의한 것이고, 함안 성산산성 목간에서 묵서가 있는 수도 260점가량이나 된다.

17) 이 문서 목간의 전문은 別道中在道使村~으로 이를 해석하면 '다른 길에 있는(같은 편이 아닌) 道使와 村主 (등이 침입해 와서~)'로 해석이 가능할 듯하다.

은 목재 구조물이 붕괴되는 과정에서 집수지 가장자리의 토사가 유입된 층으로 다량의 할석이 들어 있다. IV층은 목재 구조물 내부에 퇴적된 회청색과 회색 泥土層이다. 이 토층에서 단경호, 甕, 1단투창고배의 각부편 등이 출토되었다.[18] 특히 I층에서 통일 무렵부터 제작된 印花紋土器 조각이 발견되었다. 이를 통해 통일 이전인 7세기 중엽을[19] 전후한 무렵 집수지가 폐기되었음을 알 수 있다.

III. 명문의 판독

(전경효)[20]

1번 壬戌年安居礼甘麻谷

2번 舣伐

3번 [卯][21]年私所利[珎]習△[22]△[23]麥石

4번 奈[奴][宛][24]積作稻石伐[食][25]軍

---

18) (재)화랑문화재연구원, 『대구 팔거산성 성비사업 부지 내(A구역)유적 발굴(시굴)조사 결과 약보고』, 2019, 12쪽의 트렌치 6, 7, 10에서 기와가 나왔다고 하는 바, 이 유물을 실견한 이동주 교수는 7세기라고 하였다. 그렇다면 7세기에 팔거산성은 郡治나 縣治라고 볼 수 있다.

19) 신라 기와에 있어서 지방에 기와가 들어가는 시기는 7세기 중엽이나 후반이므로 팔거산성이 7세기 후반에 산성으로서의 그 기능을 잃었다면 많은 양의 기와가 나오지 않을 수도 있을 것이다.

20) 전경효, 앞의 논문, 2022.

21) 乙卯 또는 丁卯로 추정.

22) '走' 또는 '吏'.

23) '伐' 또는 '氏'.

24) 또는 '惠'.

25) 또는 '直'.

6번 丙寅年[王][私]△²⁶⁾分△²⁷⁾△²⁸⁾休

7번 丙寅年次谷鄒=²⁹⁾下麥易大[豆]石

9번 夲³⁰⁾[城]△[珎]△△

14번 夲波部△△村△△△△(앞면) 米一石私³¹⁾(뒷면)

15번 △村王私禾³²⁾△△△(之)

16번 安居利干支³³⁾ 私 男谷村支之

(하시모토 시게루)³⁴⁾

1번 壬戌年安居礼甘麻谷

2번 觥伐

3번 △(卯)年王私所利[珎]習△△麥石

4번 奈[奴][冤]積作稻石伐[食]軍

6번 丙寅年[王][私]△[分]△△休

7번 丙寅年次谷鄒=下麥易大[豆]石

9번 夲(城)△(珎)△△

14번 夲波部△△村△△△△(앞면) 米一石私(뒷면)

15번 △村王私禾△△△(之)

---

26) 또는 '二'.

27) 또는 '麻'.

28) 또는 '伐'.

29) 중복되는 글자를 부호로 사용하였음. '乙'로 읽을 여지도 있음.

30) 또는 '六十'.

31) 마지막 획이 우측으로 넘어가서 아래로 그어짐.

32) '尒' 또는 '尓'.

33) '干支' 두 글자를 다른 글자에 비해 우측에 맞추어 작게 붙여서 씀.

34) 하시모토 시게루, 앞의 논문, 2022.

16번 安居利干支 私 男谷村支之

하시모토 시게루 박사는 3번, 4번, 6번, 7번, 14번, 15번, 16번만 판독문을 제시함. 나머지는 필자가 복원해 넣었음.

(윤선태)[35]

1번 壬戌年安居礼甘麻谷

2번 軳伐

3번 [卯]年王私所利[珎]習△△麥石

4번 奈[奴][兔]積作稻石伐[食]軍

6번 丙寅年[王][私]△[分]△△休[36]

7번 丙寅年次谷鄒〃[37]下麥易大[豆]石

9번 夲[城]△[珎]△△

14번 夲波部△△村△△△△(앞면) 米一石私(뒷면)

15번 △村王私禾△△△(之)

16번 安居利干支[38] 私 男[39]谷村支之

(김창호)[40]

1번 壬戌年安居礼甘麻谷

2번 軳伐

3번 △(卯)年王私所利(珎)習△△麥石

---

35) 윤선태, 앞의 논문, 2022.

36) 休 즉 休 우하에 구두점을 찍은 것으로 보고 있으나, 然일 가능성도 있음.

37) 중복되는 동일 글자를 부호로 보고 있으나, 乙로 읽을 여지도 있음.

38) 干支 두 글자를 다른 글자에 비해 우측열에 맞추어 작게 붙여서 씀.

39) 日刀로 보거나 男(武)로 볼 가능성도 있음.

40) 김창호, 앞의 논문, 2022.

4번 奈(奴宛)積作稻石伐(食)軍

6번 丙寅年(王私)△分△△休

7번 丙寅年次谷鄒ゝ下麥易大(豆)石

9번 夲(城)△(珎)△△

14번 夲波部△△村△△△△(앞면) 米一石私(뒷면)

15번 △村王私禾△△△(之)

16번 安居利干支 私 男谷村支之

(홍승우)[41]

1번 壬戌年安居礼甘麻谷

2번 躬伐

3번 (卯)年王私所利(珎)習△△麥石

4번 奈(奴)(宛)積作稻石伐(食)軍

6번 丙寅年(王私)△分△△休

7번 丙寅年次谷鄒ゝ下麥易大(豆)石

9번 夲(城)△(珎)△△

14번 夲波部△△村△△△△(앞면) 米一石私(뒷면)

15번 △村王私禾△△△(之)

16번 安居利干支 私 男谷村支之

(하시모토 시게루의 새로운 판독)[42]

1번 壬戌年安居礼甘麻谷

2번 躬伐

---

41) 홍승우, 앞의 논문, 2022.

42) 하시모토 시게루, 앞의 논문, 2023.

3번 △年王私所利△習△△麥石

4번 奈△△積作稻石戊寅年

6번 丙寅年王私[　　]烋

7번 丙寅年次谷鄒△下麥易大△石

[本城?]

9번 △△△珎△△

14번 夲△△[　　　]앞면)

米一石△(뒷면)

[稻?]

15번 △村王私尒[　　　]

[男?另?] [麥石]?

16번 安居利干支 私 男△谷村△△

(새로운 판독의 시도)

1번 壬戌年安居礼甘麻谷

하단이 파손되었다. 목흔이 선명하여 문제되는 글자는 없다.

2번 躭伐

파손된 부분이 없다. 하단부에 홈이 있다. 글자가 선명해서 판독에 문제가 되는 글자는 없다.

3번 △年王私所利△習△△麥石

첫 번째 판독자는[43] 年앞의 글자를 卯자로 추독하고, 乙卯나 丁卯일[44] 가능성을 지적하였다. 여기에서는 모르는 글자로 본 가설에 따른다.[45]

---

43) 전경효, 앞의 논문, 2022, 16쪽.

44) 김창호, 앞의 논문, 2022, 352쪽에서 丁卯年으로 복원한 바 있으나 이는 잘못된 것이다.

45) 하시모토 시게루, 앞의 논문, 2023, 68쪽.

4번 柰(奴寃)積作稻石伐(食)軍

파손된 부분이 거의 없고, 하단부에 홈이 있다. 2번째 글자를 [奴]자로, 3번째 글자를 [寃]자로 각각 읽었으나[46] 모르는 글자로 본 가설이 나왔다.[47] 여기에서는 奴寃으로 읽는 견해에 따른다.[48] 마지막 글자를 年자로 읽고 있으나[49] 모사도에 제시된 세 글자에서는 횡으로 그은 마지막 밑의 선과 그 다음의 선 사이에 있어서 왼쪽에 점이 있다. 이렇게 점이 없는 글자는 軍자이지 年자가 아니다. 따라서 마지막 세 글자에는 戊寅年이 아니라 伐(食)軍이다.[50]

6번 丙寅年(王私)△分△△休

상하 상단이 남아 있지만 상부 왼쪽 부분이 파손되었다. 하단에 홈이 있다. 이 목간의 판독은 丙寅年王私[　]然보다는[51] 목간의 적외선 사진으로 볼 때,[52] 丙寅年(王私)△分△△休이[53] 타당하다고 사료된다.

7번 丙寅年次谷鄒ㄹ[54]下麥易大(豆)[55]石

상하단이 일부 파손되었지만 거의 완전한 형태이다. 하단에 홈이 있다.

---

46) 전경효, 앞의 논문, 2022, 16쪽.

47) 하시모토 시게루, 앞의 논문, 2023, 68쪽.

48) 전경효, 앞의 논문, 2022, 16쪽.

49) 하시모토 시게루, 앞의 논문, 2023, 68~69쪽.

50) 전경효, 앞의 논문, 2022, 16쪽.

51) 하시모토 시게루, 앞의 논문, 2023, 69쪽.

52) 전경효, 앞의 논문, 2022, 14쪽의 6호 A면(分 추정)과 6호 A면(休).

53) 전경효, 앞의 논문, 2022, 16쪽.

54) 이를 모르는 글자로 하시모토 시게루, 앞의 논문, 2023, 70쪽에서는 보았으나 따르지 않는다.

55) 大豆을 합쳐서 한글자로 보아서 모르는 글자로 하시모토 시게루, 앞의 논문, 2023, 70쪽에서 보았으나 따르지 않는다.

9번 本(城)△(珎)△△

상단이 파손되었다. 하단에 홈이 있다.

14번 本波部△△村△△△△(앞면) 米一

石私(뒷면)

파손된 부분이 없다. 하단에 홈이 있다.
먼저 本波部△△村의 판독에 대해서
는 장을 달리하여 검토하겠다. 이 목
간에서 판독의 중요한 것은 私자의 판
독이다.[56] 이를 측면의 적외선 사진에
근거해서 稻자로[57] 보는 가설이 나왔
다.[58] 이에 대해서는 장을 달리하여 검
토하겠다.

14번 B면[뒷면]의 私자

15번 △村王私尒[59]△△△(之)[60]

상하 양단이 파손되었다.

---

56) 전경효, 앞의 논문, 2022, 15쪽의 14호 B면에 私자가 분명하다. 이 적외선 사진을 제
시하면 위의 사진과 같다. 측면을 하시모토 시게루, 앞의 논문, 2023, 70쪽에서 제시
하여서 측면의 모사도로 해서 혼란시키고 있으나 정면의 적외선 사진은 私자가 분
명하다(14호 B면의 私자 참조), 측면 적외선 사진에서도 稻자와 같은 것은 없다. 정
면 적외선 사진을 두고 왜 하필 측면 적외선 사진을 이용했는지 궁금하다.

57) 稻자는 목간 4번 등에서 종종 나오나 볏짚에 달린 채로 곧 탈곡하지 않은 벼인 예가
없다. 또 탈곡하지 않은 벼를 지칭하는 한자가 稻인지도 불분명하다. 벼를 나타내는
한자로 禾도 있다.

58) 하시모토 시게루, 앞의 논문, 2023, 70쪽.

59) 禾자로 전경효, 앞의 논문, 2022, 17쪽에서 읽었으나 尒자로 하시모토 시게루, 앞의
논문, 2023, 71쪽에 따라 읽는다.

60) 전경효, 앞의 논문, 2022, 17쪽에서는 △△△(之)로 읽은 것을 하시모토 시게루, 앞
의 논문, 2023, 71쪽에서는 [ ]로 읽었으나 따르지 않는다.

16번 安居利干支 私 男谷村支之[61]

　파손된 부분은 없다. 하단에 홈이 있다. 支之를 麥石

　이상의 판독 결과를 중심으로 목간의 전문을 해석하여 제시하면 아래와
같다.

1번 壬戌年安居礼甘麻谷 '壬戌年(542년)에 安居礼와 甘麻谷이다.'
2번 軴伐 '자세한 해석은 불가능하고 지명의 일부일 가능성이 있다.'
3번 △年王私所利(珎)習△△麥石 '△年에 王私(땅 이름) 所利(珎)(행정촌
　　명) 習△△(인명)이 낸 麥 1石이다.'
4번 奈(奴兔)積作稻石伐(食)軍 '이 목간은 단 면이지만 인명 표기가 나오는
　　짐꼬리표 목간이 아니고, 문서목간으로 그 해석은 거의 불가능하다.' 이
　　를 해석하면 '奈(奴兔)이 모아서 지은 稻를 石伐이 먹고 軍이(~했다).'
6번 丙寅年(王私)△分△△休 '丙寅年(546년)에 王私(많은 곡식을 생산하는
　　땅 이름) △分△(행정촌명) △休이다.'
7번 丙寅年次谷鄒ㄡ下麥易大(豆)石 '丙寅年(546년)에 次谷鄒ㄡ(군명) 아래
　　의 보리를 易大(豆)가 1石을 냈다.'
9번 夲(城)△(珎)△△ '夲(城)(행정촌명)의 △(珎)△△이다.'
14번 夲波部△△村△△△△(앞면) 米一石私(뒷면) '夲波部(6부명 가운데
　　하나)의 △△村(행정촌명)의 △△△△가 낸 米 1石私(많은 양의 쌀)
　　이다.'

---

61) 이를 安居利干支 私 男谷村[麥石]으로 하시모토 시게루, 앞의 논문, 2023, 70쪽에
　　서처럼 판독하면 安居利 干支와 私男谷村이 麥 1石을 낸 것이다로 해석되어 인명
　　을 가진 사람과 私男谷村이라는 촌이 보리 1석을 낸 것이다로 해석에 문제가 생긴
　　다. 곧 인명과 촌명이 공동으로 공진물을 내는 예는 282점의 함안 성산산성 목간에
　　서도 그 예가 없어서 문제이다. 또 [麥石]을 인명으로 보기도 어려울 것이다.

15번 △村王私禾△△△(之) '△村(군명) 王私(땅 이름) 禾△△(행정촌명)의
  △(之)(인명)이다.'
16번 安居利干支 私 男谷村支之 '安居利(인명) 干支(외위명)와 私男谷村(행
  정촌명)의 支之(인명)이다.'

IV. 목간 14번의 稻자 판독 문제점

목간 14번의 뒷면 4번째 글자를 私자로 판독하다가[62] 稻자로 판독한 가설이
나왔다.[63] 여기에서는 만약 稻米란 말이 있었다고 하면,[64] 14번을 米一石稻로
판독한 것은 다음과 같이 상상할 수 있다고 하면서, 처음에 하찰에 米一石으로
만 썼는데 하찰을 매달 벼를 보니 아직 탈곡되지 않는 것이었다. 그래서 稻를 추
기하려고 했는데 米위에 쓸 공간이 없어서[65] 할 수 없이 밑에 썼다고 보았다.[66]

이 문제를 해결할 수 있는 자료로 670년대에 작성된 正倉院 佐波理加盤附
屬文書를 들 수가 있어서 이를 원문과 해석을 제시하면 다음과 같다.

---

62) 하시모토 시게루, 앞의 논문, 2022.
63) 하시모토 시게루, 앞의 논문, 2023.
64) 稻米란 단어는 국어사전에는 없는 것이 문제점으로 지적될 수 있다.
65) 먼저 이렇게 米一石稻란 구절이 나올 수 있는지 여부이다. 다음으로 최종 소비지인
   산성에서는 米가 나온다. 함안 성산산성에서도 도정한 米, 麥, 稗가 나오고, 대구 팔
   거산성에서는 米, 麥이 나오고, 김해 양동산성에서는 麥이 나온다. 稻가 나오는
   예는 많지 않다. 부산 배산산성에서는 도정하지 않는 보리인 失이 나오나 이는 빈민
   구제로 나누어주는 관아(군)이기 때문에 오래 보관할 수 없는 麥보다는 오래 보관
   할 수 있는 失을 취했다. 마지막으로 목간 14번에서 米一石으로 잘못 썼을 때, 1/2
   이상의 쓸 공간이 남아있었는데 왜 고쳐 쓰지 않았는지가 궁금하다. 마지막으로 다
   른 목간에 쓰면 될 것으로 米一石稻식으로 썼을까하는 의문이 생긴다.
66) 하시모토 시게루, 앞의 논문, 2023, 72쪽. 이러한 예를 다른 목간에서는 찾을 수 없
   는 점이 문제이다.

(앞면)

犭接五

馬於內 上犭一具上仕之 犭尾者上仕而汚去如

巴川村正月一日上米四斗一刀大豆二斗四刀二月一日上米

四斗一刀大豆二斗四刀三月米四斗

(뒷면)

米十斗失受

永忽知乃末受丑二石上米十五斗七刀 之直大舍受失二石

上米十七斗丑一石十斗上米十三斗 熱△山大舍受丑二石

上米一石一斗

　　우선 丑과 失의 의미가 문제이다. 吏讀 전문가에 의해 최초로 丑과 失이 대한 견해가 나왔다.[67] 곧 失은 實의 假借표기로서 '잣'을 가리키는 것으로 볼 수 있고, 丑은 '秋(楸)'의 가차표기로서 '호두(胡桃, 楸子, 가래)를 가리키는 것'이라고 했다. 일본과 한국의 고대사에 밝은 일본 학자에 의해 이에 대한 연구 성과가 나왔다.[68] 여기에서는 '丑'은 어떤 곡물, '失'은 '受失'로서 받지 못했다는 뜻으로 이해했다. 그 뒤에 신라 고문서와 목간에 대해 조예가 깊은 사학자에 의해 정창원 좌파리가반 부속문서에 대한 가설을 내놓았다.[69] 여기에서는 '丑'은 12개월

---

67) 남풍현, 「第二新羅帳籍에 대하여」『미술자료』 19, 1976; 「일본 정창원 소장의 신라 출납장」『이두연구』, 2000, 287~288쪽.

68) 鈴木靖民, 「正倉院佐波理加盤附屬文書の解讀」『末松保和博士古稀記念 古代東アジア史論集』上, 1978; 『古代對外關係史の硏究』, 1985, 347~349쪽.
여기에서는 좌파리가반 부속문서의 작성 시기를 天平勝寶 4年(752)에 작성된 買新羅物解에 기입된 迊羅五重鋺이 정창원 창고에 납입된 과정을 중시하여 752년 이전으로 보았다. 배산산성 목간의 작성 연대가 675년이고, 大舍가 금석문에서 합자되는 예는 673년의 癸酉銘阿彌陀三尊佛碑像에 많이 나오고 있어서 正倉院 佐波理加盤附屬文書의 작성 시기를 670년대로 보아야 되고, 이 문서가 일본의 정창원에 들어간 시기는 752년 이전으로 보아야할 것이다. 또 754~755년 사이에 조성된 경덕왕대 신라화엄경사경조성기에도 大舍가 5번, 舍가 2번 나온다.

69) 윤선태, 「正倉院 所藏 '佐波理加盤附屬文書'의 新考察」『국사관논총』 74, 1997, 304~309쪽.

제5장 지방 목간 　제3절 대구 팔거산성 출토 목간의 재검토　425

의 월봉, '失'은 '지난달에 유고로 인해 수령하지 못했던 前月의 월봉'으로 해석하였다.

2010년에 들어와 일본의 지방목간연구전문가에 의해 正倉院 佐波理加盤附屬文書를 전혀 새로운 각도에서 연구되었다.[70] 여기에서는 '丑'을 '籾' 곧 탈곡하기 전의 벼를 뜻하는 한자로 보고,[71] '上米'를 '上(納)한 쌀'로 이해하고, 문서 뒷면의 내용을 '관청이 관청에 수납되어 있던 丑을 각 관인에게 지급하여 이를 탈곡하여 上納하게 했다는 것을 알 수 있는 기록'이라고[72] 해석하였다.

이제 正倉院 佐波理加盤附屬文書를 해석할 차례가 되었다.

공물 문서는 '犭接五는 물품 창고의 일련 번호. 馬於內(지명)에서 上等의 犭(貂) 1구를[73] 바쳤다. 그 꼬리도 바쳤으나 더럽혀졌다.'

'巴川村에서 正月 一日에 上米 四斗一刀, 大豆 二斗四刀를 바쳤고, 二月一日에 上米 四斗一刀, 大豆 二斗四刀를 바쳤고, 三月에 米四斗를 바쳤다.' 이 두 가지는 모두 供物 문서이다.

'……米十斗, 失을 받았는데[74]……이다. 永忽知 乃末이 丑 二石, 上米 十五

---

70) 平川 南, 「正倉院佐波理加盤附屬文書の再檢討 -韓國木簡調査から-」 『日本歷史』 750, 2010.

71) 탈곡하기 전의 쌀은 볏짚이 붙어있는 벼에 대한 한자 용어는 모르고 있다. 丑은 탈곡한 벼이다. 탈곡을 하지 않으면 운반과 보관이 어려워서 안 된다. 우리나라에서 탈곡한 벼로 주로 漕運을 통해 운송하고, 탈곡한 벼인 丑으로 보관한다. 탈곡하지 않고 보관하려고 하면 보관 창고가 엄청나게 커져야 하기 때문에 그 비용이 엄청나게 든다. 볏짚은 노천에 그냥 재어 놓으면 되고, 탈곡한 벼의 낟알을 보관하면 보관비용이 훨씬 적게 든다.

72) 上米를 上納하는 쌀로 해석했으나 上米는 上品쌀로 판단되어 받은 녹봉 품목 가운데 하나로 판단된다. 녹봉의 품목으로는 上米이외에도 丑(벼), 失(보리)가 있다.

73) 犭를 平川南, 앞의 논문, 2010, 5쪽에서는 돼지고기로 보기도 하나 돼지 껍데기인 모피를 바칠 이유가 없어서 담비(貂)로 본다. 이를 이수훈, 「正倉院 <좌파리가반부속문서>의 검토」 『역사와 경계』 124, 2022에서는 마도 3호선의 목간 19번의 犭脯 등을 통해서 사슴으로 보고 있다.

74) 하시모토 시게루, 앞의 논문, 2021, 465쪽에서 '受失'는 관인이 국가로부터 받지 못

斗七刀를[75] 받았다. 之直大舍가[76] 失 二石, 上米 十七斗, 丑 一石十斗, 上米 十三斗를 받았다. 熱△山 大舍가 丑 二石, 上米 一石一斗를 받았다.' 이는 祿俸 문서이다.

여기에서는 米는 도정한 쌀을 의미하고, 丑은 도정하지 않고, 탈곡한 뒤의 벼을 의미하고, 失은 쌀, 보리, 조, 콩, 기장의 5곡[77] 가운데 도정하지 않고 탈곡한 보리를 의미한다.[78] 丑은 논벼, 失은 밭벼일 가능성도 고려해 보았으나 그 가능

했다. '失受'는 반대로 국가가 관인으로부터 규정대로 받지 못했다로 해석하고 있으나 지나친 해석이다. 왜냐하면 失이 보리이기 때문이다. 곧 '受失'은 '보리 얼마를 받았다'는 뜻이다. '失受'는 '보리를 받은 것' 정도로 해석된다.

75) 上米 十五斗七刀를 米(쌀) 十五말 七되를 上納했다고 일본학계에서는 해석하고 있으나 여기에서는 上米를 上品쌀로 해석하고, 녹봉의 하나라고 해석한다. 앞의 공물 문서에 二月一日上米四斗一刀大豆二斗四刀三月米四斗라고 해서 米도 나오고, 上米도 나오기 때문이다.

76) 이를 이수훈, 앞의 논문, 2022에서는 亡羅로 읽어서 무리로 보고 있다.

77) 좌파리가반 문서에 上米, 米, 丑, 大豆가 나오는 데에도 불구하고, 丑 다음으로 중요한 곡식인 보리가 안 나오는 것에 대해서 주목할 필요가 있었다.

78) 녹봉 문서에서 之直大舍受失二石과 熱△山大舍受丑二石은 구조적으로 같다. 之直大舍受失二石에서 之直大舍가 失(보리)二石을 받았다고 해석되는 점과 熱△山大舍受丑二石에서 熱△山大舍가 丑(벼)二石을 받았다고 해석되는 점은 주목해야 할 것이다. 失受가 米十斗失受……에 보이는 점과 부산 배산산성 목간에 보이는 점은 주목된다. 부산 배산산성 목간에서는 곡물명이 나오지 않고 있다. 그 이유를 간과해왔다. 왜냐하면 失이 보리의 탈곡한 낟알이란 사실을 몰랐기 때문이다. 배산산성 목간에서 촌명이 있는 것은 좌파리가반 문서의 巴川村이 나오는 공물 문서를 따랐고, 受로 적어서 月別로 날짜를 적은 것도 공물 문서를 따랐지만 곡식의 명칭이 없고, 受, 失受라는 한자는 공물 문서에는 없고, 녹봉 문서에만 나온다. 그래서 배산산성의 목간을 해독하기가 어려웠다. 연구자들은 모두 좌파리가반 문서를 비교의 대상으로 했으나 배산산성 목간에 월별로 날짜가 나오는 데에도 불구하고 丑(벼), 大豆, 上米, 米 등의 곡식은 찾지 못했다. 배산산성 목간에서 失受의 失이 보리 낟알로 추정되는 바이다. 그래야만 배산산성 목간의 해석이 된다. 이 목간으로 관인층인 ……米十斗失受(乃末이나 그 보다 높은 관등을 가진 자)와 관인층인 之直大舍와 배산산성 목간에 나오는 △今知△(빈민구제 대상인 평민)도 보리밥을 먹었다고 판

성은 없는 것으로 보았다.

이 좌파리가반 부속문서에서 중요한 것은 도정한 쌀은 米로 표시하고 있고, 도정하지 않는 벼 곧 탈곡한 벼는 丑으로 표기한 점이다. 또 麥은 도정한 보리 쌀로, 도정하지 않는 탈곡만 보리는 失로 표시한 점이다.[79] 목간 14번에서 稻의 판독은 탈곡하지 않는 곧 타작을 하지 않는 벼의 존재를 상정해야 된다.

탈곡하지 않는 벼인 稻一石은 마차로 한 대분보다 많아서 팔거산성에 가져 와서는 탈곡을 하고 도정을 할 수가 없다는 점이다. 그러한 시설이 산성 발굴에 서는 전무하다는 점이다. 마차로 한 대분이상의 벼를 조그마한 하찰을 달아서 는 곧 어디있는지도 알 수 없고, 보이지도 않을 것이다. 또 산성에서는 방어가 주 임무이므로 벼를 도정할 시간이 없다. 우리나라에서는 탈곡을 하지 않는 벼 인 稻로는 국가에 바치거나 매매를 하지 않는다. 국가에 바치는 것은 오래 보관 이 가능한 丑으로, 민간에서는 米로 매매를 한다. 우리말에 곡식을 파는 상점을 싸전이라고 한다. 이는 쌀전이란 말에서 유래한 것으로 그 연원을 알 수가 있다. 그래서 '싸전에 가서 밥 달라고 한다.'란 속담도 있다. 따라서 팔거산성에 공진 물로 바치는 벼를 탈곡하지 않는 채로 공적인 데다 그냥 낼 수는 없어서 稻의 판독은 재고의 여지가 있다.

단된다.
이수훈, 앞의 논문, 2022에서는 失受·受失·受는 受納 물품을 檢數할 때 사용한 검수전문 용어로 보고 있다. 곧 '受'의 의미는 '受納한 것'이고, '失受'는 '失期한 受 納' 바꾸어 말하면 '受納하지 않는 것'이며, '受失'는 '失期한 受納' 바꾸어 말하면, '受納 기일을 놓친 것'으로 규정하였다. 이렇게 '受'와 '受失', '失受'의 의미를 파악해 야만, 佐波理加盤附屬文書의 뒷면의 내용이 순조롭게 이해된다고 강조하고 있다.

79) 부산 배산산성 목간에서 失이 나오는데 이는 배산산성이 郡治이기 때문에 오래 보 관할 수 있는 失을 빈민구제를 위해 배급한 것으로 보인다. 또 함안 성산산성 목간 에서 米, 麥, 稗가 나오는데 그 가운데 稗가 압도적으로 많다. 米와 麥이 도정을 한 것이므로 稗도 도정을 했을 것이다. 따라서 함안 성산산성에서 나오는 稗를 馬料로 본 윤선태의 가설은 재고의 여지가 있다.

V. 목간 14번의 本彼部△△村

이 부분은 최초의 판독자에 의해 정확히 판독되었다.[80] 이를 本△△[　]로 판독하고 있다.[81] 이 부분을 本彼部△△村으로 판독한 사람들은 헛것을 본 것일까? 本彼部△△村의 판독은 신라 도성제 연구에 중요할 뿐만 아니라 처음으로 部에 村이 존재함을 알려주는 자료이다. 중성리비에서 우선 눈에 띄는 것은 蘇豆古利村 출신의 3명과 那音支村 출신의 3명이 존재하는 점이다. 중성리비의 요체는 豆智沙干支의 宮(居館)과 日夫智의 宮(居館)을 빼앗아 (沙喙部의) 牟旦伐에게 주라는 것이다.[82] 그런데 왕경인이 국왕을 비롯한 27명 정도만 참가하면 충분하지 왜 지방민까지 동원했는지 의문이 생긴다. 또 대구 팔거산성 목간 14번에서 本波部△△村△△△△(앞면) 米一石私(뒷면)이 나와서 6부에 성촌이 소속됨을 알게 되어 의문이 풀렸다. 중성리비의 蘇豆古利村 출신의 3명과 那音支村 출신의 3명은 모두 사탁부 소속의 사람임으로 추정할 수 있게 되었다.

다음으로 들 수 있는 자료로 내남 망성리 유적에서 나오는 기와명 자료가 있다. 이를 예로 들면 다음과 같다. 井井習部명 · 井井習府명[83] · 習명 · 井마크[84] 등의 기와 명문이 그것이다. 이 기와는 680년경으로 추정되고 있다.[85] 이들 기

---

80) 전경효, 앞의 논문, 2022, 17쪽.

81) 하시모토 시게루, 앞의 논문, 2023, 70쪽.

82) 김창호, 「포항 중성리 신라비의 재검토」『신라사학보』 29, 2013.

83) 習府가 과연 習部인지는 현재까지 자료로는 알 수가 없다. 신라에서 부명은 반드시 部로 표기하고, 府로 표기한 예가 없기 때문이다. 習府라 해도 官廳名이 되어서 말이 통하기에 충분하다.

84) 도교 벽사 마크라는 것은 일본의 지방 목간 전문연구자 平川 南의 가설이 유명하다. 이는 井자가 아니라 #마크로 가로 세로로 세 줄씩 그은 九의 약체이다.

85) 월지에서 함께 나오는 朝露二年명 보상화문전의 연대인 680년에 근거하고 있다.

와 명문은 習比部를 가리키는 것으로 보고, 망성리 일대를 습비부로 본 가설이 있다.[86] 망성리 일대에는 방리제의 흔적이 없어서 습비부라기보다는 습비부에 소속된 일명촌명으로 보는 쪽이 타당할 듯하다.

그 다음으로 보상화문전과 악부인동문 암막새가 출토되어[87] 한지부로 추정되고 있는 현곡 다경와요지가 있다. 다경와요지 출토로 짐작되는 전명이 있다. 月池에서 나온 雙鹿寶相華文塼片에 다음과 같은 銘文이 그것이다. 調露二年/漢只伐部君若小舍~/三月三日作康(?)~이를 해석하면 다음과 같다. 調露 2年(680)에[88] 漢只伐部의[89] 君若 小舍가 (監督)했고, 3月 3日에 作康(?)이 (만들었다)가 된다. 君若 小舍는 監督者이고, 作(康?)~는 製瓦匠의 人名이 된다.[90] 이 명문에 나오는 월지와 그 주위에서는 漢只, 漢, 漢只伐部 등의 명문이 나온다. 이들은 漢只 등 관련 기와 명문은 다경요에서 구워진 것으로 추정하고 있다. 그렇다면 다경 일대를 漢祇部의 逸名村이 있었던 곳으로 볼 수가 있다.[91] 따라서 목간 14번의 本彼部△△村의 판독은 정확하다고 사료된다.

---

86) 조성윤, 「고고자료로 본 新羅六部의 범위와 싱격」 『신라문화유산연구』 2, 2018 참조.

87) 김성구, 「다경와요지 출토 신라와전소고」 『미술자료』 33, 1983.

88) 종래 8세기 중엽으로 보아온 보상화문전의 연대를 680년으로 소급해 보게 되었다.

89) 漢只伐部란 부명은 673년 계유명아미타삼존불비상에서 사라져 있고, 신라에서 부명이 사라진 때는 661년 태종무열왕비이다. 이 한지벌부는 680년이므로 잔존 요소이다.

90) 이를 종래에는 調露二年漢只伐部君若小舍~三月三日作康(?)~(개행)를 調露二年(680)에 한지벌부의 군약소사가 三月三日에 지었다로 해석하고 있으나 이는 잘못된 해석으로 단 年號+인명 표기로 구성됨을 분명히 밝힌 해석 방법이다.

91) 본피부에 소속된 현재의 모량리, 사탁부에 소속된 蘇豆古利村과 那音支村이 있던 현재의 포항 중성리 일대, 습비부에 소속된 현재의 망성리 일대, 한지부에 소속된 다경 일대, 그 외 6부에 소속된 많은 일명촌의 바깥쪽을 연결하는 선이 신라 王畿일 듯하다.

VI. 安居礼와 安居利의 동일인설

먼저 설명의 편의를 위해 이 두 가지 인명이 나오는 목간을 다시 한 번 소개하면 다음과 같다.

1번 壬戌年安居礼甘麻谷
16번 安居利干支 私 男谷村支之

여기에서 음상사이기 때문에 安居礼와 安居利는 동일인이라는 것이다.[92] 그 구체적인 증거로 남산신성비 제2비의 仇利城을『삼국사기』, 자비마립간 17년(474) 기사에 나오는 仇礼에 비정되고 있다는 점을 들었다. 仇利城은 국사편찬위원회 한국사데이터베이스에 위치를 알 수 없다고 되어 있어서 仇礼와 동일한 지명인지 알 수가 없다. 남산신성비 제2비에 나오는 沓大支村은 상주 화서면 회령으로, 沙刀城은 상주 지방으로 보아 왔으나 봉평비에 제2비에 나오는 阿大兮村이 나오고 있어서 위치 비정에 문제가[93] 생겼다. 곧 이들 지명은 청하 근처로 비정해야 된다는 말이다.

安居礼와 安居利이 동일인데 安居利는 干支라는 외위를 가지고 있고, 安居礼는 외위가 없는 점에 대해서 다음과 같은 증거를 들었다.[94]

2007-23번 及伐城文尸伊稗石 '及伐城의 文尸伊가 낸 稗 1石이다.'

---

92) 하시모토 시게루, 앞의 논문, 2023, 76~77쪽.
93) 阿大兮村을 介同兮縣에 비정해 현재의 구미시 해평면 해평리 일대로 비정하거나 상주 근처로 비정하고 있으나 524년의 봉평비에 阿大兮村使人이 나오는데 실지군주의 領縣이 해평리 일대나 상주 근처로 볼 수가 없다. 오히려『삼국사기』권35, 잡지4, 지리지2에 나오는 有隣郡 本高句麗于尸郡 景德王改名 今禮州 領縣一 淸河縣 本高句麗阿兮縣 今淸河縣의 阿兮縣과 연결해야할 것이다.
94) 하시모토 시게루, 앞의 논문, 2023, 76쪽.

2007-24번 及伐城文尸伊急伐尺稗石 '及伐城의 文尸伊와 急伐尺이 낸 稗 1石
이다.'

여기에서 목간 2007-24번의 文尸伊는 及伐尺(急伐尺)이라는 관등을 갖다가
2007-23번에서는 관등을 가지지 않는다는 것이다. 문제가 되는 것은 級伐尺이
외위라는 점이다. 級伐尺과 같은 관등으로 及伐尺이 있다. 이 자료를 제시하면
다음과 같다.

IV-597번 正月中比思(伐)古尸次阿尺夷喙(앞면) 羅兮落及伐尺幷作前瓷酒四
斗瓷(뒷면) '正月에 比思(伐)의 古尸次 阿尺의 夷(무리)와 喙(部) 羅兮落
及伐尺(경위명)이 아울러 前瓷酒 四斗瓷을 만들었다.'

우선 정확한 해석을 위해 함안 성산산성 목간 2016-W150번 전문을 제시하
면 다음과 같다.

1면 三月中 眞乃滅村主 憒怖白
2면 大城在弥卽尒智大舍下智前去白之
3면 卽白 先節六十日代法稚然
4면 伊毛罹及伐尺寀言廻法卅代告今卅日食去白之
'3월에 眞乃滅村主 憒怖白이 大城에 있는 弥卽尒智大舍下智 앞에 나아가 아
룁니다.
곧 앞선 때에 아뢴 60일 代法은 서투른 것이었다고 아룁니다.
伊毛罹及伐尺께 '寀에 말하기를 법을 피해 30대를 고하고, 지금 30일을 먹고
갔다.'고 아뢰었습니다.

먼저 及伐尺이 외위일 때, 어떤 문제가 생기느냐하면 음이 똑 같은 及伐尺이
외위에도 急伐尺이라고 있어서 及伐尺=急伐尺이 된다. 같은 외위명에서 똑 같
은 한자로 쓰지 않았던 예가 외위에서는 없는 점이 문제가 된다.
다음으로 及伐尺을 경위로 보고, 急伐尺은 외위로 볼 때에는 같은 발음을 가
진 관등명이 외위와 경위에 동시에 존재하게 되는 문제가 생긴다.

마지막으로 외위 11개의 관등에 나오는 것을 인용해 보자. (1)嶽干, (2)述干, (3)高干, (4)貴干, (5)撰干, (6)上干, (7)干, (8)一伐, (9)一尺, (10)彼日, (11)阿尺이 전부이다. 어는 관등명도 2자나 1자로 되어 있을 뿐, 3자로 된 관등명은 없다.

그러면 함안 성산산성의 쌍둥이 목간은 어떠했는지를 알아보기 위해 7개의 쌍둥이 목간을 제시하면 다음과 같다.

> 3번 仇利伐/上彡者村波婁와 34번의 仇利伐/上彡者村波婁
> 12번 上莫村居利支稗와 44번 上莫△居利支稗
> 13번 陳城巴兮支稗와 41번 陳城巴兮支稗
> 43번 陽村文尸只와 2006-6번 陽村文尸只稗
> 69번 千竹利와 70번 千竹利
> 2007-8번 仇(阤)△一伐 奴人 毛利支 負와 2007-31번 仇利伐 仇阤知一伐奴人
>   毛利支 負
> IV-595번 古阤一古利村夲波(앞면) 阤彡支稗麥(뒷면)와 IV-595번 古阤一古利
>   村本波(앞면) 阤彡只稗麥(뒷면)

여기에서 3번과 34번은 波婁로 같고, 12번과 44번에서 居利支도 음과 한자가 같고, 13번과 41번에서도 巴兮支가 음과 한자가 같다. 43번과 2006-6번에서도 文尸只가 음과 한자가 같다. 69번과 70번에서 千竹利도 음과 한자가 같다. 2007-8번과 2007-31번에서도 毛利支가 음과 한자가 같다. IV-595번과 IV-595번에서는 각각 阤彡支와 阤彡只로 한자의 음은 같으나 한 글자가 틀린다. 따라서 安居礼와 安居利의 동일인이려고 하면 적어도 한자의 음은 같아야 한다. 결국 急伐尺은 외위명이 아니라 인명으로 보아야 할 것이다.

VII. 王私의 검토

먼저 함안 성산산성 목간과 대구 팔거산성 목간에서 王私가 나오는 목간을 제시하면 다음과 같다.

성산산성 목간
2번 甘文城下麥甘文本波王私(앞면) 文利村知利兮負(뒷면)
6번 王私烏多伊伐支△負支
2006-25번 王私烏多伊伐支卜烋
2007-44번 夷津支城下麥王私巴珎兮村(앞면) 弥次二石(뒷면)
V-164번 三月中鐵山下麥十五斗(앞면) 王私△阿礼村波利足(뒷면)

팔거산성
3번 △△年王私所利(珎)習△△麥石
6번 丙寅年(王私)△(分)△△休
15번 △村王私禾△△△(之)

　　王私 목간은 私를 왕·왕실과 관련된다고 추정한 근거는 私臣과 私母이다.
私臣에 대해서는 『삼국사기』 권4, 신라본기, 진평왕 44년(622) 2월조에 以伊飡
龍樹爲內省私臣 初王七年大宮·梁宮·沙梁宮三所各置私臣 至是治內省私臣
一人 兼掌三宮이라고 하였고, 『삼국사기』 권39, 직관지에 內省 景德王八年改
爲殿中省 後復故 私臣一人 眞平王七年 三宮各置私臣 大宮和文大阿飡 梁宮
首盼夫阿飡 沙梁宮弩知伊飡 至四十四年 以一員兼掌三宮 位自衿荷至太大角
干 惟其人則授之 亦無年限 景德王又改爲殿中令 後複稱私臣이라고 나온다. 그
래서 私臣은 왕 및 왕족의 거소인 여러 궁을 관장했으나 私臣의 私는 왕의 사
적·개인적 영역 나아가서 왕·왕실 그 자체를 함의했다고 보았다.

　　私母에 대해서는 『삼국사기』 권39, 직관지, 본피궁조에 本彼宮 神文王元年
置 虞一人 私母一人 工翁二人 典翁一人 史二人이라고 나온다. 私母가 本彼宮
을 관장했다고 보고서, 私母의 私도 私臣의 私와 같이 왕실과 관련되는 것으로
보았다.[95]

---

95) 木村誠, 앞의 논문, 2006, 10쪽.

私臣, 私母는 경영체로서 宮을 통하여 왕실의 토지, 예속민의 관리와 관련되었을 가능성이 있다. 王私도 그러한 왕·왕실이 소유하는 토지, 예속민과 관련이 있는 말로 추정된다. 王私 목간의 뒤에는 촌명+인명이 나오므로 이 촌명이 왕·왕실 직할지이며, 인명은 그기에 예속된 사람으로 보았고, 王私 목간은 왕실 직할지 주민이 성산산성에 역역 동원된 것으로 해석하였다.[96]

王私 목간의[97] 출발점이 된 신라 둔전문서의 法私의 私가 왕실을 나타내지 않고 사람을 나타내서 문제가 되고, 촌명+인명의 앞에 오는 것은 직명이나 本波, 阿那, 末那, 前那, 未那 등의 특수한 지명이 올 수 있고, 사람은 올 수가 없다. 팔거산성의 목간 15번인 △村王私禾△△△(之)에서 촌명 뒤에 王私가 나오고 있어서 이 王私를 왕·왕실의 직할지에 있는 사람들로서는 풀 수가 없다. 그러면 무엇일까? 王私가 직명은 아니므로 本波, 阿那, 末那 등과 같은 특수한 지명일 가능성이 있다. 그 근거가 되는 자료로 팔거산성 목간 14번 本彼部△△村 △△△△(앞면) 米一石私(뒷면)이 있다. 이 자료의 私의 의미가 무엇일까? 주목되는 자료로 성산산성에서 출토된 2점의 城下麥 목간이 있다. 우선 관계 전문을 제시하면 다음과 같다.

2007-45번 甘文城下△米十一斗石喙大村卜只次持△
2016-W116번 小南兮城麥十五斗石大村~

목간 2007-45번과 목간 2016-W116번에서 斗石이란 하나치가 눈에 띈다. 이를 팔거산성 목간 14번의 石私와 비교하면 私가 많은 부피를 표시하는 하나치로 보인다.[98] 私는 왕의 사적·개인적 영역 나아가서는 왕·왕실 그 자체를 의

---

96) 하시모토 시게루, 앞의 논문, 2022, 209쪽.

97) 王私가 私母·私臣과 같은 유로 보려고 하면 王私가 아니라 私王의 순서가 되어야 한다. 정창원 둔전문서에 나오는 法私와 관련될 가능성은 있다.

98) 짚으로 만든 곡식을 넣는 것을 섬 또는 섭이라고 민간에서는 했는데 사전에는 없고, 사전에는 일곱날 섬과 다섯날 섬이 나온다. 이 가운데 일곱날 섬은 곡식 30말이 들

미하는 것이 아니라 많은 부피를 나타내는 하나치이다. 왜냐하면 石보다 많은 부피를 나타내기 때문이다.

VIII. 城下麥 목간

함안 성산산성
2번 甘文城下麥甘文夲波王私(앞면) 文利村知利兮負(뒷면)
60번 巴珎兮城下(麥)(결락)(앞면) 巴珎兮村(결락)(뒷면)
2006-1번 甘文城下麥夲波大村毛利只(앞면) 一石(뒷면)
2007-44번 夷津支城下麥王私巴珎兮村(앞면) 弥次二石(뒷면)
2007-45번 甘文城下(麥)米十一(斗)石(喙)大村卜只次持去
2007-304번 夷津支城下麥烏列支負(앞면) △△△石(뒷면)
V-164번 三月中鐵山下麥十五斗(앞면) 王私△河礼村波利足(뒷면)
V-165번 甘文(城)下麥十五石甘文(앞면) 夲波加夲斯(稗)一石之(뒷면)
2016-W94번 甘文城下麥十五石甘文夲波(앞면) 伊次只去之(뒷면)
2016-W116번 小南兮城麥十五斗石大村~

대구 팔거산성
7번 丙寅年次谷鄒ㅎ下麥易大(豆)石

  함안 성산산성과 대구 팔거산성에서만 나오는 城下麥 목간은 왜 독특한 문틀을 가진 것일까? 그 이유는 정확히 모르고 있다. 함안 성산산성의 작성 연대는 540년경이고,[99] 대구 팔거산성의 연간지에서 壬戌年은 542년, 丙寅年은 546년이다. 지방 목간 가운데에는 이른 시기에 속한다. 신라에서 석성은 명활산성

어가는 하나치라고 한다.
99) 이렇게 보는 이유는 경위가 외위보다는 먼저 완성되었을 가능성이 있기 때문이다.

이 5세기 후반에 해당되고,[100] 지방의 석성 가운데 가장 빠른 것은 보은 삼년산성으로 470년이란[101] 절대 연대를 가지고 있다.

城下麥 목간에서 麥만 있어도 될 것을 왜 城下麥이라고 하면서 복잡한 문틀을 가지고 있을까? 함안 성산산성 목간에서는 260여 점 가운데 11점에만[102] 있고, 다른 목간에서는 없을까? 11점이 갖고 있는 城下麥이라는 문틀은 목간을 작성하는데 편리한 것이 아니라 불편한 것이다. 이 불편한 문틀은 계속 사용할 것이 아니라 사라질 것이다. 그렇지 않고 계속 증가 추세에 있다면 583년의 절대 연대를 가진 김해 양동산성 목간 1번의[103] 癸卯年七月栗村百刀公磚日除麥石이 城下麥 목간이 아니라는 점에서 성산산성 목간 Ⅴ-164번이나 팔거산성 목간 7번처럼 사라져가는 과도기로 보인다. 만약에 점점 城下麥 목간으로 발전한 단계였다면 양동산성 목간 1번이 城下麥 목간으로 나타났을 가능성이 클 것이다.

IX. 신라의 지방 지배

신라의 지방지배와 목간이란 제목으로 논문을 썼기 때문에 이에 대한 언급이 있는지를 꼼꼼히 살펴보았으나 이에 대한 언급은 없고, 경주 명활산성비에 나오는 다음의 3사람에 주목하여 지방 지배를 논하고 있다.

---

100) 유환성, 「경주 명활성의 발굴성과와 향후과제」『한국성곽연구의 신경향』, 2014.

101) 『삼국사기』 권2, 신라본기2, 자비마립간 13년(470)조에 十三年 築三年山城이라고 했다.

102) 대구 팔거산성 목간 1점을 포함하였다.

103) 이수훈, 「김해 양동산성 출토 목간의 검토」『역사와 경계』, 2020, 270쪽. 하시모토 시게루, 앞의 논문, 2023, 75쪽에서 목간 2번 麥六十个石으로 소개하고 있다. 또 个자를 大자로 하시모토 시게루, 앞의 논문, 2023, 74쪽에서는 억지로 판독하고 있으나 이는 잘못된 것이다.

抽兮下干支徒作受長四步五尺一寸
△叱兮一伐徒作受長四步五尺一寸
△△利波日徒受長四步五尺一寸

그래서 목간 16번 安居利干支 私 男谷村支之를 10명의 우두머리로 보아서 나머지 사람들의 역역이나 공진물의 납부를 주관한 것으로 보았다.[104] 팔거산성 목간 10개 가운데에 연간지가 있는 목간이 2~3개나 되고, 그 연대는 다 달라서 抽兮下干支 등과 같이 집단의 우두머리가 될 수가 없다. 이 문제를 좀 더 살펴보기 위해 함안 성산산성 목간에서 외위를 가진 목간을 제시하면 다음과 같다.

4번 仇利伐/仇失了一伐/尒利△一伐[105]
5번 仇利伐 △德知一伐奴人 塩 (負)
13번 大村伊息知一代
23번 ~△知上干支
29번 古陁新村智利知一尺那△(앞면) 豆于利智稗石(뒷면)
72번 ~△一伐稗
2007-8번 ~△一伐奴人毛利支 負
2007-21번 ~豆留只(一伐)
2007-31번 仇利伐 仇陁知一伐奴人 毛利支 負
IV-597번 正月中比思(伐)古尸次阿尺夷喙(앞면) 羅兮落及伐尺幷作前瓷酒四斗瓮(뒷면)
V-166번 古陁伊未妍上干一大兮伐(앞면) 豆幼去(뒷면)
2016-W89번 丘利伐/卜今智上干支奴/△△利巴支負

함안 성산산성 목간은 외위를 갖는 인명도 5번에서는 소금을, 29번에서는 稗 1석을, 72번에서는 稗를, 5번과 2007-8번과 2007-31번과 2016-W89번에서는 소

---

104) 하시모토 시게루, 앞의 논문, 2023, 77~78쪽.

105) 이 목간은 국립가야문화재연구소, 『한국의 고대목간Ⅱ』, 2017에는 나오지 않는 것이다. 이러한 예가 20여 개나 된다.

금으로 추정되는 負를 공진물로 내고 있고, IV-597번에서는 술을 만들어서 공진물로 내고 있어서 외위를 가진 자와 안가진 자의 공진물의 차이는 없다. 甘文(城)은 州治가 설치되었던 곳이라도 단 1명의 외위를 가진 자가 없다. 及伐城의 경우는 8개의 목간이 나왔는데에도 외위를 가진 자가 없다. 仇利伐의 경우에는 추정 仇利伐 목간인 2007-8번을 포함하여 모두 6명이나 되어 거의 외위를 가진 자의 절반을 차지한다.

목간에 있어서 만인이 인정할 수 있는 신라 지방지배의 근거는 伊伐支로『삼국사기』권35, 잡지4, 지리지2에 岌山郡 隣豊縣本高句麗伊伐支縣이라고 나와서 경북 영주시 부석면 일대라 한다. 6번 王私烏多伊伐支乞負支와 2006-25번 王私烏多伊伐支卜烋에 있어서 伊伐支는 행정촌이고, 그 앞에 나오는 王私烏多에서 王私는 곡식이 많이 생산되는 땅 이름이고, 烏多는 군명이고, 乞負支와 卜烋는 각각 인명이다. 그래서 대부분의 성산산성 지명에서 두 개로 된 것에서 앞의 것은 군명, 뒤의 것은 행정촌명이다.[106]

X. 맺음말

먼저 고고학적 환경에서는 대구광역시 북구 노곡동 산1-1번지에 위치한 팔거산성은 대구의 대표적인 삼국시대의 산성 가운데 하나이다. 2020년 10월부터 2021년 7월까지 (재)화랑문화재연구원에 의해 정식 발굴 조사가 시행되었다. 목간은 장방형으로 된 제2집수지에서 16점이 출토되었는데, 글자를 읽을 수 있는 것은 모두 10점이다.

다음으로 목간 16점 가운데 10점에 묵서가 있어서 이를 여러 학자의 판독과

---

106) 고구려, 백제, 신라의 삼국시대에 郡縣制가 실시된 것으로『삼국사기』, 지리지 등에 나오나 이는 잘못된 것으로 郡制 아래에 城村制가 있었다고 생각된다.

비교하고, 문제가 되는 글자를 중심으로 다시 판독을 시도하였다.

다음은 목간 14번의 稻자 판독 문제점에 대해 살펴보았다. 稻米란 말은 없고, 산성에서는 방어가 주 임무이므로 벼를 도정할 시간이 없다. 우리나라에서는 탈곡을 하지 않는 벼인 稻로는 국가에 바치거나 매매를 하지 않는다. 국가에 바치는 것은 오래 보관이 가능한 丑으로, 민간에서는 米로 매매를 해서 탈곡하지 않는 稻로는 유통되지 않는 점이 문제이다.

그 다음은 목간 14번의 本彼部△△村의 판독에 대해 살펴보았다. 중성리비의 蘇豆古利村 출신의 3명과 那音支村 출신의 3명은 모두 사탁부 소속의 사람임으로 추정할 수 있고, 망성리에서 나온 井井習部명·井井習府명·習명·井마크는 망성리가 습비부 소속의 일명촌이었음을 상정할 수 있고, 다경요지에서 나온 것으로 추정되는 漢只·漢只伐部 등은 다경이 한지부 소속의 촌이었음을 말해주고 있어서 本彼部△△村의 판독은 타당하다고 보았다.

그 다음은 安居礼와 安居利의 동일인설에 대해서는 외위를 安居礼는 갖지 않았고, 글자의 음도 틀려서 동일인이 아닐 가능성이 크다고 하였다. 함안 성산산성 목간의 7쌍의 쌍둥이 목간에서는 6명이 한자의 글자도 꼭 같았고, 1명의 쌍둥이 목간에서만 한자는 다르지만 그 음은 같은 글자를 사용하고 있었다. 따라서 安居礼와 安居利의 동일인이 아니다.

다음은 私臣은 왕 및 왕족의 거소인 여러 궁을 관장했으나 私臣의 私는 왕의 사적·개인적 영역 나아가서 왕·왕실 그 자체를 함의했다고 보았다. 私母가 本彼宮을 관장했다고 보고서, 私母의 私도 私臣의 私와 같이 왕실과 관련되는 것으로 보았다. 그러나 이는 私가 크고 넓은 땅을 가리키므로 성립될 수 없다고 보았다.

그 다음은 城下麥 목간은 독특하고 복잡한 문틀을 가지고 있어서 오랜 양식의 변화 속에서 사라져가는 추세에 있는 것으로 보았다. 그래서 城下麥 목간은 540년 이전의 석성 발굴에서 보다 많이 발굴될 가능성이 크고, 560년 이후의 석성에서는 나오지 않을 가능성이 크다고 보았다.

마지막으로 신라의 지방지배에 대해서는 팔거산성 목간 16번 安居利干支 私

男谷村支之를 10명의 우두머리로 보아서 나머지 사람들의 역역이나 공진물의 납부를 주관한 것으로 보았다. 팔거산성 목간 10개 가운데에 연간지가 있는 목간이 2~3개나 되고, 그 연대는 다 달라서 명활산성비의 抽兮下干支 등과 같이 집단의 우두머리가 될 수가 없다. 지금까지 나온 목간에서 신라 지방지배와 관련된 구절은 성산산성 6번 王私烏多伊伐支과 2006-25번 王私烏多伊伐支卜歘 뿐이다. 왜냐하면 伊伐支는 『삼국사기』, 지리지에 隣豐縣本高句麗伊伐支縣이라고 나와서 경북 영주시 부석면 일대라 하고 있기 때문이다. 이 이벌지는 행정 촌명이고, 그 앞에 나오는 王私烏多에서 王私는 곡식이 많이 생산되는 땅 이름이고, 烏多는 군명이다.

경산 소월리 출토 목간에 대하여

I. 머리말

경산 소월리 유적은 경북 경산시 와촌면 소월리 산60-1번지 일대에 위치하고 있다. 이곳은 삼국시대에서 통일신라시대의 생활 유적이다. 팔공산의 남동쪽에 위치한 와촌면은 신녕에서 자인으로 이어지는 남북도로와 영천에서 대구로 이어지는 동서도로가 교차하는 교통의 요충지이다. 透彫三面人物文甕은 2-Ⅱ구역[1] 남반부 고상건물지군 한 켠의 공지에 위치한 수혈 107호에서 출토되었다. 유구의 규모는 직경 1.6m, 깊이 1.8m 규모의 수혈은 생토층을 수직을 수직에 가까운 사선으로 굴착 조성되었다. 유물은 약 30cm 깊이의 갈색 사질토층에서 6세기대의 완, 개, 고배편, 인화문토기편 등이 출토되었으며, 80cm 깊이의 회청색 泥土層에서 透彫三面人物文甕, 목간 1점, 토기, 목기 등이 출토되었다. 수혈의 바닥에서는 완 1점, 이형토기 1점, 목재 2점이 출토되었다.

透彫三面人物文甕과 목간이 같은 수혈 107호에서 출토된 것은 특히 주목된다, 거의 완형인 透彫三面人物文甕과 목간의 출토는 각각의 유물로 볼 때, 그 유례가 없는 것이다. 透彫三面人物文甕은 토착신앙과 관련된 것이고, 목간은 토지대장이라서 透彫三面人物文甕이 농업과 관련된 토착신앙일 가능성이 크다.

여기에서는 먼저 목간의 형태와 판독에 대해 살펴보겠다. 다음으로 목간의

---

[1] 삼국시대인 고신라시대의 유구를 의미한다.

목적과 내용에 대해 살펴보겠다. 마지막으로 목간을 신라 둔전 문서와 비교하겠다.

II. 목간의 형태와 판독[2]

목간이 출토된 곳은 경북 경산 경산산업지구 진입도로 개설공사 부지(경산시 와촌면 소월리 1186번지) 내 2구역이다. 이곳은 북서에서 남동으로 이어지는 골짜기의 상류부이며, 근처에 소월지가 위치한다. 조사 지역은 주능선에서 남쪽으로 분기한 해발 79~99m 지점으로 이곳은 2019년 8월 26일부터 (재)화랑문화재연구원에서 I구역과 II구역으로 나누어 발굴조사를 했다. 그 결과 전체적으로 삼국~통일신라시대의 고상 건물지, 수혈, 가마, 주혈군, 고려~조선시대 토광묘, 수혈 등 670여 기의 유구가 발견되었다.

II구역의 경우 3개의 토층이 나타났는데, 위쪽으로부터 I층은 현대 경작층, II층은 삼국시대 문화층, III층은 갱신세층으로 나누어진다. 목간이 발견된 곳은 107호 수혈인데, 수혈의 지름은 1.6m가량이며, III층을 수직에 가까운 사선으로 굴착하여 조성되었다. 그 내부 토층은 갈색 沙質粘土層, 그 아래의 灰靑色泥土層으로 나눌 수 있다. 유물은 지표 아래 30cm 지점의 갈색 沙質粘土層에서 완, 개, 고배편이 발견되었으며, 지표 아래 80cm 지점의 灰靑色泥土層에서 透彫三面人物文甕 1점, 시루 1점이 출토되었다.

목간은 透彫三面人物文甕과 시루 근처에서 출토되었는데, 출토된 층위는 透彫三面人物文甕과 시루가 출토된 것보다 아래층이라고 한다.[3] 그런데 목간

---

2) 이 장은 주로 전경효, 「경산 소월리 목간의 기초적 검토」 『경산 소월리 목간의 종합적 검토』, 2022를 주로 참조하였다.

3) 목간과 透彫三面人物文甕이 반출되어서 목간의 토지 대장이 제사장인 衆士의 것

과 함께 있었던 것은 싸리나무로 추정되는 다발과 자귀로 추정되는 목제 유물이 있었다. 목간은 싸리나무다발과 자귀 아래에 이들과 나란한 형태로 발견되었는데, 목간은 싸리나무다발의 중간 아래에 놓여 있었고, 그 끝부분이 싸리나무다발보다 더 길게 노출되어 있었다.

목간의 크기는 최대 길이 74.2cm, 최대 직경 4.3cm, 최소 직경 2.8cm로 막대형이다. 그 단면은 원형이다. 그리고 중앙 부분은 조금 휘어져 있으며, 알 수 없는 이물질이 붙어있다. 목간의 위쪽은 자연적으로 파손된 것으로 추정되고, 아래쪽에는 끈을 묶기 위한 용도로 판 홈이 둘러졌다. 홈 위쪽에는 덩어리 형태의 이물질이 붙어있다. 목간 표면에는 글자를 작성하기 위해 다듬은 흔적이 있는데, 일정한 방향으로 가공한 것이 아니어서 다듬은 면적이나 방향이 불규칙하다. 이러한 가공 형태로 인해 목간의 글자가 기재된 면을 구분하기 어렵다.

당초 목간의 출토 상황과 홈이 둘러진 형태로 인해 싸리다발 추정 유물과 목간이 서로 연관 있을 것으로 여겨졌다. 홈의 존재는 일반적으로 목간이 묶어서 가지고 다닌 흔적을 말해주기 때문에 싸리다발이 그기에 묶였을 가능성을 막연히 추측해 본다. 그런데 목간에는 출토 직후부터 畓 · 田 · 三 · 堤 등의 글자가 육안으로 판독할 정도로 선명하게 남아 있었다.

목간은 2019년 11월 28일(목)에 수습되었다. 그곳에서 적외선 사진을 간단히 촬영하고, 국립경주문화재연구소 신라월성학술조사단으로 유물을 옮긴 후, 11월 29일(금)에 1차로 적외선 사진 촬영을 실시했다. 1차 촬영한 사진을 토대로 12월 6일(금)에 첫 번째 판독 자문회의를 개최한 결과 목간의 전체 글자 수는 94자이며, 6면 가운데 2면은 연습한 부분임이 밝혀졌다. 각 면별 글자 수를 살펴보면, A면은 21자, B면은 36자, C면은 11자, D면은 4자, E면은 15자, F면은 7자이다. 두 번째 판독 자문회의는 2020년 1월 2일(목)에 이루어졌다. 당일에는 2차 적외선 사진을 촬영한 후, 1차 촬영 적외선 사진, 현장 출토 컬러 사진, 현장

일 가능성이 있다. 이 중사에 대해서는 김창호, 「울주 천전리서석에 보이는 토착신앙」 『신라 금석문』, 2021 참조.

에서 찍은 적외선 사진과 비교하여 판독을 실시했다. 그 결과 목간의 면은 5면, 확실하게 판독되었거나 추정한 글자 수는 전체 98자이며, A면 21자, B면 41자, C면 11자, D면 4자, E면 21자임이 밝혀졌다. 『한국목간총람』에 의한 판독문을 제시하면 다음과 같다.

A 卅負 甘末谷畓七△堤上一結仇弥谷三結 堤下卅負
　　　　　五負
B △△△△乃刀△畓卅負 谷門弥珎上田三半 下只△△下田七負 內利田七負
　　　　　五負
　 仇利谷次巴　　　△
　　　　　四△
C 上只尸谷△七 結 赴文大五吉△負[4]
D　　　　　　　　　　　　　　△△柱柱 邱阝
E 畓中三結卅負 得△△△△△卅負　　△堤 堤堤 心心四△
　　　　　　사선은 추기

III. 목간의 목적과 내용

소월리 토지 대장은 지금까지 나온 적이 없던 것이다. 이를 둘러싸고 활발한 연구 성과가 있다.[5] 우선 A면부터 살펴보기로 하자. ~卅負 甘末谷畓七△堤上

---

4) 下只尸谷畓二結北△△△負로 전경효, 앞의 논문, 2020, 103쪽에서는 판독하고 있다.

5) 손환일, 「경산소월리목간의 내용과 서체」 『한국고대사탐구』 34, 2020.
　 전경효, 앞의 논문, 2020.
　 이용현, 「경산 소월리 문서 목간의 성격 -촌락 답전 기초 문서-」 『목간과 문자』 27, 2021.
　 홍승우, 「경산 소월리 목간의 내용과 성격」 『동서인문』 16, 2021.
　 정현숙, 「경산 소월리 목간의 서예사적 고찰」 『동서인문』 16, 2021.

一結仇弥谷三結 堤下卌負에서 卌負는 田의 크기이다. 甘末谷의 畓은 七△이고, 堤上의 (畓)은 一結이고, 仇弥谷은 (畓)이 三結이고, 堤下는 (畓)이 卌負이다가 된다.

B면은 ~△△△은 하나의 답이나 전의 단위이고, △乃刀△은 畓이 卌負이고, 谷門弥珎上은 田이 三半이고,[6] 下只△△下는[7] 田이 七負이고, 内利는 田이 七負이고, 仇利谷次巴는 문제이다. 이를 仇利谷의 次巴나 仇利谷次의 巴로 끊어서 田의 한 종류로 보기도 하나[8] 仇利谷次巴로 하나의 전답 이름이다. 仇利谷次巴은 (田이) 五負 四△이다가 된다.

C면은 上只尸谷△은 (田 또는 畓이) 七結이고, 赴文大은 (田 또는 畓이) 五吉(結)△負이다가 된다. 이를 下只尸谷畓二結北△△△負로 읽는다면 下只尸谷은 畓이 二結이고, 北△는 (田 또는 畓)이 △負이다가 된다.

E면은 畓中三結卌負 得△△△△△卌負로 여기에서 畓에서 三結卌負는 得△해서 얻은 것이고, △△△는 △(畓)이 卌負이다가 된다. 지금까지 논의해 온 바를 표로서 제시하면 다음의 <표 1>과 같다.[9]

<표 1> 토지 이름별 토지 종류와 토지 면적

번호	토지 이름	토지 종류	토지 면적	비고
A-1	?	?	?40負	
A-2	甘末谷	畓	△△	

주보돈, 「경산 소월리 출토 목간과 금호강」『경산 소월리 목간의 종합적 검토』, 2022.

6) 이를 손환일, 앞의 논문, 2020, 594쪽에서는 3.5부로 보았다. 소월리 목간에서는 부까지만 나오고, 束에 대해서는 언급이 없어서 3결 50부가 옳다.

7) 이 부분을 上田과 下田 등으로 나누고 있으나 밭은 상전과 하전의 구분이 없다. 논은 상습 침수 지역과 가물면 물이 마르는 논 등은 下畓으로 늘 논이 마르지 않는 논은 上畓으로 볼 수가 있다.

8) 이용현, 앞의 논문, 2021, 272쪽.

9) 이 표는 윤재석 편저, 『한국목간총람』, 2022, 355쪽에서 전제하였다.

번호	토지 이름	토지 종류	토지 면적	비고
A-3	堤上		1結	
A-4	仇弥谷		3結	
A-5	堤下		40負	
B-1	一△乃△△	畓	40負	
B-2	谷門弥珎上	田	3結50負?	원문은 三半이며, 3.5負일 수도 있음
B-3	下只△△下	田	7負	
B-4	內利	田	△負	
B-5	仇利谷次△		5負	
C-1	下只尸谷	畓	2結	
C-2	赴文大		△負	
E-1	?	畓	13結40負	
E-2	得△△△		3結40負	

그러면 확실하게 알 수 있는 A면의 甘末谷, 堤上, 仇弥谷, 堤下, B면의 ~△乃刀△, 谷門弥珎上, 下只△△下, 內利, 仇利谷次巴, C면의 下只尸谷, 赴文大, E면의 得△△△는 모두 마을로 보아 왔으나 논이나 밭의 이름으로 본다. 소월리의 토지 대장에는 마을 이름이 나오지 않는다.[10] 소월리의 토지 대장은 모두 이두로 된 밭과 논의 이름이다. 한두 가지만 풀이한다면 堤上은 '뚝우'이고, 堤下는 '뚝아래'로 풀이된다. 6세기 신라 전체에서 지명을 이두로 지어서 불렀다는 것을 알려주는 중요한 자료이다.

이러한 토지의 조사는 토지별 결부의 숫자를 조사해서 신라 둔전 문서와 같은 자연촌별 토지수를 조사하기 위한 기초 자료이다. 그래서 이 경산 소월리의 토지 대장이 한 자연촌의 토지 조사를 한 것이 모두인지는 알 수가 없다. 소월리 토지 대장에서는 행정촌명이나 자연촌명이 나오지 않고 있다. E면에 다른 목간에서 연결 가능성도 있다. 어떻든 이 소월리의 토지 대장은 한 자연촌의 토지별

---

10) 그 이유가 透彫三面人物文甕와 공반된 것 때문에 제사장인 衆士의 논밭이기 때문인지도 알 수가 없다.

총계를 만들기 위한 기초 자료이다. 이렇게 해서는 透彫三面人物文甕과 같은 수혈 107호에서 목간이 출토되는 이유를 밝힐 수가 없다.

따라서 제사장인 衆士의 전 재산을 기록해 놓은 재산 목록으로 보인다. 그래서 논밭의 이름과 논밭의 토지 결수를 표시한 것으로 보인다. 뒤의 둔전 문서의 1호가 소유한 평균 토지 결수에 대해 3배 정도가 될 뿐이다. 그렇지 않다면 경산 소월리목간이 透彫三面人物文甕과 같은 수혈 107호에서 출토되었을까? 소월리 목간을 제사장인 중사의 재산 목록으로 추정할 수도 있다.

IV. 신라 둔전 문서와의 비교

지금까지는 둔전 문서의 성격이나 용도에 대한 정확한 이해 없이 乙未年에만 매달려 왔다. 그래서 695년설, 755년설, 815년설, 875년설 등은 마치 가설의 전시장 같은 느낌을 받게 하고 있다. 여기에서 신라 둔전 문서의 내용에 가운데 가장 중요한 성격은 남녀별, 연령별 인구수가 기록된 것이며, 烟戶를 9등급으로 나누고 있으며, 소와 말의 증감이 정확히 기록되는 사실에 우선 주목하고자 한다. 둔전 문서는 기재 내용 가운데 핵심부분의 앞에 든 것과 각종 토지 이외에는 수조권을 행사하고, 요역과 군사 동원에 관계될 수 있는 내용은 없다. 수조권, 요역, 군역과 직결되는 둔전 문서는 특급 기밀문서로 쉽게 알 수가 있다. 통일신라 최고의 기밀문서 가운데 하나인 둔전 문서는 반드시 보관 기간과 폐기 기간을 설정할 필요가 있다. 이 점은 둔전 문서 연구가에 의해서 간과된 것이다.[11]

둔전 문서의 최초 작성은 후술하는 바와 같이 695년일 가능성이 가장 크다고

---

11) 꼭 필자와 같은 관점은 아니지만 이인철은 20년 정도의 문서보존기간과 10년 정도의 화엄경론의 제작 기간 등의 고려가 필요하다고 하였다(김수태, 「신라 촌락장적의 연구 쟁점」『신라의 장적』-제2회 한국고대사학회 하계세미나 발표요지-, 2000, 7쪽 참조).

판단된다. 695년에 작성된 둔전 문서에는 이른바 추기가 붙어 있어서 698년에 신라의 수도였던 경주에 도착하게 되고, 다른 둔전 문서의 도착 시기인 701년까지 유용한 자료였다. 그 뒤에도 몇 년은 더 유용했을 것이다.

조선시대의 『세종실록지리지』가 조선 후기까지 활자화되지 못하고 있다가 일제강점기 때에 비로소 활자화되었음은 주지의 사실이다. 마찬가지로 둔전 문서도 적어도 50년 이상의 보관과 폐기 시기가 있었을 것으로 추정되나 이에 대한 증거는 없다. 중국의 돈황 문서 등에서 국가 문서를 재활용한 예가 있으나 신라 둔전 문서와 같이 중요한 문서는 아닐 것으로 판단된다. 그러면 적어도 701년까지 유용했던 둔전 문서는 50년 정도의 본존 기간과 폐기 기간을 둔다면 751년 이후에나 겨우 화엄경론의 經帙로 재활용되었다.

이 경우에는 755년설은 年이 載자로 적히지 않아서 존재할 수 없는 가설이고, 815년도 815년+6년+50년을 더하면 871년 이후에야 재활용할 수 있고, 東大寺 正倉院 입고 과정을 염두에 둘 때 성립되기 어렵다. 875년설은 875년+6년+50년을 더하면 931년이 되어 이때에는 후삼국시대라 서원경 근처가 신라의 영토가 아니라서 875년설은 성립될 수 없다.

일본학계의 높은 학문 수준에서 보면 묵시적인 어떤 의도가 있었을 것으로 짐작된다. 이러한 관점에서 보면 현재 한국학계에서 일본의 이론에 국내 자료를 갖다 붙이는 이른바 모자이크식 방법이 다소 사용되고 있는 점은 유감이다.

따라서 현재까지의 자료로 볼 때 둔전 문서의 작성 시기는 695년[12] 이외에

---

12) 최근에 815년설이 박남수, 「신라촌락문서의 인구통계와 그 작성 시기」 『신라사학보』 52, 2021에서 다시 나왔다. 그 중요한 근거는 이두의 사용을 695년에는 그 예가 없다는 것이다. 신라에서 한자의 금석문에서의 사용은 567에 작성된 북한산비를 필두로 해서, 568년의 마운령비, 568년의 황초령비를 거쳐서 661년의 태종무열왕릉비, 682년의 문무왕릉비에 이르러 절정에 달한다. 이때에는 인명 표기가 중국식으로 관등명과 인명의 순서로 중고의 예와는 반대이다. 경산 소월리의 토지 대장에 나오는 논밭 이름이 이두로 된 것과 진평왕대(579~632)의 10구체 향가인 혜성가가 처음으로 지워졌고, 695년 전후의 금석문은 그 수도 얼마가 되지 않고 그 금석문도 시

는[13] 대안이 없다고 사료된다.[14]

지금까지 둔전 문서는 중국 수당대에 완성된 균전제로 보거나[15] 烟受有畓(田)을 丁田으로 보거나[16] 內省의 재정원으로 할당된 이들 촌락들을 일반적인 군현제 시스템에 기초로 하여 내성에 의해 지배된 것으로 본 견해[17] 등이 있다. 이러한 견해들의 잘잘못을 살펴보기 위해 둔전 문서에 나타난 관계 통계표부터 살펴보기로 하자. 먼저 A · B · C · D촌의 남녀별, 연령별 인구수의 통계부터 제시하면 다음의 <표 2>와 같다.[18]

<표 2> 4개 촌의 남녀별 · 연령별 인구수

	A	B	C	D	計	%	
丁	29	32	17	17	95	21.3	
助子	7	6	2	8	23	5.2	
追子	12	2	8	8	30	6.8	男
小子	15	5	10	11	41	9.3	
除公	1	0	0	0	1	0.2	
老公	0	2	0	2	4	0.9	

대의 유행에 따라 한문으로 작성된다. 따라서 둔전 문서의 작성 시기는 695년으로 보는 바이다.

13) 둔전 문서의 이두 永(等)의 문제는 이 이두의 글자가 초서임을 강조하고 싶다. 또 766년 영태2년납석제호의 명문에 나오고 있기 때문에 둔전 문서의 작성 시기를 695년으로 보는데 아무런 장애가 없다.

14) 윤선태, 「신라촌락문서의 기재방식과 용도」 『한국고대중세고문서연구(하)』, 2000, 176~177쪽에 나오는 壹月의 표기에 대한 착상은 둔전 문서의 연대 결정에 있어서 아무도 착안하지 못한 것으로 높이 평가하고 싶다.

15) 한국 학계와 일본 학계에서 각각 주장되고 있다.

16) 武田幸男, 「新羅の村落支配」 『朝鮮學報』 81, 1977.

17) 윤선태, 앞의 논문, 2000, 209쪽.

18) 旗田巍, 『朝鮮中世史研究』, 1972, 437쪽의 第4表.

	A	B	C	D	計	%	
丁女	40	47	16	36	139	31.6	
助女子	11	4	4	5	24	5.5	
追女子	9	14	4	10	37	8.4	
所女子	16	10	7	9	42	9.5	女
除母	1	1	0	0	2	0.5	
老母	1	2	1	0	4	0.9	
計	142	125	69	106	442	100.0	

이 <표 2>에서 보면 丁男과 丁女의 수는 모두 각각의 인구수의 50%를 넘고 있다. 남자 : 여자의 인구비가 43.7 : 56.4로 여자의 인구수가 더 많은 점이 주목된다. 남자가 여자에 비해 12.7%나 적은 사회임을 유의해야 할 것이다.[19]

다음으로 4촌의 인구수 증감에 대해 살펴보기 위해 이를 도시하면 다음의 <표 3>과[20] 같다.

<표 3> 4개 村의 戶口數 增減表

村	현재 호구 수			3年間減
	古有	3年間 增	計	
A	戶 10	0	10	1
	口 127	15	142	23
B	戶 14	1	15	1
	口 112	13	125	3(?)
C	戶 7	1	8	0
	口 57	12	69	10

---

19) <표 2>에서 보면 除公, 老母, 老公, 除母, 老母 등의 숫자가 적고, 남녀별 성비는 결국 丁男과 丁女에서 비롯된 차이일 뿐이다. 이는 695년보다 29~35년 전에 겪은 통일 전쟁으로 인한 남자가 많이 죽었기 때문이다.

20) 旗田巍, 앞의 책, 1972, 438쪽의 第5表.

村	현재 호구 수			3年間減
	古有	3年間 增	計	
D	戶 10	0	10	2
	口 95	11	106	48(?)

이 <표 3>에서 보면 695년의 인구수는 A촌이 127명인데 15명이 증가되어 142명이 되었고, B촌은 695년에 112명에서 13명이 증가하여 125명이 되고, C촌은 695년에 57명에서 12명이 증가하여 69명이 되었고, D촌은 695년에 95명에서 11명이 증가하여 106명이나 되었다. 인구의 증가분만 보더라도 393명에서 51명이나 증가했고, 3년간 인구수가 감소한 것은 A촌 23명, B촌 3(?)명, C촌 10명, D촌 48(?)명이나 되었다. 증가분과 감소분을 합치면 135명의 증감이 있었는데, 393명에 135명의 증감은 34.35%나 되어 인구 변동률이 대단히 높다는 사실을 알 수 있다. 그다음으로 토지의 종류와 소유관계를 살펴보기 위해 이를 도식하면 다음의 <표 4>와 같다.

<표 4> 4개 촌의 논밭의 종류와 결수

		烟受有畓(畓)	烟受有畓(畓) 以外	計
A	畓	結(94), 負(2), 束(4)	結(4), 內視令畓 結(4)	結(102), 負(2), 束(4)
	田	結(62), 負(10?)		結(62), 負(10?)
	麻田		結(1), 負(9)	
B	畓	結(59), 負(98), 束(2)	官謨畓 結(3), 負(66), 束(7)	結(63), 負(64), 束(2)
	田	結(119), 負(5), 束(8)		結(119), 負(5), 束(8)
	麻田		?	?
C	畓	結(68), 負(67)	官謨畓 結(3)	結(71), 負(67)
	田	結(58), 負(7), 束(1)		結(58), 負(7), 束(1)
	麻田		結(1), 負(0?)	
D	畓	結(25), 負(99)	官謨畓 結(3), 負(20)	結(29), 負(19)
	田	結(76), 負(19)	官謨田 結(1)	結(77), 負(19)
	麻田		結(1), 負(8)	

    <표 4>에서 보면, 둔전 문서의 주축이 되는 烟受有田(畓)임을[21] 쉽게 알 수 있다. 이 연수유전(답)이 둔전 문서의 토지 해결에 중요한 열쇠를 쥐고 있는 듯하다. 보통 균전제로 보는 가설은 이미 제출되고 있다.[22] 중국에서 균전제는 밭이 주류를 이루는 북중국에서 나온 제도이므로 논과 밭의 비율이 거의 반반인 우리나라에서의 연수유전(답)와 관련되기는 어려울 것이다. 烟受有田(畓)은 중국에도 없고, 일본에도 없는 고유한 신라 토지제도로 사료된다. 만약에 均田制나 職田制 등과 관련이 있다면 중국식으로 간단히 丁田, 職田, 均田식으로 표기했을 것으로 판단되기 때문이다.

    그렇지 않다면 烟受有田(畓)으로 표기해도 되며, 烟田(畓)이라고 해도 될 것이다. 굳이 烟受有田(畓)이라고 해서 有자가 들어간 까닭이 궁금하다. 烟受有田(畓)에 있어서 이를 한문식으로 해석하면 '烟이 받는 田(畓)이 있다.'가 되어 고유명사가 될 수가 없다. 이를 이두식으로 해석하면 '烟이 받을 수 있는 田(畓)'이 되어 고유명사가 될 수가 있다. 이렇게 해석하면 논밭을 받을 수 있는 烟이 어느 정도 제한되어 있음을 암시하고 있으며, 烟受有田(畓)은 일반 丁男에게 나누어주는 丁田이 아니라는 암시가 될 수 있다.[23] 烟受有田(畓)은 중국이나 일본에는 없는 고유한 신라의 용어로 판단된다. 695년 당시는 신라에 있어서 통일전

---

21) 414년 광개토태왕비의 守墓人烟戶, 491년 이후 집안고구려비의 烟戶頭에서 연이 없이 戶만으로도 의미가 통하나 연호라고 하고 있다. 烟受有畓(田)도 연대신에 호자를 사용해도 되나 烟자를 쓰고 있다. 이는 주목해야 될 것으로 둔전과 관련될 가능성이 있다.

22) 국내에서는 이희관, 「통일신라 토지제도 연구 -신라촌락장전에 대한 검토를 중심으로-」, 서강대학교 박사학위논문, 1994이 있다.

23) 후술하는 바와 같이 烟受有田(畓)은 屯田과 관련될 가능성이 있으며, 둔전 문서 자체에 法私란 용어도 695년의 군사조직인 승려로 구성된 법당군단과 관련이 있으며, 計咽三余分三, 計咽四余分二, 計咽一余分五 등의 계산도 6분의 얼마로 계산되는 어려운 수학 계산도 단순히 촌주라고 보기 어렵다. 모든 자연촌의 촌주가 분모가 들어가는 수학을 하는 점은 591년의 남산신성비에서 행정촌의 촌주가 감독하에 文尺 등이 작성한 것보다 너무도 높은 수준이다.

쟁이 끝난 지 불과 20년도 안된 시기로 군사적인 긴장관계가 계속되고 있는 시기가 분명하다. 이 시기의 둔전 문서의 촌을 특수촌이란 가설이 있다.[24]

특수한 촌이라면 그 촌의 성격이 어떤지가 궁금하다. 둔전 문서에서 가장 중요시된 부분은 남녀별·연령별 인구수 증감과 소와 말의 수 증감으로 판단된다. 잣나무 등의 증감도 표시되지만 이는 수취의 대상이 아님은 이미 밝혀진 바있다.[25]

인구 변동이 34%나 되고, 여자가 많으며, 烟受有田(畓)이 주축이 되는 지역은 어떤 성격의 특수촌일까? 주지하는 바와 같이 695년에는 이미 적석목곽묘나 수혈식석곽묘가 완전히 끝난 시기이다. 신라 횡혈식석실분은 종래의 고신라적인 고분 전통의 계승도 없이 군사적인 필요 등에 의해 종래의 재지적인 고분과는 상관없이 새롭게 축조되는 경우가 있다. 충주 루암리, 상주 청리, 창녕 계성리 등이 대표적인 예이다. 이들 3지역은 사민정책의 하나인 둔전적인 성격의 인구이동이라고 판단되며, 그 무덤도 신라인의 이동에 의해 축조된 것으로 보인다.

상주의 音里火停이나 중원경에 주둔하여 남겨진 루암리고분군, 창녕의 재지세력에 교동고분에 뒤이은 계성리고분군은 고고학적으로 볼 때 달리 해석 방법이 없다. 이러한 고고학적인 증거는 앞으로 신라의 국경 지대나 520년경 전후에 새로 편입된 신라 영토내의 주요 거점이 많을 것으로 사료된다. 695년의 서원경 근처도 군사적 거점으로 보인다. 둔전 문서에 나타난 4개의 촌이 군사적인 거점이라면, 앞에서 살펴본 인구비에서 여자가 많은 점, 3년 동안의 인구 이동이 34%나 된 점 등의 이해가 가능할 것이다. 결국 둔전 문서의 대부분을 차지하고 있는 烟受有田(畓)은 둔전적 성격으로 해석해야 될 것이다.

---

24) 윤선태, 앞의 논문, 2000, 201~202쪽.
25) 위은숙, 「장적문서를 통해서 본 신라통일기 농가의 부업경영」 『부산사학』 19, 1995, 127쪽.

둔전 문서라는 가장 중요한 근거는 A촌은 말 25마리, 소 22마리, B촌은 말 18마리, 소 12마리, C촌은 말 10마리, 소 8마리, D촌은 말 8마리, 소 11마리를 각각 소유하고 있었다. A촌은 10戸, B촌은 14戸, C촌은 7戸, D촌은 10호이다. 말이 평균 1戸당 약 1.5마리나 되고, 소가 1戸당 약 1.3마리나 된다.[26] 말과 소의 소유가 이토록 많은 까닭이 궁금하다. 말은 군사적으로 이 시기에는 輕裝騎兵임으로[27] 싸움에 중요한 역할을 한다. 소도 농사를 짓거나 수레를 끌거나 짐을 지거나 고기로서 군인의 먹이에 중요한 역할을 한다. 이 말과 소의 비중은 4개의 촌이 둔전임을 말해주고 있다.

신라 둔전 문서와 경산 소월리 토지 대장은 그 사용처나 용도가 다르다. 소월리 토지 대장은 신라 둔전 문서에 보이는 자연촌별 토지수를 조사하는 기초 자료이다. 소월리 토지 대장은 이두로 밭이나 논의 이름과 結負의 수를 적고 있는데 대해 신라 둔전 문전에서는 烟受有畓(田), 內視令畓, 官模畓의 結負의 수를 자연촌별로 적고 있다. 토지의 결수도 둔전 문서에서는 자연촌당 A촌이 畓이 102결 2부 4속, 田이 62결 10부(?), B촌은 답이 63결 64부 2속, C촌은 답이 71결 67부, 전이 58결 7부 1속, D촌은 답이 29결 19부, 전이 77결 19부이다. 이에 대해 소월리 토지 대장에서는 전부가 30결 미만이다.

---

26) 말이 평균 1호당 약 1.5마리, 소가 1호당 약 1.3마리라는 것은 주목해야 할 것이다. 1960년대 농촌에서 말을 소유한 농가는 없고, 소도 1호당 0.5마리밖에 되지 않았다. 말은 농사를 짓는데 아무런 소용이 없다. 곡식을 나르는 마차를 끄는 방앗간에서 말을 1필 키우고 있었다. 말은 농사를 짓는데 사용한 것이 아니라 마차를 끄거나 병사를 태우고 전쟁을 할 때에 필요한 것이다.

27) 重裝騎兵이 兵農一致를 기초로 한 府兵制의 전국 보급과 함께 중요한 전환을 맞는 시기는 뒷날에 唐太宗이 된 李世民이 이끌던 농민군이 隋의 중장기병을 물리쳤을 때부터이다. 7세기 전반 한반도도 경장기병이 새로이 등장했다고 사료된다. 상세한 것은 김창호, 『고신라 금석문의 연구』, 2007, 79~80쪽 참조.

V. 맺음말

경산 소월리 목간은 삼국시대 문화층인 II층인 회청색 泥土層 수혈 107호에서 透彫三面人物文甕과 함께 출토되었다. 목간의 토지 대장은 제사장인 衆士의 재산일 가능성이 있다. 그렇다면 이는 어느 논밭이 어디에 있는 지를 표시해 놓은 것이다.

아니라면 자연 촌락의 마을별 토지 결수를 산정하기 위하여 만든 토지 대장의 기초 자료이다. 이 토지 대장이 중요한 점은 10개가량의 논밭 이름이 나오는데 이는 모두가 이두로 된 것이다. 토지 대장에서 소유주가 없는 것은 아무래도 제사장의 개인 재산 목록일 가능성이 있다고 사료된다.

신라 둔전 문서에서는 전답의 종류별 결부수를 자연촌 단위로 제시하고 있는데 대해 경산 토지 대장에서는 전답명과 논밭별로 토지 결수만 제시하고 있어서 衆士의 재산 표시일 가능성이 크다.

제5절

하남 二聖山城 출토 木簡의 작성 연대

I. 머리말

최근에 들어와 한반도에서는 고구려를 제외한 백제와 신라 목간들이 저습지에서 출토되고 있다. 월지에서 목간이 우리나라에서 최초로 알려진 이래로[1] 백제 왕궁지로 추정되는 부여 관북리 유적과 경주의 월성해자 등에서도 목간의 출토가 알려진 바 있다.[2] 이들 목간 가운데 월지 출토 목간에 대해서는 상세한 검토가 나와 洗宅이란 文翰機構 명문이 통일신라의 정치 제도사의 접근에 중요한 단서가 되고 있다.[3]

신라 수도 중심부에서 멀리 떨어진 경기도 이성산성에서 신라의 목간이 출토되었다.[4] 이성산성의 목간은 앞으로 여러 가지에서 상세히 검토되어야 하겠지만 언뜻 보건대 종래의 금석문에 나오는 인명 표기 자체와는 다른 방식의 직명들이 나오고 있다.

---

1) 1975년 3월에 월지가 발굴되기 시작했다.
2) 월지 출토의 목간에 대해서는 이기동, 「안압지에서 출토된 신라목간에 대하여」『경북사학』 1, 1979에 상세히 소개되어 있다.
   경주문화재연구소, 『월성해자시굴조사보고서』 1985, 124쪽에는 △字著作乙이란 목간이 소개되어 있고, 권태현, 「백제의 목간과 도연에 대하여」『초우황수영박사고희기념미술사학논총』, 1988, 596쪽에 ~本我自 등의 목간이 소개되고 있다.
3) 이기동, 『신라 골품제사회와 화랑도』, 1984, 233쪽 참조.
4) 한양대학교 · 경기도, 『이성산성』 -3차발굴보고서-, 1991.

여기에서는 이성산성 목간의 중요성에 비추어 충분한 검토가 미흡한 듯해, 이에 대한 소개와 함께 인명 표기를 중심으로 몇 가지 소견을 밝혀 보고자 한다.

II. 목간의 판독

경기도 하남시 춘궁동 36번지 일대에 위치한 二聖山에 이성산성이 있다. 이 성산성에 대한 발굴조사는 한양대학교 발굴 조사팀에 의해 1986년 8월 8일부터 1991년 2월 23일까지 3차에 걸쳐서 실시되었다. 목간이 출토된 곳은 성의 남동쪽으로 지형이 낮은 부분에 위치한 성벽 가까이에 있는 1차 저수지의 피트(4×4m의 구획으로 나눈 피트 가운데 하나임)의 표토하 318cm 지점에서 출토되었다(여기에서의 표토하란 원래의 지표를 기준으로 하였음). 이는 1차 저수지의 바닥에서 1m 정도의 높이에 해당된다. 목간은 이미 출토될 때 3등분된 상태였으며, 아래쪽의 일부는 파실되었다.

목간의 형태는 좁고 길쭉한 장방형이나 면이 정연하지 않고 조금의 굴곡이 있으며, 다른 복산에서 많이 보이는 끈으로 묶기 위한 홈은 없다. 표면 색깔은 황금빛을 띠고 있으며, 부분적으로 흑화 현상이 진행되고 있었다. 이 목간에는 전면, 측면, 후면의 3면에 세로로 墨書가 쓰여 있다. 전체 글자 수는 아래쪽의 짤려 나간 부분을 제외하고 모두 30자를 좀 넘는 듯하나 정확히는 알 수 없다. 적외선 사진과 목간의 현 상태에서 판독할 수 있는 글자의 총수는 25자이다. 전면과 측면은 묵서가 선명하게 남아 있어서 판독이 가능하지만 후면은 묵서의 잔존 상태가 좋지 못해 글자의 판독이 어렵다. 우선 설명의 편의를 위해 원보고자의 판독문부터 소개하면 다음과 같다.[5]

---

5) 한양대학교 · 경기도, 앞의 책, 1991, 164쪽.

전면: 戊辰年正月十二日朋南漢城道使~(缺失)
측면: 湏城道使村主前南漢城△△~(缺失)
후면: △△浦△△△△△△~(缺失)

전면에 있어서 戊자부터 道자까지의 총 13자의 판독에는 전혀 다른 이견이 없다. 14번째 글자를 使자로 추독하는 원보고서의 견해에 따른다.

측면 총 10자의 판독은 1번째 湏자부터 10번째 城부터 이견이 없다. 11번째 글자는 火자로 읽는 견해에 따른다.[6)]

후면은 글자의 파실이 심해 3번째 글자인 浦자를 제외하고 읽을 수 없다.

이상의 판독 결과를 제시하면 다음과 같다.

전면: 戊辰年正月十二日朋南漢城道(使)~(缺失)
측면: 湏城道使村主前南漢城火△~(缺失)
후면: △△浦△△△△△△~(缺失)

III. 목간의 연대

이성산성 목간 연대의 실마리를 제공하고 있는 것은 戊辰年이란 연간지이다. 목간의 제작지는 村主라는 직명이나[7)] 이성산성의 출토 유물이 신라 일색인 점에서 보면 삼국 중 신라일 가능성이 크다. 신라의 이성산성 점령 시기를 고려할 때, 그 상한 시기를 550년을 소급할 수가 없다.[8)] 그러면 戊辰年은 608년, 668년, 728년 등이 그 대상이 된다. 728년의 경우는 통일신라의 지방 제도가 완비

---

6) 이성시, 「한국목간연구의 형황과 함안 성산산성출토의 목간」 『한국고대사연구』 19, 2000, 88쪽.

7) 村主란 직명은 아직까지 고구려나 백제 금석문이나 목간에서 발견된 예가 없다.

8) 신라에 있어서 진흥왕(540~576년) 이전의 신라 영토로 볼 수가 없다.

된 이후이므로 그 대상에서 제외해야 할 것이다.[9]

원보고자는 戊辰年을 608년으로 추정하고 있는데 그 근거는 다음과 같다.[10]

첫째로 신라에서 道使와 관련된 자료는 6세기에서 7세기 초의 것들이며,[11] 통일 이후에는 지방 제도의 개편으로 촌은 단순히 자연 부락을 지칭하는 것으로 의미가 바뀌었다.

둘째로 묵서의 서체가 6~7세기 초의 필법을 따르고 있다.

셋째로 공반되는 출토 유물이 통일기 이전의 것들인 점이다.

위의 근거 중 첫 번째에 있어서 신라에서 道使는 6세기에서 7세기 초에 걸쳐서 보인다는 점부터 조사해 보자. 신라에 있어서 道使란 직명은 『삼국사기』 등 문헌 기록에는 나온 바 없고, 금석문 자료에서만 나오고 있다. 그 하한은 남산신성비의 건립인 591년에 집중적으로 나오고, 624년의 송림사의 전탑에서 단독으로 道使가 나온 바 있다.[12] 7세기란 연대 설정은 타당한 것으로 사료된다.

두 번째 근거는 목간에 사용된 서체가 해서체인 바, 그 서체는 중국 당나라시대에 편찬된 『翰苑』의 서체와 유사하다는 점이다. 『한원』은 당의 張楚金이 撰하고, 雍公叡가 註를 붙인 일종의 事類賦로 원래는 30권이었으나 蕃夷部 1권만 남고 나머지 29권은 모두 일실되고 없다. 蕃夷部 1권은 9세기경에 筆寫되어서 현재까지 전해져 오고 있어서 필체의 비교로 연대를 추정하는 것은 불가능하다.[13]

그 뒤에 신라의 縣令과 縣制의 성립에 근거해서 戊辰年이 608년과 668년일 가능성이 있고, 그 가운데 608년일 가능성이 더 있다는 견해가 나왔다.[14] 이 견

---

9) 728년 당시에 있어서는 南漢城道使나 湏城道使란 직명은 존재가 불가능하다.

10) 한양대학교 · 경기도, 앞의 책, 1991, 443쪽.

11) 9~10세기로 편년되는 장수 침령산성 목간에 別道中在道使村~이란 명문이 있다. 이는 '다른 길 가운데 있는 道使와 村(主)가 ……'로 해석되어 통일신라에도 道使가 있었다.

12) 김창호, 「경북 칠곡 송림사의 창건 연대」 『한국 고대 불교고고학 연구』, 2007, 281쪽.

13) 주보돈, 「이성산성 출토의 목간과 도사」 『경북사학』 14, 1991, 4~5쪽.

14) 주보돈, 앞의 논문, 1991.

해 자체는 남산신성비에 나오는 道使가 파견된 곳에 통일 이후 縣制가 실시되었다는 전제하에서 출발하였다. 사실 524년의 봉평비에서 悉支軍主와 悉支道使가 동시에 나오고 있어서 道使가 파견된 행정촌이 일률적으로 縣이 되었다는 데에는 많은 문제가 있고[15] 통일 후의 縣制가 성립된 때를 전후해서 道使란 직명이 없어진다는 결론에는 문제가 있다. 목간의 연대 설정을 縣制의 성립이란 시점에서 문헌에 너무 집착하여 연대를 설정한 감이 있다.

목간의 연대를 추정하는 데에 중요한 것은 戊辰年이란 연간지가 중요하다. 이 목간이 신라 목간임은 재언을 요하지 않는다. 戊辰年이란 연간지는 608년과 668년으로 한정된다. 목간의 제작지 문제는 목간의 내용을 통해 검토할 수밖에 없다. 목간의 측면에 나오는 道使나 村主란 직명에서 보면 신라에서 제작되었을 가능성이 크다. 측면의 湏城道使村主前南漢城~에서 湏城道使村主로 크게 끊을 수 있다. 이때에 湏城道使村主의 의미가 문제이다. 湏城道使村主가 湏城道使 · 湏城村主의 뜻인지 아니면 湏城道使와 村主란 뜻인지가 궁금하다. 의미상으로는 전자도 가능하다. 이렇게 湏城道使 · 湏城村主로 나누면 540년경의 성산산성 목간의 眞乃滅村主와 함께 통일신라 이전에 금석문에서 지명이 붙는 촌주를 더하게 된다. 냉수리비에서는 1명의 촌주가 나오고, 창녕비 · 남산신성비 제1비에서는 2명의 촌주가 짝을 지어 나오고 있다. 湏城道使 · 湏城村主로 해석할 수도 있다.

湏城道使村主를 후자의 방법대로 해석하면 湏城道使와 村主가 된다. 이때에도 촌주앞에 지명이 붙거나 짝을 이루지 않고 있다.

위의 목간에서 연대 설정에 중요한 자료는 戊辰年正月十二日이란 연월일이다. 보통 戊辰年만으로 연대를 설정해 왔으나 戊辰年正月十二日이란 연월일이 중요하다. 왜냐하면 석성의 축조는 겨울은 피하기 때문이다. 이를 알아보기 위해 고대 신라의 역역의 시기를 알기 쉽게 제시하면 다음의 <표 1>과 같다.

---

15) 가령 남산신성비 제5비에 ~道使幢主란 직명이 나와서 당주를 군의 장으로, 도사를 현의 장으로 보기도 어렵다.

<표 1> 금석문에 보이는 역역 시기

碑銘		陽曆
永川菁堤碑	丙辰銘	536년 3월 15일
	貞元十四年銘	798년 3월 5일~5월 4일
明活山城碑		551년 12월 28일~552년 1월 31일
大邱戊戌塢作碑		578년 5월 7일
南山新城碑		591년 3월 26일

　신라 금석문에 나타난 역역 시기는 대개 양력으로 3월에서 5월까지이다. 이 때가 농한기이고 땅과 돌이 얼지 않아서 작업하기에 좋다. 명활산산성비의 551년 12월 28일에서 552년 1월 31일까지는 古阤門 근처가 무너져서 부득이하게 돌을 쌓았음을 알 수가 있다. 戊辰年正月十二日이란 연월일도 『二十史朔閏表』에서 찾으면 양력으로 608년 2월 3일과 668년 3월 1일이 된다. 그러면 戊辰年正月十二日이란 연월일은 축성 기간에 주었기보다는 축성이 끝나고 그 뒤에 사용한 것으로 보아야 할 것이다. 따라서 戊辰年正月十二日은 608년이라기보다는 축성이 종료된 이후인 668년으로 보아야 할 것이다.

　위의 목간에서 연대 설정에 중요한 자료는 戊辰年이란 연간지이다. 이 戊辰年을 608년 또는 668년으로 보아 왔다. 戊辰年이 정말로 7세기의 것인지 여부를 7세기 신라 금석문 자료를 통해 검토해 보자. 7세기 신라 금석문의 인명 표기에 대해서는 部名의 소멸 시기가 문제가 되고 있다. 『삼국사기』, 문무왕 21년조의 遺詔曰~律令格式有不便者卽便改張이란 구절에 근거해 부명의 소멸 시기를 잡는 견해가 있다.[16]

---

16)　이문기, 「금석문자료를 통하여 본 신라의 6부」 『역사교육논집』 2, 1981, 108~109쪽.
　　이문기, 「신라 중고기 군사조직 연구」, 경북대학교 대학원 사학과 박사학위논문, 1991, 132쪽.
　　고신라 병제는 고고학적인 접근도 필요한 바, 이에 대해서는 김창호, 「북한산비에 보이는 갑병 문제」 『문화재』 25, 1992 참조.

신라에 있어서 7세기 금석문 자료중 인명에 관한 것이 많지 않기 때문에 이 문제의 가부를 따지기는 어렵다. 7세기인 603년의 울주 천전리서석 계해명이 있다. 이의 전문을 제시하면 다음과 같다.

④	③	②	①	
行	婦	沙	癸	1
時	非	喙	亥	2
書	德	路	年	3
	刀	凌	二	4
	遊	智	月	5
		小	六	6
		舍	日	7

이 명문은 543년으로 보기도 하나[17] 小舍에 帝智, 弟 등이 붙지 않아서 603년이다.[18] 이는 癸亥年(603) 2월 6일에 사탁부 路凌智小舍의 婦인 非德刀가 놀러 갈 때에 썼다가 된다. 이 명문으로 인해서 603년까지는 인명 표기에 부명이 있었다고 보아도 좋다. 그러면 인명 표기에서 부명은 언제 사라진 것일까? 부명의 소멸 시기에 대한 접근 방법으로 지금 경주시 서악동에 남아 있는 太宗武烈大王陵碑에 주목하고자 한다. 신라 인명 표기는 661년 태종무열왕릉비부터 크게 바뀐다.[19] 그것을 알 수 있는 자료로 문무왕릉비를 들 수가 있다. 태종무열왕릉비와 꼭 같은 인명 표기로 짐작되는 682년 7월 25일에 건립된 문무왕릉비에는[20]

---

17) 국사편찬위원회 한국사데이터베이스의 울주 천전리서석 계해명조 참조.

18) 武田幸男, 「金石文からみた新羅官位制」『江上波夫教授古稀記念論集』, 歷史篇, 1977.

19) 태종무열왕릉비에는 귀부와 이수가 남아 있어서 비문에 나오는 인명 표기는 문무왕릉비의 인명과 꼭 같다고 판단된다.

20) 김창호, 「문무왕릉비에 보이는 신라인의 조상인식 -태조성한의 첨보-」『한국사연구』53, 1986.

비문을 지은 사람(奉 敎撰)은 及殮國學少卿臣金△△이고, 쓴 사람(奉 敎書?)한 사람은 大舍臣韓訥儒이다.[21] 찬자의 이름은 망실되어 알 수 없다. 이 비에는 관등명+(직명)+臣+姓名이 온다.[22] 이 인명 표기의 특징은 출신지명이 없다는 점과 金△△의 金이나 韓訥儒의 韓처럼 중국식 姓이 인명에 나타나는 점이고, 지금까지 보아온 직명+출신지명+인명+관등명의 인명 표기와는 다르게 중국식으로 표기하고 있다.

그러면 인명 표기에서 부명은 언제 사라진 것일까? 신라 금석문에서 부명이 사라진 예로 673년의 계유명아미타삼존불비상이 있다. 이의 인명을 분석해 도시하면 <표 2>와 같다.

<표 2> 계유명아미타삼존불비상의 인명 분석표

비면의 표시	인명	관등명	비고
向左側面	△△	彌△次	及伐車(及干)?
	△△正	乃末	
	牟氏毛	△△	乃末로 복원
	身次	達率	백제 관등명
	日△	△	大舍로[23] 복원
	眞武	大舍	
	木△	大舍	
背面	与次	乃末	
	三久知	乃末	

21) 奉 敎書의 敎書는 복원해 넣은 것이다.
22) 金△△의 金과 韓訥儒의 韓은 성으로 보인다. 신라의 姓은 661년경에 생긴 것으로 해석해도 좋을 것이다. 중국 사서에 나타나기는 眞興王을 金眞興(『北齊書』에 처음으로 나오고 있다)이라고 부르는 것이 최초라고 한다.
23) 원래는 大舍의 합자로 한 글자이나 조판상 어려움 때문에 大舍로 적었다. 이하 大舍는 모두 같다.

비면의 표시	인명	관등명	비고
	豆兎	大舍	
	△△	△	大舍로 복원
	△△	△△	△師로 복원
	△△	大舍	
	夫△	大舍	
	上△	△	大舍로 복원
	△△	△	大舍로 복원
	△△	△師	
	△△	大舍	
	△△	大舍	
	△力	△	大舍로 복원
	△久	大舍	
	△惠	信師	
	△夫	乃末	
	林許	乃末	
	惠明	法師	
	△△	道師	
	普△	△△	△師로 복원
向右側面	△△	△	大舍로 복원
	△△	大舍	
	使三	大舍	
	道作公		公이 관등명류?
正面	△氏	△△	인명인지 여부?
	述況	△△	인명인지 여부?

계유명아미타삼존불비상에 대해 미술사적인 접근을 통해 673년임이 밝혀졌다. <표 2>에 나오는 인명 표기를 통해 검토해 보자. 癸酉年을 1갑자 올려서 613년으로 보려고 하면 그 당시 정치적 상황으로는 達率이란 백제의 관등명과 乃末 · 大舍 등의 신라 관등명이 같은 비문에 공존할 수가 없다. 癸酉年을 한 갑자 내려서 733년으로 보면 達率이란 백제 관등명을 지닌 사람의 나이가 백제 멸

망 당시인 660년에 30살이라고 가정해도 733년에는 103살이 되어 성립하기 어렵다.[24] 따라서 癸酉年은 673년일 수밖에 없다.

<표 2>에 나타난 인명 표기에 대해 살펴보기로 하자. 먼저 눈에 쉽게 띄는 것으로 達率身次란 인명 표기이다. 이는 達率이란 백제 관등명과 신차란 인명이 모인 인명 표기이다. 관등명+인명의 순서는 신라 중고 금석문의 인명 표기 방식인 인명+관등명과 차이가 있다. 達率身次란 인명 표기는 백제 금석문의 인명 표기 방식을 알 수 있는 자료이다. 곧 백제 금석문의 인명 표기 방식이 직명+출신지명+관등명+인명의 순서로 기재됨을 알려주는 중요한 자료이다.[25]

다음으로 <표 2>에 나오는 대부분의 인명은 인명+관등명의 순서로 기재되어 있고, 직명과 출신지명은 없다. <표 2>의 자료는 인명 표기가 기록된 한두 명의 예가 아니고, 30명가량이나 나오는 인명 표기에도 불구하고 출신지명인 부명이 나오는 예는 단 1예도 없다. 물론 <표 2>의 인명들은 원래는 백제인들이었으나 673년에 신라에서 백제인에게 준 신라에서 관등명 백제인에게 준 신라 관등명을 갖고 있다. 곧 『삼국사기』권40, 잡지, 職官下에 百濟人位 文武王十三年(673년) 以百濟來人授內外官 其位次視在本國官銜 京官 大奈麻本達率 奈麻本恩率 大舍本德率~이란 구절에서 그러한 사실을 알 수 있다. 673년에 백제인들에게 신라의 경위를 줄 때에 이미 喙部·沙喙部 등의 부명을 사용하지는 않았을 것이다. 그렇게 된 경우인 탁부와 사탁부를 사용한 경우에는 계유명아미타삼존불비상의 조상 자체가 백제 故地에서 이루어지지 않았을 것이다. 만약에 부명이 인명 표기에 포함되었을 경우에는 신라의 수도였던 경주에서 조상이 이루어

---

24) 김창호, 「계유명아미타삼존불비상의 명문」 『신라문화』 8, 1991, 140쪽.

25) 백제의 금석문 인명 표기 방식은 고구려와 같음을 알 수 있다. 또 지금은 임혜경, 「미륵사지 출토 백제 문자자료」 『목간과 문자』 13, 2014에만 해도 금제소형판에 中部德率支受施金壹兩의 中部(출신부명) 德率(관등명) 支受(인명), 청동합에 上部達率目近의 上部(출신부명) 達率(관등명) 目近(인명) 등이 있어서 백제 금석문의 인명 표기가 직명+출신부명+관등명+인명의 순서임을 쉽게 알 수가 있다.

졌을 것이다. 계유명아미타삼존불비상은 백제 고지인 연기 지방에서 백제의 유민 기술자에 의해 만들어졌다. 이 비문에 적힌 인명들은 대부분 백제 유민이들지만 신라식 관등명을 갖고 있다. 이와 꼭 같은 예를 癸酉銘三尊千佛碑像에 의해서도 찾을 수 있는 바, 이의 인명을 분석해 제시하면 다음의 <표 3>과 같다.

<표 3> 癸酉銘三尊千佛碑像의 인명 분석표

人名	官等名	人名	官等名
△弥次	乃末	贊不	大舍
牟氏	大舍	貳使	大舍
△生	大舍	△△△	大舍
△仁次	大舍	△非	(大舍)
△宣	大舍		

<표 2>와 <표 3>에 나타난 인명들은 673년에 작성된 백제 유민들이 신라에서 받은 신라의 관등명이 대부분이다. 이 시기에 있어서의 신라 왕경인 출신의 인명에도 부명이 없는 예를 제시하면 다음과 같다.

上元二年乙亥三月卄日加貝谷巳世大阿干~(675년, 울주 천전리서석 상원 2년명)

巳世大阿干의 부분이[26] 인명 표기이지만 인명과 관등명만이 나오고 있고, 직명과 부명은 없다. <표 2>와 <표 3> 그리고 상원 2년명(675)의 인명 표기에서 부명이 사라진 이유는 무엇일까? 7세기 전반 금석문은 울주 천전리서석 癸亥銘의 603년밖에 없어서 뚜렷한 결론을 내릴 수 없지만 지금 우리가 가지고 있는 자료를 가지고 그 이유를 추론해 보기로 하자. 7세기 후반에 있어서 신라 금석문의 인명 표기는 출신지명(부명)이 생략되는 등 상당한 변화가 불가피했다.

---

26) 이 부분에 대한 다른 판독도 한국고대사회연구소, 『역주 한국고대금석문』(Ⅱ), 1992, 169쪽에 있다.

곧 660년 백제 멸망과 668년 고구려 멸망 때, 고구려와 백제의 유민들에게 경위를 주었지만 6부명을 기록하지는 않았을 것이다. 이러한 상황 속에서 무열왕릉 비문의 작성시에도 인명 표기 자체가 중국식으로까지 바뀌는 큰 변화가 있었다고 추정된다. 673년에 작성된 계유명아미타삼존불비상과 계유명삼존천불비상의 명문에 나타난 인명 표기에서 그 뚜렷한 증거를 잡을 수 있다. 이들 명문에서 신라 경위를 소유한 사람들은 원래 백제 멸망 후 신라의 지배하에 놓이는 과정에서 신라의 경위(관등)를 수여받은 백제의 유민들이라 한다.[27] 673년경부터 백제나 고구려의 유민들에게도 외위가 아닌 경위를 주었다. 신라의 경위를 받은 이들 백제계 유민들의 인명 표기에 신라의 6부명을 기록할 수가 없었고, 백제의 부명을 적을 수도 없었다. 고구려의 경우도 마찬가지였을 것이다. 그래서 유민들의 인명 표기에는 출신부명이 생략되었다. 나아가서 신라인들도 인명 표기에 부명을 기록하지 않았다고 판단되는 바, 울주 천전리서석 上元 2년(675)명의 巳世大阿干이 그 좋은 예이다. 巳世는 大阿干이란 관등명에서 보면 신라의 진골 출신이다. 탁부나 사탁부 출신으로 짐작되지만 부명은 기록하지 않고 있다. 調露二年漢只伐部君若小舍~三月三日作康(?)~[개행]에서[28] 조로 2년(680)에 한지벌부란 부명이 나오기도 한다. 이는 주류는 아닐 것이고, 661년경 태종무열왕비문이 작성되면서 부명이 없어지는 등 인명 표기에 크다란 변화가 있었다.

이상과 같은 7세기 금석문의 인명 표기에 대한 대체적인 흐름 속에서 이성산성 목간의 인명 표기에 대해 검토해 보자. 이성산성의 목간에서 인명 표기와 관련되는 부분은 측면의 滇城道使村主이다. 이 부분은 앞에서 살펴본 것처럼 滇城道使와 (滇城)村主로 나누어진다. 滇城道使와 (滇城)村主의 부분은 각각 직명이므로 측면에서는 前南漢城火~의 부분이 남게 된다. 이는 남한성의 벌 앞에

---

27) 진홍섭, 「계유명아미타삼존불비상에 대하여」 『역사학보』 17 · 18, 1962, 103~105쪽.
28) 調露 2년(680) 漢只伐部의 君若 小舍가 (감독했고,) 三月三日에 作康(?)이 만들었다로 해석된다.

서로 해석된다.

이 목간을 새로운 자료와 비교해 보자. 1997년 여름에 송림사 마당에서 글자가 음각된 명문석이 습득되어 현재 위덕대학교 박물관에 전시되고 있다. 가로 7.8cm, 세로 8.7cm, 높이 1.4cm인 방형의 직육면체인 명문석은 전면이 마연되어 있다. 명문은 앞면에 우에서 좌로 기록되어 있다. 이 명문들은 글자를 새기고 나서도 글자가 있는 면이 마연되었기 때문에 글자를 읽기 매우 힘들다.

제①행은 모두 5자이다. 1번째 글자인 道자는 쉽게 읽을 수 있다. 2번째 글자인 使도 쉽게 읽을 수 있다. 3~5번째 글자는 읽기가 어렵다. 이 부분은 신라 중고 인명 표기 방식에 따르면[29] 부명이 올 자리이므로 신라 6부의 부명과 관련지어서 판독해 보자. 3번째 글자는 沙의 일부 자획이 남아 있다. 4번째 글자는 자획이 없다. 5번째 글자는 阝만 남아 있으나, 部로 읽을 수가 있다. 그렇다면 4번째 글자도 喙자로 추독이 가능하다.

제②행은 모두 7자이다. 1번째 글자는 자획이 뚜렷하나 읽을 수 없다. 2~5번째 글자는 자흔조차 남아 있지 않다. 7번째 글자는 申자가 분명하다. 6번째 글자는 ㅣ식으로[30] 되어 있는 바, 申자와 함께 연 간지이므로 甲, 乙, 丙, 丁, 戊, 己, 庚, 辛, 壬, 癸의 10자 가운데에서 찾으면 甲자에 가장 가깝다.

제③행은 모두 8자이다. 1번째 글자는 年자이다. 2번째 글자는 十자이다. 3번째 글자는 一자이다. 4번째 글자는 月자이다. 5번째 글자는 廿자이다. 6번째 글자는 一자이다. 7번째 글자는 日자이다. 8번째 글자는 자획은 분명하나 읽을 수 없었다.

제④행은 모두 몇 자인지 정확하게 알 수가 없다. 1번째 글자는 大자이다. 6번째쯤에 一자가 있다. 이상의 판독 결과를 제시하면 다음과 같다.

---

29) 김창호, 「신라 중고 금석문의 인명 표기(Ⅰ)」 『大丘史學』 23, 1983.
30) ㅣ자는 가운데 부분의 가장 긴 획이 아래로 직선으로 되어 있어서 ㅣ로 표기하였다.

④	③	②	①	
大	年	△	道	1
	十	△	使	2
	一	△	(沙)	3
	月	△	△	4
	廿	△	阝	5
一	一	忄		6
	日	申		7
	△			8

　여기에서는 은제 관식이 나온 송림사 전탑의 연대를 알아보기 위해서 먼저 사리장엄구 가운데 舍利器의 연판에 주목하고자 한다. 여기의 연판은 한 가운데를 오뚝하게 해서 분리하고 있다. 이러한 연판 형식은 고신라 기와에서 다량으로 출토되고 있다. 이 형식의 기와는 고구려나 백제 양식에서 벗어나, 신라화한 기와로 보고 있다. 그 제작 시기는 대개 584년경에 제작되기 시작하여 7세기 전반경까지 계속 제작되고 있다고 한다.[31] 물론 기와의 문양과 금동판의 문양을 비교하는 것은 다소 문제가 있으나,[32] 그 연대를 600년경으로 보아도 될 것이다.

　다음으로 銀製鍍金樹枝形裝飾具(은제 관식)와 비슷한 형식의 것으로 부여 하황리, 남원 척문리, 논산 육곡리, 나주 흥덕리 등 6세기 백제 고분에서 출토된

---

31) 김성구, 「新羅瓦當의 編年과 그 特性」『기와를 통해 본 고대 동아시아 삼국의 대외교섭』, 2000, 160쪽.

32) 馬目順一, 「慶州飾履塚古墳新羅墓의 硏究 -非新羅系遺物의 系統과 年代-」『古代探叢』 1, 1980에서 식리총의 연대를 475~500년 사이로 보았다. 여기에서 출토된 식리에는 연주문이 있는데, 기와고고학에서는 연주문이 있으면 통일신라로 편년하고 있다. 재질이 다른 유물을 통한 연대 설정은 주의가 요망된다. 특히 고분 고고학에서 금속기를 토기가 서로 다른 지역의 절대 연대 설정에 이용되고 있으나 조심하지 않으면 안 된다. 가령 풍소불 등자에 의해 등자의 상한을 415년으로 보아 왔으나 태왕릉(414년)에서 더 발전한 금동투조목심등자가 나와서 문제가 되고, 98호 남분의 연대도 402년으로 볼 수밖에 없어서 금속기에 의한 연대 설정은 재고되어야 한다.

바 있고,[33] 그 사용 시기는 6세기가 중심이나 7세기까지 사용되었을 가능성도 제기되고 있어서[34] 송림사에서 나온 은제 관식의 연대를 600년경으로 볼 수가 있다.

마지막으로 명문의 분석을 통해 은제 관식의 연대를 조사해 보자. 명문의 道 使(沙喙部)△△△△△에서 道使는 직명, (沙喙部)는 출신부명, △△△는 인명, △△는 관등명이다. 道使는 441년에 작성된 중성리비의 奈蘇毒只道使, 443년 에 작성된 냉수리비의 耽湏道使, 524년에 작성된 봉평비의 居伐牟羅道使, 悉 支道使, 561년에 작성된 창녕비의 道使, 591년에 작성된 남산신성비의 奴含道 使, 營坫道使(이상 제1비), 阿且兮村道使, 仇利城道使, 荅大支村道使(이상 제2 비), ~道使幢主(제5비), 668년으로 추정되는 二聖山城 출토 목간의[35] 南漢山城 道使, 湏城道使 등으로 인명 표기가 아닌 창녕비의 예를 제외하면 지명과 함께 나오고 있다. 본 명문에서는 道使가 단독으로 나오고 있다. 이 道使를 보면 명 문의 작성 연대는 州郡縣制가 확립되는 685년이 하한이다.[36] 沙喙部란 부명에 근거할 때, 그 하한은 661년이다.[37] 명문에 나오는 (甲)申年과 관련지으면, 624 년, 564년, 504년, 444년 등이 대상이 되나, 사리기의 연판 무늬, 은제 관식의 연 대를 참작하면, 624년만이 그 대상이 될 수가 있다.

이 송림사 전탑지의 인명 표기는 道使(직명)+沙△部(출신부명)+△△△(인 명)+△△(관등명)이 된다. 이 금석문에서는 道使만 나올 뿐, 지명+道使로는 나 오지 않고 있다. 624년임에도 부명이 보이는 점은 주목된다. 이는 이성산성 목 간의 연대를 608년으로 보기에는 문제가 있음을 나타내주고 있다.[38] 이성산성

---

33) 최종규, 「百濟 銀製冠飾에 關한 考察-百濟金工(1)-」『美術資料』 47, 1991, 88~91쪽.

34) 최종규, 앞의 논문, 1991, 92쪽.

35) 김창호, 「二聖山城 출토의 木簡 年代 問題」『韓國上古史學報』 10, 1992.

36) 藤田亮策, 『朝鮮學論考』, 1963, 339쪽.

37) 태종무열왕릉비의 건립인 661년에 부명이 없어진 것으로 판단된다.

38) 608년으로 보면 인화문토기도 그 시기가 608년 전후이기 때문에 608년은 정확히

목간의 戊辰年正月十二日이 양력으로 608년이 아닌 668년이[39] 되어야 추운 겨울에 성을 축조하는 일과 관련이 없고, 경비를 서는 등의 일을 하는데 필요한 전달 문서로서의 기능을 했다고 사료된다.

목간의 출토지는 표토하 318cm이고, 1차 저수지 바닥에서 1m 정도의 높이에 해당된다고[40] 하였다. 이 정도의 토사가 쌓이려고 하면 608년은 불가능하고, 668년이 되어야 가능할 것이다.

이제 명문 전체를 해석할 차례가 되었다. 전문을 다시 한 번 제시하면 다음과 같다.

> 전면: 戊辰年正月十二日朋南漢城道(使)~(缺失)
> 측면: 湏城道使村主前南漢城火△~(缺失)
> 후면: △△浦△△△△△△~(缺失)

668년 정월 12일에 벗인(또는 벗과) 남한성도사와 ~와 수성도사와 촌주는 남한산성의 벌 앞에서 ~했다가 된다.

IV. 맺음말

목간에 기록된 내용은 이성산성에서 어떤 중대한 일이 발생하여 주변 지역의 道使들이 모여 논의하는 과정에서 목간이 기재되었을 것으로 추정한 견해가 있

말하면 戊辰年正月十二日이므로 608년에는 겨울이라 목간에서와 같이 토목 일을 할 수 없게 된다.
39) 김창호, 『고신라 금석문과 목간』, 2018, 233쪽 등에서 戊辰年을 608년으로 본 바 있으나 이는 잘못된 것이므로 668년으로 바로 잡는다.
40) 한양대학교·경기도, 앞의 책, 1991.

다.[41] 이 견해 자체는 대단히 좋은 착상이나 추측의 단계를 벗어나지 못했다. 또 묵서명 자체의 해석에는 거의 접근을 하지 못하고 있다. 이성산성 주변 지역의 道使들이 모여 논의하는 과정에서 중대한 일을 기록하게 되었다면 목간에 그러한 내용이 기록된 까닭이 궁금하다. 넓은 나무판이나 종이 등에 기록하는 것이 오히려 상세히 기록할 수 있지 않을까? 월지 출토 목간의 경우와 같이 일직이나 숙직 또는 간단한 근무 상황을 적은 패찰류가 목간의 본래 용도이다.[42] 목간의 내용은 戊辰年正月十二日에 벗인 南漢城道使와 ~와 湏城道使와 村主가 南漢城의 들 앞에서 ~했다로 판단된다. 南漢城의 들 앞에서 할 수 있는 것은 열병식이나 훈련으로 판단된다.

목간의 연대는 먼저 송림사 전탑의 명문석에서 道使(沙)△部가 나와서 직명+부명+인명+관등명의 순서로 기재되는 바 그 시기는 624년이다. 이성산성 목간은 부명이 없어서 신라 금석문에서 부명이 소멸되는 661년을 소급할 수 없다. 다음으로 戊辰年正月十二日의 연월일이 한 겨울이라(양력으로 608년 2월 3일) 이산산성의 축조할 때인 608년은 어렵고, 공사가 끝난 668년(양력으로 668년 3월 1일)이 타당하다고 본다.

---

41) 한양대학교 · 경기도, 앞의 책, 1991, 444쪽.
42) 이기동, 앞의 논문, 1979, 124쪽.

제6절

부산 盃山山城 출토 목간의 새로운 해석

I. 머리말

부산 배산산성은 부산직할시 연제구 연산동 배산(해발 254m)에 소재한 포곡식산성이다.[1] 주위에 방어 유적으로는 동남쪽에는 8~9세기에 축성되었다고 추측되는 東萊郡의 고성이 있고, 북쪽에는 조선시대의 동래읍성이 있다.

목간은 고고학적인 유물이다. 고고학의 목적은 생활사의 복원이다. 곧 의, 식, 주, 정신세계의[2] 복원이다. 문헌에서 다루지 못할 분야로 구석기시대 들소를 어떻게 구석기인들이 사냥할까? 석기와 골각기로 만든 창으로 들소에 던져서 잡을 수가 없다. 들소 가죽이 단단해서 창이 들어가지 않는다. 지형이 한쪽이 평지를 이루다가 낭떠러지가 되는 곳으로 몰아서 죽거나 다친 들소를 주어서 사냥하는 것이다. 신석기시대 고래는 어떻게 잡을까? 작은 배를 타고 여럿이 바다로 나가서 고래를 내(川)가 있는 곳으로 몰아서 물이 얕아져서 모래톱에 걸리면 여러 사람이 힘을 합쳐서 잡는다고 한다.

역사고고학에 있어서 문헌이 할 수 없는 대표적인 예를 무령왕릉(525년)을

---

1) 한국 고대 산성에는 포곡식 산성과 테뫼식 산성이 있다. 포곡식 산성은 골짜기와 계곡을 외워 싸는 것이고, 테뫼식 산성은 하나의 산봉우리의 8부 능선쯤에 외워 싸는 것이다. 방어용으로 산성은 최후의 보루이므로 물의 습취가 중요하다. 물의 습득에서는 계곡도 둘러쌓기 때문에 포곡식 산성이 유리하다.

2) 초보적인 정신세계의 복원으로 김창호, 「신석기시대 토착신앙 문제」 『신석기학보』 12, 2006이 참조된다.

들어보자. 무령왕릉에서는 백제 토기가 단 1점도 출토되지 않아서 백제 고분 연구에는 조금도 도움이 되지 않고, 일본의 고분 후기(6세기)의 고분에 많이 나오는 용봉문환두대도 편년에 중요한 단서가 되었다. 절대 연대가 가장 오래된 등잔으로 사용된 중국 백자가 나와서 사치와 과소비로 해석된다. 중국 백자로 등잔으로 쓰면 백제 토기로 쓰는 것보다 더 밝은가? 이것뿐이 아니다. 목간의 나무도 수입한 일본제 金松으로 만든 것이고, 전축분은 요즈음으로 보면 이탈리아제 대리석으로 지은 집이다. 백제의 멸망이 가장 먼저인 것은 당연하다. 같은 시기 신라는 520년경에 고비용의 적석목곽묘 대신에 저비용의 횡혈식석실분을 채택했다. 그 결과 적어도 신라는 1/10 정도의 무덤에 드는 비용을 전 국토에 걸쳐서 줄었다. 곧 수도였던 경주에는 적석목곽묘가 횡혈식석실분으로, 지방에는 수혈식석곽묘가 횡혈식석실분으로 바뀌어서 추가장도 가능해 그 비용이 절감되었다. 이렇게 무덤을 쓰는데 있어서 비용 절감은 562년 대가야와의 전쟁에서 승리했고, 삼국 통일의 원동력의 하나가 되었다.

이처럼 문헌과 고고학은 역사를 복원하는 데에 차이가 있다. 최근에 발견된 금관총 3루환두대도 검초부속구에서 나온 尒斯智王이 훈독과 반절로 넛지왕이 되고, 눌지왕과 동일인이고, 그 시기가 458년이란 가설이 성립된다면,[3] 441년 중성리비, 443년 냉수리비, 524년 봉평비, 545년이나 그 직전인 적성비, 561년 창녕비, 567년인 북한산비, 568년 마운령비, 568년 황초령비를 전부 합친 것보다 고고학적으로는 더 중요하다. 금관총의 칼 명문은 尒斯智王과 尒斯智王刀라서 2점을 각각 국보로 지정해야 된다. 尒斯智王이란 4글자가 고신라의 전 금석문의 명문보다 고고학적으로는 중요하기 때문이다. 이 458년이란 절대 연대는 3~8세기의 고고학적인 편년에 있어서 1등 자료이다. 고고학에서 이집트

---

3) 김창호, 「신라 금관총의 尒斯智王과 적석목곽분의 편년」『신라사학보』 32, 2014; 『고신라 석문과 목간』 재수록, 2018.
김창호, 「금관총 尒斯智王명문의 재검토」『신라 금석문』, 2020.
김창호, 「금관총 尒斯智王삼론」『신라 금석문』, 2020.

고고학으로 유명한 피트리는 '한 조각의 토기 파편은 전 헤로도투스와 맞먹는 가치가 있다.'고 했다. 이 한 조각의 토기 조각이 바로 亇斯智王의 4글자 명문이다. 이 亇斯智王은 발굴이 중지된 적석목곽묘의 처녀분을 발굴해도 110여 기 가운데 내물마립간, 실성마립간, 눌지마립간, 자비마립간, 비처마립간(소지마립간), 지증마립간의 6명 마립간왕릉에서 왕명이 나온다고 해도 내물왕릉으로 추정되는 황남대총과 눌지왕릉인 금관총을 제외하면 4기의 왕릉이 고작이다.

배산산성에서는 집수구 등에서 7세기경으로 볼 수 있는 기와가 나와서 지방 관아 유적으로 보이고, 목간은 지방 관아 관련되는 것으로 보인다. 신라의 기와는 일반적으로 신라에서 고식 단판 6세기 전반~7세기 전반, 신식 단판 7세기 후반(의봉사년개토명, 습부명, 한지명 암키와), 중판은 7세기 후반~9·10세기로 판단하고 있다. 지방은 중판이 7세기 후반~8세기에, 경주를 제외한 지방에서는 장판이 9세기 전반부터 출토되고 있다.

2호 집수지에서 출토된 기와는 모두 단판 타날문양 평기와이고, 7세기경으로 볼 수 있다.[4] 안전하게는 6세기 후반에서 7세기 후반이 좋고, 7세기 후반으로도 볼 수 있을 것 같고, 7세기 후반 이후로는 볼 수가 없다.[5] 기와 이외에 집수지에서 출토된 토기는 고분전기의 6세기경, 고분 후기의 6~7세기경, 도시유적(도성제)의 8~9세기경 토기가 모두 보이는데 기와는 단판 타날문양 평기와 7세기경으로 편년되는 것만 출토되는 것이 특징이다. 부산박물관 2차 발굴보고서에서는[6] 2020년 보고서에 보고된 기와는 위의 배산성지1에서 출토된 단판 타날문양 평기와와는 보이지 않고, 7세기 후반에서 8세기 말까지 편년되는 중판 타날문양 평기와만 있는 것이 특징이다. 따라서 배산산성은 기와가 나오므로 7세기 후반에는 거칠산군의 郡治가 있던 곳이 확실하다.

---

4) 부산박물관·부산광역시 연제구청, 『배산성지 I -2017년 1차발굴조사보고서-』, 2019.
5) 조성윤 박사의 교시를 받았다.
6) 부산박물관·부산광역시 연제구청, 『배산성지 II -2018년 2차발굴조사보고서-』, 2020.

여기에서는 기존의 연구개관에서는 지금까지 나온 4편의 논문의 개요를 살펴보겠다. 다음으로 배산산성 목간의 판독안을 전부 제시하여 판독의 기본으로 삼겠다. 그 다음으로 의논이 분분한 목간의 연대를 목간 자체로 살펴보겠다. 그 다음으로 목간의 연구에 중요한 것이 정창원 좌파리가반 부속문서에도 나오므로 좌파리가반 부속문서를 살펴보겠다. 마지막으로 배산산성 목간의 새로운 해석을 시도해 보고자 한다.

Ⅱ. 기존의 연구개관

지금까지 배산산성 목간에 대해서는 4편의 논문이 나왔다.[7] 50자 정도의 문서 한 점의 목간에 논문이 많은 것은 이례적인 일이다. 그 흔한 외위명조차 없는데에도 불구하고 좌파리가반 부속문서와 비교하는 등 그 연구의 깊이가 매우 심도 있다. 失受, 受 등이 목간에서 나온 것은 처음이다. 이는 좌파리가반 부속문서에서도 나오고 있다.

2017년에 발굴 조사를 담당하고 먼저 목간이 출토된 배산산성의 역사지리적 환경에 대한 견해를 제시하였다.[8] 여기에서는 배산이 위치한 연제구 연산동 지역에 대한 역사적 유례와 관련되는[9] 동래에 대한 최초의 기록은 『삼국사기』, 居

---

7) 나동욱, 「부산 배산성지 출토 목간 자료 소개」『목간과 문자』 20, 2018.
   이용현, 「배산성지 출토 목간과 신라 사회」『부산 금석문 -역사를 새겨 남기다』, 2018.
   이수훈, 「부산 배산성지 출토 목간의 검토」『역사와 세계』 54, 2018.
   하시모토 시게루(橋本 繁), 「釜山 盃山城木簡의 기초적 검토 -佐波理加盤附屬文書와의 비교를 중심으로-」『신라사학보』 52, 2021.

8) 나동욱, 앞의 논문, 2018.

9) 부산시사편집위원회, 『부산시사』 제1권, 1989.
   동래구지편찬위원회, 『동래구지』, 1995.

道列傳에서 찾을 수 있다. 신라 탈해왕 때 居道가 干이 되어 于尸山國(울산)과 居漆山國(부산)을 멸했다는 기록이 나온다. 한편『삼국지』, 위서, 동이전, 한전의 기록에서 변한 12개국 중에 瀆盧國이 보이는데 그 위치에 대해서 거제도설과[10] 동래설이[11] 있다.

복천동 고분군에서는 기원후 2세기경에 해당되는 목관묘가 조사된 바 있다. 이는 복천동 고분의 조영 시작으로 볼 수가 있으며, 6세기 말에 복천동 고분군의 조영이 끝난다. 5세기 후반 온천천의 남쪽 연산동 구릉에 있는 연산동 고분군은[12] 배산산성과의 관계가 주목된다. 연산동의 피장자들이 유사시에 배산산성에 들어가 살고 있었다고 판단되기 때문이다. 그리고 배산산성은 7세기에는 郡治이다.

발굴 조사된 집수지 2에서 나온 목간에 대한 보고는 발굴 담당자에 의해 최초로 2018년에 소개되었다.[13] 여기에서는 年干支를 乙亥年으로 판독하고, 그 시기를 555년, 615년, 675년 가운데 하나로 보고 있다. 배산산성 목간은 752년 이전 문서로 추정하고 있는 정창원 좌파리가반 부속 문서와 유사한 것으로 보고 있다. 배산산성 목간이 1개의 촌락에 한정된 기록으로, 곡식의 품목이 없는 점은 좌파리가반 문서와 차이가 있다고 하였다. 집수지 2호의 출토 유물은 대체로 6세기 중반에서 7세기 초로 편년되어 진흥왕 16년(555)과 진평왕 37년(615)이 유력시되고 있다고 하였다.

2018년 신라 목간으로 학위를 하고, 일본에서도 학위를 한 목간 전문가에 의해 배산산성 목간에 대한 연구가 나왔다.[14] 여기에서는 먼저 목간의 적외선사진

---

10) 동아대학교 박물관,『거제고현성지』, 1991.

11) 정중환,「독로국고」『백산학보』8, 1970.

12) 금관가야의 중심지가 김해 대성동에서 동래 복천동으로, 다시 동래 연산동으로 옮겼다는 가설은 잘못된 것이다.

13) 나동욱, 앞의 논문, 2018.

14) 이용현, 앞의 논문, 2018.

제시와 함께 목간의 판독을 시도하였다. 다음으로 정창원 좌파리가반 부속문서를 검토하였다. 곧 배산산성 목간과 좌파리가반 부속문서에 있어서 4가지의 공동점이 있다고 하였다.

첫째 村 단위의 곡식 수수 문서라는 점

둘째 매월 1일을 점검 시점으로 하는 점

셋째 失受라는 독특한 용어를 사용하는 점

넷째 受와 上이라는 세금 납부 용어가 보이는 점

그 다음으로 배산산성의 목간을 검토하였다. 목간을 8개의 단락으로 나누어서 검토하였다. 8단락인 大……는 잘못 판독된 것에 기초한 것이다.

그 다음으로 목간에 나오는 乙亥年을 공반 유물을 바탕으로 6세기 후반에서 7세기 전반으로 보고서 555년, 615년, 675년 가운데 외위 一尺을[15] 읽어서 이는 674년에 외위가 경위로 바뀐 『삼국사기』, 문무왕 14년(674)의 사료를 중시하여[16] 555년이 아니면 615년이라고 보았다. 마지막으로 今, 受, 村主,[17] 一尺과 관련지어서 창고 관리 체계에 대한 소견을 밝혔다.

2018년 한국 고대 신라사를 전공한 목간 전문가에 의해 배산산성 목간에 대한 연구가 나왔다.[18] 여기에서는 먼저 목간에 있는 年干支를 乙亥年이나 乙卯年이 아닌 乙未年으로[19] 읽어서 2호 집수지 내부에서 출토된 유물이 6~7세기

---

15) 이는 잘못 판독한 것으로 배산산성에서는 외위가 나오지 않고 있다.

16) 외위의 소멸은 673년 계유명아미타삼존불비상에 나오는 백제 유이민이 전부 외위가 아닌 경위를 소유하고 있어서 674년이 아닌 673년이다.

17) 村主도 잘못 판독한 것이다.

18) 이수훈, 앞의 논문, 2018.

19) 未자와 亥자를 이체자로 쓰면 구분이 어렵다. 가령 己未명 순흥벽화고분의 未자를 한국 고분을 전공한 東潮는 일본에서 이나리야마철검의 獲加多支鹵를 雄略으로 해석한 것으로 유명한 岸 俊男의 교시를 받아서 亥자로 읽고 있다. 여기에서는 하시모토 시게루, 앞의 논문, 2021, 460쪽의 적외선 사진에 의해서 亥자의 이체로 읽는 설에 따른다.

초로 편년됨을 참고로 해서 575년 또는 635년으로 보았다. 다음으로 失受를 '失(期)한 受(納)' 또는 '受(納)을 失(期)한'으로 보았다. 이를 보다 쉽게 풀이하면 '受納 기일을 넘긴(놓친) 것'이 된다. 마지막으로 배산성지 출토 목간은 本阪舍村에서 지방 관아(거칠산군)에 물품을 납부할 때, 약속한 날짜를 넘긴 사실('失受')만을 집중적으로 기록한 장부한 장부임을 확인하였다. 배산성지 출토 목간이 이와 같은 '失受帳簿'인 까닭에, 本阪舍村이 물품의 납부 기일을 넘긴 사실(모두 4건의 '失受')을 목간의 제일 첫머리에 전제하고, 그 구체적인 날짜와 물품 수량을 하나하나 기록되었음을 알 수 있다. 이 장부는 어디까지나 해당 촌과 지방관청 사이에 진행된 특정한 사항('失受')만 기록한 기초자료('失受帳簿')일 따름이다. 당시에 이러한 종류의 기초장부-각 사항별로 기록한 장부-가 여럿 있었으며, 이 기초장부를 두루 모아서 작성한 종합장부가 별도로 존재하였다고 판단된다. 또한 배산성지 목간은 특정한 물품을 빌려준 사실도 기록하였는데(음력 2월 1일), 이 사실은 당시 지방 官府에서 관할하의 村을 대상으로 하여 곡식이 귀할 시기에 곡물을 대여했음을 말해준다. 다만 촌락을 단위로 빌린 물품을 어디에 어떤 방식으로 사용했는지, 村의 구성원 가운데 특정한 인물이 자신이 거주하는 村을 통해서 빌린 것인지, 물품(곡물)의 종류가 구체적으로 무엇인지 물품을 빌리고 나서 갚은 기간이 어느 정도인지 갚을 때의 이자는 얼마나 되는지 등은 목간에 나타난 기록만으로는 알 수가 없다. 배산산성 2호 집수지 출토 목간의 묵서의 전문을 처음으로 해석하였다.

제1행 해석문;本阪舍村에서 受納 기일을 넘긴(놓친) 것이 지금의 (기준으로 모두) 4件이다. (지난) 乙未年 2월 1일에 3(石 등)을 (本阪舍村이) 빌렸는데……
제2행 해석문;(몇)월 (3일)에 3斗를 (受納하였으며), 4월 1일에 1(석) 3두를 受納하였고, 3월 1일에 (몇 석 또는 몇 두)를 (受納하였는데) ……
제3행 해석문;(몇월) (4일)에 受納하였는데, 4월 1일의 경우와 上納하는 방법이 동일하였다. ……

2021년 한국의 고대 목간으로 학위를 한 일본인 학자에 의해 배산산성 목간에 대해 치밀한 연구 결과가 나왔다.[20] 여기에서는 배산산성은 거칠산군과 밀접하게 관련되는 것이다. 목간의 연대에 대해서는 乙亥年이란 연간지가 나와서 집수지 2의 반출로 볼 때, 555년, 615년, 675년 등으로 그 특정 시기는 알 수 없고, 6~7세기 신라 목간으로 보았다.[21] 제목 부분인 '失受'는 국가가 받지 못했다는 뜻으로 해석되어 목간 전체 성격이 거칠산군이 본파사촌으로부터 받지 못했던 곡물을 기록한 것으로 봤다. 그리고 본문에 해당하는 날짜 부분에서 '受'는 거칠산군이 본파사촌으로부터 실제로 받은 곡물을 기록한 것으로 보고, 좌파리가반 문서와 비교해서 날짜와 납부량이 일정하지 않는 것이 본파사촌의 납부가 제대로 이루지 못했던 것을 뜻한다고 해석하였다. 결국 배산산성 목간은 촌을 단위로 한 곡물 납부가 규정대로 이루어지지 못한 것을 군에서 기록한 장부로 볼 수가 있다고 하였다.

III. 목간의 판독과 조성시기

목간은 하단이 파손되었지만 상단과 좌우 측면은 원형을 유지하고 있다. 처음 현존 길이 29cm, 너비 6cm정도라고 보고 되었다.[22] 하단에 파편이 접속되어서 보고서에서는 길이 31.7cm, 너비 6.0cm, 두께 0.4cm로 수정하였다.[23] 보고서에서는 아래에 결입부가 있다고 하였다. 여기에서 여러 선학들의 판독안과 필자의 판독안을 제시하면 다음과 같다.

---

20) 하시모토 시게루, 앞의 논문, 2021, 459쪽.
21) 하시모토 시게루, 앞의 논문, 2021, 461쪽에서는 乙亥年을 735년일 가능성에 의문을 던지고 있다.
22) 나동욱, 앞의 논문, 2018, 370쪽.
23) 부산박물관 · 부산광역시 연제구청, 앞의 보고서, 2019, 144쪽.

<나동욱 판독안>24)
地阪(谷)村 失受 △ 今△ 卄四斗乙亥年二月一日(宿・借)三△△(受)
朔卄一日三斗 四月一日受一(石)三斗 三月一日△
△(月)(一)(日)(受)四月一日上法同△(日)村(主) △△斗

<이용현 판독안>25)
大阪 村 失受 △ 今知 四乙亥年 二月一日 △三
朔△△三斗 四月一日 受一石四斗 三月一日 △△△
△一尺 四月一日 上法 用△ 村主 只△斗
大

<이수훈 판독안>26)
本阪舍村 失受△今△△四乙未年二月一日借三 ……
朔(三)日三斗 四月一日受一(石)三斗 三月三日(受) ……
(朔)四日受 四月一日 上法同……

<보고서 판독안>27)
大(阪)?村 失受△ 今知 四乙(亥/卯)年 二月一日?三
朔(卅日)三斗 四月一日受一(石)四斗 三月一日?
大(吳/谷)史 四月一日 上法用?村主主(只)?

<특별전 판독안>28)
大阪舍村失受△今知△△四乙亥年二月一日借三 ……
朔△日三斗 四月一日 受一石三斗 三月一日(受) ……
朔△日受 四月一日 上法用△村主只 ……

---

24) 나동욱, 앞의 논문, 2018, 372쪽.

25) 이용현, 앞의 논문, 2018, 316쪽.

26) 이수훈, 앞의 논문, 2018, 210쪽.

27) 부산박물관・부산광역시 연제구청, 『배산성지Ⅰ-2017년 1차발굴조사보고서-』, 2019, 144쪽.

28) 부산박물관 성과전 '배산성 감춰진 역사의 비밀을 열다.' 전시 패널의 판독문.

<하시모토 시게루(橋本 繁) 판독안>[29]
本波舍村失受 …… 四乙亥年二月一日値三
朔 …… 日三斗三月一日受一石三斗 三月 ……
…… 受四月一日上法同 ……

<김창호 판독안>
夲波舍村 失受△今知△四乙亥年二月一日借三(月)
朔△日三斗 四月一日 受一石三斗 三月 ……
…… 受四月一日上法同 ……

목간의 연대는 제①행의 乙亥年이 쥐고 있다. 이를 乙未年이나[30] 乙卯年으로[31] 읽기도 하나 乙亥年이 옳다. 乙亥年의 연대에 관해서는 제③행에 외위 一尺을 판독하여 674년 이전으로 보기도 했다.[32] 하지만 이 글자는 受자와 같은 글자로 보인다.

목간의 내용을 통해서는 연대를 추정할 수 있는 실마리가 없다. 그래서 집수지 2에서 목간과 함께 출토된 유물을 통해 조사할 도리밖에 없다. 목간과 함께 나온 유물의 연대를 집수지내 퇴적층 조사에서 6세기 중반 이후 7세기 초의 것으로 편년되는 인화문토기편과 완·호·기와 등이 바닥에서 확인되어 그 시기를 555년과 615년일 가능성이 크다고 보았다.[33]

하지만 보고서는 Ⅷ층 내부에서 통일신라시대 기와와 도질토기가 출토되었다고 해서 연대를 615년 혹은 675년으로 추정했다.[34] 특별전 설명문에도 '집수

---

29) 橋本 繁, 앞의 논문, 2021, 459쪽.

30) 이수훈, 앞의 논문, 2018, 216쪽.

31) 부산박물관·부산광역시 연제구, 앞의 보고서, 2019, 144쪽. 다만 제③·②·①행으로 된 것을 제①·②·③행으로 고쳤다.

32) 이용현, 앞의 논문, 2018, 321~322쪽.

33) 나동욱, 앞의 논문, 2018, 372~373쪽.

34) 부산박물관·부산광역시 연제구, 앞의 보고서, 2019, 55쪽 및 144쪽.

지 축조 수법, 목간과 같이 출토된 토기와 기와의 제작 연대를 보았을 때, 615년 또는 675년으로 추정된다.'라고 하므로 615년이나 675년이 공식적인 견해로 보인다. 그런데 출토 유물을 고려한다면 735년일 가능성도 있어서 목간을 삼국에서 통일기 신라의 목간으로 보았다.[35]

이 목간의 연대 해결의 열쇠는 578년에 세워진 대구무술명오작비가 쥐고 있다. 제①행에 나오는 戊戌年十一月朔卄四日이 그것이다. 이는 朔이 아무 필요가 없는 글자가 아니라[36] 十一月의 朔이 『삼정종람』·『이십사삭윤표』에서 戊戌이다. 곧 年干支와 月의 朔이 동일해서 月의 朔이 생략되었다. 이렇게 보면 乙亥年의 乙亥도 三月의 朔이 되어야 한다. 375년, 435년, 495년, 555년, 615년, 675년, 735년, 795년, 855년에서 三月의 朔이 乙亥인 해는 없었다. 『魏書』, 천상지와 『장술집요』에 따를 때, 달력을 三月의 朔인 乙亥를 三月로 보거나 四月의 朔인 乙亥를 三月로 보기도 하고, 1년 전인 甲戌年의 三月 朔을 乙亥로 본 예와 1년 후인 丙子年의 三月 朔을 乙亥로 본 예가 있어서 675년인 乙亥年 二月乙亥朔이나 乙亥年 四月乙亥朔를 三月乙亥朔으로 잘못 본 것으로 보인다. 그러면 乙亥年는 목간은 675년이 되어 고신라 말기의 것으로 통일기 신라의 것은 아니다.

IV. 좌파리가반 부속문서와의 관계

배산산성 목간에는 受, 失受 등이 나와서 좌파리가반 문서와의 비교검토가 불가피하다. 우선 설명의 편의를 위해 좌파리가반 문서의 전문을 제시하면 다음과 같다.

---

35) 橋本 繁, 앞의 논문, 2021, 461쪽.
36) 목간에 글씨를 좁은 공간이기 때문에 소용이 안 되는 글자를 적을 필요가 없다. 곧 목간의 글자는 고신라 금석문과 마찬가지로 한자 한자가 중요한 의미가 있다.

(앞면)

彳接五

馬於內 上彳一具上仕之 彳尾者上仕而汚去如

巴川村正月一日上米四斗一刀大豆二斗四刀二月一日上米

四斗一刀大豆二斗四刀三月米四斗

(뒷면)

　　　　　米十斗失受

永忽知乃末受丑二石上米十五斗七刀 之直大舍受失二石

上米十七斗丑一石十斗上米十三斗 熱△山大舍受丑二石

上米一石一斗

우선 丑과 失의 의미가 문제이다. 吏讀 전문가에 의해 최초로 丑과 失이 대한 견해가 나왔다.[37] 곧 失은 實의 假借표기로서 '잣'을 가리키는 것으로 볼 수 있고, 丑은 '秋(楸)'의 가차표기로서 '호두(胡桃, 楸子, 가래)를 가리키는 것'이라고 했다. 일본의 고대사에 밝은 일본 학자에 의해 이에 대한 연구 성과가 나왔다.[38] 여기에서는 '丑'은 어떤 곡물, '失'은 '受失'로서 받지 못했다는 뜻으로 이해했다. 그 뒤에 신라 고문서와 목간에 대해 조예가 깊은 사학자에 의해 좌파리가반 문서에 대한 가설을 내놓았다.[39] 여기에서는 '丑'은 12개월의 월봉, '失'은

---

37) 남풍현,「第二新羅帳籍에 대하여」『미술자료』19, 1976;「일본 정창원 소장의 신라 출납장」『이두연구』, 2000, 287~288쪽.

38) 鈴木靖民,「正倉院佐波理加盤附屬文書の解讀」『末松保和博士古稀記念 古代東アジア史論集』上, 1978;『古代對外關係史の硏究』, 1985, 347~349쪽.
여기에서는 좌파리가반 부속문서의 작성 시기를 天平勝寶 4年(752)에 작성된 買新羅物解에 기입된 迊羅五重鋎이 정창원 창고에 납입된 과정을 중시하여 752년 이전으로 보았다. 배산산성 목간의 작성 연대가 675년이고, 大舍가 금석문에서 합자되는 예는 673년의 癸酉銘阿彌陀三尊佛碑像에 있어서 正倉院 佐波理加盤附屬文書의 작성 시기를 670년대로 보아야 되고, 이 문서가 일본의 정창원에 들어간 시기는 752년 이전으로 보아야할 것이다.

39) 윤선태,「正倉院 所藏 '佐波理加盤附屬文書'의 新考察」『국사관논총』74, 1997,

'지난달에 유고로 인해 수령하지 못했던 前月의 월봉'으로 해석하였다.

2010년에 들어와 일본의 지방목간연구전문가에 의해 正倉院 佐波理加盤附屬文書를 전혀 새로운 각도에서 연구되었다.[40] 여기에서는 '丑'을 '籾' 곧 탈곡하기 전의 쌀을 뜻하는 한자로 보고,[41] '上米'를 '上(納)한 쌀'로 이해하고, 문서 뒷면의 내용을 '관청이 관청에 수납되어 있던 丑을 각 관인에게 지급하여 이를 탈곡하여 上納하게 했다는 것을 알 수 있는 기록'이라고[42] 해석하였다.

이제 正倉院 佐波理加盤附屬文書를 해석할 차례가 되었다.

공물 문서는 '犭接五는 물품 창고의 일련 번호. 馬於內(지명)에서 上等의 犭(貂) 1구를 바쳤다. 그 꼬리도 바쳤으나 더렵혀졌다.'

'巴川村에서 正月 一日에 上米 四斗一刀, 大豆 二斗四刀를 바쳤고, 二月一日에 上米 四斗一刀, 大豆 二斗四刀를 바쳤고, 三月에 米四斗를 바쳤다.' 이 두 가지는 모두 供物 문서이다.

'…… 米十斗, 失을 받았는데[43] …… 이다. 永忽知 乃末이 丑 二石, 上米 十五斗七刀를[44] 받았다. 之直大舍가 失 二石, 上米 十七斗, 丑 一石十斗, 上米

304~309쪽.

40) 平川 南, 「正倉院佐波理加盤附屬文書の再檢討 -韓國木簡調査から-」『日本歷史』 750, 2010.

41) 도정하기 전의 쌀은 볏짚에서 떨어진 벼로 이것이 바로 丑이다. 丑은 도정하지 않아서 보관하기에 좋다. 우리나라에서 탈곡한 벼로 주로 漕運을 통해 운송하고, 탈곡한 벼로 보관한다. 탈곡하지 않고 보관하려고 하면 보관 창고가 엄청나게 커야하기 때문에 그 비용이 엄청나게 든다. 볏짚은 노천에 그냥 재어 놓으면 되고, 탈곡한 벼의 낟알을 보관하면 보관비용이 훨씬 적게 든다.

42) 上米를 上納하는 쌀로 해석했으나 上米는 上品쌀로 판단되어 받은 녹봉 품목 가운데 하나로 판단된다. 녹봉의 품목으로는 上米이외에도 丑(벼), 失(보리)가 있다.

43) 하시모토 시게루, 앞의 논문, 2021, 465쪽에서 '受失'는 관인이 국가로부터 받지 못했다. '失受'는 반대로 국가가 관인으로부터 규정대로 받지 못했다로 해석하고 있으나 지나친 해석이다. 왜냐하면 失이 보리이기 때문이다. 곧 '受失'은 '보리 얼마를 받았다'는 뜻이다. '失受'는 '보리를 받은 것은' 정도로 해석된다.

44) 上米 十五斗七刀를 米(쌀) 十五말 七되를 上納했다고 일본학계에서는 해석하고 있

十三斗를 받았다. 熱△山 大舍가 丑 二石, 上米 一石一斗를 받았다.' 이는 祿俸 문서이다.

　여기에서는 丑은 도정하지 않고, 탈곡한 벼를 의미하고, 失은 쌀, 보리, 조, 콩, 기장의 5곡[45] 가운데 도정하지 않고 탈곡한 보리를 의미한다.[46] 丑은 논벼, 失은 밭벼일 가능성도 고려해 보았으나 그 가능성은 없는 것으로 보았다.

V. 배산산성 목간의 새로운 해석

　이제 배산산성의 목간을 해석할 차례가 되었다. 우선 설명의 편의를 위해 다

───────────

　으나 여기에서는 上米를 上品쌀로 해석하고, 녹봉의 하나라고 해석한다. 앞의 공물 문서에 二月一日上米四斗一刀大豆二斗四刀三月米四斗라고 해서 米도 나오고, 上米도 나오기 때문이다.

45) 좌파리가반 문서에 上米, 米, 丑, 大豆가 나오는 데에도 불구하고, 丑(탈곡한 벼) 다음으로 중요한 곡식인 보리가 안 나오는 것에 대해서 주목할 필요가 있었다.

46) 녹봉 문서에서 之直大舍受失二石과 熱△山大舍受丑二石은 구조적으로 같다. 之直大舍受失二石에서 之直大舍가 失(보리)二石을 받았다고 해석되는 점과 熱△山大舍受丑二石에서 熱△山大舍가 丑(벼)二石을 받았다고 해석되는 점은 주목해야 할 것이다. 失受가 米十斗失受 …… 에 보이는 점과 부산 배산산성 목간에 보이는 점은 주목된다. 부산 배산산성 목간에서는 곡물명이 나오지 않고 있다. 그 이유를 간과해왔다. 왜냐하면 失이 보리의 탈곡한 낟알이란 사실을 몰랐기 때문이다. 배산산성 목간에서 촌명이 있는 것은 좌파리가반 문서의 巴川村이 나오는 공물 문서를 따랐고, 受로 적어서 月別로 날짜를 적은 것도 공물 문서를 따랐지만 곡식의 명칭이 없고, 受, 失受라는 한자는 공물 문서에는 없고, 녹봉 문서에만 나온다. 그래서 배산산성의 목간을 해독하기가 어려웠다. 연구자들은 모두 좌파리가반 문서를 비교의 대상으로 했으나 배산산성 목간에 월별로 날짜가 나오는 데에도 불구하고 丑(탈곡한 벼), 大豆, 上米, 米 등의 곡식은 찾지 못했다. 배산산성 목간에서 失受의 失이 보리 낟알로 추정되는 바이다. 그래야만 배산산성 목간의 해석이 된다. 이 목간으로 관인층인 …… 米十斗失受(乃末이나 그 보다 높은 관등을 가진 자)와 관인층인 之直大舍와 배산산성 목간에 나오는 △今知△(빈민구제 대상인 평민)도 보리밥을 먹었다고 판단된다.

시 목간의 전문을 제시하면 다음과 같다.

> 本波舍村 失受△今知△四乙亥年二月一日借三(月)
> 朔△日三斗 三月一日 受一石三斗 三月 ……
> …… 受四月一日上法同 ……
> '本波舍村에서 失(보리)를 받은 것은 △今知△가 4번째이다. 乙亥年二月一日
> 에 (보리를) 借했고(빌렸고), 三(月)朔△日에 (보리를) 三斗를 받았고, 三月一
> 日에 (보리를) 一石三斗를 받았고, 三月에 …… 받았고, 四月一日에 上法(三月
> 一日의 것)과 같고, ……'

군치는 거칠산군으로 추정되고, 나누어주는 보리의 양이 적어서 군에서 행정
촌인 本波舍村에 사는 가난한 평민들에게 보리를 주는 빈민구제와 관련된 목간
으로 보인다. 우리나라에서 빈민구제와 관련된 동시대 자료가 처음으로 출토되
었다.

VI. 맺음말

먼저 지금까지의 연구부분에서는 나온 4가지의 견해의 개요를 소개하였다.
논문의 결론을 소개하였다. 대개 정창원 좌파리가반 부속문서와 관련지어서 失
受를 대개 받지 못했다는 뜻으로 해석하고 있다. 失受를 받지 못했다고 해석하
려고 하면, 失受를 不受로 해야 할 것이다.

다음으로 지금까지 배산산성에 나온 6개의 판독안에 대해 소개하였다. 의견
의 일치를 보이는 판독안도 있어나 차이가 있는 곳도 많았다.

그 다음으로 목간의 연간지는 乙亥年으로 거의 의견의 일치를 보이고 있으
나 『이십사삭윤표』를 통해 675년으로 보았다.

그 다음으로 본 목간에서 나오는 受와 失受가 正倉院 佐波理加盤附屬文書
에도 나와서 이에 대한 전문을 해석하였다. 앞면은 공물 문서이고, 뒷면은 녹봉

문서이었다. 또 丑은 탈곡한 벼, 失도 탈곡한 보리로 보았다.

마지막으로 목간의 내용에 대해 살펴보았다.

'本波舍村에서 失(보리)를 받은 것은 △今知△가 4번째이다. 乙亥年二月一日에 (보리를) 借했고(빌렸고), 三(月)朔△日에 (보리를) 三斗를 받았고, 三月一日에 (보리를) 一石三斗를 받았고, 三月에 … 받았고, 四月一日에 上法(三月一日의 것)과 같고, ……'

군치는 거칠산군으로 추정되고, 나누어주는 보리의 양이 적어서 군에서 행정촌인 夲波舍村에 사는 가난한 평민들에게 보리를 주는 빈민구제와 관련된 목간으로 보았다.

제6장
백제 목간과 토기 명문

제1절

부여 동남리49-2번지 출토 주요 목간에 대하여

Ⅰ. 머리말

백제 목간은 한성시대나 웅진성시대의 것은 없고, 사비성시대의 것이 여러 점 출토되고 있다. 모두 100여 점 이상이 출토되고 있다. 백제 목간에 대해서는 벌써 『목간이 들려주는 백제 이야기』란 단행본이 나와 있다.[1] 백제의 목간은 상대적으로 사료가 부족한 『삼국사기』나 『삼국유사』의 사료의 미비함을 채워주는 중요한 자료들이다.

백제는 한성시대(기원전 18~475년), 웅진성시대(475~538년), 사비성시대(538~660년)으로 3분된다. 신라에서도 월성 유적에서 6세기 목간이 있고, 지방 목간인 함안 성산산성 목간은 540년경, 대구 팔거산성은 540년대의 목간이 있어서 한성시대는 몰라도 웅진성시대에 목간이 없는 것은 이해하기가 어렵다. 고신라에는 나오지 않는 *佐左官貸食記*, 구구단 목간, 논어 목간, *丁*자 목간 등이 존재하는 것은 백제 목간의 한 특징으로 보인다. 백제 사비성 목간에서는 고신라의 성산산성 목간에서 그렇게 많이 나온 성촌명이 거의 보이지 않는다.

백제 문자 자료의 최대의 수수께끼는 칠지도의 연대이다. 일본학계의 통설은 369년이다. 백제의 문자 자료에 있어서 4세기는 전무하다. 백제보다 먼저 한자를 도입했을 것으로 추정되는 고구려도 4세기에는 귀화인의 묘지명인 안악

---

1) 윤선태, 『목간이 들려주는 백제 이야기』, 2007.

3호분의 동수묘 묵서명(357년), 기와 명문이 고작이다. 408년에 작성된 귀화인의 무덤인 덕흥리벽화고분을 제외하면, 석문으로 가장 빠른 것은 414년의 광개토태왕비, 435년의 태천 농오리산성의 마애석각, 금문으로서는 451년의 서봉총 은합명문이 있을 뿐이다. 은상감을 한 칠지도는 5세기로 보아야 할 것이다.

　　여기에서는 먼저 두 점의 목간을 판독하겠다. 다음으로 殯葬(祭祀) 목간의 앞뒷면을 검토하겠다. 마지막으로 丁자 목간에 대해 살펴보고자 한다.

II. 목간의 판독

　　먼저 殯葬(祭祀) 목간의 앞면 제①에서는 다르게 읽을 글자가 없다. 제②행 15번째 글자에서 迲자,[2] 送자,[3] 逆자[4] 등으로 읽고 있으나 여기에서는 送자로 읽는다. 제③행에서 1번째 글자는 兩자로 읽고 있으나[5] 刀자로 읽는다. 13번째 글자는 迲자,[6] 送자,[7] 逆자[8] 등으로 읽고 있으나 送자로 읽는다. 제④행에서 9번째 글자는 迲자,[9] 送자,[10] 逆자[11] 등으로 읽고 있으나 送자로 읽는다. 제⑤행

2) 국립부여문화재연구소, 「백제문화권 출토 목간 전문가 학술세미나」(부여 동남리 유적 목간1 앞면), 2022, 5쪽.
3) 국립부여문화재연구소, 앞의 팜플렛, 2022, 5쪽.
4) 국립부여문화재연구소, 앞의 팜플렛, 2022, 5쪽.
5) 국립부여문화재연구소, 앞의 팜플렛, 2022, 5쪽.
6) 국립부여문화재연구소, 앞의 팜플렛, 2022, 5쪽.
7) 국립부여문화재연구소, 앞의 팜플렛, 2022, 5쪽.
8) 국립부여문화재연구소, 앞의 팜플렛, 2022, 5쪽.
9) 국립부여문화재연구소, 앞의 팜플렛, 2022, 5쪽.
10) 국립부여문화재연구소, 앞의 팜플렛, 2022, 5쪽.
11) 국립부여문화재연구소, 앞의 팜플렛, 2022, 5쪽.

에서[12] 8번째 글자는 迭자,[13] 送자,[14] 逆자[15] 등으로 읽고 있으나 送자로 읽는다.

뒷면에서는 제①행에서 8번째 글자는 重자로 읽기도 하나[16] 主자이다. 16번째 글자는 金자로 읽는다. 제②행에서 13번째 글자를 重자로 읽고 있으나[17] 主자이다. 제③행에서 7번째 글자를 重자로 읽기도 하나[18] 主자이다. 14번째 글자는 因자로 읽기도 하나[19] 用자가 분명하다. 제④행에서 3번째 글자는 重자로 읽고 있으나[20] 主자이다. 4번째 글자는 分자,[21] 不자로[22] 읽고 있으나 不자로 본다. 5번째 글자는 速자[23] 또는 縺자로[24] 읽고 있으나 速자이다. 이상의 판독 결과를 제시하면 다음과 같다.

(殯葬 목간)

④	③	②	①	뒷면	⑤	④	③	②	①	앞면
⋮	⋮		⋮			⋮	⋮	⋮	⋮	
作	△		△	1	內	十	刀	九	△	1
八	因		甲	2	已	二	子	(重)	二	2
主	淫		(可)	3	月	月	作	十	兩	3

---

12) 제⑤행은 逆書로 제②행과 제③행 사이에 있다.
13) 국립부여문화재연구소, 앞의 팜플렛, 2022, 5쪽.
14) 국립부여문화재연구소, 앞의 팜플렛, 2022, 5쪽.
15) 국립부여문화재연구소, 앞의 팜플렛, 2022, 5쪽.
16) 국립부여문화재연구소, 앞의 팜플렛, 2022, 7쪽.
17) 국립부여문화재연구소, 앞의 팜플렛, 2022, 7쪽.
18) 국립부여문화재연구소, 앞의 팜플렛, 2022, 7쪽.
19) 국립부여문화재연구소, 앞의 팜플렛, 2022, 7쪽.
20) 국립부여문화재연구소, 앞의 팜플렛, 2022, 7쪽.
21) 국립부여문화재연구소, 앞의 팜플렛, 2022, 7쪽.
22) 국립부여문화재연구소, 앞의 팜플렛, 2022, 7쪽.
23) 국립부여문화재연구소, 앞의 팜플렛, 2022, 7쪽.
24) 국립부여문화재연구소, 앞의 팜플렛, 2022, 7쪽.

④	③	②	①	뒷면	⑤	④	③	②	①	앞면
(不)	用		子	4	卄	十	丶	一	內	4
(速)	金		作	5	日	一	十	月	已	5
金	三		(用)	6	亡	日	一	八		6
	主		三	7	夫	亡	月	日		7
	又		主	8	送	夫	十	內		8
	△		又	9	金	送	一	已		9
	來		已	10	三	金	日	月		10
	介		浪	11	兩	二	亡	九		11
	牟		木	12	七	兩	夫	日		12
	作	主	末	13	重	六	送	亡		13
	用	五	水	14	(丶)	重	金	夫		14
			(作)	15		月	二	送		15
			金	16		十	兩	金		16
		逆書			逆書	(二)	(且)	五		17
						丶	丶			18
						日				19

　　나음 또 다른 부여 동남리 유적 목간이 丁자 목간에 대해 판독할 차례가 되었다.[25] 제①행에서 5번째 글자는 進자로 추독한 견해에[26] 따른다. 14번째 글자는 毛자[27] 또는 宅자로 읽고 있으나[28] 여기에서는 毛자로 읽는다. 제②행에 있어서 送자는 逆자[29] 또는 逆자[30] 또는 送자로[31] 읽고 있으나 여기에서는 送자로

---

25) 앞면과 뒷면이 있으나 뒷면은 묵흔만 있을 뿐 글자를 읽을 수가 없다.
26) 국립부여문화재연구소, 앞의 팜플렛, 2022, 8쪽.
27) 국립부여문화재연구소, 앞의 팜플렛, 2022, 8쪽.
28) 국립부여문화재연구소, 앞의 팜플렛, 2022, 8쪽.
29) 국립부여문화재연구소, 앞의 팜플렛, 2022, 8쪽.
30) 국립부여문화재연구소, 앞의 팜플렛, 2022, 8쪽.
31) 국립부여문화재연구소, 앞의 팜플렛, 2022, 8쪽.

읽는다. 제③행에서 5번째 글자는 運자로 읽는 견해에[32] 따른다. 14번째 글자는 曰자[33] 또는 日자로 읽고 있으나[34] 日자로 읽는다. 15번째 글자는 小田의 두 자로 읽는 가설과[35] 苗자로 읽는 가설이[36] 있으나 苗자로 읽는다. 지금까지의 판독과 기왕의 견해를 합쳐서 제시하면 다음과 같다.

(丁자 목간)

	③	②	①	
1		稗		1
2		送		2
3				3
4	凡		凡	4
5	(運)		(進)	5
6	仁		鵲	6
7	淂		淂	7
8	丁		丁	8
9	五		五	9
10	斗		斗	10
11				11
12	凡		凡	12
13	△		△	13
14	(日)		(毛)	14
15	(苗)		若	15
16	丁		丁	16
17	五		五	17
18	斗		斗	18

32) 국립부여문화재연구소, 앞의 팜플렛, 2022, 8쪽.

33) 국립부여문화재연구소, 앞의 팜플렛, 2022, 8쪽.

34) 국립부여문화재연구소, 앞의 팜플렛, 2022, 8쪽.

35) 국립부여문화재연구소, 앞의 팜플렛, 2022, 8쪽.

36) 국립부여문화재연구소, 앞의 팜플렛, 2022, 8쪽.

III. 殯葬(祭祀) 목간

첫 번째 목간의 앞면에서 그 내용을 알 수 있는 가장 중요한 단어는 亡夫이
다. 망부는 죽은 남편이나 죽은 郞君을 칭하는 용어일 가능성이 있다. 이를 亡
은 잔고 없음(0)으로 보고, 夫送은 인명일 가능성이 있는 것으로 보아 왔다.[37]
그러면 매일 일이 있을 때마다 잔고 없음이 된다. 夫送이란 인물(?)도 매월의 날
짜마다 등장하게 된다. 이를 亡과 夫送으로 끊어 읽지 않고, 亡夫로 끊어서 읽
을 수는 없는지 조사해 보자. 고구려와 백제의 불상조상기에 나오는 명문을 살
펴보기로 하자.

1. 永康七年銘金銅佛光背

이 광배는 1944년 평양시 평천리에서 발견되었다. 근처에서 佛像 臺座와 金
銅半跏思惟像 등이 발견되었다.[38] 광배는 현재 평양중앙박물관에 소장되어 있
다. 광배의 크기는 높이 22cm, 너비 14cm이다. 그 모양은 舟形이다. 전문에서
문제시되는 글자를 중심으로 판독해 보기로 하자.

제①행은 모두 7자이다. 7번째 글자는 卅자[39] 또는 辛자로[40] 읽어 왔으나,
辛자가 분명하다. 8번째 글자를 卆자로 읽는 견해도 있으나,[41] 따르기 어렵다.

제②행은 모두 8자이다. 9번째 글자를 祈자로 읽는 견해도 있으나,[42] 따르기

---

37) 국립부여문화재연구소, 앞의 팜플렛, 2022, 5쪽.

38) 田中俊明,「高句麗の金石文 -硏究の現狀と課題-」『朝鮮史硏究會論文集』18,
1981, 132쪽 참조.

39) 김우,「평양시 평천리에서 발견된 고구려 금동 유물들」『문화유산』1962-6, 1962, 65쪽.

40) 도유호,「평천리에서 나온 고구려 부처에 대하여」『고고민속』1964-3, 1964, 32쪽.

41) 久野健,「平壤博物館の佛像」『ミュージアム』490, 1992, 4쪽.

42) 한국고대사회연구소 편, 『역주 한국고대금석문(1)』, 1992, 123쪽.

어렵다.

제③행은 모두 8자이다. 8번째 글자는 覺자로 읽는 견해가 많으나,[43] 9번째 글자에 岸자를 복원하고, 10번째 글자의 존재를 주장한 견해가 있으나,[44] 따르기 어렵다.

제④행은 모두 4자이다. 이에 대해서는 다른 이견이 전혀 나오지 않고 있다.

제⑤행은 모두 10자이다. 2번째 글자는 初처럼 되어 있는데, 이를 解자[45] 또는 初자로[46] 읽는다. 이 글자는 龍門石窟造像記의 예에 따르면[47] 初자가 분명하다. 6번째 글자는 忿자로 추독하는 경우가 많아서[48] 이에 따른다. 9번째 글자는 以자[49] 또는 必자로[50] 읽는 견해가 있으나 以자로 읽는 견해에 따른다. 10번째 글자는 籾자로 표기되어 있으나, 菩자로 추독한 견해가 있다.[51]

제⑥행은 모두 10자이다. 이 행에 대해서는 판독에 다른 이견이 제출되지 않고 있다.

제⑦행은 모두 7자이다. 이 행에 대해서도 판독에 다른 이견이 제출되지 않고 있다.

지금까지 판독한 내용을 제시하면 다음과 같다.

---

43) 田中俊明, 앞의 논문, 1981, 133쪽 등.

44) 한국고대사회연구소 편, 앞의 책, 1992, 123쪽.

45) 도유호, 앞의 논문, 1964, 32쪽.

46) 김우, 앞의 논문, 1962, 65쪽.
    奈良國立文化財研究所 飛鳥博物館,『飛鳥・白鳳の在銘金銅佛』, 1976, 117쪽.

47) 水野淸一・長廣敏雄,『河南洛陽龍門石窟の硏究』, 1943, 457쪽.

48) 田中俊明, 앞의 논문, 1981, 133쪽 등.

49) 田中俊明, 앞의 논문, 1981, 133쪽.

50) 한국고대사회연구소 편, 앞의 책, 1992, 123쪽.

51) 한국고대사회연구소 편, 앞의 책, 1992, 123쪽.

⑦	⑥	⑤	④	③	②	①	
隨	提	之	慈	福	爲	永	1
喜	若	初	氏	願	亡	康	2
者	有	悟	三	合	母	七	3
等	罪	无	會	三	造	年	4
同	右	生		者	弥	歲	5
此	願	思		神	勒	在	6
願	一	究		△	尊	辛	7
	時	竟		興	像	△	8
	消	以					9
	滅	菩					10

이 광배의 조상기를 해석하면 다음과 같다.

'永康七年辛△에[52] 亡母를 위해 弥勒尊像을 만듭니다. 福을 원합니다. 亡者
로 하여금 神△興하여 慈氏三會之初에[53] 无生의[54] (法理를) 깨닫고, 究竟을[55]
…… (하옵소서) 만약에 죄가 있으면 右願으로 一時에 消滅되게 하옵소서. 隨
喜者[56] 등도 이 願과 같이 하옵소서.'

---

52) 481년, 491년, 501년, 511년, 521년, 531년, 541년, 551년, 561년 등이 그 대상이 될
수가 있다. 491년일 가능성이 있는 듯하다.

53) 慈氏三會의 慈氏란 미륵의 중국식 성씨. 자씨3회란 龍華會라고도 하는데, 미륵이
성불한 후 華林園에서 개최한 3차례의 법회를 말한다. 미륵은 初會의 설법에서 96
억년, 二會에의 설법에서 94억년, 三會의 설법에서 92억년을 제도한다고 한다(한국
고대사회연구소 편, 앞의 책, 1992, 125쪽).

54) 이는 生滅을 떠난 절대의 진리 또는 번뇌를 여윈 깨달음의 경지를 말한다(한국고대
사회연구소 편, 앞의 책, 1992, 125쪽).

55) 이는 상대를 초월한 불교의 최고 경지를 말한다(한국고대사회연구소 편, 앞의 책,
1992, 125쪽).

56) 이는 남이 한 善根功德을 기뻐하는 자이다(한국고대사회연구소 편, 앞의 책, 1992,
125쪽).

2. 景四年銘金銅如來立像

1930년 가을 광배와 함께 金銅三尊佛이 황해도 곡산군 화촌면 봉산리에서 발견되었다.[57] 광배의 크기는 높이 15.4cm, 너비 10.3cm이다. 金東鉉씨가 소장하고 있으며, 국보 제85호로 지정되어 있다. 불상은 舟形 光背의 중앙에 本尊佛을 배치하고, 그 좌우에 협시보살을 배치한 1광3존불의 형식이고, 대좌는 결실되었다. 본존은 명문에 나타나 있는 바 無量壽佛(=阿彌陀佛)로서 通肩衣에, 手印은 施無畏與願印을 취하고 있다. 광배는 본존을 중심으로 頭光과 身光을 구분하고, 그 안에 蓮花와 唐草文을 양각하였으며, 그 외각에다 火焰文을 양각하고 있는데, 그 사이에 化佛 3구가 있다. 명문의 광배 뒷면에 楷書體로 음각하고 있으나, 제⑧행은 맨밑에 오른쪽에서 왼쪽으로 새기고 있다. 명문 가운데 문제시되는 글자만을 판독하면 다음과 같다.

제①행은 8자이다. 제②행의 1번째 글자까지를 합쳐서 9자로 보는 견해도 있다.[58] 1번째 글자는 日京 또는 日亘으로 읽는 견해와[59] (太)昌으로 보는 견해가[60] 있으나, 龍門石窟의 조상기에도 景을 景 또는 臮으로 쓴 예가 있어서[61] 이 글자는 景자가 타당하다.

제②행은 모두 8자이다. 1번째 글자는 絹자로 표기되어 있어서 須자의 이체로 보기도 하나,[62] 須자의 이체로 그러한 예가 없어서 여기에서는 모르는 글자로 본다.

제③ · ④행은 모두 8자씩으로 판독에는 다른 이견이 없다.

---

57) 關野 貞, 『朝鮮美術史』, 1932, 54쪽.

58) 한국고대사회연구소 편, 앞의 책, 1992, 130쪽.

59) 손영종, 「금석문에 보이는 삼국시대 몇 개 연호에 대하여」 『력사과학』 1966-4, 1966, 353쪽.

60) 김영태, 「삼국시대 불교금석문 고증」 『불교학보』 26, 1989, 237쪽.

61) 水野清一 · 長廣敏雄, 앞의 책, 1941, 466쪽.

62) 한국고대사회연구소 편, 앞의 책, 1992, 130쪽.

제⑤행은 10자이다. 2번째 글자를 王자로 읽는 견해도 있으나,[63] 亡자가 옳다.

제⑥·⑦·⑧행은 각각 8자, 7자, 9자로 판독에 다른 견해가 없다. 지금까지 판독한 것을 중심으로 전문을 제시하면 다음과 같다.

⑧	⑦	⑥	⑤	④	③	②	①	
願	遇	値	願	共	賤	△	景	1
共	弥	諸	亡	造	奴	共	四	2
生	勒	佛	師	无	阿	諸	年	3
一	所	善	父	量	王	善	在	4
處	願	知	母	壽	阿	知	辛	5
見	如	識	生	佛	거	識	卯	6
佛	是	等	生	像	五	那	比	7
習		値	之	一	人	婁	丘	8
法			中	軀			道	9
			常					10

이 景四年銘金銅三尊佛像의 조상기를 해석하면 다음과 같다.

'景四年辛卯年에[64] 比丘 道△와 여러 善知識인[65] 那婁, 賤奴, 阿王, 阿居의 5인이[66] 함께 无量壽像(=阿彌陀佛像) 1구를 만듭니다. 원컨대 亡師, 亡父, 亡

---

63) 田中俊明, 앞의 논문, 1981, 132쪽.

64) 일반적으로 571년으로 보고 있다.

65) 善知識이란 말은 673년에 제작된 癸酉銘阿彌陀三尊佛碑像에도 나온다. 여기에서의 선지식은 남자 불교 신도를 가리키는 듯하다.

66) 삼국시대 조상기에 있어서 이 조상기에 인명이 가장 많이 나오고 있다. 지금까지 조상기의 인명에 관등명이 나오는 예는 단 1예도 없다. 이들 조상기에 기록된 것처럼 亡父 등 죽은 사람을 위해 조상한 점에서 나이가 아직 관등을 받지 못하는 연령층인지도 알 수 없지만 그 신분이 그리 높지 않을 가능성도 있는 것 같다. 조상기에 나타난 인명으로 보면 5~6세기의 휴대용 불상의 조영에는 귀족이 보이지 않는다. 그래서 강우방, 「삼국시대불교조각론」『삼국시대불교조각』, 1990, 133쪽에서는 '지금까

母가 태어날 때마다 마음속으로 늘 諸佛을 만나고, 善知識 등도 彌勒을 만나게
하옵소서. 所願이 이와 같으니, 원컨대 함께 한 곳에 태어나서 佛을 보고, 法을
듣게 하옵소서.'

3. 癸未銘金銅三尊佛立像

이 불상 국보 제72호로 澗松美術館에 소장되어 있다. 높이는 17.5cm이다.
호남선 지역에서 출토되었고 전해지고 있다.[67] 舟形光背에 시무애여원인의 본
존불과 좌우에 협시보살이 배치되어 있는 一光三尊의 형식이다. 광배와 양 보
살상 사이에 한 틀에서 주조되었고, 다시 본존불과 광배가 한 틀로 주조되었다.
광배는 본존 주위에 굵은 융기선으로 두광과 신광을 나타내고, 그 안에 역시 융
기문으로 인동당초문을 양각하고 있다. 그 여백에 연주문처럼 생긴 문양을 가
득채우고 있다. 명문 가운데 문제시되는 글자만을 판독하면 다음과 같다.

제①행은 모두 7자이다. 1번째 글자는 美로 되어 있으나 癸자의 이체이다.
냉수리비 등에서도 나온다.

제②행은 모두 5자이다. 판독에 다른 이견이 없다.

제③행은 모두 5자이다. 3번째 글자는 夌자로 보이기도 하나 단정은 유보하
며, 여기에서는 모르는 글자로 본다. 여기에서 앞에서 판독한 내용을 중심으로
전문을 제시하면 다음과 같다.

지 알려진 삼국시대의 불상광배에 새겨진 명문을 살펴보면, 금동불 조성을 발원한
사람의 신분은 알 수 없지만, 대체로 庶民的인 분위기를 감득할 수는 있다.'라고 하
였다. 휴대용 부처를 서민만이 갖고 있다면, 관등을 가질 수 없는 귀족은 휴대용 불
상을 사용하지 않았다고 보아야 된다. 673년에 제작된 癸酉銘阿彌陀三尊佛碑像에
는 많은 관인층이 나오고 있어서 귀족도 불상의 조영에 참가했다고 해석된다. 그렇
다면 5~6세기의 휴대용 불상에서 전혀 관등이 나오지 않아도 이를 서민으로 해석하
는 것은 무리이다. 관등이 있어도 부처 앞에서는 그것을 기록하지 못한 것은 아닐지
후고를 기다리기로 한다.

67) 한국고대사회연구소 편, 앞의 책, 1992, 162쪽. 백제 불상일 가능성이 크다.

③	②	①	
父	日	美	1
趙	寶	未	2
△	華	年	3
人	爲	十	4
	亡	一	5
		月	6
		一	7

이 癸未銘金銅三尊佛立像 조상기를 해석하면 다음과 같다.

'癸未年11月1日에[68] 寶華가[69] 亡父趙△人을 위해 만들었다.'

491년으로 추정되는 永康七年銘金銅佛光背의 亡母, 571년으로 추정되는 景四年銘金銅如來立像造像記의 亡師, 亡父, 亡母, 563년으로 추정되는 癸未銘金銅三尊佛立像造像記의 亡父가 亡자에 간접 칭호가 붙는다. 이들 亡師, 亡父, 亡母의 예를 따를 때, 亡夫로 끊어서 죽은 남편 또는 죽은 郎君으로 볼 수가 있다.

앞면을 단락을 나누어서 해석해 보자.

먼저 제①행만으로 제1단락이다. 이는 (十一月△日亡夫送金)二兩內已이다. 여기에서 문제가 되는 것은 內已이다. 이를 內는 納의 뜻이고, 已는 종결의 뜻의 허사로 보았다.[70] 삼국시대에 있어서 목간이나 금석문에서 內가 納의 뜻이 되는 식의 용법은 본 적이 없고, 已가 종지사의 뜻으로 허사인 다른 예도 없다. 여기에서는 內已를 '냈다.'란 뜻으로 본다. 그러면 (十一月△日亡夫送金)二兩

---

68) 563년설(김원룡, 『한국미술사』, 1980, 72쪽)과 623년설(황수영, 『불탑과 불상』, 1974, 140쪽)이 있으나 여기에서는 전자에 따른다.

69) 여자의 인명으로 추정한 견해가 있다(한국고대사회연구소 편, 앞의 책, 1992, 162쪽). 삼국시대 조상기의 발원자의 인명과 비교할 때 남자의 인명으로 추정된다.

70) 국립부여문화재연구소, 앞의 팜플렛, 2022, 5쪽.

內已는 '11월 △일에 亡夫에게 보내는 금 2兩을 (殯에)[71] 냈다.'가 된다.

제2단락은 제②행의 전반부이다. 복원하여 그 전문을 제시하면 다음과 같다. (亡夫送金二兩)九重十一月八日內已. 이를 해석하면 '亡夫의 (殯에) 보낸 2兩 9 重을 11월 8일에 냈다.'가 된다.

제3단락은 제②행의 후반부터 제③행의 3번째 글자까지이다. 그 전문을 제 시하면 다음과 같다. 月九日亡夫送金五兩△重△刀子作. 이를 해석하면 '11월 9일에 亡夫의 (殯에) 보낸 (金) 5兩 △重은 △刀子가[72] 만들었다.'

제4단락은 제③행의 十一月十一日부터 제④행의 十二月의 앞까지이다. 이 제4단락의 전문을 제시하면 十一月十一日亡夫送金二兩且\(銀△兩)[73]이 된 다. 이를 해석하면 '11월 11일에 亡夫의 (殯에) 금 2량과 은 △兩을[74] 보냈다.'

제5단락은 제④행의 十二月十一日부터 제④행의 二兩六重까지이다. 이 제5 단락의 전문을 제시하면 十二月十一日亡夫送金二兩六重이 된다. 이를 해석하 면 '12월 11일에 亡夫의 (殯에) 금 2량 6중을 보냈다.'가 된다.

제6단락은 제④행의 月十二\日부터 제⑤행의 內已까지이다. 이 제6단락의 전문을 제시하면 月十二\日內已가 된다. 이는 月十二\日과 內已사이에 앞의 금을 내는 것인 亡夫送金二兩六重이 생략된 것으로 보인다. 제6단락 전체를 제 시하면 月十二\日亡夫送金二兩六重內已가 된다. 이를 해석하면 '12월 12일

---

71) 백제의 殯葬 근거로는 무령왕릉에서 나온 왕과 왕비의 지석에 각각 27개월(3년상) 로 되어 있고, 고구려는 토총에는 3년의 빈장이 있었고, 석총에는 2년의 빈장이 있 었다. 신라의 경우는 횡혈식석실분에서 1년의 빈장이 있었다. 백제의 하급관리나 평민 의 경우 빈장 여부를 알 수가 없으나 빈장 목간의 앞면에서 보면 50일의 빈장이 있 었다고 판단된다. 또 殯葬 목간 등의 목간이 나온 곳은 관청이 있던 곳이 아니라 亡 夫가 살았던 집이 있었던 곳으로 추정된다. 발굴 조사 결과가 나오지 않아서 더 이 상의 진전은 어렵다.

72) △刀子이 인명일 가능성이 있으나 왜 이 구절에만 인명이 등장하는지는 알 수가 없 다. 金의 양이 가장 많아서 그런지도 알 수 없다.

73) 또 金 몇 兩를 냈다고 해석할 수 없어서 은을 낸 것으로 且 때문에 보았다.

74) 且자로 보면 金二兩에 뒤이어서 또 금이 들어갈 수는 없고, 은이라고 추정하였다.

亡夫의 (殯에) 보낸 금 2량 6중을 냈다.'가 된다.

제7단락은 나머지 부분이다. 그 전문을 제시하면 月卄日亡夫送金三兩七重
\. 이를 해석하면 '12월 20일 亡夫의 (殯에) 금 3량 7중을 보냈다.'가 된다.

이제 목간의 뒷면에 대해서 조사할 차례가 되었다. 먼저 제1단락은 처음부터
제①행의 作用三主까지이다. 파실된 부분은 8자 정도를 복원할 수 있다. 맨 앞
의 4자에는 자신이 없으나 扶助內譯이나 扶助名單이나 扶助帳簿 등이 복원되
고, 한 칸을 띠우고, 4자 정도의 모르는 글자가 인명이고, 甲可子가 인명이다.
이들 두 사람은 부조를 함께하는 부부로 보인다. 제1단락은 △△△△ △△△
△甲(可)子作用三主로 '부조를 낸 사람은 △△△△와 甲(可)子가 3主를 만들어
서 베풀었다.'가 된다.

제2단락은 제①행의 又巳淚부터 제③행의 첫 부분까지이다. 제2단락의 전문
을 제시하면 又巳淚木末水(作)金三主이다. 이는 '又巳淚와 木末水가 만든(作)
金 三主이다.'가 된다.

제3단락은 제③행의 첫 부분에서 그 전부가 △△△△因湮用金三主이다. 이
를 해석하면 '△△△와 △因湮이 베푼 金 3主이다.'가 된다.

제4단락은 그 다음의 又△來尒牟作에서 제②행의 逆書로 五主까지이다. 제
4단락의 전문은 又△來尒牟作用五主이다. 이를 해석하면 '又△來와 尒牟가 5
主를 만들어서 베풀었다.'가 된다.

제5단락은 나머지이다. 이는 △△△△△△作八主不速金로 이를 해석하면 '△
△△와 △△가[75] 8主를 베풀었으나 빠르지 않는(늦은) 金이었다.'가 된다.[76]

---

75) 뒷면은 부조를 한 두 사람이 나와서 부부로 보인다. 지명도 포함된 것으로 타진해
보았으나 그 가능성은 없었다. 결국 뒷면은 未亡人의 一家親戚이 부조한 것으로
보인다.

76) 금이나 은의 계량 단위로 斤兩重制가 있으나 여기에서는 主制를 사용하고 있다. 主
를 단위로 은을 잰 것으로 무령왕릉 출토 왕비의 은제 천이 있다. 여기에 나오는 명
문은 庚子年二月多利作大夫人分二百卅主耳이다. 主와 重이 같다면 二百卅主는
九兩十四主로 표기해야 할 것이다. 主는 536년 고신라의 영천청제비 병진명에 나오

IV. 丁자 목간

이 목간은 전체를 해석하는 것이 어려우나 한번 시도를 해보기로 하자. 稗送은 글자가 크게 되어 있어서 그 아래에 있는 4명에게 모두 걸리는 것으로 보며, 그 뜻은 '피를 보내어'로 보인다. 곧 피를 보내어 凡(進)鵲이 丁을 5말에 얻었고, (피를 보내어) 凡(運)仁이 丁을 5말에 얻었고, (피를 보내어) 凡△(毛)若이 丁을 5말에 (얻었고), (피를 보내어) 凡△(日)(苗)가 丁을 5말에 (얻었다.)가 된다.[77] 이는 다른 丁자 목간보다 오래된 모습으로 그 시기를 538년경으로 볼 수가 있다. 그러면 여기에서 부여 사비성에서 출토된 丁자 목간에 대해 간단히 살펴보기로 하자.

1. 부여 궁남지 출토 목간 315번[78]

목간의 전문부터 제시하면 다음과 같다.

> 앞면 西卩後巷巳達巳斯卩 依活△△丁
> 　　歸人中口四 小口二 邁羅城法利源畓五形
> 뒷면 西(卩)丁卩夷

이를 해석하면 다음과 같다. '앞면; 西卩 後巷의 巳達巳斯卩가 △△의 丁이 활

는 淂처럼 백제 고유의 무게를 나타내는 하나치이다. 그래서 이 목간이 538년경으로 볼 수 있는 근거도 된다.

77) 凡(進)鵲, 凡(運)仁, 凡△(毛)若, 凡△(日)(苗)의 인명에 공통적으로 들어가는 凡자는 형제로 볼 수 있는 근거가 될 수도 있으나 인명이 凡(進)鵲, 凡(運)仁의 경우는 3자이고, 凡△(毛)若, 凡△(日)(苗)의 경우에는 4자라 문제가 된다.

78) 상세한 것은 김창호, 「부여 궁남지 출토 315호 목간」 『한국 고대 목간』, 2020 참조. 이 책의 제6장 제2절 참조.

약한데 의하여 (已達已斯卩가) 歸人인 中口 四(人), (歸人인) 小口 二(人)과 邁羅城의 法利源의 畚五形을 (상으로) 받았다.'

뒷면: 西(卩)의 丁인 卩夷(인명)이다.'

주목되는 것은 丁자가 앞사람의 인명과 일치하지 않는 곧 동일인이 아닌 점이다.

2. 부여 쌍북리 현내들 유적 출토 목간

현내들은 부여읍 동북쪽, 공주와 논산에서 부여로 진입하는 삼거리에서 서북쪽 북포로 이어지는 곳이다. 북포는 부소산성 동북쪽 금강변 가증천이 합류하는 포구를 일컫는다. 쌍북리 현내들(Ⅰ-1구간), 북포 유적(Ⅰ-3구간)은 충청남도 종합건설사무소에서 시행하는 백제 큰길 연결도로 건설공사에 수반된 발굴조사였다. 조사지역에 대한 지표조사는 2001년 충남대학교 박물관, 시굴조사는 2005년 (재)충청문화재연구원에 의해 실시되었다. 현내들 유적은 부여읍 쌍북리일원에 부소산 북쪽의 금강으로 합류하는 가증천 및 그 지류에 위치한다. 쌍북리 및 정동리 주변의 가증천 일대는 1970년대까지도 범람원 주변 습지로 남아 있다가 그 후 경지 정리가 이루어졌다. 조사시역은 북동-남서 방향으로 관통하는 경작지로(작업로)를 기준으로 모두 9개의 구역으로 구분된다.[79] 목간은 부여초등학교 근처에서 백제시대 도로 유구가 확인되었는데, 남북도로1과 동서도로1이 교차하는 지점의 측면의 수혈(14구역)에서 13점이 출토되었다.

丁자 목간은 1점이 출토되었는데 그 전체 판독문은 다음과 같다.

85-5번 목간
奈率牟氏丁一
寂信△丁

---

79) 여기까지는 윤재석 편저, 『한국목간총람』, 2022, 114쪽에서 전제하였다.

△△酒丁
　　△
　溪△△
△加△來之△

해석이 가능한 부분인 제③행까지만 해석하면 '奈率(관등명)牟氏(인명)의 丁 하나, 寂信△(인명)의 丁, △△酒(인명)의 丁'이 된다.

3. 부여 쌍북리 201-4번지[80] 유적 출토 목간

부여 쌍북리 201-5번지 유적은 농업시설을 신축하기 위해 구제 발굴된 유적이다. 조사면적은 987㎡이다. 부소산의 동쪽에 형성된 저지대에 위치하고 있다. 유적의 북쪽으로 북나성 구간이 지나가며, 동쪽에는 청산성, 남쪽에는 월함지가 인접하고 있다. 조사전의 유적은 마을의 조성과 도로의 개설로 인해 2~3m 가량 복토되어 있었다.

조사결과 백제시대 문화층이 5개 확인되었다. 유구는 백제시대 건물지 2동, 수혈유구 10기, 구상유구 7기 등 총 14기의 생활유구와 다수의 주혈(목주)이 확인되었다.

목간은 최상층인 제5문화층 구상유구 5호에서 출토되었다. 구상유구는 조사구역의 중앙을 가로지르며, 'ㅡ'자형으로 길게 이어지며, 장축방향은 남-북(N-2°-E)향이다. 내부는 너비가 넓은 단면상 'U'자형으로 굴착되었으며, 잔존규모는 길이 1,920m, 너비 188cm, 깊이 15cm이다. 여기서는 다량의 토기류(개, 완, 대부완, 호, 직구호, 기대편 등), 목간 2점, 이형목제품, 칠기, 표주박, 유리도가니 등이 출토되었다.[81]

---

80) 쌍북리 201-5번지의 잘못으로 보인다.

81) 여기까지는 윤재석 편저, 앞의 책, 2022, 153쪽에서 전제하였다.

목간 55번

　　　　　　恍時予丁　　△△彡
△△△丁　　△珎久丁
　　　　　　△眞相丁

　이를 해석하면 '恍時予의 丁, △△彡, △△△의 丁, △珎久의 丁, △眞相의 丁이다.'가 된다.

목간 56번

　　　　　　　兄習利丁
△諸之△△臣丁

　이를 해석하면 '兄習利의 丁, 뭐 여럿의 △△臣의 丁이다.'가 된다.
　부여 궁남지 출토 목간 315번, 부여 쌍북리 현내들 유적 출토 목간, 부여 쌍북리 201-4번지 유적 출토 목간에서 나온 △△△丁식의 목간은 종래 △△△=丁으로 보아 왔다. 이는 잘못된 것이다. 이번에 발견된 동남리의 목간에 나오는 凡△毛若丁五斗나 凡△日苗丁五斗에서 五斗만을 제거하면 그 구조가 꼭 같다. 凡△毛若丁五斗나 凡△日苗丁五斗가 △△△丁식의 丁자 표기보다는 오래된 양식으로 보인다.

V. 맺음말

　먼저 부여 동남리에서 2022년에 출토된 2점의 목간의 판독을 적외선 사진과 대조해 살펴보았다.
　다음으로 殯葬 목간의 앞면에 나오는 亡夫를 고구려와 백제의 불상조상기와 비교해 亡夫로 끊어 읽어서 죽은 남편으로 보았다. 그리고 앞면 전체를 7단락으로 나누어서 해석하였다. 해석하면서 없어진 부분의 복원도 시도하였다. 殯葬

목간의 뒷면은 5단락으로 나누어 부조를 낸 일가친척의 부부들의 부조 내역과 명단으로 해석하였다.

　마지막으로 丁자 목간을 인명 분석을 토대로 해석을 시도하였다. 또 사비성 시대에 나오는 丁자 목간 3개 유적의 예도 검토하였다.

* 본고의 탈고 이후에 이용현, 「신라 왕도 출납 문서의 1예-부여 동남리49-2 유적 목간①·②의 분석시론」『목간에 반영된 고대 동아시아의 법제와 행정제도』, 경북대학교 인문학술원 HK+사업단 제5회 국제학술회의, 2023과 고상혁, 「부여 동남리 49-2번지 신출토 목간 소개」『신출토 문자자료의 향연』, 제38회 한국목간학회 정기발표회, 2023과 윤선태, 「부여 동남리 49-2번지 출토 목간의 재검토」『백제 목간 기념학술대회심퍼지엄 자료집 게시용』을 보게 되었다. 같이 참고해 보면 동남리 49-2번지 목간을 이해하는데 도움이 될 것이다.

제2절

부여 궁남지 출토 목간 315번에 대하여

Ⅰ. 머리말

지금까지 목간은 부여 관북리에서 10점, 부여 궁남지에서 3점, 부여 능사에서 153점,[1] 부여 쌍북리 102번지에서 2점, 부여 쌍북리 현내들 9점, 부여 쌍북리 280-5번지 3점, 부여 쌍북리 119센터 4점, 부여 쌍북리 뒷개 2점, 부여 쌍북리 328-2번지 3점, 부여 쌍북리 184-11번지 2점, 부여 쌍북리 201-4번지 2점, 부여 구아리 9점, 금산 백령산성 1점, 나주 복암리 13점 등이 각각 출토되었다. 전부 사비성시대의 목간이 있을 뿐, 웅진성시대나 한성시대의 목간은 아직까지 발굴 조사된 바가 없다.

궁남지는 충청남도 부여군 부여읍 동남리에 속해 있는 유적이다.[2] 부여읍 남쪽에 넓게 형성된 개활지에 위치한다. 이 일대는 본래 상습적으로 침수가 일어나는 저습지였는데, 1965~1967년에 복원하여 현재와 같은 모습을 갖추었다. 『삼국사기』에는 634년(무왕 35) 대궐 남쪽에 못을 팠는데 20여 리 밖에서 물을 끌어 들이고 못 가운데 方丈仙山을 모방하여 섬을 쌓았다고 기록되어 있으며, 『삼국유사』에는 武王의 어머니가 京師의 남쪽 못 가에 살았는데 용과 관계하여

---

1) 국사편찬위원회 한국사데이터베이스에서는 29점만이 소개되어 있다. 글자가 있는 목간은 29점뿐으로 판단된다.

2) 이하의 머리말 부분은 기경량, 「궁남지 출토 목간의 새로운 판독과 이해」 『목간과 문자』 13, 2014을 참조하였다.

무왕을 낳았다는 전승이 실려 있다. 이러한 문헌 기록을 참조하여 1960년대 후반에 진행된 복원 작업 이후 이 일대를 궁의 남쪽에 있는 못이라는 의미로 '宮南池'라 부르게 되었다. 현재 사적 제135호로 지정되어 있다. 궁남지 유적은 1990~1993년 국립부여박물관에 의해 3차에 걸쳐 조사가 이루어졌다. 1990년에는 궁남지 서편, 1991~1992년에는 궁남지 동북편을 조사하였으며, 1993년에는 궁남지 동남편을 조사하였다. 이들 조사에서 백제시대 수로와 수전 경작층 등을 확인하였고, 각종 토기와 벽돌, 목제품 등이 출토되었다. 1995~2006년에는 국립부여문화재연구소에 의해 8차에 걸친 조사가 이루어졌다. 1995년에는 궁남지 내부를 조사하였는데, 저수조와 짚신, 사람 발자국 흔적을 비롯하여 西㊀後巷명 목간(궁남지 315번)이 출토되었다. 1997년에는 궁남지 서북편 일대를 조사하였고, 1998~2001년에는 궁남지 북편에 대한 조사가 이루어졌다. 특히 2001년 조사에서는 재차 목간이 출토되었고, 각종 목제품과 철도자·토기 등이 수습되었다. 2003~2006년에는 궁남지 남편 일대를 조사하였다. 1995년도에 발굴 조사된 궁남지 목간 315번에 대해 검토해 보고자 한다.

그러기 위해서는 먼저 지금까지 나온 판독문을 검토하여 신 판독문을 제시하고, 다음으로 인명 표기를 고구려, 신라 금석문의 인명 표기와 비교해 검토하겠고, 그 다음으로 묵서명의 해석을 하겠으며, 마지막으로 묵서의 작성 연대를 살펴보고자 한다.

II. 지금까지의 판독

지금까지 나온 백제 목간 가운데 가장 중요한 목간의 하나로 궁남지 목간 315번을 들 수가 있다.

우선 판독을 검토해 보기로 하자.

앞면 제①행은 모두 15자로 9번째 글자를 ∏자로 읽는 견해와[3] 丁자로 읽는
견해가[4] 있다. 여기에서는 ∏자로 읽는다. 11번째 글자는 活로 읽거나[5] 삼수(氵)
가 없는 舌자로 본 견해가[6] 있다. 여기에서는 活자로 읽는다. 12번째 글자는 모
르는 글자로 보거나[7] 千자로 보거나[8] 率자로 본 견해가[9] 있다. 여기에서는 率
자로 본다. 13번째 글자를 前자로 읽는 견해가[10] 있으나 모르는 글자로 본다.
14번째 글자는 後자로 읽는 견해와[11] 畑자로 읽는 견해가[12] 있다. 여기에서는
모르는 글자로 본다. 15번째 글자는 丁자로 읽는 견해와[13] ∏자로 읽는 견해

---

3) 최맹식 · 김용민, 「부여궁남지 내부발굴 조사개보-백제목간 출토의의와 성과」『한국
   상고사학보』20, 1995, 488쪽.
   박현숙, 「궁남지출토백제목간과 왕도5부제」『한국사연구』92, 1996.

4) 이용현, 『한국목간 기초연구』, 2006, 483쪽.
   윤선태, 앞의 책, 2007.
   박민경, 「백제 궁남지 목간에 대한 재검토」『목간과 문자』4, 2009, 63쪽.
   이경섭, 『신라 목간의 세계』, 2013, 307쪽.
   기경량, 앞의 논문, 2014, 120쪽.

5) 최맹식 · 김용민, 앞의 논문, 1995, 488쪽.
   박현숙, 앞의 논문, 1996.
   기경량, 앞의 논문, 2014, 120쪽.

6) 이용현, 앞의 책, 2006, 483쪽.

7) 이용현, 앞의 책, 2006, 483쪽.
   윤선태, 앞의 책, 2007.
   박민경, 앞의 논문, 2009, 63쪽.
   이경섭, 앞의 책, 2013, 307쪽.

8) 기경량, 앞의 논문, 2014, 120쪽.

9) 최맹식 · 김용민, 앞의 논문, 1995, 488쪽.

10) 최맹식 · 김용민, 앞의 논문, 1995, 488쪽.

11) 최맹식 · 김용민, 앞의 논문, 1995, 488쪽.

12) 기경량, 앞의 논문, 2014, 120쪽.

13) 이용현, 앞의 책, 2006, 483쪽.
    윤선태, 앞의 책, 2007.

가[14] 있다. 여기에서는 丁자로 읽는다.

앞면 제②행은 모두 17자이다. 6번째 글자는 中자[15] 또는 小자로 읽어 왔다.[16] 여기에서는 小자로 읽는다. 그 외는 모든 글자 판독에 전혀 다른 견해가 없다.

먼저 앞면과 뒷면을 보는 이유는 앞면에 나오는 巳達巳斯卩가 목간의 주인공이고, 앞면에는 글자가 있는 줄을 피해서 구멍이 뚫려 있고, 글자가 앞면에 많고, 뒷면은 없어도 될 내용이 적혀 있기 때문에 목간의 주인공이 나오는 巳達巳斯卩가 나오는 부분을 앞면으로 본다.

뒷면은 모두 제①행으로 5자뿐이다. 2번째 글자는 卩자로 읽는 견해와[17] 田자로 읽는 견해와[18] 十자로 읽는 견해와[19] 모르는 글자로 본 견해가[20] 각각 있다. 여기에서는 卩자로 읽는다. 4번째 글자는 卩자로 읽는다. 5번째 글자는 利자

박민경, 앞의 논문, 2009, 63쪽.
이경섭, 앞의 책, 2013, 307쪽.
기경량, 앞의 논문, 2014, 120쪽.

14) 최맹식·김용민, 앞의 논문, 1995, 488쪽.

15) 최맹식·김용민, 앞의 논문, 1995, 488쪽.
박현숙, 앞의 논문, 1996.

16) 이용현, 앞의 책, 2006, 483쪽.
윤선태, 앞의 책, 2007.
박민경, 앞의 논문, 2009, 63쪽.
이경섭, 앞의 책, 2013, 307쪽.
기경량, 앞의 논문, 2014, 120쪽.

17) 최맹식·김용민, 앞의 논문, 1995, 488쪽.
박현숙, 앞의 논문, 1996.
이용현, 앞의 책, 2006, 483쪽.

18) 이경섭, 앞의 책, 2013, 307쪽.

19) 기경량, 앞의 논문, 2014, 120쪽.

20) 박민경, 앞의 논문, 2009, 63쪽.

로 읽는 견해와[21] 夷자로 읽는 견해가 있어 왔다.[22] 여기에서는 夷자로 읽는다. 이상의 판독 결과를 제시하면 다음과 같다.

```
          1      5        10        15
앞면  西部後巷巳達巳斯阝依活率△△丁
        歸人中口四 小口二 邁羅城法利源畓五形
뒷면  西(阝)丁阝夷
```

III. 인명 표기의 분석

삼국시대 금석문의 인명 표기가 가장 많이 알려진 신라의 예부터 살펴보기로 하자. 고신라 금석문의 인명 표기는 직명 · 출신지명 · 인명 · 관등명의 차례로 적힌다.[23] 이러한 인명 표기를 적는 순서를 보면 크게 다음과 같이 3가지로 나누어진다.

첫째로 남산신성비 제3비의 예와 같이 직명 · 출신지명 · 인명 · 관등명의 순서로 적되, 출신지명이 한 비의 구성원 선부가 동일하기 때문에 인명 표기 앞에 출신지명인 部名이 단 한번만 나오고 있다.[24]

---

21) 윤선태, 앞의 책, 2007.

22) 이용현, 앞의 책, 2006, 483쪽.
   박민경, 앞의 논문, 2009, 63쪽.
   이경섭, 앞의 책, 2013, 307쪽.
   기경량, 앞의 논문, 2014, 120쪽.

23) 김창호, 「신라 중고 금석문의 인명 표기(Ⅰ)」『대구사학』22, 1983.
   김창호, 「신라 중고 금석문의 인명 표기(Ⅱ)」『역사교육논집』4, 1983.

24) 이 점에 대한 최초의 착안은 이문기, 「금석문 자료를 통하여 본 신라의 6부」『역사교육논집』2, 1981이다.

職名	部名	人名	官等名
部監等	喙部	△△	大舍
위와 같음	위와 같음	仇生次	大舍
文尺	위와 같음	仇△	小舍
里作上人	위와 같음	只冬	大舍
위와 같음	위와 같음	文知	小舍
文尺	위와 같음	久匠	吉士
面石捉人	위와 같음	△△△	△
위와 같음	위와 같음	△△者△	大烏
△石捉人	위와 같음	△下次[25]	△
小石捉上人	위와 같음	利△	小烏

둘째로 창녕비의 예처럼 인명 표기는 직명 · 출신지명 · 인명 · 관등명의 순서로 기재하되 직명만이 동일한 경우에 한하여 생략된다.

<표 2> 창녕비의 인명 분석표

직명	부명	인명	관등명
(大等)	~	~智	葛文王
위와 같음	~	~	~
위와 같음	(沙喙)	屈珎智	大一伐干
위와 같음	沙喙	△△智	一伐干
위와 같음	(喙)	(居)折(夫)智	一尺干
위와 같음	(喙)	(內禮夫)智	一尺干
위와 같음	喙	(比次)夫智	迊干
위와 같음	沙喙	另力智	迊干
위와 같음	喙	△里夫智	(大阿)干
위와 같음	沙喙	都設智	(阿)尺干

---

25) △부분은 사람 인변(亻)에 망할 망(亡) 밑에 계집 녀(女)한 글자이다.

직명	부명	인명	관등명
위와 같음	沙喙	△△智	一吉干
위와 같음	沙喙	忽利智	一(吉)干
위와 같음	喙	珎利△次公	沙尺干
위와 같음	喙	△△智	沙尺
위와 같음	喙	△述智	沙尺干
위와 같음	喙	△△△智	沙尺干
위와 같음	喙	比叶△△智	沙尺干
위와 같음	本彼	夫△智	及尺干
위와 같음	喙	△△智	(及尺)干
위와 같음	沙喙	刀下智	及尺干
위와 같음	沙喙	△尸智	及尺干
위와 같음	喙	鳳安智	(及尺)干
△大等	喙	居七夫智	一尺干
위와 같음	喙	△未智	一尺干
위와 같음	沙喙	吉力智	△△干
△大等	喙	未得智	(一)尺干
위와 같음	沙喙	乇聰智	及尺干
四方軍主 比子伐軍主	沙喙	登△△智	沙尺干
漢城軍主	喙	竹夫智	沙尺干
碑利城軍主	喙	福登智	沙尺干
甘文軍主	沙喙	心麥夫智	及尺干
上州行使大等	沙喙	宿欣智	及尺干
위와 같음	喙	次叱智	奈末
下州行使大等	沙喙	春夫智	大奈末
위와 같음	喙	就舜智	大舍
于抽悉支河西阿郡使大等	喙	比尸智	大奈末
위와 같음	沙喙	湏兵夫智	奈末
旨爲人	喙	德文兄	奈末
比子伐停助人	喙	覓薩智	大奈末
書人	沙喙	導智	奈舍(大舍)
村主		奀聰智	述干
위와 같음		麻叱智	述干

셋째로 적성비의 예처럼 인명 표기는 직명·출신지명·인명·관등명의 순서로 기재된다. 그 가운데에서 먼저 직명은 동일한 경우에 생략되고, 다음으로 출신지명은 동일한 직명 안에서만 생략되고 있다. 고신라 금석문은 대부분 적성비와 같은 인명 표기 방식을 가지고 있다.

<표 3> 적성비의 인명 분석표

職名	部名	人名	官等名
大衆等	喙部	伊史夫智	伊干支
위와 같음	(沙喙部)	豆弥智	波珍干支
위와 같음	喙部	西夫叱智	大阿干支
위와 같음	위와 같음	(居朼)夫智	大阿干支
위와 같음	위와 같음	內礼夫智	大阿干支
高頭林城在軍主等	喙部	比次夫智	阿干支
위와 같음	沙喙部	武力智	(阿干支)
鄒文村幢主	沙喙部	導設智	及干支
勿思伐(城幢主)	喙部	助黑夫智	及干支

고구려 금석문의 인명 표기는 그 정확한 실체 파악이 어렵다. 광개토태왕비(414년), 충주고구려비(449년 이후), 집안고구려비(491년 이후)[26] 가운데 충주고구려비의 인명 표기만이 알려져 있다. 충주고구려비의 인명 분석표를 제시하면 다음의 <표 4>와[27] 같다.

---

26) 집안고구려비에 의하면 문자왕 이전의 20명 왕묘에 세워진 수묘비에는 인명 표기가 있다고 한다.

27) 김창호, 「중원고구려비의 재검토」 『한국학보』 47, 1987, 142쪽에서 전제하였다.

<표 4> 충주고구려비의 인명 분석표

職名	部名	官等名	人名
		(寐錦)	忌
		(太子)	共
	前部	太使者	多于桓奴
	(위와 같음)	主簿	△德
新羅土內幢主	下部	拔位使者	補奴
		(古鄒加)	共
古牟婁城守事	下部	大兄	耶△

위의 <표 4>에서 보면 신라 금석문의 인명 표기에서와 같이 인명이 집중적으로 나열되어 있지 않아서 그 규칙성을 찾기 어렵다. <표 4>에 따르면 고구려 금석문의 인명 표기는 직명·부명·관등명·인명의 순서로 기재됨을 분명히 알수가 있다. 전면에서 인명 표기가 계속해서 나열되어 있는 寐錦忌·太子共·前部太使者多于桓奴·主簿△德의[28] 경우에 있어서 寐錦忌나 太子共의 경우는 부명이 없어도 그들의 신분이 部를 초월한 존재로 쉽게 납득이 되지만, 主簿△德의 경우는 前部太使者多于桓奴와 함께 연이어 기록된 점에서 보면, 오히려 출신부명도 같은 것이 아닐까 추정된다. 이렇게 충주고구려비의 인명 표기들을 해석하고 나면, 그 인명 표기 자체는 신라 금석문의 인명 표기 방식 가운데 저성비식과 비슷함이 간파된다. 하지만 고구려와 신라의 금석문에 있어서 인명 표기에 관등명과 인명의 기재 순서에 차이가 있다. 곧 고구려의 경우는 관등명이 인명의 앞에 적히나 신라의 경우는 인명이 관등명의 앞에 적히어서 그 순서가 서로 바뀌어 있다.

이제 백제 금석문의 인명 표기에 검토할 차례가 되었다. 지금까지 백제 금석문에 있어서 백제시대의 관등명이 포함된 인명 표기는 1998년까지만 해도[29] 단

---

28) 이 부분의 판독 문제점에 대해서는 김창호, 앞의 논문, 1987, 140쪽 참조.
29) 이 계유명아미타삼존불비상에 관한 논문은 1991년에 처음 발표되었다.

한 예도 발견되지 않다.[30] 백제 당시에 만들어진 금석문은 아니지만 백제 멸망 직후인 673년에 백제 유민들에 의해 만들어진 것으로 간주되는 癸酉銘阿彌陀 三尊佛碑像의 명문에 백제인의 인명 표기가 나오고 있으므로 관계 자료부터 제 시하면 <표 5>와 같다.

<표 5> 癸酉銘阿彌陀三尊佛碑像의 인명 분석표[31]

	人名		官等名	備考
1		△△	弥△次	及伐車(及干?)
2		△△正	乃末	
3		牟氏毛	△△	乃末로 복원
4		身次	達率	백제 관등명
5		日△	△	大舍의 합자로 복원
6		眞武	大舍의 합자	
7		木△	大舍의 합자	
8		与次	乃末	
9		三久知	乃末	
10		豆兎	大舍의 합자	
11		△△	△	大舍의 합자로 복원
12		△△	△△	△師로 복원
13		△△	大舍의 합자	
14		夫△	大舍의 합자	
15		上△	△	大舍의 합자로 복원
16		△△	△	大舍의 합자로 복원

---

30) 지금은 임혜경, 「미륵사지 출토 백제 문자자료」『목간과 문자』 13, 2014에만 해도
   금제소형판에 中部德率支受施金壹兩의 中部(출신부명) 德率(관등명) 支受(인명),
   청동합에 上部達率目近의 上部(출신부명) 達率(관등명) 目近(인명) 등이 있다. 또
   나주 복암리의 軍那德率至安를 지명+관등명+인명으로 보고 있으나 軍那는 출신부
   명으로 보아야 한다. 이에 대해서 이 책의 제6장 제3절 참조.

31) 비문의 읽는 순서에 따라서 1~7은 향좌측면, 8~27은 배면, 28~31은 향우측면, 정면
   은 32 · 33의 순서로 기재되어 있다.

	人名	官等名	備考
17	△△	△師	
18	△△	大舍의 합자	
19	△△	大舍의 합자	
20	△力	△	大舍의 합자로 복원
21	△久	大舍의 합자	
22	△惠	信師	
23	△夫	乃末	
24	林許	乃末	
25	惠明	法師	
26	△△	道師	
27	普△	△△	△師로 복원
28	△△	△	大舍의 합자로 복원
29	△△	大舍의 합자	
30	使三	大舍의 합자	
31	道作公		公이 관등명인지도 알 수 없음
32	△氏	△△	인명인지 여부 불확실
33	述況	△△	인명인지 여부 불확실

<표 5>에서 향좌측면의 1~3의 인명을 제외한[32] 모든 사람들은 전부 백제계 유민들로 추정된다. <표 5>에 나오는 대부분의 사람들은 乃末·大舍 등의 신라 관등을 가지고 있지만, 유독 達率身次만은 백제 관등명을 가지고 있다. 그리고 인명 표기의 기재 방식도 인명+관등명의 신라식이 아니라 관등명+인명의 독특한 순서로 기재되어 있다. 이 자료에 따르면 백제 금석문의 인명 표기에서 관등 명+인명의 기재 순서는 고구려 금석문의 인명 표기 순서인 관등명+인명의 인명 기재 순서와 꼭 같음을 알 수가 있다. 출신지명에 해당되는 부명의 문제는 673

---

32) 향좌측면은 1~7번 인명으로 이 가운데 1~3명의 인명은 신라인일 가능성도 있다. 왜냐하면 1번의 弥(그칠 미의 훈과 급의 음은 음상사이다)△次는 及伐車와 동일한 관등이라면 673년 당시에 백제인으로서는 받을 수가 없는 신라 관등이기 때문이다.

년 당시에 이미 신라에서는 금석문 자체의 인명 표기에서 부명이 사라진 시기이므로[33] 백제 금석문의 인명 표기를 직명+부명+관등명+인명의 순서로 기재되는 것으로 복원할 수가 있다.

신라 금석문에 있어서 6부인(왕경인)이 직명+부명+인명+경위명의 순서로 표기가 기록되는데 대해, 지방민은 직명+성촌명+인명+외위명의 순서로 기재된다. 이들 지방민의 인명 표기는 중성리비(441년), 냉수리비(443년), 봉평비(524년), 적성비(545년이나 그 직전), 창녕비(561년) 등 당대의 국왕과 고급 중앙 관료와 함께 기재되기도 하지만, 영천청제비 병진명(536년), 월지 출토비(536~540년경), 명활산성비(551년), 대구무술명오작비(578년), 남산신성비(10기: 591년) 등에서와 같이 그 인명의 수에서 6부인을 능가하는 경우도 있다. 이들 지방민의 인명이 기록된 금석문들은 신라의 지방제도, 역역 체제, 외위 등의 해명에 중요한 실마리가 되어 왔다.

따라서 백제 금석문의 인명 표기는 고구려 금석문의 인명 표기와 함께 직명+부명+관등명+인명의 순서이고, 신라 금석문의 인명 표기는 직명+부명+인명+관등명의 순서이다. 丁과 관등명류도 인명의 앞에 와야 된다. 인명의 뒤에 오는 것은 신라식이다. 구리벌 목간으로 추정되는 목간 35번 內恩知奴人居助支 負를 內恩知의 奴人인 居助支가 負(짐)를 운반했다로 해석하고 있으나,[34] 居助支가 노인이 아니다. 內恩知가 奴人이다. 奴人은 一伐 등의 외위까지도 가질 수 있는 사람이고, 노인은 관등명류이므로 內恩知가 奴人이고, 짐꾼인 居助支의 負(짐)이다로 해석되어, 居助支는 內恩知 奴人의 짐꾼으로 해석해야 된다. 짐의 주인은 물론 內恩知 奴人이다. 또 적성비에서 子, 小子, 女, 小女가 모두 관등명류로 인명의 다음에 온다.[35] 궁남지 목간 315번에서도 丁자가 丁을 나타내려고

33) 김창호, 「이성산성 출토의 목간 연대 문제」 『한국상고사학보』 10, 1992 참조.

34) 전덕재, 「함안 성산산성 목간의 연구현황과 쟁점」 『한국목간학회 학술대회 자료집』, 2007, 78쪽.

35) 김창호, 『고신라 금석문의 연구』, 2007, 49쪽.

하면 인명의 앞에 와야 된다. 그러한 예를 백제 금석문이나 목간에서는 찾을 수 없다.[36]

이렇게 丁자로 읽으면[37] 한 명의 丁의 덕에 歸人인 中口 四와 小口 二와 邁羅城의 法利源에 있는 畓 五形을 주었다고 해서 그 나누어진 숫자가 불분명하다.

IV. 묵서명의 해석

먼저 이 목간의 앞면과 뒷면을 다시 한 번 제시하면 다음과 같다.

   앞면 西卩後巷巳達巳斯卩依活率△△丁
      歸人中口四 小口二 邁羅城法利源畓五形
   뒷면 西(卩)丁卩夷

邁羅城의 위치를 전북 옥구와 전남 장흥 회령으로 보거나[38] 전북 옥구로 보기도 했고,[39] 충남 보령으로 비정하기도 했고,[40] 충남 진천에 비정하기도 했다.[41] 邁羅城의 위치가 여러 가지설로 나누어져 있고, 목간의 주인공인 巳達巳斯卩가 西卩後巷 소속이므로 전라도에까지 가서 논농사를 짓기보다는 왕경이나 왕경 근처에서 농사를 지은 것으로 판단된다. △△의 丁를 거느리고 활약한 데

---

36) 궁남지315 목간의 뒷면을 西(卩)丁卩夷로 읽는다면 西(卩)의 丁인 卩夷가 되어 유일한 丁의 인명 표기가 나온 예가 된다.

37) 9번째 글자를 丁자로 읽는다면 문제가 노정된다.

38) 末松保和, 『新羅史の諸問題』, 1954, 112쪽.

39) 천관우, 『고조선사 · 삼한사의 연구』, 1989, 405~406쪽.

40) 이병도, 『한국고대사연구』, 1976, 265쪽.

41) 정인보, 『조선사연구』, 1935.

에 의거하여 巳達巳斯卩가 ~이하의 상을 받았다.

法利源은 虎岩山城 제2우물지에서 출토된 숟가락에 仍伐內力只乃末△△源란 명문이 있어서 源을 우물 이름으로 해석하고 있다. 법리원도 우물 이름으로 보인다. 논농사는 물이 많이 필요하다. 물이 나오는 샘이 있다면 논농사에 더할 것이 없이 좋을 것이다.

본 목간의 주인공인 巳達巳斯卩는 西卩後巷이라고 소속부와 巷까지 나온다. 이에 비해 歸人인 中口 四(人)과 歸人인 小口 二(人)은 소속부나 소속항이나 인명도 없다. 中人 四(人)과 小人 二(人)은 △△의 丁를 거느리고 활약한 데에 의거하여 巳達巳斯卩가 상으로 받은 노예로 짐작된다.

이제 목간의 전문을 해석할 차례가 되었다.

> 앞면: 西卩 後巷의 巳達巳斯卩가 △△의 丁를 거느리고 활약한 데에 의거하여 (巳達巳斯卩가) 歸人인 中口 四(人), (歸人인) 小口 二(人)과 邁羅城의 法利源의 畓五形을 (상으로) 받았다.
> 뒷면: 西(卩)의 丁인 卩夷(인명)이다.[42]

V. 작성 연대

먼저 이 목간의 巳達巳斯가 아니고, 巳達巳가 인명으로 보아서 『삼국사기』, 백제본기, 성왕 28년조(550)의 春正月 王遣將軍達巳 領兵一萬 攻取高句麗道薩城의 기사에서 등장하는 達巳와 동일인이라고 보아서 550년에 주목하여 6세기 중후반으로 보았다.[43]

다음으로 백제 왕도6부제 연구에 기반으로 605년을 상한으로 잡아 7세기 초

---

42) 백제의 천하관과는 아무런 관련이 없다.

43) 최맹식 · 김용민, 앞의 논문, 1995.

중반으로 잡았다.[44)]

궁남지의 조성 연대는 『삼국사기』, 백제본기, 무왕 35년(634)조에 의하면 三月 穿池於宮南 引水二十餘里 四岸植以楊柳 水中築島嶼 擬方丈仙山이라 하여 궁남지의 조성을 알리고 있다. 고로 목간의 조성을 634년으로 보면서 백제 멸망을 하한으로 보아서 대략 7세기 2/4분기에서 7세기 3/4분기까지로 보았다.[45)]

백제 궁남지는 634년에 만들어졌고, 백제 멸말기까지 있었으므로 그 시기는 백제 무왕 35년 전후에서 백제 말망기까지로 볼 수가 있다.

VI. 맺음말

먼저 앞면 제①행의 15자를 검토하여 9번째 글자는 卩자로 보았고, 15번째 글자를 丁자로 보았다. 앞면 제②행의 17자를 검토하였다. 뒷면 제①행의 5자를 西(卩)丁部夷로 읽고서 인명 표기로 보았다.

다음으로 인명 표기를 살펴보았다. 고구려와 백제는 모두 직명+출신부명+관등명+인명의 순서이고, 신라는 직명+출신부명+인명+관등명의 순서로 기재된다. 앞면 제①행의 巳達巳斯卩依活率△△丁이 巳達巳斯丁依活△△丁으로 판독되지 않고 있는 바, 丁이 사람[丁男]을 가리키려고 하면 丁巳達巳斯卩依活(率△△)이 되어야 한다.

그 다음으로 목간 전문을 해석하였다.

> 앞면: 西卩 後巷의 巳達巳斯卩가 △△의 丁를 거느리고 활약한 데에 의거하여 巳達巳斯卩가 歸人인 中口 四(人), (歸人인) 小口 二(人)과 邁羅城의 法利

---

44) 박현숙, 앞의 논문, 1996.
45) 이용현, 앞의 책, 2006, 509쪽.

源의 畓五形을 (상으로) 받았다.
뒷면: 西(厂)의 丁인 厂夷(인명)이다.

　마지막으로 목간의 제작 시기를 백제 궁남지는 634년에 만들어졌고, 궁남지
가 백제 말기까지 있었으므로 그 시기는 백제 무왕 35년(634)에서 백제 멸망기
까지로 잡아서 634년에서 660년까지로 보고자 한다.

제3절

나주 복암리 목간 12번에 보이는 백제 5부

I. 머리말

삼국시대 금석문과 목간의 연구에 있어서 가장 기본이 되는 것으로 인명 표기가 있다. 고구려와 백제의 금석문과 목간에서는 직명+부명+관등명+인명의 순서로 기재되고, 고신라의 금석문과 목간에서는 직명+부명+인명+관등명의 순서로 기재된다. 부명이 올 자리에 부명이 오지 않는 목간으로 나주 복암리 12번이 있다. 나주 복암리 12번 軍那德率至安에서 德率은 관등명, 至安은 인명이나 軍那가[1] 과연 출신부명인지는 쉽게 결정할 수가 없다. 이는 백제의 부제 연구와 직결되는 것으로 주목되어야 한다. 더구나 목간의 출토지가 왕도인 사비성이 아닌 나주 복암리라서 더욱 그러하다. 이는 백제 부제 연구에 있어서 새로운 단초가 될 수가 있다.

지금까지 고구려의 부제에 대해서 왕도인 평양성이외에도 5부인이 살고 있고, 지방에도 고추가 등 유력 귀족이 살고 있었다는 것은 무시되어 왔고, 신라에서도 6부인이 북천, 서천, 남천의 방리제 실시 지역에서만 거주한 것이 아니라 방리제의 바깥 지역인 성촌 지역에서도 6부인들이 살았다는 것을 무시해 왔다. 나주 복암리 목간 12번의 軍那德率至安의 軍那가 백제의 5부에 대한 새로운 문제를 나타내주는 것이다.

---

1) 『삼국사기』 권37, 잡지6, 지리4, 백제조의 軍郡縣과는 다른 것으로 본다.

여기에서는 먼저 백제에 있어서 5부명이 나오는 목간과 금석문의 인명 표기를 제시하겠다. 다음으로 고구려의 5부제에 대한 새로운 시점이 보이는 자료들을 제시하겠다. 그 다음으로 고신라에서 새로운 관점에서 주목되는 자료를 제시하겠다. 마지막으로 나주 복암리 목간 12번의 軍那德率至安을 검토하겠다.

II. 자료의 제시

1. 부여 능사 297번 목간

韓(?)城下部對德疏加鹵에서 韓(?)城은 직명, 下部는 부명, 對德은 백제 16관등 가운데 11관등이고, 疏加鹵은 인명이다. 이 인명 표기가 백제에서 직명+부명+관등명+인명으로 된 유일한 예이다.

2. 부여 쌍북리 현내들 현85-8번 목간

奈率牟氏丁一
寂信△丁
△△酒丁
　△
溪△△
△加來之△

이 목간에서 문제가 되는 것은 牟氏가 과연 성인가하는 점이다. 주지하는 바와 같이 백제에는 8대성이 있다. 이들은 사택지적비에서 沙宅, 미륵사지 금제사리기에서 沙乇이라고 나온 것이 고작이다. 이를 達率인 牟氏(인명)의 丁 1명으로 …… 했다로 해석해 둔다. 그 뒤의 것은 寂信△의 丁, △△酒의 丁으로 해석한다.

3. 부여 쌍북리 현내들 현91번 목간

達率首比

인명 표기의 일부라면 達率(관등명) 首比(인명)으로 본다.

4. 부여 구아리 319번지(중앙성결교회) 90번 목간[2]

…… 者/中部奈率得進/下部(韓)率(範)

…… 者가 직명이고, 下部가 출신부명, (韓)率은 扞率과 같은 것으로 관등명
이고, (範)~이 인명이다.

5. 부여 능사 298번 목간

奈率加姐白加之……淨
急明△左……

奈率은 관등명, 加姐白加는 인명이다. 奈率인 加姐白加의 ……

6. 나주 복암리 목간 12번

軍那德率至安에서 德率은 관등명, 至安은 인명이나 軍那가 과연 출신부명
인지는 쉽게 결정할 수가 없어서 고구려와 신라의 인명 표기를 원용해 이에 대
한 설명을 다음에서 해 보기로 하자.

---

2) /표시는 割書의 표시이다.

7. 익산 미륵사지 출토 금제소형판

中部德率支受施金壹兩

中部는 출신부명, 德率은 관등명, 支受는 인명이다. 이는 中部 德率 支受가 壹兩을 施金했다로 해석된다.

8. 익산 미륵사지 출토 청동합

上部達率目近

上部는 출신부명, 達率은 관등명, 目近은 인명이다.

III. 고구려의 경우

고구려에 있어서 5부의 내부 구조를 알 수 있는 자료로 평양성 석각이 있다. 우선 설명의 편의를 위해 관계 자료부터 제시하면 다음과 같다.

⑧	⑦	⑥	⑤	④	③	②	①	(四)
涉	西	節	兄	後	漢	二	丙	1
之	北	自	文	部	城	月	戌	2
	行	此	達	小	下	中	十	3

⑤	④	③	②	①	(五)
尺	里	此	兄	卦	1
治	四	東	加	婁	2
		廻	群	盖	3
		上	自	切	4
			小	小	5

(四)의 인명을 분석해 보자. 인명 표기와 관련된 부분은 제③ · ④ · ⑤행의 漢城下後部小兄文達이다. 앞의 漢城下後部는 출신부명이지만 그 해석은 어렵다.[3] 漢城이란 지명이 고구려 3경 가운데 하나인 載寧인지 아니면 漢陽인지는 불분명하다. 여기에서는 漢城下後部를 漢城아래의 後部로 해석하여 漢城下後部를 출신부명으로 본다. 漢城下後部는 출신부명, 小兄은 관등명, 文達은 인명이다. (四)의 전문을 해석하면 '丙戌年(506년) 12월에 漢城의 아래에 있는 後部의 小兄 文達이 이곳으로부터 서북으로 가는 곳을 涉했다.'가 된다.

(五)의 인명을 분석해 보자. 인명 표기와 관련된 부분은 제① · ②행의 卦婁盖切小兄加群이다. 이 인명 분석은 참 어렵다. 小兄은 관등명, 加群은 인명으로 쉽게 풀이되지만, 卦婁盖切이 문제이다. 卦婁盖切에서 卦婁는 고구려 5부 가운데 하나인 桂婁部로 쉽게 풀이되지만 盖切이 문제가 된다. 盖切을 인명으로 보면, 부명 다음에 곧바로 관등명이 없이 인명이 오고, 뒤의 小兄加群과 인명 표기의 방식이 전혀 다르게 된다. 盖切을 직명으로 보면, 이 인명 표기는 부명+직명+관등명+인명의 순서가 되어 충주고구려비의 인명 표기와 차이가 생기게 된다. 이제 남은 하나의 방법은 충주고구려비에 기록된 인명 표기 순서에 따라 卦婁盖切 전체를 출신부명으로 보는 것이다. 卦婁盖切을 출신부명으로 보면, 卦婁는 부명으로 보는 것이 당연하나, 盖切의 해석이 문제이다. 盖切은 桂婁部(卦婁部) 내의 행정 구역일 가능성이 있다. 이러한 예를 고구려에서는 찾을 수 없지만 신라에서는 있다. 곧 남산신성비 제3비의 제② · ③행에 나오는 喙部主刀里가 그것이다. 盖切도 남산신성비의 主刀里에 준하여 해석하면 별다른 문제가 생기지 않는다. (五)의 전문을 해석하면, '卦婁의 盖切에 소속된 小兄 加群이 이곳으로부터 동으로 돌아 위쪽으로 (?)里 四尺을 治했다'가 된다.

고구려의 경우에 있어서 평양성 석각 이외에도 5부인을 가리키는 사람이 漢城下後部처럼 지방에 있는지 여부이다. 그러한 예를 찾아보기로 하자.

---

3) 이 부분의 다양한 제설에 대해서는 田中俊明, 「高句麗長安城石刻の基礎的研究」 『史林』 68-4, 1985, 135~136쪽 참조.

주지하는 바와 같이 안악3호분의 묘주에 대해서는 북한에서는 현재 고국원왕릉설을 주장하고 있고, 한국 · 중국 · 일본에서는 동수묘설을 채택하고 있다. 고국왕릉설은 회랑에 그려진 대행열도의 묘주 깃발에 聖上幡이란 말과 묘주가 쓴 白羅冠[4] 등을 그 전거로 제시하고 있고, 동수묘설에서는 묵서명을 그 증거로 내세우고 있다. 고국왕릉설은 고국왕릉을 5세기 중엽의 모두루총의 묘지에서는 國罡上聖太王이라고 부르고 있고, 491~519년 사이에 작성된 집안고구려비에서는 國罡上太王이라고 부르고 있다. 고국원왕의 시호명에는 다음의 광개토태왕의 시호와 비슷한 점이 있다. 414년에 작성된 광개토태왕비에서는 國罡上廣開土境好太王이라고, 5세기 중엽의[5] 모두루총 묘지명에서는 國罡上廣開土地好太聖王이라고[6] 각각 부르고 있다. 고국원왕과 광개토태왕의 시호에는 國罡上이란 말이 공통으로 들어간다. 이 말은 무덤의 위치를 나타내는 말로 고국원왕 무덤이 광개토태왕의 무덤인 태왕릉과 같은 데에 곧 국내성 우산하 고분군에 고국원왕릉이 있었음을 말해 준다. 따라서 안악3호분은 고국원왕릉일 수가 없다.

동수묘설은 전실 서벽 좌측의 帳下督 머리 위에 새겨져 있는 묘지명에 근거하고 있다. 지금까지 발견된 고구려 벽화[7] 중에서 묘지명이 있는 예는 357년의 안악3호분, 408년의 덕흥리 벽화 고분, 5세기 중엽의 모두루총의 3기가 있

---

4) 遼陽 지방의 벽화 고분에서도 백라관을 착용하고 있어서 『수서』 기사처럼 왕만이 백라관을 착용하는 것은 아니다.

5) 435년의 농오리 마애석각에서 小大使者가 나와서 모두루총의 묵서명에서는 大使者가 나와서 435년보다 늦게 보아야 한다. 모두루총과 같은 國罡上廣開土地好太聖王이 나온 호우총의 호우 연대도 乙卯年은 415년이 아닌 475년이 된다.

6) 이렇게 적힌 예로는 호우총의 호우가 있다.

7) 고구려 벽화 고분에 있어서 최초로 왕이 묻힌 예는 동명성왕릉으로 환도성에서 평양성에 이장하고 있고, 그 시기는 491년에서 500년 사이이다. 그렇다면 안악3호분 시기인 357년에 이 고분을 제외하고, 왕릉이 벽화 고분에서 나와야 안악3호분의 왕릉설이 힘을 얻는다. 357년에 다른 벽화 고분에 있어서 왕릉인 무덤이 없이 단독으로 존재하는 안악3호분은 왕릉이 아닐 가능성이 크다.

다. 덕흥리 묘지명에서는 小大兄이란 관등명이 나오고, 모두루의 묘지명에서
는[8] 大使者와 大兄이란 관등명이 나오고 있다. 그런데 안악3호분에서 관등명
이 없는 이유를 357년에는 관등제가 마련되지 않아서 그렇다고 할 수 있다. 『삼
국지』, 위서, 동이전, 고구려조에 분명히 3세기의 고구려에서는 主簿, 優台, 丞,
使者, 皁衣, 仙人 등의 관등명이 나오고 있어서 357년의 안악3호분 묘지명에 관
등명이 없는 이유가 궁금하다. 동수묘지명의 관직은 自稱이란 가설이 유력하
며,[9] 관등명도 갖지 못한 동수가 대행렬도를[10] 가지고,[11] 덕흥리 벽화 고분이나
모두루총의 묘주보다[12] 크고 화려한 벽화 고분에 묻힐 수는 없다. 동수는 안악3
호분 묘주의 배장자일[13] 뿐이다.

그렇다면 안악3호분의 묘주는 누구일까? 삼국시대 고분에 있어서 왕릉은 반
드시 수도에 조영되었다.[14] 그렇지 않는 예는 삼국시대에 단 1예도 없다. 안악

---

8) 모두루총에서는 벽화는 없고, 고구려 무덤 가운데 가장 긴 묵서의 묘지명만 있다.
   아깝게도 묵서명은 800여 자 가운데 뒷부분 10행이 발견당시부터 파실되었다. 여기
   에 연호나 연간지가 있었을 것으로 추정된다.

9) 공석구, 「안악 3호분의 묵서명에 대한 고찰」 『역사학보』 121, 1989.

10) 대행렬도의 聖上幡이란 명문의 聖자가 잘 보이지 않는다고 한다. 이 글자는 聖자가
    아니라 加자인지도 알 수가 없다. 加자는 古鄒加, 大加의 뒷글자인 加자이다.

11) 안악3호분의 경우에 있어서 서측실의 묘주와 행렬도의 중심인물은 동일인임이 확
    실하므로 동수를 중심인물 곧 묘주로 볼 수가 없다.

12) 이들 고분은 모두 단면 몸자형 고분이다. 이러한 형식의 고분은 5세기 고구려에서
    유행했다.

13) 회랑의 대행렬도를 보면 胡籙를 허리에 찬 병사가 나오는데, 이는 북중국의 화살통
    은 등에 메는데 대해 고구려식으로 허리에 차고 있는 점이 주목된다. 화살통을 메는
    경우에는 화살촉의 깃끝 부분을 쥐고 빼서 화살에 대고 화살을 쏘지만, 허리에 화살
    을 차는 경우에는 화살촉의 화살 부분을 쥐고 화살을 살짝 들어서 화살통에서 나오
    게 해서 진채로 화살에다가 대고 나서 다시 화살의 깃 부분으로 손을 옮겨서 화살을
    쏜다.

14) 가령 익산 쌍릉을 백제 무왕으로 보는 가설도 있으나, 그 근거는 없다. 곧 익산 천도
    설과 맞물려 있는바 익산에 백제가 무왕 때 천도했다면 조방제가 있어야 한다. 무왕

3호분을 미천왕릉이나 고국원왕릉으로 보는 것 자체가 하나의 상황 판단이다. 안악3호분의 동수묘설도 문자 자료에 대한 검토도 없이 나온 것으로 그 자체가 안악3호분의 연구를 후퇴시켰다. 안악3호분의 묘주 해결의 열쇠는 충주고구려비가 가지고 있어서[15] 우선 전문을 제시하면 다음과 같다.[16]

⑦	⑥	⑤	④	③	②	①		⑩	⑨	⑧	⑦	⑥	⑤	④	③	②	①	
△	△	△	△	△	△	△	1		德	夷	大	夷	用	尙	奴	上	五	1
△	△	△	△	△	△	△	2	流	△	疢	位	疢	者	壁	主	下	月	2
△	△	△	△	△	△	△	3	奴	土	錦	諸	錦	賜	上	簿	相	中	3
△	△	△	△	△	△	中	4	扶	境	上	位	邏	之	公	貴	知	高	4
△	△	△	△	△	△	△	5		△	下	上	還	隨	看	德	守	麗	5
古	△	△	△	△	△	△	6	△	募	至	下	來	去	節	句	天	太	6
牟	右	△	△	△	△	△	7	△	人	于	衣	節	諸	賜	△	東	王	7
婁	△	△	百	△	△	△	8	盖	三	伐	服	教	△	太	王	來	祖	8
城	△	△	△	刺	△	△	9	盧	百	城	兼	賜	△	霍	不	之	王	9
守	△	上	△	功	不	△	10	共	新	教	受	疢	奴	鄒	聊	疢	公	10
事	沙	有	△	△	△	△	11	羅	來	教	錦	客	教	△	錦		△	11
下	△	之	△	△	△	△	12	募	土	前	跪	土	人	食	去	忌	新	12
部	斯	△	十	△	村	△	13	人	內	部	營	內	△	在	△	太	羅	13
大	邑	△	△	舍	△	△	14	新	幢	太	之	諸	教	東	△	子	疢	14
兄	△	△	△	△	△	△	15	羅	主	使	十	衆	諸	夷	到	共	錦	15
△	大	△	△	△	△	△	16	土	下	者	二	人	位	疢	至	前	世	16
△	古	△	△	土	土	△	17	內	部	多	月	△	賜	錦	跪	部	世	17

릉은 부여 능산리 고분군 가운데 하나로 보인다.

15) 충주고구려비는 4면비이다. 그 동안 논란이 되었던 題額은 없다고 해석할 수밖에 없다. 五月中이란 서두와 좌측면의 6자 공백을 해결할 수가 없다. 현재의 후면을 Ⅰ면, 현재의 우측면을 Ⅱ면, 현재의 전면을 Ⅲ면, 현재의 좌측면을 Ⅳ면으로 본다. 그래야 문제점 서두의 시작과 좌측면의 6자 공백 문제를 해결할 수가 있다.

16) 2019~2020년 한국고대사학회와 동북아역사재단이 공동 주관한 공동 판독 결과를 기본으로 삼았다(양인호 · 고태진, 「충주고구려비 공동판독안」 『한국고대사연구』 98, 2020, 6~8쪽).

⑦	⑥	⑤	④	③	②	①		⑩	⑨	⑧	⑦	⑥	⑤	④	③	②	①	
鄒	△	△	△	△	△		18	衆	拔	于	卄	支	上	之	營	太	如	18
加	東	△	大	節	△		19	人	位	桓	三	告	下	衣	大	使	爲	19
共	夷	△	王	人	優		20	先	使	奴	日	太	衣	服	太	者	如	20
軍	寐	△	國	刺	沙		21	動	者	主	甲	王	服	建	子	多	兄	21
至	錦	△	土	△	△		22	奪	補	薄	寅	國	教	立	共	于	如	22
于	土	△	△	△	△		23	△	奴	貴	東	土	東	處	諸	桓	弟	23
		좌측면										전면						

우측면 제①행 하단부에 前部가 있고, 후면 마지막 행 중앙부에 巡자가 있음.

寐錦은 신라의 마립간으로 7번 나오는데, 인명 표기는 寐錦忌로 한 번밖에 나오지 않는다. 매금기는 訥祇麻立干으로 그의 사망시인 458년경으로 건립 연대를 볼 수가 있다.[17] 전면의 太子共과 좌측면의 古鄒加共은 동일인으로『삼국사기』에 나오는 장수왕의 아들인 古雛大加助多를[18] 가리킨다. 太子라 해도 높은데 고추가로 나와서 고추가가 태자보다 높은 벼슬임을 알 수가 있다.『삼국지』, 위서, 동이전, 고구려조에 다음과 같은 고추가에 대한 언급이 있다.

> 王之宗族, 其大加皆稱古雛加. 涓奴部本國主, 今雖不爲王, 適統大人, 得稱古雛加, 亦得立宗廟, 祠靈星 · 社稷. 絶奴部世與土婚, 加占雛之號[19]

고추가는 계루부의 대가들, 연노부의 적통대인, 절노부의 대인이 되었다고

---

17) 충주고구려비의 성격은 충주 지방에 맹활약하고 있던 고추가공이 전투에서 피살되어, 그의 일대기를 기록함과 동시에 세운 추모비로 보인다.

18) 古鄒加共과 古雛大加助多는 동일인이 틀림없으나 두 인명을 언어학적으로 풀 수 없다.

19) 이를 해석하면 다음과 같다.
'王이 宗族으로서 大加인 자는 모두 古雛加로 불리워진다. 涓奴部는 본래의 國主였으므로 지금은 비록 王이 되지 못하지만 그 適統을 이은 大人은 古雛加의 칭호를 얻었으며, (자체의) 宗廟를 세우고 靈星과 社稷에게 따로 제사지낸다. 絶奴部는 대대로 왕실과 혼인을 하였으므로 (그 大人은) 古雛[加]의 칭호를 더하였다.'

한다. 이들은 그 지위가 태자보다도 높았다고 생각된다. 이들 고추가야말로 고구려의 왕에 버금가는 준왕이다. 그래서 죽을 때에 대행렬도를 가질 수 있고, 백라관을 쓸 수가 있다. 고추가야말로 그들은 지배 지역의 부족 나름의 수도였던 안악에 무덤을 조영했을 것이다. 고구려 관등도 가지지 못했던 동수는 고추가의 소속으로 그 신분상 주인이던 고추가에게 陪葬되기를 소원해서 그 원이 이루어져서, 안악3호분에 존경하던 주인의 옆에 배장으로 묻힌 것으로 본다. 그래서 동수의 묘지명을 전실 서벽 좌측실에 자기 자신의 내세우기 싫은 벼슬인 帳下督의 머리 위에 썼던 것으로 판단된다.[20] 이렇게 해야 왕릉이[21] 환도성, 국내성, 평양성에 있지 않는 것은 없다는[22] 왕릉에 대한 기본적인 인식과 일치한다.

그런데 안악3호분은 그 절대 연대가 357년으로 4세기의 벽화 고분 가운데 그 규모가 크고, 벽화가 화려하다. 벽화 고분에 왕이 묻힌 최초의 예는 평양성에 있는 전 동명왕릉이다. 이 무덤은 491~500년까지의 시기로 짐작된다. 안악 지방이 안악3호분으로서 그 명맥을 유지하는 것은 안악3호분 때문이다. 안악3호분은 고추가의 무덤이라면 고추가가 안악 지방에 살면서 무덤도 안악 지방에 썼다는 것을 의미한다. 그렇다면 안악 지방도 漢城下後部처럼 고구려 5부인이 살았다고 해석될 수가 있다.

---

20) 동수는 부족장인 古鄒加가 줄 수 있는 使者, 皁衣, 仙人은 너무 낮아서 할 수가 없고, 고구려라는 국가의 소속이 아니라서 더 높은 관등인 主簿, 優台, 丞은 나라에서 주어서 할 수가 없었다. 그래서 관등이 없이 帳下督이라는 관직을 가진 것으로 보인다. 그래서 동수의 묘지명이 전실 서벽 좌측의 帳下督 머리 위에 새겨진 것으로 짐작된다. 장하독이라는 말은 '예전에, 임금이나 장군 아래에 있는 군사 지휘관을 이르던 말'이라고 한다. 동수가 장하독이라고 본다. 왜냐하면 고추가의 아래에 있던 군사 지휘관으로 동수를 볼 수가 있기 때문이다.

21) 북한학계에서는 평양동황성을 국내성시대에 천도한 것으로 보고 있으나, 그 천도 자체가 불분명하고, 왕릉이 동황성에서 멀리 떨어진 안악에 조영되었는지에 대한 설명이 뒤따라야 할 것이다.

22) 나라가 망한 마지막 임금인 고구려의 보장왕과 백제의 의자왕의 경우 나라가 망하고 나서 붙잡혀가서 중국에 묻혔다.

IV. 신라의 경우

調露二年/漢只伐部君若小舍~/三月三日作康(?)~(개행)명쌍록보상화문전이[23] 동궁에서 출토되었다. 다경와요지에서[24] 漢只, 漢명 암키와가 출토되어 한지부와 관련이 있는 것으로 보고 있고, 망성리와요지에서는 習部井井, 習府井井, 井井, 井명 암키와가 출토되어 습비부와 관련이 있는 것으로 보고 있다.[25] 680년 당시에 기와는 부별로 만들었고, 기와 가마가 있는 다경와요지나 망성리와요지까지 신라 6부의 범위일 가능성이 있다. 441년 중성리비에서 沙喙部 牟旦伐에게 宮을 빼앗아 주는 것이 그 요체이므로 사탁부의 위치를 포항 중성리까지로 볼 수가 있다.

三川卄方명 보상화문전이[26] 나와서 三川卄方은 680년경에 경주의 북천, 서천, 남천의 3천에 20기의 기와 가마가 있었다고 해석된다. 이를 기와 명문과 합쳐서 보면 신라의 6부 가운데 한지부와 본피부는 3천의 바깥에도 있었던 것이 된다. 결국 6부의 위치를 방리제가 실시된 곳으로만 한정할 수가 없다.

팔거산성 목간 14번 本波部△△村△△△△(앞면) 米一石私(뒷면)에서 본피부 다음에 △△村이란 촌명이 나온다. 본피부는 왕족인 탁부, 왕비족인 사탁부에 뒤이어서 고신라 금석문에서는 3위의 세력이다. 탁부와 사탁부 무덤은 읍남고분군에 있고, 모량리의 50여 기 무덤은 모량부가 아닌 본피부의 무덤으로 보인다. 왜냐하면 신라 중고 금석문에 나타난 부명별 인명의 수를 보면 쉽게 알 수 있다.

---

23) 680년에는 673년의 癸酉銘阿彌陀三尊佛費像의 예에 따르면 인명 표기에서 부명이 사라진 때이다. 이는 시대착오적인 것으로 연구에 있어서는 조심하지 않으면 안된다. 와전이 部를 단위로 제작되었음을 말해 주고 있다.
24) 다경와요지에서 漢只, 漢 등의 명문와가 나온다는 것은 지표 조사로 확인 된 것이 아니라 추정한 것이다.
25) 조성윤은 망성리 일대를 습비부가 위치한 것이라고 보고 있다.
26) 이는 종래 辛亥명 보상화문전으로 알려진 것이다. 그 시기를 711년으로 보았다.

비명	탁부	사탁부	본피부	불명	계
봉평비	11	10	1	3	25
적성비	7	3		2	12
창녕비	21	16	1	2	40
북한산비	5	3			8
마운령비	11	6	2	1	20
황초령비	11	4		5	20
계	66	42	4	13	125

<표 1>에 있어서 524년에 건립된 봉평비에서는 탁부 11명, 사탁부 10명, 본피부 1명, 불명 3명으로 총 25명이다. 545년이나 그 직전에 세워진 적성비에서는 탁부 7명, 사탁부 3명, 불명 2명으로 총 12명이다. 561년에 세워진 창녕비에서는 탁부 21명, 사탁부 16명, 본피부 1명, 불명 2명으로 총 40명이다. 567년에 세워진 북한산비에서는 탁부 5명, 사탁부 3명으로 총 8명이다. 568년에 세워진 마운령비에서는 탁부 11명, 사탁부 6명, 본피부 2명, 불명 1명으로 총 20명이다. 568년에 세워진 황초령비에서는 탁부 11명, 사탁부 4명, 불명 5명으로 총 20명이다. 각 부별 인원수는 탁부 66명, 사탁부 42명, 본피부 4명, 불명 13명으로 총 125명이다. 따라서 문헌에서 왕비족으로 보아왔던 모량부 박씨는 중고시대에 한미한 세력으로 왕비족이 아니다. 왕비족은 사탁부이다.

본피부가 있던 모량리 일대는 신라 왕경 6부의 방리제와는 거리가 먼 곳이다. 그렇다면 제3세력인 본피부가 모량리 일대에만 살았다고 해석할 것인가? 그래서 팔거산성 목간 14번 本波部△△村△△△△(앞면) 米一石私(뒷면)에서와 같이 본피부 다음에 △△村이란 촌명이 나온다는 것인가? 591년의 남산신성비 제3비에서는 喙部에 主刀里가 나오고, 월성해자 목간 9번에서는 帶比部에 소속된 上里, 南罡上里, 阿今里, 岸上里가 나오고, 牟喙部에 소속된 仲里, 新里, 上里, 下里가 나와서 습비부와 모탁부도 신라 6부가 자랑하는 왕경의 坊里制 속에서 삶을 누렸다고 판단된다. 방리제는 신라 6부인만이 누릴 수 있는 자부

심이자 자랑꺼리였다. 그런 6부인의 자긍심을 포기하고 모량리에서 신라 6부의 제3세력인 본피부가 살았다고는 볼 수가 없다.

팔거산성 목간 14번 夲波部△△村△△△△(앞면) 米一石私(뒷면)에서 본피부 다음에 △△村이란 촌명이 나온다. 이를 어떻게 해석할 것인가? 모량리가 본피부의 아성이고, 여기에서만 본피부인이 살았다고 볼 수가 있다. 이럴 경우 본피부 보다 세력이 형편없는 한지부와 습비부와 모탁부도 방리제 안에 사는데 본피부는 왜 방리제 안에서 못살까? 모량리 일대에 방리제가 실시되지 않고 있어서 문제이다.

본피부인은 모량리에도 살고, 신라 왕경 6부의 방리제 속에서도 살았다고 판단된다. 방리제에 소속된 곳은 ~里로 나오지만 방리제에 소속되지 않는 곳은 ~村(城)으로 불리었다고 판단된다. 이렇게 되면 신라 6부의 위치는 방리제가 실시된 곳으로 ~里로 불리는 곳과 방리제가 실시되지 못한 ~村(城)으로 구성되어 있다.[27] 탁부(왕족), 사탁부(왕비족), 본피부, 모탁부, 습비부, 한지부 등이 모두가 그랬을 것이다.

종래 신라 6부 연구는 『삼국사기』·『삼국유사』 등 문헌에만 의지해 주로 위치 비정에 신경을 써 왔다. 그래서 금석문을 잘못 이해해 실성왕과 눌지왕의 소속부는 탁부, 지증왕은 사탁부, 법흥왕은 탁부, 그의 동생인 입종갈문왕은 사탁부 소속으로 이해해 왔다. 이는 잘못된 것이다. 탁부는 왕족, 사탁부는 왕비족이다. 그래서 왕에 따라서 부가 바뀔 수가 없다. 신라 6부를 목간 자료에 의해 왕경의 방리제가 실시된 지역에서는 ~里라고 불렀고, 북천, 서천, 남천 밖의 방리제가 실시되지 않는 곳에서도 6부의 일부가 존재했으며, 이들 지역은 ~村(城)으로 불렀다.

이러한 가설은 앞으로 금석문 자료와 목간 자료의 출현에 따라서 그 가능성이 탄력을 받을지 여부가 결정 나겠지만 현재까지의 자료로는 모험이 가깝다.

---

27) 이는 어디까지나 고신라의 이야기이고, 통일신라시대에는 방리제가 북천 등의 밖으로나 보문들로 확대된다.

신라 왕경의 방리제와 관련지을 때, 경주 분지에서는 5세기 2단투창고배의 출토가 전무하다는 것이다.[28] 물론 황남대총을 비롯한 읍남고분군에서는 많이 나오지만 생활 유적에서는 나오지 않고 있다.

방리제가 실시된 지역에는 ~里라고 불렀고, 방리제가 실시되지 않은 6부의 일부분 지역에서는 ~村(城)이 있었다는 것은 금석문과 목간을 통한 해석이므로 신라 6부 연구의 한 기준이 될 수가 있다. 문헌에서는 중고 왕실의 왕비족이 모량부라고 잘못 기재되어 있다. 중고 왕실의 왕비족은 사탁부이다. 이는 539년 울주천전리서석 추명의 분석으로 분명하게 되었다. 그리고 중고 금석문의 부별 인명수에서도 모탁부는 1명도 없다. 대신에 사탁부는 42명으로 66명의 탁부에 근접하고 있다.

V. 백제의 경우

백제는 중앙에 上部, 前部, 中部, 下部, 後部의 5부가 있었다. 이들은 인명 표기에 반드시 나타나고 있다. 백제의 인명 표기는 직명+부명+관등명+인명의 순서로 기재된다. 그 구체적인 예로 부여 능사 목간 297번의 韓(?)城 下部 對德 疏加鹵이다. 나주 복암리 목간 12번의 軍那德率至安이란 인명 표기가 있다. 이 인명 표기에서 軍那는 5부명이 되어야 하는데, 그러한 5부명은 없다. 어떻게 처리할 지가 문제이다.

사비성은 5부인이 전부 살기에는 대단히 좁다. 그래서 평양성 석각처럼 漢城下後部식이거나 안악3호분처럼 지방에도 5부인이 살면서 왕경인을 칭한 것은 아닐까? 그래서 △部의 軍那로 표기할 것을 옛 나주 지방의 사람들, 더 나아가서 백제 사람들은 다 알고 있음으로 軍那로 표기한 것이라고 본다. 그렇지 않을

---

28) 조성윤 박사의 교시를 받았다.

경우에 사비성의 5부 가운데 하나인 △部의 軍那가 되나 이 경우에는 신라에서 ~里가 많은 것 같아서 이를 통해 보는 바와 같이 다른 巷이 많이 있어서 문제가 된다. △部 軍那의 경우에 있어서 나주에는 여러개의 部가 있을 가능성이 크다. 그래야 △部를 생략하고 軍那로 표기했을 것이다. 아니면 部 밑의 하부 조직으로 軍那란 이름은 하나밖에 없었을 것이다.

VI. 맺음말

나주 복암리 목간 12번의 軍那德率至安이라고 나온다. 이는 인명 표기로 부명이 올 자리에 軍那가 나오는 유일한 예이다. 이를 어떻게 이해할 것인가가 문제이다. 그러한 예를 고구려와 신라 금석문과 목간에서 찾는다면 고구려의 평양성 석각에 나오는 漢城下後部란 부명이 있다. 이는 평양성이나 국내성의 부명을 가리키지 않고, 載寧이나 漢陽에 있던 漢城에도 5부인이 있었고 그들도 5부인임이 분명하다. 마찬가지로 안악3호분에 묻힌 피장자도 고추가였을 가능성이 있고, 이들도 안악 지방에 거주한 5부인으로 짐작된다.

나주 복암리 목간 12번에 나오는 軍那도 5부명 가운데 하나로 보인다. 고구려의 경우 평양성 석각에서 卦婁盖切에서 卦婁는 고구려 5부 가운데 하나인 桂婁部로 쉽게 풀이되지만 盖切이 문제가 된다. 盖切을 인명으로 보면, 부명 다음에 곧바로 관등명이 없이 인명이 오고, 뒤의 小兄加群과 인명 표기의 방식이 전혀 다르게 된다. 盖切을 직명으로 보면, 이 인명 표기는 부명+직명+관등명+인명의 순서가 되어 충주고구려비의 인명 표기와 차이가 생기게 된다. 이제 남은 하나의 방법은 충주고구려비에 기록된 인명 표기 순서에 따라 卦婁盖切 전체를 출신부명으로 보는 것이다. 卦婁盖切을 출신부명으로 보면, 卦婁는 부명으로 보는 것이 당연하나, 盖切의 해석이 문제이다. 盖切은 桂婁部(卦婁部) 내의 행정 구역일 가능성이 있다. 이러한 예를 고구려에서는 찾을 수 없지만 신라에서는 있다. 곧 남산신성비 제3비의 제②·③행에 나오는 喙部主刀里가 그것이다. 盍切도 남산신성비의 主刀里에 준하여 해석하면 별다른 문제가 생기지 않는다. 곧 軍那는 盍切과 같이 5부의 하부 구조이다.

그러면 軍那가 사비성 5부의 하부 구조인지 아니면 나주 복암리에 있던 5부의 하부 구조인지가 문제이다. 7세기 초인 목간의 연대를 고려할 때, 후자일 개연성도 고려해야 될 것 같다.

※ 탈고 이후에 나주 복암리 목간 3번에 관련 자료가 더 있는 것을 알게 되었다. 그 전문부터 제시하면 다음과 같다.

앞면 ; △年自七月十七日至八月卅三日
　　　　　　中……毛羅……
　　半那比高墻人等若△△
뒷면 ; △戶智次　　前巷奈率烏胡留
　　夜之間徒　　領非頭扞率
　　△將法戶菊次　又德率△

이는 '~년 7월 17일부터 8월 23일까지 ~중에 毛羅, 半那, 比高墻 사람들이 다음과 같이 ~한다. △戶智의 버금 前巷 奈率 烏胡留와 夜之間의 徒인 領非頭 扞率 △將과 法戶菊의 버금 又 德率 △이다.'

領非頭와 又는 지명으로 백제의 5부에 해당된다.

부여 부소산성 출토 乙巳명 토기명문에 대하여

I. 머리말

2020년 부여 부소산성에서 재난방재시스템 구축 공사 중에 궁녀사 주변 유적에서 백제의 토기에 명문이 있는 것이 발굴되었다. 이는 백제의 토기 명문 가운데 가장 긴 것으로 乙巳年이라는 연간지도 포함하고 있어서 그 중요성은 말할 필요도 없다. 백제에서 연간지가 나온 예로는 520년 무령왕릉 출토 은천명의 庚子年, 525년 무령왕릉 출토 묘지명의 乙巳年, 577년의 백제 왕흥사 청동합의 丁酉年, 567년 능사 창왕명석조사리감의 丁亥年, 579년 미륵사지 서탑 금제사리봉안기의 己亥年, 642년 사택지적비의 甲寅年 등이 있다.[1]

명문은 乙巳年三月十五日牟尸山菊作甖으로[2] 도공의 도기의 제작 날짜와 도공의 인명 표기, 토기의 명칭이 기록되어 있다. 토기에 있어서 이렇게 토기의 제작 날짜가 기록되고, 도공의 인명 표기가 기록되고, 토기의 명칭이 토기 작업 주체와 함께 기록된 것은 이번이 처음이다. 토기의 명문에서 연간지가 나온 것도 처음이다.

여기에서는 먼저 지금까지 나온 선학들의 연구를 소개하겠다. 다음으로 牟

---

1) 이밖에도 백제 七支刀 명문에 연호가 있으나 그 판독이 어렵다. 지금까지 백제 토기에 연간지가 새겨진 명문 토기는 발견된 바 없었는데 토기에 직접 명문이 적힌 것이 나와서 앞으로 백제 토기 편년에 중요한 기준이 될 것이다.

2) 을사명 토기명문의 판독에 대해서는 선학들의 견해에 대해 전혀 다른 이론이 없다.

尸山의 지명설을 비판적으로 검토하겠다. 그 다음으로 명문의 書者에 대해 검토하겠다. 그 다음으로 관수관급제에 대해 검토하겠다. 그 다음으로 토기를 제작한 곳에 대해 검토하겠다. 그 다음으로 명문의 제작 연대를 검토하겠다. 마지막으로 명문을 해석하겠다.

II. 지금까지의 연구

같은 해에 이 乙巳명 토기명문에 대한 3가지 견해가 나란히 나왔다.[3] 먼저 고고학자는 해박한 고고학적인 지식을 토대로 명문의 개요를 언급하였다.[4] 여기에서는 명문의 乙巳年은 585년, 645년, 705년 가운데 645년으로 보고 명문을 직접 해석하지 않고 포괄적으로 해석하였다. 곧 乙巳年三月十五日牟尸山菊作瓱에서 초반부는 만들어진 시기와 날짜, 중반부는 만든 사람에 대한 기록, 마지막으로 作의 뒤에 글자인 瓱자는 토기의 기종을 뜻하는 것으로 보았다.[5]

다음으로 동시대적 자료에 밝은 사학자는 牟尸山을 『삼국사기』 권37, 잡지3, 지리지3의 熊川州의 伊山郡 本百濟馬尸山郡의 馬尸山郡인 현재 충남 예산군 덕산면으로 비정하였다.[6] 그리고 乙巳年은 645년으로 보고서 乙巳年三月十五日牟尸山菊作瓱을 645년 3월 보름에 (예산군인) 牟尸山의 菊이 만든 瓱으로 해석하였다.

마지막으로 일본의 자료에 밝은 사학자는 牟尸山을 전남 영광군인 武尸伊

---

3) 김대영, 「부여 부소산성 신출토 토기명문」 『목간과 문자』 26, 2021.
   이병호, 「부여 부소산성 출토 토기 명문의 판독과 해석」 『목간과 문자』 26, 2021.
   방국화, 「부여 부소산성 출토 토기 명문의 검토 -동아시아 문자자료와의 비교-」 『목간과 문자』 26, 2021.

4) 김대영, 앞의 논문, 2021.

5) 김대영, 앞의 논문, 2021, 156쪽.

6) 이병호, 앞의 논문, 2021.

郡으로[7] 비정하였다.[8] 그리고 乙巳年은 645년으로 보고서 乙巳年三月十五日
牟尸山菊作甂을 645년 3월 보름에 (영광군인) 牟尸山의 菊이 만든 甂으로 해석
하였다.[9]

III. 牟尸山의 지명설

지금까지 분명하게 乙巳명 토기를 해석한 2명이 牟尸山으로 끊어서 지명으
로 보았다. 그러면 도공의 이름이 菊자만으로 되는 모순이 생긴다. 458년경에
만들어진 충주고구려비에 古鄒加共, 太子共, 寐錦忌란 외자 이름이 나오지만
지방민이 가장 많이 나오는 함안 성산산성 목간 200여 기의 지방민 인명에서는
거의 없다. 이를 극복할 수 있는 방법으로 菊作을 인명으로 보는 방법이다. 作
자가 이름에 포함한 예를 제시하기 위해서 유명한 월지 출토 조로 2년명전의 전
문을 소개하면 다음과 같다.

　　調露二年
　　漢只伐部君若小舍……
　　　　　三月三日作康(?)……

---

7) 牟尸山의 牟자가 무와 같은 것임은 신라 법흥왕의 이름이 524년 봉평비에서는 牟
　即智寐錦王(모즉지매금왕)이라고 나오고, 539년 울주 천전리서석 추명에서는 另即
　知太王(무즉지태왕)이라고 나와서 알 수가 있다. 또 김유신의 할아버지인 金武力을
　545년이나 그 직전에 세워진 적성비에서는 武力智라고 나오고, 561년의 창녕비에서
　는 另力智라고 나오고, 567년에 세워진 북한산비에서는 另(力)智라고 나오고, 568
　년에 세워진 마운령비와 황초령비에서는 另力智라고 나와서 另자의 음은 무이다.
8) 방국화, 앞의 논문, 2021.
9) 甂의 용도에 대해서는 저장용, 양조용으로 사용되었을 뿐만 아니라 제사용으로 사
　용되었을 가능성이 있다고 하였다.

이는 '680년에 한지벌부 군약 소사(신라 17관등 중 13관등)가 (감독하고), 3월 3일에 작강(?)~이 (쌍록보상화문전을) 만들었다.'가 된다. 여기에서의 書者는 한지벌부 군약 소사이다. 군약 소사는 4두품일 가능성이 크다. 調露二年명 쌍록보상화문전에 나오는 作康(?)~은 와공으로 보인다, 그의 이름에 作자가 포함되어 있다. 이렇게 하고서 乙巳명을 해석하면 585년 또는 645년 3월 보름에 牟尸山의 菊作의 甄이다가 되나 그 만든 주체가 불분명하다.

마지막으로 牟尸란 부분을 끊어서 지명으로 보는 방법이다. 이렇게 尸로 끝나는 지명이 있는지가 궁금하다. 그 예를 『삼국사기』에서 찾아서 제시하면 다음과 같다.

『삼국사기』 권3, 신라본기3, 자비마립간17년조 沙尸
『삼국사기』 권4, 신라본기4, 지증마립간15년조 十五年 春正月 置小京於阿尸村
『삼국사기』 권21, 고구려본기9, 보장왕4년조 莫離支遣加尸城七百人
『삼국사기』 권35, 잡지4, 지리지2에 有隣郡 本高句麗 于尸郡 景德王 改名 今禮州
『삼국사기』 권37, 잡지6, 지리지4에 于尸郡
『삼국사기』 권37, 잡지6, 지리지4에 淳遲縣 本豆尸
『삼국사기』 권37, 잡지6, 지리지4에 加尸城

尸자로 끝나는 지명의 예가 山보다는 적지만 6에 가량이 있다. 이렇게 牟尸만을 지명으로 보면 인명이 山菊으로 두 자가 되어서 어색하지가 않다. 더구나 山菊을 뫼국화로 된 우리말의 이두로 볼 수가 있어서 좋다. 여기에서는 山菊을 따로 떼어서 뫼국화란 도공의 인명으로 본다.

Ⅳ. 명문의 書者

명문를 쓴 사람이 도공이라는 가설이 있다. 토기의 겉에 쓴 명문은 도공이라는 생각은 가장 쉽게 접근할 수 있는 것일 것이다. 토기는 아니지만 기와의 경우 백제의 와공이 아닌 사람에 의해 쓰진 예가 있다.

우선 명문을 보고서 사진과 실견에[10] 의해 판독해 전문을 제시하면 다음과 같다.

景辰年五月卄(日)法得書

7번째 글자인 日자는 파실되고 없으나, 전후 관계에 따라 日자로 추독하였다. 景자를 庚자의 音借로 본 가설은 한자문화권 어디에도 없는 새로운 가설이라 따를 수 없고, 景은 丙의 避諱이다.[11] 丙자는 唐高祖의 父名이 昞인 까닭으로 인해 丙자까지도 景자로 바꾸었다한다.[12] 그러면 결국 위의 명문은 丙辰年이므로 656년, 716년, 776년 등이 그 대상이 될 수가 있으므로 이에 대해서 살펴보기 위해 관련 금석문 자료를 제시하면 다음과 같다.

후면⑩五日景辰建碑 大舍臣韓訥儒奉
(682년, 文武王陵碑)
①神龍二年景午二月八日
(706년, 神龍二年銘金銅舍利方函)
①永泰二年丙午
(766년, 永泰二年銘塔誌)
5면⑥永泰△年丙午~
(818년, 柏栗寺石幢記)
①寶曆二年歲次丙午八月朔六辛丑日~
(827년, 中初寺幢竿支柱)

---

10) 1999년 4월 17일 국립부여문화재연구소에서 실견하였다.
11) 김창호, 「익산 미륵사 경진명 기와로 본 고신라 기와의 원향」 『한국사연구』 10, 1999.
12) 葛城末治, 『朝鮮金石攷』, 1935, 72쪽.
     陳新會, 『史諱擧例』, 1979, 18~19쪽.

②會昌六年丙寅九月~

(846년, 法光寺石塔誌)

㉝ ~中和四年歲次甲辰季秋九月旬有九日丙子建~

(884년, 寶林寺普照禪師彰聖塔誌)

㉛ 丙午十月九日建

(886년, 禪林院祉 弘覺禪師碑)

지금까지 알려진 자료에서 피휘제 실시되고 있는 예는 통일신라에서 2예밖에 없다. 곧 682년에 만들어진 문무왕릉비에서는 景辰이 있고, 706년에 만들어진 경주 황복사지 3층석탑 출토 신룡 2년명 금동사리방함의 景午가 그것이다. 766년에 만들어진 영태 2년명 탑지의 丙午, 818년경에 만들어진 백율사석당기의 丙午, 846년에 만들어진 법광사지 석탑지의 丙寅, 884에 만들어진 장흥 보림사지 보조선사창성탑비의 丙子, 866년에 만들어진 선림원지 홍각선사비의 丙午 등에서는 피휘제가 시행되지 않고 있다. 기와의 庚辰年은 지금까지 丙자인 피휘 예에서 볼 때 700년 전후에서 찾을 수 있다. 그 대상이 될 수 있는 것으로 656년과 716년이 있다. 596년도 대상이 될 수가 있으나 당 건국이 618년이므로 제외시키는 것이 옳다. 716년은 미륵사 자료의 開元四年丙辰명 기와에서 元四年丙의 부분만이 남아 있어서[13] 716년에는 丙자의 피휘가 실시되지 않았음을 알 수 있다. 따라서 景辰年은 656년임이 분명하게 되었다. 656년은 백제 의자왕 16년, 신라 무열왕 3년으로 아직 백제가 멸망되기 이전이므로 이 기와는 백제의 기와가 분명하게 되었고, 백제의 원통기와가 존재함을 분명히 밝혀주는 예이다. 금석문 자료에서는 백제에서 피휘가 최초로 확인함과 동시에 우리 손에 의해 만들어진 한국 최초의 피휘 예로 주목되어야 할 것이다.[14]

이 미륵사지 기와 명문에 나오는 法得은 피휘까지 알고 있어서 단순히 와공으로 볼 수가 없다. 그렇다고 관등명이 없어서 중앙의 고관으로 볼 수도 없다.

---

13) 국립부여문화재연구소, 『미륵사유적발굴조사보고서Ⅱ』, 1996, 圖版199의 ②.

14) 종래 백제 말기의 국제 정세를 보통 돌궐+고구려+백제+왜와 당+신라의 관계로 보고 있으나 656년 기와에서 피휘가 사용되고 있어서 재고가 요망된다.

682년의 문무왕릉비나 706년의 경주 황복사지 神龍二年銘金銅舍利方函에서만 볼 수 있는 피휘가 미륵사 출토의 경진명 기와에도 보인다. 이는 와공이 아닌 전문적으로 글을 쓰는 書者가 있었을 것으로 보인다.

Ⅴ. 관수관급제

기와의 경우에는 관수관급제를 시행했고, 먼 곳은 漕運과 驛을 통해 수송했다.[15] 토기의 경우도 뚜렷한 근거는 없지만 관수관급제라고[16] 판단된다. 기와에 명문이 있는 백제의 토기를 관수관급제로 보인다.[17] 수요자가 쓴 명문으로 보인다. 토기를 만들려면 가마를 만들어야 되는데 몇 가지 조건이 필요하다. 먼저 물이 있어야 한다. 다음으로 흙이 토기를 만드는데 알맞아야 한다. 그 다음으로 바람의 방향이 중요하다. 그 다음으로 가마에 불을 땔 때 연료가 되는 나무가 많아야 한다. 마지막으로 교통이 편리한 곳이어야 한다. 이러한 조건을 갖춘 요지는 토기 가마의 경우는 관수관급제로 보인다.[18] 왜냐하면 토기 가마를 운용

---

15) 김창호, 『신라 금석문』, 2020, 469~481쪽.

16) 신라시대에서는 509년(지증마립간 10)에 東市와 이를 감독하는 東市典을 설치했고, 695년(효소왕 4)에 西市와 이를 감독하는 西市典을 설치했고, 695년(효소왕 4)에 南市와 이를 감독하는 南市典을 설치했다. 그래서 대응을 官需官給이라 볼 수가 있다. 토기 공인과 유사한 기와 공인은 김창호, 「광주 선리유적에서 출토된 해구기와의 생산과 유통」『문화사학』 52, 2019, 8~9쪽에 생산지의 지명과 소비지의 지명이 38개나 나와 있다. 그 시기는 918~935년의 어느 5년간이다. 이는 기와에서 관수관급임을 말하는 것이다. 수익이 좋으면, 토기 공인도 쉽게 기와 공인으로 바뀔 수가 있다. 초기의 기와요는 토기와의 겸업기마가 종종 있었다. 결론적으로 말하면 토기도 기와처럼 관수관급제로 보아야할 것이다.

17) 『삼국사기』, 잡지. 직관지에 瓦器典 景德王改爲陶登局이란 구절이 나와서 기와와 토기를 같은 곳에서 관장했음을 알 수 있다.

18) 918~935년에 제작된 기와에 北漢受國蟹口草가 있다. 이는 北漢이 받은 國의 蟹口

하는데 더는 비용이 엄청나기 때문이다.

토기 가운데 대형옹이나 대형호를 옮기는 데에는 많은 힘이 든다. 그래서 사비성 가까운 곳에서 가마를 만들어서 구워낼 것이다. 그렇지 않고, 충남 예산이나[19] 전남 영광으로 보고 있으나[20] 대형 그릇은 이동이 자유롭지 못해서 그렇게 먼 곳에서 생산해서 사비성으로 옮겼다고 보기가 힘들다. 백제 사비성 근처에 있는 관요에서 甒을 만들었다고 판단된다.

VI. 토기를 제작한 곳

토기를 제작한 곳을 도공이 소속된 지명으로 보는 경향이 있는 듯하다. 그래서 금산 금령산성의 기와 명문까지 인용하고 있다. 설명의 편의를 위해 지금까지 제시된 판독 결과를 표로서 도시하면 다음의 <표 1>과 같다.

<표 1> 백령산성 출토 음각와의 여러 판독안

연구자		판독안
금산 백령산성 1·2차 발굴조사 보고서 (2007)[21]	1차	제①행 上水瓦作土(五)十九
		제②행 一(?)夫瓦九十五
		제③행 作△那魯城移△
	2차	제①행 上水瓦作土十九
		제②행 一夫瓦九十五
		제③행 作△那魯城移△

에서 만든 기와란 뜻으로 관수관급제의 좋은 예이다.

19) 이병호, 앞의 논문, 2021.

20) 방국화, 앞의 논문, 2021.

연구자		판독안
손환일 (2009)[22]	3차	제①행 上水瓦作土十九
		제②행 一夫瓦九十五
		제③행 那魯城移遷
	1차	제①행 上水瓦作五十九
		제②행 夫瓦九十五
		제③행 作(人)那魯城移文
강종원 (2009)[23]	1차	제①행 上水瓦作土十九
		제②행 一夫瓦九十五
		제③행 那魯城移遷
	2차	제①행 上水瓦作五十九
		제②행 一夫瓦九十五
		제③행 作△那魯城移支
	3차	제①행 上水瓦作五十九
		제②행 夫瓦九十五
		제③행 作(人)那魯城移文
문동석 (2010)[24]	1차	제①행 上水瓦作五十九
		제②행 夫瓦九十五
		제③행 作(人)那魯城移文
이병호 (2013)[25]	1차	제①행 上水瓦作五十九
		제②행 夫瓦九十五
		제③행 作(人)那魯城移文
이재철 (2014)[26]	1차	제①행 上水瓦作五十九
		제②행 夫瓦九十五
		제③행 作(人)那魯城移文

21) 충청남도역사문화연구원·금산군, 앞의 책, 2007.
22) 손환일, 「백제 백령산성 출토 명문기와와 목간의 서체」 『구결연구』 22, 2009.
23) 강종원, 「부여 동남리와 금산 백령산성 출토 목간자료」 『목간과 문자』 3, 2009.
24) 문동석, 「2000년대 백제의 신발견 문자자료와 연구동향」 『한국고대사연구』 57, 2010.

이상과 같은 판독을 근거로 음각와를 판독하여 제시하면 다음과 같다.

제①행 上水瓦作五十九
제②행 夫瓦九十五
제③행 作(人)邢魯城移文

제②행의 夫瓦의 사전적 의미는 수키와이다.[27] 이에 대칭되는 제①행의 上水瓦는 기와 위로 물이 흘러가는 기와로 암키와를 뜻한다.[28] 이를 토대로 음각와 명문을 해석하면 다음과 같다.

上水瓦(암키와) 59장를 만들었고, 夫瓦(수키와) 95장을 만들었는데 作人(직명)은 邢魯城 출신의 移文(인명)이다가 된다.[29] 이는 지금까지 고구려와 백제 금석문에 나오는 지방민의 유일한 인명 표기로 중요하다. 移文의 출신지인 邢魯城은 기와의 제작지와는 관계가 없다. 단지 이문의 출신지일 뿐이다.

보다 더 토기나 기와에 나오는 도공의 출신지가 생산하는 곳과 관련이 없는 자료로 신라 화엄경사경에 관여한 인명들이 있는 바, 이를 제시하면 다음의 <표 2>와 같다.

---

25) 이병호, 「금산 백령산성 출토 문자기와의 명문에 대하여 -백제 지방통치체제의 한 측면-」『백제문화』49, 2013.

26) 이재철, 「금산 백령산성 유적 출토 문자 자료와 현안」『목간과 문자』13, 2014.

27) 이병호, 앞의 논문, 2009, 252쪽.

28) 이병호, 앞의 논문, 2013, 252쪽.

29) 이병호, 앞의 논문, 2013, 252쪽에서 邢魯城에서 기와가 제작된 것으로 보고 있으나 이는 인명 표기의 일부로 移文의 출신지일 뿐이다. 作人邢魯城移文은 직명+출신성명+인명으로 된 인명 표기로 지방민도 제와장이 되어 6세기 후반에는 기와의 제작에 관계했다는 중요한 증거이다. 移文 등의 기와 제작은 백제 왕경인(5부인)과는 관계가 없이 지방민이 전담했다고 판단된다. 물론 조와에는 국가의 감독을 받았음을 물론이고, 삼국시대 기와가 지방민에 의해 만들어졌다는 중요한 증거가 된다.

<表 2> 경덕왕대 신라화엄경사경의 인명 표기

職名	出身地名	人名	官等名
紙作人	仇叱珎兮縣	黃珎知	奈麻
經筆師	武珎伊州	阿干	奈麻
위와 같음	위와 같음	異純	韓舍
위와 같음	위와 같음	今毛	大舍
위와 같음	위와 같음	義七	大舍
위와 같음	위와 같음	孝赤	沙弥
위와 같음	南原京	文英	沙弥
위와 같음	위와 같음	卽曉	舍
위와 같음	高沙夫里郡	陽純	奈麻
위와 같음	위와 같음	仁年	大舍
위와 같음	위와 같음	屎烏	大舍
위와 같음	위와 같음	仁節	舍
經心匠	大京	能吉	奈麻
위와 같음	위와 같음	亐古	奈
佛菩薩像筆師	同京	義本	韓奈麻
위와 같음	위와 같음	丁得	奈麻
위와 같음	위와 같음	夫得	舍知
위와 같음	위와 같음	豆烏	舍
經題筆師	同京	同智	大舍

景德王代 新羅華嚴經寫經은 文頭의 天寶十三載甲午八月一日初乙未載二月十四日이란 구절로 보면 景德王 13年(754)에서 14年(755) 사이에 만들어진 것을 알 수 있다.[30] 仇叱珎兮縣은 전남 김제 또는 장성이고, 武珎伊州는 광주이고, 南原京은 남원이고, 高沙夫里郡은 고부이다. 大京과 同京은 당시 수도였던 경주이다. 신라화엄경사경은 경주나 광주에서 작성된 것으로 추정되나 출신지를 작업처로 본다면 그곳은 광주, 남원, 고부, 김제 또는 장성, 경주에서 각각 제작된 것

---

30) 文明大, 「新羅 華嚴經寫經과 그 變相圖의 硏究 -寫經變相圖의 硏究(1)-」『韓國學報』 14, 1979.

이 된다. 그렇게 될 수는 없다. 따라서 이 옹이나 호로 추정되는 토기의 제작처는 사비성 근처의 요지라고 볼 수가 있다.[31) 牟尸이던 牟尸山이던 관계가 없이 이는 도공의 출신지일 뿐, 토기를 지방에서 만들어서 중앙에 바친 것은 아니다.

VII. 명문의 제작 연대

명문의 제작 시기를 北舍란 말이 익산 미륵사지에 나온 점에 근거해 미륵사 가 백제 무왕대(600~641년)에 창건되었다는 점에 의해 585년, 645년, 705년 가 운데에서 645년으로 보았다.[32) 고고학 자료에 있어서 문헌의 이용은 조심해야 된다. 광개토태왕비, 충주고구려비, 집안고구려비, 중성리비, 냉수리비, 봉평비, 창녕비, 북한산비, 마운령비, 황초령비에 대한 언급은 문헌에는 없기 때문이다.

충남 부여군 규암면 신리에 위치한 사적 제427호 부여 왕흥사는 백제의 대표 적인 왕실 사찰이다. 2007년 목탑터에서 발견한 왕흥사지 사리기(보물 제1767 호)에는 백제 昌王이[33) 죽은 왕자를 위해 丁酉年 二月 十五日에 절을 창건했다 는 명문이 새겨져 있어서 학계의 주목을 받았다. 우선 설명의 편의를 위해 왕흥 사 청동합 명문의 전체를 제시하면 다음과 같다.

---

31) 調露二年
　　漢只伐部君若小舍…
　　　　三月三日作康(?)……
　　이를 해석하면 '680년에 한지벌부 군약 소사(신라 17관등 중 13관등)가 (감독하고),
　　3월3일에 작강(?)~이 (보상화문전을) 만들었다.'가 된다. 여기에서 명문을 기록한 사
　　람은 군약 소사로 짐작되고 작강(?)~이 쌍록보상화문전을 만든 것으로 보인다. 이
　　전을 만든 곳은 한지벌부가 아니라 한지부 소속의 일명촌인 다경요인 점을 주목해
　　야 할 것이다.
32) 김대영, 앞의 논문, 2021.
33) 昌王의 昌은 威德王(諡號)의 諱號이다.

王興寺 舍利盒 명문

	⑥	⑤	④	③	②	①	
	神	利	子	王	十	丁	1
	化	二	立	昌	五	酉	2
	爲	枚	刹	爲	日	年	3
	三	葬	本	亡	百	二	4
		時	舍	王	濟	月	5

이 명문의 전체부터 해석하면 '丁酉年(577년) 二月 十五日에 백제 昌王이 죽은 왕자를 위해 사찰을 세웠는데 본래 장사시에 舍利 2매를 넣었는데 신이 조화를 부려 3매가 되었다.'가 된다.

왕흥사 목탑 사리공에서 출토된 청동사리합 명문에 丁酉年이란 연간지가 나와 577년이란 절대 연대를 갖게 되었다. 왕흥사 목탑은 『삼국사기』 권27, 백제본기 5에 무왕 즉위 1년(600)~무왕 35년(634) 사이에 건립된 것이 되어 있어서 문헌을 믿을 수 없게 한다. 이 점은 중요한 것으로 문헌을 중심으로 한 연구의 한계를 밝혀주는 것이다.

미륵사의 창건에 대해서는 정사인 『삼국사기』에는 전혀 언급이 없다. 『삼국유사』에만 무왕조와 법왕살금조에 나온다. 서동요에서 나오는 주격조사 隱과 목적격조사 乙은 신라의 이두에서는 없다. 그래서 서동요 전설은 백제 무왕대가 아닌 고려 초라는 가설이 있다. 그리고 미륵사지 서탑에서 출토된 금제사리봉안기의 연대를 은제관식의 편년과 연결시켜서, 사리봉안기에 나오는 己亥年을 579년으로 본 견해가 있다.[34]

乙巳年은 645년설도 익산 미륵사지에서 北舍가 나왔고, 이것이 『삼국유사』에만 나오는 무왕조와 법왕살금조에 근거하여 600~641년을 소급할 수 없다고 보아서 645년으로 보았다. 익산 미륵사지 서탑에서 나온 금제사리봉안기의 己

---

34) 김창호, 「미륵사 서탑 사리봉안기」 『고신라 금석문과 목간』, 2018.

亥年이 579년이므로 585년도 그 대상이 된다. 왕흥사의 사리합의 명문에 따르면 금석문 자료로 문헌을 믿지 못하는데 어떻게 『삼국유사』에 근거하여 실시한 고고학 자료의 연대 결정은 더욱 믿기 어렵다. 결국 乙巳年토기의 연대는 585년과 645년의 두 가지 가운데 하나가 된다.

VIII. 명문의 해석

명문을 다시 한 번 제시하면 다음과 같다.

乙巳年三月十五日牟尸山菊作瓸
乙巳年(585년 또는 645년) 3월 보름에 牟尸의 山菊이 만든 瓸이다.

IX. 맺음말

명문은 乙巳年三月十五日牟尸山菊作瓸으로 乙巳年(585년 또는 645년) 3월 보름에 牟尸의 山菊이 만든 瓸이다로 해석된다. 종래에는 乙巳年三月十五日에 牟尸山의 菊이 만든 瓸으로 해석해 왔다. 이렇게 해석하면 도공의 이름이 외자가 된다. 또 명문을 쓴 사람이 도공 자신이라고 보아 왔으나 백제 미륵사지 출토 景辰명 기와의 법득이 와공이 아니므로 도공이 아니라고 보았다.

종래 乙巳年三月十五日에 牟尸山의 菊이 만든 瓸으로 해석해 토기를 牟尸山에서 만들어서 부여 사비성으로 조운 등을 이용해 운반한 것으로 보아 왔으나 牟尸는 도공의 출신지일 뿐 토기의 생산지와 관계가 없다고 보았다. 그래서 명문을 다음과 같이 해석하였다. 乙巳年(585년 또는 645년) 3월 보름에 牟尸 출신의 山菊이 만든 瓸이다.

제7장
신라 금석문

제1절

금석문 자료로 본 고신라 왕족과 왕비족

Ⅰ. 머리말

고신라 내물왕 이후의 왕족이 어느 부에 소속이고, 왕비족이 어느 부 소속인 지는 신라사에 중요한 몫을 차지하고 있다. 대개 왕족은 탁부 소속이고, 김씨로 보아왔다. 왕비족은 박씨로 모량부 소속으로 보아왔다. 1988년 울진 봉평신라 비의 초두에 喙部另卽智寐錦王과 沙喙部徙夫智葛文王이 나와서 뒤의 沙喙部 徙夫智葛文王이 문헌의 立宗葛文王과 동일인으로 보고서 형인 另卽智寐錦王 (법흥왕)은 탁부 소속이고, 동생인 입종갈문왕은 사탁부 소속으로 보았다. 그 뒤에 포항 냉수리에서 포항냉수리신라비의 발견으로 실성왕과 눌지왕은 탁부 소속이고, 지증왕은 사탁부 소속으로 보았다.

중성리비, 냉수리비, 봉평비에 있어서 반드시 왕이 탁부로서 가장 앞에 나온 다는 사실이다. 갈문왕은 반드시 사탁부 출신으로서 왕의 다음에 온다는 사실 이다. 사탁부 출신의 갈문왕은 왕이 아니라는 반증이 된다. 사탁부지도로갈문 왕이 되기 위해서는 갈문왕에서 벗어나야 되고, 사탁부 출신도 아니어야 한다. 부가 탁부에서 사탁부로 바뀌면 성이 바뀌어야 한다. 그 반대의 경우도 마찬가 지이다. 탁부 출신의 지증왕이 사탁부 소속이라면 6부가 존재할 필요가 없다.

여기에서는 먼저 신라 6부에 대한 문헌 자료를 제시하여 이를 살펴보겠다. 다음으로 왕족과 왕비족에 대해 살펴보겠다. 마지막으로 6부의 구조에 대해 살 펴보겠다.

II. 문헌 자료의 제시

辰韓之地 古有六村 一曰 關川楊山村 南今 曇巖寺 長曰關平 初降于瓢嵓峰 是
爲及梁部李氏祖 弩禮王九年置 名及梁部 本朝太祖天福五年庚子 改名中興部
・波潛・東山・彼上・東村屬焉 二曰突山高墟村 長曰蘇伐都利 初降于兄山
是爲沙梁部 梁讀云道 或作涿 亦音道 鄭氏祖 今曰南山部・仇良伐・馬等烏・
道北・廻德寺南村屬焉 稱今曰者 太祖所置也 下例知 三曰茂山大樹村 長曰俱
(一作仇)禮馬 初降于伊山(一作皆比山) 是爲 漸梁(一作涿)部 又车梁部孫氏之
祖 今云長福部 朴谷村等西村屬焉 四曰觜山珍支村(一作賓之 又賓子 又氷之)
長曰智伯虎 初降于花山 是爲本彼部崔氏祖 今曰通仙部 柴巴等東南村屬焉 致
遠乃本彼部人也 今皇龍寺南 味呑寺南有古墟 云是崔侯古宅也 殆明矣 五曰金
山加里村(今金剛山栢栗寺之北山也) 長曰祗沱(一作只他) 初降于明活山 是爲
漢岐部 又作漢岐部裵氏祖 今云加德部 上下西知 乃見等東村屬焉 六曰明活山
高耶村 長曰虎珍 初降于金剛山 是爲習比部薛氏祖 今臨川郡・勿伊村・仍仇
旀村・闕谷(一作葛谷)等東北村屬焉(『삼국유사』 권1, 기이1, 신라시조박혁거
세왕조)

九年春 改六部之名 仍賜姓 陽山部爲梁部 姓李 高墟部爲沙梁部 姓崔 大樹部
爲漸梁部(一云牟梁) 姓孫 干珍部爲本彼部 姓鄭 加利部爲漢祇部 姓裵 明活部
爲習比部 姓薛 又設官有十七等 一伊伐飡 二伊尺飡 三迊飡 四波珍飡 五大阿
飡 六阿飡 七一吉飡 八沙飡 九級伐飡 十大奈麻 十一奈麻 十二大舍 十三小舍
十四吉士 十五大烏 十六小烏 十七造位 王旣定六部(『삼국사기』 권1, 신라본기
1, 유리이사금 9년조)

이 두 자료에는 부와 姓氏와의 관계를 말해주고 있는데 그 관계를 표로써 제
시하면 다음의 <표 1> 고신라 부와 성씨의 관계와 같다.

<표 1> 고신라 부와 성씨의 관계

사서	梁部	沙梁部	牟梁部	本彼部	漢岐部	習比部
삼국유사	李	鄭	孫	崔	裵	薛
삼국사기	李	崔	孫	鄭	裵	薛

위의 <표 1>에서 가장 눈에 띄는 것은 사량부와 본피부에서 鄭氏와 崔氏가 서로 바뀐 점이다. 지금까지 신라 6두품의 성을 검토한 논고로는 1971년에 나온 것이 유일하다.[1] 6두품에 관한 논문은 그 전에도 없고 그 후에도 없다. 『삼국사기』와 『삼국유사』에 나오는 李, 崔, 裵, 張, 薛氏에서[2] 그 이외에 金氏, 任那 후손 출신 등이 추가되어 있을 뿐이다. 梁部에 李氏를 사성한 것은 이해가 되지 않는다. 양부는 왕족 출신으로 『隋書』 권81, 列傳46, 東夷傳, 新羅조에 傳祚金眞平 開皇十四年 遣使貢方物 高祖拜眞平爲上開府樂浪郡新羅王이라고 나와서 신라왕의 성이 金氏임이 분명하고, 그 소속부는 양부이다.[3]

우선 중고 금석문에 나타난 각 부명별 인명의 수를 제시하면 다음의 <표 2>와[4] 같다.

<표 2> 중고 금석문에 나타난 각 부명별 인명의 수

비명	탁부	사탁부	본피부	불명	계
봉평비	11	10	1	3	25
적성비	7	3		2	12
창녕비	21	16	1	2	40
북한산비	5	3			8
마운령비	11	6	2	1	20

---

1) 이기백, 「신라 6두품 연구」『성곡논총』 2, 1971.
2) 鄭氏도 6두품으로 보인다.
3) 냉수리비에서 실성왕은 탁부, 눌지왕은 탁부, 지증왕은 사탁부, 봉평비에서 법흥왕은 탁부, 그의 동생은 입종갈문왕은 사탁부로 보면 부가 다르면 성도 달라야 한다. 신라 중고 왕실의 성을 김씨로 보지 않는 학자는 없다. 신라 중고 왕비족은 사탁부 소속으로 박씨이다.
4) 중성리비의 건립 연대는 441년이고, 냉수리비의 건립 연대는 443년이다. 이들은 중고시대를 벗어나고 있다. 일설에 따라서 중성리비의 건립 연대를 501년으로, 냉수리비의 건립 연대를 503년으로 각각 보더라도 <표 1>의 결론에는 변함이 없다. 중성리비의 경우 탁부 9명, 사탁부 9명, 본피부 3명, 불명 5명이고, 냉수리비의 경우 탁부 7명, 사탁부 7명, 본피부 2명이다.

비명	탁부	사탁부	본피부	불명	계
황초령비	11	4		5	20
계	66	42	4	13	125

<표 2>에 있어서 봉평비는 탁부 11명, 사탁부 10명, 본피부 1명, 불명 3명으로 계 25명이다. 적성비는 탁부 7명, 사탁부 3명, 불명 2명 계 12명이다. 창녕비는 탁부 21명, 사탁부 16명, 본피부 1명, 불명 2명, 계 40명이다. 북한산비는 탁부 5명, 사탁부 3명, 계 8명이다. 마운령비는 탁부 11명, 사탁부 6명, 본피부 2명, 불명 1명, 계 20명이다. 황초령비는 탁부 11명, 사탁부 4명, 불명 5명으로 계 20명이다. 총계는 탁부 66명, 사탁부 42명, 본피부 4명, 불명 13명으로 총인원수는 125명이다.

사탁부에는 另力智迊干이 창녕비, 북한산비, 마운령비, 황초령비에서 모두 나와서 김유신의 할아비지도 진골이었음을 알 수 있다. 6두품은 창녕비에 本彼部 夫△智 及尺干이 나와서 본피부에도 6두품이 있었던 것이 확실하다. 6두품 가문에서 李, 崔, 裵, 張, 薛氏에서 그 이외에 鄭氏, 金氏, 任邢 후손 출신 등이 추가되어 있을 뿐이다. 한 가문은 본피부이고, 나머지 8가문은 모탁부, 한지부, 습비부일 수는 없다. 그렇다면 탁부외 사탁부의 소속인 가문으로 보인다. 진골 가문은 사탁부가 금관가야계의 金武力을 비롯하여 최소한 2개 가문이 있고, 탁부는 3개 이상의 가문이 진골이라고 판단된다. 6두품은 본피부가 6두품이 1개 가문이 있었고, 사탁부가 3개 정도의 가문이 있었고, 탁부는 5개 정도의 가문이 있었다고 판단된다.

III. 왕족과 왕비족

현재 학계에서는 고신라의 왕의 소속부를 탁부와 사탁부로 보고 있다. 곧 냉수리비에 의해 실성왕과 내물왕은 탁부, 지증왕은 사탁부, 봉평비에 의해 법흥왕은 탁부, 그의 동생인 입종갈문왕(사부지갈문왕)은 사탁부로 보고 있다. 이 문제에 대한 접근으로 그 뒤에 발견된 중성리비에 의해 다음과 같이 복원하고 있다.

＜중성리비＞[5]

⑫	⑪	⑩	⑨	⑧	⑦	⑥	⑤	④	③	②	①	
							伐	喙				1
				喙	△	喙	沙					2
		牟	珎	干	鄒	干	斯	利	教			3
	導	旦	伐	支	須	支	利	夷	沙			4
	人	伐	壹	沸	智	祭	壹	斯	喙			5
	者	喙	昔	竹	世	智	伐	利	尒	喙		6
沙	與	作	云	休	令	壹	皮	白	抽	部	辛	7
喙	重	民	豆	壹	干	伐	末	爭	智	習	巳	8
心	罪	沙	智	金	居	使	智	人	奈	智	(年)	9
刀	典	干	沙	知	伐	人	夲	喙	麻	阿	(喙)	10
哩	書	支	干	那	壹	奈	波	評	喙	干	(部)	11
△	與	使	支	音	斯	蘇	喙	公	部	支	折	12
	牟	宮	支	利	蘇	毒	柴	斯	牟	沙	盧	13
豆	人	日	支	利	蘇	只	干	弥	智	喙	(智)	14
故	卑	夫	村	蘇	豆	道	沙	奈	斯	沙	(王)	15
記	牟	智	步	卜	古	使	喙	奈	麻	德		16
	利	宮	干	利	喙	乃	夷	本	智			17
	白	奪	支	村	念	壹	須	牟	阿			18
	口	尒	走	仇	牟	伐	牟	子	干			19
	若	令	斤	鄒	智	金	旦			支		20
	後	更	壹	列	沙	評						21
	世	還	金	支								22
	更		知									23

---

5) 김창호, 「포항 중성리 신라비의 재검토」 『신라사학보』 29, 2013, 613쪽을 중심으로 제시하였고, 특히 제①행은 새로이 추독하였다.

문제는 제①행이다. 이를 辛巳(年沙喙只折盧葛文王)으로 복원하고 있다.[6] 이렇게 되면 1자가 모자라게 된다. 그리고 냉수리비와 봉평비에서 비의 서두에는 喙部 출신인 사부지왕과 내지왕과 모즉지매금왕이 나오는 것과는 차이가 있다. 그 탁부 출신의 왕 다음에 사탁부 출신의 갈문왕이 나온다. 이와는 큰 차이가 있다. 이 문제를 좀 더 심도 있게 살펴보기 위해 울주 천전리서석을 조사해 보자.

1971년 4월 15일에 동국대학교 울산지구 불적조사단에 의해 발견되어 川前里書石의 원명과 추명에 대한 개요는 그 해에 발표되었다.[7] 그 개요의 요체는 원명과 추명이 화랑 유적이라는 것이다. 우선 울주 천전리서석 원명과 추명의 전문을 제시하면 다음과 같다.

(원명)

⑫	⑪	⑩	⑨	⑧	⑦	⑥	⑤	④	③	②	①	
作	貞	宋	悉	食	鄒	并	彡	之	文	沙	乙	1
書	宍	知	淂	多	安	遊	以	古	王	喙	巳	2
人	智	智	斯	煞	郎	友	下	谷	覓	部	(年)	3
苐	沙	壹	智	作	三	妹	爲	无	遊	(葛)		4
彡	干	吉	大	切	之	麗	名	名	來			5
介	支	干	舍	人		德	書	谷	始			6
智	妻	支	帝	介		光	石	善	淂			7
大	阿	妻	智	利		妙	谷	石	見			8
舍	兮	居		夫		於	字	淂	谷			9
帝	牟	知	作	智		史	作	造				10

---

6) 이성시, 「신라 중성리비에 보이는 6세기 신라비의 특질」『특별전 문자 그 이후 기념 심포지엄』, 2011.

7) 황수영, 「신라의 誓(書)石」『동대신문』, 1971. 1971년 5월 10일자. 여기에서는 於史鄒安郎을 於史郎과 安郎으로 끊어 읽어서 두 화랑의 인명으로 보고서 울주 천전리서석 원명과 추명을 화랑 유적으로 보고 있다.

⑫	⑪	⑩	⑨	⑧	⑦	⑥	⑤	④	③	②	①	
智	弘	尸	食	奈			△	△				11
	夫	奚	(人)	(麻)								12
		人	夫									13
			人									14

(추명)

⑪	⑩	⑨	⑧	⑦	⑥	⑤	④	③	②	①	
一	宍	居	作	支	叱	愛	妹	三	部	過	1
利	知	伐	切	妃	見	自	王	共		去	2
等	波	干	臣		來	思	過	遊	徙	乙	3
次	珎	支	喙	徙	谷	己	人	來	夫	巳	4
夫	干	私	部	夫		未	乙	以	知	年	5
人	支	臣	知	知	此	年	巳	後	葛	六	6
居	婦	丁	禮	王	時	七	年	六	文	月	7
禮	阿	乙	夫	子	共	月	王	△	王	十	8
知	兮	介	知	郎	三	三	過	十	妹	八	9
△	牟	知	沙	△	來	日	去	八	於	日	10
干	呼	奈	干	△		其	其	日	史	昧	11
支	夫	麻	支	夫	另	王	王	年	鄒		12
婦	人		△	知	卽	与	妃	過	安	沙	13
沙	介	作	泊	共	知	妹	只	去	郎	喙	14
爻	夫	食	六	來	太	共	沒	妹			15
功	知	人	知	此	王	見	尸	王			16
夫	居	貞		時	妃	書	兮	考			17
人	伐			△	夫	石	妃				18
分	干			乞							19
共	支										20
作	婦										21
之											22

먼저 원명과 추명에 대한 연구성과부터 일별해 보기로 하자.

원명의 주인공은 제② · ③행에 걸쳐서 나오는 沙喙部葛文王이[8] 1979년 명문 발견 8년만에 명문에 대한 전체 해석문이 제시되었다. 명문에서 갈문왕을 찾아서 이를 입종갈문왕으로 보았다.[9] 원명과 추명에서 갈문왕을 처음으로 찾은 점은 높이 평가된다. 夫乞支妃를 판독해 문헌의 保刀夫人과 연결시켜 夫는 保와 음상사이고, 乞의 음과 刀의 훈인 갈을 통해서 그 시기를 추정하였다.

1980년 울주 천전리서석 원명과 추명에 근거하여 신라 왕실의 소속부가 사탁부라는 가설과[10] 1981년 신라 중고시대 부명 표기 방식과 부명 관칭 시기를 하면서 원명과 추명에 대해 언급하였다.[11] 1983년 원명과 추명에 관한 본격적인 논문이 나왔다.[12] 여기에서는 원명의 徙夫知葛文王을 立宗葛文王으로, 妹는 麗德光妙로, 於史鄒安郎을 立宗의 友로 각각 보았다. 추명의 妹王考는 智寶葛文王으로, 妹王은 智證王으로, 另郎知太王妃夫乞支妃는 法興王妃保刀夫人으로, 徙夫知王은 立宗葛文王으로, 子郎梁猷夫知는 즉위 전의 眞興王으로 각각 보았다. 妹王考는 智寶葛文王으로, 妹王은 智證王으로 분석한 것은 명백한 잘못이고, 徙夫知葛文王을 立宗葛文王으로 본 것도 另郎知太王妃夫乞支妃가 徙夫知葛文王의 妹인 점을 몰라서 나온 잘못된 가설이다.

같은 1983년에 왕경인(6부인)의 인명 표기를 나루면서 울주 천전리서석 원명과 추명에 관한 가설이 나왔다.[13] 여기에서는 구조적으로 서석을 분석하여 원명의 3인을 沙喙部葛文王, 妹인 麗德光妙, 友인 於史鄒安郎으로, 추명의 3인을

---

8) 추명 제① · ②에서는 沙喙部徙夫知葛文王이라고 표기되어 있다.
9) 김용선, 「울주 천전리 서석명문의 연구」『역사학보』 81, 1979.
10) 이문기, 「신라 중고 6부에 관한 일고찰」『역사교육논집』 1, 1980.
11) 이문기, 「금석문자료를 통하여 본 신라의 6부」『역사교육논집』 2, 1981.
12) 이문기, 「울주 천전리 서석 원 · 추명의 재검토」『역사교육논집』 4, 1983.
13) 김창호, 「신라중고 금석문의 인명표기(Ⅰ)」『대구사학』 22, 1983:『삼국시대 금석문연구』, 2009 재수록.

另郎知太王妃夫乞支妃, 沙喙部徒夫知王, 子郎梁畎夫知으로 보아서 另郎知太王이 누이동생의 남편이므로 沙喙部徒夫知葛文王이 立宗葛文王이 아니라고 보았다.

1984년에 원명의 주인공을 沙喙部葛文王, 妹인 聖慈光妙, 友인 於史鄒安郎의 3인으로 보는 가설이 나왔다.[14] 자매편이 이듬해인 1985년에 나왔다.[15] 이것은 일본에서 나온 원명과 추명에 관한 첫 번째 전론이다. 여기에서는 추명의 3인을 另郎知太王, 妃인 夫乞支妃, 徒夫知王子인 郎△△夫知으로 보았다. 另郎知太王이 천전리에 왔다고 동의하는 사람이 없고, 원명과 추명의 주인공은 沙喙部徒夫知王의 男妹인 점이 문제점으로 지적된다.

1987년 울주 천전리서석 원명과 추명에 관한 신견해가 나왔다.[16] 여기에서는 원명의 3인 대신에 2인설을 들고 나왔다. 곧 沙喙部徒夫知葛文王과 麗德光妙한[17] 於史鄒女郎이 그것이다. 추명의 3인은 沙喙部 只沒尸兮妃 葛文王妃(只召夫人), 喙部 夫乞支妃 另郎知太王妃(巴刀夫人), 喙部 深麥夫知 徒夫知葛文王子(眞興王)으로 본 듯하다. 원명과 추명에서 주인공이 沙喙部徒夫知葛文王의 男妹임을 무시했기 때문에 문제이지만 박학다식한 이두 지식 등은 부럽다.

1990년에 지증왕계의 왕위 계승과 박씨왕비족을[18] 논하면서 울주 천전리서석에 대해 언급하였다.[19] 여기에서는 원명의 주인공을 3명으로 보지 않고 2명으로 보아서 입종갈문왕과 妹인 光妙란 於史鄒女郎三으로 제시하였다. 丁巳年

---

14) 田中俊明, 「新羅の金石文 -蔚州川前里書石·乙巳年原銘-」『韓國文化』59, 1984.

15) 田中俊明, 「新羅の金石文 -蔚州川前里書石·己未年追銘(一)-」『韓國文化』61, 1984.
田中俊明, 「新羅の金石文 -蔚州川前里書石·己未年追銘(二)-」『韓國文化』63, 1985.

16) 문경현, 「울주 신라 서석 명기의 신검토」『경북사학』10, 1987.

17) 아름답고 德을 가진 光明이 神妙한 사람이란 뜻으로 해석하였다.

18) 신라 중고 왕비족은 모량부 박씨가 아니라 사탁부이다.

19) 이희관, 「신라상대 지증왕계의 왕위계승과 박씨 왕비족」『동아연구』20, 1990.

(537)에 立宗葛文王이 죽자 그의 왕비인 只沒尸兮妃가 (그와의) 사랑을 생각하여 539년 7월 3일에 立宗葛文王과 (그의) 妹(於史鄒女郎三)이 함께 書石을 보러 왔다. 기미년(539) 서석곡에 온 주인공은 立宗葛文王妃, 另郎知太王妃夫乞支妃, 子郎(아들)인 深昧夫知라고 하였다. 於史鄒女郎三이란 인명 분석은 아무도 따르는 사람이 없고, 추명의 주인공이 另郎知太王妃와 徙夫知葛文王이 되어야 하는 점과 모순된다. 539년에 서석곡을 찾은 사람은 立宗葛文王, 另郎知太王妃夫乞支妃, 子郎(아들)인 深昧夫知, 於史鄒女郎三의 4명이 되는 점이 추명 제⑥행의 此時共三來를 벗어나고 있다.

1993년 일본에서 두 번째로 울주 천전리서석 원명과 추명에 관한 전론이 나왔다.[20] 여기에서는 원명의 주인공 3인을 沙喙部葛文王, 麗慈光妙, 於史鄒(칭호: 女郎, 從夫知葛文王의 妹)이고, 추명 제③행 1번째 글자인 主(칭호), 추명 제④행의 8번째 글자인 王(칭호)는 己未年까지 死亡으로 보고 있다. 추명의 주인공 3인은 只汝尸兮妃(從夫知葛文王의 妃)=只召夫人, 夫毛支太王妃(另郎知太王妃)=保刀夫人, 另郎知太王妃夫乞支妃, △△夫知郎(從夫知葛文王의 子)=眞興王으로 보았다. 於史鄒女郎은 於史鄒의 딸(女郎)이란 뜻이므로 於史鄒가 從夫知葛文王의 妹가 될 수 없고, 只汝尸兮妃(從夫知葛文王의 妃)=只召夫人은 서석곡에 온 적이 없어서 기미년에 왔다고 하는 것은 문제로 지적된다. 徙夫知葛文王을 從夫知葛文王으로 읽으면서도 立宗葛文王으로 본 점도 아쉽다. 칭호인 王과 主를 기미년까지 사망으로 본 점도 상황판단일 뿐 실제 상황은 아니다. 곧 王의 사망을 立宗葛文王으로 본 듯하다. 徙夫知葛文王은 妹인 另郎知太王妃夫乞支妃, 子인 郎△△夫知와 함께 서석곡을 찾아왔기에 另郎知太王의 사망 시인 己未年七月三日에도 살아있었다.

1995년 울주 천전리서석 해석에 관한 논문이 나왔다.[21] 여기에서는 원명의 3

20) 武田幸男, 「蔚州書石谷にのおける新羅・葛文王一族 -乙巳年原銘・己未年追銘の一解釋-」『東方學』 85, 1993.

21) 김창호, 「울주 천전리서석의 해석 문제」『한국상고사학보』 19, 1995.

주인공을 沙喙部葛文王, 麗德光妙(沙喙部徙夫知葛文王의 友, 於史鄒女郎(沙喙部徙夫知葛文王의 妹)으로 보았고, 추명의 3주인공을 沙喙部徙夫知葛文王, 另卽知太王妃夫乞支妃, 子郎△△夫知로 보았다. 이 가설의 가장 큰 특징은 지금까지 나온 견해 가운데에서 유일하게 沙喙部徙夫知葛文王을 立宗葛文王으로 보지 않는다는 점이다. 그래서 沙喙部徙夫知葛文王은 另卽知太王妃夫乞支妃의 오빠로서 沙喙部의 長으로서 갈문왕이 되었다는 주장이다.

2003년에 沙喙部徙夫知葛文王을 立宗葛文王으로 보는 견해가 나왔다.[22] 여기에서는 명문 해석의 요체를 다음과 같이 제시하였다.[23]

> A-1 過去乙巳年六月十八日昧沙喙部徙夫知葛文王妹於史鄒女郎王共遊來
> A-2 以後△△八年過去妹王考妹王過人丁巳年王過去
> B-1 其王妃只沒尸兮妃愛自思己未年七月三日其王与妹共見書石叱見來谷
> B-2 此時共三來另卽知太王妃夫乞支妃徙夫知王子深△夫知共來

이를 간략하게 요약하면 다음과 같다.

> 乙巳年(525년) 徙夫知葛文王과 그의 妹인 於史鄒女郎王이 처음으로 놀러 옴.
> 명을 작성하고 谷의 이름을 서석곡이라 함[8년 후 於史鄒女郎王 사망]
> 丁巳年(537년)에 徙夫知葛文王 사망
> 己未年(539년)에 徙夫知葛文王妃인 只沒尸兮妃가 母인 夫乞支妃와 子인 深△夫知와 함께 옴. 只沒尸兮妃가 사망한 남편 徙夫知王에 대한 그리움 때문에 그가 과거에 다녀갔던 적이 있는 곳을 찾아 옴.

그러나 己未年七月三日에 其王과 妹가 함께 서석을 보러왔기 때문에 己未年에도 其王(沙喙部徙夫知葛文王)과 (沙喙部徙夫知葛文王의) 妹가 살아있다는 점이 문제이다. 울주 천전리서석에 나오는 王은 沙喙部徙夫知葛文王이고,

---

22) 주보돈, 「울주 천전리서석 명문에 대한 검토」『금석문과 신라사』, 2002.
23) 끊어 읽는 방법이 독특하다.

妹는 沙喙部徙夫知葛文王의 妹로 麗德光妙(=另卽知太王妃夫乞支妃)이기 때
문이다. 己未年(539)에 徙夫知葛文王妃인 只沒尸兮妃가 母인 夫乞支妃와 子
인 深△夫知와 함께 왔다고 보면 그 주인공인 其王与妹를 찾을 수 없다. 왜냐
하면 두 사람은 丁巳年에는 이미 죽었다고 잘못 해석했기 때문이다. 己未年
(539)에 徙夫知葛文王妃인 只沒尸兮妃가 母인 夫乞支妃와 子인 深△夫知와
함께 왔다고 했으나 기미년의 원명과 추명 어디에도 只沒尸兮妃가 왔다는 근거
는 없다. 丁巳年(537)에 죽었다던 沙喙部徙夫知葛文王은 己未年에서 其王이
라고 나와서 문제가 된다.

　　그리고 원명은 3인설 대신에 沙喙部葛文王과 友와 麗德光妙가 於史鄒女郎
王을 수식하는 용어를 보아서 2인설을 주장하고 있다. 추명의 3인에 대해서는
徙夫知葛文王妃인 只沒尸兮妃가 母인 夫乞支妃와 子인 深△夫知와 함께 왔
다고 해서 독특하게 只沒尸兮妃가 등장하고 있다. 只沒尸兮妃가 원명과 추명
에서 서석곡에 왔다는 기록은 없다. 只沒尸兮妃를 추명의 주인공으로 보는 것
은 유일한 견해이다. 원명과 추명의 주인공은 沙喙部徙夫知葛文王의 男妹로
보는 일반적인 가설과는 차이가 있다.

　　2008년 울주 천전리서석과 진흥왕의 왕위 계승을 연계시킨 가설이 나왔
다.[24] 여기에서는 원명의 주인공 3인으로 沙喙部徙夫知葛文王, 妹인 於史鄒,
女郎(於史鄒의 딸)을 들고 있다. 추명의 주인공 3인으로 王, 妹, 另郎知太王妃
夫乞支妃, 徙夫知王子郎인 深△夫知를 들고 있으나 추명은 추명의 共來 인원
은 此時共三來의 三을 넘어서 4인인 점이 문제이다. 於史鄒는 남자의 인명 표
기이고, 女郎은 妹인 於史鄒의 딸이란 뜻인 점이 문제이다.

　　2018년 울주 천전리서석의 원명과 추명을 검토한 가설이 나왔다.[25] 여기에
서는 원명의 3주인공으로 沙喙部葛文王, 妹인 麗德光妙, 友인 於史鄒安郎을

---

24)　박남수, 「울주 천전리 서석명에 나타난 진흥왕의 왕위계승과 입종갈문왕」 『한국사
　　　연구』 141, 2008.
25)　김창호, 「울주 천전리서석 원명과 추명」 『고신라 금석문과 목간』, 2018.

들었다. 추명의 3주인공으로 沙喙部徙夫知葛文王, 另郞知太王妃夫乞支妃, 子郞인 △△夫知를 들고서 沙喙部徙夫知葛文王은 另郞知太王의 妹夫이므로 立宗葛文王이 아니라고 보았다. 계속해서 另郞知太王妃夫乞支妃가 사탁부 소속이고, 국가 차원의 금석문에서는 모탁부가 없는 점을 근거로 고신라 왕비족은 사탁부라고 주장하였다.

2018년 일본에서 울주 천전리서석 원명과 추명에 관한 세 번째 전론이 나왔다.[26] 여기에서는 원명의 3주인공에 대해서는 沙喙部葛文王, 妹인 麗聖光妙한 於史鄒女郞王의 두 사람으로 보았으나 3명을 찾는 통설과는 위배된다. 추명의 3주인공에 대해서는 其王(沙喙部徙夫知葛文王)과 (沙喙部徙夫知葛文王의) 妹, 另郞知太王妃夫乇支妃, 徙夫知王의 子郞인 深△夫知로 보아서 4인이 된다. 이는 명백한 잘못이다. 이 가설은 私臣 등의 판독을 치밀하게 한 점에서는 높이 평가되나 원명과 추명의 3인씩을 찾지 못한 점에서는 도리어 연구를 제자리걸음을 시키고 말았다.

먼저 원명부터 인명의 분석을 시도해 보기로 하자.

원명의 주인공은 제②·③행에 걸쳐서 나오는 沙喙部葛文王이[27] 한 사람을 가리킴이 분명하다. 원명의 인명 분석에 있어서 중요한 곳은 제⑥·⑦행의 幷遊友妹麗德光妙於史鄒安郞三之란 구절이다. 이 부분을 종래에는 대개 麗德光妙가[28] 妹의 인명, 於史鄒安郞을 友의 인명으로 보아 왔다.[29] 그런데 於史鄒安

---

26) 橋本 繁, 「蔚州川前里書石原銘·追銘にみる新羅王權と王京六部」『史滴』40, 2018.

27) 추명 제①·②에서는 沙喙部徙夫知葛文王이라고 표기되어 있다.

28) 이 麗德光妙를 友의 인명인 남자 인명으로 보아서, 불교와 관련된 사람으로 본 적이 있다(김창호, 앞의 책, 2007, 158~159쪽). 이는 잘못된 것이므로 철회한다. 여덕광묘는 사탁부사부지갈문왕의 妹 이름이다.

29) 金龍善, 앞의 논문, 1979, 23쪽.
金昌鎬, 앞의 논문, 1983, 13쪽.

郎의 安자를 女자로 읽고서 고구려 광개토태왕비문의[30] 母河伯女郎이란 구절과 대비로 여자의 인명으로 보았다.[31] 그래서 麗德光妙를 友의 인명으로, 於史

---

30) 흔히 광개토태왕비를 이른바 광개토태왕릉비라고 부르고 있으나, 그 확실한 성격은 알 수가 없다. 비문에 적힌 내용의 주류가 수묘인 연호이다(1775자설에서 계산하면, 비문 전체 가운데 35% 이상이나 된다. 敎遣이나 王躬率이란 표현도 전쟁의 규모로 고구려에 불리하냐 아니냐가(浜田耕策, 「高句麗廣開土王陵碑の研究 -碑文の構造と使臣の筆法と中心として-」『古代朝鮮と日本』, 1974) 아닌 但敎取나 但取吾躬率로 대비되어 수묘인 연호를 뽑는 것과 관련이 된다. 수묘인연호가 중요시되는 그러한 성격의 능비의 예가 없다. 태종무열왕릉비의 경우, 능의 바로 앞에 능비가 위치하고 있다. 문무왕의 경우, 능이 없어서(동해의 해중릉에서 산골했음) 특이하게도 사람들이 많이 다니는 중요한 도로(울산에서 서라벌로 가는 도로)의 바로 옆인 사천왕사의 앞에다 문무왕릉비를 세웠다(김창호, 「문무왕의 산골처와 문무왕릉비」『신라학연구』 7, 2006). 흥덕왕릉비의 경우도 흥덕왕릉 앞에 세웠다. 광개토태왕의 경우, 태왕릉(광개토태왕릉으로 김창호, 「고구려 太王陵 출토 연화문 수막새의 제작 시기」『한국 고대 불교고고학의 연구』, 2007, 133쪽 참조)의 바로 앞에 광개토태왕비가 없다. 광개토왕비의 해결해야 문제로 倭의 실체를 들 수가 있다. 왜는 辛卯年(391)에 있어서 고고학상의 무기 발달 정도(철기 개발 기술)나 선박 기술의 발달 정도로 볼 때, 일본 열도의 야마도 조정이라고 보기 힘들고, 전남 光州, 咸平, 靈光, 靈巖, 海南 등 지역에서 발견되고 있는 전방후원형 고분(그 축조 시기는 주로 500년 전후, 일본의 전형적인 선방후원분과는 차이가 있다. 그래서 전방후원형 고분이라고 부르기로 한다)을 주목한다. 전방후원형 고분의 선조들이 4세기 후반(倭가 광개토태왕비에서 최초로 등장하는 것은 391년의 이른바 辛卯年조이다)에서 5세기 전반까지의 정치체가 왜일 가능성이 있다. 전남 지역은 미륵사의 건립(미륵사 서탑 사리봉안기의 己亥年이 579년으로 판단되는 바), 이에 대해서는 김창호, 「미륵사 서탑 사리봉안기」『고신라 금석문과 목간』, 2018에서 보면, 미륵사의 건립 당시(579년)에도 백제로부터 독립적인 정치체인 마한이었다(흔히 마한 땅의 완전 정복을 4세기 근초고왕 때로 보고 있으나 따르기 어렵다). 미륵사 건립은 사비성(부여)에서 익산 금마저로의 천도(익산 천도설은 익산 지역에 도성제의 기본인 條坊制가 실시되지 않고 있어서 성립될 수가 없다)가 아니라, 전남 지역의 마한 정치체에게 너희들도 이런 불교 건물인 대사찰을(미륵사는 백제에서 가장 큰 사찰이다) 건설할 수 있느냐고 묻는 정치적인 승부수였다. 또 익산 쌍릉을 무왕릉으로 보는 가설도 있으나, 왕릉은 삼국시대에 반드시 수도에 있었다는 점을 참고하면 성립될 수가 없다. 무왕릉은 부여 능산리 고분군 가운데 하나라고 판단된다.

31) 문경현, 앞의 논문, 1987, 28~29쪽.

鄒安郎을 妹의 인명으로 보았다.[32] 이 가설 자체는 於史鄒安郎의 安자를 女子로 보기 어렵고, 원명의 연구에 있어서 재미있는 것이지만, 뒤에서 설명할 추명에 있어서 원명이 반복되는 추명 제①·②·③행의 沙喙部徙夫知葛文王妹於史鄒安郎三共遊來란 구절로 볼 때 성립되기 어렵다. 또 幷遊友妹麗德光妙於史鄒安郎三之의 三이 추명의 沙喙部葛文王과 妹인 麗德光妙와 友인 於史鄒安郎을 가리킨다.

추명 제②행의 沙喙部徙夫知葛文王妹於史鄒安郎에서 이를 沙喙部徙夫知葛文王의 妹인 於史鄒安郎의 1인으로 해석한 견해와[33] 沙喙部徙夫知葛文王과 妹인 於史鄒安郎의 2인으로 해석한 견해가[34] 있다. 沙喙部徙夫知葛文王妹於史鄒安郎만 따로 떼어서 보면 1인설과 2인설은 모두 가능하다고 판단된다. 추명의 沙喙部徙夫知葛文王妹於史鄒安郎三共遊來의 三共에 주목하면, 沙喙部徙夫知葛文王, 妹, 於史鄒安郎의 3인이 되어야 한다. 그렇다면 1인설과 2인설은 모두 성립될 수 없고, 沙喙部徙夫知葛文王, 妹(인 麗德光妙), (友인) 於史鄒安郎의 3인이 된다.

이 가설에 대해 左袒한 적이 있다(김창호, 앞의 책, 2007, 158~159쪽). 이는 잘못된 것이므로 여기에서 다음과 같은 이유로 바로 잡는다. 광개토태왕비 제1면 제②행에는 我是皇天之子母河伯女郎이라고 나온다. 이는 "나는 天帝의 아들이고, 어머니는 河伯(水神)의 따님이다."로 해석된다. 河伯女郎은 여자의 인명이 아니고, 河伯의 따님이란 뜻이다. 牟頭婁墓誌(412년 이후) 제③행의 河伯之孫 日月之子, 집안고구려비(491년 이후) 제②행의 (日月之)子 河伯之孫으로 볼 때, 河伯만이 고구려 시조 鄒牟王의 조상이란 뜻이다. 따라서 於史鄒安郎을 於史鄒女郎으로 보더라도 이를 여자의 인명으로 볼 수가 없다. 於史鄒女郎은 於史鄒의 딸(女郎)이 되어 沙喙部徙夫知葛文王의 妹가 될 수가 없다. 울주 천전리서석 원명과 추명에서 妹는 모두 沙喙部徙夫知葛文王의 妹란 뜻이다.

32) 만약에 女子설이 타당하여 麗德光妙를 友의 인명으로, 於史鄒安郎을 妹의 인명으로 보더라도 가리키는 인명만 서로 바뀔 뿐, 천전리서석 원명과 추명의 연구에 있어서 근본적인 문제와는 관련이 없다.

33) 문경현, 앞의 논문, 1987, 46쪽.

34) 武田幸男, 앞의 논문, 1993, 18쪽.

따라서 원명 제⑥ · ⑦행의 友妹麗德光妙於史鄒安郎도 妹인 麗德光妙와 友인 於史鄒安郎으로 풀이된다.

제⑧행 이하의 인명 표기에 대한 분석에 대해서는 명문의 해석 부분에서 언급하기로 하겠다.

추명의 인명을 분석할 차례가 되었다.

제① · ②행의 沙喙部徙夫知葛文王妹於史鄒安郎三共遊來는 원명 부분에서 언급한 대로 沙喙部徙夫知葛文王, 妹(인 麗德光妙), (友인) 於史鄒安郎의 3인이 된다.

다음으로 妹王考妹王過人이란 부분이다. 이는 인명 표기의 직접적인 것은 아니지만, 이에 대한 정확한 해석 여부가 추명 파악의 갈림길이 될 수가 있다. 이 구절에서 考자를 죽은 사람을 가리키는 용어로 해석한 견해가 있다.[35] 考자가 죽은 아버지의 뜻이[36] 아니다. 여기에서는 考자를 동사로 본다. 추명에서 4번 나오는 妹란 글자는 모두 沙喙部徙夫知葛文王의 妹란 뜻이다. 妹王의 妹도 역시 沙喙部徙夫知葛文王의 妹란 뜻이다. 妹의 뜻에 유의하고, 妹王이 妹의 王

---

35) 金龍善, 앞의 논문, 1979, 24쪽에서는 妹王考妹王을 妹, 土考妹, 王으로 끊어 읽어 王考妹를 王의 父의 妹란 뜻의 죽은 사람으로 보고 있다.

그런데 고구려 평원왕 13년으로 추정되는 辛卯銘金銅三尊佛光背의 亡師父母(黃壽永編著, 앞의 책, 1976, 237쪽), 고구려 永康七年銘金銅光背의 亡母(黃壽永編著, 앞의 책, 1976, 238쪽), 3국 시대로 추정되는 金銅釋迦三尊佛像의 亡妻(李蘭暎, 『韓國金石文追補』, 1967, 49쪽), 신라 성덕왕 18년 甘山寺彌勒菩薩造像記의 亡考仁章一吉湌之妣觀肖里(『朝鮮金石總覽』 上, 1919, 34쪽), 신라 성덕왕 19년 甘山寺阿彌陀如來造像記의 亡考亡妣亡弟小舍梁誠沙門玄度亡妻古路里亡妹古寶里(『朝鮮金石總覽』 上, 1919, 36쪽) 등에서 보면 王考妹가 죽은 사람을 가리키려고 하면 亡자가 첨가되어야 할 것이다. 王의 父의 妹는 姑母로 쉬운 용어가 있고, 이를 亡姑母로 표기하면 된다. 죽은 고모가 추명에 나온다고 해석한 연구자는 없다. 지나친 해석이다.

36) 이문기, 앞의 논문, 1983, 135쪽에서는 妹王考를 習寶葛文王, 妹王을 智證王으로 보고 있으나 그 이유는 불분명하다. 특히 지증왕을 왜 매왕으로 불렀는지는 언뜻 납득이 되지 않는다.

임에 주목하여 妹王을 해석하면 추명의 주인공인 沙喙部徙夫知葛文王이 부르는 친족 호칭으로 판단되는 바, 이에 대해서는 명문의 해석 부분에서 상론하고자 한다.

다음은 제④행의 其王妃只沒尸兮妃가 있다. 其王妃란 沙喙部徙夫知葛文王의 妃를 가리키고, 지몰시혜비는 그녀의 이름이다.

다음은 제⑤행의 其王与妹란 부분이다. 其王은 沙喙部徙夫知葛文王을 가리키고, 妹는 원명의 麗德光妙를 가리키나 추명에는 치밀하게 따져보아도 그녀의 이름이 나오지 않고 있다. 이 其王与妹란 구절은 원명과 추명의 주인공이 동일함을 말해주는 중요한 구절이다.

다음은 제⑥행의 此時共三來란 구절이 인명의 분석에 중요하다. 이 부분을 此時妃主之로 판독한 견해가 있다.[37] 이는 상황 판단에 따른 것으로 여기에서는 논의의 대상으로 삼지 않겠다. 이 부분의 정확한 해석을 위해 제⑤·⑥·⑦행의 관계 부분을 적기해 보자.

> 己未年七月三日其王与妹共見書石叱見來谷 此時共三來 另卽知太王妃夫乞
> 支妃 徙夫知王子郞△△夫知共來

此時共三來에서 此時란 己未年七月三日이므로, 己未年七月三日에 書石谷에 온 사람은 모두 3인으로 해석된다. 앞에서 살펴본 대로 其王与妹에서 其王은 사탁부사부지갈문왕이고, 妹는 원명의 麗德光妙이다. 이제 남은 한사람은 另卽知太王妃夫乞支妃徙夫知王子郞△△夫知의 해결에 따라서 풀 수가 있을 것이다. 另卽知太王妃夫乞支妃에 대해서는 夫乞支妃만을 따로 떼어서 법흥왕비로 추정한 견해가 있다.[38] 법흥왕비에 대해서는『三國史記』권4, 新羅本紀 4, 法興王 卽位條에 法興王立(중략) 妃朴氏保刀夫人이라고 기록되어 있다. 그래

---

37) 武田幸男, 앞의 논문, 1993, 3쪽.
38) 金龍善, 앞의 논문, 1979, 19쪽.

서 천전리서석 추명의 夫乞과 『삼국사기』의 保刀에서 夫는 保와, 乞의 음과 刀의 훈을 각각 대응시키고, 조선 중종 때 편찬된 『訓蒙字會』에 乞의 음은 걸, 刀의 훈은 갈로 되어있다는 사실로 보충하였다.[39] 따라서 另卽知太王妃=夫乞支妃=保刀夫人=법흥왕비라는 관계가 성립된다.

다시 앞의 另卽知太王妃에서 另卽知太王이 누구인지를 알아보기 위해 另자의 신라 중고의 발음부터 조사해 보기로 하자. 신라 진흥왕대에 활약하고, 『삼국사기』에 나오는 금관가야 왕족 출신의 金武力은[40] 적성비(545년 직전)에 沙喙部武力智(阿干支), 창녕비(561년)에 沙喙另力智迊干, 마운령비(568년)에 沙喙部另力智迊干으로 나온다.[41] 위의 자료에 따르면 另자는 武자에 가깝게 발음되었다고 판단된다. 여기서 另卽知太王이 누구인지를 알아보기 위해 另卽知太王妃가 기록된 추명의 연대가 539년임을 참작해 문헌에서 비슷한 신라 국왕의 이름을 찾아 제시하면 다음과 같다.

冊府元龜 姓募名泰(『三國史記』 권4, 신라본기 4, 법흥왕 즉위조 挾注)
第二十三法興王 名原宗 金氏 冊府元龜 云姓募 名秦(『三國遺事』 권1, 王曆 1, 第二十三法興王조)
普通二年 土姓募名秦(『梁書』 권54, 列傳, 新羅조)
梁普通二年 王姓募名泰 泰汲古閣本金陵書局本及梁書作秦(『南史』 권79, 列傳, 夷貊 下, 新羅조)

普通二年은 신라 법흥왕 8년(521)이고, 다 아는 바와 같이 신라 왕실의 성은 김씨이므로 募秦은 법흥왕의 이름으로 판단된다. 추명의 另卽과 『梁書』의 募秦에 있어서 另자는 募자와, 卽자는 秦자와 서로 대응된다. 그렇다면 另卽=募秦=

---

39) 金龍善, 앞의 논문, 1979, 19쪽.
40) 삼국 통일 전쟁 때에 맹활약한 김유신 장군의 할아버지이다.
41) 武田幸男, 「眞興王代における新羅の赤城經營」『朝鮮學報』 93, 1979, 12쪽.

법흥왕이 된다.[42] 그 뒤에 1988년에 발견되어서 524년에 세워진 것으로 알려진 봉평비에 牟卽智寐錦王이 나와서 설득력을 갖게 되었다. 另卽知太王妃夫乞支妃는 另卽知太王妃인 夫乞支妃가 된다.[43] 곧 무즉지태왕비=부걸지비=법흥왕비=보도부인이 된다.

그러면 이 구절의 인명은 沙喙部徙夫知葛文王, 妹인 麗德光妙, 另卽知太王妃인 夫乞支妃, 徙夫知王, (沙喙部徙夫知葛文王의) 子인 郞△△夫知의 5인이 되나, 沙喙部徙夫知葛文王과 徙夫知王은 동일인이므로 4인이 된다. 此時共三來라고 되어 있어서 3인이 되어야 한다. 원명에서 麗德光妙란 인명이 한번 나오는데, 추명에서는 이름이 나오지 않고 妹로만 4번이나 나오고 있다. 거듭 이야기하지만 추명의 주인공은 3인이 되어야 한다. 另卽知太王妃인 夫乞支妃, 徙夫知王, 子인 郞△△夫知 이외에 其王与妹共見書石叱來谷했다고 하므로 其王은 徙夫知(葛文)王이지만 妹는 누구인지 알 수가 없다. 另卽知太王妃인 夫乞支妃, 子인 郞△△夫知 중에서 妹가 될 수 있는 사람은 另卽知太王妃인 夫乞支妃밖에 없다.[44] 원명의 麗德光妙가[45] 另卽知太王(법흥왕)에게 시집을 가서

---

42) 이 부분에 대한 최초의 언급은 김창호, 「신라 중고 금석문의 인명표기(Ⅰ)」『대구사학』 22, 1983: 『삼국시대 금석문 연구』, 2009 재수록, 210~211쪽.

43) 田中俊明, 앞의 논문(二), 1985, 34쪽에서는 另卽知太王妃夫乞支妃를 另卽知太王과 妃인 夫乞支妃로 풀이하고 있다. 己未年七月三日에는 무즉지태왕이 이미 죽어서 천전리 서석곡에 올 수가 없어서 성립될 수가 없다. 따라서 무즉지태왕과 비인 부걸지비로는 나눌 수가 없다.

44) 추명에 여자 인명 표기는 另卽知太王妃夫乞支妃의 한 사람뿐이다.

45) 신라에 있어서 여자의 인명 표기에 밥 짓는 사람을 뜻하는 作食人이란 직명을 가진 여자의 이름이 원명에 2명, 추명에 3명이 나오고 있다. 그 중에 한 예를 들면 作食人 宋知智壹吉干支妻居知尸奚夫人이 있다. 이를 해석하면 作食人은 宋知智壹吉干支의 妻인 居知尸奚夫人이다가 된다. 作食人이란 직명을 갖지 않은 여자의 인명 표기도 있다. 그 예(천전리서석 계해명, 종서를 횡서로 바꾸었다)를 들어 보면 다음과 같다.
　①癸亥年二月六日
　②沙喙路陵智小舍

另卽知太王妃인 夫乞支妃가 되었다고 보면, 此時共三來의 3인으로 另卽知太王妃인 妃夫乞支妃, 徙夫知(葛文)王, (沙喙部徙夫知葛文王의) 子인 郎△△夫知를 들 수가 있다.

제⑧행 이하의 인명 분석은 명문의 해석 부분에서 언급하기로 하겠다.

지금까지 천전리서석의 원명과 추명의 인명 분석을 제시하면 다음의 <표 3>과 같다.

<표 3> 울주 천전리서석 원명과 추명의 인명 분석표

	職名	部名	人名	官等名	備考
原銘		沙喙部	(沙喙部葛文王)	葛文王	
		上同	麗德光妙		沙喙部葛文王의 妹
		上同	於史鄒安郎		沙喙部葛文王의 友
	作切人		介利夫智	奈(麻)	
	上同		悉淂斯智	大舍帝智	
	作食人		居知尸奚夫人		宋知智壹吉干支의 妻
	上同		阿兮牟弘夫人		貞肉智沙干支의 妻
	作書人		第ミ尒智	大舍帝智	
追銘		沙喙部	徙夫知	葛文王	
		上同	妹		沙喙部徙夫知葛文王의 妹
		上同	於史鄒安郎		沙喙部徙夫知葛文王의 友
			妹王		徙夫知葛文王이 另卽知太王을 부른 간접 호칭

③婦非德刀遊
④行時書
이를 해석하면 癸亥年(603년)二月六日에 "沙喙(部)路陵智小舍의 婦인 非德刀가 遊行할 때 썼다."가 된다.
여자의 인명 표기는 남편의 이름에 의존해서 표기하고 있다. 麗德光妙는 남편의 이름이 없이 단독으로 표기하고 있어서 525년의 원명에서 시집가기 전의 이름으로 판단된다. 여기에 나오는 遊行은 遊來, 遊 등과 함께 단순히 놀러오는 것이 아닌 모두 장송 의례에 참가하는 것을 의미하는 것으로 보아야 할 것이다.

職名	部名	人名	官等名	備考
		只沒尸兮妃		沙喙部徙夫知葛文王의 妃
		夫乞支妃		沙喙部徙夫知葛文王의 妹 =另卽知太王妃
	沙喙部	子인 郎△△夫知		沙喙部徙夫知葛文王의 아들
作切臣	喙部	知礼夫知	沙干支	
上同	上同	△泊六知	居伐干支	
私臣		丁乙尒知	奈麻	
作食人		阿兮牟呼夫人		貞肉知波珎干支의 婦
上同		一利等次夫人		尒夫知居伐干支의 婦
上同		沙爻功夫人		居礼知△干支의 婦

"乙巳年(525년)에 沙喙部葛文王이 찾아 놀러 오셔서 비로소 谷을 보았다. 古谷이지만 이름이 없었다. 谷의 善石을 얻어서 만들었고, (…)以下를 書石谷이라고 이름을 붙여 字作△했다. 아울러 놀러(온 이는) 妹인 麗德光妙와 友인 於史鄒安郎의 3인이다.

이때에 作切人은 尒利夫智奈麻와 悉淂斯智大舍帝智이다. 作食人은 宋知智壹吉干支의 妻인 居知尸奚夫人과 貞宍智沙干支의 妻인 阿兮牟弘夫人이다. 作書人은 第ㅏ尒智大舍帝智이다."

"지난 날 乙巳年(525년)六月十八日 새벽에 沙喙部徙夫知葛文王, 妹(인 麗德光妙)와 (友인) 於史鄒安郎의 3인이 함께 놀러 온 이후로 六(月)十八日에는 해마다 (書石谷을) 지나갔다.

(沙喙部徙夫知葛文王이) 妹王(법흥왕)을 생각하니, 妹王은 죽은 사람이다.

乙巳年에 王(沙喙部徙夫知葛文王)은 돌아가신 其王妃(沙喙部徙夫知葛文王의 妃)인 只沒尸兮妃를 愛自思(사랑하여 스스로 생각)했다.

己未年七月三日에 其王(沙喙部徙夫知葛文王)과 妹가 함께 書石을 보러 谷에 왔다. 이때에 함께 3인이 왔다. 另卽知太王妃인 夫乞支妃, 徙夫知(葛文)王, 子인 郎△△夫知가 함께 왔다.

이때에 作切臣은 喙部의 知禮夫知沙干支와 △泊六知居伐干支이다. 私臣은 丁乙尒知奈麻이다. 作食人은 貞宍知波珎干支의 婦인 阿兮牟呼夫人과 尒夫知居伐干支의 婦인 一利等次夫人과 居禮知△干支의 婦인 沙爻功夫人이며, 나누어서 함께 지었다."

울주 천전리서석에서 사부지갈문왕을 입종갈문왕으로 볼 때 어떤 문제가 생기는 지를 조사해보자.

첫째로 기미년 7월 3일에 입종갈문은 분명히 서석곡을 찾아 왔으므로 법흥왕의 사망시에 살아 있었다. 따라서 입종갈문왕이 왕이 되어야 함에도 그의 아들인 진흥왕이 15세의 어린 나이로 왕위에 올라서[46] 친모인 지소태후가 섭정을 했다.

둘째로 원명의 3주인공은 사탁부갈문왕, 어사추안랑, 여덕광묘인데 대해 추명의 3주인공은 사탁부사부지갈문왕, 매, 子인 郎△△夫知가 될 뿐, 妹의 이름이 추명에는 나오지 않는다.

셋째로 입종갈문왕이 형인 법흥왕이 죽었는데에도 불구하고 형수인 부걸지비와 함께 서석곡에 遊來할 수가 있을까?

넷째로 원명인 525년에 지몰시혜비가 입종갈문왕의 왕비인데 원명이 나오지만 추명에는 입종갈문왕이 새로 결혼한 지소태후가 나오지 않는 것이 이상하다.

다섯째로 법흥왕의 사망 날짜인 539년 7월 3일에 법흥왕비인 부걸지비, 입종갈문왕, 입종갈문왕의 子인 郎△△夫知 곧 진흥태왕이 서석곡에 유래할 수 있을까?

여섯째로 사부지갈문왕이 입종갈문왕이라노 왕위에 오른 진흥왕의 이름은 子인 郎△△夫知가 아닌 眞興太王으로 나와야 한다.

일곱째로 법흥왕비인 부걸지비가 모량부 출신이라면 牟喙部라고 명기할 것이다. 원명의 3 주인공과 추명의 3 주인공이 모두 사탁부이기 때문에 모탁부를 표기하지 않았고, 부걸지비는 사탁부사부지갈문왕의 妹이다.

이러한 문제의 해결은 추명 자체에 나와 있다. 이에 해당되는 구절을 제시하면 다음과 같다.

---

46) 진흥왕의 즉위 시기에 대해 『삼국사기』에는 7세설이, 『삼국사기』에는 15세설이 있다. 545년이나 그 직전에 세워진 적성비에 王教事가 나와서 15세설을 따른다.

⑤己未年七月三日其王与妹共見書石
⑥叱見來谷 此時共三來 另卽知太王妃夫乞
⑦支妃 徒夫知王子郎△△夫知共來

其王이 沙喙部徒夫知葛文王임에는 누구나 동의한다. 妹가 누구인지는 그냥 두고 己未年에 서석곡에 온 사람은 其王(沙喙部徒夫知葛文王)과 妹와 另卽知太王妃夫乞支妃와 子인 郎△△夫知로 4명이 된다. 추명 제⑥행에는 此時共三來라고 3사람이 왔다고 한다. 여기에서 해결 방법은 另卽知太王妃夫乞支妃를 沙喙部徒夫知葛文王의 妹로 보는 방법밖에 없다.

탁부는 왕족으로 김씨이며, 성골이 있었고, 사탁부는 왕비족 박씨로 역시 성골이 있었다. 중성리비, 냉수리비, 봉평비에 있어서 탁부가 서두에 나오고, 사탁부는 3순위나 2순위로 나와서 왕족이 아니다. 신라의 왕족은 탁부 김씨뿐이다.

IV. 6부의 구조

調露二年/漢只伐部君若小舍~/三月三日作康(?)~(개행)명쌍록보상화문전이[47] 월지에서 출토되었다. 다경와요지에서[48] 漢只, 漢명 암키와가 출토되어 한지부와 관련이 있는 것으로 보고 있고, 망성리와요지에서는 習部井井, 習府井井, 井井, 井명 암키와 출토되어 습비부와 관련이 있는 것으로 보고 있다.[49] 680년 당시에 기와는 부별로 만들었고, 기와 가마가 있는 다경와요지나

---

47) 680년에는 673년의 癸酉銘阿彌陀三尊佛碑像의 예에 따르면 인명 표기에서 부명이 사라진 때이다. 이는 시대착오적인 것으로 연구에 있어서는 조심하지 않으면 안된다. 와전이 部를 단위로 제작되었음을 말해 주고 있다.

48) 다경 와요지에서 漢只, 漢 등의 명문와가 나온다는 것은 지표 조사로 확인 된 것이 아니라 추정한 것이다.

49) 조성윤 박사는 망성리 일대를 습비부라고 보고 있다.

망성리와요지까지 신라 6부의 범위일 가능성이 있다. 441년 중성리비에서 沙喙部 牟旦伐에게 宮을 빼앗아 주는 것이 그 요체이므로 사탁부의 위치를 포항 중성리까지로 볼 수가 있다.

三川卄方명 보상화문전이[50] 나와서 三川卄方은 680년경에 경주의 북천, 서천, 남천의 3천에 20기의 기와 가마가 있었다고 해석된다. 이를 기와 명문과 합쳐서 보면 신라의 6부는 3천의 바깥에도 있었던 것이 된다. 결국 6부의 위치를 방리제가 실시된 곳으로만 한정할 수가 없다.

대구 팔거산성 목간 14번 本波部△△村△△△△(앞면) 米一石私(뒷면)에서 본피부 다음에 △△村이란 촌명이 나온다. 본피부는 왕족인 탁부, 왕비족인 사탁부에 뒤이어서 고신라 금석문에서는 3위의 세력이다. 탁부와 사탁부 무덤은 읍남고분군에 있고, 금척리의 50여 기 무덤은 모량부가 아닌 본피부의 무덤으로 보인다.

본피부가 있던 금척리 일대는 신라 왕경 6부의 방리제와는 거리가 먼 곳이다. 그렇다면 제3세력인 본피부가 모량리 일대에만 살았다고 해석할 것인가? 그래서 목간 14번 本波部△△村△△△△(앞면) 米一石私(뒷면)에서와 같이 본피부 다음에 △△村이란 촌명이 나온다는 것인가? 591년의 남산신성비 제3비에서는 喙部에 主刀里가 나오고, 월성해자 목간 9번에서는 習比部에 소속된 上里, 南罡上里, 阿今里, 岸上里가 나오고, 牟喙部에 소속된 仲里, 新里, 上里, 下里가 나와서 습비부와 모탁부도 신라 6부가 자랑하는 왕경의 坊里制 속에서 삶을 누렸다고 판단된다. 방리제는 신라 6부인만이 누릴 수 있는 자부심이자 자랑꺼리였다. 그런 6부인의 자긍심을 포기하고 모량리에서 신라 6부의 제3세력인 본피부가 살았다고는 볼 수가 없다.

대구 팔거산성 목간 14번 本波部△△村△△△△(앞면) 米一石私(뒷면)에서 본피부 다음에 △△村이란 촌명이 나온다. 이를 어떻게 해석할 것인가? 모량리

---

50) 이는 종래 辛亥명 보상화문전으로 알려진 것이다. 그 시기를 711년으로 보았다.

가 본피부의 아성이고, 여기에서만 본피부인이 살았다고 볼 수가 있다. 이럴 경우 본피부 보다 세력이 형편없는 한지부와 습비부와 모탁부도 방리제 안에 사는데 본피부는 왜 방리제 안에서 못살까? 모량리 일대에 방리제가 실시되지 않고 있어서 문제이다.

　본피부인은 모량리에도 살고, 신라 왕경 6부의 방리제 속에서도 살았다고 판단된다. 방리제에 소속된 곳은 ~里로 나오지만 방리제에 소속되지 않는 곳은 ~村(城)으로 불리었다고 판단된다. 이렇게 되면 신라 6부의 위치는 방리제가 실시된 곳으로 ~里로 불리는 곳과 방리제가 실시되지 못한 ~村(城)으로 구성되어 있다.[51] 탁부(왕족), 사탁부(왕비족),[52] 본피부, 모탁부, 습비부, 한지부 등이 모두가 그랬을 것이다.

　종래 신라 6부 연구는 『삼국사기』·『삼국유사』 등 문헌에만 의지해 주로 위치 비정에 신경을 써 왔다. 그래서 금석문을 잘못 이해해 실성왕과 눌지왕의 소속부는 탁부, 지증왕은 사탁부, 법흥왕은 탁부, 그의 동생인 입종갈문왕은 사탁부 소속으로 이해해 왔다. 이는 잘못된 것이다. 탁부는 왕족, 사탁부는 왕비족이다. 그래서 왕에 따라서 부가 바뀔 수가 없다. 신라 6부를 목간 자료에 의해 왕경의 방리제가 실시된 지역에서는 ~里라고 불렀고, 북천, 서천, 남천 밖의 방리제가 실시되지 않는 곳에서도 6부의 일부가 존재했으며, 이들 지역은 ~村(城)으로 불렀다.

　이러한 가설은 앞으로 금석문 자료와 목간 자료의 출현에 따라서 그 가능성이 탄력을 받을지 여부가 결정 나겠지만 현재까지의 자료로는 모험이 가깝다.

---

51) 이는 어디까지나 고신라의 이야기이고, 통일신라시대에는 방리제가 북천 등의 밖으로나 보문들로 확대된다.

52) 朴氏라고 판단하고 있다. 『삼국유사』 권1, 기이1, 지철노왕조의 모량부 박씨 왕비족 설은 어디까지나 하나의 전설일 뿐이다. 앞의 <표 2>에서 신라 중고시대 금석문에서 모량부 출신은 없고, 탁부 출신이 66명, 사탁부 출신이 42명이며, 울주 천전리서석 추명에서 사탁부사부지갈문왕의 妹가 무즉지태왕비인 부걸지비이다. 따라서 중고 왕실의 왕비족은 모량부가 아닌 사탁부이다.

신라 왕경의 조방제와 관련지을 때, 경주 분지에서는 5세기 2단투창고배의 출토가 전무하다는 것이다.[53] 물론 황남대총을 비롯한 읍남고분군에서는 많이 나오지만 생활 유적에서는 나오지 않고 있다.

방리제가 실시된 지역에는 ~里라고 불렀고, 방리제가 실시되지 않은 6부의 일부분 지역에서는 ~村(城)이 있었다는 것은 금석문과 목간을 통한 해석이므로 신라 6부 연구의 한 기준이 될 수가 있다. 문헌에서는 중고 왕실의 왕비족이 모탁부라고 잘못 기재되어 있다. 중고 왕실의 왕비족은 사탁부 朴氏이다. 이는 539년 울주천전리서석 추명의 분석으로 분명하게 되었다. 그리고 중고 금석문의 부별 인명수에서도 모탁부는 1명도 없다. 대신에 사탁부는 42명으로 66명의 탁부를 근접하고 있다.

6부의 내부 구조를 좀더 알기 위해 포항중성리비의 인명 분석표를 제시하면 다음의 <표 4>와 같다.

<표 4> 중성리비 인명 분석표

직명	출신지명	인명	관등명
	(喙部)	折盧(智)	王
	喙部	習智	阿干支
	沙喙	斯德智	阿干支
	沙喙	尒抽智	奈麻
	喙部	牟智	奈麻
夲牟子	喙	沙利	
위와 같음	위와 같음	夷斯利	
白爭人	喙	評公斯弥	
위와 같음	沙喙	夷須	
위와 같음	위와 같음	牟旦伐	
위와 같음	喙	斯利	壹伐

---

53) 조성윤 박사의 교시를 받았다.

직명	출신지명	인명	관등명
위와 같음	위와 같음	皮末智	
위와 같음	夲波	喙柴	干支
위와 같음	위와 같음	弗乃	壹伐
위와 같음	위와 같음	金評△	干支
使人		祭智	壹伐
奈蘇毒只道使	喙	念牟智	
	沙喙	鄒須智	
	위와 같음	世令	
	위와 같음	干居伐	
	위와 같음	壹斯利	
	蘇豆古利村	仇鄒列支	干支
	위와 같음	沸竹休	
	위와 같음	壹金知	
	那音支村	卜步	干支
	위와 같음	走斤壹金知	
	위와 같음	珎伐壹昔	
		豆智	沙干支
		日夫智	
	(沙喙)	牟旦伐	
	喙	作民	沙干支
使人		卑西牟利	
典書		與牟豆	
	沙喙	心刀哩	

위의 <표 4>에서 눈에 띄는 것은 蘇豆古利村 출신의 3명과 那音支村 출신의 3명이 존재하는 점이다. 중성리비의 요체는 豆智沙干支의 宮(居館)과 日夫智의 宮(居館)을 빼앗아 (沙喙部의) 牟旦伐에게 주라는 것이다. 그런데 왕경인이 국왕을 비롯한 27명 정도만 충분하지 왜 지방민까지 동원했는지 의문이 생긴다. 그런데 대구 팔거산성 목간 14번에 夲波部△△村△△△△(앞면) 米一石

私(뒷면)이 나와서 6부에 성촌이 소속됨을 알게 되어 의문이 풀렸다. 중성리비의 蘇豆古利村 출신의 3명과 那音支村 출신의 3명은 모두 사탁부 소속의 사람임으로 추정할 수 있게 되었다.

V. 맺음말

문헌에서 6두품의 성씨를 『삼국사기』에서 梁部 李氏, 沙梁部 鄭氏, 牟梁部 孫氏, 本彼部 崔氏, 漢祇部 裵氏, 習比部 薛氏 등으로 보아 왔다. 그러면 왕족과 왕비족의 성씨는 없다. 왕족은 喙部(梁部) 金氏이고, 왕비족은 沙喙部(沙梁部) 朴氏이다. 그래서 냉수리비의 실성왕과 내물왕을 탁부 김씨, 지증왕을 왕이 아닌 사탁부 지도로갈문왕의 박씨로 보았다. 봉평비에서 법흥왕을 탁부 모즉지 매금왕은 金氏로, 그의 동생인 입종갈문왕의 사탁부사부지갈문왕이 아니고, 사탁부 박씨 사부지갈문왕을 딴 사람으로 보았다.

울주 천전리서석 추명에서 사탁부사부지갈문왕은 입종갈문왕이 아니고, 무즉지태왕비부걸지비의 오빠이다. 그래서 중고 왕실의 왕비족은 사탁부이다. 냉수리비의 연대도 503년이 아닌 443년이 된다. 그러면 모든 것이 해결된다. 신라 중고 왕실의 왕족의 성씨가 김씨이었다가 박씨로 바뀌는 해프닝은 있을 수가 없다.

마지막으로 대구 팔거산성 목간 14번 本波部△△村△△△△(앞면) 米一石 私(뒷면)에 의해 고신라시대 도성제에 있어서 신라 6부에 성촌제가 존재했다고 보고, 441년 중성리비에 나오는 蘇豆古利村 출신의 3명과 那音支村 출신의 3명을 사탁부 소속의 출신자로 보았다.

제2절

청주 운천동사적비의 건립 연대에 대하여

I. 머리말

한국 고대사에 있어서 금석문이 차지하는 비중은 대단히 크다. 최근에 출토 예가 늘어서 그 연구 성과가 있는 목간을 비롯하여 고문서, 묵서명 등도 넓은 의미에서는 금석문으로 볼 수가 있다. 한국에서 금석문 연구는 대단히 중요하다. 그 중요한 예를 하나만 들어 보자. 종래 경주 남산 七佛庵磨崖佛像의 연대를 여러 가지로 이야기해 왔으나 儀鳳四年皆土명 기와의 파편을 주워서 679년이라는 절대 연대를 얻게 되었다.[1]

한국 고대사에 있어서 문헌은 2차 사료이고, 금석문은 1차 사료이다. 1차 사료가 우선함에는 비판의 여지가 없다. 고문서, 목간 등도 중요하다. 모두가 1차 사료이기 때문이다. 불상이나 석탑 등의 연대를 알기 위해 얼마나 많은 노력을 경주해 왔는가? 1차 사료인 석각 곧 금석문 자료를 발견하면 끝나는 일을 그렇게도 먼 길을 돌아왔는지 모르겠다.

계유명아미타삼존불비상처럼 年干支가 있어서 그 연대를 알 수가 있으면 다행이겠지만 문자 자료가 없는 예가 더 많다. 경주 단석산삼존불상은 명문이 있으나 年干支가 없다. 불상의 조상기 가운데 菩薩戒가 나와서 7세기 불상이 아니다. 삼국시대 삼존불 가운데 相好가 그처럼 못생긴 불상이 있는지 묻고 싶다.

---

1) 박홍국, 「경주 나원리5층석탑과 남산 칠불암마애불상의 조성 시기 -최근 수습한 명문와편을 중심으로-」 『과기고고연구』 4, 1988, 88쪽.

후삼국시대 불상으로 보인다.

불상과 마찬가지로 비문에도 연호가 나오는 데에도 불구하고, 壽拱二年(686)을 믿지 않고, 고려 광종 때에 중창된 사적기로 보고 있다. 고려 광종이라면 제3면에 두 명의 阿干에 뒤이어서 主聖大王炤라고 적을 수가 있을까? 제1면이 창건할 때의 비문이고, 제2면과 제3면이 고려 광종 때의 비문이라면 제2면에 두 명의 阿干에 앞서서 기록해야 될 것이다.

여기에선 먼저 청주 운천동사적비의 판독문을 제시하겠다. 다음으로 지금까지 제시된 운천동사적비에 대한 견해를 일별하겠다. 그 다음으로 운천동사적비에 대한 해석을 시도해 보겠다. 그 다음으로 운천동사적비에 대한 건립 연대에 대한 소견을 밝혀 보겠다. 마지막으로 나말여초의 在地官班에 대해 살펴보겠다.

II. 판독문의 제시

지금까지 제시된 판독문을 두루 참고하여 그 전문을 제시하면 다음과 같다.

	제1면														
	⑮	⑭	⑬	⑫	⑪	⑩	⑨	⑧	⑦	⑥	⑤	④	③	②	①
1	△	壽	者	丹	仁	伐	△	△	△	△	△	△	△	△	沙
2	化	拱	沙	穴	△	△	△	△	△	△	△	△	△	△	門
3	矣	二	門	委	倉	△	△	堅	△	△	天	△	△	△	△
4	弟	年	普	羽	府	民	堅	固	△	德	△	△	趣	△	△
5	子	歲	慧	之	充	合	鼓	善	蘭	香	△	△	皎	△	△
6	海	次	之	君	溢	三	之	根	長	長	河	遂	皎	△	△
7	心	丙	所	太	民	韓	場	具	盛	流	洛	燭	△	△	△
8	法	戌	造	平	免	而	精	足	而	於	靈	△	而	△	△
9	師	茅	也	太	飢	廣	慮	△	長	四	圖	慈	生	△	△
10	△	茨	文	蒙	寒	地	所	△	流	海	△	△	△	△	△

近	不	海	之	之	居	起	△	貨	義	△	△	△	△	△	11
明	剪	生	長	憂	滄	交	△	寶	心	△	△	△	△	△	12
敏	僅	知	奉	水	海	兵	△	繹	宣	△	△	△	△	△	13
淸	庇	行	玉	土	而	深	△	而	揚	△	△	△	△	△	14
凉	經	之	帛	△	振	林	△	無	於	△	△	△	△	△	15
△	傳	所	△	△	威	之	△	絶	萬	△	△	△	△	△	16
△	△	作	△	△	△	地	△	△	彷	△	△	△	△	△	17
△	△	△	△	△	△	△	△	△	△	△	△	△	△	△	18
△	△	△	△	△	△	△	△	△	△	△	△	△	△	△	19

제3면					제2면			
③	②	①	⑮	⑭		②	①	
△	主	△	△	△		△	△	1
△	聖	△	△	△		△	△	2
亦	大	阿	△	△		△	△	3
△	王	干	△	△		△	△	4
△	炤	△	△	△		△	△	5
△	亦	△	△	△		△	△	6
△	爲	△	陰	△		△	三	7
△	十	△	陽	△		△	尊	8
△	方	△	△	△	제③행에서 제⑬행은 글자가 있으나 판독할 수가 없음	△	之	9
△	檀	△	△	△		△	△	10
△	越	△	△	△		△	△	11
△	及	△	△	天		△	△	12
△	道	△	△	壽		△	△	13
△	場	△	△	山		△	△	14
△	法	△	上	長		△	六	15
△	界	天	下	△		國	代	16
△	△	仁	△	△		主	之	17
△	△	阿	△	△		大	徽	18
△	△	干	△	△		王	△	19

III. 지금까지의 연구

먼저 최초의 발견자는[2] 1982년 3월에 충북 청주시 운천동 449번지에서 신라시대의 사적비를 발견하였다. 이는 주민들이 빨래판으로 사용하던 것이었다. 세척을 한 후 비를 판독하여 壽拱二年 등을 읽고서 신라비임을 알고 비의 전문을 판독하였다.

1983년 한국 고대사의 태두는 1982년 동아일보 등에서 청주시 운천동 449번지에서 빨래판으로 사용한 돌이 신라시대의 고비로 밝혀졌다고 하였다.[3] 여기에서는 통설의 2면을 1면으로 보고서, 2면은 2면으로 1면을 3면으로 보고서 우리나라에서 가장 오래된 사적비임을 밝혔다. 그리고 비석을 4면비로 보았다. 4면비로 보는 유일한 가설이다.

1983년 우리나라 최고의 한문학자는 통설이 된 3면비로 보고, 비의 총글자수를 1,100여 자로 보았다.[4] 비의 순서를 현재의 1면을 1면으로, 2면을 2면으로, 3면을 3면으로 보았다. 4면은 空面으로 보았다.

2003년에 청주 운천동 사적비를 재검토한 연구가 나왔다.[5] 여기에서는 이 비기 우리나라에서 가장 오래된 사적비인 점에 주목하고, 丹穴과 陰陽이라는 구절이 있어서 도교나 신선사상과 관련된 것으로 보았다. 이 비의 4면비설과 3면비설이 있으나 그 사용 용도로 보아 3면비로 보았다. 신라가 통일신라 초기인 신문왕대에 서원경 설치와 관련하여 金元泰와 金元貞을[6] 주목하였다.

2013년에 운천동사적비의 건립 시기를 새로운 각도에서 본 가설이 나왔

---

2) 차용걸, 「청주 운천동 고비 답사기」 『호서문화연구』 3, 1983.

3) 이병도, 「西原 新羅寺蹟碑에 대하여」 『호서문화연구』 3, 1983.

4) 임창순, 「청주 운천동발견 新羅寺蹟碑 淺見二三」 『호서문화연구』 3, 1983, 24쪽.

5) 신정훈, 「청주 운천동 신라사적비 재검토」 『백산학보』 65, 2003.

6) 비문에 나오는 두 명의 阿干과 연결시킨 듯하다.

다.[7] 여기에서는 운천동사적비에 나오는 두 번의 阿干이란 관등이 나말여초의 在地官班의 관등이라고 보면서 壽拱二年 기사는 비의 건립과 직접 관련이 있는 것이 아니라 비를 건립하게 된 사적의 연원을 나타낸 것이다. 이 기사는 沙門 普慧가 제작한 經典을 보관하는 건물을 대충 지은 것으로 나타나며, 뒤이어 弟子 海心 法師가 정식 건물을 지었다. 이로부터 많은 시간이 경과되어 새로 건물을 중창하면서 비가 건립되었는데, 200년이 경과한 뒤에 건물을 중창한 것으로 보았다.

2018년 고문서와 금석문과 목간에 밝은 고대사학자는 운천동사적비를 686년경으로 보고서 阿干이란 관등명은 추가라고 보았다.[8] 여기에서는 특히 운천동사적비의 서체가 남북조의 해서체라는 점을 들어서 나말여초의 비가 될 수 없다는 점을 결론 부분에서 강조하고 있다.

2019년 서체에 근거하여 그 시기를 7세기로 본 가설이 나왔다.[9] 여기에서는 운천동사적비의 서체가 北魏風에 古新羅風을 담고 있으며, 이는 初唐風이 대세를 이루던 고려 초기 서풍과 부합하지 않는다는 것이다.

2019년 운천동사적비의 건립을 고려 초로 본 견해가 다시 나왔다.[10] 여기에서는 먼저 비의 서체가 북위풍과 고신라풍을 담고 있으며, 이는 초당풍이 대세를 이루던 고려 초기 서풍과 부합되지 않는다. 10세기에도 고신라풍이 있을 수 있다는 전제아래 문제가 될 것이 없다고 하였다.

다음으로 입비 지역에 대해 논하고 있다. 비에 두 명이 나오는 阿干에 의해 비가 본래는 충주에 있었던 것으로 추측하였다.

---

7) 윤경진, 「청주운천동사적비의 건립 시기에 대한 재검토」 『사림』 45, 2013.

8) 윤선태, 「청주 운천동사적비의 건립 연대」, 한국목간학회 2018년 하계워크숍 발표문.

9) 전진국, 「청주운천동신라사적비의 제작 연대 검토 -서체와 주변 환경을 중심으로-」 『한국사연구』 184, 2019.

10) 윤경진, 「청주운천동사적비의 건립 시기와 건립 배경 -최근 비판에 대한 반론과 추가 판독」 『한국사연구』 186, 2019.

그 다음으로 운천동비의 合三韓而廣地에 언급된 영토 확장은 '삼한의 평정'으로 제시되는 후삼국 통일보다 신라의 통일과 관련된 것으로 본 주장이 있다. 그러나 태조의 업적은 후삼국의 통합과 북방 개척을 함께 수행했다.

그 다음으로 合三韓而廣地와 대구를 이루는 居滄海振威는 고려가 표방한 해동천하를 상징한다.

그 다음으로 主聖大王炤는 일반적으로 신문왕의 자인 日炤를 약칭한 것으로 보는 것이 일반적이지만, 고려 4대 광종의 인명인 昭자로 본다.

마지막으로 운천동비는 수공2년에 초창된 사찰이 고려 광종 때에 중창되면서 기존에 세우지 못했던 사적비를 건립한 것으로 볼 수 있다.

IV. 본문의 해석

제1면에 있어서 제①행은 ……沙門……

제③행은 ……△趣가 皎皎하게(깨끗하게) 일어난다.……

제④행은 ……드디어 △慈를 비추니……

제⑤행은 ……河洛靈圖……

제⑥행은 ……하늘같은 德은 四海에 길게 흐르고, 의로운 마음은 萬邦에 宣揚된다.……

제⑦행은 ……蘭香은 盛하여 길게 흐르고, 財貨와 寶物은 잇달아 끊임이 없도다.……

제⑧행은 ……堅固하고 善한 뿌리가 빠짐없이 갖추어지고,……

제⑨행은 ……북을 세운 장소는 精慮가 일어난 곳으로 서로 전쟁을 하니, 깊은 수풀의 땅은……

제⑩행은 ……△△民을 정벌하고, 三韓을 합하여, 땅을 넓히고, 滄海에 살면서 위엄을 드리우시니……

제⑪행은 ……倉府는[11] 가득차서 넘치니, 백성은 굶주림과 추위의 근심을 면하였고, 하천과 육지는……

제⑫행은 ……丹穴과 委羽의 임금과 太平스런 太蒙의 어른이 玉과 비단을 받드니……

제⑬행은 ……(이곳에 立石한) 者는 沙門普慧가 지은 바이며, 글은 海生이 라는[12] 곳의 知行이 지은 바이다.……

제⑭행은 ……壽拱二年 丙戌에[13] 띠로 인 지붕은 가지런히 자르지 못하여 겨우 經傳을[14] 감싸니……

제⑮행은 ……弟子인 海心法師는 ~하고, 明敏하고, 淸凉하며……

제3면[15] 제②행은 ……主聖大王인 炤께서[16] 역시 시방의 檀越과 도량 법계 를 위하여 (~했다.)……

V. 건립 연대

건립 연대는 통일신라 금석문에서 三韓과 四海란 말이 나오느냐하는 문제와 阿干이란 관등명이 686년 전후에 있을 수 있느냐하는 문제로 압축된다. 여기에

---

11) 양식 등을 담당하는 국가 재정을 담당하는 관청으로 통일신라에만 있고, 고려에는 없어서 명문의 작성을 통일신라시대로 보는 중요한 근거가 된다.

12) 이병도, 앞의 논문, 1983, 19쪽에서는 海生을 지명이라고 하였다.

13) 686년이다.

14) 유가의 경과 전을 가리킨다.

15) 비문을 3면비로 보거나 4면비로 본 견해가 있다. 여기에서는 3면비로 보는 견해에 따른다.

16) 신문왕의 자인 日炤에서 뒷글자인 炤를 따서 한 것이다. 이렇게 금석문에서 이름의 뒷 글자를 따온 예로는 458년경의 충주고구려비에서 눌지왕을 寐錦忌로 한 예가 있다.

서는 三韓과 四海가 신라 금석문에서 나오는지 여부를 조사해 보기로 하자. 통일신라 금석문에 나오는 三韓의 예부터[17] 제시하면 다음과 같다.

地跨八夤 動超三(韓)   (682년 문무왕릉비)
國豐民安 可通三韓 亦廣四海   (818년? 백률사석당기)
松暗雲深 夏凉冬燠 斯三韓勝地也   (872년 대안사 적인국사조륜청정탑비)
果合三韓以爲一 君臣安樂至今賴之   (872년 황룡사 찰주본기)
實亦裨聖化於三韓   (884년 보림사 보조선사창성탑지)
嗚呼 歿而不歿 名播三韓 亡而不亡 法流千載   (890년 월광사 원랑선사탑비)

682년에 건립된 문무왕릉비에도 三韓이 나오고 있어서 주목된다. 이를 해석하면 '땅은 八方에 먼 곳까지 걸쳐있고, 그 動功은 三韓에서 뛰어나……'가 된다. 818년경에 세워진 것으로 추정되는 백률사석당기도 주목된다. 이를 해석하면 '나라는 풍요롭고 백성은 평안하여 가히 三韓에 통할 수 있고, 또한 四海를 넓힐 수 있으리라……'. 황룡사찰주본기도 주목되는 바 이를 해석하면 '과히 三韓이 합쳐서 하나가 되고, 임금과 신하가 안락하여 지금에 이르렀다.……'가 된다.

삼국통일이 아니라 삼한통일이라는 개념은 통일신라에도 있었음을 분명히 알 수가 있다. 더구나 삼한과 함께 四海도 나와서 더욱 그러하다. 운천동비의 고려 광종(949~975) 때 주장자는 한 번도 신라에서 삼한이나 四海가 나온다는 이야기를 하지 않았다. 이 용어는 고려에서 칭제건원을 할 때에만 사용한 것으로 이해했다. 광종대에 지방에서 사용한 阿干의 예를 제시할 수도 없으면서 그 예가 686년경에는 없는 점만을 강조하고 있다.

사실 686년경에는 阿干이 없지만 568년에 세워진 마운령비와 황초령비에서는 大阿干이 나와서 568년에는 阿干은 있었음이 분명하다. 또 울주 천전리서석 上元二年(675)명에도 大阿干이 나온다. 682년에 건립된 문무왕릉비에 及飡이

<hr />

17) 최민희, 「儀鳳四年皆土 글씨기와를 통해 본 신라의 통일의식과 통일기년」『경주사학』21, 2002, 24쪽.

나오고, 인명 표기에서 직명의 앞에 관등명이 오는 등 일대의 변화가 있었다. 이는 567년 북한산비, 568년 마운령비, 568년 황초령비를 거치면서 순수 한문으로 된 금석문이 유행하였다. 그 수도 적어서 7세기 후반인 금석문은 5기를 넘지 않는다. 그것도 중국식 한문과 중국식 인명 표기라서 阿干이 나올 확률은 얼마가 되지 않는다.

이러한 인명 표기의 큰 변화는 661년경의 태종무열왕릉비에서 시작되었다고 본다. 이러한 큰 변화 속에서도 673년 계유명아미타삼존불비상에서는 인명+관등명의 순서를 지키고 있고, 680년 조로2년명보상화문전편에서는 調露二年/君若小舍~/三月三日作康~으로 전통적인 신라식으로 부명까지 표현하고 있다. <표 1>에서 보는 바와 같이 신라화엄경사경의 인명 표기에서는 阿湌이 나왔지만 전통적인 신라식을 지키고 있다. 그러한 비석이나 고문서 등에서 7세기 후반의 것이 나온다면 阿干의 관등을 가진 금석문이 나올 것이다.[18]

VI. 나말여초의 在地官班

먼저 754~755년 사이에 작성된 신라 화엄경사경의 인명 표기부터 살펴보기로 하자. <표 1>에서 보는 것처럼 이상하게도 고유한 지명이 많이 나오고 통일신라 금석문에서는 유일하게 직명+출신지명+인명+관등명으로 되어 있다. 이는 신라 중고의 적성비식과 꼭 같다. 인명 표기에 뒤이어서 六頭品 父吉得阿湌이 나온다. 이 吉得阿湌은 經題筆師인 大京 출신의 同智 大舍의 아버지로 판단된다.

---

18) 고려 광종(949~975년) 때에도 阿干이 나오지 않고, 924년 寧越 興寧寺澄曉大師碑의 음기에서 나왔을 뿐이다. 이 운천동사비(686년)에 나오는 阿干이 在地官班이라는 증거도 없다. 울주 천전리서석 上元二年(675)명에도 大阿干이 나온다.

<표 1> 경덕왕대 화엄경사경의 인명 표기

職名	出身地名	人名	官等名
紙作人	仇叱珎兮縣	黃珎知	奈麻
經筆師	武珎伊州	阿干	奈麻
위와 같음	위와 같음	異純	韓舍
위와 같음	위와 같음	今毛	大舍
위와 같음	위와 같음	義七	大舍
위와 같음	위와 같음	孝赤	沙弥
위와 같음	南原京	文英	沙弥
위와 같음	위와 같음	卽曉	舍
위와 같음	高沙夫里郡	陽純	奈麻
위와 같음	위와 같음	仁年	大舍
위와 같음	위와 같음	屎鳥	大舍
위와 같음	위와 같음	仁節	舍
經心匠	大京	能吉	奈麻
위와 같음	위와 같음	亐古	奈
佛菩薩像筆師	同京	義本	韓奈麻
위와 같음	위와 같음	丁得	奈麻
위와 같음	위와 같음	夫得	舍知
위와 같음	위와 같음	豆鳥	舍
經題筆師	同京	同智	大舍

이 <표 1>에서 눈에 띄는 것은 仇叱珎兮縣 출신의 黃珎知를 필두로 지방민의 관등은 전부가 奈麻와 大舍가 주류라는 사실이다. 곧 奈麻가 3명이고, 大舍가 7명이고, 沙弥가 2명으로 모두 12명이다. 특히 經題筆師인 同智 大舍는 六頭品 父吉得阿湌이 나와서 6두품이다.

이번에는 833년에 만들어진 菁州 蓮池寺鍾銘의 인명 표기에 대해 알아보기 관계 전문을 제시하면 다음과 같다.

⑦	⑥	⑤	④	③	②	①	
節	成	史	作	鄉	上	成	1
州	博	六	韓	村	座	典	2
統	士	△	舍	主		和	3
					則	上	4
皇	安	三	寶	三	忠		5
龍	海	忠	清	長	法	惠	6
寺	哀	舍	軍	及	師	門	7
	大	知	師	干		法	8
覺	舍				道	師	9
明		行	龍	朱	乃		10
和	哀	道	年	雀		△	11
上	忍	舍	軍	大	法	惠	12
	大	知	師	朶	勝	法	13
	舍				法	師	14
					師		15

이 연지사종명의 인명 분석에서 鄉村主, 作韓舍, 史六△, 成博士의 직명을 가진 2명씩이 지방민임에는 틀림이 없으나 阿干의 관등은 나온 바가 없다.

이번에는 855년에 작성된 창림사 無垢淨光塔誌를 조사해 보자. 우선 설명의 편의를 위해 인명이 집중적으로 나오는 뒷면을 소개하면 다음과 같다.

⑪	⑩	⑨	⑧	⑦	⑥	⑤	④	③	②	①	
勾	勾	專	檢	檢	同	同	專	檢	都	奉	1
當	當	知	校	校	監	監	知	教	監	教	2
修	修	修	副	使	修	修	修	修	修	宣	3
造	造	造	使	阿	造	造	造	造	造	修	4
官	官	官	守	干	使	使	僧	僧	大	造	5
前	前	洗	溟	前	從	從	康	前	德	塔	6
倉	倉	宅	州	執	叔	叔	州	奉	判	使	7

⑪	⑩	⑨	⑧	⑦	⑥	⑤	④	③	②	①	
府	府	大	別	事	新	行	咸	德	政	從	8
史	史	奈	駕	侍	授	武	安	寺	法	弟	9
金	金	末	金	郎	康	州	郡	上	事	舍	10
繼	奇	行	巘	金	州	長	統	座	啓	知	11
宗	言	西	寧	元	泗	史	教	清	玄	行	12
		林		弼	水	金	章	玄		熊	13
		郡			縣	繼				州	14
		太			令	宗				祁	15
		守			金					梁	16
		金			勳					縣	17
		梁			榮					令	18
		博								金	19
										銳	20

이 금석문에는 行守制가 시행되는 등으로 지방민은 한 사람도 없다. 모두가 왕경 출신으로 소임을 다하고 있는 사람들이다. 특히 文聖王의 從弟인 김에, 문성왕의 종숙(唐叔)인 김계종과 김훈영의 이름이 나오고 있다. 여기에 나오는 사람들이 모두 왕경인임은 분명하다. 金元弼의 관등이 阿干이지만 국왕의 從叔이므로 지방인이 아닌 왕경인이다.

이번에는 856년에 작성된 竅興寺鍾銘에 대해 알아보기 위해 인명 부분을 적기하면 다음과 같다.

⑥	⑤	④	③	②	①	
大	第	第	上	△	節	1
匠	三	二	村	△	縣	2
大	村	村	主	時	令	3
奈	主	主	三	都	喙	4
末	及	沙	重	乃	萱	5
喙	干	干	沙	△	榮	6

⑥	⑤	④	③	②	①	
獣	貴	龍	于	△	△	7
溫	珎	河	堯	聖	△	8
숲	△	△	王	安	△	9
	及	△	△	法	△	10
	干	△	△	師	△	11
			△	△	△	12
					△	13

縣令과 大匠은 탁부 출신이므로 왕경인이나 두 명으로 추측되는 스님은 중앙 출신인지 지방 출신인지 알 수가 없다. 3명의 촌주는 지방 출신이다. 지금까지 고신라나 통일신라 금석문에서 중앙 출신의 촌주는 없었다. 따라서 촌주는 지방인 출신이다. 上村主이 三重沙干의 중관등제를 하고 있다, 신라에서는 처음 나오는 중관등제이다. 아마도 지방민에 대한 중관등제로 촌주 등 지방민이 올라갈 수 있는 최고의 관등이 三重沙干으로 보인다. 앞으로 三重沙干 이상의 중관등제가 나올 가능성이 있다.

이제 924년에 만들어진 영월 興寧寺澄曉大師碑의 음기에 대해서 조사할 차례가 되었다. 관계 전문을 필요한 부분만을 적기하면 다음과 같다.

㉓	㉒	㉑	⑳	⑲	⑱	⑰	⑯	⑮	
崔	金	式	哀	堅	宋	王	剋	與	1
山	立	元	信	必	嵒	侃	奇	一	2
枀	房	大	沙	村	沙	枀	枀	正	3
	所	監	干	主	干	原	濱	朝	4
	郎	冷	又	冷	公	州	州		5
		水	谷	井	州			平	6
	吉	縣	縣			德	金	直	7
	舍			堅	平	榮	芮	阿	8
	村	明	能	奐	直	沙	卿	干	9

㉓	㉒	㉑	⑳	⑲	⑱	⑰	⑯	⑮	
	主	奐	愛	沙	村	干	溟	溟	10
		村	沙	干	主	竹	州	州	11
		主	干	新	堤	州			12
		酒	又	知	州		連		13
		淵	谷	縣		弟	世		14
		縣	縣		眞	宗	大		15
				越	平	沙	監		16
		康	世	志	一	干	溟		17
		宣	達	山	吉	竹	州		18
		朝	村	人	干	州			19
		別	主	新	堤				20
		斤	奈	知	州				21
		縣	生	縣					22
			縣						23

징효대사비의 음기에 나오는 대부분의 인명은 지방민이 틀림이 없으나 가장 중요한 平直阿干의 경우에는 溟州란 출신지가 있으나 중앙관일 가능성이 있다.[19] 우리는 앞의 규흥사종명에서 三重沙干이 나와서 통일신라 말에는 지방민이 올라갈 수 있는 최고의 관등으로 보았다. 여기에서도 沙干이 나오나 그 이상의 관등도 있다. 平直阿干의 경우에는 阿干으로 그 출신지를 溟州라고 밝히고 있다.

지금까지 나말여초 금석문에서 지방민이 가질 수 있는 최고의 관등은 三重沙干이고, 고려시대에는 阿干을 가진 자가 한사람밖에 없었다. 阿干은 신라에서는 왕경인인 진골이나 6두품이 가지는 것이고, 고려시대의 금석문에서도 징효대사비 이외의 자료에서는 그 예를 볼 수가 없다. 주목되는 것은 운천동비에

---

19) 대두가 되어 있어서 이하의 인명과는 다를 것이다.

서는 天仁阿干 다음에 지명이 들어갈 공간이 없다는 점도 주목된다. 운천동비가 고려 초인 광종 때에 만들어졌다면 天仁阿干 다음에 반드시 지명을 넣거나 어떻든지 출신지인 지명이 표기되어야 한다. 天仁阿干의 앞에 지명이 온다면 그 지명이 ~州나 ~縣으로 되어 있으면 고려시대인 광종대의 것이고, 부명이나 大京 등으로 나오면 통일신라인 686년경의 것이다. 단언할 수는 없지만 이 운천동사적비는 제3면에서 主聖大王炤 앞에 두 명의 阿干이 나오고 있어서 이를 광종대로 볼 수도 없고,[20] 글자 크기가 작다고 추각으로 볼 수도 없다.[21] 따라서 이 운천동사적비는 686년경에 만들어진 현존하는 가장 오래된 운천동신라사적비가 된다.

VI. 맺음말

먼저 제1면과 제2면과 제3면의 판독문을 선학들의 판독을 참조하여 지금까지 읽을 수 있는데 까지 조사하여 제시하였다.

다음으로 지금까지 연구 부분에서는 현재까지 발표된 7명의 발표자의 견해에 대해 발표한 순서에 따라서 일별하였다.

그 다음으로 본문의 해석 부분에서는 선학들의 견해를 중심으로 해석이 가능한 부분을 중심으로 풀이하였다.

그 다음으로 건립 연대 부분에서는 三韓이 나오는 예가 통일신라에 6 예가 있는데, 818년으로 추정되는 경주 백률사석당기에는 國豊民安 可通三韓 亦廣

---

20) 稱帝建元을 한 광종이 비의 제일 끝에 두 명의 재지관인인 阿干 뒤에 오는 것은 상상할 수가 없다.

21) 윤선태, 앞의 논문, 2018, 3쪽에서는 글자가 작은 것이 天仁阿干의 줄이라고 추각으로 보았으나 내용상으로 볼 때 추각이 아니다.

四海라고 나온다. 사실 686년경에는 阿干이 없지만 568년에 세워진 마운령비와 황초령비에서는 大阿干이 나와서 568년에는 阿干은 있었음이 분명하다. 또 울주 천전리서석 上元二年(675)명에도 大阿干이 나온다. 682년에 건립된 문무왕릉비에 及飡이 나오고, 인명 표기에서 직명의 앞에 관등명이 오는 등 일대의 변화가 있었다. 따라서 운천동사적비의 연대는 686년경이 옳다.

마지막으로 재지관반 문제에 있어서는 阿干이 924년 징효대사비에 나온 단 1예밖에 없다. 광종 재위 시기가 949~975년이므로 시간 차이가 25~51년으로 울주 천전리서석 상원 2년(675)명과 운천동사적비(686) 사이의 연대의 차이인 11년보다 훨씬 크다.

제3절

신라 김공순아찬신도비의 작성 시기

I. 머리말

한국 고대에는 역사 등 그 모든 것이 한자로 적혀 있다. 한자는 한글과는 달리 대단히 어려워서 4·6변려체로 이루어진 비문은 읽기가 힘들다. 그래서 같은 비문을 두고도 686년경이나[1] 고려 초로 보는 가설도[2] 있는 바, 청주 운천동사적비가 바로 그것이다. 함께 비를 발견하고도 790~800년 사이로 본 최초의 발견자의 견해가 있다.[3] 함께 발견한 고대사학자는 768년경을 주목하였다.[4]

우리나라에서 금석문 자료를 이용하여 불상의 연대를 결정한 예로 유명한

---

1) 임창순, 「청주 운천동발견 신라사적단비 淺見二三」 『호서문화연구』 3, 1983.
   이병도, 「서원 신라사적비에 대하여」 『호서문화연구』 3, 1983.
   차용걸, 「청주운청동고비조사기」 『호서문화연구』 3, 1983.
   신정훈, 「청주 운천동 신라사적비 재검토」 『백산학보』 65, 2003.
   윤선태, 「청주 운천동사적비의 건립 연대」, 한국목간학회 2018년도 하계 워크샵 발표문.
   전진국, 「청주운천동신라사적비의 제작 연도 검토 -서체와 주변 환경을 중심으로-」 『한국사연구』 184, 2019.
2) 윤경진, 「청주운천동사적비의 건립 시기에 대한 재검토」 『사림』 45, 2013.
   윤경진, 「청주운천동사적비의 건립 시기와 건립 배경 -최근 비판에 대한 반론과 추가 판독-」 『한국사연구』 186, 2019.
3) 박홍국, 「새로 발견된 신라 공순아찬비편의 조사와 비문 서자」 『영남학』 81, 2022.
4) 이영호, 「신라 아찬 김공순 신도비편의 검토」 『영남학』 81, 2022.

것은 경주 남산 七佛庵磨崖像의 연대를 679년으로 본 것이다.[5] 앞으로도 이런 명쾌한 결론은 기대하기 어려울 것이다. 나원리 7층 석탑의 연대도 679년으로 본 것은 문제의식을 가지고 꾸준한 답사를 한 덕분이라고 생각된다. 그래서 울진 성류굴 입구 암벽에서 명문을 발견하였고,[6] 김천 수도암의 祔主道詵國師라 새겨진 표지석이 신라시대의 것이라고 밝혔고,[7] 창원 月影臺 석각문에서 문자를 찾아냈다.[8] 그 밖에도 경주에서도 비편을 발견하였다.[9] 이번에 발견된 김공순신도비는 금석문의 연구에 있어서 중요하다.

새로 발견된 비편이나 비문을 발견에 그치지 않고 이를 학계에 보고까지 하고 있다. 발견자가 보고하는 것이 바람직하다고 판단된다. 발견자가 비문 내용에 관한 애정이 가장 깊을 것으로 생각되기 때문이다. 고려시대나 조선시대의 금석문은 아직까지 발견한 바가 없다. 이상하게도 통일신라 금석문만을[10] 발견하고 있다.

금석문의 연구는 금석문 자체만을 기준으로 해서 연구되어야 한다는 것을 지론으로 알고 있었다. 그래야 어처구니없는 일이 벌어지지 않는다. 馬忽受蟹口草를 고구려 기와로 아직도 보고 있다. 이는 후삼국시대 고려의 기와이다.[11] 고신라의 기와 명문은 나온 바가 없는 데에도 불구하고, 아직도 있다고 주장하는 사람이 있다.[12] 또 儀鳳四年皆土명의 해석을 둘러싸고도 다양한 견해가 나

---

5) 박홍국, 「경주 나원리5층석탑과 남산 칠불암마애불상의 조성 시기-최근 수습한 명문와편을 중심으로-」『과기고고연구』 4, 1988, 88쪽.

6) 이영호, 「울진 석류굴 암각 명문의 검토」『목간과 문자』 16, 2016. 이 석각의 발견자는 박홍국 교수이다.

7) 박홍국, 「김천 수도암 신라비의 조사와 김생 진적」『신라사학보』 46, 2016.

8) 박홍국, 「창원 月影臺 각석면의 선대 명문」『신라사학보』 50, 2020.

9) 가장 유명한 것으로 永泰2년명 납석제사리호명문을 들 수가 있다. 이에 대해서는 박홍국, 「영태2년 奉聖寺명 납석제 蓋 소고」『불교고고학』 2, 2002 참조.

10) 고신라의 금석문도 발견하지 못하고 있어서 앞으로 발견할 기회가 있을 것이다.

11) 김창호, 「廣州船里遺蹟에서 出土된 蟹口기와의 生産과 流通」『문화사학』 52, 2019.

12) 국사편찬위원회 한국사데이터베이스에서는 今妙寺명 기와를 삼국시대로 보고 있다.

오고 있는데[13] 정설은 아직까지도 나온 바 없다. 그 연대가 679년이라는 데에는 의견의 일치를 보이고 있다.

고신라에 있어서 10자 이상이 되는 토기 명문이나 기와 명문은 아직까지 발견된 바 없다. 토기 명문의 경우에는 단편적인 3자 이하의 글자가 나온 바 있다.[14] 기와의 경우에는 암막새, 수막새, 암키와, 수키와를 통틀어서 단 한글자도 나온 바가 없다. 고구려와 백제 모두 가와에 문자가 나온 예가 있다.[15] 왜 고신라에서는 비석은 3국 가운데 제일 많으면서도 문자와는[16] 없는지 하나의 수수께끼이다.[17]

여기에서는 먼저 발견자의 견해가 서로 다른 것을 소개해 지금까지의 연구에 대신하겠다. 다음으로 새로 발견된 비문을 제시하겠다. 그 다음으로 비문의 해석을 하겠다. 그 다음으로 비석의 건립 시기에 대해 검토하겠다. 마지막으로 김공순신도비의 발견 의의에 대한 소견을 밝혀 보고자 한다.

II. 지금까지의 연구

비문에 있는 天嶺郡이란 지명이 사용되었던 첫해(757년), 螭首의 양식, 金生에 대한 문헌 자료 등을 분석 고찰하여, 이 비석이 790~800년 사이에 건립된 것으로 보았다.[18]

---

13) 김창호, 「儀鳳四年皆土명기와의 皆土 해석」『고구려와 백제의 금석문』, 2022 참조.

14) 이동주, 「경주 화곡 출토 在銘土器의 성격」『목간과 문자』10, 2013 등.

15) 高正龍, 「軒瓦に現れた文字-朝鮮時代銘文瓦の系譜-」『古代文化』56-11, 2004.

16) 고신라 문자와가 나올 것으로 믿는 바이다.

17) 통일신라에서 가장 빠른 예는 부여 부소산성에서 나온 儀鳳二年명 기와(677년)로 통일된 지 1년 후이다.

18) 박홍국, 앞의 논문, 2022.

恭順의 성씨가 김씨임을 밝히고, 특히 신라국의 김씨라고 표현하여 김씨로서의 강한 자존의식을 보여주었다. 또한 그의 가문은 태종대왕의 후손이며, 그 연원을 小昊金天氏에 연결시켰음을 살필 수 있었다. 그러나 가장 궁금한 점은 김공순이 누구이며, 언제 어떻게 해서 아찬의 관등을 가진 그를 위해 신도비를 세웠는가하는 점이다. 여기에서는 공순이 태종대왕의 후손임을 자랑스럽게 여긴 사실과 天嶺郡이 한화정치기의 지명임을 단서로 비석의 건립 시기를 경덕왕 16년(757) 12월 이후 혜공왕 12년(776) 정월 이전으로 파악하였다.[19] 구체적으로 『삼국사기』 권9, 신라본기, 혜공왕 4년(768)조의 秋七月 一吉湌大恭與弟阿湌大廉叛 集衆 圍王宮三十三日 王軍討平之 誅九族란 구절과 관련시켜서 보았다. 大恭의 난에[20] 대해서는 『삼국유사』 권2, 기이, 혜공왕조에 상세한 기록이 있어서 이를 인용하고 있다.[21]

> (惠恭王 2年 丁未) 七月三日 大恭角干賊起 王都及五道州郡並九十六角干相戰大亂 大恭角干家亡 輸其家資寶帛于王宮 新城長倉火燒 逆黨之寶穀在沙梁牟梁等里中者 亦輸入王宮 亂彌三朔乃息 被賞者頗多 誅死者無算也

---

19) 이영호, 앞의 논문, 2022. 그런데 문제는 757년 12월 이후에서 776년 성월이 되는 것은 김공순이 天嶺郡太守가 되는 해, 김공순이 사망한 해, 김공순아찬신도비를 세운 해가 모두 해당되는 점이다. 천령군태수가 김공순의 처음이자 마지막 벼슬은 아닐 것이다.

20) 대공의 난에 대해 『삼국사기』는 혜공왕 4년(768)을, 『삼국유사』는 혜공왕 2년(766)으로 2년의 차이가 있다.

21) 문헌과 금석문의 관련성을 지워서 금석문의 연대를 결정짓는 것은 문제가 있다고 생각되는 바 광개토태왕비, 충주고구려비, 집안고구려비, 사택지적비, 중성리비, 냉수리비, 봉평비, 창녕비, 북한산비, 마운령비, 황초령비 등에 대한 언급이 문헌에는 없다. 실제로 충남 부여군 규암면 신리에 위치한 사적 제427호 부여 왕흥사는 백제의 대표적인 왕실 사찰이다. 2007년 목탑터에서 발견한 왕흥사지 사리기(보물 제1767호)에는 백제 昌王이 죽은 왕자를 위해 丁酉年 二月 十五日에 절을 창건했다는 명문이 새겨져 있어서 학계의 주목을 받았다. 우선 설명의 편의를 위해 왕흥사 청동합 명문의 전체를 제시하면 다음과 같다.

III. 비문의 제시

김공순신도비편의 발견되어 글자가 나온 부분을 제시하면 다음과 같다. 남은 글자의 수는 전부 95자이다. 비문의 남은 부분은 글자가 뚜렷하여 몇 자를 제외하고 판독에 별 어려움이 없다. 글자도 제⑥행의 14번째 글자와 제⑧행의 6번째 글자만 불분명하고 나머지 글자는 전혀 이론이 없다. 여기에서는 최초의 발견자의 견해를[22] 참조하여 비의 전문을 제시하면 다음과 같다.

⑧	⑦	⑥	⑤	④	③	②	①	
公	禮	難	則	太	公			1
弱	不	民	有	宗	諱			2
冠	行	至	忠	大	恭			3
之	非	于	臣	王	順	恭		4

王興寺舍利盒 명문

⑥	⑤	④	③	②	①	
神	利	子	王	十	丁	1
化	二	立	昌	五	酉	2
爲	枚	刹	爲	日	年	3
三	葬	本	亡	百	二	4
	時	舍	王	濟	月	5

이 명문의 전체부터 해석하면 '丁酉年(577년) 二月 十五日에 백제 昌王이 죽은 왕자를 위해 사찰을 세웠는데 본래 장사시에 舍利 2매를 넣었는데 신이 조화를 부려 3매가 되었다.'가 된다.

왕흥사 목탑 사리공에서 출토된 청동사리합 명문에 丁酉年이란 연간지가 나와 577년이란 절대 연대를 갖게 되었다. 왕흥사 목탑은『삼국사기』권27, 백제본기 5에 무왕 즉위1년(600)~무왕 35년(634) 사이에 건립된 것이 되어 있어서 문헌을 믿을 수 없게 한다. 이 점은 중요한 것으로 문헌을 중심으로 한 연구의 한계를 밝혀주는 것이다.

22) 박홍국, 앞의 논문, 2022, 18쪽.

⑧	⑦	⑥	⑤	④	③	②	①	
	歲	法	今	義	之	新	順	5
萍?	授	不	高	士	孫	羅	阿	6
秩	天	示	枕	疊	者	國	湌	7
△	嶺	加	而	跡	也	之	公	8
	郡	以	眠	於	我	金	神	9
		△	解	朝	金	氏	道	10
		儀	帶	德	氏		之	11
		妙	而	將	淵		碑	12
		△	息	武	少		幷	13
		神?	者	夫	昊	△	序	14
		△	△	餠	之	△		15

IV. 비문의 해석

비의 남은 부분을 해석하여 제시하면 다음과 같다.[23]

제①행 恭順阿湌公의 神道碑와 아울러 序文(이하)

제②행 公의 諱는 恭順이고, 新羅國의 金氏이다. ……

제③행 太宗大王의 후손(孫者)이며, 우리 金氏의 연원은 少昊之~(후예)이다. ……

제④행 忠臣과 義士가 조정에 계속 이어졌고, 德將과 武夫가 ~에서 어깨를 나란히 하였다. ……

제⑤행 어려웠던 백성들이 지금까지 베개를 높이 베고 편히 잠자고, 허리띠를 풀고 편히 쉴 수 있었던 것은 (……의 덕분이다.)……

---

23) 박홍국, 앞의 논문, 2022, 18~19쪽의 해석 부분을 참조하였다.

제⑥행 禮가 (아니면) 행하지 않았고, 法이 아니면 보지 않았으며, 게다가 ……
거동이 빼어나 ……
제⑦행 公은 弱冠(20세)의 나이에 天嶺郡(太守)를 除授받았으며……
제⑧행 ……

V. 건비 연대

공순신도비는 앞부분의 극히 일부만 있어서 그 전체적인 내용의 파악이 어렵다. 공이 어떻게 살다가 어떻게 죽었는지에 대해서는 비편의 나머지 부분에서 나올 것이다. 그렇게 되면 비의 건립 연대가 790~800년 사이인지[24] 아니면 혜공왕 4년(768)인지를[25] 확실히 알 수가 있을 것이다.

지금까지 자료에서 공순신도비의 작성 연대를 추정할 수 있는 것은 天嶺郡 (太守)란 직명밖에 없다. 경덕왕 16년(757) 12월 이후 혜공왕 12년(776) 정월 이전으로 파악하였다. 그러면 비의 건립 시기나 김공순의 천령군태수로 있던 시기나 김공순이 죽은 시기가 같게 된다. 신라에서 郡太守는 115명이었고, 舍知(13)에 重阿湌(6)까지의 관등을 소유한 자가 대상이었다고 한다.[26] 김공순아찬의 관등과 군태수를 할 수 있는 관등명의 비교로는 아무런 결론을 내릴 수 없다.

그러면 김공순아찬은 17관등명인 조위부터 시작했는지 아니면 급벌찬부터 시작했는지를 조사해 보자. 진골이 낮은 관등부터 시작한 예를 살펴보기 위해 855년 慶州 昌林寺 無垢淨塔誌 (뒷면)를 제시하면 다음과 같다.

---

24) 박홍국, 앞의 논문, 2022.
25) 이영호, 앞의 논문, 2022.
26) 『삼국사기』 권40, 직관지(하), 外官조.

⑪	⑩	⑨	⑧	⑦	⑥	⑤	④	③	②	①	
勾	勾	專	檢	檢	同	同	專	檢	都	奉	1
當	當	知	校	校	監	監	知	教	監	教	2
修	修	修	副	使	修	修	修	修	修	宣	3
造	造	造	使	阿	造	造	造	造	造	修	4
官	官	官	守	干	使	使	僧	僧	大	造	5
前	前	洗	溟	前	從	從	康	前	德	塔	6
倉	倉	宅	州	執	叔	叔	州	德	判	使	7
府	府	大	別	事	新	行	咸	寺	政	從	8
史	史	奈	駕	侍	授	武	安	上	法	弟	9
金	金	末	金	郎	康	州	郡	座	事	舍	10
繼	奇	行	嶷	金	州	長	統	清	啓	知	11
宗	言	西	寧	元	史	史	教	玄	玄	行	12
		林		弼	泗	繼	章			熊	13
		郡			水	宗				州	14
		太			縣					祁	15
		守			令					梁	16
		金			金					縣	17
		梁			勳					令	18
		博			榮					金	19
										銳	20

(문성왕)의 4촌 동생인 金銳가 자신의 관등인 舍知(13)보다 실제 관직이 낮은 行制로[27] 熊州 祁梁縣令을 하고 있다. 舍知는 17관등 가운데 13관등으로 4두품이 갖는 관등이라서 진골도 17관등 가운데 가장 낮은 조위부터 시작하는 것으로 보인다. 문성왕의 5촌으로 唐叔인 김훈영은 康州 泗水縣令으로 낮은 직책을 맡고 있으며, 김계종은 문성왕의 5촌으로, 당숙인 김계종은 武州 長史를 맡고 있다. 모두가 왕족으로 그 관등이 높지 않았음을 말해주고 있다.

---

27) 守制는 金嶷寧처럼 자신의 관등보다 실제 관직이 높은 것을 말한다.

이렇게 진골이나 6두품도 조위부터 벼슬사리를 시작했을 가능성을 나타내주는 자료로 신라 화엄경사경이 있다. 경덕왕대에 만들어진 신라 화엄경사경의[28] 인명 표기를 제시하면 다음과 같다.

<표 1> 경덕왕대 화엄경사경의 인명 표기

職名	出身地名	人名	官等名
紙作人	仇叱珎兮縣	黃珎知	奈麻
經筆師	武珎伊州	阿干	奈麻
위와 같음	위와 같음	異純	韓舍
위와 같음	위와 같음	今毛	大舍
위와 같음	위와 같음	義七	大舍
위와 같음	위와 같음	孝赤	沙弥
위와 같음	南原京	文英	沙弥
위와 같음	위와 같음	卽曉	奢
위와 같음	高沙夫里郡	陽純	奈麻
위와 같음	위와 같음	仁年	大舍
위와 같음	위와 같음	屎烏	大舍
위와 같음	위와 같음	仁節	奢
經心匠	大京	能吉	奈麻
위와 같음	위와 같음	亐古	奈
佛菩薩像筆師	同京	義本	韓奈麻
위와 같음	위와 같음	丁得	奈麻
위와 같음	위와 같음	夫得	舍知
위와 같음	위와 같음	豆烏	舍
經題筆師	同京	同智	大舍

인명 표기에 뒤이어서 六頭品 父吉得阿飡이 나온다. 이 吉得阿飡은 經題筆師인 大京 출신의 同智 大舍의 아버지로 판단된다. 김공순은 진골이라도 6두품

---

28) 작성 시기는 754~755년이다.

인 길득 아찬과 마찬가지로 17관등인 造位부터 시작해서 관등이 올라갔다고 판단된다. 그러면 1관등을 오르는데 몇 년이 걸렸을까? 이를 검토하기 위해 관계 자료를 제시하면 다음과 같다.

<표 2> 적성비와 창녕비에 보이는 동일 인명

적성비			창녕비		
부명	인명	관등명	부명	인명	관등명
喙部	(居柒夫智)	大阿干支(5)	喙	(居)柒(夫)智	一尺干(2)
喙部	內礼夫智	大阿干支(5)	(喙)	(內礼夫)智	一尺干(2)
喙部	比次夫智	阿干支(6)	喙	(比次夫)智	迊干(3)
沙喙部	武力智	(阿干支)(6)	沙喙	另力智	迊干(3)
沙喙部	導設智	及尺干(9)	沙喙	道設智	(阿尺)干(6)

<표 3> 창녕비와 마운령비에 보이는 동일 인명

창녕비			마운령비		
부명	인명	관등명	부명	인명	관등명
喙	(居)柒(夫)智	一尺干(2)	喙部	居柒夫智	伊干(2)
喙	(內礼夫)智	一尺干(2)	喙部	內夫智	伊干(2)
沙喙	另力智	迊干(3)	沙喙部	另力智	迊干(3)

<표 2>에서 적성비는 545년이나 그 직전에 세워진 것이고, 창녕비는 561년에 세워진 것이다. 거칠부, 내예부지, 비차부지, 무력지, 도설지의 관등이 16년 만에 3관등씩 오르고 있다. 5년 만에 1관등을 오르는 것으로 해석된다. 그런데 <표 3>에서는 7년 동안에 1관등도 오르지 못하고 있다. 결국 신라의 관등은 1관등씩 오르는 데에 5년 이상이 걸리는 것으로 해석할 수가 있다.

이 결과를 신라 화엄경사경의 부자에게 적용해 보자. 經題筆師 大京 同智 大舍의 관등은 17관등 가운데 12관등이다. 20살에 처음으로 관등을 받고 관직에 나아갔다고 칠 때, 그는 755년 당시의 나이가 45살이 된다. 아버지인 6두품 길

득 아찬은 20살에 동지를 낳았다고 보면, 그의 나이는 65살이 된다. 곧 김공순 아찬의 나이도 아찬을 받았을 때, 65살이 된다는 이야기가 된다. 김공순이 6관 등인 아찬이므로 11관등을 올라갔으므로 55년이나 걸리고, 그의 初仕職이 20세이므로 75살이 된다.

그러면 비의 건립은 757년에 천령산태수가 되었으므로 65세면 802년에 죽은 것이 되고, 75세면 812년에 죽은 것이 된다. 비의 건립 연대는 800년 전후가 될 것이다. 8세기 중엽설은 성립할 수가 없다. 비의 건립 연대는 김생의 글씨인 점을 중요시한 것을[29] 참조하여 8세기 말로 본다.

VI. 김공순신도비의 의의

종래 신도비는 고려시대에 처음 나타난 것으로 이해되어 왔다. 그것도 신도비의 제목만 있고, 비문의 내용은 전해지지 않는 것이 대부분이었다. 그런데 이번에 통일신라시대의 김공순신도비가 나와서 처음으로 신라에서 신도비가 존재함을 알게 되었다.

신라에서 855년 慶州 昌林寺 無垢淨塔誌(뒷면)에 行守制가 나오고 있고, 피휘제가 통일신라뿐만 아니라 백제 말기의 기와 명문에도 나온다.[30] 피휘제는 통일신라에서는 682년 문무왕릉비와 706년 경주 皇福寺祉 神龍二年銘金銅舍利方函의 2예뿐이다. 결획만[31] 나오면 신라 금석문에서는 나올 것은 다 나온다.

---

29) 박홍국, 앞의 논문, 2022, 27쪽에서는 『筆苑雜記』의 金生조 첫머리에 新羅元聖王 (재위 785~798년)時人能書……라고 기재하였다.

30) 김창호, 「익산 미륵사 景辰銘 기와로 본 고신라 기와의 원향」『한국사연구』 10, 1999.

31) 경주 월지 출토 목간 185번에서 武자가 㞃로 적혀 있으나 결획의 대상자가 없다.

목간이 많이 나오고 있어서 결획도 나올 가능성이 있다.

김공순신도비가 신라 금석문에서 중요한 위치를 차지하는 것은 신도비이기 때문이다. 종래에는 고려에도 신도비가 비의 형태로 남아있는 것은 거의 없었다. 이렇게 공순아찬신도비라고 명기된 것은 보는 눈을 의심하게 되는 정도이다. 김공순신도비가 현재까지 한국에서 가장 오래된 최초의 신도비인 점은 금석문상으로도 중요하다.

VII. 맺음말

김공순신도비는 비문에 있는 天嶺郡이란 지명이 사용되었던 첫해(757년), 螭首의 양식, 金生에 대한 문헌 자료 등을 분석 고찰하여, 이 비석이 790~800년 사이에 건립된 것으로 보았다. 또 공순이 태종대왕의 후손임을 자랑스럽게 여긴 사실과 天嶺郡이 한화정치기의 지명임을 단서로 비석의 건립 시기를 경덕왕 16년(757) 12월 이후 혜공왕 12년(776) 정월 이전으로 파악하였다. 그 가운데에서도 768년 내공의 난에 주목하였다. 그래서 비의 건립을 768년경으로 보았다.

김공순신도비의 건립 연대는 김공순이 언제까지 살았느냐하는 점이 중요하다. 신라에서 진골이나 6두품도 관등을 17관등인 조위부터 시작했을 것으로 855년 경주 창림사 무구정탑지와 754~755년 사이의 신라화엄경사경의 예에서 해석하였다. 김공순은 아찬을 마지막으로 사망했다고 보고, 신라에서 17관등 조위에서 6관등 아찬이 될 때까지 얼마나 걸리는 지를 조사했다. 적성비와 창녕비에서 3관등이 16년만에 승급해서 5년이 1관등이 오르는 것으로 보아서 김공순이 65살이나 75살이 된다. 757년에 천령군태수가 된 점에서 계산한다면 김공순이 죽은 해는 802년이나 812년이 된다. 비문의 글씨가 김생의 것임을 중요시해 8세기 말로 비의 건립 연대로 보았다.

儀鳳四年皆土명 기와의 또 다른 의미

Ⅰ. 머리말

신라의 기와는[1] 고신라 5세기 4/4분기에 만들어지기 시작하여[2] 935년 국가가 망할 때까지 만들어졌다. 고신라와 통일신라 평기와는 신라에서 고식 단판 6세기 전반~7세기 전반, 신식 단판 7세기 후반(의봉사년개토명, 습부명, 한지명 암키와), 중판은 7세기 후반~9·10세기로 판단하고 있다. 지방은 중판이 7세기 후반~8세기에, 경주를 제외한 지방에서는 장판이 9세기 전반부터 출토되어서

---

1) 고고학에서는 토기, 석기 등을 중심으로 하는 土石考古學과 칼, 冠, 청동합, 은합, 銙帶 등을 중심으로 하는 金屬器考古學이 있다. 전자는 지표 조사를 통해 개인적인 연구가 가능하여, 편년이나 분포 등을 연구할 수 있다. 후자는 국가 기관인 박물관 등에 소속되어야 지배 계층, 신분제, 호족 거관, 왕권 등의 연구가 가능하다. 후자인 토기와 같이 흙으로 만들었으면서 지배 계급 등을 연구할 수 있는 자료로 기와가 있다. 그래서 기와의 중요성은 아무리 강조해도 지나치지 않다.

2) 조성윤, 「新羅 瓦의 始原 問題」 『新羅文化』 56, 2021에서 6세기 1/4분기에 단판 기와가 나타난다고 보았으나 금관총의 尒斯智王의 출현으로 尒斯智王이 눌지왕이고, 금관총의 연대가 458년이다. 그래서 30년 정도 고배 편년을 올려야 되므로 5세기 4/4분기로 보았다. 금관총의 尒斯智王명초 부속구의 연대에 대해서는 다음의 논문을 참조하기 바란다.
김창호, 「신라 금관총의 尒斯智王과 적석목곽묘의 편년」 『신라사학보』 32, 2014.
김창호, 「금관총 尒斯智王명문의 재검토」 『신라 금석문』, 2020.
김창호, 「금관총 尒斯智王삼론」 『신라 금석문』, 2020.

10세기까지 계속 되고 있는데, 이것이 신라기와의 대강이다.[3]

679년의 儀鳳四年皆土명(개행; 이하 동일) 기와와[4] 680년의 調露二年명 쌍록보상화문은 고신라 와전 편년에 있어서 중요한 잣대가 되고 있다. 習部명과 漢只명 기와를 680년으로 보는 것도 680년의 調露二年명 쌍록보상화문의 덕택이다. 고신라에서 절대 연대를 알려주는 다른 유물은 없고, 7세기 초나 말에서의 와전 유물에서 절대 연대가 있는 유물도 없다.[5] 辛亥명 보상화문전이[6] 있다고 알려졌으나[7] 이 명문은 三川卄方으로 밝혀졌다.[8]

기와에 대한 연구는 수십 년 전까지만 하더라도 와당 연구자가 한두 명 있을 뿐 평기와의 연구는 엄두조차 내지 못했다. 다행히 근자에 한국기와학회가 조직되어 평기와를 포함한 기와의 전반적인 연구를 하는 것은 고무적인 일이다. 특히 조선시대의 기와조차 연구되고 있어서 기와 연구에 있어서 좋은 조짐이지 싶다.

---

3) 신라 1차 고대국가 완성은 520년 적석목곽묘에서 저비용의 횡혈식석실분으로 바뀔 때로 보고, 2차 고대국가의 완성은 지방에 기와가 공급된 7세기 후반으로 본다.

4) 儀鳳四年皆土명 기와를 석탑의 연대와 석불의 연대에 이용한 연구로는 박홍국, 「경주 나원리5층석탑과 남산 칠불암마애불상의 조성 시기 -최근 수습한 명문와편을 중심으로-」『과기고고연구』 4, 1988이 유명하다. 특히 7~8세기로 보아온 칠불암마애불상을 儀鳳四年皆土명 기와의 파편을 수습해 679년으로 본 것은 칠불암마애불상을 在銘佛像으로 만든 것이다. 나원리5층석탑도 이형석탑이라서 그 정확한 시기를 잘 모르다가 679년으로 안착되었다. 훌륭한 연구 성과이다.

5) 부여 부소산성에서 677년의 儀鳳二年명 기와편이 나왔으나 조그마한 파편이고, 타날한 박자의 문양이 없는 무문이라서 기와 편년에는 그렇게 큰 도움이 되지 않고 있다.

6) 그 절대 연대를 辛亥에 근거해 711년으로 보았다. 차순철, 「경주 지역 명문 자료에 대한 소고」『목간과 문자』 3, 2009, 159쪽 참조. 이 전의 연대는 調露二年명 쌍록보화문전과 같은 모양의 쌍록보상화문전이므로 680년경으로 볼 수가 있을 것이다.

7) 차순철, 앞의 논문, 2009, 165쪽.

8) 김창호, 「三川卄方명 보상화문전의 검토」『한국고대와전명문』, 2022. 三川卄方의 뜻은 三川(6부)의 바깥에 20기의 기와 가마가 있다는 것이다.

기와 연구에 있어서 문자와만을 주된 연구 대상으로 한 연구자도 있다.[9] 문자가 중요한 것은 백제 미륵사지에서 景辰명 기와가 나와서[10] 이를 656년으로 보아야 됨으로 이 景辰명 기와가 장판타날이라 통설에서 장판타날을 9~10세기로 보는 것과 차이가 있어서 문제가 된다. 또 광주 선리 기와를 6부류로 나누어서 8세기 중후반에서 10세기 중후반으로[11] 보았는데,[12] 이두로 기와 명문을 해석하고 나면 그 시기가 918~935년의 넉넉잡아 5년간으로 보여서[13] 형식 분류가 필요 없는 유물이다.[14] 앞으로 기와와 기와 명문을 동시에 해석할 수 있는 고고학자를 많이 양성해야 할 것이다. 평기와에서 會昌七年丁未年末引이 847년으로[15] 본 것과 大中十二年 彌力寺銘 토기편의[16] 덕에 장판타날의 연대를 9~10

---

9) 유환성이 그러한 예이다. 그의 중요한 논문들을 소개하면 다음과 같다.
   유환성, 「경주 출토 나말여초 사찰명 평기와의 변천과정」『신라사학보』 19, 2010.
   유환성, 「경주 출토 통일신라시대 인각와의 검토」『고고학지』 17, 2011.
   유환성, 「'의봉4년개토'명문기와로 본 통일신라 기와의 획기와 의의」『경주문화』 19, 2013.
   유환성, 「경주 출토 고려시대 '院'명 기와의 검토」『목간과 문자』 14, 2015.
   유환성, 「경주 출토 통일신라시대 사찰명 기와의 검토」『신라학연구』 19, 2016.
   유환성, 「고려시대 명문 평기와의 특징과 의의」『한국기와학보』 2, 2020.
   고려시대 기와의 명문에 있어서 이 연구에서의 재미난 지적은 皇龍寺를 皇籠寺라고 한 것과 皇福寺를 王福寺라고 한 점에 대한 정확한 가설을 제시한 점이다. 두 점을 각각 皇籠寺와 皇福寺에서 수집하지 않았다면 다른 사찰 이름으로 볼 것이다.
10) 김창호, 「익산 미륵사 景辰銘 기와로 본 고신라 기와의 원향」『한국학연구』 10, 1999.
11) 김규동·성재현, 「선리 명문와 고찰」『고고학지』 17-2, 2011, 577쪽.
12) 吉井秀夫, 「광주 선리 명문기와의 고고학적 재검토」『정인스님 정년퇴임 기념논총 -佛智光照-』, 2017, 1138쪽에서는 9세기 전후 한주 기와 공급체계로 파악한다고 했다.
13) 좁게 잡으면 일괄유물이 되어 6유형으로는 나눌 수 없게 된다.
14) 김창호, 「광주 선리유적에서 출토된 해구기와의 생산과 유통」『문화사학』 52, 2019.
15) 吉井秀夫, 「扶蘇山城出土會昌七年銘文字瓦をめぐって」『古代文化』 56-11, 2004. 이 중요한 자료를 외국인에 의해 선점된 것은 반성해야 될 부분이다.
16) 익산 미륵사 東院에서 나온 것으로 신라 헌안왕 2년(858)에 비정되며, 미륵사에서

세기로 볼 수 있게 되었다.

부소산성 기와 명문으로 大△△午年末城이 있다. 이는 大曆庚午年末城(766년), 大曆戊午年末城(778년), 大中庚午年末城(850년) 등으로 복원된다.[17] 어느 것으로 복원되던 末城의 의미가 문제이다. 아무래도 인명으로 보아야 될 것이다. 그러면 末城은[18] 제와의 감독자나 기와를 만드는 기술자로 볼 수가 있다. 이 명문와에서 중요한 것은 84년의 공극을 일본학자는 물론 우리나라 학자들도 구분을 못한다는 것이다. 기와 연구는 아직까지 초보적인 단계에 와 있다는 것을 기와 연구자 자신들이 알아야 할 것이다.

儀鳳四年皆土명 기와가 출토된 망성리와요지는 가마로서의 조건을 갖추고 있다. 곧 먼저 물이 풍부해야 한다. 다음으로 토기나 기와를 만드는데 흙이 좋아야 한다. 그 다음으로 바람의 방향이 중요하다. 그 다음으로 가마에 불을 땔 때 나무가 풍부해야 한다. 마지막으로 교통이 편리해야 한다.[19]

여기에서는 먼저 儀鳳四年皆土명 기와에 대한 지금까지의 연구 성과를 살펴보겠다. 다음으로 습비부와 망성리와요지에 대해서 살펴보겠다. 마지막으로 儀鳳四年皆土의 또 다른 의미에 대해서 살펴보겠다.

출토된 통일신라의 절대 연대가 있는 명문 중 빠른 편에 속한다. 미륵사 기와 중에 절대 연대가 있는 명문 기와에서 가장 빠른 것은 景辰年五月卄日法得書로 그 연대는 656년이다.

17) 吉井秀夫, 앞의 논문, 2004, 606쪽.
高正龍, 「軒瓦に現れた文字 -朝鮮時代銘文瓦の系譜-」『古代文化』 56-11, 2004, 617쪽.

18) 세트를 이루는 수막새의 城은 末城이란 인명에서 뒷 자인 城을 따온 것이다. 이렇게 뒷 글자를 따온 예로는 458년경에 작성된 충주고구려비의 寐錦忌가 있다. 이는 訥祇麻立干의 祇(祇)를 따온 것이다.

19) 김창호, 「경주 성건동 677-156번지 출토 토기 명문」『고구려와 백제의 금석문』, 2022, 393~394쪽.

II. 지금까지의 연구

儀鳳四年皆土명 기와는 1969년 최초로 일본인에 의해 주목되었다.[20] 여기에서는 일제강점기에 일본의 한국학을 전공하는 학자가[21] 1919년 6월에 월지 동남쪽 밭에서 습득한 것으로 기와의 탁본을 인수 받아서 공포하였다. 儀鳳四年皆土의 皆土를 佛典에 보이는 全土 혹은 國土와 같은 말에 해당된다고 전제하고 나서 率土皆我國家의 의미로[22] 해석할 수 있다고 주장하였다.

이를 경주에 사는 향토사학자들은 적극적으로 지지를 하면서 皆土를 삼국통일 그 자체로 보았다.[23] 이러한 가설은 확실한 증거가 있는 것은 아니지만 문무왕대에 삼국 통일이 이루어졌다는 역사적 사실이 크게 작용한 것 같다.

원로 한국사학자도 皆土를 率土皆我國家의 약어로 본 견해를 수용하여[24] 儀鳳四年을 전후한 시기에 한반도의 모든 토지는 신라의 것이라는 통일 의식의 소산으로 보았다.[25] 이러한 시각은 이보다 앞서서 나온 가설도 있다.[26] 곧 皆土를 백제와 고구려의 토지를 합친 삼국 통일의 의미로 추정된다고 보았다. 나아가서 皆土는 광개토태왕비에 나오는 시호 중에 開土와[27] 비교된다고 하였다.

---

20) 大坂金太郞, 「儀鳳四年皆土在銘新羅古瓦」『朝鮮學報』53, 1969.
21) 한국고대사를 전공한 문헌사학자 今西 龍이다.
22) 皆土의 의미가 率土皆我國家와는 괴리된다. 곧 率土皆我國家는 '다 우리나라 국가의 땅을 거느리다.'라고 되는 점이 문제이다.
23) 권오찬, 『신라의 빛』, 1980.
    윤경렬, 『경주고적이야기』, 1984.
24) 大坂金太郞, 앞의 논문, 1969.
25) 이기동, 「신라 중대 서설 -槿花鄕의 진실과 허망-」『신라문화』25, 2005.
26) 고경희, 「신라 월지 출토 재명유물에 대한 명문 연구」, 동아대학교 석사학위논문, 1993.
27) 이는 착각으로 開土와 皆土는 그 의미가 다르다. 곧 광개토태왕의 시호인 國罡上廣開土地好太王에서 廣開와 土地로 끊어져서 문제가 된다.

儀鳳四年皆土만을 다룬 논문이 나왔다.[28] 여기에서는 一統三韓의 해가 676년이 아니라 儀鳳四年인 679년이라고 보았다. 이 679년이야말로 삼국을 통일한 해이자 통일기년이라는 것이다. 나아가서 皆土의 의미를 만족 통일의 의미인 삼국 통일이 아니라 一統三韓, 영토적으로 삼한을 통합한 것으로 보았다.

儀鳳四年皆土를 삼국 통일과 관련짓는 동안에 納音 五行으로 이를 풀려는 전혀 다른 각도에서의 가설이 나왔다.[29] 여기에서는 儀鳳四年皆土를 대규모 토목 공사와 관련지어서 풀었다. 그래서 중국 도교의 銅鐘인 景雲鍾과(711년 주조) 연관이 있다고 보았다. 경운종에서는 太歲辛亥今/九月癸酉金朔/一十五日丁亥土로 표현하고 있다. 그래서 儀鳳四年皆土의 皆土를 연간지, 월간지, 일간지가 다 土인 때를 가리키는 것으로 해석하고, 그 구체적인 날짜를 3월 7·20·29일과 4월 8·21·30로 보았다. 대토목공사의 예로는 동궁 건설과 사천왕사 낙성을 들었다.

경운종에서 신해년은 금, 계유삭도 금, 15일 정해는 토로 모두가 금이 아니라는 사실을 지적하면서 신라에서는 의봉사년 연간지 己卯가 土이므로, 3월 戊申이나 4월 己酉가 역시 토이고, 날짜 역시 토가 되는 날로 택하였다고 보았다.[30] 하지만 제시된 3월 무신과 4월 기유라는 간지는 삭간지도 아니고 월건도 아니어서 문제라고 힘주어 말하고 나서 개토를 백제 땅을 완전히 정복한 해를 기념하여 皆土로 하였다고 주장하였다. 儀鳳四年皆土의 어디에도 백제나 보덕국과 탐라국에 관한 이야기는 나오지 않는다. 皆土에는 어려운 이야기는 나오지 않고 다만 皆土일 뿐이다. 따라서 개토의 백제 등의 고토를 차지하는 의미로는 사용하지 않았다.

---

28) 최민희, 「儀鳳四年皆土글씨 기와를 통해 본 신라의 통일의식과 통일기년」 『경주사학』 21, 2002.

29) 이동주, 「신라 儀鳳四年皆土명기와와 납음 오행」 『역사학보』 220, 2013.

30) 최민희, 「儀鳳四年皆土 글씨기와와 皆土 재론 -납음 오행론 비판-」 『한국고대사탐구』 30, 2018.

會昌七年(847년)末印명 기와도 末과 未가 혼용된다는 전제아래 이를 847년 6월로 해석하고 있다. 그래서 거듭해서 儀鳳四年皆土의 皆土는 구체적인 대토목 공사의 구체적인 제작 시점을 가리키는 것으로 보아서 정확하게 679년 5월 7 · 8 · 29일로 보았다.[31] 679년 5월 7 · 8 · 29일 가운데 어느 날짜인지도 모르는 대토목 공사의 시점이 문제가 되고, 儀鳳四年皆土명 기와가 크게는 2가지 종류의 타날 방법이 있고, 작게는 5종류의 타날 방법이 있다. 이는 획일적으로 679년 5월 7일 등으로 결론지울 수 없음을 나타내준다. 바꾸어 말하면 5종류의 타날 기법은 같은 해, 같은 달, 같은 날에 시작한 것이기보다는 제와 과정에서 나온 것으로 해석된다는 것이다. 그래서 나정에서 左書로 된 타날도 나오는 것이고, 5종류의 타날 기와는[32] 제작 과정에서 편의성 때문에 타날 방법을 바꾸는 것으로 해석할 수가 있다.

2013년에 儀鳳四年皆土명 기와가 나오는 右書가 나온 거의 모든 출토 유적과 左書인 나정유적으로 크게 나누고, 명문으로 본 속성, 기와 제작으로 본 속성 등으로 파악하였다.[33] 그 결과 2종류의 명문 기와는 기와의 종류, 타날방향, 기와 측면의 와도 흔적, 기와의 평균 두께에서 공통점을 찾을 수 있었다. 679년을 기점으로 단판과 중판의 타날판을 공유하는 시점, 사방향 타날방향에서 횡방향 타날방향으로의 전환 시점, 중판 타날 문양의 등장시점, 와도흔적과 기와 두께변화의 과도기적 시점, 인각와의 등장 시점 등이 확인되어 儀鳳四年皆土명 기와가 기와 제작의 한 변화의 시점으로 보았다.

2019년 儀鳳四年皆土명에 나오는 皆土를 다른 기와 명문과 비교하여 연호 (연간지) 뒤에 오는 글자는 모두 인명이나 건물명이라는 점에 주목하여 인명으

---

31) 이동주, 『신라 왕경 형성과정 연구』, 2019.
32) 儀鳳四年皆土명 기와는 左書인 나정 기와와 그렇지 않은 다른 곳 출토의 기와로 크게 2분되고, 다시 후자는 박자의 판에 따라 다시 4분된다.
33) 유환성, 앞의 논문, 2013.

로 본 견해도 나왔다.[34]

또 망성리와요지에서 나오는 기와 명문으로는 儀鳳四年皆土, 井井習部, 井井習府, 井井, 井 등이 있다는 전제아래 井마크가 도교의 벽사 마크라는 가설에[35] 힘입어 皆土를 道人, 道士 등의 초월적인 능력을 가진 의미의 보통명사로 보았다.[36]

III. 習比部와 망성리와요지

망성리와요지에서는 儀鳳四年皆土명 막새와, 단판연화문수막새, 중판연화문수막새, 중엽연화문타원형수막새, 당초문암막새, 무문수키와, 선문수키와, 무문암키와, 유문암키와, 장방형소형기와, 무문장방형소형기와, 유문장방형소형기와, 儀鳳四年皆土명 장방형소형와, 착고와, 쌍록보상화문전, 유문전 등이 수습되었다.[37] 여기에서는 망성리와요지에서는 習部 등의 명문와가 나온다는 보고는 없었다. 그 뒤에 망성리와 習比部의 관련성을 논한 연구가 있다.[38]

---

34) 김창호, 「廣州 船里遺蹟에서 出土된 蟹口기와의 生産과 流通」『문화사학』 52, 2019, 464쪽.
   김창호, 「儀鳳四年皆土명기와의 皆土 해석」『고구려와 백제의 금석문』, 2022, 359쪽.
35) 이는 일본의 平川 南의 가설로 井자가 가로 세로로 세 줄씩을 그은 九의 약체로 보고 있다.
36) 조성윤, 「新羅 儀鳳四年皆土명 瓦의 皆土 의미」『한국기와학보』 1, 2020.
37) 박홍국, 「월성군 내남면 망성리 와요지와 출토와전에 대한 고찰」『영남고고학』 5, 1988.
38) 조성윤, 앞의 논문, 2020. 조성윤 박사가 망성리와요지에서 習部명 문자와와 비슷한 타날문이 있는 와편을 수습했다고 한다. 井井習部, 井井習府, 井井, 井 등의 명문이 있는 기와는 황복사지 옆 도로유구에서 재사용으로 발견되었고, 황룡사지 남쪽 광장 유구의 배수로에서 재사용된 채로 발견되었다고 한다.

최근 폭발적으로 증가하는 경주 신라 고고자료를 바탕으로, 문헌기록의 葬地 관련기사 더해 육부의 범위를 경주평야와 건천 모량리 들판, 천북면·내남면·현곡면 일부를 포함하는 경주 지역으로 보았다.[39] 아울러 신라 6세기 금석문에 주로 등장하는 탁부, 사탁부 그리고 문무왕 말년에 제작된 습부, 한지벌부명 기와를 토대로 신라 육부의 성격을 다음과 같이 발표하였다. 탁부·사탁부는 정치·군사를 담당하는 집단, 한지벌부·습부는 토기·기와 생산을 담당하는 집단, 본피부·모탁부는 금속기를 생산하는 집단으로 보았으며, 이들 신라 육부가 각부의 단위정치체제에서 국왕 중심의 행정구역체제로 변화된 이후에도 정치·군사, 토기·기와 생산, 금속기 생산을 나누어 담당하며, 그 본질을 유지한 것으로 보았다.[40] 이 연장선상으로 여기에서는 습부의 위치를 비정해보고자 한다.[41]

힘을 주어 말하자면 신라 육부 습부의 위치는 경주 내남면 망성리 일원으로 판단된다. 그 이유는 본고에서 주재료로 이용되는 습부명 형식의 암키와가 내남면 망성리요지에서만 출토되고 있기 때문이다.[42]

신라 6부에서 탁부는 왕족 김씨이고, 사탁부는 왕비족 박씨로 탁부와 사탁부 안에는 성골, 진골, 6두품, 5두품, 4두품, 평민, 노예가 있고, 본피부는 제3세력으로 그 안에는 6두품, 5두품, 4두품, 평민, 노예가 있고, 모탁부, 한지부, 습비부에는 5두품, 4두품, 평민, 노예가 있다.[43] 6부별로 정치와 군사를 담당하는 집단, 토기와 기와를 생산하는 집단, 금속기를 생산하는 집단의 구분은 없는 듯하다.

---

39) 조성윤, 「고고자료로 본 신라 6부의 범위와 성격」 『신라문화유산연구』 2, 2018.

40) 조성윤, 앞의 논문, 2018.

41) 이 문단은 어디까지나 조성윤, 앞의 논문, 2018에서 인용해온 것으로 필자의 견해는 아니다. 중요한 것은 망성리와요지에서 習部 등의 명문 기와가 출토된다는 사실이다.

42) 조성윤, 앞의 논문, 2018.

43) 김창호, 「금석문 자료로 본 신라 골품제의 형성」 『한국고대와전명문』, 2022, 394쪽.

습비부는 망성리요에서 井井習部, 井井習府,[44] 井井, 井 등의 명문이 있는 기와를 생산한 것으로 보았다. 그래서 습비부의 위치 비정을 망성리에다가 했던 것이다. 망성리에 습비부를 비정한 것은 월성해자 목간 9번에 습비부에 소속된 방리제의 표적으로 上里, 南罡上里, 阿今里, 岸上里 등의 里가 존재하고 있어서[45] 성립되기 어렵다. 대구 팔거산성 목간 14번에서 本彼部△△村△△△△(앞면) 米一石私(뒷면)란[46] 명문이 나와서 部 안에 촌이 있음을 알게 되었다. 망성리라는 신라시대의 일명촌도 습비부소속의 일개 촌으로 볼 수가 있어서 망성리를 습비부로 보기가 어렵다. 왜냐하면 월성해자 목간 9번에서 습비부에 소속된 里가 나오기 때문에 습비부가 방리제가 실시된 경주 분지에 있어야 된다.

Ⅳ. 儀鳳四年皆土의 또 다른 의미

儀鳳四年皆土명 기와의 儀鳳四年은 679년이고, 調露二年명 쌍록보상화문전의[47] 調露二年은 680년이다. 이 자료 가운데 調露二年은 다경와요지에서[48]

---

44) 이는 습비부가 아니라 관청명이다. 지금까지 모든 금석문에서 습비부 등의 6부명에서의 部자가 府 등으로 쓰인 예가 없고, 오로지 ~部로만 나왔다.

45) 윤재석 편저, 『한국목간총람』, 2022, 212쪽.

46) 전경효, 「대구 팔거산성 목간 소개」 『신출토 문자자료의 향연』, 2022.
김창호, 「대구 팔거산성 출토 목간에 대하여」 『한국고대와전명문』, 2022.

47) 月池에서 나온 雙鹿寶相華文塼片에 다음과 같은 銘文이 있다. 調露二年/漢只伐部君若小舍~/三月三日作康(?)~이를 해석하면 다음과 같다. 調露2年(680년)에 漢只伐部의 君若 小舍가 (監督)했고, 3月 3日에 作康(?)이 (만들었다)가 된다. 君若 小舍는 監督者이고, 作(康?)~는 製瓦匠의 人名이 된다. 이는 전 명문이지만 연호 다음에 인명이 나오는 예로 중요하다. 儀鳳四年皆土(680년)과는 1년밖에 차이가 없어서 儀鳳四年皆土가 연호+인명일 수가 있음을 말해주고 있다.

48) 다경와요지에서 漢只, 漢 등의 명문와가 나온다는 것은 지표 조사로 확인 된 것이

漢只, 漢명 암키와가 출토된 것으로 추정되어 한지부와 관련이 있는 것으로 보고 있는데, 그 이유는 다경와요지에서는 보상화문전과 악부인동문 암막새가 나오기 때문이다.[49] 그래서 漢只, 漢명 암키와의 연대도 680년으로 보고 있고, 월지에서 함께 나온 井井習部 井井習府, 井井, 井 등의 명문이 있는 기와의 연대도 680년으로 보고 있는 듯하다.

망성리와요지에서는 679년에 儀鳳四年皆土명을 생산하다가 680년이 되어서 井井習部 井井習府, 井井, 井 등의 명문이 있는 기와를 생산하게 된다. 그 주체는 습비부이다.[50] 망성리와요지에서는 다음과 같은 많은 지역에서 儀鳳四年皆土명 기와가 출토된다.

내남면 망성리 기와 가마터, 사천왕사지, 인왕동절터, 국립경주박물관 부지, 월지, 월성 및 해자, 첨성대, 나원리 절터, 칠불암, 성덕여고 부지, 동천동 택지유적, 나정, 발천 등 경주 분지 전역에서 출토되고 있다. 그래서 儀鳳四年皆土명 기와를 문무대왕기와라고까지[51] 부르고 있다. 이 많은 기와를 망성리와요지에서만 생산했을까? 그것도 679년 한해에 미약한 습비부만으로 조와를 했을까? 아마도 불가능했을 것이다. 왕족인 탁부와 왕비족인 사탁부에도 기와를 만드는 와공이 있었을 것으로 추정된다. 이들의 도움이 없이는 679년과 680년의 동궁 창건은 불가능했을 것이다.

井井習部 井井習府, 井井, 井 등의 명문이 있는 기와는 월성, 월지, 전 臨海殿址, 망성리와요지 등에서 출토되고 있을 뿐이다. 출토지 숫자에 있어서 井井習部, 井井習府, 井井, 井 등의 명문이 있는 기와는 儀鳳四年皆土에 비교가 되지 않게 그 양이 적다. 그래서 679년 儀鳳四年皆土명 기와를 만들던 와공이 전

아니라 추정한 것이다.

49) 김성구, 「다경와요지 출토 신라와전소고」 『미술자료』 33, 1983.

50) 조성윤, 앞의 논문, 2018.

51) 儀鳳四年皆土명 기와를 신라에서 만든 본격적인 기와로 필자는 문무대왕기와라고 부른다.

부 680년에 井井習部, 井井習府, 井井, 井 등의 명문이 있는 기와로 전환했다고
보기에는 어디엔가 어색하다. 곧 679년의 儀鳳四年皆土명 기와가 680년의 井
井習部, 井井習府, 井井, 井 등의 명문으로 전환되었다고 보기에는 어디엔가 이
상한 점이 있다. 먼저 기와가 출토되는 소용와로[52] 볼 때 儀鳳四年皆土명 기와
가 井井習部 井井習府, 井井, 井 등의 명문이 나오는 숫자보다 월등이 많다는
점이다. 다음으로 儀鳳四年皆土명 기와가 그 발견한 곳의 숫자가 많은 데에도
井井習部, 井井習府, 井井, 井 등의 명문이 있는 기와보다는 1년 먼저 만들려지
고 있다는 점이다. 그것도 같은 망성리와요지에서 만들려지고 있다는 점이다.

　망성리와요지에서 출토된 井井習部, 井井習府, 井井, 井 등의 명문이 있는
기와를 680년으로 보는 근거는 놀랍게도 調露二年명 쌍록보상화문전의 調露
二年이다. 이 680년인 調露二年이 망성리와요지에서 나온 井井習部, 井井習
府, 井井, 井 등의 명문이 나온 기와의 연대를 680년으로 확정지을 수 있을까?
井井習部, 井井習府, 井井, 井 등의 명문이 나온 기와와 漢只·漢 등의 명문기
와를 井井習部, 井井習府, 井井, 井 등의 명문기와와 함께 모두 680년으로 단
정하고 있으나 그렇게 볼 수만은 없을 것 같다. 특히 井井習部, 井井習府, 井
井, 井 등의 명문이 있는 기와는 습비부인 소속인 망성리와요지에서 만들어서
더욱 그러하다.

　井井習部, 井井習府, 井井, 井 등의 명문이 있는 기와는 습비부인 소속인 망
성리와요지에서 만든 기와를 680년에만 만들어졌다고 볼 수 있는 전거는 어디
에도 없다. 그렇게 추정할 뿐이다. 679년에 망성리에서 만든 儀鳳四年皆土명
기와는 그 수나 양으로 볼 때 망성리와요지에서만 만든 것이 아니라 다른 와요
지나 679년으로 한정할 수 없을지도 알 수가 없다. 그렇다고 그러한 증거가 있
는 것도 아니다.

---

52) 所用瓦의 개념 등에 대해서는 조성윤, 「고고자료로 본 所用瓦의 의미」 『신라문화유
산연구』 1, 2017 참조.

망성리와요지에서는 679년에는 儀鳳四年皆土명 기와가, 680년에는 井井習部, 井井習府, 井井, 井 등의 명문이 있는 기와가 만들어졌다고 학계에서는 보고 있다. 여기에서 문제는 같은 습비부에서 679년에는 그 많은 儀鳳四年皆土명 기와를 생산하다가 680년에는 1/5 이하 정도로 규모를 축소하여서 井井習部, 井井習府, 井井, 井 등의 명문이 있는 기와를 생산한 점이다. 그것이 가능할까? 679년 이전에도 망성리와요지에서는 기와를 구어내었다. 그 주체는 알 수 없으나 탁부일 가능성이 크다. 그래서 679년 왕족인 탁부 주체로 6부의 와공들이 喙部 출신인 皆土의 주도하에 힘을 합쳐서 協業으로 망성리와요지에서 儀鳳四年皆土명 기와를 만들었고,[53] 680년에 거의 기와 가마로서는 그 기능이 많이 피폐해지자 탁부에서 습비부로 그 주인이 옮겨간 것으로 추측된다. 이렇게 고신라에서 주인이 바뀐 예로는 441년 중성리비에서 豆智沙干支의 宮(居館)과 日夫智의 宮(居館)을 빼앗아 沙喙部 牟旦伐에게 주었던 예가 있다.[54]

그렇지 않고 그 많은 기와인 儀鳳四年皆土명 기와를 습비부에서 생산했다고 보기에는 習部 등의 명문이나 井마크가 없는 점에서 어디엔가 어색하다. 망성리와요지에서 井井習部, 井井習府, 井井, 井 등의 명문이 있는 기와를 생산한 가마와 儀鳳四年皆土명 기와를 생산한 곳이 동일한 가마란 증거가 없고, 儀鳳四年皆土명 기와에 井井習部, 井井習府, 井井, 井 등의 명문이 새겨져 있지 않는 점이 문제이다. 따라서 습비부에서 679년에 儀鳳四年皆土명 기와를 생산하다가 680년 井井習部, 井井習府, 井井, 井 등의 명문이 있는 기와를 생산 하는 것으로 바뀌었다고 볼 수는 없다. 따라서 680년에 망성리와요지의 조업 주체가 탁부에서 습비부로 바뀐 것으로 볼 수가 있다.

---

53) 습비부에는 井井習部 井井習府, 井井, 井 등의 명문이 있는 기와가 나오고, 같은 습비부라고 볼 수 있는 儀鳳四年皆土명 기와에는 井井習部 井井習府, 井井, 井 등의 명문이 없다.

54) 김창호, 「포항 중성리 신라비의 재검토」 『신라사학보』 29, 2013.

V. 맺음말

먼저 儀鳳四年皆土의 皆土를 佛典에 보이는 全土 혹은 國土와 같은 말에 해당된다고 전제하고 나서 率土皆我國家의 의미로 해석할 수 있다고 주장하였다. 그래서 신라의 삼국 통일에 비정하기도 하였다. 삼국 통일을 676년이 아닌 679년으로 보고, 백제의 옛 땅을 정복한 기념으로 보기도 했다. 儀鳳四年皆土의 皆土를 納音 五行과 관련시키려는 연구도 나왔다. 또 皆土를 인명으로 보는 가설도 나왔다.

다음으로 습비부에서 井井習部, 井井習府, 井井, 井 등의 명문이 명문이 있는 기와와 儀鳳四年皆土명 기와를 생산한 것으로 보아 왔다. 습비부는 기와를 전문적으로 생산하는 집단으로 보아 왔으나 기와는 6부 모두에서 생산하는 것으로 보았다.

마지막으로 습비부에서 679년에는 그 많은 儀鳳四年皆土명 기와를 생산하다가 680년에는 1/5 이하 정도로 규모를 축소하여서 井井習部, 井井習府, 井井, 井 등의 명문이 있는 기와를 생산한 점이다. 그것이 가능할까? 679년 이전에도 망성리와요지에서는 기와를 구어내었다. 그 주체는 알 수 없으나 탁부일 가능성이 크다. 그래서 679년 왕족인 탁부 주체로 6부의 와공들이 喙部 출신인 皆土의 주도하에 힘을 합쳐서 망성리와요지에서 기와를 만들었고, 680년에 거의 기와 가마로서는 그 기능을 회복할 수 없을 정도로 피폐해지자 탁부에서 습비부로 그 주인이 옮겨간 것으로 추측하였다.

제5절

太和六年명 기와의 凡자에 대하여

Ⅰ. 머리말

삼국시대에는 우리 손으로 만든 기와로 집을 지었다. 고구려에서는 4세기의 수막새에 문자가 새겨져 있으며, 백제에는 景辰명 기와[1] 등이 있고, 고신라의 문자 기와는[2] 아직까지 발견되지 않고 있다. 통일신라의 기와는[3] 그 문자 기와의 양이 많다. 신라 기와는 보통 고식 단판 6세기 전반~7세기 전반, 신식 단판 7세기 후반(의봉사년개토명, 습부명, 한지명 암키와), 중판은 7세기 후반~9·10세기로 판단하고 있다.[4] 지방은 중판이 7세기 후반~8세기에, 경주를 제외한 지방에서는 장판이 9세기 전반부터 출토되고 있어서 그 편년이 가능하다. 이것도 儀鳳四年皆土명 기와나 會昌七年丁卯年末印[5] 등의 절대연대를 나타내주는

---

1) 김창호, 「익산 미륵사 景辰銘 기와로 본 고신라 기와의 원향」 『한국학연구』 10, 1999.

2) 고신라 기와의 시작은 5세기 4/4분기이므로 475~676년 사이에 문자와가 나올 가능성은 충분히 있다. 왜냐하면 삼국시대에 있어서 고신라의 문자 자료가 가장 풍부하기 때문이다. 통일신라 명문 기와 가운데 가장 빠른 것은 부여 扶蘇山城에서 출토된 儀鳳二年명 기와로 677년이다.

3) 儀鳳四年皆土명 기와를 비롯하여 문자 자료의 출토양은 엄청나다.

4) 이에 대한 개요는 최태선, 「평와제작법의 변천에 대한 연구」, 경북대학교 대학원 석사학위논문, 1993 참조.

5) 吉井秀夫, 「扶蘇山城出土會昌七年銘文字瓦をめぐって」 『古代文化』 56-11, 2004.

기와 명문이 없었다면 그 편년은 불가능했을 것이다.

삼국시대나 통일신라시대의 기와 편년에 있어서 연호나 연간지는 기와 편년에 절대적인 기준이 되고 있다. 가령 儀鳳四年(679)皆土명 기와가 없었다면 신식단판의 기와 연대를 7세기 후반으로 볼 수가 없다. 익산 미륵사의 암키와에서 景辰年五月卄日法得書란 명문이 나와서 그 연대가 656년이므로[6] 9·10세기로 보아온 장판의 연대가 7세기 중엽까지 소급될 가능성이 있는 것은 학계가 풀어야 할 숙제이다.

기와는 금석문의 연구만으로도 안 되고, 기와의 연구도 함께 해야 된다. 가령 상주 복룡동 수혈 유구에서 출토된 沙伐州姬銘蠟石製錘도 문헌만으로 후삼국시대 호족과 관련되는 것으로 해석했으나 기와 등 고고학적인 유물로 볼 때 8세기이다.[7] 또 경주 단석산 마애삼존불의 경우 조상기가 4·6변려체이고, 조상기에 菩薩戒란 말이 나와서 통일신라시대 불상이다. 다른 고신라 불상인 선도산 마애삼존불과 비교할 때 相好가 못생겨서 후삼국시대 불상으로 보아야 한다.[8] 단석산마애삼존불을 고신라로 본 것은 금석문을 잘 몰라서 생긴 것이다.

역사고고학에 있어서 기와의 중요성은[9] 굳이 이야기하지 않아도 알 수가 있다. 최근까지만 하더라도 수막새와 암막새 중심의 와당 연구가 주류를 이루다가 1993년에 들어와 신라 평기와에 대한 논문이 나와서 본격적인 기와 연구가 시작되었다.[10] 근자에 기와학회가 설립되고 학회지까지 나와서 기와의 연구의 장래는 밝다. 기와 연구는 밝지만 그 연구가 기와 자체의 연구만으로 할 수 없는 분야로 기와 명문이 있다. 이는 금석문이나 목간에 밝은 사람의 힘을 빌려야 하지만 이때에도 한계가 있다. 왜냐하면 금석문이나 목간 연구하는 사람은 기

---

6) 김창호, 앞의 논문, 1999.

7) 김창호, 『신라 금석문』, 2020.

8) 김창호, 「경주 단석산 신선사 마애불상의 역사적 의미」 『신라사학보』 1, 2004.

9) 역사고고학에 있어서 기와의 중요성은 두말할 필요가 없다.

10) 최태선, 앞의 논문, 1993.

와를 모르기 때문이다. 기와의 올바른 편년을 위해서는 기와와 금석문 · 목간을 동시에 할 수 있는 사람이 필요하다.[11]

여기에서는 먼저 안성 봉업사의 太和六年명 기와를 소개하고, 다음으로 지금까지 알려진 瓦草명 기와를 전부 소개하겠다. 마지막으로 凡草의 瓦草說에 대해 검토하겠다.

II. 안성 봉업사의 太和六年명 기와

봉업사는 경기도 안성시 죽산면 죽산리 일대에 소재한다. 봉업사는 1차 조사가 1997~1998년 사이에 149-1(답), 150-1(전), 151-2(답), 151-6(답), 155-3(답)번지 등 2,000평이 경기도박물관에 의해 1차로 조사되었고, 2차 조사는 2000년 10월 1일부터 2001년 3월 31일까지 145-9(답), 152(전), 152-2(답), 152-3(답), 154(답), 155(답), 173(전), 176-2(답) 번지 등을 경기도박물관에서 실시하였다.[12] 3차 조사는 경기도박물관에서 2004년 3월 10일부터 2005년 2004년 9월 30일에 걸쳐서 240-1, 240-2, 240-3, 243-1 번지 일대를 실시하였다.[13]

유구와 유물을 통해 본 봉업사의 변천 과정에 대해 조사해 보자.[14] 초창기인 통일신라시대의 유구로는 중심지역에 목탑지 · 금당지(1차), 죽산리3층석탑의 하부 석탑(3차)이 있고, 출토 유물로는 연화보상화문 수막새, 보상화문 암막새, 華次寺명 기와, 太和명 기와, 大中명 기와 등이 있고, 관련 유물로는 永泰二年

---

11) 광주 선리 출토 기와를 이두로 풀지 않았다면 아직도 그 절대연대를 알 수가 없을 것이다. 이에 대한 상세한 것은 김창호, 「廣州 船里遺蹟에서 출토된 蟹口기와의 生産과 流通」『문화사학』 52, 2019 참조.

12) 경기도박물관 · 안성시, 『봉업사』, 2002.

13) 경기도박물관 · 안성시, 『고려 왕실사찰 봉업사』, 2005.

14) 경기도박물관 · 안성시, 앞의 책, 2005, 210쪽 참조.

銘塔誌石(766년), 봉업사석불입상, 죽산리석불입상 등이 있다.

중창기인 고려 초기의 유구로는 중심지역의 금당지 · 강당지(1차), 죽산리5층석탑(1차), 진전지역(2차), 범종주조유구 · 죽산리3층석탑 · 건물지1 · 6(3차) 등이 있고, 출토 유물로는 소조불편, 소조나발편, 연화문 수막새, 能達명 기와, 丙辰명 기와, 戊午명 기와, 辛酉명 기와, 峻豊명 기와, 乾德명 기와, 己巳명 기와, 甲戌명 기와 등이 있고, 관련 기록으로는『고려사』, 세가2, 광종 2년(951)조, 『고려사』, 열전5, 왕순식부 견금조가 있고, 관련 유물로는 고달사원종대사혜진탑비(납구슬), 숭선사지(연화문수막새) 등이 있다.

전성기인 고려 전기에서 고려 중기의 유구로는 중심지역 건물지 5개동이 있고, 출토 유물로는 太平興國명 기와, 興國명 기와, 雍熙명 기와, 중국자기류, 일괄출토 청자류 등이 있고, 유물로는 靑銅奉業寺大康七年銘香垸(1081년), 統和十五年銘塔誌石(997년), 靑銅雙獅子光明臺, 靑銅奉業寺銘香爐, 매산리석불입상, 매산리5층석탑 등이 있다.

중흥기인 고려 후기의 유구로는 중심 지역 건물지 15개 동이 있고, 출토 유물로는 귀목문 수막새, 寺명 기와, 天명 기와, 己巳명 기와 등이 있고, 관련 기록으로는『고려사』, 세가40, 공민왕 12년조 등이 있고, 관련 유물로는 靑銅奉業寺貞祐五年銘金鼓(1217년) 등이 있다.

폐사가 되었던 조선시대에는 유구는 미확인 되었고, 출토 유물로는 백자편이 있고, 관련기록으로는『新增東國輿地勝覽』, 竹山縣, 驛院條 太平院이 있다.

太和六年壬子△善寺△瓦草명 기와가[15] 어느 건물지에서 나왔는지는 보고서에 없다. 이는 양각된 명문기와로 모두가 암키와이다. 배면의 문양은 명문+어골문이다. 너비 6.2cm의 시문구로 타날하였다. 명문은 세로 12줄로 左書하였다. 字徑은 2.8~4.3cm이다. 내면에는 삼베흔과 빗질흔이 확인된다. 상단은 물손질을 하였으며, 하단은 배면과 내면 모두 깎아서 조정하였다. 배면은

---

15) 기와에 대한 설명은 경기도박물관 · 안성시, 앞의 책, 2005, 78쪽에서 전제하였다.

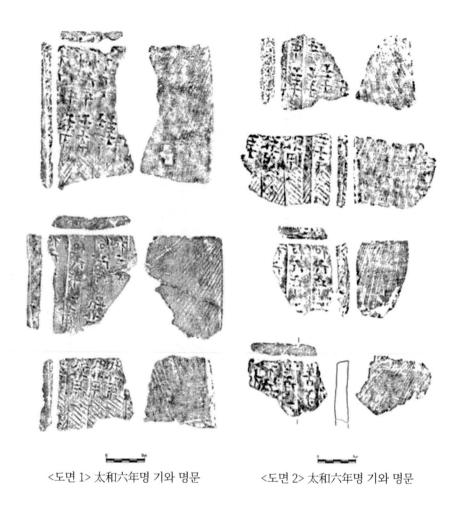

<도면 1> 太和六年명 기와 명문   <도면 2> 太和六年명 기와 명문

하단에서 5cm, 내면은 하단에서 2.5cm까지 깎았다. 측면은 내면에서 배면으로 0.2~1.3cm 가량 분할하였다. 대부분 회청색을 띠며, 경질이다. 불에 의해 붉은 색을 띠는 유물도 확인된다. 두께는 1.4~2.1cm이다. 太和는 唐文宗 年間 (827~835년)의 연호로 6년 壬子는 신라 興德王 7년(832)에 해당한다(<도면 1>, <도면 2>, <도면 3>).

<도면 3> 太和六年명 기와의
凡草 부분

III. 瓦草명 기와

發令/戊午年瓦草作伯士必山毛의 戊午年은 958년으로 추정된다.[16] 이 명문은 發令을 내린다. 戊午年(958)에 瓦草를 伯士인 必山毛이 만들었다로 해석된다. 伯士인 必山毛도 제와장일 가능성이 크다.

太平興國七年壬午年三月日/竹州瓦草近水△水(吳)(矣)(安城 奉業寺) 太平興國七年壬午年는 982년이다.[17] 이는 해석이 대단히 어려우나 대체로 太平興國七年壬午年三月日에 竹州의 瓦草를 近水△水(吳)가 만들었다로 해석된다.

辛卯四月九日造安興寺瓦草(利川 安興寺址)는 931년이나 991년으로 추정된다. 그 연대는 전자인 931년은 후삼국시대라 성립되기 어렵고, 후자인 991년

---

16) 金昌鎬, 「나말여초의 기와 명문」 『신라 금석문』, 2020.

17) 金昌鎬, 앞의 논문, 2020.

으로 판단된다. 이는 辛卯四月九日에 安興寺瓦草를 만들었다로 해석된다.

永興寺送造瓦草重創(保寧 千防寺址)은[18] 永興寺의 위치를 알기 어렵지만,[19] 이를 慶州 地域의 寺院으로 본다면 成典寺院이었던 永興寺의 활동을 살필 수 있는 좋은 자료라고 하면서 永興寺에서 보낸 기와로 寺院을 重創했으므로, 이로써 永興寺의 경제력을 짐작할 수 있다고 하였다. 文聖王(839~856년)이 朗慧和尙 無染이 머물던 이곳 인근(保寧)의 절을 聖住寺로 바꾸고, 大興輪寺에[20] 編錄시켰다는[21] 사실을 감안하면, 銘文 기와의 연대는 9世紀 中葉으로 추정할 수 있겠다라고 했으나,[22] 瓦草에서 絶代 年代가 나오는 10世紀 中葉(정확히는 958년)이 上限이므로 永興寺送造瓦草重創명 기와를 10世紀 중엽 이후로 보아야 한다. 그렇다면 永興寺는 保寧에 있던 永興寺로 보아야 할 것이다. 이는

---

18) 韓國水資源公社 · 公州大學校博物館, 『千防遺蹟』, 1996, 146쪽.

19) 『東國輿地勝覽』 券20, 忠淸道 藍浦縣 佛宇條에 崇巖寺, 聖住寺, 永興寺, 玉溪寺가 등장한다. 永興寺를 이 지역의 통일신라시대의 사찰로 비정하기도 하지만(韓國水資源公社 · 公州大學校博物館, 앞의 책, 1996, 453쪽) 경주 지역의 永興寺와 같은 이름을 지방에서 사용하기 어려웠다고 판단하고 있다(李泳鎬, 「新羅의 新發見 文字資料와 研究動向」 『한국고대사연구』 57, 2010, 199쪽).

20) 흥륜사는 실재로는 영묘사이고 영묘사가 흥륜사로 서로 바뀌어 있고, 9~10세기 기와 명문인 令妙寺명 기와를 국사편찬위원회 한국사데이터베이스에서는 삼국시대로 보고 있다. 기와를 모르는 문헌사학자의 잘못으로 보인다. 고신라시대에 있어서 사명 등 기와 관련 문자기와가 출토된 예는 전무하다. 경주에서는 기와에 사찰명이 나오는 예가 많은데 대개 9~10세기의 나말여초로 보인다. 岬(甲)山寺명와편, 昌林寺명와편, 味呑寺명와편 등은 9~10세기의 것이다. 因井之寺명 수막새, 正万之寺명 수막새(高正龍, 앞의 논문, 2004, 618쪽에서는 万正之寺로 잘못 읽고 있다)도 고려 초로 보이나 9~10세기로 보아 둔다. 四祭寺명 암막새와 수막새는 확실히 통일신라 말(후삼국시대)의 것이다.

21) 韓國古代社會研究所編, 『譯註 韓國古代金石文』 III, 1992, <聖住寺朗慧和尙碑> '文聖大王 聆其運爲 莫非裨王化 甚之 飛手敎優勞 且多大師答山相之四言 易寺牓 爲聖住 仍編錄大興輪寺'

22) 李泳鎬, 앞의 논문, 2010, 199쪽.

永興寺가 만들어 보낸 瓦草로 (保寧 千防寺를) 重創을 했다로 해석이 된다.

沙羅瓦草(洪城 石城山城)도 이 명문은 지명+瓦草만 남아 있으나 와초명문이 고려 초인 점에 준하여 고려 초(10세기 중엽~11세기 전반)로[23] 본다.

~元年己巳年北舍瓦草(月南寺) 969年으로 ~부분은 遼 景宗의 연호인 保寧으로 復元할 수 있다. 이는 (保寧)元年己巳年에 이은 北舍의 瓦草이다가 된다.

太平興國五年庚辰六月日彌勒藪龍泉房瓦草(益山 彌勒寺) 太平興國五年庚申으로 되어 있으나 976~984년의 太平興國 범위 밖에 있어서 庚辰(980년)이[24] 타당하다. 太平興國五年庚辰六月 日에 彌勒藪의 龍泉房의 瓦草이다가 된다. 日에 구체적인 날짜가 없는 것도 후삼국이나 고려적인 요소이다.[25]

瓦草가 나오는 銘文은 絶代 年代가 확실한 예는 모두가 고려 초의 銘文이었다. 年號나 年干支가 없이 나오는 瓦草·官草의 銘文도 고려 초(10세기 중엽에서 11세기 전반)일 가능성이 크다. 왜냐하면 瓦草의 절대 연대를 공반한 것으로 삼국시대나 통일신라시대의 예는 단 1점도 없기 때문이다.

이제 선리 기와의 명문 작성 시기를 조사할 차례가 되었다. 瓦草는 모두 고려 초기의 기와임을 알 수가 있다. 선리 기와는 蟹口(기와 생산지 곧 기와 요지), 受(기와 공급자와 수요자의 관계를 나타냄) 등의 특징이 있다. 이 기와가 개성의 蟹口(기와 요지)에서 선리까지 가는 데에는 통일신라 말기의 정치력으로는 부족하고, 후삼국시대 고려 초의 정치력으로라야 가능할 것이다. 그것도 선리와 동떨어진 황해도 개성, 송악, 강원도 철원군, 충청북도 진천 등의 기와까지 그 공급로를 무시하고 전혀 엉뚱한 한강의 지류인 고덕천 가까이에 있던 선리로 기와를 운반하고 있다. 이것도 蟹口 기와뿐만이 아니라 船家, 船宇의 기와까

---

23) 정확히는 현재까지의 자료로 볼 때 958년(추정이 아닌 절대연대로는 969년)~1028년까지이다. 70년동안(절대연대로는 59년 동안) 사용한 것이 當草명 기와, 瓦草명 기와, 官草명 기와 등이다.

24) 이렇게 금석문에서 연간지가 틀리는 예는 드물다.

25) 當草를 넣으면 1028년이 하한이다(김창호, 『한국고대와전명문』, 2022, 211쪽).

지 포함하였다. 이러한 기와 공급은 사용처와는 관련이 없는 것으로 선리에 있던 호족을 위한 선심이었을 것이다. 이러한 선심이야말로 당시의 호족의 중요시 해야 됨과 관련이 있다. 그래서 기와에 고려 초에 瓦草가 오는 대신에 草밖에 없다. 이 草는 기와를 나타내며, 瓦草에 앞서는 형식이다. 이 草가 후삼국시대를 뛰어 넘어서 통일신라의 기와로 보기에는 통일신라의 지명을 나타내는 기와의 숫자가 너무나 많고, 통일신라가 변경에까지 세력을 떨칠 수는 없을 것이다. 9세기 통일신라 기와로는 安城 飛鳳山城의 長板 打捺로 左書인 本彼,[26] 光州 武珍古城의 沙喙,[27] 淸州 上薰山城의 沙喙部屬長池馹升達의 銘文 등이[28] 있을 뿐이다.[29] 아무래도 이 草를 비롯한 선리의 유사 일괄유물을 후삼국시대의 고려에 있어서 어느 시기로 보아야[30] 할 것이다.

---

26) 徐榮一, 「安城 飛鳳山城 收拾 <本彼>銘 기와 考察」『文化史學』11 · 12 · 13, 한국
   문화사학회, 1999.

27) 具汶會, 「武珍古城 出土 銘文資料와 新羅統一期 武州」『韓國史의 構造와 展開 -河
   炫綱敎授停年紀念論叢-』, 2000.

28) 朴省炫, 「新羅 城址 出土 文字 資料의 現況과 分類」『木簡과 文字』2, 한국목간학
   회, 2008. 沙喙部屬長池馹升達의 銘文으로 미루어 볼 때, 9세기의 安城 飛鳳山城
   의 長板 打捺로 左書인 本彼, 光州 武珍古城의 沙喙도 역제를 알려주는 편린으로
   보고 싶다.

29) 청주 쌍청리 출토 易吾加茀村主명 기와도 9세기 후반이다.

30) 喙部, 沙喙部, 本彼部, 牟喙部, 漢只部, 習比部 등의 부명이 나와야 통일신라의 것
   인데, 이들 부명은 나오지 않고, 고구려 지명이 14개로 가장 많이 나오고, 통일신라
   지명이 5개로 그 다음이다. 한강 유역은 원래 백제의 땅인 데에도 불구하고 백제 지
   명은 없다. 고구려 지명과 통일신라 지명만으로 구성된 점은 이들 지명을 통일신라
   의 것만으로 한정할 수는 없다. 통일신라의 것이라면 통일신라 지명이 주류를 이루
   고, 喙部, 沙喙部 등 부명이 나와야 할 것이다. 가령 9세기의 沙喙部屬長池馹升達,
   沙喙(무진고성의 기와에는 沙喙으로 판독할 수밖에 없는 기와가 있다. 이에 대해서
   는 김창호, 「광주 무진고성 명문와의 재검토」『신라 금석문』, 2020 참조), 本彼 등이
   좋은 예이다.

IV. 凡草의 瓦草說

지금까지 문제가 되고 있는 범초의 와초설은 두 가지의 예가 있다. 먼저 그 예를 들면 다음과 같다.

太和六年壬子△善寺△瓦草[31]
~三年乙酉八月日竹瓦草伯士能達毛

이를 원보고자는 전부 凡草로 읽고 있다.[32] 기와 명문의 판독에는 원보고자보다 열심히 문자를 읽은 사람은 없다. 太和六年壬子△善寺△瓦草는 832년에 △善寺의 △(건물명)의 瓦草(기와)이다가 된다.

~三年乙酉八月日竹瓦草伯士能達毛은 後唐 莊宗 3년인 同光 3년 925년에 竹(건물명)의 기와를 伯士인 能達毛가 만들었다가 된다.

이렇게 보면 와초가 통일신라인 832년에 나타난 것이 된다. 기와 명문에서 기와를 나타낸 것으로 瓦草외에 草도 있다. 이 草는 후삼국이라는 절대연대를 가진 자료가 있어서 이를 먼저 소개하면 다음과 같다.[33]

受國蟹口船家草

---

31) 심광주, 「신라 성곽 출토 문자기와 -남한산성 출토 문자기와를 중심으로-」『한국기와학회 · 한국성곽학회 2013년도 국제학술회의 -성곽과 기와』, 2013, 127쪽에서 瓦草라고 주장하고 있다. 그 근거로 <도면 3>의 예를 들고 있으나 이는 瓦草가 아닌 凡草으로 읽어야 되고, <도면 3>이 左書가 아닐 가능성도 있는 점도 주목해야 할 것이다.

32) 경기도박물관 · 안성시, 앞의 책, 2005, 78쪽.
경기문화재단부설 기전문화재연구원 · 하남시, 『하남교산동건물지발굴조사종합보고서』, 2004, 185쪽.

33) 경기도 포천 반월성에서 馬忽受蟹口草란 기와명이 나왔다(단국대학교 사학과, 『포천반월성1차발굴조사보고서』, 1996).

~家草
(泉)口郡受蟹口草
黃壤受船宇草
~受船宇草

　위의 명문들은[34] 1925년 대홍수(乙丑大洪水) 때 광주 선리 유적이 알려져서 국립중앙박물관,[35] 서울대학교 박물관,[36] 이화여자대학교 박물관[37] 등에서 선리 문자 기와를 소장하고 있다. 이 가운데 서울대학교 박물관 자료가 가장 먼저 본격적으로 공개되었다.[38] 국립중앙박물관의 기와와 그 명문이 일부 겹치고 있어서 그 뒤의 연구의 영향을 주었다. 뒤 이어서 국립중앙박물관 소장 기와 명문들이 외국인 학자에 의해 소개되었다.[39] 여기에서는 30여 점에 가까운 문자와의 소개와 함께 그 시기를 지명에서 『삼국사기』, 지리지에 의해 景德王 16년(757) 개칭 이전의 표기도 있고, 그 이후의 표기도 있음을 주목하고서 고구려와 통일 신라의 옛 지명이 나옴을 근거로[40] 기와 편년에 힘입어서 9~10세기 초로 보고

---

34) 이 명문들은 瓦草가 아닌 草만으로도 기와를 나타냄을 말해주고 있다.

35) 田中俊明, 「廣州船里出土文字瓦銘文の解釋と意義」 『古代文化』 56-11, 2004.
　　김규동 · 성재현, 「선리 명문와 고찰」 『고고학지』 17-2, 2011.

36) 전덕재, 「서울대학교박물관소장 명문기와 고찰」 『서울대학교박물관 소장 명문기와』, 2002.

37) 이화여자대학교박물관, 『이화여자대학교박물관창립100주년기념박물관소장품목록』, 1987에서 가장 먼저 사진으로 공개하였다.

38) 전덕재, 앞의 논문, 2002. 여기에서는 경덕왕 16년(757) 전후의 지명이 개정된 것과 복고된 것에 근거해 선리 문자와의 연대를 8~9세기로 보았다. 문헌만으로 기와 명문을 다루어서 문제가 있다. 고고학 자료인 문자 자료를 문헌만으로 조사하면 얼마나 위험한지를 알려주는 예이다. 곧 기와 편년만으로도 8세기로는 볼 수가 없다. 9~10세기 초의 후삼국시대의 기와로 보아야 할 것이다. 후술하겠지만 해구 기와는 918~935년 사이의 어느 해인 후삼국시대 고려 기와이다.

39) 田中俊明, 앞의 논문, 2004.

40) 여기에 근거하면 선리의 문자와는 당연히 8~9세기로 보아야 한다. 기와 편년으로는

있다.[41] 다시 국립중앙박물관의 학예연구사들에 의해 기와의 실측도와 함께 기와 명문에 대한 상세한 연구가 발표되었다.[42] 여기에서는 38점의 문자 기와를 6부류로 나누어서 船里 기와의 시기를 8세기 중후반경부터 10세기 중후반까지로[43] 보았다.[44] 또 선리의 근처인 고덕천이 게내천를 가리키는 것으로 보고 이를 蟹口라고 보았다. 결국 蟹口를 선리 근처의 고덕천으로 보았다.[45] 바꾸어 말하면 蟹口를 선리 가까이에 있던 기와 공급지인 기와 요지로 보고 있다.

蟹口의 위치를 기왕에서는 한강 지류인 고덕천 일대로 보아 왔다. 그러나 蟹口開城이란 명문을 통해 吏讀로 풀이하여 蟹口가 開城이다로 해석했다. 곧 蟹口가 開城에 있다고 해석하여 蟹口가 開城에 있는 것으로 보았다. 蟹口는 開城에 있는 기와요가 있던 곳 가운데 하나이다. 馬忽受蟹口草, 北漢受國蟹口(船家草) 등으로 볼 때 蟹口의 기와는 포천 반월산성과 아차산성 등에서도 나옴으로,

---

9세기에서 10세기초로 보아야 된다.

41) 田中俊明, 앞의 논문, 2004, 638쪽. 이 조사에는 기와 전문가 高正龍 교수와 吉井秀夫 교수가 동행해서 연대가 경덕왕 6년(757)에서 고려 태조 2년(919)으로 설정하고 나서, 기와연구자의 도움으로 9세기에서 10세기 초로 보았다. 이는 기와 편년에 의한 것으로 보인다. 그래서 기와 사용 기간 중에 8세기 설은 무시되어 나오지 않고 있다.

42) 김규동 · 성재현, 앞의 논문, 2011.

43) 김규동 · 성재현, 앞의 논문, 2011, 577쪽.

44) 이 외에 요시이 히데오,「광주 선리 명문기와의 고고학적 재검토」『정인스님 정년퇴임 기념 논총 -佛智光照-』, 2017, 1138쪽에서는 선리 기와를 9세기 전후 한주 기와 공급 체계로 파악한다고 했다.
高正龍 · 熊谷舞子 · 安原葵,「關西大學博物館所藏朝鮮瓦 -文字瓦を中心として-」『關西大學博物館紀要』20, 2014에도 있으나 연대 문제에 대해서는 기왕의 견해인 고구려시대 설, 10세기 설, 고려시대 설을 소개하고 있다.

45) 그래서 선리를 이 명문 기와들을 굽던 기와 요지로 본 듯하다. 다루는 기와의 명문에서 고구려계 14곳, 통일신라계 5곳의 기와를 이 선리인 蟹口의 요지에서 19개 지명의 각 소비지로 보냈다가 어떤 이유로 선리에 배가 멈춘 것으로 보았다. 선리에 해구 기와 요지가 있었다면 지금도 발견될 수가 있을 것이다. 그러나 해구인 선리에서 기와 요지가 발견된 예는 없다. 이는 중요한 것을 암시하고 있는 듯하다.

경기도 일대를 비롯한 강원도, 충청북도, 황해도 등에도 실질적으로 교역했음을 알 수가 있다.[46]

선리 명문와의 제작 시기를 고고학적인 방법과 금석문에서 나온 결론으로 선리 기와는 유사 일괄유물로 거의 동일 시기의 기와이다. 그 시기는 918~935년경의 어느 해(고려시대 초기로 넉넉잡아 5년간)인 후삼국시대에[47] 선리 지방에 살던 세력이 지극히 강한 호족을 위해 開城의 蟹口에서 선리에 명문와를 아마도 배에 싣고 도착한 것이며, 그 후에 기와로서 지붕에 올라가지 못하고, 기와로서의 실효성을 잊어버리고 말아서 후세에 전래된 것으로 판단된다.

그렇다면 문제는 832년의 太和六年壬子△善寺△瓦草의 瓦草와 925년의 ~三年乙酉八月日竹瓦草伯士能達毛의 瓦草가 있고[48] 나서 草가 후삼국시대에 나오는 점이다. 외자 건물명은 범초명에만 나오는 점도 주목해야 할 것이다. 이를 범초로 읽어서 전문을 해석해 보자. 832년 太和六年壬子△善寺△凡草는 832년 △善寺의 △凡(건물명)의 草(기와)이다가 되고, 925년의 ~三年乙酉八月日에 竹凡(건물명)의 草(기와)를[49] 伯士인 能達毛가 만들었다가 된다.[50] 명문 자체의 해석으로는 범초가 훨씬 자연스럽다. 그리고 瓦草→草→瓦草의 순서가 아닌 통일신라·후삼국은 草이고, 고려시대부터는 瓦草로 보는 것이 좋다.[51]

---

46) 이들 지역에서 출토되는 기와는 918~935년으로 보인다.

47) 이 광주 선리 출토의 명문 기와들을 918~935년의 절대연대를 가지고 있다.

48) 唐莊宗 3년의 同光 3년이다.

49) 年月日의 표시에 있어서 년과 월만 있고 日의 날짜가 없는 예를 고려시대로 보았으나 고려시대에는 물론 후삼국시대에도 있는 것으로 수정한다.

50) 외자로 된 건물명은 유환성,「7~12세기 경산지역 출토 기와의 전개양상과 그 의미」『역사교육논집』81, 2022, 28쪽의 道場佋瓦草의 佋뿐이다.

51) 유환성, 앞의 논문, 2022, 14쪽의 호박씨문기와를 7세기로 보고 있으나 8세기가 좋을 듯하다. 28쪽의 두 점의 卍 新數寺草를 11세기로 보고 있으나 후삼국시대로 보고 싶다. 그러면 卍자가 후삼국시대에 나오는 예가 된다. 또 道場佋瓦草를 11세기로 보고 있으나 10세기 중엽에서 11세기 전반으로 보고 싶다.

832년 太和六年壬子△善寺△瓦草와 925년의 三年乙酉八月日竹瓦草伯士能達毛의 瓦草 2점은 凡草로 본다. 그렇지 않고 이를 瓦草로 읽으면 832년과 925년의 瓦草가 있다가 다시 후삼국시대에는 草가 있고,[52] 고려시대인 10세기 중엽에서 11세기 전반에 瓦草가 나타난 것으로 해석되기 때문이다.

V. 맺음말

먼저 유구와 유물를 통해 본 봉업사의 변천 과정을 초창기(통일신라), 중창기(고려 초기), 전성기(고려 전기~중기), 중흥기(고려 후기), 폐사(조선)로 나누어서 832년의 太和六年壬子△善寺△凡草란 기와 명문을 제시하였다.

다음으로 瓦草명 기와를 전부 조사하여 그 시기가 958년에서 980년까지이다.

마지막으로 832년의 太和六年壬子△善寺△凡草의 凡을 瓦로 보면, 918~935년의 ~草 6예가 문제이다. 瓦草가 958~980년의 예가 있어서 瓦草→草→瓦草의 순서가 아니고, ~凡(건물명)草→瓦草의 순서로 보아야하기 때문에 문제의 글자를 凡자로 읽는다.

---

52) 후삼국시대의 瓦草명 기와는 알려지지 않고 있다.

제6절

甲辰城年末村主敏亮명 기와의 작성 연대

Ⅰ. 머리말

국립중앙박물관 소장의 선리 기와 명문들이 외국인학자에 의해 소개되었다.[1] 여기에서는 30여 점에 가까운 문자와의 소개와 함께 그 시기를 지명에서 『삼국사기』, 지리지에 의해 景德王 16년(757) 개칭 이전의 표기도 있고, 그 이후의 표기도 있음을 주목하고서 고구려와 통일신라의 옛 지명이 나옴을 근거로[2] 기와 편년에 힘입어서 9~10세기 초로 보고 있다.[3] 다시 국립중앙박물관의 학예연구사들에 의해 기와의 실측도와 함께 기와 명문에 대한 상세한 연구가 발표되었다.[4] 여기에서는 38점의 문자 기와를 6부류로 나누어서 船里 기와의 시기를 8세기 중후반경부터 10세기 중후반까지로[5] 보았다.[6] 또 선리의 근처인 고덕

---

1) 田中俊明, 「廣州船里出土文字瓦銘文の解釋と意義」『古代文化』 56-11, 2004.

2) 여기에 근거하면 선리의 문자와는 당연히 8~9세기로 보아야 한다. 기와 편년으로는 9세기에서 10세기 초로 보아야 된다.

3) 田中俊明, 앞의 논문, 2004, 638쪽. 이 조사에는 기와 전문가 高正龍 교수와 吉井秀夫 교수가 동행해서 연대가 경덕왕 6년(757)에서 고려 태조 2년(919)으로 설정하고 나서, 기와연구자의 도움으로 9세기에서 10세기 초로 보았다. 이는 기와 편년에 의한 것으로 보인다. 그래서 기와 사용 기간 중에 8세기 설은 무시되어 나오지 않고 있다.

4) 김규동·성재현, 「선리 명문와 고찰」『고고학지』 17-2, 2011.

5) 김규동·성재현, 앞의 논문, 2011, 577쪽.

6) 이 외에 요시이 히데오, 「광주 선리 명문기와의 고고학적 재검토」『정인스님 정년퇴

천이 게내천를 가리키는 것으로 보고 이를 蟹口라고 보았다. 결국 蟹口를 선리 근처의 고덕천으로 보았다.[7] 바꾸어 말하면 蟹口를 선리 가까이에 있던 기와 공급지인 기와 요지로 보고 있다. 그런데 蟹口開城을 이두로 해석해서 '蟹口가 開城이다.'로 보아서 전혀 다르게 해석하였다.[8] 곧 蟹口가 開城에 있다고 해석하고 나서 開城에서 생산된 기와를 선리에 와서 멈춘 것으로 해석하고, 蟹口기와를 선리까지 가지고 오는 데에는 한두 번이면 족하다고 보고 선리 기와의 연대를 918~935년 사이의 넉넉잡아 5년으로 보아서 고고학적인 형식 분류에 의해 선리 기와를 200년의 시간 폭을 가지는 것으로 해석한 것과는 다르게 해석하였다. 이는 기와 연구에 있어서 명문이 중요함을 새삼 일깨워주고 있다.

또 부소산성 기와 명문으로 大△△午年末城이 있다. 이는 大曆庚午年末城 (766년), 大曆戊午年末城(778년), 大中庚午年末城(850년) 등으로 복원된다.[9] 어느 것으로 복원되던[10] 末城의 의미이다. 아무래도 인명으로 보아야 될 것이

임 기념 논총 -佛智光照-」, 2017, 1138쪽에서는 선리 기와를 9세기 전후 한주 기와 공급 체계로 파악한다고 했다.
高正龍 · 熊谷舞子 · 安原葵, 「關西大學博物館所藏朝鮮瓦 -文字瓦を中心として-」 『關西大學博物館紀要』 20, 2014에도 있으나 연대 문제에 대해서는 기왕의 견해인 고구려시대 설, 10세기 설, 고려시대 설을 소개하고 있다.

7) 그래서 선리를 이 명문 기와들을 굽던 기와 요지로 본 듯하다. 다루는 기와의 명문에서 고구려계 14곳, 통일신라계 5곳의 기와를 이 선리인 蟹口의 요지에서 19개 지명의 각 소비지로 보냈다가 어떤 이유로 선리에 배가 멈춘 것으로 보았다. 선리에 해구 기와 요지가 있었다면 지금도 발견될 수가 있을 것이다. 그러나 해구인 선리에서 기와 요지가 발견된 예는 없다. 이는 중요한 것을 암시하고 있는 듯하다.

8) 김창호, 「廣州 船里遺蹟에서 出土된 蟹口기와의 生産과 流通」 『문화사학』 52, 2019.

9) 吉井秀夫, 「扶蘇山城出土會昌七年銘文字瓦をめぐって」 『古代文化』 56-11, 2004, 606쪽.
高正龍, 「軒瓦に現れた文字-朝鮮時代銘文瓦の系譜-」 『古代文化』 56-11, 2004, 617쪽.

10) 大曆庚午年末城(766년)과 大中庚午年末城(850년) 사이에 84년의 연대 차이가 있어도 어느 시기인지 구분할 수가 없다. 이는 기와의 제작 기법이나 문양 곧 타날 방

다. 그러면 末城은[11] 제와의 감독자나 기와를 만드는 기술자로 볼 수가 있다. 중요한 것은 평기와가 85년의 시간차가 있어도 이를 현재 학계의 수준으로서는 구분할 수 없다는 것이다.

신라의 평기와는 신라에서 고식 단판 6세기 전반~7세기 전반, 신식 단판 7세기 후반(의봉사년개토명, 습부명, 한지명 암키와), 중판은 7세기 후반~9·10세기로 판단하고 있다. 지방은 중판이 7세기 후반~8세기에, 경주를 제외한 지방에서는 장판이 9세기 전반부터 출토되고 있어서 10세기까지 계속된다. 이러한 연대의 설정도 다 문자와를 기준으로 하였다고 본다. 문자 자료가 없이는 평기와의 연구의 진전을 기대할 수가 없다. 그래서 일본에서는 한국의 기와를 연구할 때, 문자와만을 연구하는 학자도 있다.[12]

법으로 100년의 차이가 있어도 기와의 구분이 어렵다는 이야기가 된다. 그래서 평기와의 편년을 경주에서는 고식 단판 6세기 전반~7세기 전반, 신식 단판 7세기 후반(의봉사년개토명, 습부명, 한지명 암키와), 중판은 7세기 후반~9·10세기로 판단하고 있다. 지방은 중판이 7세기 후반~8세기에, 경주를 제외한 지방에서는 장판이 9세기 전반부터 출토되고 있다. 이것도 金科玉條는 아니다. 왜냐하면 656년의 景辰年五月卄日法得書에 장판 타날 기와가 있기 때문이다. 하루빨리 평기와 편년이 나오기를 희망한다. 물론 평기와 편년에 절대적으로 중요한 자료는 문자 기와에 대한 연구이다. 會昌七/年丁卯/年末印이라고 하면 누구도 847년임을 의심할 수가 없고, 평기와 편년 설정에 한 기준이 된다.

11) 세트를 이루는 수막새의 城은 末城이란 인명에서 뒷자인 城을 따온 것이다. 이렇게 뒷자를 따온 예로는 458년경에 작성된 충주고구려비의 寐錦忌가 있다. 이는 訥祗麻立干의 祗(祇)를 따온 것이다.

12) 대표적인 학자로 吉井秀夫를 들 수가 있다. 논고는 많지만 쉽게 볼 수 있는 자료를 들면 다음과 같다.
吉井秀夫, 「新羅の文字瓦」『帝塚山考古學談話會 第555回 記念 朝鮮の古瓦を考える』, 1996.
吉井秀夫, 「文字瓦からみた高麗時代における瓦生産體制 -武珍古城出土瓦を中心に-」『朝鮮史研究會會報』128, 1997.
吉井秀夫, 「扶餘扶蘇山城出土<會昌七年>銘文字瓦をめぐって」『古代文化』56-11, 2004.
吉井秀夫, 「武珍古城出土文字瓦の再檢討」『吾吾の考古學』, 2008(5월).

여기에서는 먼저 남한산성의 유적 개요를 살펴보겠다. 다음으로 甲辰城年末村主敏亮명 기와의 소개하겠다. 마지막으로 9~10세기의 촌주가 나오는 명문을 살펴보겠다.

II. 남한산성 유적 개요[13]

남한산성에서 확인된 건물지는 정면 16칸, 측면 6칸(외진주초 기준)이다. 이것은 지금까지 산성지의 건물지 가운데에는 큰 편이며, 건물지 주변에서 발굴된 많은 기와들이 불에 타서 적갈색을 띠고 있고, 소토가 층을 이루며, 벽체가 서쪽으로 무너져 있는 양상으로 미루어 이 건물의 마지막 폐기 원인은 화재로 인한 붕괴이었던 것으로 추정된다.

건물은 사방으로 외진주칸이 있고, 그 안쪽에 두터운 벽체를 갖춘 구조이며, 외진주초석들은 내진부에 비하여 약 15cm 정도 낮게 위치하도록 하여 한단을 낮추었다. 외진주초석의 바깥쪽에는 처마의 낙숫물이 떨어지는 지점을 따라 배수로를 조성하였다. 초석의 간격은 약 3.5m 정도이며, 할석으로 간단한 적심시설을 하고, 그 위에 80cm 정도 크기의 가공하지 않은 자연석을 초석으로 놓았다.

건물지의 내진주 초석이 놓이는 곳에는 점토를 다져서 벽체를 조성하였다. 벽체는 바닥에 잔자갈을 깔고, 그 위에 목탄을 5~10cm 정도 깐 후 갈색점토와 황갈색점토를 교대로 판축하여 쌓아올렸으며, 벽체의 뚜께는 130~150cm 정도이다. 판축벽체의 양쪽에는 할석이나 와편으로 마감을 하여 벽체의 두께는 2m

---

吉井秀夫, 「무진고성 출토 명문기와의 재검토 -신라 하대 호남지방 명문기와의 종합 연구를 위하여-」『7~10세기 동아시아 문물교류의 제상 -일본편-』, 2008(12월).

13) 본고의 II장은 심광주, 「남한산성 출토 銘文瓦에 대한 고찰」『목간과 문자』1, 2008에서 발췌하였다.

에 달할 정도로 두텁다.

무너진 벽체의 주변에서 기와층이 쌓여 있었으며, 토층조사결과 건물지 서쪽에서 5개의 기와층이 확인되어 번와를 포함한 건물의 보수공사가 수차례에 걸쳐서 이루어졌음을 알 수 있게 되었다. 또한 건물지가 놓여 있는 곳의 지하에는 암맥이 흐르면서 중심부가 높고, 남북 쪽이 낮기 때문에 전면적으로 생토 층까지 제토를 하고 인위적으로 할석과 사질점토를 쌓아올려서 평탄화하는 대규모 대지조성공사를 하였다. 또한 초석적심부에 대한 굴광선이 확인되지 않은 것으로 보아 치밀한 사전 계획에 따라 대지조성과 적심과 초석의 배치, 벽체 판축 등 건물의 축조가 한 치의 오차도 없이 순차적으로 이루어졌음이 밝혀졌다.

건물지 서쪽 구간에서 확인된 후삼국시대 기와층은 위에서부터 Ⅰ층으로부터 Ⅴ층까지 구분이 가능하였다. Ⅰ층은 조선시대 하궐마당지 하부에 존재하는 인위적인 기와 매립층으로 전체적으로 완만한 U자형을 이루며, 상부가 평탄한 것이 특징이다. 동서 너비 약 5m, 두께 0.3~0.8m에 걸쳐 분포하며, 후삼국시대 건물지의 서쪽 남단을 제외한 건물지 서쪽 전 지역에서 확인되고 있다. 기와층의 아랫면이 완만한 U자형 이루고, 윗면이 고른 것으로 보아 건물이 있는 지역을 평탄화하기 위하여 상대적으로 레벨이 높은 건물의 동쪽부분에 쌓아있는 기와를 경사가 완만한 구상의 지형에 인위적으로 기와편들을 매립한 것으로 생각된다. 유물포함층중 기와의 양이 가장 많으며, 末村主, 麻山停子 등의 명문이 있는 기와가 많이 포함되어 있다. 간혹 토기편들이 출토되나 원래의 기형을 파악할 만한 것은 거의 없으며, 경부 파상선문 대호편과 편병편 등이 수습되었다.

Ⅱ층은 소토층으로 이 층을 제거하면 구 지표에서 초석, 기단 등이 노출되는 점으로 보아 동편에 있는 대형건물지가 화재로 소실되면서 무너져 형성된 층으로 판단된다. 소토, 목탄, 황갈색사질점토, 적갈색기와편, 할석과 산돌들이 섞여 있었다. 와적 규모는 너비 4~5m, 두께 0.1~0.7m 정도이며, 대형건물지를 따라 띠상으로 50cm 정도 범위에 분포되어 있다. 유물포함층 기와의 양이 1층 다음으로 많으며, 기와의 대부분은 불에 타 적갈색을 띤다. 이중에는 마치 지붕이 무너져 내린 서너 매의 수키와가 겹쳐져 있는 것도 보인다. 이곳에서도 末村主명

기와가 다수 확인되었고, 기와 양상이 Ⅰ층과 동일하며, 大瓦라고 할 만한 크고 두꺼운 기와들이 전혀 나오지 않는 것으로 보아 건물의 忘棄 시점에는 이 건물에 대와가 즙와되지 않았음을 알 수 있게 해준다.

Ⅲ층은 대형건물지 서쪽 배수 석렬의 뒤채움으로 사용된 와적층이다. 와적층은 하궐지 쪽에서 경사면을 따라 서측 배수 석렬까지 이어져 있고, 너비는 2m 안팎이며, 완형기와는 거의 없고 후삼국시대 기와의 잔편들이다.

Ⅳ층은 Ⅲ층 이전에 조성된 배수 석렬의 뒤채움으로 추정된다. 배수로 서측 석축렬의 서쪽에서 이 배수로보다 이전시기에 축조된 또 하나의 석축이 확인되는데, 이 와적층은 이 선택된 배수로 석축의 뒷채움을 한 것으로 보인다. 이 선택된 배수구의 간격을 좁히면 후축 배수석렬(Ⅲ층)이 조성되어 건물 忘棄 시까지 배수석렬로 사용되었음이 확인되었다. 와적층은 너비 3m에 걸쳐 두께 0.4~0.5m로 분포하며, 하궐지 쪽에서 경사면을 따라 선축 배수석렬까지 이어져 있다. 이른바 大瓦라고 하는 크고 두꺼운 기와들이 대부분 이 곳에서 출토되었다.

Ⅴ층은 최하층으로 Ⅳ층 아래에 존재한다. 이곳은 대형건물지의 서단부로 비교적 완만하게 경사진 하궐지에서 급격하게 단이 지면서 발굴 지역과 이어지는 부분인데 바로 단 직하의 풍화된 암반 위에 너비 1~2m에 걸쳐 두께 0.2m 정도로 분포한다. 대부분이 작은 편들로 이루어져 있으며, 두께나 크기로 보아 후삼국 기와의 양상을 보여주고 있다.

Ⅲ. 甲辰城年末村主敏亮명 기와의 소개

1. 甲辰城年末村主敏亮명 수키와1

회청색의 수키와로 완형에 가깝다. 태토에는 1~3mm 크기의 사립이 많이 혼입되어 있으며, 1cm 내외의 굵은 석립도 확인된다. 내면의 絲切痕이 남아 있는 것으로 보아 점토판으로 제작되었음을 알 수 있다. 절단부의 한쪽면은 내→외,

다른 한쪽은 외→내의 방향으로 와도질하여 잘랐으며, 파쇄면은 정면하지 않았다. 외면에는 장판고판으로 상단과 하단에 한 번씩 돌아가면서 찍은 명문이 있다. 명문의 내용은 甲辰城年末村主敏亮으로 판독되었다.

2. 甲辰城年末村主敏亮명 수키와2

회청색경질의 수키와이며 와구부의 모서리 일부가 결실되었지만 완형에 가깝다. 태토에는 1~3mm 크기의 사립이 많이 혼입되어 있으며, 내면에 사절흔은 관측되지 않는다. 측단부는 한쪽면은 내→외, 다른 한쪽은 외→내 방향으로 와도질을 한 후 잘라내었으며, 파쇄면은 정면하지는 않았다. 외면에는 미구를 상부로 하여 와구방향으로 동일한 명문이 양각으로 찍혀 있다. 명문의 내용은 甲辰城年末村主敏亮으로 판단되며, 1번 수키와와 같은 고판으로 제작된 것으로 보인다.

3. 甲辰城年末村主敏亮명 수키와3

회청색경질의 수키와이며, 절반 정도가 결실된 상태이나 길이는 알 수 있다. 역시 한쪽은 내→외, 다른 한쪽은 외→내 방향으로 와도질하여 잘라내었으며, 파쇄면을 2차 정면하지는 않았다. 태토는 굵은 砂粒이 많이 혼입되어 있으며, 사절흔은 확인된다. 외면에는 장판고판으로 하단부를 돌아가면서 먼저 두드리고, 상단부를 두드려서 한줄의 명문이 중간부분에서 약간씩 어긋나게 찍혀 있다. 명문의 내용은 甲辰城年末村主敏亮명으로 판독되며, 동일한 다른 명문와들과 같은 고판으로 제작된 것으로 보인다.

4. 末村主敏亮명 수키와4

적갈색 연질의 수키와이며, 명문이 있는 와구부 일부만이 남아 있는 상태이다. 태토에는 1~2mm 크기의 사립이 많이 혼입되어 있으며, 굵은 석립도 함께 포함되어 있다. 내면에는 사절흔이 관측되며, 외면에는 종방향으로 타날된 명문이 남아 있으나 末村主敏亮부분만 선명하게 보인다.

5. 甲辰城年末村主敏亮명 암키와1

회청색경질의 암키와로 종방향으로 결실되어 너비는 확인되지 않는다. 내면에는 사절흔이 남아있으며, 측단부는 내→외의 방향으로 1/2 정도 와도질을 한후 잘라내었다. 태토에는 1~5mm 크기의 사립이 많이 혼입되어 있다. 외면에는 수키와와 동일한 고판을 사용한 것으로 보인 명문이 찍혀 있는데 두 번씩 두드린 수키와와 달리 돌아가면서 한번씩 두드렸음이 확인된다. 이는 암키와가 수키와에 비하여 6cm 정도 크기가 작기 때문일 것이다. 명문의 내용은 甲辰城年末村主敏亮으로 판독된다.

6. 甲辰城年末村主敏亮명 암키와2

회청색경질의 암키와로 일부가 결실되기는 했지만 전체적으로 완형에 가깝다. 내면에는 포흔과 사절흔 및 절토판 접합흔이 확인된다. 하단 내면에는 2cm 폭으로 와도질 정면을 하여 깎아내었다. 양측면은 모두 내→외 방향으로 와도질하여 잘라내었으며, 와도의 깊이가 1/3 정도로 얕고 파쇄면은 2차 정면을 하지 않고 그대로 두었다. 외면에는 길이 33cm, 너비 5cm 정도로 정도의 장판고판으로 두드려서 찍은 명문이 확인된다. 명문의 내용은 甲辰城年末村主敏亮명으로 판독되며, 역시 동일한 내용의 다른 명문와와 같은 고판을 사용한 것으로 판단된다.

IV. 9~10세기 촌주가 나오는 명문

9세기 후반에 금석문에 촌주가 나오는 예로는 청주 쌍청리 7중환호에서 나온 易吾加苐村主와[14] 경주 황룡사 앞 광장 1호 우물에서 나온 청동접시 안쪽에 새겨진 達溫心 촌주가 있다.[15] 그 외에도 다음의 자료가 있다.[16] 9세기에는 지명+村主로 된 촌주명이 나오고 있다.[17] 9세기에는 어떤지를 알기 위해 관계 자료를 보기로 하자.

먼저 833년에 만들어진 菁州 蓮池寺鍾銘부터 살펴보기로 하자.

⑦	⑥	⑤	④	③	②	①	
節	成	史	作	鄕	上	成	1
州	博	六	韓	村	座	典	2
統	士	△	舍	主		和	3
					則	上	4
皇	安	三	寶	三	忠		5
龍	海	忠	淸	長	法	惠	6
寺	哀	舍	軍	及	師	門	7
	大	知	師	干		法	8
覺	舍				道	師	9
明		行	龍	朱	乃		10
和	哀	道	年	雀		△	11
上	忍	舍	軍	大	法	惠	12

---

14) 도문선, 「청원 쌍청리 다중환호의 축조세력과 易吾加苐村主의 존재」『한국고대사연구』 50, 2008.

15) (재)신라문화유산연구원, 『황룡사 광장과 도시 I』, 2018, 61쪽.

16) 達溫心村主와 易吾加苐村主에는 지명+촌주일 뿐으로 그 시기가 9세기 후반일 가능성도 있는 듯하다. 833년 청주 연지사종명부터는 鄕, 上, 第二, 第三이 촌주명 앞에 오기 때문이다. 하지만 達溫心村主와 易吾加苐村主에서는 인명 표기에 있어서 중요한 인명과 관등명이 없어서 그 시기를 9세기 후반으로 보고자 한다.

17) 765~780년으로 추정되는 泗川船津里新羅碑에서 2면 제②행에 乃末體眞上村主岐……가 나오고 있다. 이는 그 앞의 乃末體眞에서 乃末(관등명)+體眞(인명)이라면 上村主 앞에 관등이 없어서 문제이다.

⑦	⑥	⑤	④	③	②	①	
	大	知	師	朶	勝	法	13
	舍				法	師	14
					師		15

이 연지사종명의 인명 분석에서 鄕村主[18] 三長及干, 朱雀大乃末이란 두 촌주는 촌주란 직명에 鄕이란 수식어가 붙는 최초의 예가 된다. 특이한 것은 561년의 창녕비나 591년의 남산신성비 제1비처럼 두 명의 촌주가 나란히 나오는 점이다. 통일신라에서 그러한 예는 없다.

다음으로 856년에 작성된 竅興寺鍾銘에 대해 알아보기 위해 인명 부분을 적기하면 다음과 같다.

⑥	⑤	④	③	②	①	
大	第	第	上	△	節	1
匠	三	二	村	△	縣	2
太	村	村	主	時	令	3
奈	主	主	三	都	喙	4
末	及	沙	重	乃	萱	5
喙	干	干	沙	△	榮	6
獻	貴	龍	干	△	△	7
溫	珎	河	堯	聖	△	8
衾	△	△	王	安	△	9
	及	△	△	法	△	10
	干	△	△	師	△	11
		△	△	△	△	12
				△		13

---

18) 鄕所部曲 가운데 鄕의 촌주인지도 알 수가 없다. 관계 전문가의 후고를 기다린다.

여기에서는 上村主, 第二村主, 第三村主로 촌주의 앞에 末村主와 같이 촌주에 上, 第二, 第三이 붙고 있다. 어느 것도 三重沙干이나 沙干이란 관등명만 없으면 그 순서가 甲辰城年末村主敏亮명 기와의 인명 표기와는 차이가 없다.

甲辰城年末村主敏亮명 기와와 가장 비슷한 명문으로 松山寺大寺鍾銘을 들수가 있다. 관계 전문을 제시하면 다음과 같다.

③	②	①	
連	大	天	1
筆	寺	復	2
一	鍾	四	3
合	成	年	4
入	內	甲	5
金	文	子	6
五	節	二	7
千	本	月	8
八	和	廿	9
十	上	日	10
方	能	松	11
合	與	山	12
△	本	村	13
成	村		14
	主		15

먼저 전문을 해석해 보자. '天復4年甲子年(904) 2월 20일에 松山村 大寺의 鍾을 이룬 글이다. 이때 本和上은[19] 能與이며, 本村主는 連筆이다. 한꺼번에[20] 합하여 들어간 쇠는 5,080方이다. 合△이 이루었다.'가 된다. 여기에서 주

---

19) 이를 本寺의 화상으로 풀이하고 있으나 본화상으로 합쳐서 하나의 직명으로 본다.
20) 一자를 연결하는 의미로 보기도 하나 따르지 않는다.

목되는 것은 本村主란 말이다. 이를 本村의 村主로 해석하는 것이 옳다. 그래서 甲辰城年末村主敏亮명 기와에서 城年末村主는 城年末村의 村主란 뜻이다.

이제 甲辰城年末村主敏亮명 기와에 나오는 甲辰의 연대를 정할 차례가 되었다. 이를 824년으로 보고 있으나[21] 그 근거는 불확실하다. 甲辰이란 연간지의 연대는 833년에 만들어진 菁州 蓮池寺鍾銘의 鄕村主, 856년 규흥사종명의 上村主, 第二村主, 第三村主, 904년 松山村大寺의 本村主와 같이 촌주란 직명에 上, 第二, 第三, 本이 붙을 때를 소급할 수가 없다. 그 가운데에서 904년 松山寺大寺鍾銘에 나오는 本村主를 참조하고, 達溫心村主나 易吾加茀村主가 9세기 후반으로 볼 수가 있어서 甲辰의 시기를 884년으로 볼 수가 있다. 944년이면 고려시대이고, 824년이면 村主 앞에 붙는 관등명이 없어서 문제가 된다.

V. 맺음말

甲辰城年末村主敏亮명 기와는 특이하게도 암키와와 수키와에 모두 명문이 있다. 보통 명문기와에서는 암키와만이 명문이 있는 것이 주류이다. 수키와에도 명문이 있는 이유가 있을 것이다. 기와의 크기가 크기 때문인지도 알 수가 없다.

甲辰城年末村主敏亮명 기와는 甲辰의 城年末村主인 敏亮이란 뜻으로 이를 보다 쉽게 풀이하면 甲辰(年)에 城年末村의 村主인 敏亮이란 뜻이다. 이는 904년의 松山村 大寺의 鍾의 本村主 連筆이나 9세기 후반으로 편년되는 청주 쌍청리 7중환호의 易吾加茀村主, 9세기 후반으로 편년되는 황룡사 남쪽 담장의 제1호 우물의 達溫心村主와 같아서 884년으로 본다.

---

21) 심광주, 「신라 성곽 출토 문자기와 -남한산성 출토 문자기와를 중심으로-」, 한국기와학회 · 한국성곽학회 2013년도 국제학술회의.

제7절

청주 쌍청리 7重環濠 출토
易吾加芇村主명 기와에 대하여

I. 머리말

7重環濠가 우리나라에서는 발굴된 바가 없다. 그것도 환호는 청동기시대나 원삼국시대에 발굴되지 역사시대에 발굴된 예는 전무하다. 통일신라시대에 있어서 환호조차 발굴된 예가 없는데 7중환호가 나온 것은 놀라운 일이다. 환호 안에서 易吾加芇村主명 기와가 나와서 더욱 놀라운 일이다. 易吾加芇村主처럼 지명+촌주가 나오는 예로는 경주 황룡사 남쪽 광장 1호 우물에서 나온 청동 접시에 새겨진 達溫心村主 밖에 없다. 이 두 유적의 중요한 의미가 있는 데에도 불구하고 이를 금석문의 입장에서 다룬 연구 성과는 없다.[1] 특히 두 유적 다 두꺼운 보고서를 내면서도 금석문 자료는 깊이 있게 다루지 않았다.

쌍청리 7중환호는 나름대로의 역사적인 의미가 있을 것인 데에도 불구하고, 이를 세밀하게 다루지는 않았다. 우선 제철 유적과 관련짓거나 서원경과 관련짓는 것 등이 고작이었다. 易吾加芇村은 행정촌으로 촌주가 있는 중요한 곳이다. 이는 황룡사 남쪽 광장 1호 우물의 達溫心村도 마찬가지이다. 達溫心村主명 청동접시는 達溫心村主가 황룡사에 시주한 것으로 보인다. 達溫心村主의

---

1) 도문선, 「청원 쌍청리 다중환호의 축조세력과 易吾加芇村의 존재」『한국고대사연구』50, 2008이 있을 뿐이다.

명문 구조는 지명+村主로 易吾加茀村主와 꼭 같다. 이 두 자료를 중심으로 그 당시의 촌명을 살펴보고자 한다.

최근에 들어와 나온 易吾加茀村主와 達溫心村主는 촌주 제도와 촌의 내용 규명에 좋은 자료가 될 수가 있다. 촌주가 나오는 것으로서 관등이 나오지 않는 예로는 540년경의 함안 성산산성 2016-W150번의 眞乃滅村主 憹怖白, 561년 창녕비의 大等与軍主幢主道使与外村主, 668년 이성산성 목간의 村主, 884년 남한산성 甲辰城年末村主敏亮, 904년 松山寺大鐘銘의 本村主連筆 등이 있다. 이들을 잘 검토하여 易吾加茀村主명 기와의 연대를 추정해 보고자 한다.

여기에서는 먼저 易吾加茀村主명 기와와 管자 명문와의 판독을 시도해보고 자 한다. 다음으로 7重環濠에 대해 살펴보고자 한다. 그 다음으로 易吾加茀村 主명 기와의 연대를 살펴보고자 한다. 마지막으로 管(官)자 명와의 의미와 연대 에 대해 살펴보고자 한다.

II. 명문의 판독[2]

청주 쌍정리 7중환호에서 절대연대를 알 수 있는 자료는 없으나 문자 자료 2 가지가 나와서 어느 정도 연대를 추정할 수 있다. 하나는 易吾加茀村主명 기와 이고, 다른 하나는 管명와이다. 출토 지점은 유적 정상부의 동사면에 형성된 퇴 적층과 環濠 내에서 확인되었다. 易吾加茀村主명은 13점, 管명은 8점이다.[3] 易 吾加茀村主명 기와는 회청색 또는 담회색경질이며 어골문이 주문양을 이루며, 장판 타날이다. 管명와는 어골문과 함께 종방향으로 새겨져 있고, 기와의 중간 부분이 위치한다.

---

2) 이 장은 도문선, 앞의 논문, 2008을 주로 전제하였다.

3) 도문선, 앞의 논문, 2008.

이들 명문은 글자의 불확실함으로 인하여 판독에 어려움이 다소 있다. 이 같은 불확실한 점은 처음부터 그러한 것이 아니라 기와의 제조과정에서 글자의 획과 획이 만나는 지점 곧 접합점에서 선처리가 매끄럽지 못한 데에서 오는 결과로 보인다. 먼저 昜吾加荓村主로 읽을 수 있는 명문와가 있다. 명문은 모두 6자이다.

첫 번째 글자는 昜이나[4] 易으로 볼 수 있는데, 두 글자는 보통은 부수를 같이 쓰면서 통용되는 글자다. 그런데 명문와에서는 일반적으로 글자를 간략화하는 경우가 많은데 易자였다면 굳이 昜으로 표기하지 않았을 것이다. 日부 밑에 가로획이 있어서 분명히 昜자이다.

두 번째 글자는 吾자로 볼 수가 있다. 口부의 五도 위아래가 잘 보이지 않는 데다가 이래의 口부의 口도 한 획이 떨어져 있지만 큰 윤곽으로 볼 때 吾자이다.

세 번째 글자는 加자로 볼 수 있는 글자이다. 加자의 力 부분이 매끄럽지 않으나 아래에 있는 村자의 경우에도 寸자에서 ㅣ부분의 삐침 부분을 잇대어 붙인 듯이 표현되어 있음을 볼 수 있는데, 이 역시 加자의 力자 부분도 이와 같이 한 경우가 아닐까 한다.

네 번째는 荓자로 판독된다. 이 글자는 ⺾ 아래에 弗자가 있는데, 역시 획이 빠지는 등 불완전한 면이 있으나 荓자로 읽는다.

다섯 번째 글자는 村자로 판독된다. 세 번째 글자와 비교되는 글자로 木부 옆에 있는 寸에서 ㅣ부분의 삐침이 잇대어 붙인 듯하게 되어 있고, 부분도 才처럼 표현되어 있으나 전후 관계로 보아 村자로 판독할 수 있다.

여섯 번째 글자는 主자로 판독된다. 글자의 형태로나 바로 윗글자와의 연결로 볼 때 主자가 확실하다.

管자명 기와가 있다. 기와의 중앙정도 되는 위치에 3개의 방곽을 만들고, 다른 글자가 없이 管자를 연속하여 시문하였다. 竹부와 하단의 官자가 맞물리면서 글자가 정확히 처리되지 않았으나 대체로 管자로 보는데는 무리가 없다.

---

4) 국사편찬위원회 한국사데이터베이스에서는 이 글자를 昜자로 읽고 있다.

III. 7重環濠

우리나라에서 환호는 청동기시대나 원삼국시대에 나온다. 이렇게 역사시대의 환호 곧 9세기의 환호는 전무하다. 그것도 7중환호가 나오다니 그저 놀라울 뿐이다. 환호는 방어를 목적으로 만들어진 것이다. 7중의 환호는 쌍청리에서 대단히 긴박한 일이 있었음을 말해주고 있다. 그러면 여기에서 쌍청리 환호에 대해 살펴보기로 하자.

多重環濠는 환호 7기와 호 4기, 총 11기로 이루어졌다. 이 가운데 호 1~7은 구릉 전체를 감싸는 환호의 형태를 띠는데, 구릉의 정상부에서부터 구릉의 말단부까지 전체에 걸쳐서 일정한 간격으로 조성된 것으로 여겨진다. 평면 플랜으로 본다면 상호 일정한 등간격을 유지하고 있어서 상호 관련성은 인지된다. 그러나 7기의 환호가 동시에 기능을 유지했는지에 대해서는 면밀한 검토가 이루어져야 할 것이다.

먼저 평면상에서 확인되는 관계를 살펴보면, 호 1과 호 2는 북쪽에서 445cm, 동쪽에서 260cm, 서쪽에는 245cm의 간격을 두고 위치한다. 호 2와 호 3은 동사면에서 190cm, 서쪽에서 295cm, 남쪽에서 450cm의 북쪽에서 1,020cm의 간격을 유지하고 있다. 호 3과 호 4는 동사면에서 200cm, 서사면에서 290cm, 남사면에서 320cm, 북쪽에서 400cm, 북서쪽에서 410cm 가량의 간격을 갖는다. 서사면에는 호 4와 호 5가 중복된 것으로 판단된다. 그리고 동사면에서도 일정한 간격을 유지하는 것이 아니라 서로 중복 관계를 보이고 있어 두 기의 호가 동시에 기능을 하지 않았음을 시사한다. 그러나 남쪽에서는 600cm, 북쪽에서 1,010cm의 거리에 위치하고 있다. 호 5와 호 6과는 동사면에서 450cm, 동쪽에서 북쪽으로 치우친 지점에서는 다른 부분보다 다른 지역보다 근접하여 존재함을 확인할 수 있다. 서쪽에서 480~680cm의 간격을 유지하고 있다. 남쪽에서 호 6과는 현재 구분이 불확실하나 竪穴의 열과 호의 플랜이 동일하다고 가정할 때 추정되는 거리는 500cm 내외이다. 북쪽은 360cm의 거리에 위치하고 있다. 호 6과 호 7은 서사면에서 320cm, 북서사면에서 650cm, 북쪽에서 560cm,

남사면에서 200cm 내외의 거리를 유지하고 있다.[5]

출토 유물 가운데 그 연대를 알 수 있는 자료로 암키와가 있다. 이는 85점이나 된다. 대부분 魚骨文, 滄海波文, 格子文, 斜格子文, 線文, 複合文 등으로 되어 있다. 장판 타날 기와에 대해서는 경주에서는 9~10세기에도 나타나지 않으나 9세기경에 보령 성주사지, 부여 부소산성, 청주 흥덕사지 등에서 나타나는 것으로 이해하고 있다.[6] 다중환호 출토기와에서는 장판이 절대 다수이고, 중판이 소량을 차지하고 있다.

어골문은 미륵사지 통일신라 와요지에서 출토되는 것을 보면 8세기 말에서 9세기 초에 이미 등장한 것으로 보인다.[7] 어골문은 이미 통일신라시대부터 유행한 문양으로 여겨진다. 부소산성 기와가운데 會昌七年丁卯年末引이란 847년인데[8] 격자문 타날을 한 장판기와이다. 청주 흥덕사지에서 장판 어골문을 중심으로 한 복합문 기와인 大中三年명 기와가 나왔다. 大中三年은 849년이다. 청주 쌍청리 출토 기와는 9~10세기경에 유행한 기와였음을 알 수가 있다.

그러면 木柵까지 한 것으로 추정되는 7중환호의 의미는 무엇일까? 환호 안이나 수혈 안쪽에 출토 유물도 거의 없다. 그렇다고 제철이나 금공품을 생산하는 유적도 아니다. 외적으로부터 방어를 위한 환호시설임은 의심의 여지가 없다. 인삼 등 특용 작물을 생산하는 곳도 아니다. 경관이 좋은 곳도 아니다. 지상건물은 없이 움집으로 사는 것이 무엇이 좋다고 7중환호까지 해 가면서 살기를 원했을까? 움집이 물기가 스며들지 않는 것은 아닐까? 그래서 9세기 후반에는 더할 나위 없이 살기에 좋은 곳은 아닐까?

---

5) 중앙문화재연구원 · 한국토지공사, 『청주 쌍청리 다중환호』, 2006, 279쪽.

6) 조성윤, 「경주 장판 타날문양 평기와의 경주 제작 여부에 대하여」 『이화사학연구』 30, 2003.

7) 최맹식, 「백제 및 통일신라시대 기와문양과 제작기법에 관한 연구」 『호남고고학보』 11, 2001.

8) 吉井秀夫, 「扶蘇山城出土會昌七年銘文字瓦をめぐって」 『古代文化』 56-11, 2004.

IV. 易吾加苐村主명 기와의 연대

최근에 들어와 나온 易吾加苐村主와 達溫心村主는 촌주 제도와 촌의 내용 규명에 좋은 자료가 될 수가 있다. 촌주가 나오는 것으로서 관등이 나오지 않는 예로는 540년경의 함안 성산산성 2016-W150번의 眞乃滅村主 憹怖白, 561년 창녕비의 大等与軍主幢主道使与外村主, 668년 이성산성 목간의 村主, 884년 남한산성 甲辰城年末村主敏亮, 904년 松山村大寺鐘銘의 本村主連筆 등이 있다. 촌주가 나오는 금석문을 시기에 따라 일별해 보기로 하자.[9]

먼저 833년에 만들어진 菁州 蓮池寺鐘銘부터 살펴보기로 하자.

⑦	⑥	⑤	④	③	②	①	
節	成	史	作	鄉	上	成	1
州	博	六	韓	村	座	典	2
統	士	△	舍	主		和	3
					則	卜	4
皇	安	三	寶	三	忠		5
龍	海	忠	清	長	法	惠	6
寺	哀	舍	軍	及	師	門	7
	大	知	師	干		法	8
覺	舍				道	師	9
明		行	龍	朱	乃		10
和	哀	道	年	雀		△	11
上	忍	舍	軍	大	法	惠	12
	大	知	師	朶	勝	法	13

---

9) 765~780년으로 추정되는 泗川船津里新羅碑에서 2면 제②행에 乃末體眞上村主岐 ……가 나오고 있다. 이는 그 앞의 乃末體眞에서 乃末(관등명)+體眞(인명)이라면 上村主 다음에 관등이 없어서 문제이다.

⑦	⑥	⑤	④	③	②	①	
	舍				法	師	14
					師		15

이 연지사종명의 인명 분석에서 鄕村主[10] 三長及干, 朱雀大乃末이란 두 촌주는 촌주란 직명에 鄕이란 수식어가 붙는 최초의 예가 된다. 특이한 것은 561년의 창녕비나 591년의 남산신성비 제1비처럼 두 명의 촌주가 나란히 나오는 점이다. 통일신라에서 그러한 예는 없다.

다음으로 856년에 작성된 竅興寺鍾銘에 대해 알아보기 위해 인명 부분을 적기하면 다음과 같다.

⑥	⑤	④	③	②	①	
大	第	第	上	△	節	1
匠	三	二	村	△	縣	2
大	村	村	主	時	令	3
奈	主	主	三	都	喙	4
末	及	沙	重	乃	萱	5
喙	干	干	沙	△	榮	6
獻	貴	龍	干	△	△	7
溫	珎	河	堯	聖	△	8
衾	△	△	王	安	△	9
	及	△	△	法	△	10
	干	△	△	師	△	11
		△	△	△	△	12
				△		13

---

10) 鄕所部曲 가운데 鄕의 촌주인지도 알 수가 없다. 관계 전문가의 후고를 기다린다.

여기에서는 上村主, 第二村主, 第三村主로 촌주의 앞에 上, 第二, 第三이 붙고 있다. 어느 것도 三重沙干이나 沙干이란 관등명만 없어도 차이가 크다. 그 순서가 易吾加茀村主명 기와의 인명 표기와는 차이가 크다.

易吾加茀村主명 기와와 같이 관등이 없는 명문으로 松山村大寺鍾銘을 들 수가 있다. 관계 전문을 제시하면 다음과 같다.

③	②	①	
連	大	天	1
筆	寺	復	2
一	鍾	四	3
合	成	年	4
入	內	甲	5
金	文	子	6
五	節	二	7
千	本	月	8
八	和	廿	9
十	上	日	10
方	能	松	11
含	與	山	12
△	本	村	13
成	村		14
	主		15

우선 전문을 해석해 보자. '天復4年甲子年(904) 2월 20일에 松山村 大寺의 鍾을 이룬 글이다. 이때 本和上은[11] 能與이며, 本村主는 連筆이다. 한꺼번에[12] 합하여 들어간 쇠는 5,080方이다. 含△이 이루었다.'가 된다.

---

11) 이를 本寺의 화상으로 풀이하고 있으나 본화상으로 합쳐서 하나의 직명으로 본다.

12) 一자를 연결하는 의미로 보기도 하나 따르지 않는다.

관등이 없는 촌주는 884년 甲辰城年末村主敏亮이 있고, 904년 松山村 大寺의 鍾銘의 本村主連筆이 있을 뿐이다. 易吾加茀村主도 達溫心村主와 함께[13] 촌명+촌주로 구성되어 있을 뿐이다. 易吾加茀村主명 기와는 그 만드는 수법이 어골문의 장판타날이라서 9~10세기의 것이다. 이를 고려할 때 易吾加茀村主명 기와는 884년 甲辰城年末村主敏亮명 기와와[14] 904년 松山村 大寺의 鍾銘의 本村主連筆에 따를 때, 9세기 후반으로 볼 수가 있다.

V. 管(官)자 명와

管자는 官자와 같은 의미인지가 문제이다. 管이라고 나오는 예가 몇 예 있다. 곧 경주 掘佛寺址, 홍성 월산리 건물지 등이 그 예이다. 한국고대나 중세초기에 있어서 같은 지명에 한자가 넘나드는 예를 제시하면 다음과 같다.

靈廟之寺[15]
大令妙寺造寺[16]

---

13) 공반 유물로 편병류, 줄무늬병, 중국 백자편, 세판연화문수막새 등 거의 모든 유물들이 통일신라말경의 유물들로 達溫心村主명 청동접시의 연대도 통일신라 말경인 9세기 후반에서 10세기 전반으로 본다는 조성윤 박사의 교시를 받았다.

14) 이를 824년으로 심광주, 「신라 성곽 출토 문자기와 -남한산성 출토 문자기와를 중심으로-」, 한국기와학회 · 한국성곽학회 2013년도 국제학술회의, 2013, 131쪽에서는 보고 있으나 관등이 없는 점에서 보면 884년으로 볼 수가 있다.

15) 최효식 · 김호상, 「경주지역 매장문화재 조사현황(Ⅲ)-사지발굴자료를 중심으로-」 『신라문화』 20, 2002, 398쪽에서는 靈妙寺, 靈廟寺, 零妙寺, 令妙寺의 4가지 문자명이 나온다고 한다. 2개 이상의 영묘사 명문이 고려 초로 보인다. 경주 흥륜사 서편 하수관로 설치구간 내에서 靈廟寺의 靈廟를 草書로 쓴 것도 나와서 영묘사의 한자명은 모두 5가지이다. 5가지 모두 고려시대일 가능성이 크다.

16) 이 명문와는 박홍국, 「와전자료를 통한 영묘사지와 흥륜사지의 위치 비정」 『신라문

이들 문자와는 대개 현재의 신라 기와의 편년에 따르면,[17] 10세기 이후로 편년된다. 곧 영묘사가 김천 葛項寺 石塔碑(758년)에 零妙寺, 양양 선림원종명(804년)에 怜妙寺, 혜거국사비(994년)에 靈廟寺 등으로 표기되어 있다. 영묘사의 예와 같이 신라에 있어서 금석문에 동일한 인명(왕명)이나 寺名에서 한자 표기가 차이가 나는 예를 몇 예만 뽑아서 제시하면 다음과 같다.

牟卽智寐錦王(524년, 봉평비)
另卽知太王(539년, 울주 천전리서석 추명)

武力(545년이나 그 직전, 적성비)
另力(568년, 561년 창녕비, 567년 북한산비, 568년 마운령비와 황초령비)

重阿飡金志誠(719년, 감산사미륵보살조상기)
重阿飡金志全(720년, 감산사아미타여래조상기)

敏哀大王(863년, 민애대왕석탑기)
愍哀大王(867년, 진감선사비)

豆溫哀郞(766년, 영태2년명납석제사리호)
豆溫愛郞(766년, 영태2년명납석제사리호)

고려시대에 있어서도 皇福寺를 王福寺로 적기도 하며, 皇龍寺를 『고려사』에서는 黃龍寺라고 적기도 한다. 경주 영묘사의 절 이름을 靈廟寺, 靈妙寺, 怜妙寺, 零妙寺로 4가지로 적는 방법이 나오는데,[18] 이 가운데에서 2가지 이상이 고

화』 30, 2002, 209~212쪽에서는 고려 초로 보고 있다.

17) 조성윤, 앞의 논문, 2003.

18) 유환성, 「경주 출토 고려시대 명문 평기와의 특성과 의의」 『한국기와학보』 2, 2020에서 靈廟와 怜妙를 고려시대로 보고 있다. 최근에 靈廟寺의 靈廟가 초서로 된 것도 있어서 怜妙寺는 모두 5가지로 썼는데, 전부 고려시대로 보인다.

려시대의 것이다, 따라서 고려시대에도 이름 등을 한자로 쓰는 것이 일정하게 정해지지 않았다고 판단된다. 麻山停子瓦草를 麻山의 停子(亭子 이름)인 瓦草 이다로 해석한다. 또 이 麻山停子瓦草명 기와는 10세기 중엽에서 11세기 전반 까지의 기와이다. 884년인 甲辰城年末村主敏亮기와와 동일한 층위라는 것은 믿을 수가 없다. 따라서 나말여초에 나오는 官자는 管자와 같은 의미로 본다. 이 官(管)자명 기와 명문에 대해 다음과 같은 7가지로 해석한 가설이 있다.[19]

첫 번째로 官자가 찍힌 명문와를 사용했던 유적이다. 산성·건물지·사지 등 과 같이 모든 유적에서 명문와가 출토되고 있다.

두 번째로 官營倉庫에 사용된 것을 표시하였다.

세 번째로 官을 나타냄과 동시에 火災 등을 피하기 위한 벽사 마크로 井을 사용하였다.

네 번째로 大官명 문자 기와는 창고를 나타내는 椋자가 찍힌 문자기와 함께 사용된 점으로 볼 때 당시에 창고를 관리하는 관직과 관련될 가능성이 있다.

다섯 번째로 大官寺 또는 官寺와 같이 사찰 이름을 표기한 것도 있다.

여섯 번째로 해당 지역의 지방 이름과 官자가 결합된 문자기와를 살펴볼 때, 당시에는 官·城·郡이 같은 뜻으로 사용되었다.

일곱 번째로 官·官草·宦 등과 같은 명문기와가 출토되는 건물지는 당시 지방호족의 거관으로 추정된다.

당시 기와는 官收官給制라서[20] 고유와와 이입와의 구별은 힘들 것 같고, 官 城椋이란[21] 명칭도 武珍古城의 창고를 나타낼 뿐, 창고 관련의 관직과는 관련 이 없다. 井자를 우물 정자로 해석해서 火災로부터 건물을 지키려는 의미로 해 석하고 있으나 井마크는 원래는 가로 세로 세 줄씩을 그은 九자로 글자가 없어

---

19) 차순철, 「官자명 명문와의 사용처 검토」 『경주문화연구』 5, 2002.

20) 광주 선리 기와에서 北漢受國蟹口草란 명문이 나왔다. 이는 北漢이 나라의 蟹口 기 와를 받았다로 해석된다.

21) 차순철, 앞의 논문, 2002에서는 城官椋이라고 읽고 있다.

서 井자로 표기한 것일 뿐이다.

9~10세기의 官자는 당시에 유행한 것은 官자가 벼슬을 뜻하기 때문에 유행한 것이다. 하나 이상한 것은 광주 선리에서는 지명은 거의 모든 기와에서 나오나 官자는 나오지 않고 있다. 선리 기와가 후삼국시대의 것이기 때문에 더욱 그러하다. 官자명 문자와의 유행은 9~10세기를 전후한 시기이고, 국가의 허용아래에 유행한 것이다.

VI. 맺음말

먼저 易吾加茀村主의 6글자와 管의 1자를 판독하였다.

다음으로 우리나라에서 환호는 청동기시대나 원삼국시대에 나온다. 이렇게 역사시대의 환호 곧 9세기의 환호는 전무하다. 그것도 7중환호가 나오다니 그저 놀라울 뿐이다. 환호는 방어를 목적으로 만들어진 것이다. 7중의 환호는 쌍청리에서 대단히 긴박한 일이 있었음을 말해주고 있다. 왜 쌍청리에서 7중환호가 구축되었는지에 대해서는 뚜렷한 결론이 없다. 제철, 금공품 등의 생산을 한 것도 아니고, 그 광산이 있는 것도 아니고, 특용 작물의 생산과 관련된 것도 아니다. 땅의 수혈에 물기가 서며들지 않아서 주거에 필요한 것이 아닌가하고 추측했다.

그 다음으로 易吾加茀村主의 명문이 촌명+촌주로 되어 있고, 관등명이 없다. 이렇게 촌명+촌주로 된 명문으로 황룡사 남쪽 광장의 1호우물에서 나온 達溫心村主란 명문이 있는 청동접시가 있다. 이는 반출 유물에 의해 9세기 후반에서 10세기 전반으로 편년하고 있다. 易吾加茀村主명 기와는 松山村大寺鍾銘(904년)의 本村主連筆과 가장 가깝다. 따라서 그 연대를 9세기 후반으로 본다.

管명 기와는 한자의 글자를 같은 글자로 고정해서 쓰지 않는 습관이 있어서 官자와 같은 뜻으로 벼슬을 나타내며, 9~10세기에 유행한 것이다.

제8절

통일신라 성곽 출토 문자와에 대하여

Ⅰ. 머리말

한국은 산성의 나라이다. 곳곳의 산에 산성이 없는 곳은 거의 없을 정도이다. 산성에서 적을 막으려고 하면 첫째로 돌로써 방어막을 원형이나 사각형 등으로 성을 만들어야 한다. 둘째로 사람이 먹을 수 있는 물이 많이 있어야 한다. 셋째로 양식을 많이 보관할 수 있는 불에 강한 창고가 있어야 한다. 넷째로 땔감이 많이 있어야 한다. 다섯째로 활과 창 등 많은 무기가 있어야 한다.

신라 말기인 9~10세기 산성은 州治, 郡治, 縣治인 곳도 다소 포함되어 있다. 지방에서 기와는 원래 지방 관아나 호족의 거관 등에서 사용하는 것이다. 부자나 촌주를 제외하면 지방 출신의 관리가 사용했다고 보기는 어렵다. 촌주는 易吾加茀村主란 명문이 청원 쌍청리 7중환호에서 발견된 바가 있다. 이 명문은 9세기 후반으로 추정되며, 촌주가 기와를 사용한 유일한 예이다. 촌주는 三重沙干을 소유한 예가 지금까지 나온 자료 가운데에서 가장 높은 관등이다.

통일신라의 9~10세기에는 산성에서 문자와가 나온 예가 많다. 물론 10~11세기의 고려시대의 것도 포함되지만 통일신라의 것이 주축이다. 고려시대 기와와 통일신라의 기와를 구분하는 것은 쉽지가 않지만 모두가 장판 타날이다. 그 타날 모양은 차이가 있다. 통일신라의 것은 어골문, 선조문 등이 주류이다. 고려시대의 것은 다르다. 곧 문양구성형태에 있어서 문양을 양분하는 橫帶가 나타난다. 횡대 양쪽에는 線條文, 車輪文, 花文 등을 많이 사용한다.

여기에서는 먼저 10~11세기의 문자와 자료가 나오는 통일신라의 성에서 출토된 기와 명문을 소개하겠다. 다음으로 고려 초기의 문자와를 소개하겠다. 마지막으로 후삼국시대 문자 기와를 소개하겠다.

II. 성곽 출토 문자와 자료의 소개[1]

1. 경상도 지역

1) 경주 월성[2]

경북 경주시 인왕동에 위치하며, 전체 둘레는 2,340m 정도이다. 월성은 파사이사금 22년(101)에 건립되었다고 하나 믿을 수 없다. 원삼국시대에는 토성을 쌓을 수가 없다. 그 때에는 환호가 있었고, 그 시기는 통형고배, 컵형토기 등으로 볼 때 300년을 소급할 수가 없다. 월성 주변의 해자와 건물지에서는 많은 양의 유물이 출토되었다. 명문기와로서는 在城명 수막새와 암막새,[3] 儀鳳四年皆土명 암키와,[4] 漢(只)명 기와,[5] 첩(部)명 기와,[6] 東窯 · 官瓦명 기와,[7]

---

1) 이장은 심광주, 「신라 성곽 출토 문자 기와 -남한산성 출토 문자기와를 중심으로-」 『성곽과 기와』 -한국기와학회 · 한국성곽학회 제2013년도 국제학술회의-에서 발췌하였다.

2) 국립경주박물관, 『신라와전』, 2000.

3) 후삼국시대 기와이다.

4) 679년 기와이다.

5) 680년경으로 추정된다.

6) 680년경으로 추정된다.

7) 조선시대 초의 기와이다. 이에 대해서는 김창호, 「경주출토 조선초 명문와에 대하여」 『민족문화논총』 23, 2001 참조.

官,[8) 右官,[9) △又草[10) 등이 출토되었다.

2) 영주 비봉산성[11)

경북 영주시 순흥면 읍내리 비봉산(해발 430m)에 위치한다. 전체 둘레는 1,350m로 비교적 큰 규모에 속하는 석축산성이다. 체성벽은 장방형으로 가공한 할석으로 쌓았으며, 보축성벽이 확인되었다. 삼국시대와 통일신라시대의 及伐山郡(岌山郡)의 치소성으로 추정되고 있다. 명문은 十, 大, 官, 王, 國 등이 출토되었다. 이 명문들은 9~10세기의 기와로 볼 수가 있다.

3) 巨濟 屯德岐城[12)

경남 거제군 둔전면의 우봉산 줄기의 해발 326m 지점에 위치하고, 둘레는 526m로 비교적 작은 규모에 속하며, 거제 패왕성으로도 불리는 성이다. 패왕성은 고려 의종(1127~1173년)이 정중부의 난으로 폐위된 뒤에 이곳에 머물러서 붙여진 이름이라고 한다. 현문식의 정문과 가공된 정방형의 돌로 쌓은 협축식 성벽과 기단보축식 성벽에 근거할 때, 신라에서 쌓은 성이다. 성 안쪽에서 裳四里명 기와가[13) 출토되었다. 이 裳四里란 명문에 대해『삼국사기』권34, 잡지 3, 지리지1에 巨濟郡 文武王初置裳郡 海中島也 景德王改名 今因之라고 했는데, 惠恭王 12년(776)에 관제가 복고되면서 지명도 복고되었다고 한다. 裳四里

---

8) 9~10세기 기와로 보인다.

9) 이 명문와는 통일신라의 것과 조선 초의 것이 있다. 문자의 타날을 각이 지게 한 것은 통일신라 후기의 것이다. 이에 대해서는 김창호, 앞의 논문, 2001 참조.

10) 이는 후삼국시대의 기와이다.

11) 국립문화재연구소,『순흥 비봉산성 발굴조사보고서』, 1998.

12) 동아시아문화재연구원,『巨濟 屯德岐城 東門·建物址, 金海古邑城』II, 2011.

13) 裳四里명 기와의 뜻이 裳의 四里이란 것인지 아니면 裳에서 四里가 되는 곳이란 뜻인지 알 수가 없으나 후자로 보인다.

의 裳은 776년 이후일 가능성이 있고, 특히 후삼국시대일 가능성이 크다. 이 裳이란 지명은 후삼국시대 경상도 지역에서 나오는 유일한 예이다.

2. 충청도 지역

1) 報恩 三年山城[14]

삼년산성은 충북 보은군 보은읍 어암리 오정산의 해발 325m 고지에 위치하며, 성의 둘레가 1,700m가 되는 대규모 석축산성이다. 『삼국사기』에 나오는 三年山城과 동일한 것으로 보고 있으며, 20m가 넘는 성벽과 기단보축, 현문식 성벽, 수구, 세장방형 성돌 등을 특징으로 하는 전형적인 신라 성벽이다. 명문 기와로는 田人, 日, 三, 官 등이 나왔다. 官은 9~10세기 명문이므로 나머지 명문도 동일한 시기로 보인다.

2) 淸州 上黨山城[15]

상당산성은 청주시 상당구 산성동의 해발 491.2m 고지에 위치하며, 전체 둘레는 4.2km 정도 그 규모가 큰 축에 속한다. 축성방법이나 성 내에서 출토된 인화문토기 등의 유물에 근거할 때 신문왕 5년(685)에 西原小京을 설치하고 나서, 동왕 9년(689)에 축조한 西原京城으로 추정되고 있다. 지표에서 출토된 유물로 沙喙部屬長池馹升達이란 명문이 유명하다. 이는 9세기의 유물로 이는 역제와 관련되는 것으로[16] 확실시되는 유일한 명문이다.

3) 大田 鷄足山城

계족산성은 대전광역시 대덕구 창동의 계족산(해발 423m)에 위치하고 있으

---

14) 충북대학교 중원문화재연구소, 『보은 삼년산성 2003년도 발굴조사보고서』, 2005.

15) 한국문화재보호재단, 『上黨山城 -성벽보수구간내 발굴조사 보고서-』, 2004.

16) 金昌鎬, 「韓國羅末麗初の瓦銘文」『東アジア瓦研究』 6, 2019, 3쪽.

며, 성의 둘레는 1,037m로 비교적 큰 규모에 속한다. 성의 초축을 백제가 했느냐? 아니면 신라가 했는지에 대해 논란이 되고 있으며, 성 내에서 雨述,[17] 雨述天國, 棟梁道人六廻(?), △企首, 田木, 三, 己 등의 명문이 출토되었다. 이들 명문 가운데 雨述은 후삼국시대 명문으로 보여서 그 이외의 명문은 9~10세기 명문으로 보인다.

4) 禮山 任存城[18]

충남 예산군 대흥면, 광시면과 홍성군 금마면에 접한 봉수산(483.9m)에 위치하며, 성의 둘레는 2,450m로 비교적 큰 규모의 산성이다. 임존성은 백제부흥군이 부흥의 거점으로 삼았던 곳으로 추정되기도 한다. 성내에서 출토되는 명문와의 명문은 任存,[19] 存官, 存 등이다. 이 명문의 지명은 후삼국시대의 지명으로 보인다.

5) 公州 公山城[20]

공산성은 충남 공주시 금성동에 있는 공산(해발 100m)에 위치하고 있으며, 전체 둘레는 2,660m이다. 공산성은 토성구간과 석성구간으로 구분되는데, 후자는 조선시대의 것으로 추정되며, 토성구간은 발굴조사 결과 토심석축으로 만들려졌음을 알 수 있었다. 명문와로는 熊川, 官, 大平, 丑, 田, 天 등이 있었다. 熊川과 官은 9~10세기 명문이므로 나머지도 이에서 크게 벗어나지 않을 것이다.

---

17) 『삼국사기』 권36, 잡지5, 지리지3에 比豊郡 本百濟雨述郡 景德王改名 今懷德郡라고 하였다.
18) 충남발전연구원, 『예산 임존성 -문화유적 정밀 지표조사-』, 2000.
19) 『삼국사기』 권36, 잡지5, 지리지3에 任城郡 本百濟任存城 景德王改名 今大興郡라고 하였다.
20) 공주사범대학교박물관, 『공산성 백제추정왕궁지발굴조사보고서』, 1987.

6) 夫餘 扶蘇山城[21]

충남 부여군 부여읍 부소산(해발 106m)에 있는 부소산성은 사비기의 백제 도성으로 알려져 있다. 성곽과 성곽 내부에 대한 연차적인 발굴조사의 결과, 포곡식산성은 백제 산성으로, 퇴뫼식산성은 통일신라 때에 쌓은 것으로 발표되었다. 성의 내부 조사 과정 도중에 건물지에서는 많은 명문 기와가 나왔다. 주요 명문 기와로는 會昌七年丁卯年末引이 주류를 이루는데, 이는 847년이다. 1993년 발굴에서는 大唐명 기와가 나왔고,[22] 나말여초 기와로는 太平八年戊辰定林寺大藏當草는 1028년의 절대 연대를 갖고, 三十一年三月日沙尒寺造는 남송 天眷 31년인 1161년이다. 그 밖에 △城△官, 阿尼城, 官上徒作 등이 나왔으나 이는 9~10세기로 보인다.

7) 洪城 神衿城[23]

충남 홍성군 결성면 금곡리 야산(해발 60m)에 위치하고 있으며, 둘레는 645m로 판축하여 구축한 토성이다. 토성의 기저부에는 3.65m 간격으로 석열을 배치하고, 석열을 따라 233~410cm 간격으로 영정주를 세우고, 판축을 하고 나서 다시 판축식으로 성벽을 덧붙여서 보강하였다. 축조시기는 9세기라 한다. 명문이 있는 기와는 大中과 甲辰뿐이다. 大中은 846~860년 사이의 연호이고, 甲辰은 824년과 884년이 있다. 그렇다면 甲辰은 884년이 된다,

8) 洪城 石城山城[24]

충남 홍성군 장곡면의 석성산(해발 255m)에 위치하고 있으며, 성벽은 대부분이 파괴된 상태이며, 전체 둘레는 1,352m이다. 명문와는 工沙良官, 沙尸良,

---

21) 국립부여문화재연구소, 『부소산성 -발굴조사중간보고서Ⅲ-』, 1999.

22) 이는 7세기 후반 기와이다.

23) 이강승 외, 『신금성』, 1994.

24) 상명대학교박물관, 『홍성 석성산성 -건물지발굴조사보고서-』, 1998.

沙羅瓦草[25] 등이 있다. 工沙良官, 沙尸良은 9~10세기의 기와이고, 沙羅瓦草는 10세기 중엽에서 11세기 전반의 기와이다.

9) 舒川 南山城[26]

서천 남산성은 서천군 서천읍 남산(해발 146.9m)에 위치한 석축산성으로 전체 둘레는 632.6m이다. 성내에서 통일신라시대의 토기편과 와편이 출토되었고, 그 가운데 제2와적층에서 다수의 명문와가 출토되었다. 명문와의 명문은 西林郡官瓦作,[27] 西林郡官瓦草, △國巳舌林刺史行郁色羅春李富李石 등이다. 이들 명문은 고려시대 초의 명문이다.

3. 서울·경기도 지역

1) 서울 阿旦山城[28]

아차산성은 서울특별시 광진구 광장동 아차산의 남쪽 능선에 해발 203.4m 지점에 위치하고 있다. 둘레는 1,038m이다. 1977년부터 발굴조사가 시작되어, 3차에 걸친 발굴조사의 결과 성벽의 구조와 성의 안쪽에 있는 건물지가 확인되었다. 성안쪽에서 北漢, 受, 蟹 등의 명문이 나왔는데, 이는 北漢受蟹口草 등의 기와 파편으로 전부 후삼국시대인 918~936년까지의 기와이다.

2) 서울 虎岩山城[29]

서울특별시 구로구 시흥동의 삼성산(해발 460m)에 위치하고 있다. 돌로 쌓

---

25) 『고려사』, 지 권10에 驪陽縣 驪一作黎 本百濟沙尸良縣一作沙羅縣 新羅景德王 改名新良 爲潔城郡領屬縣 高麗初 更今名 置監務 顯宗九年 來屬라고 되어 있다.

26) 유기정 외, 『서천 남산성 -서문지1·2차발굴조사』, 2006.

27) 西林郡 本百濟舌林郡 景德王改名 今因之

28) 임효재 외, 『아차산성 -시굴조사보고서-』, 2000.

29) 임효재·최종택, 『한우물 -호암산성 및 연지발굴조사보고서-』, 1990.

은 성곽의 둘레는 1,250m이며, 서울대학교 박물관의 발굴 조사 결과 축성 시기는 7세기 전반경으로 보고 있다. 명문 자료로는 청동숟가락에 仍伐內力只乃末△△(源)이란 명문이 나왔는데, 仍伐內의 力只 乃末의 △△(源)이다. 곧 △△(源)은 △△샘이다란 뜻이다. 仍大內가[30] 736점이 출토되었고, 仍大內△, 그 외에 春(?)支(?)寺명도 있었다. 이 지명 기와들은 후삼국시대의 것으로 보고자 한다.

3) 仁川 桂陽山城[31]

계양산성은 인천공역시 계양구의 계양산(해발 394m) 동쪽 능선상에 위치하고 있으며, 동쪽에 있는 봉우리(해발 202m)를 에워싸고 있는 형식으로 된 퇴뫼식산성이다. 건물지에서 主夫吐,[32] 主, 主夫△, △十主△, 月, 官, 草, 瓦草, 天, 九嵒△一日兀成[33] 등이 나왔다.

4) 安城 望夷山城[34]

경기도 안성시 일죽면에 소재한 망이산성은 삼국시대에 축조된 산성으로 망이산(해발 472m)의 정상에서 북쪽으로 낮은 능선을 따라 성벽을 쌓았다. 출토 기와명문으로는 峻豊四年壬戌大介山竹州, 太平興國七年……, △德進樒宮, △德九蒲瓦草△△, 大官, 官草 등의 명문이 나왔다. 俊豊四年은 963년이고, 太平興國七年은 982년이고, 瓦草와 官草는 고려 10세기 중엽에서 11세기 전반이다. 따라서 大官도 고려 초로 보인다.

---

30) 仍伐乃를 『삼국사기』 권35, 잡지4, 지리지2에 漢州 …… 領縣三 栗津郡 穀壤縣 本高句麗仍代奴縣 景德王改名 今黔州란 기록의 仍代奴와 연결시켰다.

31) 이형구, 『계양산성 -발굴조사보고서-』, 2008.
겨레문화유산연구원, 『계양산성Ⅱ -4차시발굴조사보고서-』, 2011.

32) 『삼국사기』 권35, 잡지4, 지리지2에 長堤郡 本高句麗主夫吐郡 景德王改名 今樹州. 이는 후삼국시대의 기와이다.

33) 이는 고려 전기의 기와로 九嵒△이 하루에 우뚝하게 이루었다는 뜻이다.

34) 윤내현 외, 『망이산성 학술보고서』, 1990.

5) 安城 飛鳳山城

경기도 안성시 명륜동 비봉산 남쪽에 1km의 지점에 산봉우리가 있고, 해발 229.5m의 비봉산 남쪽에 쌓은 산성이다. 성의 둘레는 714m이고, 내성의 장군바위 근처에서 넓은 평탄지가 조성되어 있고, 건물지가 있었을 것으로 추정되는데, 여기에서 本彼명 기와가 수습되었다. 이 本彼명 기와는 9세기로 추정되며, 驛制와 관련될 것으로 추정하고 있다.

6) 安城 竹州山城

경기도 안성시 죽산면 매산리에 있는 비봉산에 죽주산성이 있다. 죽주산성은 신라 때에 내성을 쌓고, 고려 때에 외성을 쌓았다. 내성의 둘레는 270m이다, 명문와에서는 大中, 瓦草, 官草, 伯士, 京 등이 있다. 大中은 847~859년 사이의 중국 연호일 가능성이 있으나 확실하지 않고, 나머지 문자 자료는 고려 초의 것이다.

7) 華城 唐城[35]

당성은 화성시 서신면의 구봉산(해발 165m)에 위치하고 있으며, 전체 둘레는 1,200m 정도이다. 발굴 결과 문자와도 나왔는데, 言, 宅, 大定四年(1164) 등이 있다.

8) 利川 雪峰山城[36]

경기도 이천시 시음동과 마장면 장암리 경계에 있는 설봉산에서 북동쪽으로 연결된 봉우리(해발 352m)에 위치하고 있으며, 둘레 1,079m의 석축산성이다. 6세기 중엽 신라에 의해 구축되었으며, 南川州의 治所로 짐작된다. 남장대지 부

---

35) 김병모 · 김아관, 『당성 -1차발굴조사보고서』, 1998.
　　배기동 · 박성희, 『당성 -1차발굴조사보고서』, 2001.
36) 손보기 외, 『이천 설봉산성 1차발굴조사보고서』, 1999.
　　박경식 외, 『이천 설봉산성 2차발굴조사보고서』, 2001.

근에서는 바닥에서 석제벼루가 나왔는데 그기에는 咸通六年七月二日……이라고[37] 명문(총 38자)이 있었다. 명문기와는 大, 日, 官, 天, 南 등의 명문이 있었다. 설봉산 서편기슭 마장리에서 발굴된 기와가마에서 大, 田, 南川,[38] 南川官 등의 명문이 나와서 이곳의 가마에서 설봉산성에 기와를 공급했다고 볼 수도 있다.[39] 양 곳의 명문와는 9~10세기로 보인다.

9) 廣州 南漢山城[40]

남한산성은 경기도 광주시 중부면 산성리의 청량산(해발 497.9m)에 위치하고 있으며, 원형의 전체 둘레는 8km 정도이고, 외성까지 포함하면 12km에 달하는 대규모석축산성이다. 신라 문무왕 12년(672)에 당나라와의 전쟁에 대비하여 쌓은 晝長城으로 추정되고 있다. 행궁 하궐지 앞마당에서 통일신라시대의 대규모 장방형 건물지가 발굴되었다. 건물지에서는 대량의 기와가 나왔는데 문자기와는 甲辰城年末村主敏亮,[41] 麻山停子瓦草,[42] 官

---

37) 咸通六年은 865년이다.

38) 『삼국사기』 권35, 잡지4, 지리지2에 黃武縣 本高句麗南川縣 新羅幷之 眞興王爲州 置軍主 景德王改名 今利川縣.

39) 장세웅, 「이천 마장 휴게시설 신축부지내 유적 조사개보」, 제10회 한국기와학회 월례발표회자료, 2011.

40) 심광주 외, 『남한행궁지 -제7·8차조사보고서』, 2010.

41) 884년의 절대 연대를 가진 기와이다.

42) 麻山停子瓦草를 麻山停의 子瓦草로 끊어 읽으면, 이는 신라의 기와 명문이 아니라 고려시대의 것이고, 麻山停이란 신라 군제에 그러한 停이 없을뿐더러 子瓦草의 해석이 어렵다. 麻山의 停子(亭子)로 읽으면 瓦草의 해석도 원활하다. 그러면 亭子를 停子로 읽은 예가 있는지 여부이다. 가령 皇龍寺를 『고려사』에서는 黃龍寺라고 많이 적기도 한다. 경주 영묘사의 절 이름을 靈廟寺, 靈妙寺, 令妙寺, 零妙寺로 4가지로 적는 방법이 나오는데, 이 가운데에서 2가지 이상이 고려시대의 것이다, 고려 초의 皇龍寺의 기와에 皇籠寺라고 나온다(유환성, 「경주 출토 나말여초 사찰명 평기와의 변천과정」『신라사학보』 19, 2010, 139~140쪽). 따라서 고려시대에도 이름 등을 한자로 쓰는 것이 정확하지 않았다고 판단된다. 따라서 麻山停子瓦草를 麻山停

草,[43] 天主, 城 등이 확인되었다.

10) 坡州 烏頭山城[44]

오두산성은 경기도 파주시 탄현면 오두산(해발 119m)에 위치하고 있으며, 전체 둘레는 1,240m 정도이다. 이곳의 지명은 고구려 때 泉井口縣이었으며, 기와 명문은 泉,[45] △△草, 上草, 下草 등의 명문이 출토되는 바, 후삼국시대의 고려 기와이다.

11) 坡州 七重城[46]

경기도 파주시 중성산(해발 147m)에 위치하고 있으며, 전체 둘레는 603m이다. 칠중성은 七重縣의[47] 治所로 보이고, 지표 조사에서 七이라는 명문이 채집되었다. 이는 9~10세기의 기와편으로 보인다.

12) 抱川 半月山城[48]

경기도 포천시 군내면의 청성산(해발 284.5m)에 위치하고 있으며, 전체 둘레는 1,080m이다. 1996년부터 9차에 걸쳐서 조사되었다. 성벽과 성 내부에서 건물지가 확인되었으며, 출토 명문 기와는 馬忽受蟹口草, 上師, 金△酉△寺天

子로 끊어서 麻山의 停子(亭子 이름)의 瓦草이다로 해석한다. 또 이 麻山停子瓦草 명 기와는 10세기 중엽에서 11세기 전반까지의 기와이다. 甲辰城年末村主敏亮기와는 그 연대가 884년이므로 이를 동일한 층위라고 주장하는 것은 믿을 수가 없다.

43) 10세기 중엽에서 11세기 전반까지의 기와이다.

44) 황용운 외, 『오두산성 I』, 1992.

45) 918~935년 사이에 開城 蟹口에서 생산되어 烏頭山城에 漕運을 통해 온 기와일 가능성이 크다.

46) 박경식 외, 『파주 칠중성 지표조사보고서』, 2001.

47) 『삼국사기』 권37, 잡지6, 지리지4에 七重縣 一云難隱別.

48) 손보기 외, 『포천 반월산성 3차 발굴조사 보고서』, 1998.

造, 淸化郡造瓦 등이 나왔다. 馬忽受蟹口草는 후삼국시대 기와이며, 淸化郡造瓦는 고려 초의 기와로 추측된다. 上師와 金△酉△寺天造은 9~10세기 기와로 보인다.

13) 楊州 大母山城[49]

경기도 양주 주내면과 백석면 사이에 위치한 대모산(해발 212.9m)이란 독립봉에 위치하며, 전체 둘레는 693m이다. 명문 기와로는 德部舍, 德部, 國, 官, 官草, 卍, 吉, 大浮雲寺, 十, △△城 등이 출토되었다. 이들 명문은 9~10세기로 보인다. 官草는 고려 10세기 중엽에서 11세기 전반이다.

14) 高陽 高峰山城[50]

경기도 고양시 일산구 성석동의 고봉산(해발 208.8m)에 위치하고 있으며, 성의 전체 둘레는 360m로 석축산성이다. 고봉현의 치소로 보고 있으며, 출토 기와명은 高자 뿐이다. 高자가 高峰縣의 일부라면 후삼국시대의 고려의 와편이다.

4. 강원노 지역

1) 春川 鳳儀山城[51]

봉의산성은 춘천시 소양로의 봉의산(해발 300.7m)에 위치하고 있으며, 전체 둘레는 1,242m이다. 명문은 官草, 西面, 北面, 北面造, 面造官, 造官草, 造官草此, 右西室造及草, 造丁, 造丁方 등이다. 모두 고려 초의 명문으로 짐작된다.

---

49) 국립문화재연구소, 『양주 대모산성발굴조사보고서』, 1990.
　　최영희 외, 『양주 대모산성 -동문지 · 서문지』, 2001.
50) 한국토지공사 토지박물관, 『고양시의 역사와 문화유적』, 1999.
51) 지현병, 『춘천 봉의산성 발굴조사보고서』, 2005.

2) 江陵 溟州城[52]

명주성은 강릉시 성산면 금산리의 솔봉 서쪽 100m정도의 구릉상에 위치하고 있다. 전체 둘레는 2,000m 정도이며, 명주성은 溟州의 治所로 알려져 있다. 명문은 溟州城명 와당이 알려져 있는데, 이는 후삼국시대 기와이다.

5. 전라도 지역

1) 全州 東固山城[53]

전주시 완산구 교동 및 대성동 일원의 승암산(해발 306m)에 위치하며, 둘레는 1,574m의 석축산성이다. 동고산성은 완산주의 치소로 알려져 있다. 명문와는 全州城명 와당, 戌城, 官, 天, 壬, 和, 明, 師, 巳月 등이 있다. 동고산성은 후백제의 왕궁으로 全州城명 와당은 후백제시대로 보고, 나머지 명문은 9~10세기로 보인다.

2) 井邑 古沙夫里城[54]

전북 정읍시 고부면 고부리의 성황산(해발 132m) 일대에 위치하고 있다. 전체 둘레는 1,050m이고, 통일신라시대 기와에는 本彼官이 여러 점 출토되었다. 이는 9세기의 신라 기와로 보인다.

3) 光州 武珍古城[55]

무진고성은 광주광역시 북구 두암동 북쪽능선상의 해발 200~300m 지점에

---

52) 관동대학교 박물관, 『강릉 명주산성 -지표조사 보고서』, 2009.
53) 원광대학교 마한 · 백제문화연구소, 『전주 동고산성 1 · 2차발굴조사보고서』, 1997.
    김종문 외, 『전주 동고산성』, 2011.
54) 김종문 외, 『정읍 고부구읍성 I』, 2007.
55) 임영진, 『무진고성 I』, 1989.
    임영진, 『무진고성 II』, 1990.

위치하고 있다. 석축으로 쌓은 전체 들레는 3,500m이다. 명문 기와로는 官城 4점, 官城樑 1점, 官秀△城 1점, ~城 立卅 1점, 架城 1점, 架城 1점, 間城 1점, 沙架 1점, 架城 1점, 城城 1점, 城 1점, 城(左書) 1점, 官草 1점 등이다. 官草를 고려 10세기 중엽에서 11세기 전반에 편년되고, 나머지는 9세기 후반으로 보인다.

4) 光陽 馬老山城[56]

전남 광양시 용강리와 사곡리, 죽림리 등 3개리의 경계에 있는 마로산(해발 208.9m)에 위치한 마노산성은 전체 둘레 550m 정도이다. 기와 명문은 馬老官, 末官, 官年末, 甲全官, 官 등의 명문이 출토되었다. 명문은 대개 9~10세기의 것이다.

5) 羅州 會津城[57]

나주 회진성은 나주시 다시면 회진리에 위치하며, 전체 둘레는 2,400m이다. 반타원형에 가까운 평지성이다. 기와 명문은 會津縣大城子蓋雨,[58] 雲, 明, 卍 등이 있다. 雲, 明, 卍은 모두 9~10세기 명문이다.

6) 莞島 淸海鎭城[59]

전남 완도군 완도읍 장좌리 장도(해발 40m)에 위치하며, 둘레는 890m이고, 흙으로 쌓은 토성이다. 기와 명문은 大, 王, 本, 舍草, 官 등이다. 이는 장보고가

---

56) 촤인선·이순엽, 『광양 마노산성 I 』, 2005.
   순천대학교 박물관, 『광양 마노산성 II 』, 2009.
   순천대학교 박물관, 『광양 마노산성 III -성벽·문지·치』, 2011.
57) 국립나주문화재연구소, 『나주 회진성』, 2010.
58) 會津縣大城子蓋雨는 '會津縣의 大城子에서 雨를 덮는다.'라는 뜻이다. 會津縣의 大城子는 9세기의 신라 지명이다.
59) 국립문화재연구소, 『장도 청해진-발굴조사보고서 I 』, 2001.
   국립문화재연구소, 『장도 청해진-발굴조사보고서 II 』, 2001.

활약한 828~851년까지의 기와 명문이다.

III. 고려 초기 문자와

發令/戊午年瓦草作伯士必山毛의 戊午年은 958년으로 추정된다.[60] 이 명문은 發令을 내린다. 戊午年(958)에 瓦草를 伯士인 必山毛이 만들었다로 해석된다. 伯士인 必山毛도 제와장일 가능성이 크다.

太平興國七年壬午年三月日/竹州瓦草近水△水(吳)(矣)(安城 奉業寺) 太平興國七年壬午年는 982년이다.[61] 이는 해석이 대단히 어려우나 대체로 太平興國七年壬午年三月日에 竹州의 瓦草를 近水△水(吳)가 만들었다로 해석된다.

辛卯四月九日造安興寺瓦草(利川 安興寺址)는 931년이나 991년으로 추정된다. 그 연대는 전자인 931년은 후삼국시대라 성립되기 어렵고, 후자인 991년으로 판단된다. 이는 辛卯四月九日에 安興寺瓦草를 만들었다로 해석된다.

永興寺送造瓦草重創(保寧 千防寺址)에서[62] 永興寺의 위치를 알기 어렵지만,[63] 이를 慶州 地域의 寺院으로 본다면 成典寺院이었던 永興寺의 활동을 살필 수 있는 좋은 자료라고 하면서 永興寺에서 보낸 기와로 寺院을 重創했으므로, 이로써 永興寺의 경제력을 짐작할 수 있다고 하였다. 文聖王(839~856년)이

---

60) 金昌鎬, 「나말여초의 기와 명문」『신라 금석문』, 2020.

61) 金昌鎬, 앞의 논문, 2020.

62) 韓國水資源公社 · 公州大學校博物館, 『千防遺蹟』, 1996, 146쪽.

63) 『東國輿地勝覽』 券20, 忠淸道 藍浦縣 佛宇條에 崇巖寺, 聖住寺, 永興寺, 玉溪寺가 등장한다. 永興寺를 이 지역의 통일신라시대의 사찰로 비정하기도 하지만(韓國水資源公社 · 公州大學校博物館, 앞의 책, 1996, 453쪽) 경주 지역의 永興寺와 같은 이름을 지방에서 사용하기 어려웠다고 판단하고 있다(李泳鎬, 「新羅의 新發見 文字資料와 研究動向」『한국고대사연구』 57, 2010, 199쪽).

朗慧和尙 無染이 머물던 이곳 인근(保寧)의 절을 聖住寺로 바꾸고, 大興輪寺에[64] 編錄시켰다는[65] 사실을 감안하면, 銘文 기와의 연대는 9世紀 中葉으로 추정할 수 있겠다라고 했으나,[66] 瓦草에서 絶代 年代가 나오는 10世紀 中葉(정확히는 958년)이 上限이므로 永興寺送造瓦草重創명 기와를 10世紀 중엽 이후로 보아야 한다. 그렇다면 永興寺는 保寧에 있던 永興寺로 보아야 할 것이다. 이는 永興寺가 만들어 보낸 瓦草로 (保寧 千防寺를) 重創을 했다로 해석이 된다.

~元年己巳年北舍瓦草(月南寺)에 있어서 己巳年은 969년으로 ~부분은 遼 景宗의 연호인 保寧으로 復元할 수 있다. 이는 (保寧)元年己巳年에 이은 北舍의 瓦草이다가 된다.

太平興國五年庚辰六月日彌勒藪龍泉房瓦草(益山 彌勒寺)에 있어서 太平興國五年庚申으로 되어 있으나 976~984년의 太平興國 범위 밖에 있어서 庚辰(980년)이[67] 타당하다. 太平興國五年庚辰六月 日에 彌勒藪의 龍泉房의 瓦草이다가 된다. 日에 구체적인 날짜가 없는 것도 고려적인 요소이다.

太平八年戊辰定林寺大藏當草(扶餘 定林寺)에서 太平八年戊辰은 1028년이다. 이 명문은 當草·瓦草·官草가 나오는 명문 가운데 가장 늦은 11세기 전반

---

64) 흥륜사는 실제로는 영묘사이고 영묘사가 흥륜사로 서로 바뀌어 있고, 9~10세기 기와 명문인 令妙寺명 기와를 국사편찬위원회 한국사데이터베이스에서는 삼국시대로 보고 있다. 기와를 모르는 문헌사학자의 잘못으로 보인다. 고신라시대에 있어서 사명 등 문자기와가 출토된 예는 전무하다. 경주에서는 기와에 사찰명이 나오는 예가 많은데 대개 9~10세기의 나말여초로 보인다. 岬(甲)山寺명와편, 昌林寺명와편, 味呑寺명와편 등은 9~10세기의 것이다. 因井之寺명 수막새, 正万之寺명 수막새(高正龍, 앞의 논문, 2004, 618쪽에서는 万正之寺로 잘못 읽고 있다)도 고려 초로 보인다. 四祭寺명 암막새는 확실히 통일신라 말의 것이다.

65) 韓國古代社會硏究所編, 『譯註 韓國古代金石文』III, 1992, <聖住寺朗慧和尙碑> '文聖大王 聆其運爲 莫非裨王化 甚之 飛手敎優勞 且多大師答山相之四言 易寺牓 爲聖住 仍編錄大興輪寺'

66) 李泳鎬, 앞의 논문, 2010, 199쪽.

67) 이렇게 금석문에서 연간지가 틀리는 예는 드물다.

의 명문이다. 이는 太平八年戊辰에 定林寺의 大藏(當)의 當草이다로 해석된다.

沙羅瓦草(洪城 石城山城)도[68] 이 명문은 지명+瓦草만 남아 있으나 와초명문이 고려 초인 점에 준하여 고려 초(10세기 중엽~11세기 전반)로[69] 본다.

瓦草·當草·官草를 제외하고, 후삼국시대나 고려시대로 볼 수 있는 명문은 太平國七年壬午三月日竹州瓦草近水△水(吳)(矣)에서와 같이 日에 날짜가 없이 日만을 쓴 것이다.[70]

IV. 후삼국시대 명문기와

후삼국기와에 대한 문자 기와의 연구는 제자리걸음만 하고 있었다. 900~936년까지 36년간으로 그 시기가 짧기 때문이다.[71] 그래서 광주 선리 출토 기와를 8세기 중후반으로부터 10세기 중후반까지로 보았다.[72] 그러나 蟹口開城이란 기와명을 이두로 해석하면 해구는 개성이다. 해구란 기와 요지가 개성에 있는 것이 되고, 개성의 기와가 선리에서 머무르는 것이 된 것으로 해석된다. 그 시기

---

68) 『고려사』, 지 권10에 驪陽縣 驪一作黎 本百濟沙尸良縣一作沙羅縣 新羅景德王 改名新良 爲潔城郡領屬縣 高麗初 更今名 置監務 顯宗九年 來屬이란 구절이 있으나 10세기 중엽에서 11세기 전반의 기와로 본다. 곧 1018년 이전의 고려 문자와로 본다.

69) 정확히는 현재까지의 자료로 볼 때 958년(추정이 아닌 절대연대로는 969년)~1028년까지이다. 70년동안(절대연대로는 59년 동안) 사용한 것이 當草명 기와, 瓦草명 기와, 官草명 기와 등이다.

70) 김창호, 『신라 금석문』, 2020, 416쪽.

71) 요시이 히데오, 「광주 선리 명문기와의 고고학적 재검토」『정인스님 정년퇴임 기념 논총 -佛智光照-』, 2017, 1138쪽에서는 선리 기와를 9세기 전후 한주 기와 공급 체계로 파악된다고 했다.

72) 김규동·성재현, 「선리 명문와 고찰」『고고학지』 17-2, 2011, 577쪽.

가 918~935년 사이의 어느 넉넉잡아 5년간이 되어 우리나라의 기와 명문 중에 지명이 가장 많은 것이 된다.[73] 그래서 본격적으로 후삼국 기와의 명문을 논할 수 있게 되었다.

광주 선리 기와의 가장 큰 특징은 매 자료마다 한 개나 두 개의 지명이[74] 나오고 있는 점이다. 이 지명들은 『삼국사기』, 지리지에도 나오고 있어서 지리지의 정확성을 말해주고 있다. 이들은 현재 경기도, 인천광역시, 황해도, 충청도, 강원도 일대에 광범위하게 분포하고 있다. 크게 볼 때 통일신라 9주 가운데 漢州의 영역을 크게 벗어나지 않고 있다. 이들 지명은 모두 기와의 수요지라고 보고 있다. 기와는 기본적으로 공급지인 기와요지와 소비인 수요지와 운송로가 중요하다. 기와에 나오는 지명이 한 가지만 나올 경우에는 사용처인 소비지의 지명으로 보는 것이 일반적이다. 선리 기와는 918~935년 사이의 어느 해에 넉넉잡아서 5년간이므로 후삼국기와의 편년에 있어서 중요한 근거가 된다.[75] 선리 기와에 나오는 지명을 살펴보기로 하자.

<표 1> 선리 명문와에 나오는 지명

명문	삼국사기 지명 비정	현재 지명 비정
北漢(山)	漢陽郡의 고구려 지명[76]	북한산을 중심으로 한 서울시 일대
高烽	交河郡의 한 縣인 高烽縣의 통일신라 지명[77]	경기도 고양시 벽제 일대

---

73) 김창호, 앞의 책, 2020, 476쪽.

74) 문자 기와에 두 개의 지명이 있는 경우에는 공급지와 소비지를 나타내고, 한 개의 지명만 있는 경우에는 기와의 소비지를 나타낸다.

75) 김창호, 앞의 책, 2020, 476쪽.

76) 漢陽郡 本高句麗北漢山郡 一云平壤(『삼국사기』 권35, 잡지4, 지리조)

77) 交河郡 本高句麗泉井口縣 景德王改名 今因之 領縣二 峯城縣 本高句麗述尒忽縣 景德王改名 今因之 峯城縣 本高句麗達乙省縣 景德王改名 今因之(『삼국사기』 권35, 잡지4, 지리조)

명문	삼국사기 지명 비정	현재 지명 비정
荒壤	漢陽郡의 한 縣인 荒壤縣의 통일신라 지명78)	경기도 양주군 주안면 일대
買召忽	栗津郡의 한 縣인 邵城縣의 고구려 지명79)	경기도 인천 지역
夫如	富平郡의 고구려 지명80)	강원도 철원군 김화읍 일대
泉口郡	交河郡의 고구려 지명81)	경기도 파주군 교하면 일대
王逢	고구려 지명82)	경기도 고양시 幸州 內洞 일대
水城	水城郡의 통일신라 지명83)	경기도 수원 지역
栗木	栗津郡의 고구려 지명84)	경기도 과천 지역
買省	來蘇郡의 고구려 지명85)	경기도 양주군 주내면 일대
屈押	松岳郡의 한 縣인 江陰縣의 고구려 지명86)	황해북도 금천군 서북면 일대
開城	開城의 통일신라 지명87)	황해북도 개풍 지역
皆山	皆次山郡의 고구려 지명88)	경기도 안성군 죽산 일대

---

78) 漢陽郡 本高句麗北漢山郡 一云平壤 眞興王爲州 置軍主 景德王改名 今楊州舊墟 領縣二 荒壤縣 本高句麗骨衣奴縣 景德王改名 今豊壤縣 遇王縣 本高句麗皆伯縣 景德王改名 今幸州(『삼국사기』 권35, 잡지4, 지리조)

79) 栗津郡 本高句麗栗木縣 今菓州 領縣三 穀壤縣 本高句麗仍伐奴縣 景德王改名 今 黔州 孔巖縣 本高句麗濟次巴衣縣 景德王改名 今因之 邵城縣 本高句麗買召忽縣 景德王改名 今仁州(『삼국사기』 권35, 잡지4, 지리조)

80) 富平郡 本高句麗夫如郡 景德王改名 今金化縣(『삼국사기』 권35, 잡지4, 지리조)

81) 交河郡 本高句麗泉井口縣 景德王改名 今因之(『삼국사기』 권35, 잡지4, 지리조) 명 문은 泉井口가 아니고 泉口郡으로 되어 있어서 泉井口縣이 아니고 명문대로 泉口 郡이 옳다.

82) 王逢縣 一云皆伯 漢氏美女 迎安藏王之地 故名王逢(『삼국사기』 권37, 잡지6, 지리조)

83) 水城郡 本高句麗買忽郡 景德王改名 今水州(『삼국사기』 권35, 잡지4, 지리조)

84) 栗津郡 本高句麗栗木郡 景德王改名 今菓州(『삼국사기』 권35, 잡지4, 지리조)

85) 來蘇郡 本高句麗買城縣 景德王改名 今見州 領縣二(『삼국사기』 권35, 잡지4, 지리조)

86) 松岳郡 本高句麗扶蘇岬 孝成王三年築城 景德王因之 我太祖開國爲王畿 領縣二 如熊縣 本高句麗若豆恥縣 景德王改名 今松林縣 第四葉光宗創置佛日寺於其地 移其縣於東北 江陰縣 本高句麗屈押縣 景德王改名 今因之(『삼국사기』 권35, 잡지 4, 지리조)

87) 開城郡 本高句麗冬比忽 景德王改名 今開城府(『삼국사기』 권35, 잡지4, 지리조)

명문	삼국사기 지명 비정	현재 지명 비정
今万奴	黑壤郡의 고구려 지명[89]	충청북도 진천 일대
松岳	松岳郡의 통일신라 지명[90]	황해북도 개성 지역
梁骨	堅城郡의 한 縣인 고구려 지명[91]	경기도 포천군 영중면 일대
白城	安城郡의 통일신라 지명[92]	경기도 안성군
童子	長堤郡의 한 縣인 童城縣의 고구려 지명[93]	경기도 김포시 통진읍 일대
楊根	曤(一作 沂)川郡의 한 縣인 濱陽縣의 고구려 지명[94]	경기도 양평군 양평읍 일대

이외에도 『삼국사기』에 확인되지 않는 지명으로 豆射所馬와 馬城, 唐白, 高, 所口(日)仍 등이 있다. 所口(日)은 하남 교산동 건물지에서 발견된 바 있어 하남 지역과 관련된 것으로 추정되며,[95] 高는 고양시 성석동에 위치한 고봉산

---

88) 介山郡 本高句麗皆次山郡 景德王改名 今竹州(『삼국사기』 권35, 잡지4, 지리조)

89) 黑壤郡 一云黃壤郡 本高句麗今勿奴郡 景德干改名 今鎭州(『삼국사기』 권35, 잡지4, 지리조)

90) 松岳郡 本高句麗扶蘇岬 孝成王三年築城 景德王因之 我太祖開國爲王畿(『삼국사기』 권35, 잡지4, 지리조)

91) 堅城郡 本高句麗馬忽郡 景德王改名 今抱州 領縣二 沙川縣 本高句麗內乙買縣 景德王改名 今因之 洞陰縣 本高句麗梁骨縣 景德王改名 今因之(『삼국사기』 권35, 잡지4, 지리조)

92) 白城郡 本高句麗奈兮忽 景德王改名 今安城郡(『삼국사기』 권35, 잡지4, 지리조)

93) 長堤郡 本高句麗主夫吐郡 景德王改名 今樹州 領縣四 守城縣 本高句麗首尒忽 景德王改名 今守安縣 金浦縣 本高句麗黔浦縣 景德王改名 今因之 童城縣 本高句麗童子忽(一云幢山)縣 景德王改名 今因之 分津縣 本高句麗平唯押縣 景德王改名 今通津縣(『삼국사기』 권35, 잡지4, 지리조)

94) 曤(一作 沂)川郡 本高句麗述川郡 景德王改名 今川寧郡 領縣二 黃驍縣 本高句麗骨乃斤縣 景德王改名 今黃驍縣 濱陽縣 本高句麗楊根縣 景德王改名 今復古(『삼국사기』 권35, 잡지4, 지리조)

95) 경기문화재단부설 기전문화재연구원·하남시, 『하남 교산동 건물지 발굴조사 종합보고서』, 2004, 505쪽의 사진 136-④.

성에서 채집된 바 있어 고양과 관련이 있는 것으로 보인다.[96] 또 포천 반월산성에서는 선리와[97] 같은 馬忽受蟹口草명 기와가[98] 출토되었고,[99] 선리와 같은 명문인 北漢受國蟹口명 기와가 아차산성과[100] 서울 암사동에서[101] 출토되었다. 그래서 蟹口 와요지에서 만들어진 기와가 이들 지역에 공급되었음을 알 수 있다.

따라서 기와에 새겨진 명문의 현재 지명을 종합해 보면, 蟹口 등에서 제작된 기와의 공급 지역은 서울의 북한산 지역, 경기도의 양평 · 안성 · 수원 · 과천 · 김포 · 양주 · 고양 · 파주 · 포천 · 하남과 인천광역시, 강원도 철원, 황해도 개성

---

96) 한국토지공사토지박물관, 앞의 책, 1999, 454~461쪽.

97) 경기문화재단부설 기전문화연구원 · 하남시, 앞의 책, 2004, 503쪽의 사진134의 ⑤ · ⑥에는 蟹口명 기와가 나와서 선리에서 공급된 것으로 해석하고 있다.

98) 김창호, 「후삼국 기와에 보이는 여 · 제 지명」『한국 중세사회의 제문제』, 2001 등에서 馬忽受蟹口草를 馬忽受解空口草로 잘못 판독하였다. 馬忽受蟹口草로 바로 잡는다.

99) 서영일, 「포천 반월산성 출토 馬忽受解空口單명 기와의 고찰」『사학지』 29, 1996.
단국대학교 사학과 · 포천군, 『포천 반월산성 1차발굴조사 보고서』, 1996.
이도학, 「포천 반월산성 출토 고구려기와 명문의 재검토」『고구려연구』 3, 1997.
손보기 · 박경식 · 박정상 · 김병희 · 황정옥, 『포천 반월산성 3차 발굴조사 보고서』, 1988.
김창호, 앞의 논문, 2001.
馬忽受蟹口草명 기와를 서영일과 이도학은 고구려의 기와로 보았으나 이는 잘못된 것이고, 김창호는 후삼국시대 기와로 보았다. 그 뒤의 田中俊明은 9세기에서 10세기 초까지로, 김규동 · 성재현은 8세기 중 · 후반경부터 10세기 중후반까지로 보았다. 馬忽受蟹口草명 기와가 고구려제가 아님은 분명하다. 김창호는 지금 현재에 와서는 918~935년의 어느 해로 보고 있으면서, 馬忽受蟹口草명 기와는 후삼국의 고려 기와로 해석하고 있다. 문자 기와가 나오면 기와 전공자가 그 연대를 대충 추정한 다음 금석문 전공자와의 협력이 필요하다. 그렇지 않으면 연대를 설정하는 데에 무리수를 둘 수가 있다.

100) 임효재 · 최종택 · 윤상덕 · 장은정, 『아차산성 -시굴조사보고서-』, 2000.

101) 이병도, 『한국고대사연구』, 1976, 460쪽.

지방, 충청북도 진천 지방으로 매우 넓은 지역에 해당된다. 선리 기와에서 지명
이 확인된 것 중 『삼국사기』, 지명 비정에서 고구려 지명은 14곳이고, 통일신라
의 지명은 5곳이다. 이를 郡·縣으로 구분해 보면, 군의 지명이 11곳, 현의 지명
이 8곳이다. 고구려의 옛 지명과 통일신라의 지명이 혼재해 있는 점이 주목된다.

선리에서는 337점의 문자 기와가 출토되었다. 이들 명문은 조금씩 다른 문자
로 되어 있으나 가장 길고 완전한 문장은 北漢受國蟹口船家草이다.[102] 가운데
船家는 荒壤受船宇草에서와 같이 船宇로 표기되기도 하나 서로 같지 않는 것
이며, 이들은 생략되어 (泉)口郡受蟹口草로 명문이 새겨지기도 한다. 이외에도
△△蟹口만 새기거나[103] 그냥 단독으로 馬城, 皆山만을[104] 새기기도 한다. 이
가운데 앞의 △△에는 北漢(山), 楊根, 水城, 買忽, 栗木, 買召忽, 童子, 荒壤,
買省, 高烽, 泉口郡, 梁骨, 夫如, 松岳, 屈押 등이 새겨져 있다. 이들 지명은 『삼
국사기』에 나오는 고구려와 통일신라의 것이다. 곧 <표 1>에서 통일신라 옛지
명인 高烽, 荒壤, 水城, 開城, 松岳의 5개 지명을 제외하고, 나머지 11개의 지명
은 고구려의 옛지명이다.

여기에서 주목되는 점은 馬忽受蟹口草명 기와에서 10세기 중엽에서 11세기
에 걸쳐서 편년되는 瓦草·官草·當草가 아닌 草[105]만으로 나오는 점이다. 草
가 단독으로 나오는 명문은 그 시기를 후삼국시대인 10세기 전반(900~935년경)
경으로 볼 수가 있다. 기와에 지명이 나오는 것은 후삼국시대의 기와일 가능성

---

102) '北漢이 받은 국가의 蟹口의 船家 기와이다.'란 뜻으로 기와는 官收官給制이고, 신
라의 기와 생산도 관수관급제이므로 이를 專用瓦, 公用瓦, 交流瓦 등으로 나누는
것은 불가능하다.

103) △△가 받은 蟹口의 기와로 해석된다. 곧 △△受蟹口를 생략하여 △△蟹口가 된
것으로 볼 수가 있다.

104) 馬城, 皆山도 기와의 소비처를 나타내는 것으로 보인다.

105) ~草가 나오는 가장 오래된 기와명문은 太和六年△善寺△凡草이다. 그 시기는
832年이다. 그 다음으로 오래된 것은 (同光)三年乙酉八月日竹凡草伯士能達毛이
다. 그 시기는 925년이다. 이에 대해서 본서의 제7장 4절을 참조.

이 있다. 그 가운데 고구려와 백제의 옛지명이 나오는 예는 더욱 그러하다. 그 예를 들면 다음과 같다. 단국대학교 사학과에서 발굴조사된 경기도 포천군 반월성에서 馬忽受蟹口草란 기와 명문이 나왔고,[106] 충남대학교 박물관에서 조사한 대전시 鷄足山城에서 雨述명 기와가 나왔고,[107] 순천대학교 박물관에서 조사한 전남 광양시의 마노산성에 馬奴명 기와가 나왔고,[108] 충남 예산군 봉수산성에서 任存명 기와가 나왔고,[109] 서울대학교 박물관에서 조사한 서울시 구로구 호암산성에서 仍伐乃명 기와가 나왔다.[110]

V. 맺음말

먼저 신라시대 성곽에서 문자와가 나오는 데를 경상도 지역(3), 충청도 지역(9), 서울·경기도 지역(15), 강원도 지역(2), 전라도 지역(6)으로 나누어서 문자와의 연대를 중심으로 소개하였다. 문자와의 개략적인 시기도 발표하였다.

다음으로 고려시대 전기의 문자와를 연호와 연간지가 있는 것을 중심으로 살펴보았고, 官草, 瓦草, 當草가 있는 것도 10세기 중엽에서 11세기 전반으로 보았다. 年月日에서 年月 앞에는 각각 글자가 적혀 있으나 日에는 날짜가 없는 것도 후삼국이나 고려시대 금석문의 한 특징으로 보았다.

마지막으로 후삼국시대의 기와인 광주 선리 기와에서 지명이 많이 나오고 있고, 草가 붙기도 하는 점에 의해 후삼국 기와로 보았다. 선리 기와는 蟹口開

---

106) 단국대학교 사학과, 『포천반월성1차발굴조사보고서』, 1996.

107) 충남대학교 박물관, 『계족산성조사약보고』, 1998.

108) 순천대학교 박물관, 『광양시의 산성』, 1998.

109) 이남석, 「예산 봉수산성(임존성)의 현황과 특징」 『백제문화』 28, 1999.

110) 서울대학교 박물관, 『한우물 -호암산성 및 연지발굴보고서-』, 1990.

城란 명문에 의해 이두로 풀면, 蟹口가 開城에 있다로 해석되어 蟹口가 선리가 아닌 개성에 있는 것으로 해석하고, 이 기와를 918~935년 사이의 넉넉잡아 어느 5년간으로 보았다. 또 여제의 옛 지명이 나오는 기와를 후삼국시대 기와로 보았다.

책을 마치며

목간은 금석문과 고문서와 함께 대표적인 1차 사료이다. 금석문은 국왕과 고급관료가 출현하는데 대해 목간에는 인명을 가진 관등이 없는 일반 백성이 등장한다. 신라사에서 及伐尺이란 경위가 함안 성산산성 목간에서 등장하는 것은 뜻밖의 수확이다. 함안 성산산성 목간에서는 上干支, 一伐, 一尺, 阿尺의 외위명이 나왔으나 그 수는 미미하다. 260여 점에서 인명 표기 가운데 13명이 고작이다. 함안 성산산성 목간 등 목간은 인명 표기가 주류를 이루고 있다. 인명 표기에 대한 정확한 이해만이 목간의 풀이를 완벽하게 할 수 있다.

목간 자료는 고구려를 제외하고 백제와 신라에서 출토되고 있다. 고구려의 목간도 출토될 것으로 기대된다. 지금까지 목간은 함안 성산산성 목간이 그 수나 내용에서 가장 풍부하다. 그래서 1991~2016년까지 연차적으로 많은 목간 자료가 나왔다. 당분간은 성산산성 같은 목간의 보고가 발굴될 가능성은 없어 보인다. 함안 성산산성 목간에서는 문서 목간(4면 목간)이 적어서 연간지나 연호가 발굴되지 않고 있다. 함안 성산산성의 목간 공부는 이경섭 교수의 도움으로 비롯되었다. 필요한 논문을 어렵게도 보내주어 목간 공부가 시작되었고, 그 뒤에는 목간의 연구에 관한 책을 사서 공부하게 되었다. 이수훈 교수는 자신의 모든 논문을 보내주어 큰 도움이 되었다.

목간은 함안 성산산성의 제1차분 24점밖에 실견한 바가 없다. 대개는 국사편찬위원회 한국사데이터베이스에 의존해 논문을 썼다. 나주 복암리 목간의 경우 한국사데이터베이스가 잘못되었으나 함안 성산산성 등은 목간의 판독을 믿을 수 있도록 여러 가지 판독문을 소개하고 있다. 한국의 목간 연구는 지나치게 외국의 성과에 의존하고 있는 듯하다. 우리나라 고대 목간은 중국이나 일본과는 차이가 있다. 이러한 차이야말로 한국 고대 서사문화의 특징일 것이다.

한국 목간은 1975년 이래로 경주 월지 출토 61점을 비롯하여 한국 고대의 다양한 습지 유적에서 현재까지 모두 690여 점이나 출토되었다. 목간이 출토되는 유적은 신라는 왕경인 경주를 비롯하여 함안 성산산성(260여 점 출토) 등 지방 관아 유적도 있고, 백제의 목간 출토 유적은 웅진성시대에는 없고, 사비성시대의 부여가 주류이고, 지방 관아 유적으로는 나주 복암리, 금산 백령산성 정도이다.

목간의 출토는 해를 더할수록 늘어나고 있다. 이처럼 늘어나는 목간을 X선 사진 공개 등으로 연구 성과를 공유해야 할 것이다. 지금 국사편찬위회 한국사 데이터베이스에 X선 사진을 이미지로 보는 난이 있으나 고장이 나서 이용할 수가 없다. 그래서 『한국의 고대 목간』과 『한국의 고대 목간 II』를 이용하였다.

국내에서는 목간에 대한 전론으로 이용현, 『한국목간기초연구』, 2006; 윤선태, 『목간이 들려주는 백제 이야기』, 2007; 이경섭, 『신라 목간의 세계』, 2013; 김창호, 『한국 고대 목간』, 2020 등 4권이나 나왔고, 일본에서는 橋本 繁, 『韓國古代木簡の硏究』, 2014 한 권이 나왔다. 앞으로 목간에 관한 자료가 출토됨에 따라 연구하는 학자도 늘어날 것이고, 관련 연구 성과도 나올 것이다. 그래서 단행본의 발간도 늘어날 것이다. 목간에 관심을 가졌던 한 사람으로서 단행본이나 논문이 나오는 것을 간절히 바라고 있다. 목간이 출토해도 논문을 쓸 수가 있으나 새로운 논문이 나와도 그에 자극이 되어 논문을 쓸 수가 있다.

• 김창호

1950년 10월 27일 경북 구미생
경북대학교 대학원 사학과 수료, 문학박사
경주대학교 문화재학부 교수
문화재청 문화재 전문위원
울산광역시 문화재위원
경상북도 문화재 전문위원

저서
『고신라 금석문의 연구』, 『삼국시대 금석문 연구』, 『한국 고대 불교고고학의 연구』,
『고신라 금석문과 목간』, 『한국 고대 목간』, 『신라 금석문』,
『고구려와 백제의 금석문』, 『한국고대와전명문』
외 논문 다수

고신라목간

초판발행일　2023년 09월 15일
편 저 자　김창호
발 행 인　김선경
책 임 편 집　김소라
발 행 처　서경문화사
　　　　　주소 : 서울시 종로구 이화장길 70-14(204호)
　　　　　전화 : 743-8203, 8205 / 팩스 : 743-8210
　　　　　메일 : sk8203@chol.com
신 고 번 호　제1994-000041호
ISBN　978-89-6062-253-1　93910

※ 파본은 구입처에서 교환하여 드립니다.

정가 46,000원